Graphic Technology Qualification

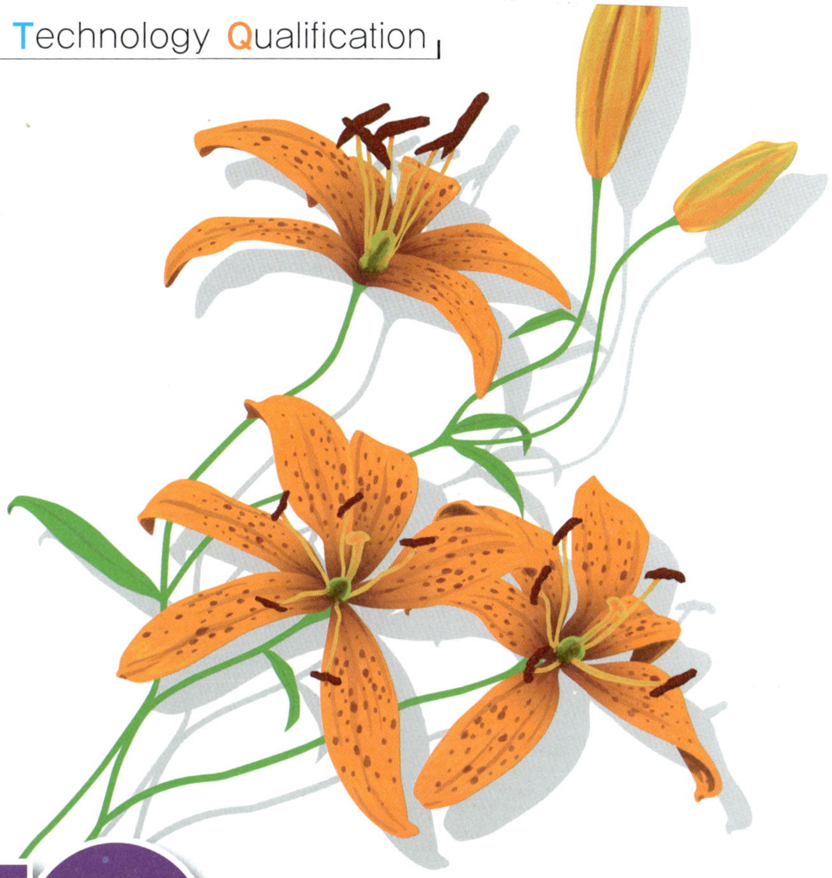

GTQ 포토샵 1급
2급 포함

Photoshop CS4 (한글·영문 공용)

GTQ 시험 자료 다운로드 방법 안내 ········▶
다음 페이지

GTQ 자료 다운로드 받기

1. 렉스미디어 홈페이지(http://www.rexmedia.net)에 접속한 후 [자료실]-[대용량 자료실]을 클릭합니다.

2. 렉스미디어 자료실 페이지가 나타나면 '수험서 관련\2018년 GTQ' 폴더를 선택한 후 [GTQ 포토샵 1급 CS4(Win7).exe]를 클릭한 다음 GTQ 포토샵 1급 CS4(Win7).exe를 실행하거나 저장할 것인지 묻는 대화상자가 나타나면 [실행] 단추를 클릭합니다.

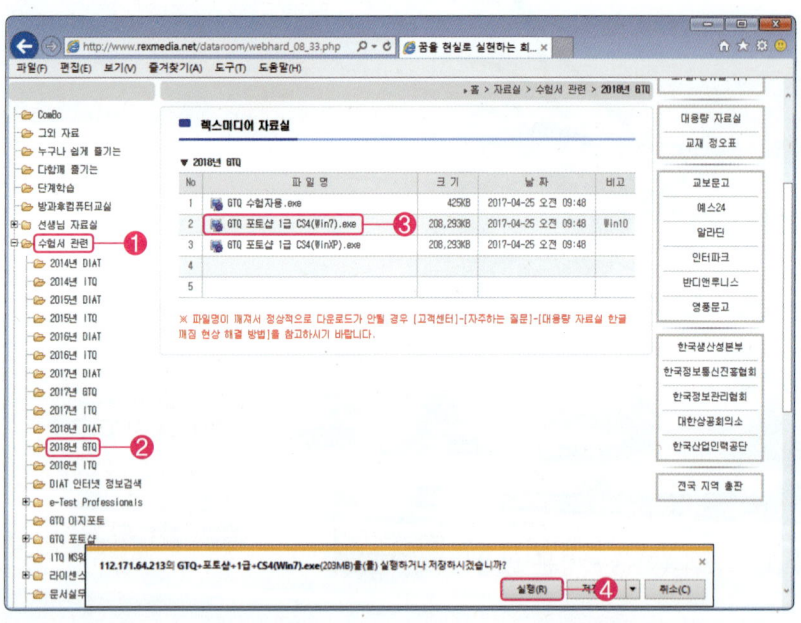

3. GTQ 포토샵 1급 CS4(Win7).exe의 게시자를 확인할 수 없다는 메시지와 함께 프로그램을 실행할 것인지 묻는 대화상자가 나타나면 [실행] 단추를 클릭합니다.

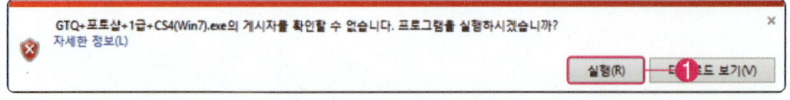

Tip

> GTQ 포토샵 1급 CS4(Win7).exe는 일반적으로 다운로드되는 파일이 아니며 컴퓨터를 손상시킬 수 있다는 대화상자가 나타난 경우에는 [작업] 단추를 클릭한 후 [SmartScreen 필터 - Windows Internet Explorer] 대화상자에서 [기타 옵션]을 클릭한 다음 [실행] 단추를 클릭합니다.

4. [GTQ 포토샵 1급 CS4(Win7) 1.00설치] 대화상자의 '설치 마법사입니다' 화면이 나타나면 [다음] 단추를 클릭합니다. 그런 다음 [GTQ 포토샵 1급 CS4(Win7) 1.00설치] 대화상자의 '설치 위치 선택' 화면이 나타나면 [다음] 단추를 클릭합니다.

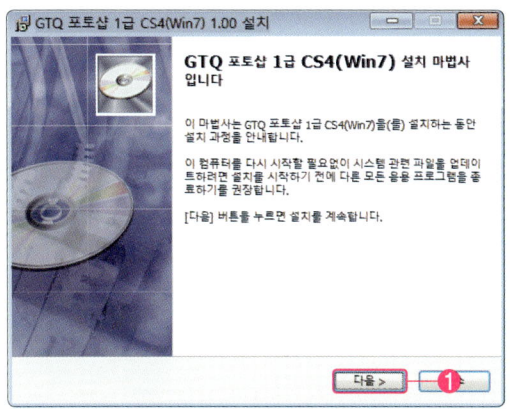 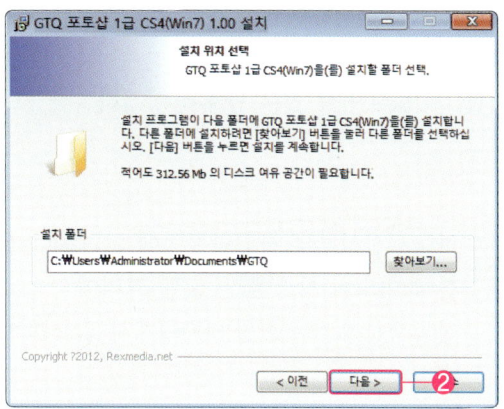

5. [GTQ 포토샵 1급 CS4(Win7) 1.00설치] 대화상자의 '설치 준비 완료' 화면이 나타나면 [설치] 단추를 클릭합니다. 그런 다음 [GTQ 포토샵 1급 CS4(Win7) 1.00설치] 대화상자의 '설치가 완료되었습니다' 화면이 나타나면 [마침] 단추를 클릭합니다.

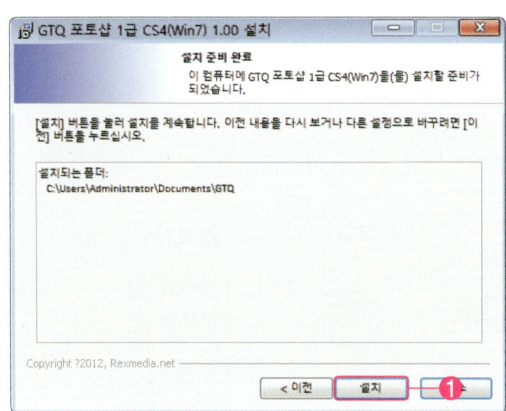 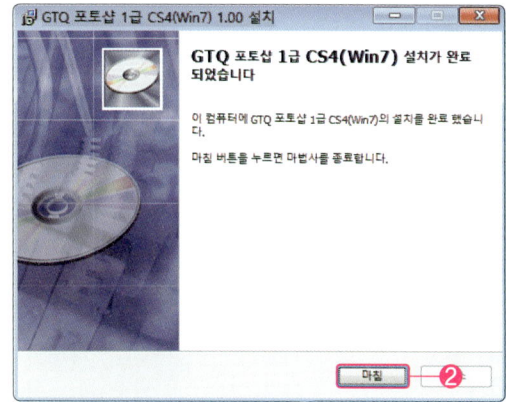

6. Windows 탐색기를 실행한 후 '라이브러리\문서\GTQ' 폴더를 선택하면 다음과 같이 GTQ 포토샵 1급 CS4 자료가 다운로드된 것을 확인할 수 있습니다.

❶ [Image] 따라하기에서 사용하는 이미지 파일이 담겨져 있습니다.
❷ [PART 01 문제유형]에서 사용하는 연습파일과 완성파일이 담겨져 있습니다.
❸ [PART 02 실전모의고사]에서 다룬 문제의 이미지 파일 및 완성파일이 담겨져 있습니다.
❹ [참고파일] 따라하기에서 완성한 파일의 이미지 크기를 조절하지 않은 파일이 담겨져 있습니다.

> 시험에서 답안을 작성할 때 사용하는 이미지는 '라이브러리\문서\GTQ\Image' 폴더에 있습니다.

GTQ 시험 안내

1. GTQ 포토샵 시험의 의의와 목적

한국생산성본부가 주관하여 시행하는 GTQ(Graphic Technology Qualification) 시험은 컴퓨터 그래픽에 대한 기능적 요소와 실무환경에 접근 가능한 응용적 요소를 결합시킨 실무 중심형시험으로 그래픽에 대한 대중적인 이해와 수준을 한 단계 높여 국내 관련 산업의 발전에 이바지할 수 있는 역량 있는 인재를 양성하는데 그 목적이 있습니다.

2. 주관

- 주관 : 한국생산성본부(산업발전법에 의거하여 설립된 특별법인)
- 협찬 : 한국 어도비 시스템즈, 코렐 코리아
- 참여 : 한국생산성본부 회원 600여개사 및 산학협동대학

3. 시험의 장점

- 국제수준 자격시험으로 정착
- 컴퓨터 그래픽 관련 교육 평가 도구로 활용
- 대학의 관련학과 입학 시 가산점 및 재학시 학점인정제도와 연계
- 한국생산성본부 주관 I-Top 경진대회 참가종목
- 기업체 및 공공기관의 신입사원 채용 우대 및 내부 승진시 인사고과 자료로 적극 활용 추진

4. 시험과목 및 버전

자격종목	등급	S/W Version	평가범위	시험시간	합격기준
GTQ 포토샵	1급	Adobe PhotoShop CS2, CS4 (한글, 영문)	기능평가 40% 기초실무능력평가 60%	90분	100점 만점 70점 이상
	2급		기능평가 60% 기초실무능력평가 40%	90분	100점 만점 60점 이상
	3급		기능평가 100%	60분	100점 만점 60점 이상

5. 시험 배점, 문항 및 시험시간

급수	시험배점	시험방법	시험시간
1급	총점 100점	4문항 실무 작업형 실기시험	90분
2급	총점 100점	4문항 실무 작업형 실기시험	90분
3급	총점 100점	3문항 기능 작업형 실기시험	60분

6. 출제기준

문제	사용 기능	평가 항목	배점	이미지
문제1 [기능평가] 고급 Tool(도구) 활용	• Filter(필터) • Pen Tool(펜 도구) • Clipping Mask(클리핑 마스크) • Selection Tool(선택 도구) • Layer Style(레이어 스타일) • Shape Tool(모양 도구) • Type Tool(문자 도구) • Free Transform(자유 변형)	• 작품 규격 및 해상도 설정, 레이아웃 • 펜 도구를 이용한 드로잉 평가, 모양 도구, 마스크 • 이미지 합성 및 필터, 이미지 변형 • 그라디언트 활용 및 레이어 스타일 • 문자 입력 및 왜곡 • 파일 관리 및 저장 방법	20점	3개
문제2 [기능평가] 사진편집 응용	• Filter(필터) • Hue/Saturation(색조/채도) • Layer Style(레이어 스타일) • Shape Tool(모양 도구) • Type Tool(문자 도구) • Free Transform(자유 변형)	• 작품 규격 및 해상도 설정, 레이아웃 • 펜 도구를 이용한 드로잉 평가, 모양 도구, 마스크 • 이미지 합성 및 필터, 이미지 변형 • 그라디언트 활용 및 레이어 스타일 • 문자 입력 및 왜곡 • 파일 관리 및 저장 방법	20점	3개
문제3 [실무응용] 포스터 제작	• Background(배경) 지정 • Layer Mask(레이어 마스크) • Gradient(그라디언트) • Opacity(불투명도) • Blending Mode(혼합 모드) • Filter(필터) • Layer Style(레이어 스타일) • Hue/Saturation(색조/채도) • Shape Tool(모양 도구) • Type Tool(문자 도구) • Free Transform(자유 변형)	• 작품 규격 및 해상도 설정, 레이아웃 • 배경 색상의 단색 및 그라디언트 • 모양 도구 활용 및 그라디언트 활용 • 레이어 스타일 적용 • 이미지 합성 및 필터, 이미지 변형, 마스크 • 색상 보정 및 혼합 모드, 불투명도 • 문자 입력 및 필터 • 파일 관리 및 저장 방법	25점	5개
문제4 [실무응용] 홈페이지 메뉴바 제작	• Background(배경) 지정 • Pattern(패턴) • Layer Mask(레이어 마스크) • Opacity(불투명도) • Blending Mode(혼합 모드) • Gradient(그라디언트) • Layer Style(레이어 스타일) • Filter(필터) • Shape Tool(모양 도구) • Hue/Saturation(색조/채도) • Type Tool(문자 도구) • Free Transform(자유 변형)	• 작품 규격 및 해상도 설정, 레이아웃 • 배경 색상의 단색 및 그라디언트 • 패턴 제작, 펜 도구를 이용한 드로잉 평가 • 모양 도구 활용 및 그라디언트 활용 • 레이어 스타일 적용 • 이미지 합성 및 필터, 이미지 변형, 마스크 • 색상 보정 및 혼합 모드, 불투명도 • 문자 입력 및 필터 • 파일 관리 및 저장 방법	35점	6개

목차

PART 01 Photoshop CS4 핵심요약

● Chapter 01 · 유의사항 및 답안작성요령 알아보기
- STEP 01. 수험자 등록하고 이미지 확인하기 …… 11
- STEP 02. 문서 작성 준비하기 …… 13
- STEP 03. 답안 저장하고 전송하기 …… 16

● Chapter 02 · [기능평가] 고급 Tool(도구) 활용
- STEP 01. 이미지 창 생성 및 이미지 복사하기 …… 21
- STEP 02. 필터(Filter) 적용하기 …… 24
- STEP 03. 패스(Path) 모양 그리기 …… 34
- STEP 04. 마스크 설정 및 레이어 스타일 지정하기 …… 41
- STEP 05. 복사 및 레이어 스타일 지정하기 …… 50
- STEP 06. 새 모양 작성하기 …… 53
- STEP 07. 달팽이 모양 작성하기 …… 58
- STEP 08. ①번 텍스트 작성하기 …… 61
- STEP 09. 답안 저장 및 전송하기 …… 65

● Chapter 03 · [기능평가] 사진편집 응용
- STEP 01. 이미지 창 생성 및 이미지 복사하기 …… 73
- STEP 02. 필터(Filter) 적용하기 …… 76
- STEP 03. 이미지 복사 및 색상 보정하기 …… 77
- STEP 04. 이미지 복사 및 레이어 스타일 적용하기 …… 83
- STEP 05. 나선형 모양 작성하기 …… 85
- STEP 06. 발바닥 모양 작성하기 …… 89
- STEP 07. ①번 텍스트 작성하기 …… 91
- STEP 08. 답안 저장 및 전송하기 …… 97

● Chapter 04 · [실무응용] 포스터 제작
- STEP 01. 이미지 창 생성 및 배경 지정하기 …… 105
- STEP 02. 혼합 모드 및 레이어 마스크 작성하기 …… 107
- STEP 03. 필터 및 레이어 마스크 작성하기 …… 112
- STEP 04. 필터 및 레이어 스타일 지정하기 …… 114
- STEP 05. 이미지 복사 및 레이어 스타일 지정하기 …… 118
- STEP 06. 색상 보정 및 레이어 스타일 지정하기 …… 120
- STEP 07. 반짝이는 별 모양 작성하기 …… 123
- STEP 08. 파도 모양 작성하기 …… 127
- STEP 09. 하트 모양 카드 모양 작성하기 …… 130
- STEP 10. ①번 텍스트 작성하기 …… 133
- STEP 11. ②번 텍스트 작성하기 …… 137
- STEP 12. ③번 텍스트 작성하기 …… 140
- STEP 13. ④번 텍스트 작성하기 …… 144
- STEP 14. 답안 저장 및 전송하기 …… 146

● Chapter 05 · [실무응용] 홈페이지 메뉴바 제작
- STEP 01. 이미지 창 생성 및 이미지 복사하기 …… 155
- STEP 02. 패턴 만들고 적용하기 …… 158
- STEP 03. 이미지 복사 및 레이어 마스크 지정하기 …… 165

Contents

STEP 04. 이미지 복사 및 혼합 모드 지정하기 ······················· 168
STEP 05. 이미지 복사 및 필터, 레이어 스타일 지정하기 (1) ············· 171
STEP 06. 이미지 복사 및 필터, 레이어 스타일 지정하기 (2) ············· 173
STEP 07. 이미지 복사 및 색상 보정, 레이어 스타일 지정하기 (1) ········ 176
STEP 08. 이미지 복사 및 색상 보정, 레이어 스타일 지정하기 (2) ········ 179
STEP 09. 말 풍선 모양 작성하기 ····························· 183
STEP 10. 가위 모양 작성하기 ······························· 186
STEP 11. 클립 모양 작성하기 ······························· 188
STEP 12. ①번 텍스트 작성하기 ···························· 191
STEP 13. ②번 텍스트 작성하기 ···························· 194
STEP 14. ③번 텍스트 작성하기 ···························· 196
STEP 15. ④번 텍스트 작성하기 ···························· 198
STEP 16. 답안 저장 및 전송하기 ···························· 201

PART 02 실전모의고사

- 제01회 실전모의고사 ································· 210
- 제02회 실전모의고사 ································· 214
- 제03회 실전모의고사 ································· 218
- 제04회 실전모의고사 ································· 222
- 제05회 실전모의고사 ································· 226
- 제06회 실전모의고사 ································· 230
- 제07회 실전모의고사 ································· 234
- 제08회 실전모의고사 ································· 238
- 제09회 실전모의고사 ································· 242
- 제10회 실전모의고사 ································· 246

PART 03 최신기출문제

- 제01회 최신기출문제 ································· 252
- 제02회 최신기출문제 ································· 256
- 제03회 최신기출문제 ································· 260
- 제04회 최신기출문제 ································· 264
- 제05회 최신기출문제 ································· 268

PART 04 정답 및 해설

- 실전모의고사 ······································· 274
- 최신기출문제 ······································· 321

구성

※ 기본 익히기
포토샵의 기본 기능을 기능평가 문제별로 구분하여 이해하기 쉽도록 따라하기로 구성하였습니다.

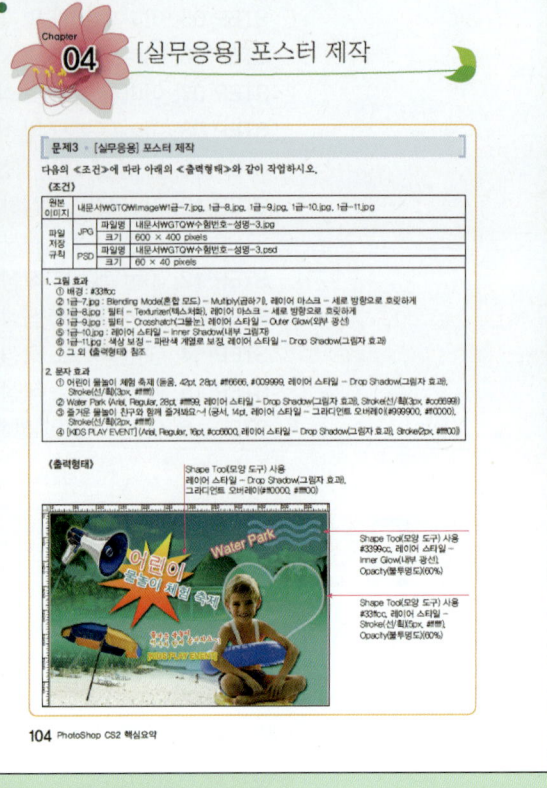

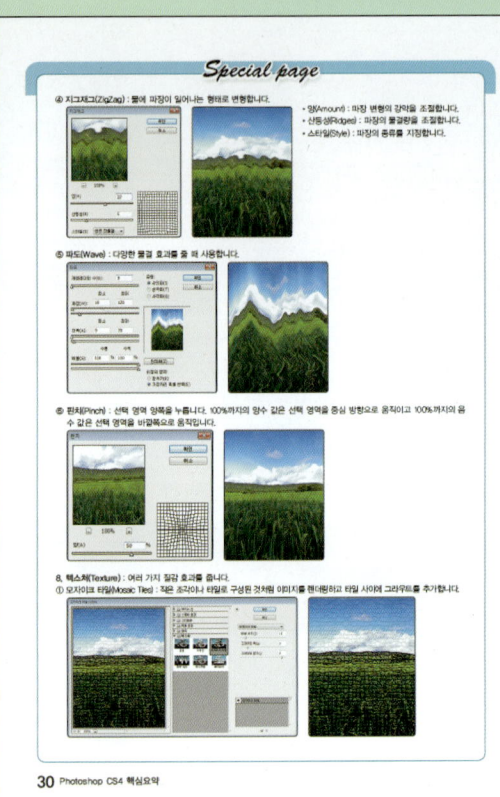

※ Special page
포토샵 기능 중에서 기능평가 문제에 추가되는 세부 사항에 대해 자세한 설명을 추가하여 꼭 알고 넘어갈 수 있도록 설명하였습니다.

※ 문제유형
실제 시험과 동일한 유형의 문제를 수록하였으며, 중간 평가로 본인의 실력을 확인해 볼 수 있습니다.

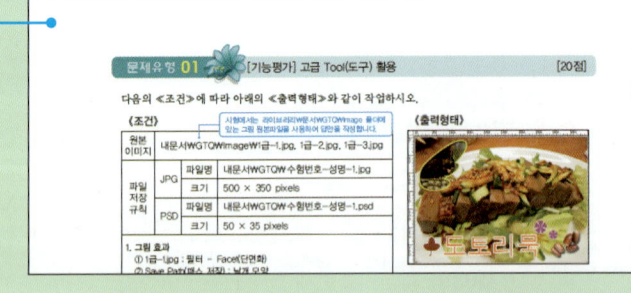

※ 실전모의고사, 최신기출문제
실제 시험과 동일한 유형의 실전모의고사와 최신기출문제를 수록하여 시험에 충실히 대비할 수 있도록 구성하였습니다.

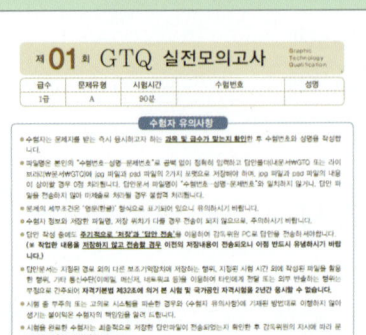

PART 01

Photoshop CS4
핵심요약

Chapter 01 • 유의사항 및 답안작성요령 알아보기

Chapter 02 • [기능평가] 고급 Tool(도구) 활용

Chapter 03 • [기능평가] 사진편집 응용

Chapter 04 • [실무응용] 포스터 제작

Chapter 05 • [실무응용] 홈페이지 메뉴바 제작

Chapter 01 유의사항 및 답안작성요령 알아보기

수험자 유의사항

- 수험자는 문제지를 받는 즉시 응시하고자 하는 **과목 및 급수가 맞는지 확인**한 후 수험번호와 성명을 작성합니다.
- 파일명은 본인의 "수험번호-성명-문제번호"로 공백 없이 정확히 입력하고 답안폴더(내문서₩GTQ 또는 라이브러리₩문서₩GTQ)에 jpg 파일과 psd 파일의 2가지 포맷으로 저장해야 하며, jpg 파일과 psd 파일의 내용이 상이할 경우 0점 처리됩니다. 답안문서 파일명이 "수험번호-성명-문제번호"와 일치하지 않거나, 답안 파일을 전송하지 않아 미제출로 처리될 경우 불합격 처리됩니다.
- 문제의 세부조건은 '영문(한글)' 형식으로 표기되어 있으니 유의하시기 바랍니다.
- 수험자 정보와 저장한 파일명, 저장 위치가 다를 경우 전송이 되지 않으므로, 주의하시기 바랍니다.
- 답안 작성 중에도 **주기적으로 '저장'과 '답안 전송'**을 이용하여 감독위원 PC로 답안을 전송하셔야합니다.
  (※ 작업한 내용을 저장하지 않고 전송할 경우 이전의 저장내용이 전송되오니 이점 반드시 유념하시기 바랍니다.)
- 답안문서는 지정된 경로 외의 다른 보조기억장치에 저장하는 행위, 지정된 시험 시간 외에 작성된 파일을 활용한 행위, 기타 통신수단(이메일, 메신저, 네트워크 등)을 이용하여 타인에게 전달 또는 외부 반출하는 행위는 부정으로 간주되어 **자격기본법 제32조에 의거 본 시험 및 국가공인 자격시험을 2년간 응시할 수 없습니다.**
- 시험 중 부주의 또는 고의로 시스템을 파손한 경우와 〈수험자 유의사항〉에 기재된 방법대로 이행하지 않아 생기는 불이익은 수험자의 책임임을 알려 드립니다.
- 시험을 완료한 수험자는 최종적으로 저장한 답안파일이 전송되었는지 확인한 후 감독위원의 지시에 따라 문제지를 제출하고 퇴실합니다.

답안 작성요령

- 온라인 답안 작성 절차
  수험자 등록 ⇒ 시험 시작 ⇒ 답안파일 저장 ⇒ 답안 전송 ⇒ 시험 종료
- 내문서₩GTQ₩Image폴더에 있는 그림 원본파일을 사용하여 답안을 작성하시고 최종답안을 답안폴더(내문서₩GTQ)에 저장하여 답안을 전송하시고, 이미지의 크기가 다른 경우 감점 처리됩니다.
- 배점은 총 100점으로 이루어지며, 점수는 각 문제별로 차등 배분됩니다.
- 각 문제는 주어진 〈조건〉에 따라 작성하고, 언급하지 않은 조건은 《출력형태》와 같이 작성합니다.
- 배치 등의 편의를 위해 주어진 눈금자의 단위는 '픽셀'입니다.
  그 외는 출력형태(효과, 이미지, 문자, 색상, 레이아웃, 규격 등)와 같게 작업하십시오.
- 문제 조건에 서체의 지정이 없을 경우 한글은 굴림이나 돋움, 영문은 Arial로 작업하십시오.
  (단, 그 외에 제시되지 않은 문자 속성을 기본값으로 작성하지 않은 경우는 감점 처리됩니다.)
- Image Mode(이미지 모드)는 별도의 처리조건이 없을 경우에는 RGB(8비트)로 작업하십시오.
- 모든 답안 파일은 해상도 72 pixels/inch로 작업하십시오.
- Layer(레이어)는 각 기능별로 분할해야 하며, 임의로 합칠 경우나 각 기능에 대한 속성을 해지할 경우 해당 요소는 0점 처리됩니다.

STEP 01 수험자 등록하고 이미지 확인하기

01 KOAS 수험자용 프로그램을 실행하기 위해 바탕화면에서 "KOAS 수험자용()" 아이콘을 더블클릭합니다.

02 [수험자 등록] 대화상자가 나타나면 수험번호를 입력한 후 [확인] 단추를 클릭합니다.

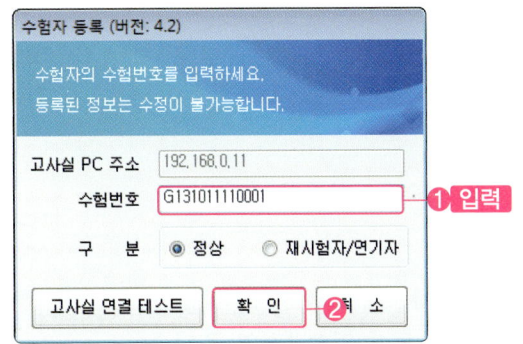

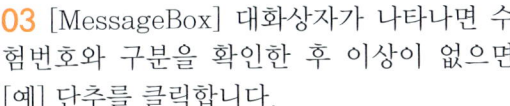

- 수험번호를 잘못 입력하면 다음 화면으로 넘어가지 않으므로 수험번호를 정확히 입력합니다.
- 수험번호는 문자 포함 13자리입니다.

03 [MessageBox] 대화상자가 나타나면 수험번호와 구분을 확인한 후 이상이 없으면 [예] 단추를 클릭합니다.

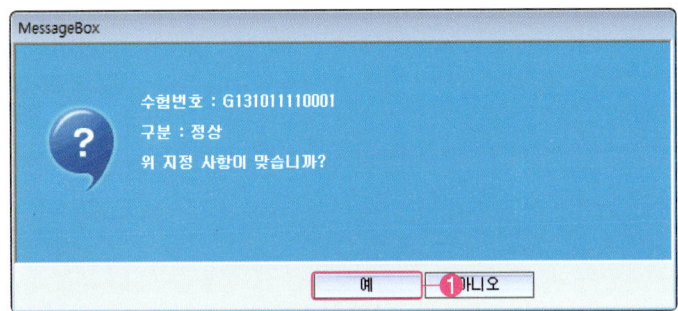

04 [수험자 버전 선택] 대화상자가 나타나면 [포토샵(PhotoShop)]을 선택한 후 [확인] 단추를 클릭합니다.

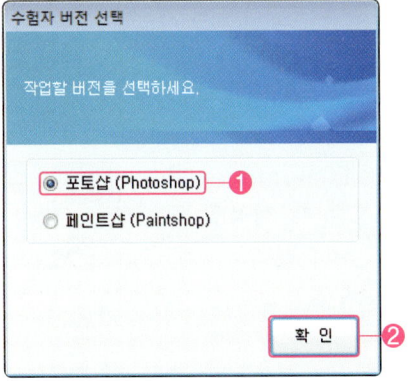

05 [수험자 버전 선택] 대화상자가 나타나면 수험번호, 성명, 수험과목, 좌석번호 등을 확인한 후 이상이 없으면 [확인] 단추를 클릭합니다.

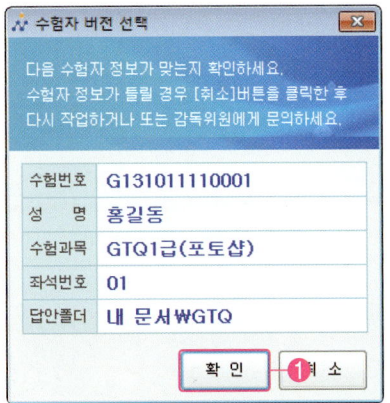

06 키보드 및 마우스를 사용할 수 없도록 잠금 상태가 되면 감독위원의 지시에 따라 잠금 기능이 해제될 때까지 대기합니다.

07 잠금이 해제되면 답안을 작성할 때 사용할 그림이 있는지 확인하기 위해 [작업 폴더 보기]를 클릭합니다.

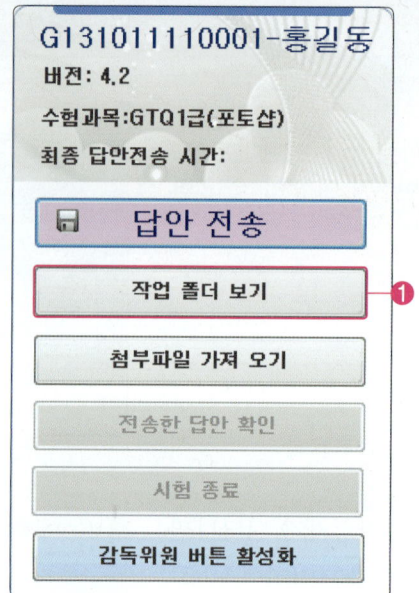

08 [라이브러리₩문서₩GTQ₩Image] 폴더가 나타나면 답안을 작성할 때 사용할 그림이 맞는지 확인합니다.

Tip
시험에 사용되는 이미지는 KOAS 수험자용 프로그램을 실행해야 생성됩니다.

STEP 02 | 문서 작성 준비하기

01 Adobe Photoshop CS4를 실행하기 위해 [시작]-[모든 프로그램]-[Adobe Photoshop CS4]를 클릭합니다.

Special page

Photoshop CS4 화면 구성 살펴보기

① **실행 바** : 컴퓨터에 저장된 이미지 파일의 내용을 확인할 때 필요한 기능들을 아이콘 형태로 표시해 놓은 곳으로, Bridge 시작, 표시자 보기(안내선 표시, 격자 표시, 눈금자 표시), 확대/축소 레벨, 손 도구, 돋보기 도구, 회전 보기 도구, 문서 정렬, 화면 모드 등의 기능을 사용할 수 있습니다.

② **메뉴 표시줄** : 포토샵의 여러 가지 명령을 실행할 수 있는 메뉴들이 놓여 있는 공간으로 파일(File), 편집(Edit), 이미지(Image), 레이어(Layer), 선택(Select), 필터(Filter), 보기(View), 창(Window), 도움말(Help)과 같은 메뉴가 있습니다.

③ **옵션 바** : 도구 상자에서 선택한 도구에 대한 세부적인 기능을 설정할 수 있습니다.

④ **도구 상자** : 이미지 편집 작업에 사용되는 다양한 기능들을 각각의 아이콘으로 만들어 모아 놓은 곳으로, 아이콘 오른쪽 삼각형이 있는 아이콘은 누르고 있으면 확장 도구가 표시됩니다.

⑤ **파일명 탭** : 작업 중인 파일의 이름과 화면 확대 비율, 그리고 색상 모드가 표시됩니다.

⑥ **캔바스** : 실제적으로 이미지를 편집하는 작업 공간입니다.

⑦ **상태 표시줄** : 화면 확대 비율, 파일 크기 등 현재 작업 중인 파일에 대한 정보가 표시됩니다.

⑧ **패널** : 자주 사용하는 기능들을 그룹별로 모아 놓은 곳으로 포토샵 CS4에서는 총 23개의 패널이 제공됩니다.

Special page

도구 상자(Tool Box) 살펴보기

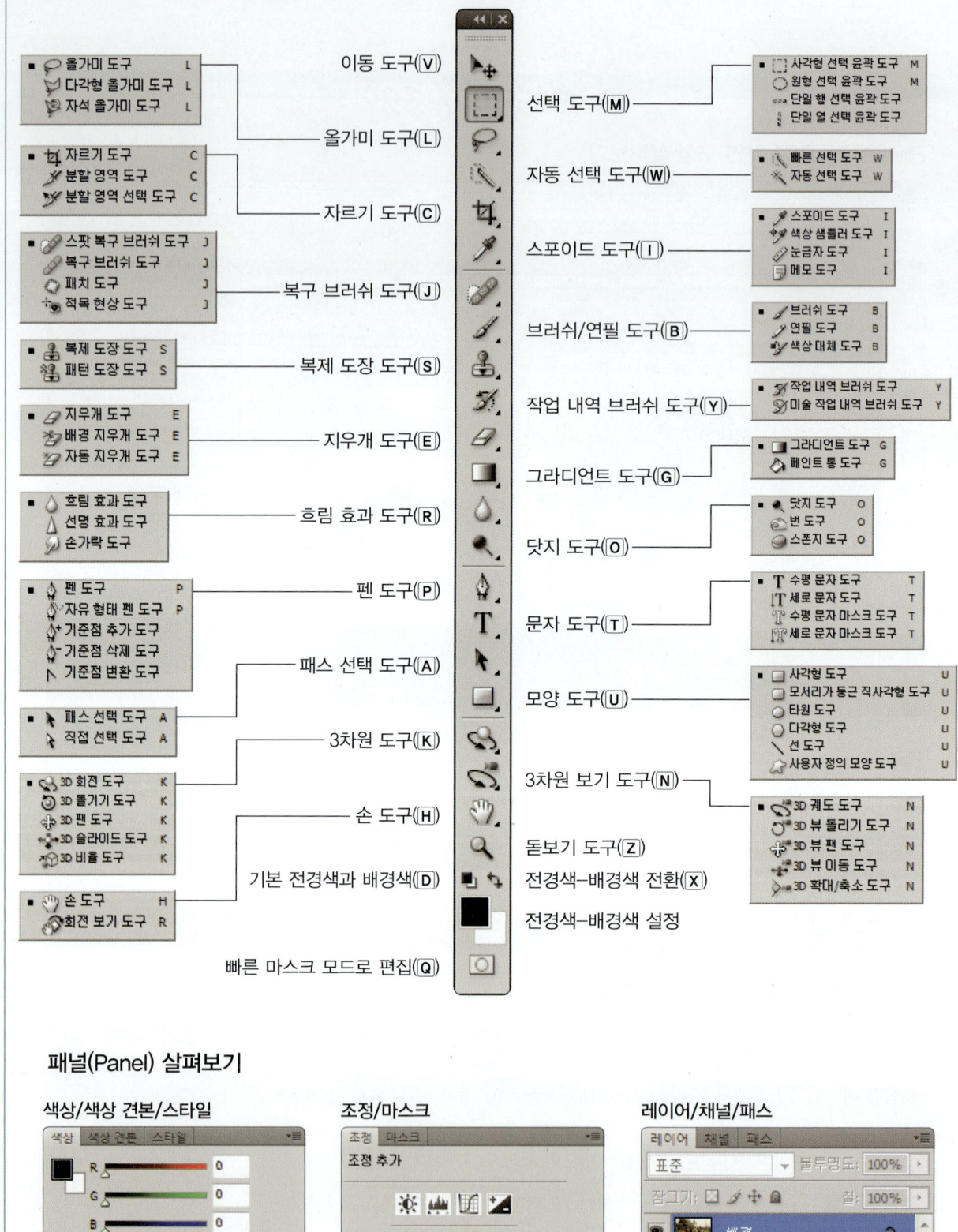

패널(Panel) 살펴보기

색상/색상 견본/스타일
조정/마스크
레이어/채널/패스

02 포토샵 CS4가 실행되면 [파일(File)]-[새로 만들기(New)]를 클릭합니다.

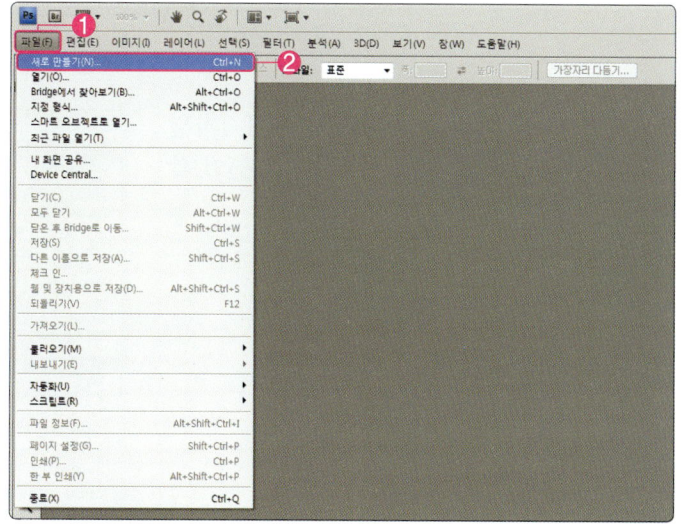

03 [새로 만들기(New)] 대화상자가 나타나면 폭(Width)과 높이(Height)를 입력한 후 해상도(Resolution)를 입력한 다음 [확인(OK)] 단추를 클릭합니다.

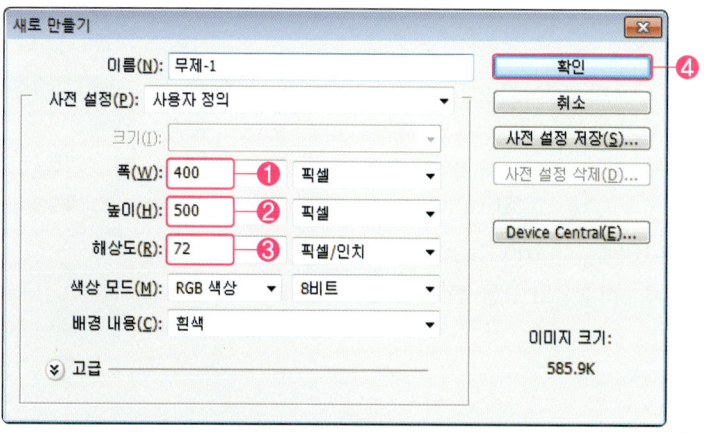

> **Tip**
> 별도의 지시사항이 없을 경우 기본값을 사용
> • 해상도(Resolution) : 72 픽셀/인치
> • 색상 모드(Color Mode) : RGB 색상
> • 배경 내용(Background Contents) : 흰색(White)

단위 설정
포토샵의 이미지 크기를 정하는 단위에는 픽셀(pixels), 인치(inches), 센티미터(cm), 미리미터(mm), 포인트(points), 파이카(picas), 열(columns) 등의 단위를 사용하며, 처음 실행하였을 경우 단위가 센티미터(cm)로 되어 있습니다. GTQ 포토샵 문제에서는 이미지 크기를 정하는 단위로 픽셀(pixels)을 사용하며, 단위 선택에 따라 이미지의 크기가 달라지므로 주의해야 합니다.

04 이미지 창이 만들어지면 눈금자가 표시되는지 확인한 후 눈금자가 나타나지 않을 경우 [보기(View)]-[눈금자(Rulers)]를 클릭합니다.

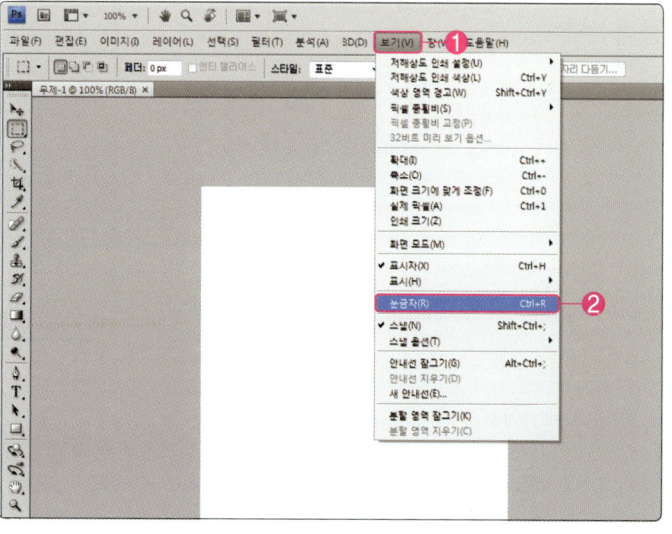

> **Tip**
> [보기]-[눈금자] 메뉴 앞에 체크 표시가 되어 있으면 화면에 표시된 상태를 의미하며, 한 번 더 클릭하면 체크 표시가 해제되며 화면에서 숨겨집니다.

STEP 03 답안 저장하고 전송하기

01 작업 중인 파일을 저장하기 위해 [파일(File)]-[다른 이름으로 저장(Save As)]을 클릭합니다.

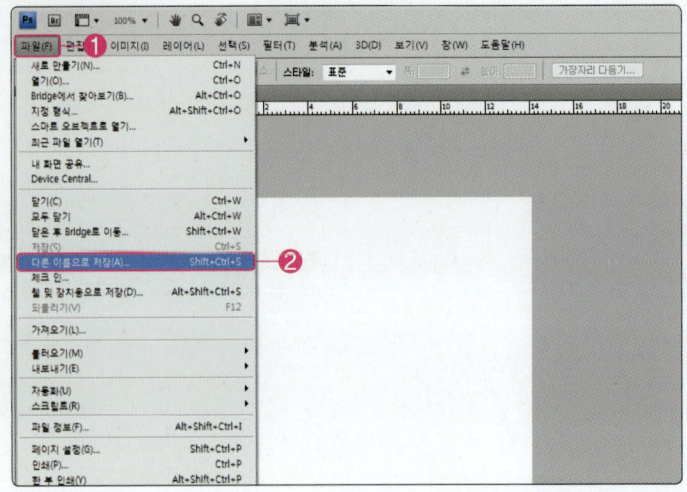

02 [다른 이름으로 저장(Save As)] 대화상자가 나타나면 저장 위치(라이브러리₩문서₩GTQ)를 지정한 후 파일 이름(수험번호-성명-문제번호)을 입력한 다음 형식(JPEG (*.JPG;*.JPEG;*.JPE))을 선택하고 [저장] 단추를 클릭합니다.

03 [JPEG 옵션] 대화상자가 나타나면 품질(Quality)을 지정한 후 [확인(OK)] 단추를 클릭합니다.

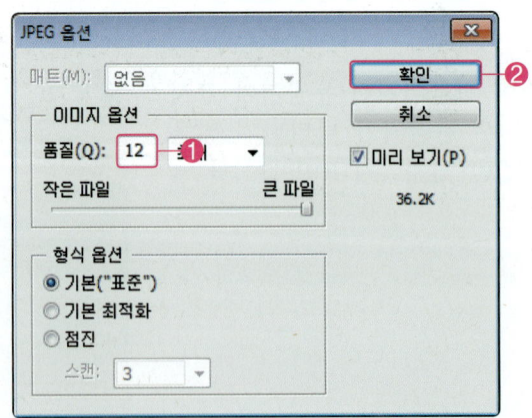

> **품질(Quality)이란?**
> JPEG 형식으로 저장할 때의 이미지 압축률을 조절하는 기능으로 품질의 단위 값이 낮을수록 압축률이 높아 파일 용량은 작아지지만 이미지의 품질은 손상이 될 수 있습니다. GTQ 시험에서의 JPEG 파일 품질은 '12'를 사용합니다.

04 JPG 파일로 저장이 완료되면 PSD 파일로 저장하기 위해 [이미지(Image)]-[이미지 크기(Image Size)]를 클릭합니다.

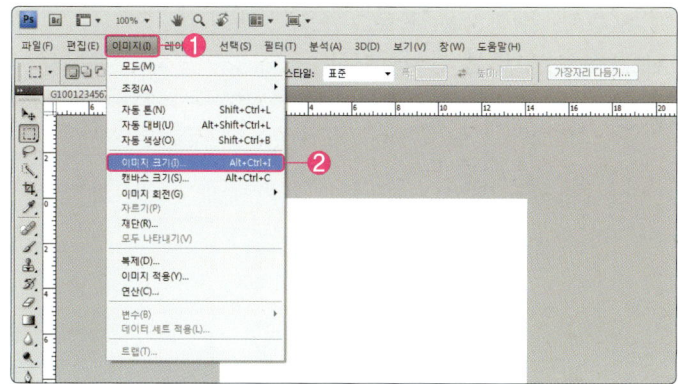

05 [이미지 크기(Image Size)] 대화상자가 나타나면 폭(40)을 입력한 후 [확인(OK)] 단추를 클릭합니다.

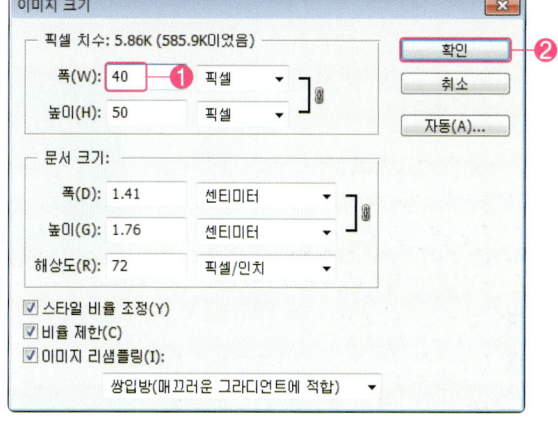

> **Tip**
> [비율 제한]이 선택되어 있는 경우 폭(Width)을 입력하면 높이(Height)는 비율에 맞게 자동으로 변경됩니다.

06 작업 중인 파일을 저장하기 위해 [파일(File)]-[다른 이름으로 저장(Save As)]을 클릭합니다.

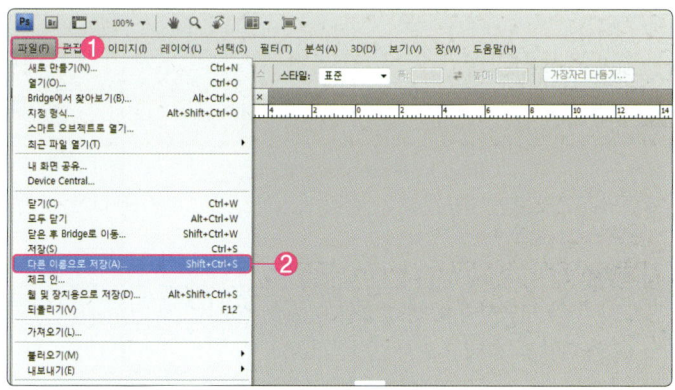

07 [다른 이름으로 저장(Save As)] 대화상자가 나타나면 저장 위치(라이브러리₩문서₩GTQ)를 지정한 후 파일 이름(수험번호-성명-문제번호)을 입력한 다음 형식(Photoshop (*.PSD;*.PDD))을 선택하고 [저장] 단추를 클릭합니다.

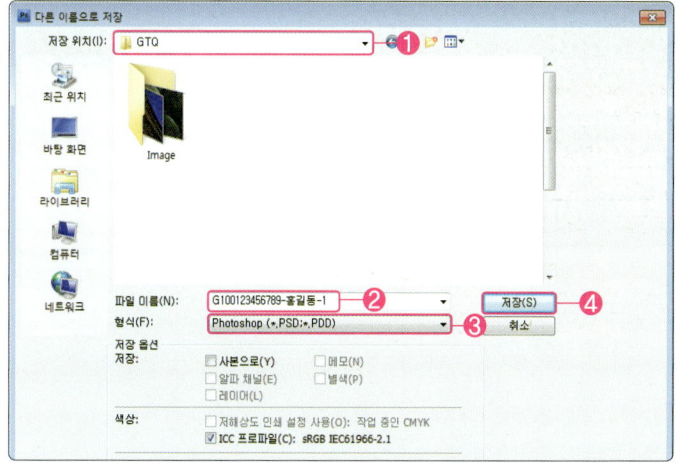

08 KOAS 수험자용 프로그램을 선택한 후 [답안 전송] 단추를 클릭합니다.

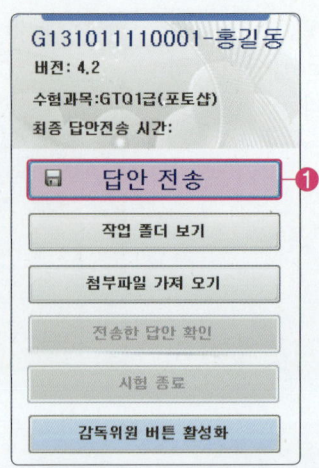

09 [MessageBox] 대화상자가 나타나면 [예] 단추를 클릭합니다.

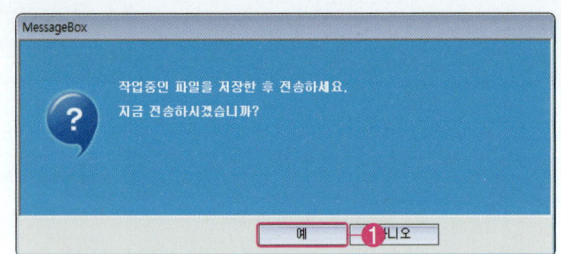

10 [고사실 PC로 답안 파일 보내기] 대화상자가 나타나면 전송할 파일을 선택한 후 [답안전송] 단추를 클릭합니다.

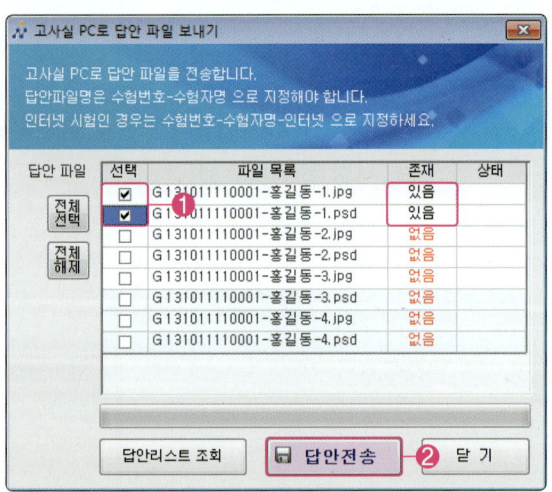

Tip
전송하고자 하는 파일의 존재 여부가 '없음'으로 표시되면 파일명 및 저장 위치를 확인합니다.

Special page

이전 파일 용량과 동일함

이전 전송한 파일 용량과 동일할 경우 나타나는 경고창입니다. 저장을 했는지 확인한 후 [답안 전송]을 합니다.

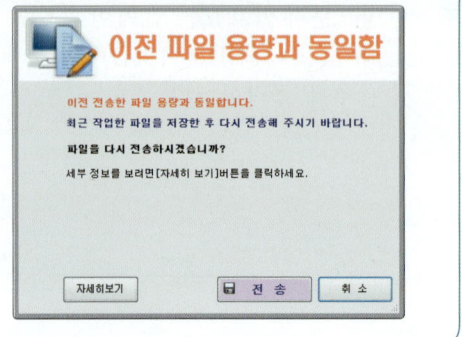

11 [MessageBox] 대화상자가 나타나면 [확인] 단추를 클릭합니다.

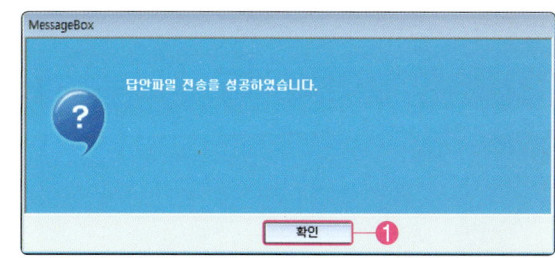

12 [고사실 PC로 답안 파일 보내기] 대화상자가 다시 나타나면 [닫기] 단추를 클릭합니다.

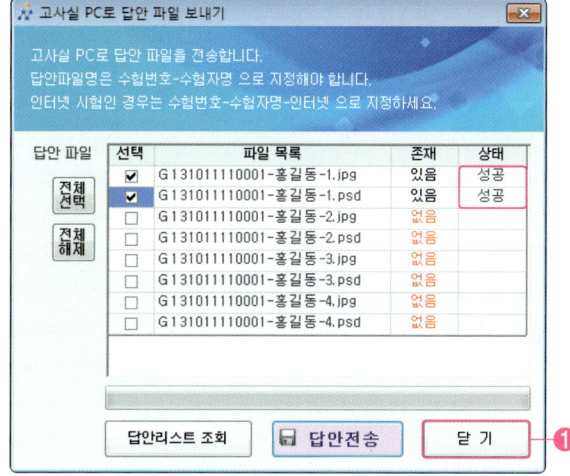

전송한 파일의 상태 여부가 '성공'으로 표시되는지 확인합니다.

문제유형 01 — 다음의 ≪답안 작성요령≫에 따라 답안 작성을 준비해 보세요.

답안 작성요령

- 온라인 답안 작성 절차
  수험자 등록 ⇒ 시험 시작 ⇒ 답안파일 저장 ⇒ 답안 전송 ⇒ 시험 종료
- 내문서₩GTQ₩Image폴더에 있는 그림 원본파일을 사용하여 답안을 작성하시고 최종답안을 답안폴더(내문서₩GTQ)에 저장하여 답안을 전송하시고, 이미지의 크기가 다른 경우 감점 처리됩니다.
- 배점은 총 100점으로 이루어지며, 점수는 각 문제별로 차등 배분됩니다.
- 각 문제는 주어진 〈조건〉에 따라 작성하고, 언급하지 않은 조건은 《출력형태》와 같이 작성합니다.
- 배치 등의 편의를 위해 주어진 눈금자의 단위는 '픽셀'입니다.
  그 외는 출력형태(효과, 이미지, 문자, 색상, 레이아웃, 규격 등)와 같이 작업하십시오.
- 문제 조건에 서체의 지정이 없을 경우 한글은 굴림이나 돋움, 영문은 Arial로 작업하십시오.
  (단, 그 외에 제시되지 않은 문자 속성을 기본값으로 작성하지 않은 경우는 감점 처리됩니다.)
- Image Mode(이미지 모드)는 별도의 처리조건이 없을 경우에는 RGB(8비트)로 작업하십시오.
- 모든 답안 파일은 해상도 72 pixels/inch로 작업하십시오.
- Layer(레이어)는 각 기능별로 분할해야 하며, 임의로 합칠 경우나 각 기능에 대한 속성을 해지할 경우 해당 요소는 0점 처리됩니다.

Chapter 02 [기능평가] 고급 Tool(도구) 활용

문제1 ● [기능평가] 고급 Tool(도구) 활용

다음의 ≪조건≫에 따라 아래의 ≪출력형태≫와 같이 작업하시오.

《조건》

원본 이미지	내문서\GTQ\Image\1급-1.jpg, 1급-2.jpg, 1급-3.jpg		
파일 저장 규칙	JPG	파일명	내문서\GTQ\수험번호-성명-1.jpg
		크기	400 × 500 pixels
	PSD	파일명	내문서\GTQ\수험번호-성명-1.psd
		크기	40 × 50 pixels

《출력형태》

1. 그림 효과
   ① 1급-1.jpg : 필터 – Watercolor(수채화 효과)
   ② Save Path(패스 저장) : 수레 모양
   ③ Mask(마스크) : 수레 모양, 1급-2.jpg를 이용하여 작성
      레이어 스타일 – Stroke(선/획)(3px, 그라디언트(#ff0033, #ffff00)),
      Inner Shadow(내부 그림자)
   ④ 1급-3.jpg : 레이어 스타일 – Drop Shadow(그림자 효과)
   ⑤ Shape Tool(모양 도구) :
      – 새 모양 (레이어 스타일 – 그라디언트 오버레이(#ccff00, #ffffff),
        Drop Shadow(그림자 효과))
      – 달팽이 모양 (#cc66cc, 레이어 스타일 –
        Stroke(선/획)(3px, #ffffff), Opacity(불투명도)(50%))

2. 문자 효과
   ① 농부체험 (궁서, 40pt, #336699, 레이어 스타일 –
      Drop Shadow(그림자 효과), Stroke(선/획)(3px, #ffffff))

STEP 01 | 이미지 창 생성 및 이미지 복사하기

01 Adobe Photoshop CS4를 실행하기 위해 [시작]-[모든 프로그램]-[Adobe Photoshop CS4]를 클릭합니다.

02 [파일(File)]-[새로 만들기(New)]를 클릭합니다.

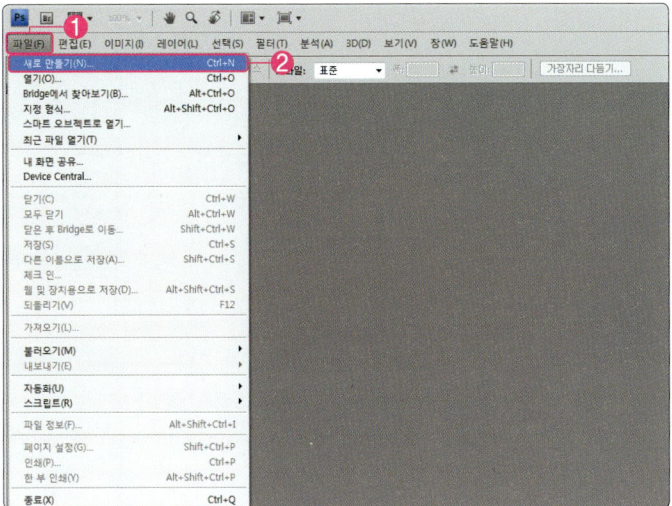

03 [새로 만들기(New)] 대화상자가 나타나면 폭(Width)과 높이(Height)를 입력한 후 해상도(Resolution)를 입력한 다음 [확인(OK)] 단추를 클릭합니다.

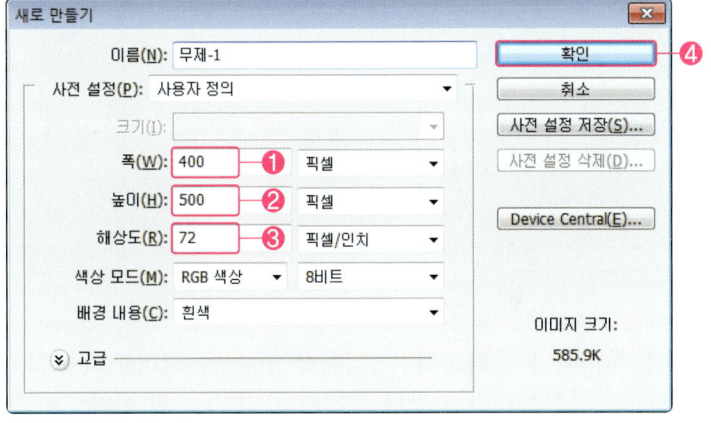

Tip
별도의 지시사항이 없을 경우 기본값을 사용
- 해상도(Resolution) : 72 픽셀/인치
- 색상 모드(Color Mode) : RGB 색상
- 배경 내용(Background Contents) : 흰색(White)

04 눈금자를 드래그하여 안내선(Guides)을 100 픽셀(pixels) 단위로 작성합니다.

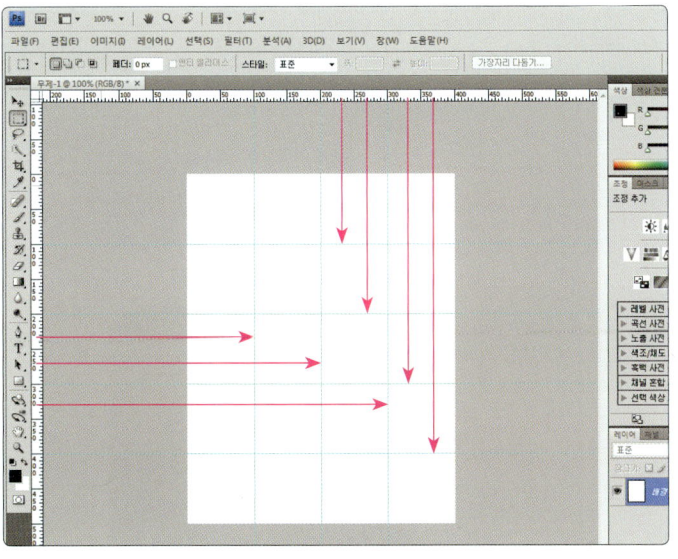

Tip
- 눈금자가 표시되지 않을 경우 [보기(View)]-[눈금자(Rulers)] 또는 Ctrl+R을 누릅니다.
- 안내선(Guides)은 작업의 편의를 위한 일종의 기준선 또는 가이드를 말합니다. 만들어진 안내선은 Ctrl+;를 눌러 나타내거나 숨길 수 있습니다. 생성된 안내선을 마우스로 드래그하여 위치를 이동하거나 안내선을 삭제할 수 있습니다.

05 [파일(File)]-[열기(Open)]를 클릭합니다.

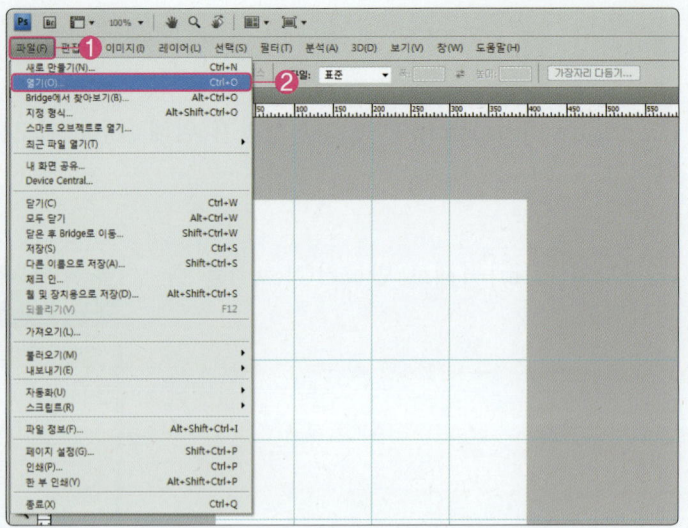

06 [열기(Open)] 대화상자가 나타나면 찾는 위치(라이브러리₩문서₩GTQ₩Image)를 지정한 후 파일(1급-1)을 선택한 다음 [열기] 단추를 클릭합니다.

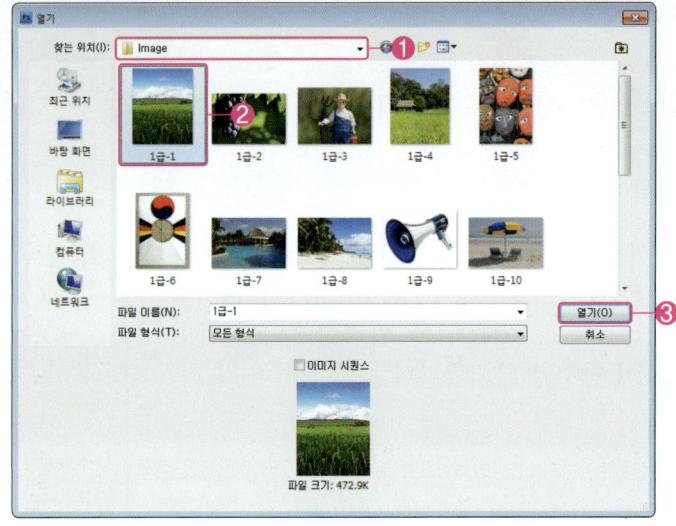

> **Tip**
> - 시험 이미지 : 라이브러리₩문서₩GTQ₩Image
> - 교재 이미지 : 라이브러리₩문서₩GTQ₩Part1₩Image

07 이미지가 불러와지면 [이미지(Image)]-[이미지 크기(Image Size)]를 클릭한 후 [이미지 크기(Image Size)] 대화상자가 나타나면 폭(400)을 입력한 다음 [확인(OK)] 단추를 클릭합니다.

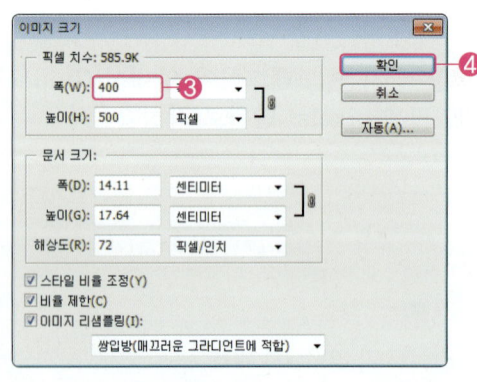

08 이미지 크기가 수정되면 복사하기 위해 Ctrl+A를 눌러 이미지 전체를 선택한 후 Ctrl+C를 눌러 복사합니다.

09 이미지가 복사되면 [무제-1] 탭을 클릭한 후 Ctrl+V를 눌러 붙여넣기합니다.

Tip

[무제-1] 탭의 [레이어(LAYERS)] 패널에는 [배경] 레이어 이외에 [레이어 1] 레이어가 추가됩니다. GTQ 시험에서는 작업 순서에 따른 레이어 생성을 임의로 합치거나 각 기능의 속성을 해제할 경우 해당 요소가 "0"점 처리되므로 주의해야 합니다.

10 [1급-1.jpg] 탭의 ⊠[닫기]를 클릭한 후 [닫기 전에 변경한 내용을 저장하시겠습니까?]라고 묻는 대화상자가 나타나면 [아니오] 단추를 클릭합니다.

STEP 02 | 필터(Filter) 적용하기

01 [필터(Filter)]-[예술 효과(Artistic)]-[수채화 효과(Watercolor)]를 클릭합니다.

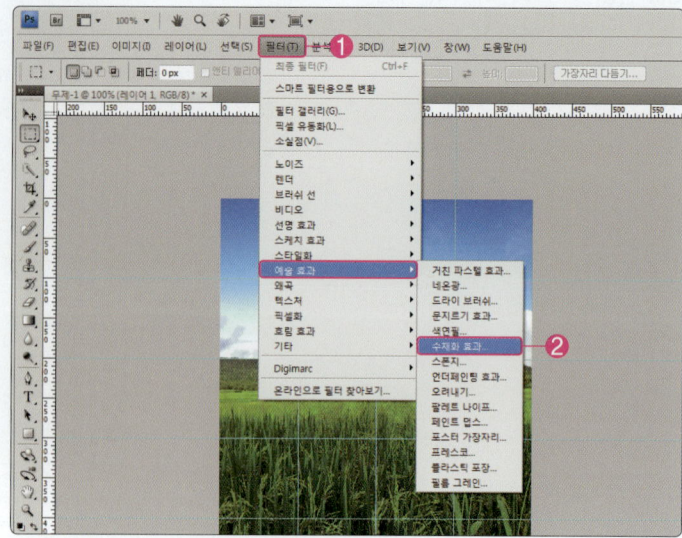

02 [수채화 효과(Watercolor)] 대화상자가 나타나면 속성을 지정한 후 [확인(OK)] 단추를 클릭합니다.

> **Tip**
> 필터(Filter)를 적용할 때 세부 설정 값은 《출력형태》를 보고 수험자가 직접 판단해야 합니다. 《출력형태》와 비교하면서 세부 설정 값을 조절합니다.

03 다음과 같이 수채화 효과(Watercolor) 필터가 적용됩니다.

필터(Filter)

1. 노이즈(Noise) : 잡티나 텍스처를 이용하여 잡티를 추가하거나 삭제할 때 사용합니다.
① 노이즈 추가(Add Noise) : 잡티를 추가할 때 사용합니다.

- 양(Amount) : 노이즈 양을 조절합니다.
- 균일(Uniform) : 0과 지정된 값의 양수 또는 음수 사이에 있는 임의의 수를 사용하여 노이즈 색상 값을 분포시켜 좀더 미묘한 변화 효과를 만들 수 있습니다.
- 가우시안(Gaussian) : 종 모양의 곡선을 따라 노이즈 색상 값을 분포시켜 반점 효과를 만듭니다.
- 단색(Monochromatic) : 색상을 바꾸지 않으면서 이미지의 색조 요소에만 필터가 적용됩니다.

2. 렌더(Render) : 다양한 특수 효과를 줄 때 사용합니다.
① 렌즈 플레어(Lens Flare) : 카메라 렌즈로 밝은 빛을 비출 때 생기는 굴절 효과를 시뮬레이션합니다. 이미지의 축소판 내에서 클릭하거나 십자 표시를 드래그하여 광원 중심의 위치를 지정합니다.

3. 브러쉬 선(Brush Strokes) : 이미지에 붓자국과 같은 질감을 표현하여 이미지의 윤곽선을 강조하여 표현합니다.
① 그물눈(Crosshatch) : 대각선의 교차되는 선들을 생성하여 회화적인 느낌을 표현합니다.

- 선 길이(Stroke Length) : 선의 길이를 조절합니다.
- 선명도(Sharpness) : 선의 세밀함 정도를 조절합니다.
- 강도(Strength) : 선의 강도를 조절합니다.

Special page

② 뿌리기(Spatter) : 에어브러쉬로 뿌리는 효과를 복제합니다. 옵션들의 값을 증가시킬수록 전체적으로 단순한 효과를 얻을 수 있습니다.

- 스프레이 반경(Spray Radius) : 값이 클수록 부서지는 정도가 커집니다.
- 매끄러움(Smoothness) : 값이 작을수록 매우 작은 조각으로 부서집니다.

4. 스케치 효과(Sketch) : 여러 가지 스케치 방식을 적용할 수 있습니다.
① 물 종이(Water Paper) : 번지는 듯한 느낌의 효과를 줍니다.

- 섬유 길이(Fiber Length) : 번지는 정도를 조절합니다.
- 명도(Brightness) : 밝기의 정도를 조절합니다.
- 대비(Contrast) : 색상 대비 값을 조절합니다.

5. 스타일화(Stylize) : 픽셀의 모양이나 배열에 변형을 기하여 스타일을 변화시키고자 할 때 사용합니다.
① 타일(Tiles) : 타일과 같이 쪼개어 놓은 듯한 효과를 줍니다.

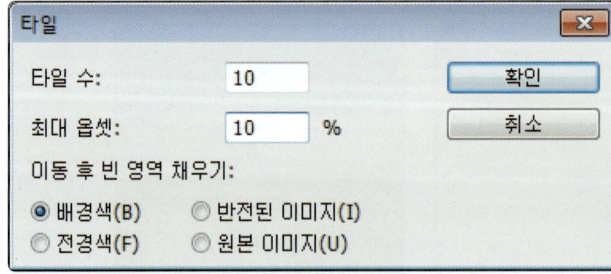 

- 타일 수(Number Of Tiles) : 적용될 타일의 최소 개수를 지정합니다.
- 최대 옵셋(Maximum Offset) : 타일과 타일 사이의 간격을 지정합니다.
- 이동 후 빈 영역 채우기(Fill Empty Area With) : 빈 영역을 어떻게 처리할 것인지를 지정합니다.

Special page

6. 예술 효과(Artistic) : 예술적인 효과를 만들어주는 효과(그림 효과)입니다.

① **거친 파스텔 효과(Rough Pastels)** : 텍스처가 입혀진 배경 이미지에 파스텔 분필로 선을 그린 것처럼 보이게 합니다. 밝은 색상 영역에서는 텍스처가 거의 없어 분필이 두껍게 나타나지만, 어두운 영역에서는 텍스처를 나타내기 위해 분필을 벗겨낸 것처럼 보입니다.

- 선 길이(Stroke Length) : 사선의 길이를 조절합니다.
- 텍스처(Texture) : 파스텔 효과의 종류를 지정합니다.
- 부조(Relief) : 사선의 속도감을 조절합니다.
- 반전(Invert) : 종이 질감을 역으로 표현합니다.
- 선 세부(Stroke Detail) : 사선의 강도를 조절합니다.
- 비율(Scaling) : 텍스처의 크기를 조절합니다.
- 조명(Light) : 빛의 방향을 조절하여 그림자 위치를 조절합니다.

② **네온 광(Neon Glow)** : 이미지의 오브젝트에 다양한 종류의 광선을 추가합니다. 이 필터는 모양을 부드럽게 하면서 이미지에 색을 입히는 데 유용합니다.

③ **드라이 브러쉬(Dry Brush)** : 유화와 수채화 중간의 드라이 브러쉬 기법을 사용하여 이미지 가장자리를 페인팅합니다. 이 필터를 적용하면 색상 범위가 일반 색상 영역으로 줄어들기 때문에 이미지를 단순화할 수 있습니다.

- 브러쉬 크기(Brush Size) : 브러쉬의 크기를 조절합니다.
- 브러쉬 세부(Brush Detail) : 브러쉬의 정교함을 조절합니다.
- 텍스처(Texture) : 표현 방법의 차이를 설정합니다.

④ 수채화 효과(Watercolor) : 디테일을 단순화하고 물과 색상으로 흠뻑 적신 중간 브러쉬를 사용하여 수채화 스타일로 이미지를 칠합니다. 이 필터를 사용하면 가장자리에서 뚜렷한 색조 변화가 일어나는 영역의 채도가 증가합니다.

⑤ 스폰지 효과(Sponge) : 대비 색의 텍스처가 짙게 스며든 영역으로 이미지를 만들어 스폰지로 페인팅한 것처럼 보이게 합니다.

⑥ 프레스코(Fresco) : 짧고 둥글며 빠르게 두드리는 방법을 사용하여 이미지를 거칠게 칠합니다.

⑦ 필름 그레인(Film Grain) : 이미지의 어두운 영역 색조와 중간 영역 색조에 고른 패턴을 적용하며, 이미지의 더 밝은 영역에는 더욱 고르고 더욱 채도가 높은 패턴이 추가됩니다. 이 필터는 혼합물에서 밴딩 현상을 없애고 다양한 소스의 요소들을 시각적으로 통합하는 데 유용합니다.

Special page

7. Distort(왜곡) : 이미지를 왜곡시킬 때 사용합니다.

① 돌리기(Twirl) : 가장자리보다 중심에서 좀더 급격하게 소용돌이 모양이 생기도록 선택 영역을 회전시킵니다. 각도를 지정하여 돌리기 패턴을 만듭니다.

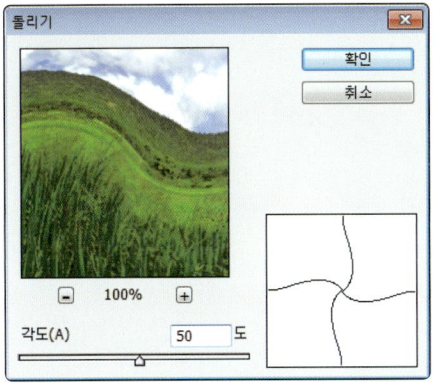 

- 각도(Angle) : 회전하는 횟수와 각도를 조절합니다.

② 바다 물결(Ocean Ripple) : 이미지 표면에 임의의 간격으로 잔물결을 추가하여 이미지가 수면 아래에 있는 것처럼 보이게 합니다.

- 잔물결 크기(Ripple Size) : 물결 모양의 크기를 조절합니다.
- 잔물결 양(Ripple Magnitude) : 물결의 파장 및 강도를 조절합니다.

③ 유리(Glass) : 서로 다른 유형의 유리를 통해 보는 것처럼 이미지를 나타냅니다. 유리 효과를 선택하거나 유리 표면을 포토샵 파일로 만들어 적용할 수 있습니다. 비율, 왜곡 및 매끄러움 설정을 조정할 수 있습니다.

- 왜곡(Distortion) : 굴절(왜곡)되는 정도를 결정합니다.
- 매끄러움(Smoothness) : 부드럽기를 결정합니다.
- 텍스처(Texture) : 유리 질감의 종류를 선택합니다.
- 비율(Scaling) : 유리 질감의 입자 크기를 지정합니다.

④ 지그재그(ZigZag) : 물에 파장이 일어나는 형태로 변형합니다.

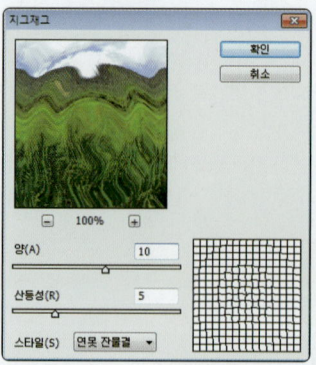 

- 양(Amount) : 파장 변형의 강약을 조절합니다.
- 산등성(Ridges) : 파장의 물결량을 조절합니다.
- 스타일(Style) : 파장의 종류를 지정합니다.

⑤ 파도(Wave) : 다양한 물결 효과를 줄 때 사용합니다.

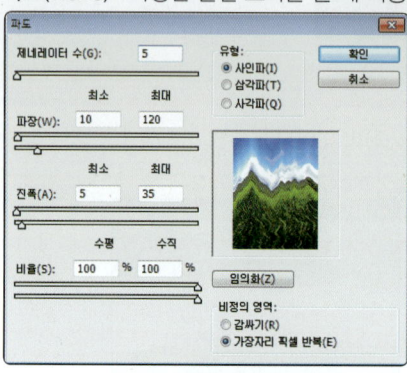 

⑥ 핀치(Pinch) : 선택 영역 양쪽을 누릅니다. 100%까지의 양수 값은 선택 영역을 중심 방향으로 움직이고 100%까지의 음수 값은 선택 영역을 바깥쪽으로 움직입니다.

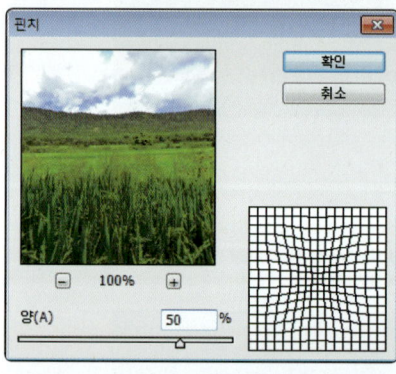 

8. 텍스처(Texture) : 여러 가지 질감 효과를 줍니다.
① 모자이크 타일(Mosaic Tiles) : 작은 조각이나 타일로 구성된 것처럼 이미지를 렌더링하고 타일 사이에 그라우트를 추가합니다.

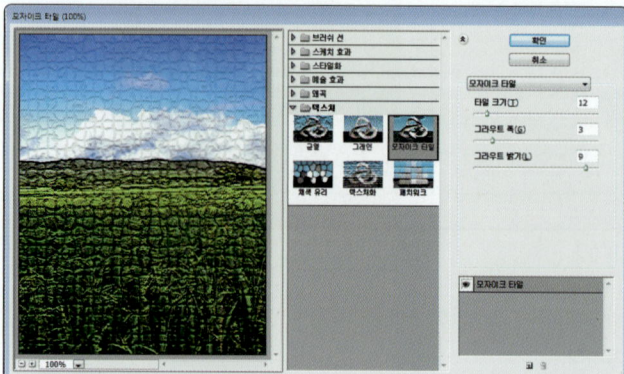 

Special page

② 채색 유리(Stained Glass) : 전경색을 사용하여 윤곽선이 그려진 단색의 인접 셀들로 이미지를 다시 페인팅합니다.

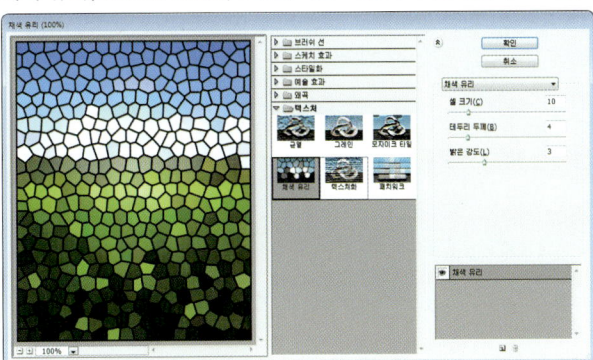 

- 셀 크기(Cell Size) : 셀(유리 조각) 크기를 조절합니다.
- 테두리 두께(Border Thickness) : 테두리 두께를 조절합니다.
- 밝은 강도(Light Intensity) : 반사되는 빛의 강도를 조절합니다.

③ 텍스처화(Texturizer) : 선택하거나 작성해 둔 텍스처를 이미지에 적용합니다.

- 텍스처(Texture) : 질감의 종류를 지정합니다.
- 비율(Scaling) : 질감의 크기를 조절합니다.
- 부조(Relief) : 질감의 굴곡량을 조절합니다.
- 조명(Light) : 빛의 방향을 지정합니다.

④ 패치워크(Patchwork) : 이미지의 해당 영역에서 주된 색상으로 칠해진 사각형으로 이미지를 분할합니다. 이 필터는 임의로 타일 깊이를 감소시키거나 증가시켜 밝은 영역과 어두운 영역을 복제합니다.

- 정사각형 크기(Square Size) : 사각형의 크기를 조절합니다.
- 부조(Relief) : 사각형의 돌출 높이를 조절합니다.

9. 픽셀화(Pixelate) : 셀에서 비슷한 색상 값의 픽셀들을 묶어 선택 영역을 선명하게 해줍니다.

① **단면화(Facet)** : 단색이나 유사한 색상의 픽셀을 유사한 색상의 픽셀 블럭으로 묶습니다. 이 필터를 사용하면 스캔 이미지를 손으로 그린 것처럼 만들거나 사실적인 이미지를 추상화처럼 만들 수 있습니다.

② **메조틴트(Mezzotint)** : 이미지를 흑백 영역 패턴 또는 색상 이미지에서는 완전한 채도를 가진 색상 패턴으로 변환합니다. 이 필터를 사용하려면 [메조틴트] 대화 상자의 [유형(Type)] 메뉴에서 점 패턴을 선택합니다.

③ **모자이크(Mosaic)** : 픽셀을 사각형 블럭으로 묶습니다. 이 때 주어진 블럭의 픽셀 색상은 동일하며, 블럭 색상은 선택 영역의 색상을 나타냅니다.

- 셀 크기(Cell Size) : 셀의 크기를 조절합니다.

10. Blur(흐림 효과) : 이미지를 흐리게 만들어 주는 효과입니다.

① **가우시안 흐림 효과(Gaussian Blur)** : 조정할 수 있는 양만큼 재빨리 선택 영역을 흐립니다. 가우시안은 Photoshop이 픽셀에 가중 평균을 적용할 때 생성되는 종 모양의 곡선입니다. [가우시안 흐림 효과] 필터를 적용하면 낮은 빈도 수의 세부 묘사를 추가하여 흐릿한 효과를 낼 수 있습니다.

- 반경(Radius) : 값이 클수록 흐림 효과가 적용되는 정도가 크게 나타납니다.

② **동작 흐림 효과(Motion Blur)** : 지정된 각도(-360°에서 +360°까지)에서 지정된 거리(1픽셀에서 999픽셀까지)로 이미지를 흐리게 합니다. 이 필터를 지정하면 노출 시간을 일정하게 하여 이동하는 오브젝트의 사진을 찍는 것과 같은 운동감을 주는 효과를 낼 수 있습니다.

- 각도(Angle) : 움직임의 방향을 조절합니다.
- 거리(Distance) : 움직임의 거리량을 조절합니다.

③ **방사형 흐림 효과(Radial Blur)** : 카메라의 확대/축소 또는 회전 시 이미지가 흐려지는 효과를 시뮬레이션하여 부드러운 흐림 효과를 냅니다.

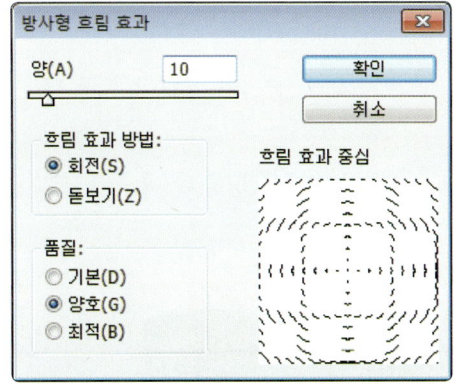 

- 양(Amount) : 흐림 효과의 처리되는 정도를 조절합니다.
- 흐림 효과 방법(Blur Method) : 흐림 효과의 처리되는 방법을 선택합니다.
- 품질(Quality) : 이미지 품질을 선택합니다.

STEP 03 | 패스(Path) 모양 그리기

01 수레 모양을 그리기 위해 도구 상자(Tool Box)에서 [펜 도구(Pen Tool)]를 선택한 후 옵션 바에서 [패스(Paths)]를 선택합니다.

02 시작 위치를 클릭한 후 두 번째 위치를 클릭합니다.

> **Tip**
> Delete를 한 번 누르면 이전 패스 하나가 지워지고, 두 번 누르면 작업하던 패스가 모두 지워집니다.

03 다음과 같이 클릭하여 수레 모양 패스를 작성합니다.

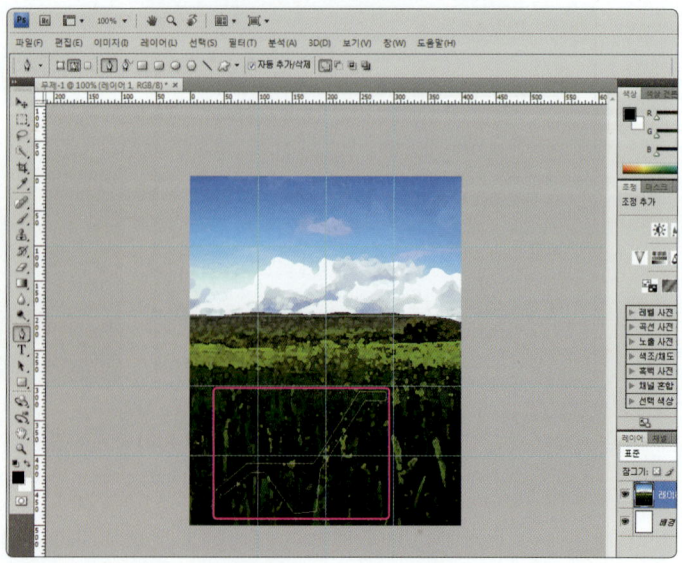

34 Photoshop CS4 핵심요약

04 도구 상자(Tool Box)에서 [돋보기 도구(Zoom Tool)]를 선택한 후 확대할 부분을 드래그합니다.

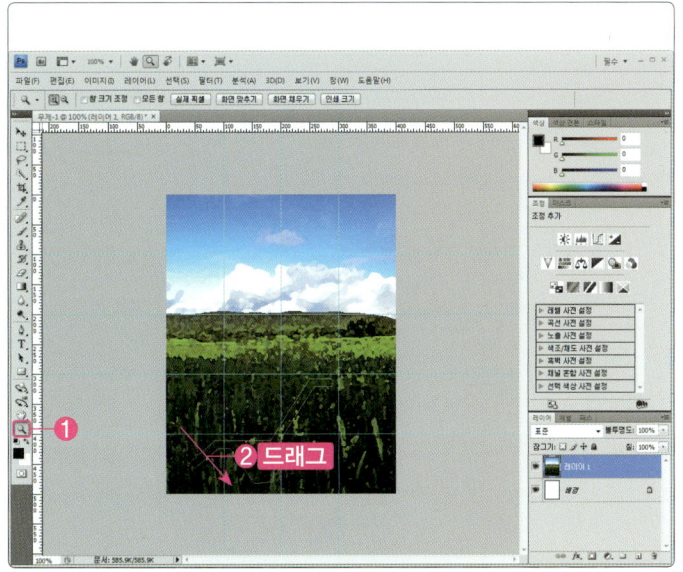

05 도구 상자(Tool Box)에서 [기준점 변환 도구(Convert Point Tool)]를 선택한 후 선을 클릭하여 앵커포인트(Anchor Point)가 표시되도록 합니다.

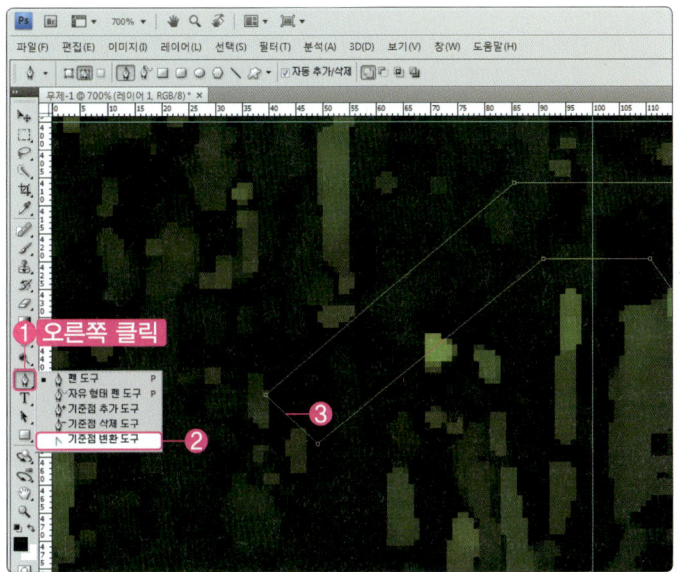

06 앵커포인트(Anchor Point)를 각각 드래그하여 곡선으로 만듭니다.

Tip

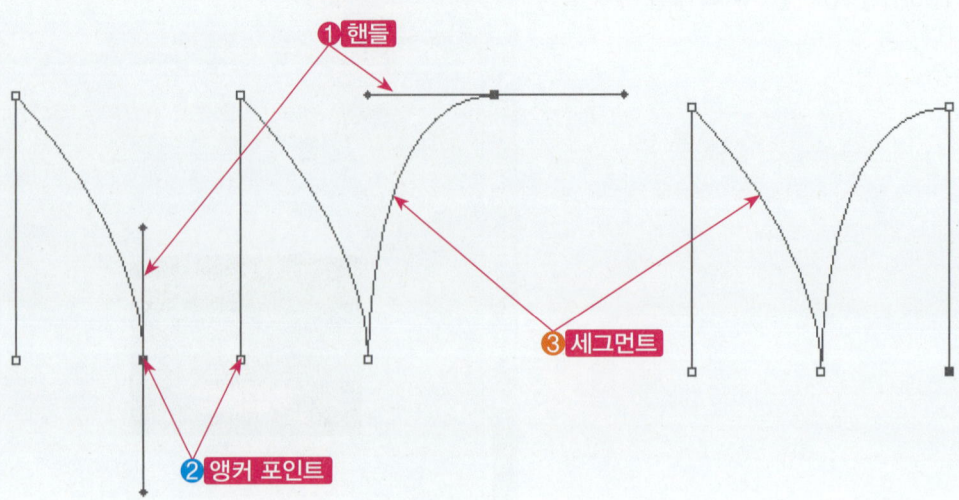

① **핸들(Handle)** : 곡선의 형태로 패스를 그리면 나타나는 앵커 포인트 양쪽의 선분 모양으로, 곡선의 곡률을 결정합니다. Alt 를 누른 채 앵커 포인트를 클릭하면 진행 방향의 핸들이 없어지고 곡선이 부드럽게 그려집니다.

② **앵커 포인트(Anchor Point)** : 마우스를 클릭했을 때 나타나는 사각형 모양의 점으로 패스 작업의 모양과 형태를 결정합니다.

③ **세그먼트(Segment)** : 앵커 포인트 사이의 직선이나 곡선을 의미합니다.

Special page

펜 도구(Pen Tool)

펜 도구는 사용자가 어려워하는 도구 중 하나입니다. 여러 번 연습이 필요하지만 곡선 패스에 비하면 직선 패스는 만들기 간단합니다. 모서리 지점마다 클릭하면서 처음 지점으로 되돌아오면 패스가 만들어집니다.

① **옵션 모드(Option Mode)**
- [모양 레이어(Shape layers)] : 패스를 제작할 때 도형으로 만듭니다. 레이어 패널과 패스 패널에 모양 창이 생성됩니다.
- [패스(Paths)] : 패스를 만들어줍니다. 패스 패널에 작업 패스(Work Path) 창이 생성됩니다.
- [픽셀 칠(Fill pixels)] : 패스, 도형이 아닌 픽셀 이미지로 만들어지면서 전경색이 채워집니다. 펜 도구에서는 지정되지 않고, 도형 도구에서만 지정하여 사용할 수 있습니다.

② **모양 도구(Shape Tool)**
펜 도구, 자유 형태 펜 도구, 여러 가지 도형 도구 중에서 선택합니다.

③ **자동 추가/삭제(Auto Add/Delete)**
패스 위에 펜 도구를 대면 자동으로 기준점 추가 도구로 바뀝니다. 기준점 위에 대면 자동으로 기준점 빼기 도구로 바뀝니다.

④ **레이어 모양(Layer shape)**
생성된 패스에 새로운 패스 영역을 합치거나 제거, 교차되는 부분, 교차되지 않는 부분만을 제작하게 하는 옵션입니다.

Special page

패스 변경

패스 구성 요소 선택

[직접 선택 도구(Direct Selection Tool)]을 선택한 후 원하는 구성 요소를 클릭하거나 구성 요소들이 포함되도록 드래그합니다.

- **선분 선택** : 선분을 클릭합니다. 곡선일 경우에는 선과 연결된 핸들이 함께 선택됩니다.

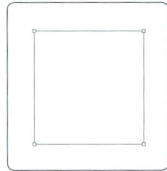 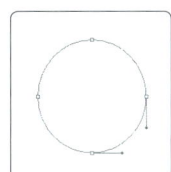

- **기준점 선택** : 기준점을 클릭하면 기준점과 연결된 선분이 선택됩니다. 곡선일 경우에는 기준점, 선분, 핸들이 함께 선택됩니다.

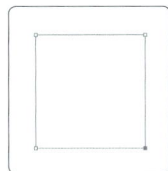 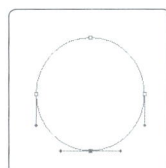

- **방향선 선택** : 기준점이나 선분을 선택하면 방향선이 표시됩니다.

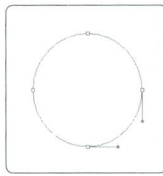 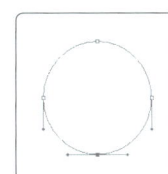

기준점/선분 이동

[직접 선택 도구(Direct Selection Tool)]을 선택한 후 이동하려는 구성 요소를 마우스로 드래그하면됩니다.

- **기준점 이동**

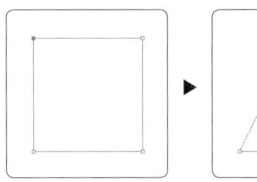

- **선분 이동** : 곡선 패스의 경우 선분과 연결된 방향선의 길이도 함께 변경됩니다.

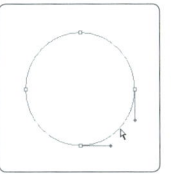 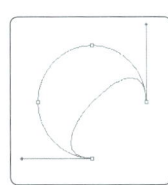

방향선 분리하기

두 개의 방향점 중 하나를 드래그하면 기준점과 연결된 양쪽의 곡선 패스가 모두 변경됩니다. Alt 를 누른 채 방향점을 드래그하면 한쪽 방향의 곡선 패스만 변경됩니다.

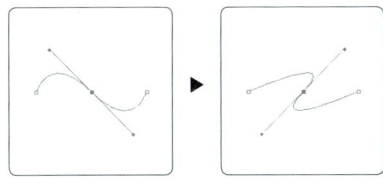　　　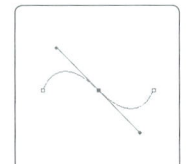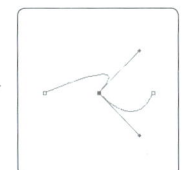

▲ 방향선이 연결된 상태　　　　　　　　▲ 방향선이 분리된 상태

Special page

기준점 변경 도구

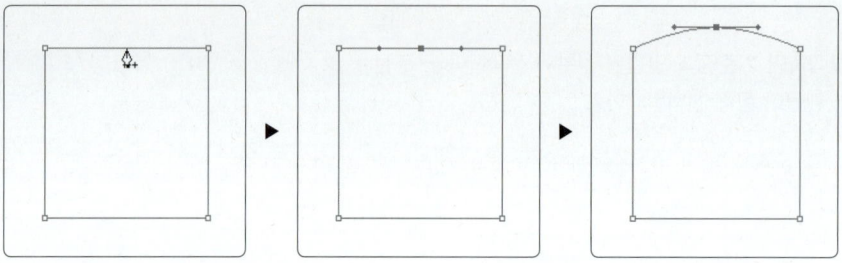

❶ [기준점 추가 도구(Add Anchor Point Tool)]

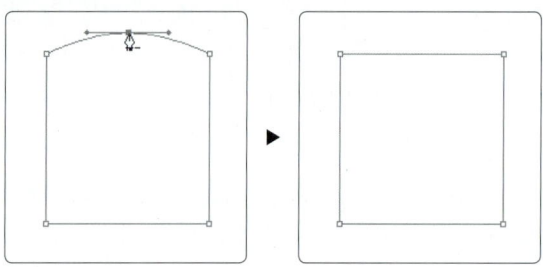

❷ [기준점 삭제 도구(Delete Anchor Point Tool)]

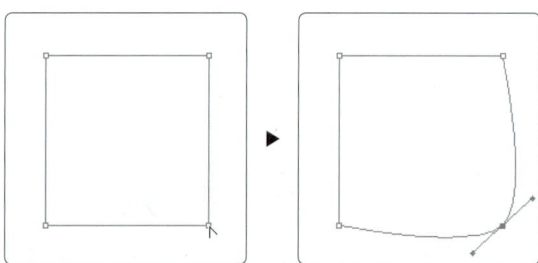

❸ [기준점 변환 도구(Convert Anchor Point Tool)]

• 곡선 패스 만들기 : 직선 패스의 기준점을 클릭한 후 드래그하여 핸들을 표시합니다.

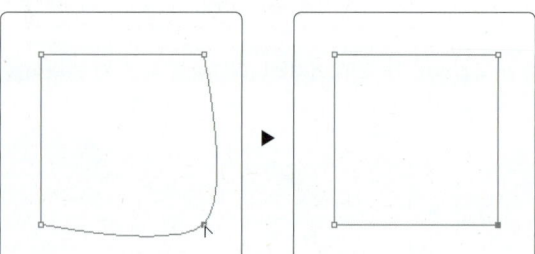

• 직선 패스 만들기 : 곡선 패의 기준점을 클릭합니다.

07 다음과 같이 앵커포인트(Anchor Point)를 각각 드래그하여 곡선으로 만듭니다.

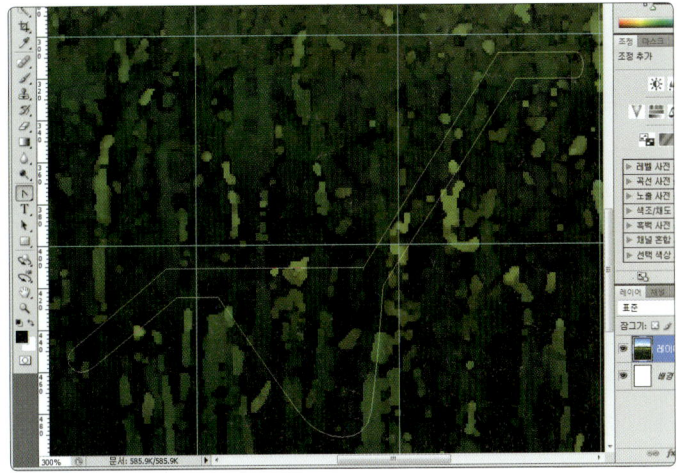

08 도구 상자(Tool Box)에서 [펜 도구(Pen Tool)]를 선택한 후 옵션 바에서 [패스 영역에서 빼기(Subtract from path area (−))]를 선택한 다음 수레의 아래쪽 부분을 다음과 같이 빼고 앵커포인트(Anchor Point)를 각각 드래그하여 곡선으로 만듭니다.

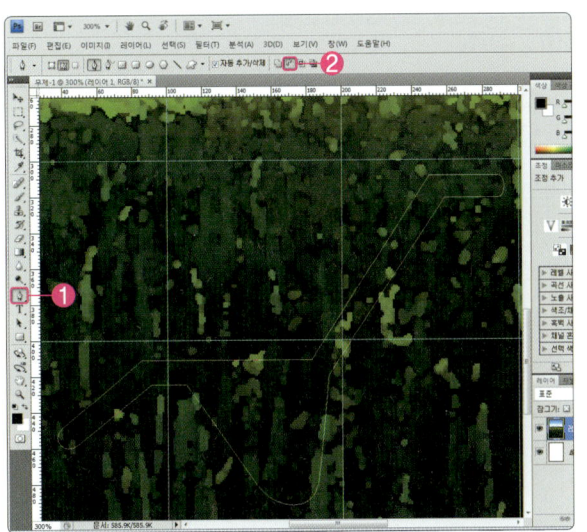 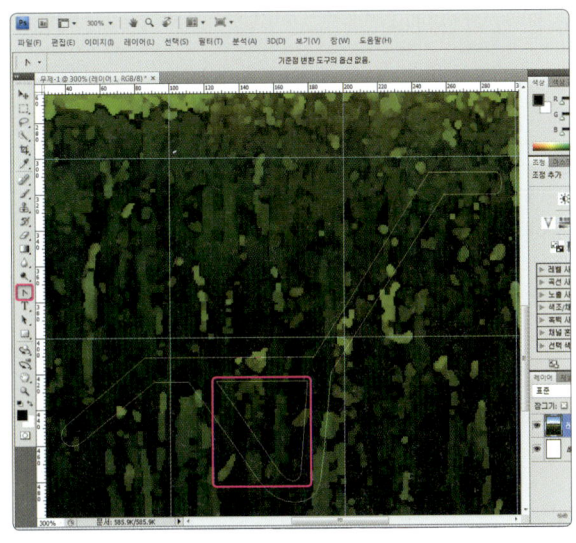

09 도구 상자(Tool Box)에서 [펜 도구(Pen Tool)]를 선택한 후 옵션 바에서 [패스 영역에 추가(Add to path area (+))]를 선택한 다음 출력형태와 같이 패스 모양을 작성합니다.

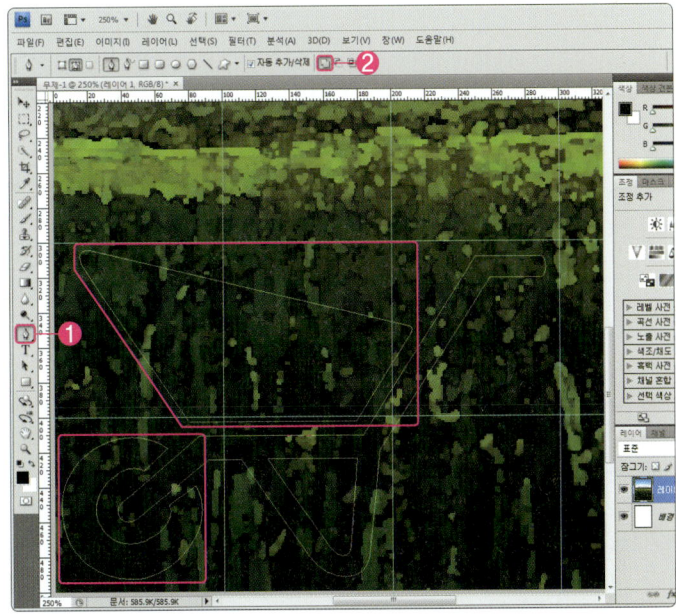

10 레이어 패널에서 [패스(PATHS)] 패널을 클릭한 후 [작업 패스(Work Path)]를 더블 클릭합니다.

11 [패스 저장(Save Path)] 대화상자가 나타나면 이름(수레)을 입력한 후 [확인(OK)] 단추를 클릭합니다.

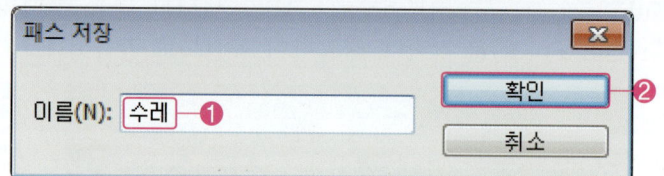

12 [패스(PATHS)] 패널에서 Ctrl을 누른 상태에서 [패스 축소판(Path thumbnail)]를 클릭하여 패스 모양을 선택 영역으로 지정합니다.

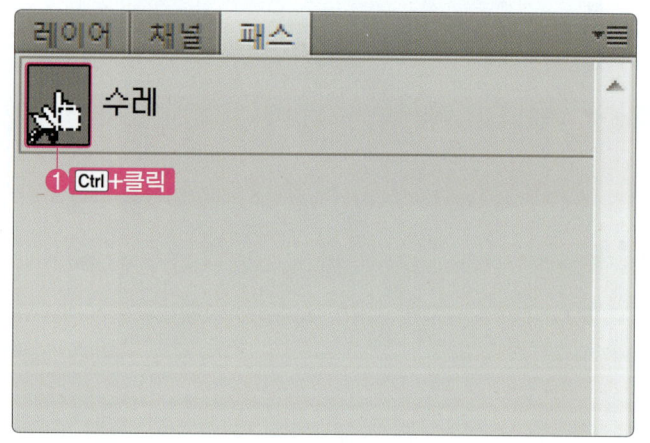

13 [레이어(LAYERS)] 패널을 클릭한 후 [새 레이어 추가(Create a new layer)]를 클릭한 다음 레이어가 추가되면 Alt+Delete를 눌러 전경색을 칠합니다.

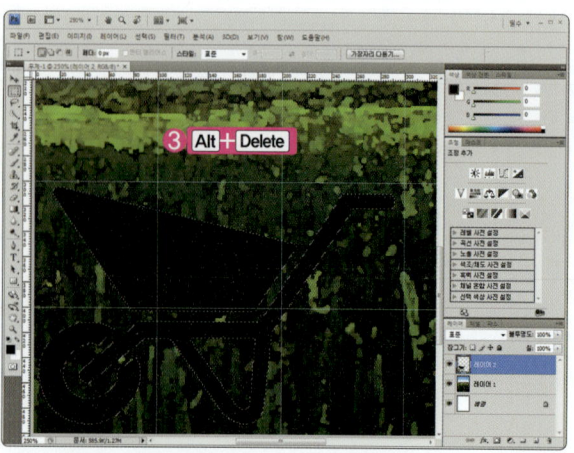

40 Photoshop CS4 핵심요약

STEP 04 마스크 설정 및 레이어 스타일 지정하기

01 [파일(File)]-[열기(Open)]를 클릭한 후 [열기(Open)] 대화상자가 나타나면 찾는 위치(라이브러리₩문서₩GTQ₩Image)를 지정한 다음 파일(1급-2)을 선택하고 [열기] 단추를 클릭합니다.

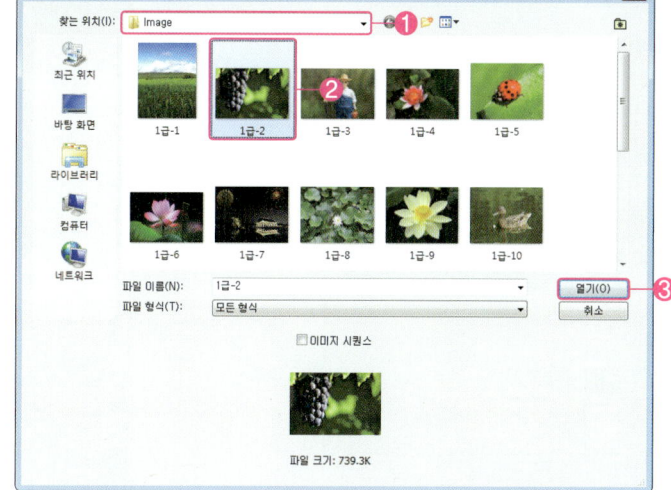

Tip
- 시험 이미지 : 라이브러리₩문서₩GTQ₩Image
- 교재 이미지 : 라이브러리₩문서₩GTQ₩Part1₩Image

02 이미지를 복사하기 위해 Ctrl+A를 눌러 이미지 전체를 선택한 후 Ctrl+C를 눌러 복사합니다.

03 이미지가 복사되면 [무제-1] 탭을 클릭한 후 Ctrl+V를 눌러 붙여넣기한 다음 [1급-2.jpg] 탭의 ✕[닫기]를 클릭합니다.

04 [레이어(Layer)]-[클리핑 마스크 만들기(Create Clipping Mask)]를 클릭합니다.

Tip

[레이어(LAYERS)] 패널에서 [레이어 2]와 [레이어 3] 경계에 마우스 포인터를 위치시킨 후 Alt를 눌러 마우스 포인터 모양이 모양으로 변경되면 클릭해도 됩니다.

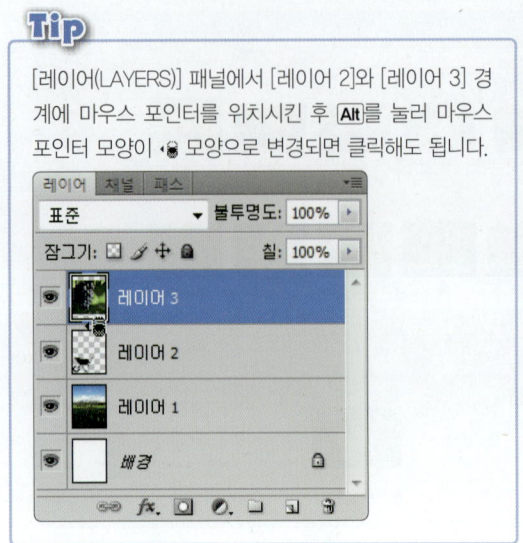
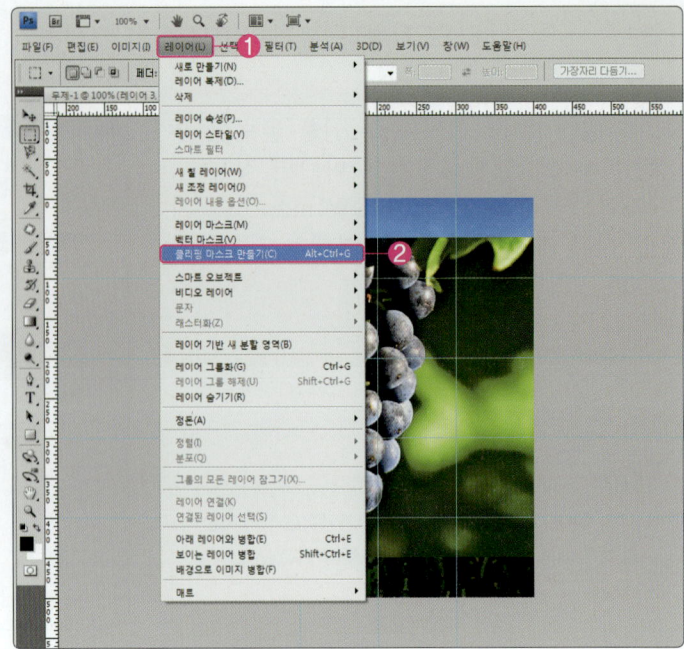

05 [편집(Edit)]-[자유 변형(Free Transform)]을 클릭한 후 크기 조절점이 나타나면 크기 조절점을 드래그하여 수레 모양에 포도가 들어가도록 위치 및 크기를 조절한 다음 Enter를 누릅니다.

06 [레이어(LAYERS)] 패널에서 [레이어 2]를 선택한 후 [레이어 스타일 추가(Add a layer style)]-[선(Stroke)]을 클릭합니다.

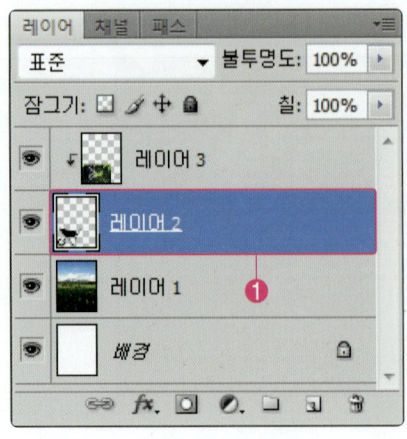
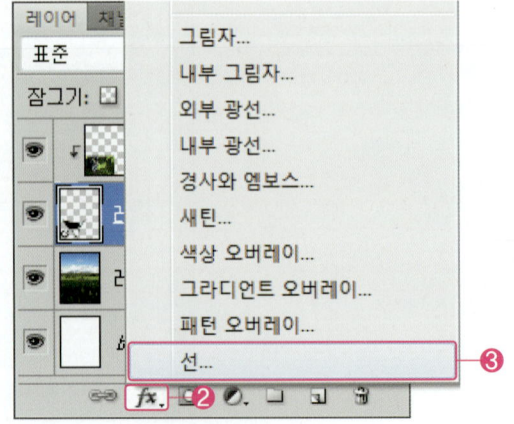

07 [레이어 스타일(Layer Style)] 대화상자의 [선(Stroke)] 스타일이 나타나면 크기(3)를 입력한 후 칠 유형(Fill Type)의 ▼[목록] 단추를 클릭한 다음 [그라디언트(Gradient)]를 클릭합니다.

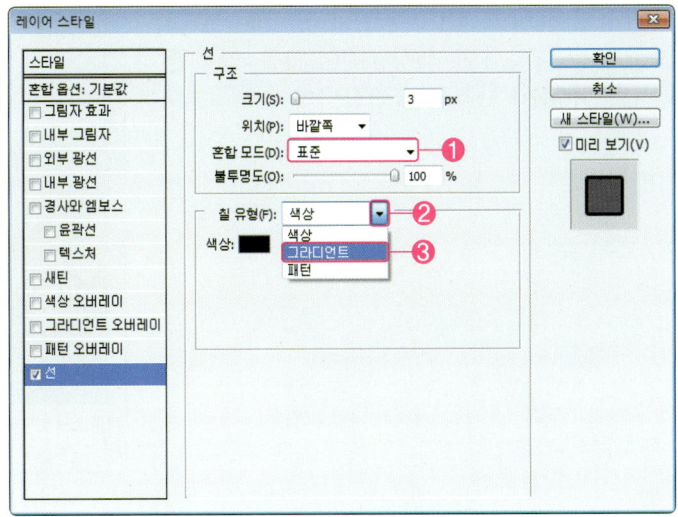

08 칠 유형(Fill Type)이 변경되면 ▬▬▬[그라디언트 편집(Click to edit the gradient)]을 클릭합니다.

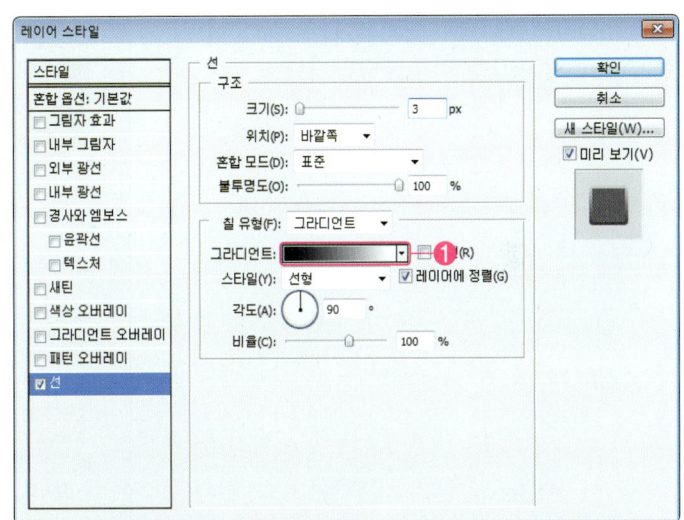

09 [그라디언트 편집기(Gradient Editor)] 대화상자가 나타나면 왼쪽 색상 정지점(Color Stop)을 더블클릭합니다.

Chapter02 • [기능평가] 고급 Tool(도구) 활용 **43**

10 [정지 색상 선택(Select stop color)] 대화상자가 나타나면 색상(ff0033)을 입력한 후 [확인(OK)] 단추를 클릭합니다.

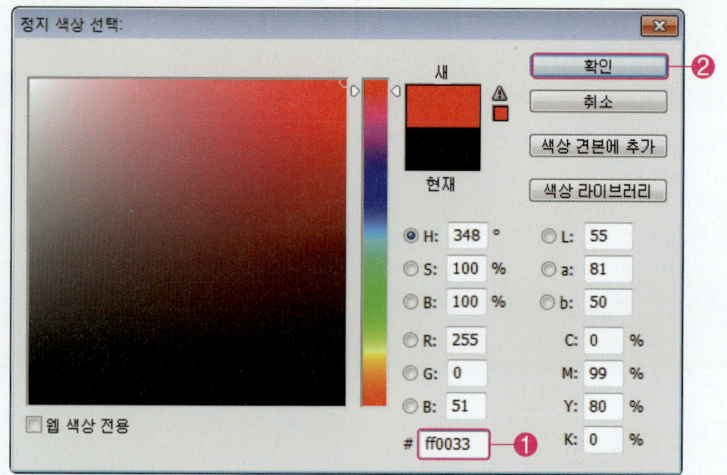

11 [그라디언트 편집기(Gradient Editor)] 대화상자가 다시 나타나면 오른쪽 색상 정지점(Color Stop)]을 더블클릭합니다.

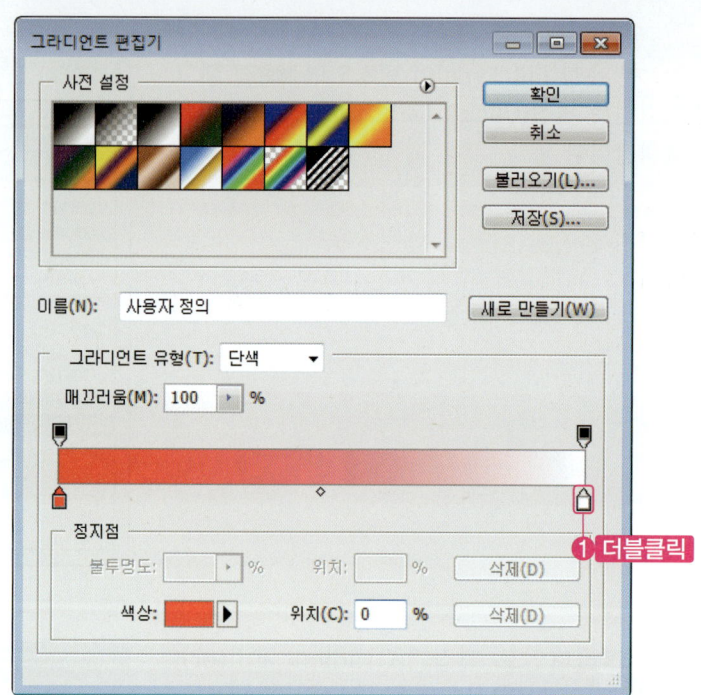

12 [정지 색상 선택(Select stop color)] 대화상자가 나타나면 색상(ffff00)을 입력한 후 [확인(OK)] 단추를 클릭합니다.

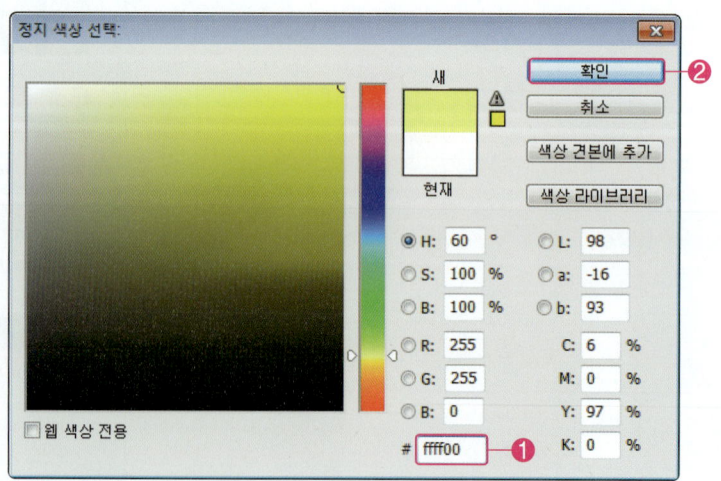

13 [그라디언트 편집기(Gradient Editor)] 대화상자가 다시 나타나면 [확인(OK)] 단추를 클릭합니다.

14 [레이어 스타일(Layer Style)] 대화상자가 다시 나타나면 각도(Angle)에 '0'을 입력한 후 [내부 그림자(Inner Shadow)]를 클릭합니다.

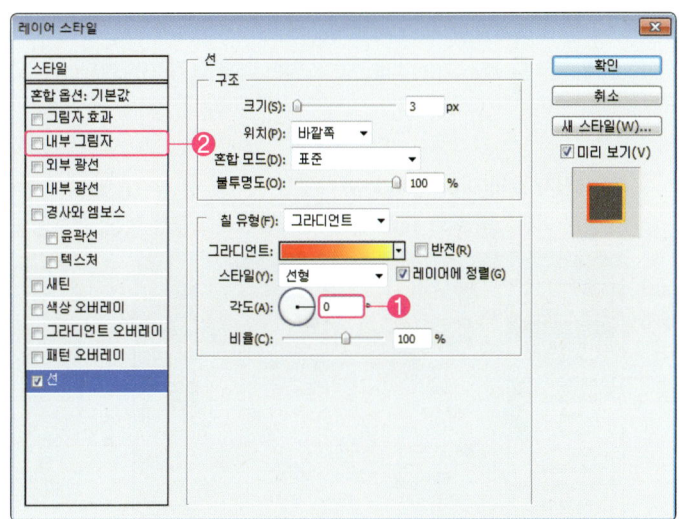

15 [레이어 스타일(Layer Style)] 대화상자의 [내부 그림자(Inner Shadow)] 스타일이 나타나면 속성을 지정한 후 [확인(OK)] 단추를 클릭합니다.

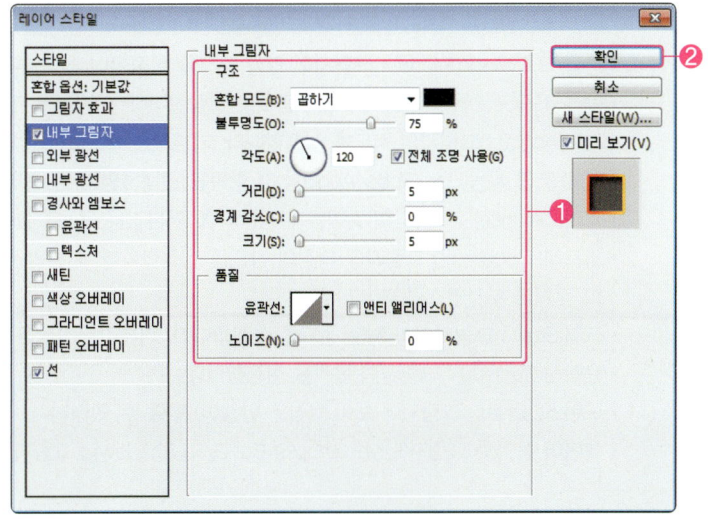

레이어 스타일(Layer Style)

레이어 스타일(Layer Style)은 화려한 입체 효과들을 초보자들이 사용하기 쉽도록 미리 만들어 놓은 것으로, 주로 텍스트나 세이프 등에 사용합니다. 레이어 스타일은 한 가지만으로도 그럴듯한 효과가 나타나지만 보통 2~3가지를 섞어서 사용하기도 합니다.

■ 레이어 스타일(Layer Style)

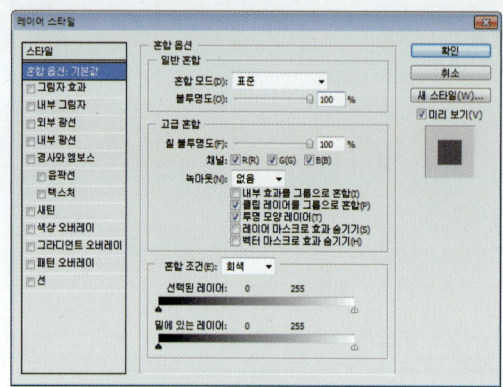

- 스타일(Styles) : 클릭하면 오른쪽 창에 스타일 팔레트를 불러들입니다.
- 혼합 옵션(Blending Options) : 레이어를 합성할 때 혼합이나 불투명도 등을 조절합니다.
  - 일반 혼합(General Blending) : 혼합 모드, 불투명도를 설정할 수 있습니다.
  - 고급 혼합(Advanced Blending) : 칠 영역의 불투명도, 채널, 녹아웃의 옵션을 설정할 수 있습니다.
  - 혼합 조건(Blend If) : 슬라이더를 조절하여 현재 선택된 레이어와 바로 아래 레이어의 색상 범위를 조절하여 합성효과를 더 세밀하게 조절할 수 있습니다.

- 레이어에 적용하려는 효과를 선택합니다. 레이어 스타일 이름을 클릭하여 활성화하면 오른쪽 창에 옵션들이 나타나 세부 사항을 조절할 수 있습니다.
- 새 스타일(New Style) : 옵션을 조절한 다음 클릭하면 현재 설정 값으로 레이어 스타일이 저장됩니다.

■ 그림자 효과(Drop Shadow)

선택된 이미지의 뒤로 그림자 효과를 줍니다. 그림자 색상, 불투명도, 각도, 길이 등을 설정할 수 있습니다.

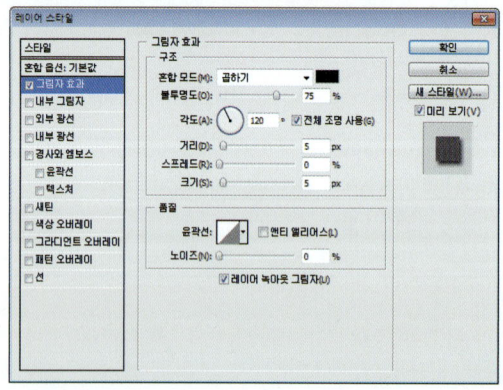 ▶

- 혼합 모드(Blend Mode) : 그림자의 합성 모드를 설정합니다. 기본적으로 곱하기(Multiply)로 설정되어 있습니다.
- 불투명도(Opacity) : 그림자의 불투명도를 설정합니다. 기본값은 75%로 설정되어 있습니다.
- 각도(Angle) : 그림자의 각도를 설정합니다. 기본값은 120°로 설정되어 있습니다.
- 전체 조명 사용(Use Global Angle) : 이 항목을 선택하면 다른 스타일 효과에 적용된 각도를 함께 조정할 수 있습니다.
- 거리(Distance) : 그림자의 길이를 설정합니다. 기본값은 5px로 설정되어 있습니다.
- 스프레드(Spread) : 그림자의 퍼짐의 강도를 설정합니다. 기본값은 0%로 설정되어 있으며, 값이 커질수록 그림자가 강하고 경계가 부자연스럽습니다.
- 크기(Size) : 그림자의 퍼지는 정도를 설정합니다. 기본값은 5px로 설정되어 있으며, 값이 클수록 경계가 흐립니다.
- 윤곽선(Contour) : 그림자의 윤곽을 설정합니다.
- 노이즈(Noise) : 그림자에 노이즈(작은 알갱이)를 줄 수 있습니다.
- 레이어 녹아웃 그림자(Layer Knocks Out Drop Shadow) : 그림자 아래로 이미지가 보이게 할 것인지를 설정합니다.

Special page

■ 내부 그림자(Inner Shadow)
이미지의 안쪽으로 그림자 효과를 주는 명령으로 마치 종이를 잘라낸 듯한 효과를 줍니다. 그림자 색상을 밝은 색상으로 설정하면 오히려 돌출된 듯한 효과를 줍니다.

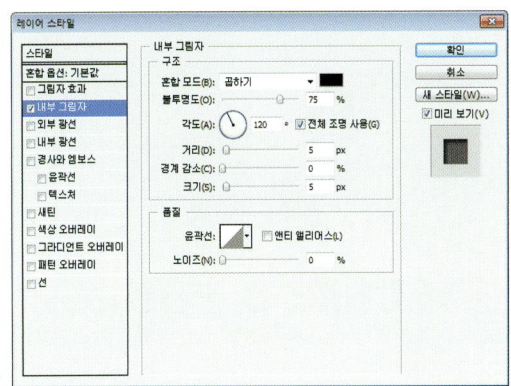 ▶

• 경계 감소(Choke) : 수치가 커질수록 그림자가 강하고 경계가 부자연스럽습니다.

■ 외부 광선(Outer Glow)
이미지의 주변으로 빛이 발광하는 효과를 줍니다.

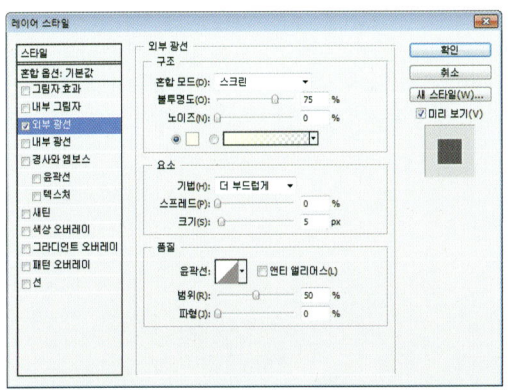 ▶

• 노이즈(Noise) : 거친 점 형태로 퍼지는 효과를 적용합니다.
• 색상(Color) : 빛 효과를 내는 색상이나 그라디언트 색상을 지정합니다.
• 기법(Technique) : 빛 효과를 부드럽게 퍼지게 할 것인지, 정교한 색상으로 만들 것인지를 선택합니다.
• 범위(Range) : 변동 가능한 범위를 설정합니다.
• 파형(Jitter) : 흐트러짐의 정도를 설정합니다.

■ 내부 광선(Inner Glow)
이미지의 안쪽으로 빛이 발산하는 효과를 줍니다.

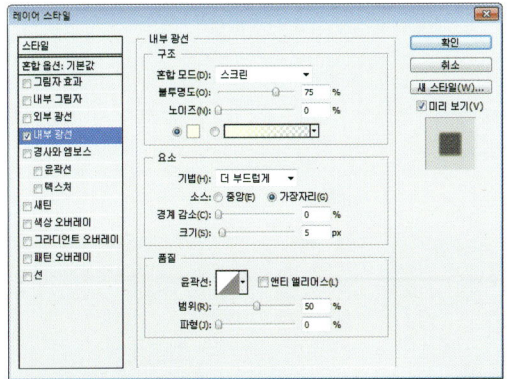 ▶

• 소스(Source) : 퍼짐 효과를 레이어 내부 전체에 적용할 것인지, 내부 테두리를 따라 적용할 것인지를 선택합니다.

Special page

■ 경사와 엠보스(Bevel and Emboss)
이미지에 입체적인 엠보싱 효과를 만들어 주는 명령으로 5가지 스타일이 있습니다.

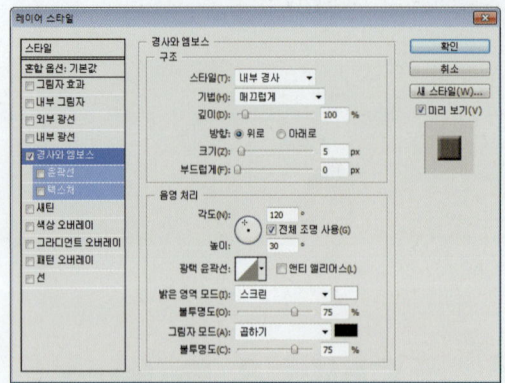 ▶

- 스타일(Style) : 5가지의 엠보싱 스타일을 설정합니다.
- 기법(Technique) : 엠보싱 돌출의 부드러움을 설정합니다.
- 깊이(Depth) : 엠보싱의 돌출 정도를 설정합니다.
- 방향(Direction) : 엠보싱 효과의 돌출 방향을 설정합니다. 하이라이트와 그림자의 방향을 정반대로 바꿔줍니다.
- 크기(Size) : 엠보싱 효과의 크기를 설정합니다.
- 부드럽게(Soften) : 모서리의 부드러움 정도를 조절합니다.
- 각도(Angle), 높이(Altitude) : 설정한 각도(Angle)에 따라 하이라이트가 생성되고 반대쪽에는 자동적으로 그림자가 생성됩니다. 높이(Altitude)에서는 빛의 높이를 설정합니다. 원 모양의 아이콘에서 각도와 높이를 직접 드래그하여 설정할 수 있습니다.
- 전체 조명 사용(Use Global Light) : 이 항목을 선택하면 다른 스타일 효과에 적용된 빛의 각도를 동일하게 조정할 수 있습니다.
- 밝은 영역 모드(Highlight Mode)와 그림자 모드(Shadow Mode) : 밝은 영역 모드와 그림자 모드의 혼합 모드와 색상, 불투명도를 설정합니다.

■ 새틴(Satin)
매끈하게 윤이 나는 음영을 레이어 내부에 적용합니다.

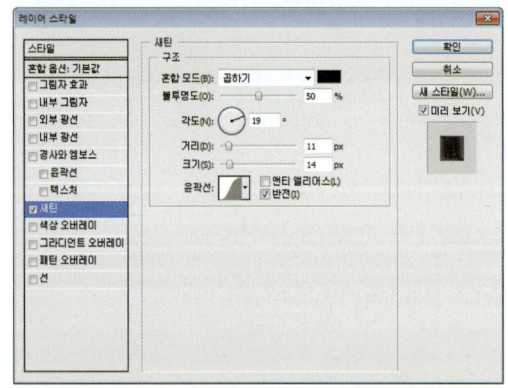 ▶

■ 색상 오버레이(Color Overlay)
레이어의 이미지에 색상을 칠하는 기능입니다.

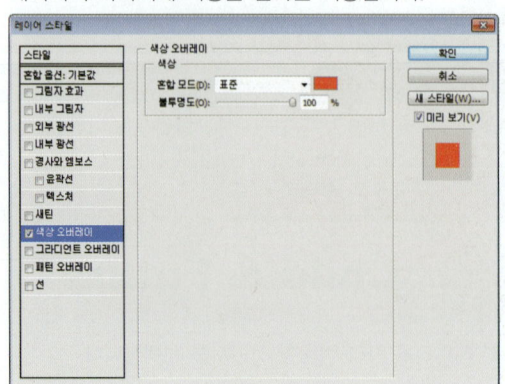 ▶

48 Photoshop CS4 핵심요약

Special page

■ 그라디언트 오버레이(Gradient Overlay)
레이어의 이미지에 그라디언트 색상을 칠하는 기능입니다.

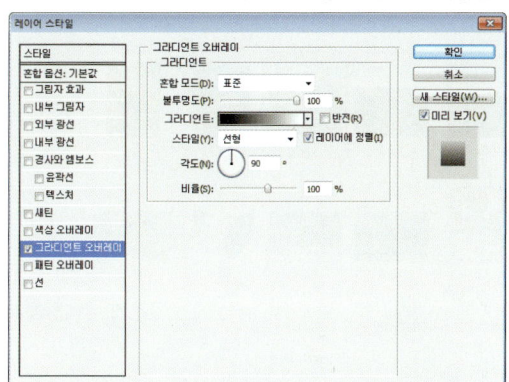 ▶

- 그라디언트(Gradient) : 그라디언트 색상을 설정하거나 원하는 색상을 만들 수 있습니다.
- 스타일(Style) : 그라디언트의 스타일을 설정합니다.
- 각도(Angle) : 그라디언트의 적용 각도를 설정합니다.
- 비율(Scale) : 그라디언트의 무늬 간격을 설정합니다.

■ 패턴 오버레이(Pattern Overlay)
레이어의 이미지에 패턴 무늬를 칠하는 기능입니다.

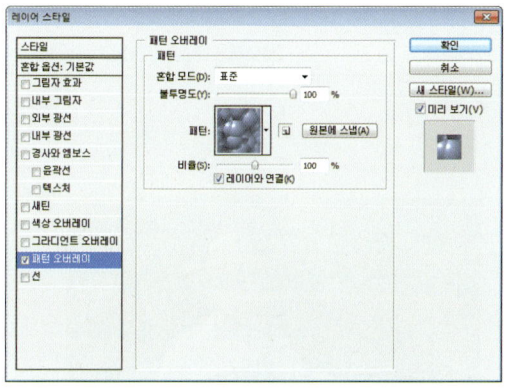 ▶

- 패턴(Pattern) : 적용할 패턴 무늬를 설정합니다.
- 원본에 스냅(Snap to Origin) : 패턴이 왼쪽 상단부터 순서대로 칠해집니다.
- 레이어와 연결(Link with Layer) : 선택하고 레이어를 이동하면 패턴도 같이 이동합니다.

■ 선(Stroke)
이미지의 경계부분에 테두리를 만들어주는 효과로 테두리에 단색이나 그라디언트, 패턴을 채울 수 있습니다.

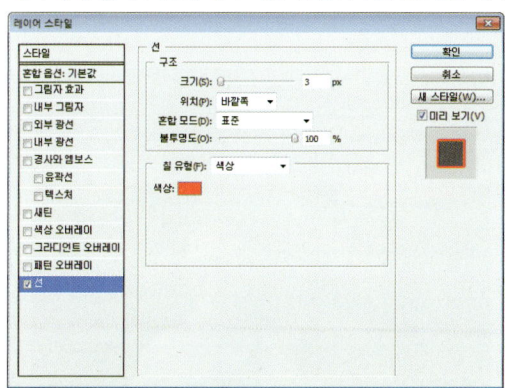 ▶

- 크기(Size) : 테두리 두께를 설정합니다.
- 위치(Position) : 테두리가 만들어질 위치를 설정합니다.
- 색상(Color) : 테두리에 적용할 색상을 설정합니다.

STEP 05 복사 및 레이어 스타일 지정하기

01 [파일(File)]-[열기(Open)]를 클릭한 후 [열기(Open)] 대화상자가 나타나면 찾는 위치(라이브러리₩문서₩GTQ₩Image)를 지정한 후 파일(1급-3)을 선택한 다음 [열기] 단추를 클릭합니다.

> **Tip**
> - 시험 이미지 : 라이브러리₩문서₩GTQ₩Image
> - 교재 이미지 : 라이브러리₩문서₩GTQ₩Part1₩Image

02 도구 상자(Tool Box)에서 [자석 올가미 도구(Magnetic Lasso Tool)]를 선택한 후 옵션바에서 빈도 수(Frequency)에 '100'을 입력합니다.

> **Tip**
> 이전에 빈도 수(Frequency) 값에 '100'이 입력되어 있을 경우 입력하지 않아도 됩니다.

03 마우스 포인터 모양이 변경되면 농부를 따라 드래그하여 선택 영역으로 지정한 후 Ctrl+C를 눌러 선택영역을 복사합니다.

50 Photoshop CS4 핵심요약

04 [무제-1] 탭을 클릭한 후 [레이어(LAYERS)] 패널에서 [레이어 1]을 선택한 다음 Ctrl+V를 눌러 선택영역을 붙여넣고 [1급-3.jpg] 파일을 닫습니다.

05 이미지 크기를 조절하기 위해 [편집(Edit)]-[자유 변형(Free Transform)]을 클릭한 후 크기 조절점을 드래그하여 크기를 조절한 다음 Enter를 누릅니다.

06 레이어 스타일을 지정하기 위해 [레이어(LAYERS)] 패널에서 [레이어 스타일 추가(Add a layer style)]-[그림자(Drop Shadow)]를 클릭한 후 [레이어 스타일(Layer Style)] 대화상자의 [그림자 효과(Drop Shadow)] 탭이 나타나면 속성을 지정한 다음 [확인(OK)] 단추를 클릭합니다.

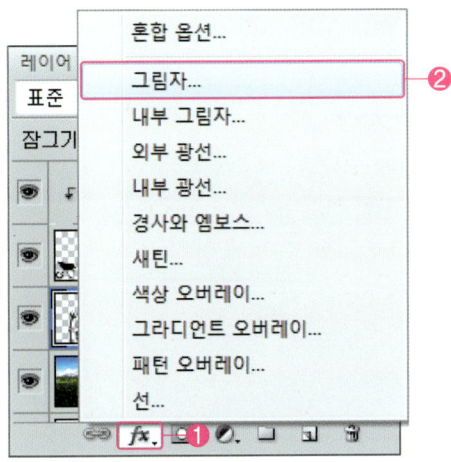
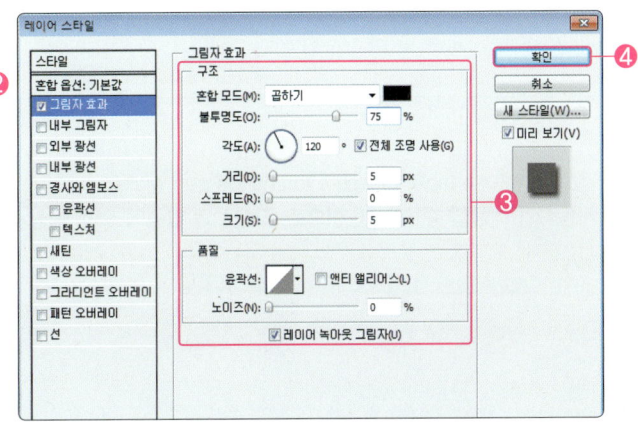

Chapter02 · [기능평가] 고급 Tool(도구) 활용 **51**

Special page

자석 올가미 도구(Magnetic Lasso Tool)

자석 올가미 도구는 이미지의 색상 차이를 이용하여 자석처럼 자동으로 선택 영역을 지정할 수 있는 도구입니다. 이 도구는 색상 차이가 분명하여 윤곽이 드러나는 이미지를 선택할 때 효율적으로 사용할 수 있습니다.

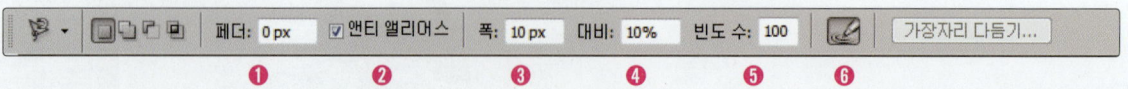

❶ 페더(Feather)
선택 영역의 가장자리 부분의 부드러운 퍼짐 효과를 조절합니다. 수치 값이 커질수록 퍼짐 효과가 많이 적용됩니다.

❷ 앤티 앨리어스(Anti-alias)
선택 영역의 경계선을 부드럽게 처리해주는 기능으로, 특히 사선이나 곡선 주위의 계단 현상을 부드럽게 해줍니다.

❸ 폭(Width)
자석 올가미 도구의 감지 영역(Detection width)을 픽셀 단위로 설정합니다. 1~256까지 입력할 수 있으며 값이 낮을수록 정교하게 선택됩니다. 자석 올가미 도구 사용 도중 CapsLock 을 누르면 마우스 포인터의 모양이 원 모양으로 변경되어 감지 영역을 쉽게 확인할 수 있습니다.

❹ 대비(Contrast)
이미지 가장자리의 색상, 명도, 채도의 대조 차이를 조절할 수 있습니다.
백분율 값을 입력하면 값이 클수록 색상의 경계가 부드럽게 선택됩니다.

❺ 빈도 수(Frequency)
기준점의 생성 빈도수를 나타내며, 값이 클수록 기준점이 많이 생성되어 정교하게 선택할 수 있습니다.

▲ 빈도 수(Frequency) : 10

▲ 빈도 수(Frequency) : 100

❻ 타블렛 압력 조절(Use tablet pressure to change pen width)
타블렛 사용자가 이용할 수 있는 옵션으로, 타블렛의 압력에 의해 색상 경계의 자동 인식 범위를 조절할 수 있습니다.

STEP 06　새 모양 작성하기

01 도구 상자(Tool Box)에서 [사용자 정의 모양 도구(Custom Shape Tool)]를 선택한 후 옵션 바에서 [사용자 정의 모양 피커(Click to open Custom Shape picker)]의 [목록] 단추를 클릭합니다.

02 사용자 정의 모양이 나타나면 [팝업 메뉴 단추]-[동물(Animals)]을 클릭합니다.

03 [현재 모양을 동물의 모양으로 대체하시겠습니까?]를 묻는 대화상자가 나타나면 [확인(OK)] 단추를 클릭합니다.

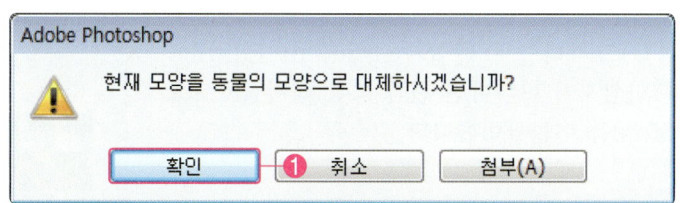

04 사용자 정의 모양이 동물(Animals) 목록으로 변경되면 [새 2(Bird 2)]를 클릭합니다.

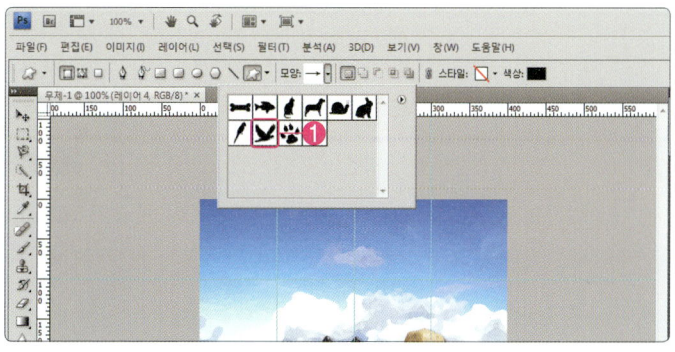

05 [레이어(LAYERS)] 패널에서 [레이어 3] 레이어를 선택한 후 새 모양을 삽입하고자 하는 위치에서 드래그하여 작성합니다.

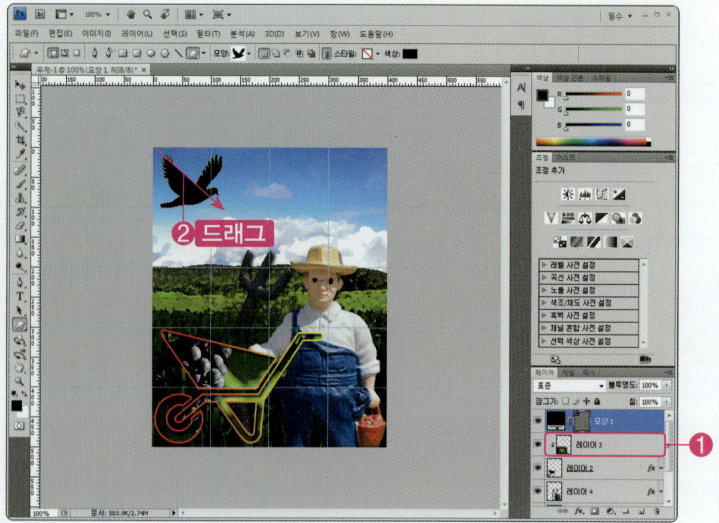

06 [레이어(LAYERS)] 패널에서 [fx.][레이어 스타일 추가(Add a layer style)]-[그라디언트 오버레이(Gradient Overlay)]를 클릭한 후 [레이어 스타일(Layer Style)] 대화상자의 [그라디언트 오버레이(Gradient Overlay)] 탭이 나타나면 ▬▬▼[그라디언트 편집(Click to edit the gradient)]을 클릭합니다.

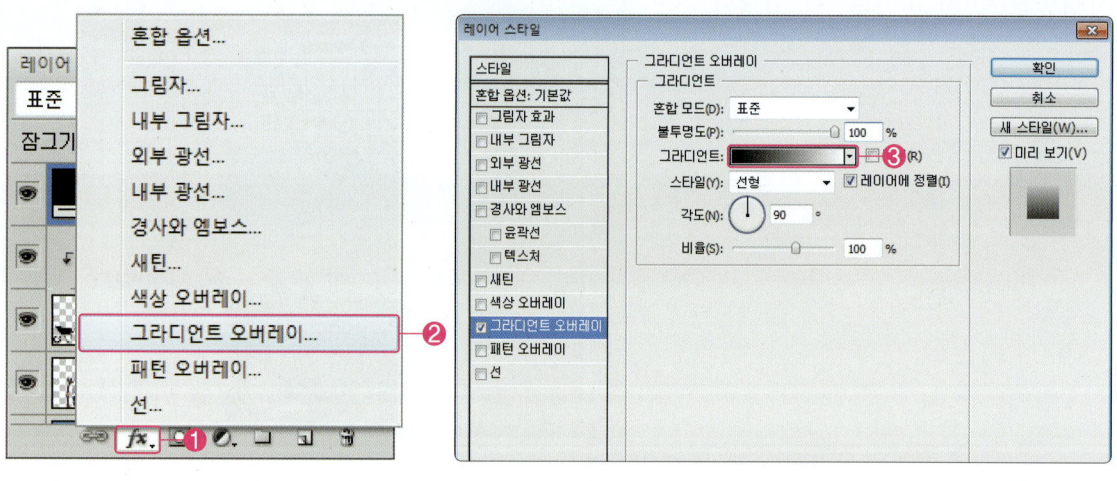

07 [그라디언트 편집기(Gradient Editor)] 대화상자가 나타나면 왼쪽 색상 정지점(Color Stop)을 더블클릭합니다.

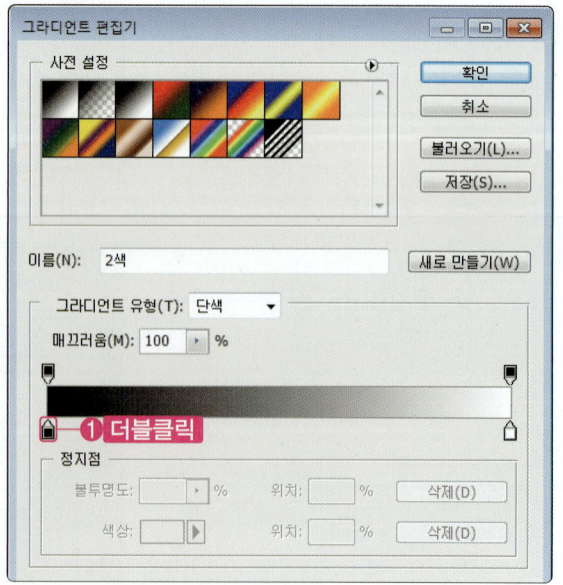

08 [정지 색상 선택(Select stop color)] 대화상자가 나타나면 색상(ccff00)을 입력한 후 [확인(OK)] 단추를 클릭합니다.

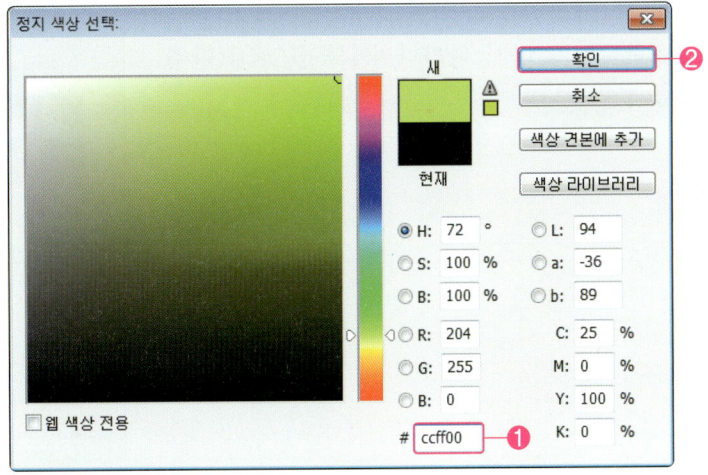

09 [그라디언트 편집기(Gradient Editor)] 대화상자가 다시 나타나면 오른쪽 색상 정지점(Color Stop)을 더블클릭합니다.

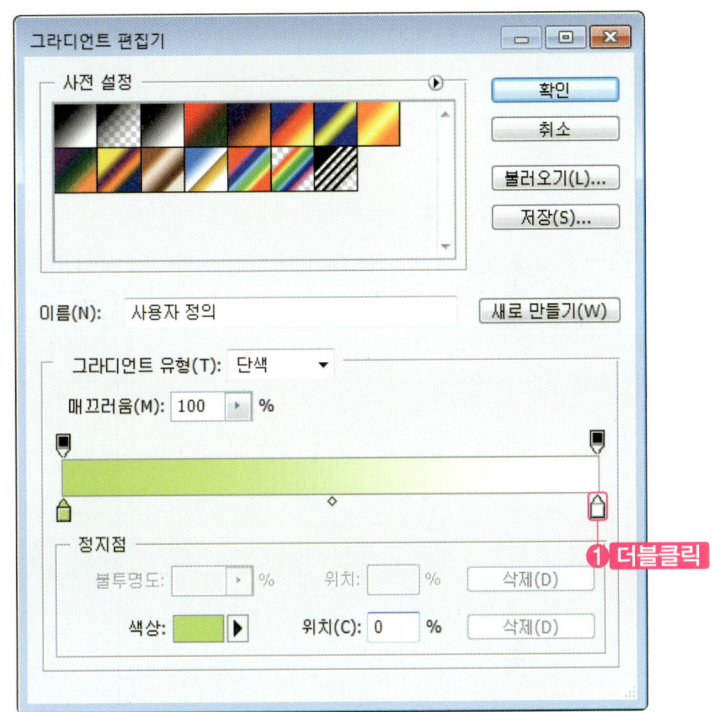

10 [정지 색상 선택(Select stop color)] 대화상자가 나타나면 색상(ffffff)을 입력한 후 [확인(OK)] 단추를 클릭합니다.

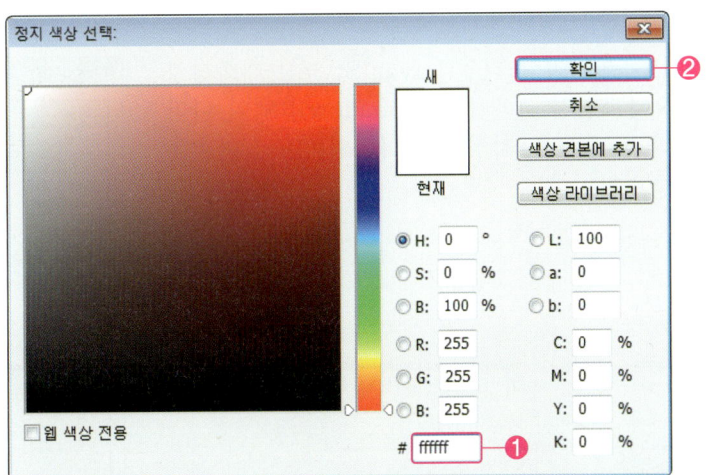

11 [그라디언트 편집기(Gradient Editor)] 대화상자가 다시 나타나면 [확인(OK)] 단추를 클릭합니다.

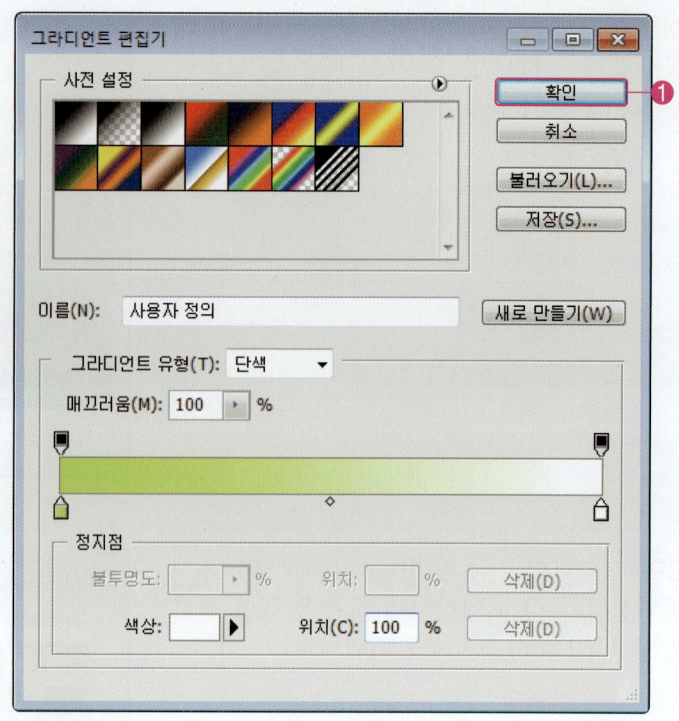

12 [레이어 스타일(Layer Style)] 대화상자가 다시 나타나면 [그림자 효과(Drop Shadow)] 탭을 클릭합니다.

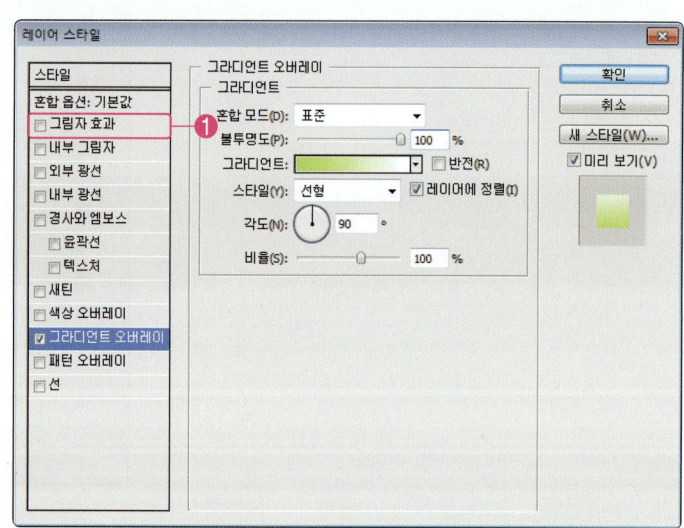

13 [레이어 스타일(Layer Style)] 대화상자의 [그림자 효과(Drop Shadow)] 탭이 나타나면 속성을 지정한 후 [확인(OK)] 단추를 클릭합니다.

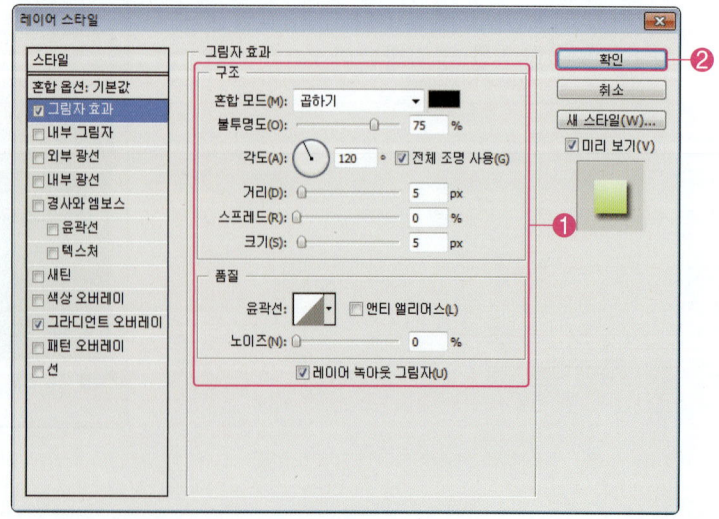

사용자 정의 모양 도구(Custom Shape Tool)

다양한 형태의 모양을 만들 수 있습니다.

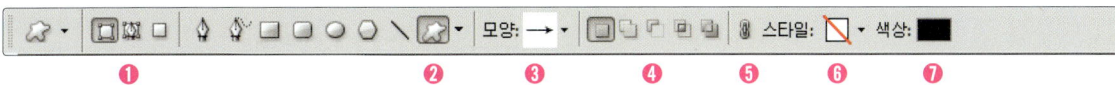

❶ ❷ ❸ ❹ ❺ ❻ ❼

❶ 옵션 모드(Option Mode)
- [모양 레이어(Shape layers)] : 패스를 제작할 때 도형으로 만듭니다. 레이어 패널과 패스 패널에 모양 창이 생성됩니다.
- [패스(Paths)] : 패스를 만들어줍니다. 패스 패널에 작업 패스(Work Path) 창이 생성됩니다.
- [픽셀 칠(Fill pixels)] : 패스, 도형이 아닌 픽셀 이미지로 만들어지면서 전경색이 채워집니다. 펜 도구에서는 지정되지 않고, 도형 도구에서만 지정하여 사용할 수 있습니다.

❷ 사용자 정의 모양 도구(Custom Shape Tool)

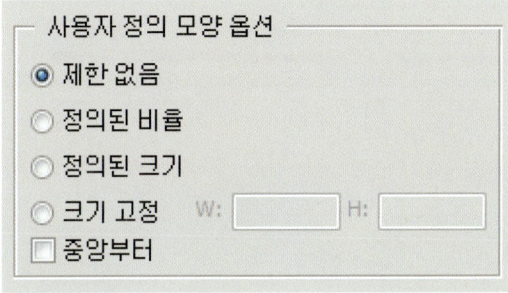

- 제한 없음(Unconstrained) : 드래그한 형태로 자유롭게 모양을 그릴 수 있습니다.
- 정의된 비율(Defined Proportions) : 도형의 가로/세로 비율을 유지하면서 그릴 수 있습니다.
- 정의된 크기(Defined Size) : 도형의 원래 크기대로만 그릴 수 있습니다.
- 크기 고정(Fixed Size) : 입력 창에 입력되는 크기만큼 그릴 수 있습니다.
- 중앙부터(From Center) : 클릭한 지점이 도형의 중심이 됩니다.

❸ 모양(Shape)
여러 모양 중에서 원하는 모양을 지정합니다.

❹ 레이어 모양(Layer shape)
생성된 패스에 새로운 패스 영역을 합치거나 제거, 교차되는 부분, 교차되지 않는 부분만을 제작하게 하는 옵션입니다.

❺ 레이어 속성 변경
스타일 옵션에서 스타일을 바꿀 때 작업 창에서도 자동으로 바뀌게 됩니다.

❻ 스타일(Style)
모양 레이어 항목을 체크하고 패스를 제작할 때 활성화되는 옵션으로, 패스에 선택된 스타일을 적용하게 됩니다.

❼ 색상(Color)
모양 레이어 항목을 선택할 경우 활성화 되는 옵션으로, 패스 영역 안쪽에 적용되는 색상을 지정할 수 있습니다.

STEP 07 달팽이 모양 작성하기

01 옵션 바에서 [사용자 정의 모양 피커 (Click to open Custom Shape picker)]의 [목록] 단추를 클릭한 후 [달팽이(Snail)]를 클릭합니다.

02 도형을 삽입하고자 하는 위치에서 드래그하여 달팽이 모양을 작성합니다.

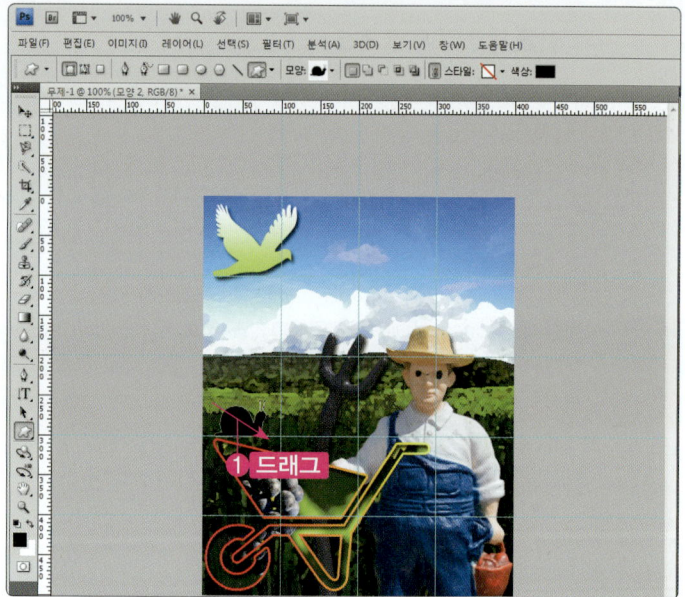

03 달팽이 모양을 회전시키기 위해 [편집 (Edit)]-[패스 자유 변형(Free Transform Path)]을 클릭합니다.

58 Photoshop CS4 핵심요약

04 크기 조절점이 나타나면 모서리 부분에 마우스 포인트를 위치시킨 후 ↻ 모양으로 변경되면 드래그하여 회전시킨 다음 Enter 를 누릅니다.

05 달팽이 모양에 색상을 지정하기 위해 [레이어(LAYERS)] 패널에서 [모양 2] 레이어의 [레이어 축소판(Layer thumbnail)]을 더블클릭한 후 [단색 선택(Pick a solid color)] 대화상자가 나타나면 색상(cc66cc)을 입력한 다음 [확인(OK)] 단추를 클릭합니다.

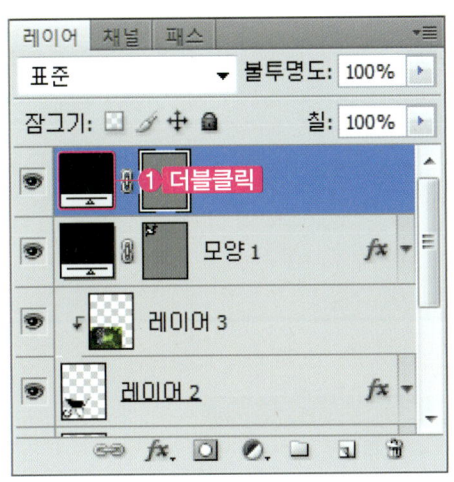 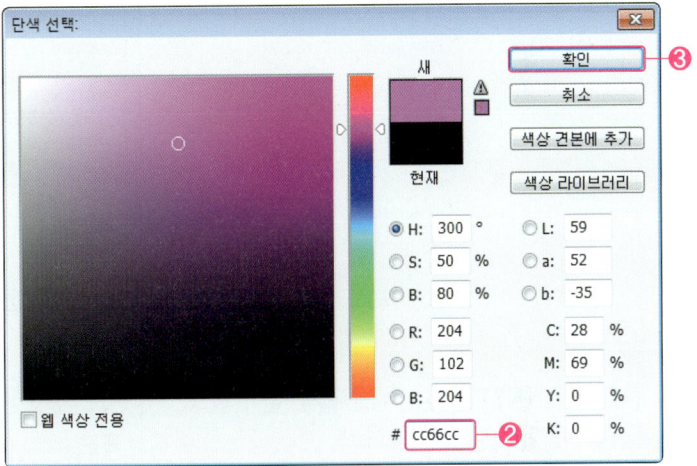

06 [레이어(LAYERS)] 패널에서 [레이어 스타일 추가(Add a layer style)]-[선(Stroke)]을 클릭한 후 [레이어 스타일(Layer Style)] 대화상자의 [선(Stroke)] 탭이 나타나면 크기(3)를 입력한 다음 [색상(Color)]을 클릭합니다.

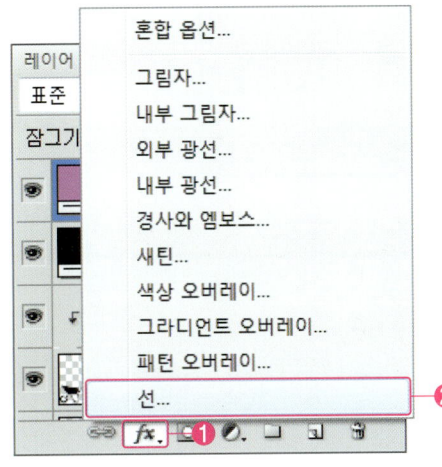 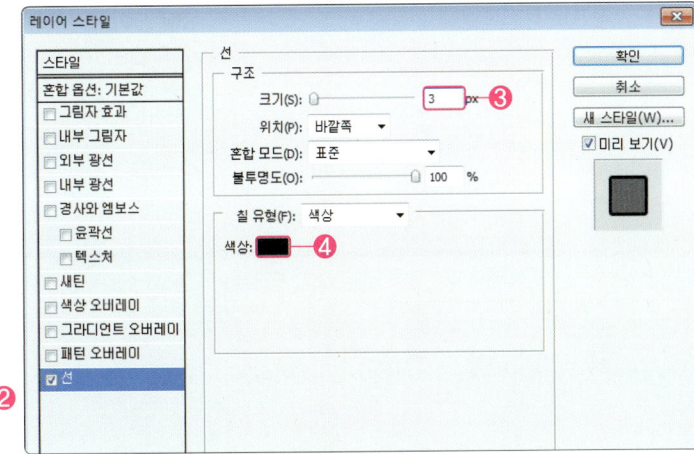

07 [선 색상 선택(Select stroke color)] 대화상자가 나타나면 색상(ffffff)을 입력한 후 [확인(OK)] 단추를 클릭합니다.

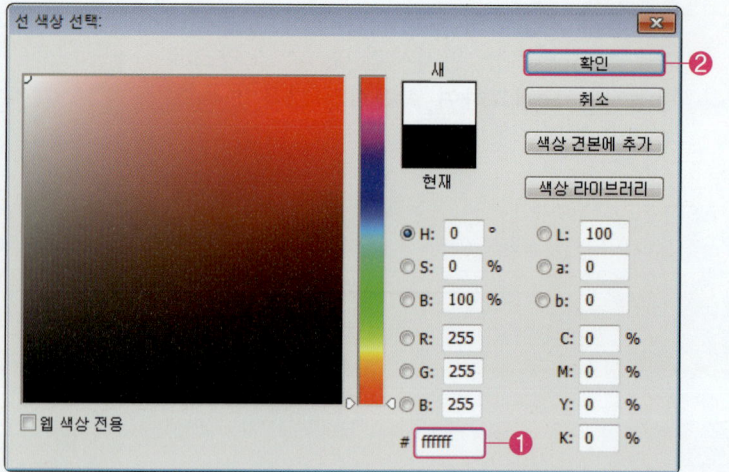

08 [레이어 스타일(Layer Style)] 대화상자가 다시 나타나면 [확인(OK)] 단추를 클릭합니다.

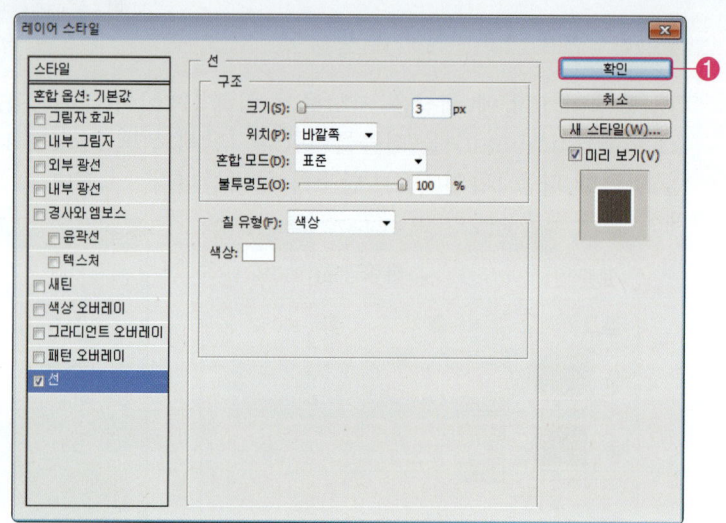

09 [레이어(LAYERS)] 패널에서 불투명도(Opacity)에 '50'을 입력합니다.

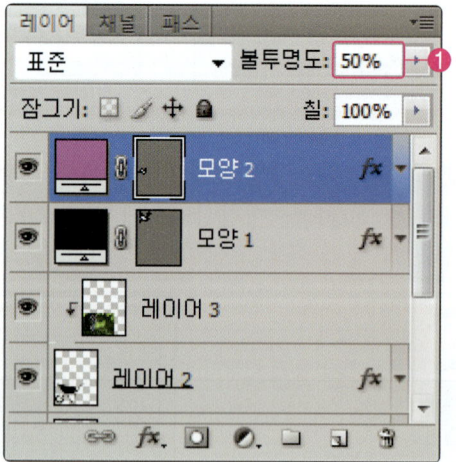

STEP 08 ①번 텍스트 작성하기

01 도구 상자(Tool Box)에서 [수직 문자 도구(Vertical Type Tool)]를 선택한 후 옵션 바에서 글꼴(궁서)을 선택한 다음 글자 크기(40)를 입력합니다.

02 텍스트를 삽입할 위치를 클릭한 후 '농부체험'을 입력한 다음 Ctrl+Enter를 누릅니다.

03 텍스트 색상을 지정하기 위해 옵션 바에서 [텍스트 색상 설정(Set the text color)]을 클릭합니다.

04 [텍스트 색상 선택(Select text color)] 대화상자가 나타나면 색상(336699)을 입력한 후 [확인(OK)] 단추를 클릭합니다.

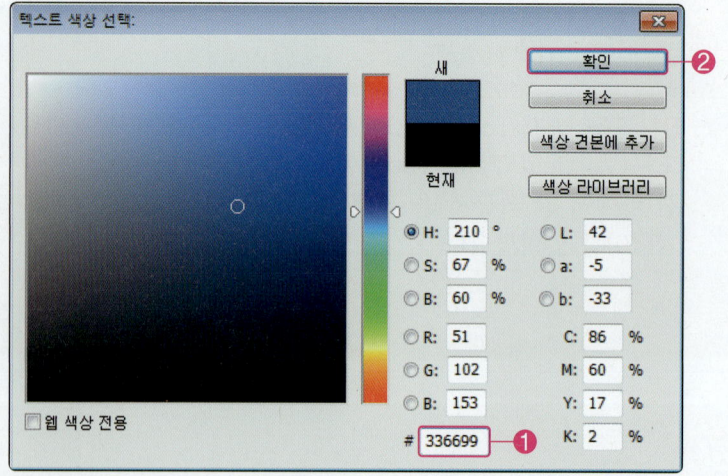

05 [레이어(LAYERS)] 패널에서 [레이어 스타일 추가(Add a layer style)]-[그림자(Drop Shadow)]를 클릭한 후 [레이어 스타일(Layer Style)] 대화상자의 [그림자 효과(Drop Shadow)] 탭이 나타나면 속성을 지정한 다음 [선(Stroke)] 탭을 클릭합니다.

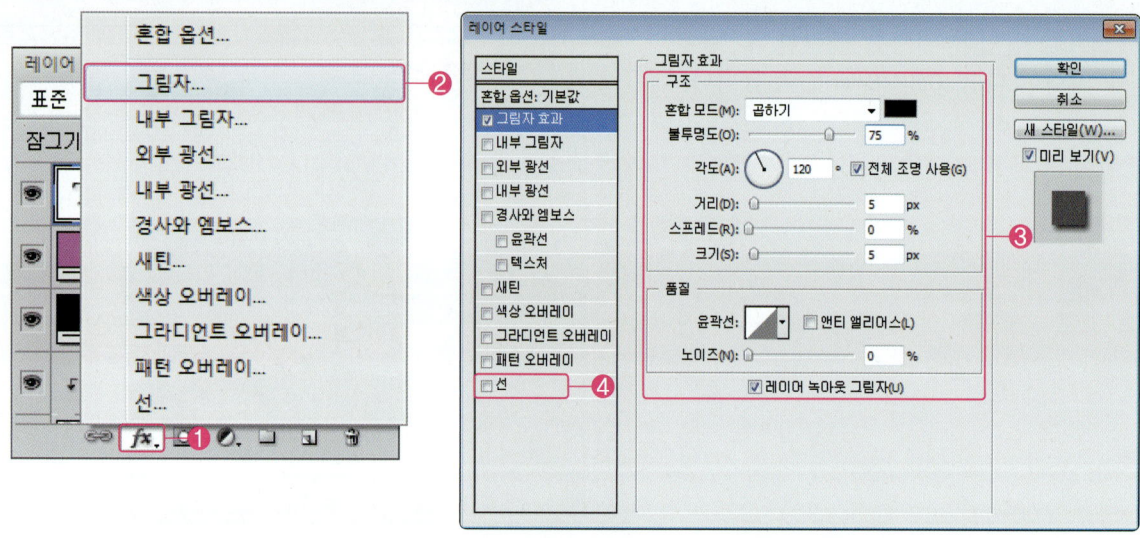

06 [레이어 스타일(Layer Style)] 대화상자의 [선(Stroke)] 탭이 나타나면 크기(3)를 입력한 후 [색상(Color)]을 클릭합니다.

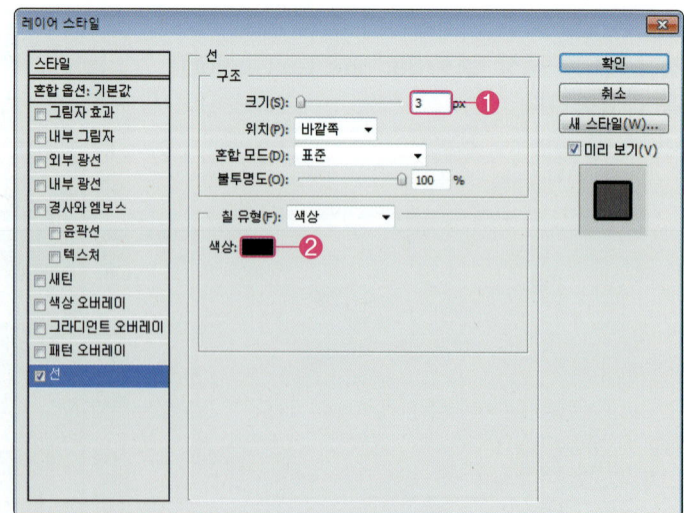

07 [선 색상 선택(Select stroke color)] 대화상자가 나타나면 색상(ffffff)을 입력한 후 [확인(OK)] 단추를 클릭합니다.

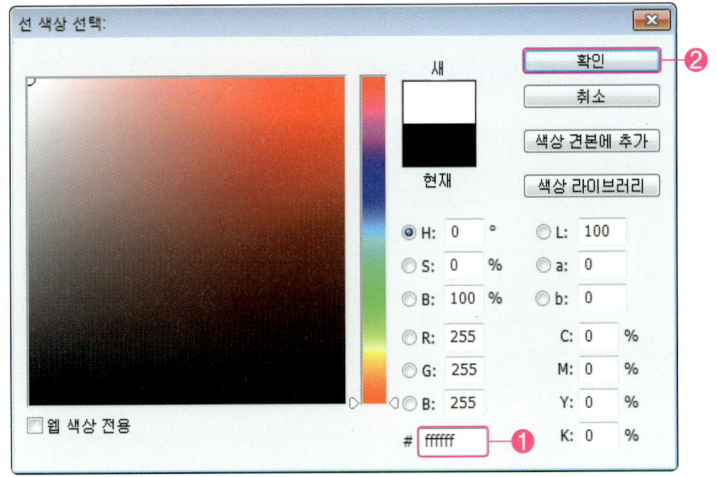

08 [레이어 스타일(Layer Style)] 대화상자가 다시 나타나면 [확인(OK)] 단추를 클릭합니다.

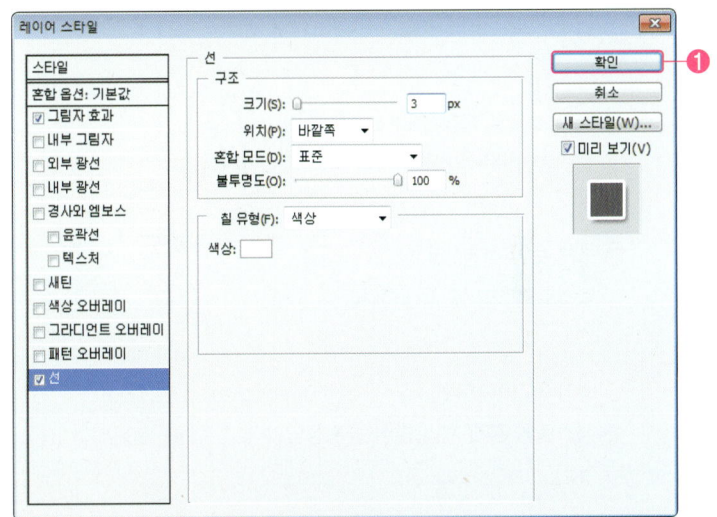

09 다음과 같이 텍스트 글꼴 색상 및 레이어 스타일이 지정됩니다.

문자 도구(Type Tool)

가장 기본적으로 텍스트를 입력하기 위해서 도구 상자에서 가로로 쓰이는 수평 문자 도구와 세로로 쓰이는 세로 문자 도구를 제공합니다.

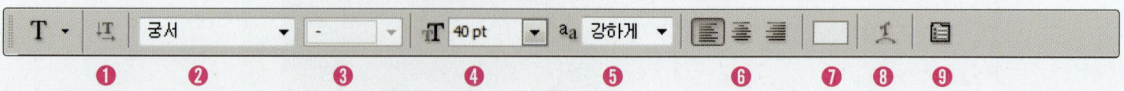

❶ 텍스트 방향(Change the text orientation)
입력한 텍스트의 방향을 가로와 세로 중에서 선택합니다.

❷ 글꼴 모음 설정(Set the font family)
입력된 텍스트의 글꼴을 변경하거나 새로 입력될 텍스트의 글꼴을 지정합니다.

❸ 글꼴 스타일 설정(Set the font style)
입력된 텍스트의 유형(스타일)을 지정합니다.

❹ 글꼴 크기 설정(Set the font size)
텍스트의 크기를 지정합니다.

❺ 앤티 앨리어싱 방법 설정(Set the anti-aliasing method)
텍스트의 경계 처리 방식을 지정합니다.

❻ 정렬(Align)
텍스트의 정렬 방식(■[텍스트 왼쪽 정렬(Left Align text)], ■[텍스트 중앙 정렬(Center text)], ■[텍스트 오른쪽 정렬(Right Align text)])을 지정합니다.

❼ 텍스트 색상 설정(Set the text color)
텍스트의 색상을 지정합니다.

❽ 변형된 텍스트 만들기(Create warped text)
텍스트를 다양한 형태로 왜곡하여 변형합니다.

❾ 문자 및 단락 패널 켜기/끄기(Toggle the Character and Paragraph panels)
문자(Character) 패널과 단락(Paragraph) 패널이 나타나거나 사라집니다.

STEP 09 답안 저장 및 전송하기

01 작성한 답안을 저장하기 위해 [파일(File)]-[저장(Save)]을 클릭합니다.

02 [다른 이름으로 저장(Save As)] 대화상자가 나타나면 저장 위치(라이브러리₩문서₩GTQ)를 지정한 후 파일 이름(수험번호-성명-문제번호)을 입력한 다음 형식(JPEG (*.JPG;*.JPEG;*.JPE))을 선택하고 [저장] 단추를 클릭합니다.

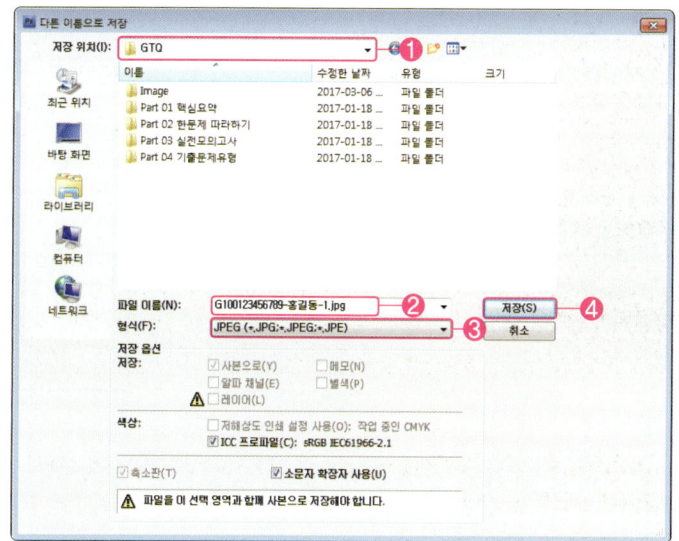

03 [JPEG 옵션(JPEG Options)] 대화상자가 나타나면 품질(Quality)을 지정한 후 [확인(OK)] 단추를 클릭합니다.

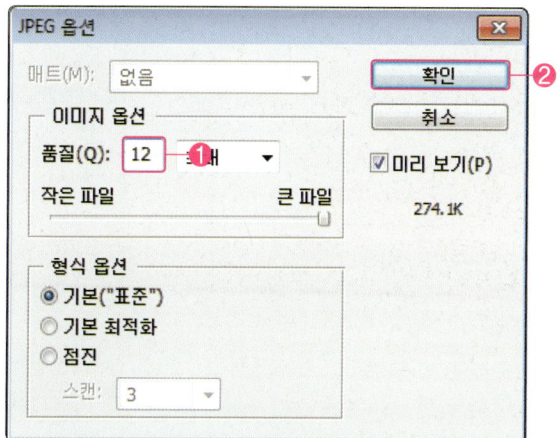

Chapter02 • [기능평가] 고급 Tool(도구) 활용 **65**

04 PSD 파일로 저장하기 위해 [이미지(Image)]-[이미지 크기(Image Size)]를 클릭합니다.

05 [이미지 크기(Image Size)] 대화상자가 나타나면 폭(Width)에 '40'을 입력한 후 [확인(OK)] 단추를 클릭합니다.

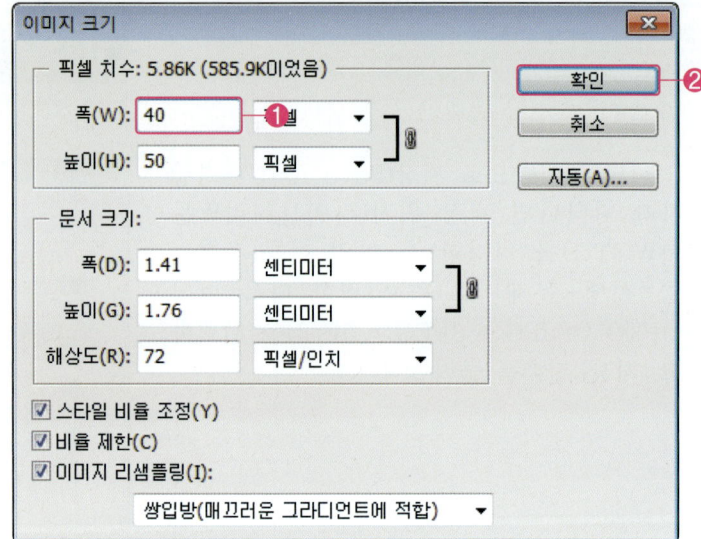

Tip

[비율 제한]이 선택되어 있는 경우 폭(Width)을 입력하면 높이(Height)는 비율에 맞게 자동으로 변경됩니다.

06 이미지 크기가 변경되면 [파일(File)]-[저장(Save)]을 클릭합니다.

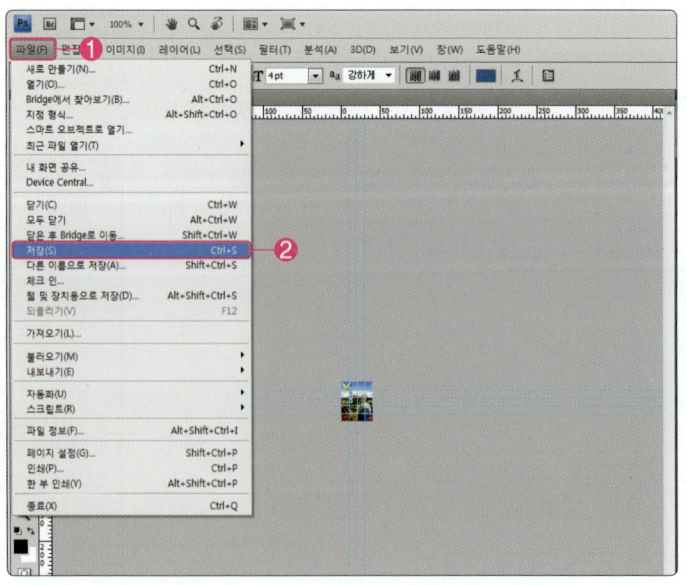

07 [다른 이름으로 저장(Save As)] 대화상자가 나타나면 저장 위치(라이브러리₩문서₩GTQ)를 지정한 후 파일 이름(수험번호-성명-문제번호)을 입력한 다음 형식(Photoshop (*.PSD;*.PDD))을 선택하고 [저장] 단추를 클릭합니다.

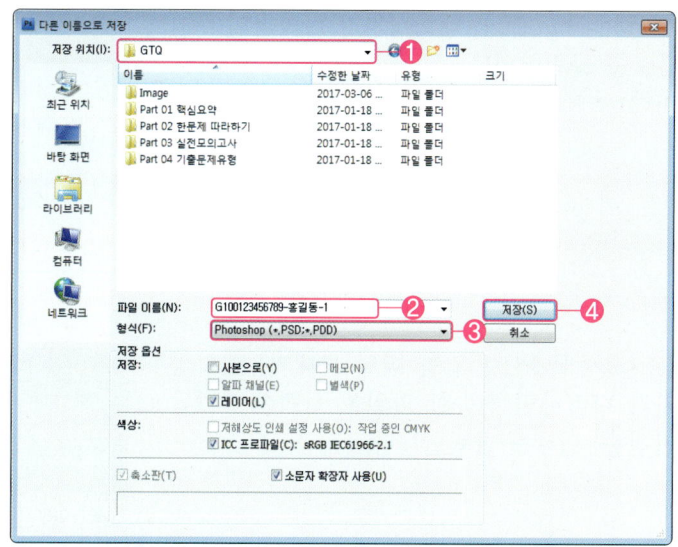

08 [Photoshop 형식 옵션(Photoshop Format Options)] 대화상자가 나타나면 [확인(OK)] 단추를 클릭합니다.

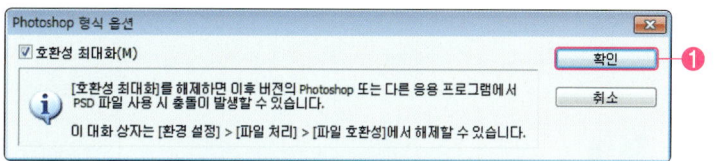

09 답안을 전송하기 위해 ▬[최소화] 단추를 클릭합니다.

10 KOAS 수험자용 프로그램을 선택한 후 [답안 전송] 단추를 클릭합니다.

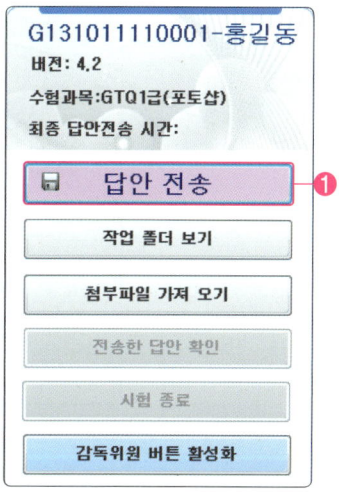

Chapter02 · [기능평가] 고급 Tool(도구) 활용 **67**

11 [MessageBox] 대화상자가 나타나면 [예] 단추를 클릭합니다.

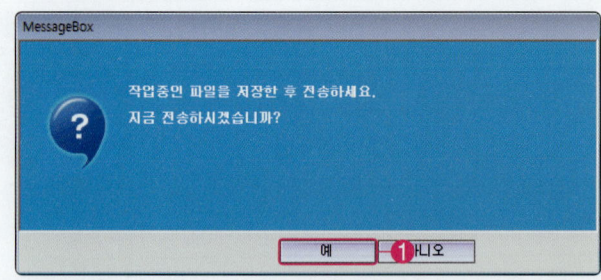

12 [고사실 PC로 답안 파일 보내기] 대화상자가 나타나면 전송할 파일을 선택한 후 [답안전송] 단추를 클릭합니다.

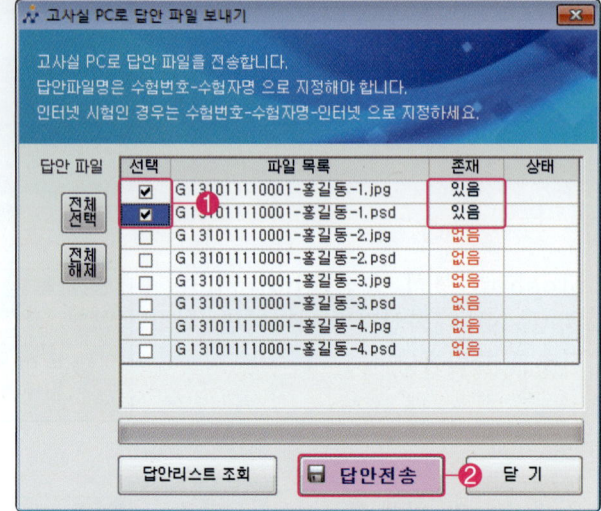

Tip
전송하고자 하는 파일의 존재 여부가 '없음'으로 표시되면 파일명 및 저장 위치를 확인합니다.

13 [MessageBox] 대화상자가 나타나면 [확인] 단추를 클릭합니다.

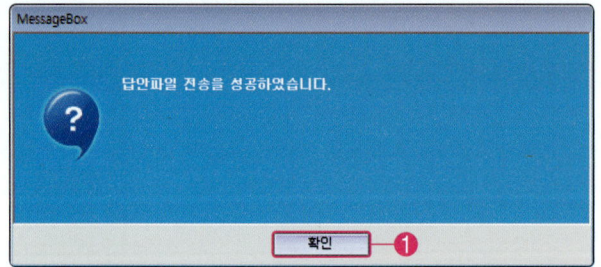

14 [고사실 PC로 답안 파일 보내기] 대화상자가 다시 나타나면 [닫기] 단추를 클릭합니다.

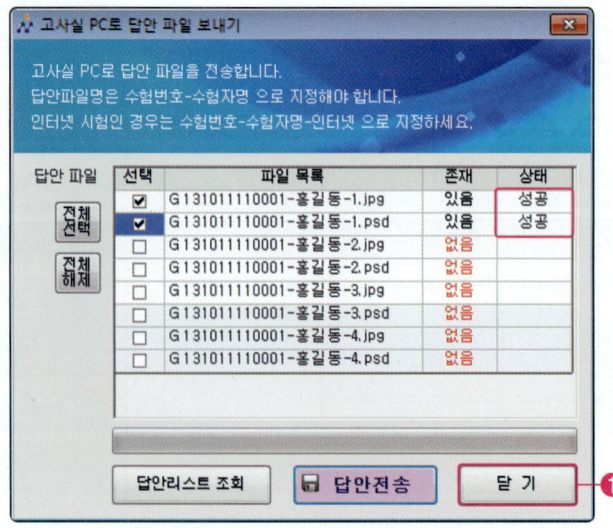

Tip
전송한 파일의 상태 여부가 '성공'으로 표시되는지 확인합니다.

문제유형 01 [기능평가] 고급 Tool(도구) 활용 [20점]

다음의 ≪조건≫에 따라 아래의 ≪출력형태≫와 같이 작업하시오.

≪조건≫

원본 이미지	내문서₩GTQ₩Image₩1급-1.jpg, 1급-2.jpg, 1급-3.jpg		
파일 저장 규칙	JPG	파일명	내문서₩GTQ₩수험번호-성명-1.jpg
		크기	500 × 350 pixels
	PSD	파일명	내문서₩GTQ₩수험번호-성명-1.psd
		크기	50 × 35 pixels

시험에서는 라이브러리₩문서₩GTQ₩Image 폴더에 있는 그림 원본파일을 사용하여 답안을 작성합니다.

1. 그림 효과
   ① 1급-1.jpg : 필터 - Facet(단면화)
   ② Save Path(패스 저장) : 날개 모양
   ③ Mask(마스크) : 날개 모양, 1급-2.jpg를 이용하여 작성
      레이어 스타일 - Stroke(선/획)(3px, #ffff33),
      Inner Shadow(내부 그림자)
   ④ 1급-3.jpg : 레이어 스타일 - Drop Shadow(그림자 효과)
   ⑤ Shape Tool(모양 도구) :
      - 나뭇잎 모양 (#993300, 레이어 스타일 - Stroke(선/획)(2px, #ffffff))
      - 꽃 모양 (#ff00ff, 레이어 스타일 - Outer Glow(외부 광선))

2. 문자 효과
   ① 도토리묵 (돋움, 72pt, #ff6600, 레이어 스타일 - Stroke(선/획)(3px, #ffffff))

≪출력형태≫

문제유형 02 [기능평가] 고급 Tool(도구) 활용 [20점]

다음의 ≪조건≫에 따라 아래의 ≪출력형태≫와 같이 작업하시오.

≪조건≫

원본 이미지	내문서₩GTQ₩Image₩1급-1.jpg, 1급-2.jpg, 1급-3.jpg		
파일 저장 규칙	JPG	파일명	내문서₩GTQ₩수험번호-성명-1.jpg
		크기	400 × 500 pixels
	PSD	파일명	내문서₩GTQ₩수험번호-성명-1.psd
		크기	40 × 50 pixels

1. 그림 효과
   ① 1급-1.jpg : 필터 - Lens Flare(렌즈 플레어)
   ② Save Path(패스 저장) : 앵두 모양
   ③ Mask(마스크) : 앵두 모양, 1급-2.jpg를 이용하여 작성
      레이어 스타일 - Stroke(선/획)(2px, #ff0033),
      Inner Shadow(내부 그림자)
   ④ 1급-3.jpg : 레이어 스타일 - Outer Glow(외부 광선)
   ⑤ Shape Tool(모양 도구) :
      - 나뭇잎 모양 (#99ccff, 레이어 스타일 - Stroke(선/획)(2px, #ffffff))
      - 나비 모양 (#ffcc00, 레이어 스타일 - Bevel and Emboss(경사와 엠보스))

2. 문자 효과
   ① Spring (Arial, Bold, 60pt, 레이어 스타일 - 그라디언트 오버레이 (#ff66cc, #009933), Stroke(선/획)(2px, #ffffff))

≪출력형태≫

문제유형 03 [기능평가] 고급 Tool(도구) 활용 [20점]

다음의 ≪조건≫에 따라 아래의 ≪출력형태≫와 같이 작업하시오.

≪조건≫

원본 이미지	내문서₩GTQ₩Image₩1급-1.jpg, 1급-2.jpg, 1급-3.jpg		
파일 저장 규칙	JPG	파일명	내문서₩GTQ₩수험번호-성명-1.jpg
		크기	400 × 500 pixels
	PSD	파일명	내문서₩GTQ₩수험번호-성명-1.psd
		크기	40 × 50 pixels

≪출력형태≫

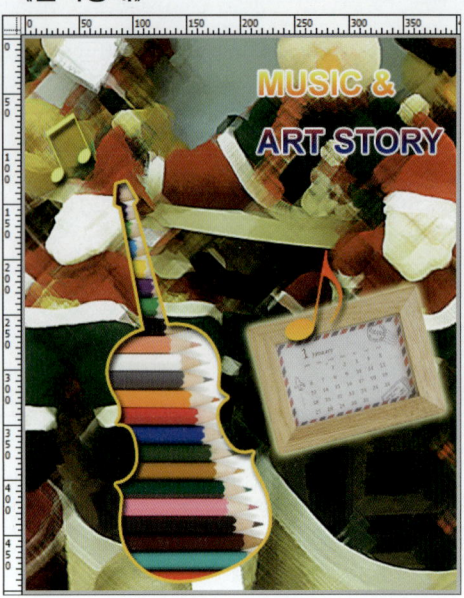

1. 그림 효과
   ① 1급-1.jpg : 필터 - Crosshatch(그물눈)
   ② Save Path(패스 저장) : 첼로 모양
   ③ Mask(마스크) : 첼로 모양, 1급-2.jpg를 이용하여 작성
      레이어 스타일 - Stroke(선/획)(3px, #ffcc00), Inner Shadow(내부 그림자)
   ④ 1급-3.jpg : 레이어 스타일 - Outer Glow(외부 광선)
   ⑤ Shape Tool(모양 도구) :
      - 음표 모양 (#ffff00, 레이어 스타일 - Drop Shadow(그림자 효과))
      - 음표 모양 (레이어 스타일 - Drop Shadow(그림자 효과),
        그라디언트 오버레이(#ffcc00, #ff0000))

2. 문자 효과
   ① MUSIC & ART STORY (Arial, Bold, 30pt, 레이어 스타일 - Stroke(선/획)
      (2px, #ffffff), 그라디언트 오버레이(#000099, #ff0000, #ffff00))

문제유형 04 [기능평가] 고급 Tool(도구) 활용 [20점]

다음의 ≪조건≫에 따라 아래의 ≪출력형태≫와 같이 작업하시오.

≪조건≫

원본 이미지	내문서₩GTQ₩Image₩1급-1.jpg, 1급-2.jpg, 1급-3.jpg		
파일 저장 규칙	JPG	파일명	내문서₩GTQ₩수험번호-성명-1.jpg
		크기	400 × 500 pixels
	PSD	파일명	내문서₩GTQ₩수험번호-성명-1.psd
		크기	40 × 50 pixels

≪출력형태≫

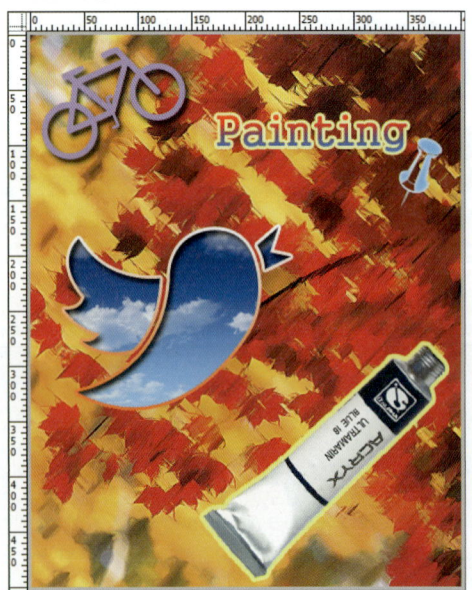

1. 그림 효과
   ① 1급-1.jpg : 필터 - Angled Strokes(각진 선)
   ② Save Path(패스 저장) : 새 모양
   ③ Mask(마스크) : 새 모양, 1급-2.jpg를 이용하여 작성
      레이어 스타일 - Stroke(선/획)(3px, 그라디언트(#ff6600, #ffffff)),
      Inner Shadow(내부 그림자)
   ④ 1급-3.jpg : 레이어 스타일 - Stroke(선/획)(4px, #ffff00)
   ⑤ Shape Tool(모양 도구) :
      - 자전거 모양 (#cc99ff, 레이어 스타일 - Drop Shadow(그림자 효과))
      - 압정 모양 (#66ccff, 레이어 스타일 - Inner Shadow(내부 그림자))

2. 문자 효과
   ① Painting (궁서, 38pt, 레이어 스타일 -
      그라디언트 오버레이(#3399ff, #ff0000), Stroke(선/획)(3px, #ffff66))

문제유형 05 [기능평가] 고급 Tool(도구) 활용 [20점]

다음의 ≪조건≫에 따라 아래의 ≪출력형태≫와 같이 작업하시오.

≪조건≫

원본 이미지	내문서₩GTQ₩Image₩1급-1.jpg, 1급-2.jpg, 1급-3.jpg		
파일 저장 규칙	JPG	파일명	내문서₩GTQ₩수험번호-성명-1.jpg
		크기	400 × 500 pixels
	PSD	파일명	내문서₩GTQ₩수험번호-성명-1.psd
		크기	40 × 50 pixels

1. 그림 효과
   ① 1급-1.jpg : 필터 - Rough Pastels(거친 파스텔 효과)
   ② Save Path(패스 저장) : 자동차 모양
   ③ Mask(마스크) : 자동차 모양, 1급-2.jpg를 이용하여 작성
      레이어 스타일 - Stroke(선/획)(3px, #ffffff), Inner Shadow(내부 그림자)
   ④ 1급-3.jpg : 레이어 스타일 - Outer Glow(외부 광선)
   ⑤ Shape Tool(모양 도구) :
      - 단풍잎 모양 (#ff6600, #996633, 레이어 스타일 -
        Drop Shadow(그림자 효과))
      - 풀 모양 (#009900, 레이어 스타일 - Bevel and Emboss(경사와 엠보스))

2. 문자 효과
   ① 가을 드라이브 (바탕, 40pt, 레이어 스타일 -
      그라디언트 오버레이(#ff0000, #ffcc33), Stroke(선/획)(3px, #ffffff))

≪출력형태≫

문제유형 06 [기능평가] 고급 Tool(도구) 활용 [20점]

다음의 ≪조건≫에 따라 아래의 ≪출력형태≫와 같이 작업하시오.

≪조건≫

원본 이미지	내문서₩GTQ₩Image₩1급-1.jpg, 1급-2.jpg, 1급-3.jpg		
파일 저장 규칙	JPG	파일명	내문서₩GTQ₩수험번호-성명-1.jpg
		크기	400 × 500 pixels
	PSD	파일명	내문서₩GTQ₩수험번호-성명-1.psd
		크기	40 × 50 pixels

1. 그림 효과
   ① 1급-1.jpg : 필터 - Film Grain(필름 그레인)
   ② Save Path(패스 저장) : 개구리 모양
   ③ Mask(마스크) : 개구리 모양, 1급-2.jpg를 이용하여 작성
      레이어 스타일 - Inner Shadow(내부 그림자), Drop Shadow(그림자 효과)
   ④ 1급-3.jpg : 레이어 스타일 - Outer Glow(외부 광선)
   ⑤ Shape Tool(모양 도구) :
      - 발자국 모양 (#ffffff, 레이어 스타일 - Inner Shadow(내부 그림자))
      - 음표 모양 (#ffff00, #ff9900, 레이어 스타일 -
        Bevel and Emboss(경사와 엠보스))

2. 문자 효과
   ① 봄이 오는 소리 (궁서, 40pt, 레이어 스타일 -
      그라디언트 오버레이(#006600, #ffff00), Stroke(선/획)(2px, #ffffff))

≪출력형태≫

Chapter 03 [기능평가] 사진편집 응용

[문제2 • [기능평가] 사진편집 응용]

다음의 ≪조건≫에 따라 아래의 ≪출력형태≫와 같이 작업하시오.

《조건》

원본 이미지			내문서₩GTQ₩Image₩1급-4.jpg, 1급-5.jpg, 1급-6.jpg
파일 저장 규칙	JPG	파일명	내문서₩GTQ₩수험번호-성명-2.jpg
		크기	400 × 500 pixels
	PSD	파일명	내문서₩GTQ₩수험번호-성명-2.psd
		크기	40 × 50 pixels

1. 그림 효과
   ① 1급-4.jpg : 필터 - Rough Pastels(거친 파스텔 효과)
   ② 색상 보정 : 1급-5jpg - 녹색 계열로 보정
   ③ 1급-5.jpg : 레이어 스타일 - Outer Glow(외부 광선)
   ④ 1급-6.jpg : Drop Shadow(그림자 효과)
   ⑤ Shape Tool(모양 도구) :
      - 나선 모양 (레이어 스타일 - Outer Glow(외부 광선),
        그라디언트 오버레이(#ffcc66, #cc33cc))
      - 발바닥 모양 (#ffcc00, 레이어 스타일 - Inner Shadow(내부 그림자))

2. 문자 효과
   ① Traditional Play (Arial, Regular, 28pt, 레이어 스타일 -
      그라디언트 오버레이(#660099, #33cc00), Stroke(선/획)(2px, #ffffff))

《출력형태》

STEP 01 이미지 창 생성 및 이미지 복사하기

01 [문제1]에서 작성한 파일을 닫은 후 [파일(File)]-[새로 만들기(New)]를 클릭합니다.

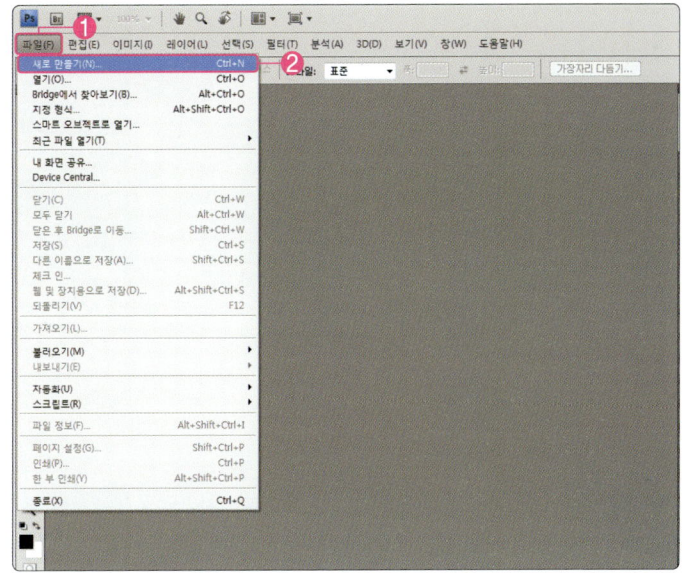

02 [새로 만들기(New)] 대화상자가 나타나면 폭(Width)과 높이(Height)를 입력한 후 해상도(Resolution)를 입력한 다음 [확인(OK)] 단추를 클릭합니다.

> **Tip**
> 별도의 지시사항이 없을 경우 기본값을 사용
> • 해상도(Resolution) : 72 픽셀/인치
> • 색상 모드(Color Mode) : RGB 색상
> • 배경 내용(Background Contents) : 흰색(White)

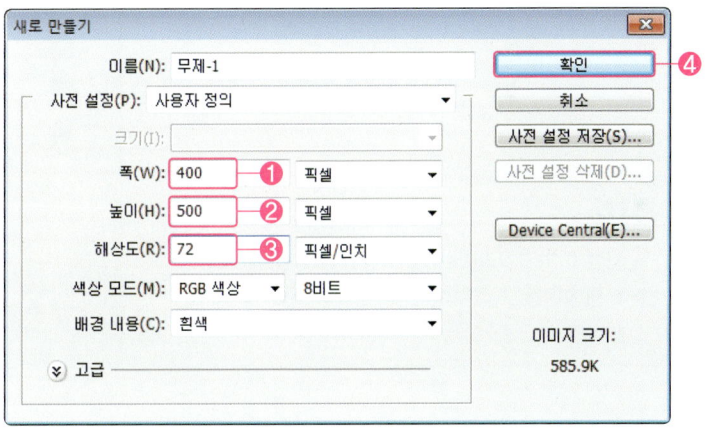

03 눈금자를 드래그하여 안내선(Guides)을 100 픽셀(pixels) 단위로 작성합니다.

> **Tip**
> 안내선(Guides)은 작업의 편의를 위한 일종의 기준선 또는 가이드를 말합니다. 만들어진 안내선은 +;를 눌러 나타내거나 숨길 수 있습니다. 생성된 안내선을 마우스로 드래그하여 위치를 이동하거나 안내선을 삭제할 수 있습니다.

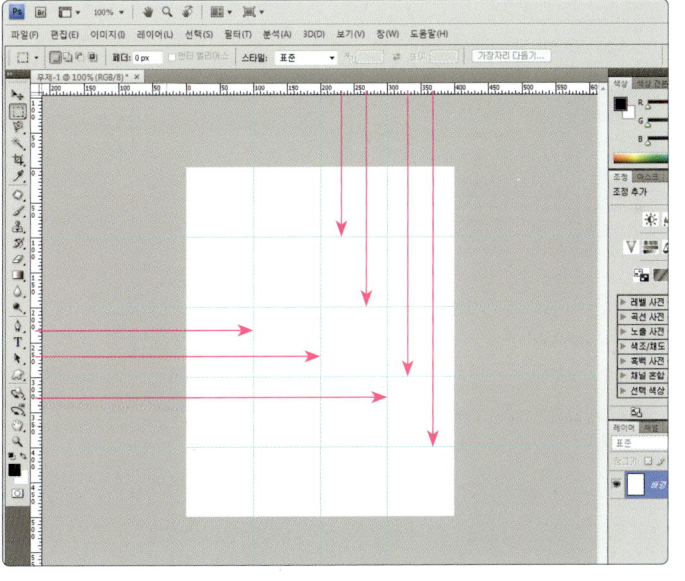

Chapter03 · [기능평가] 사진편집 응용 **73**

04 [파일(File)]-[열기(Open)]를 클릭합니다.

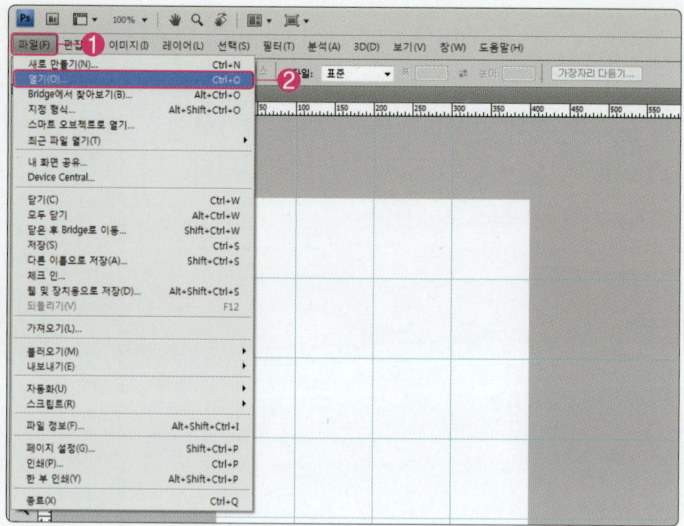

05 [열기(Open)] 대화상자가 나타나면 찾는 위치(라이브러리₩문서₩GTQ₩Image)를 지정한 후 파일(1급-4)을 선택한 다음 [열기] 단추를 클릭합니다.

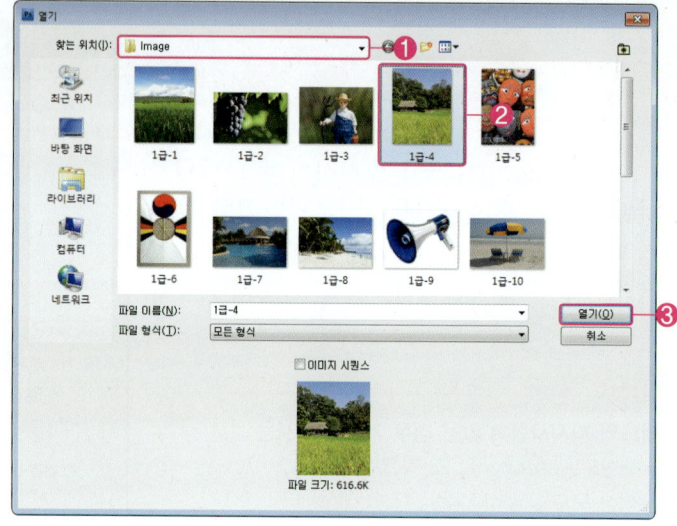

Tip
- 시험 이미지 : 라이브러리₩문서₩GTQ₩Image
- 교재 이미지 : 라이브러리₩문서₩GTQ₩Part1₩Image

06 이미지가 불러와지면 [이미지(Image)]-[이미지 크기(Image Size)]를 클릭한 후 [이미지 크기(Image Size)] 대화상자가 나타나면 폭(400)을 입력한 다음 [확인(OK)] 단추를 클릭합니다.

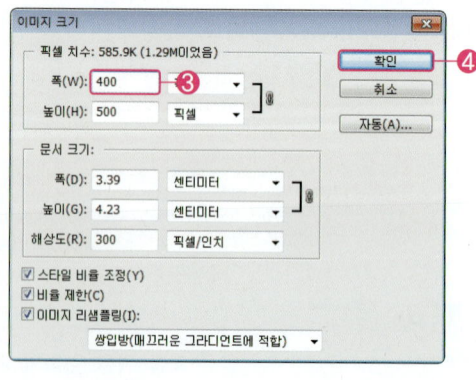

07 이미지 크기가 수정되면 복사하기 위해 Ctrl+A를 눌러 이미지 전체를 선택한 후 Ctrl+C를 눌러 복사합니다.

08 이미지가 복사되면 [무제-1] 탭을 클릭한 후 Ctrl+V를 눌러 붙여넣기합니다.

Tip
[무제-1] 탭의 [레이어(LAYERS)] 패널에는 [배경] 레이어 이외에 [레이어 1] 레이어가 추가됩니다. GTQ 시험에서는 작업 순서에 따른 레이어 생성을 임의로 합치거나 각 기능의 속성을 해제할 경우 해당 요소가 '0'점 처리되므로 주의해야 합니다.

09 [1급-4.jpg] 탭의 ⊠[닫기]를 클릭한 후 [닫기 전에 변경한 내용을 저장하시겠습니까?]라고 묻는 대화상자가 나타나면 [아니오] 단추를 클릭합니다.

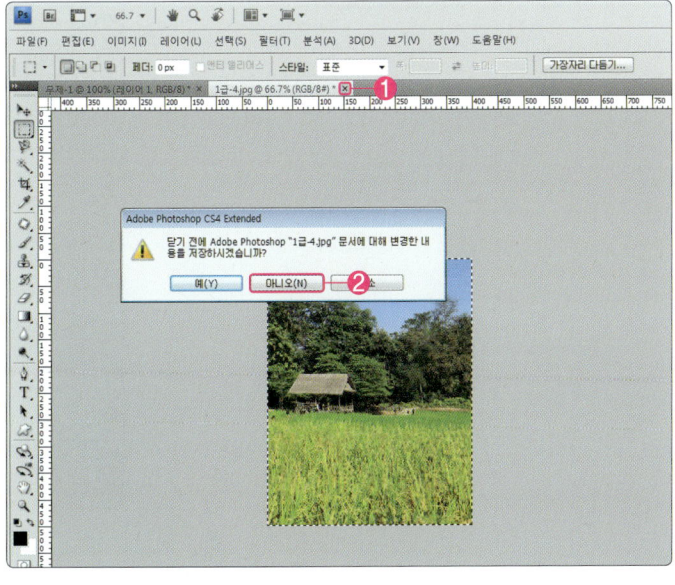

Chapter03 · [기능평가] 사진편집 응용 **75**

STEP 02 | 필터(Filter) 적용하기

01 [필터(Filter)]-[예술 효과(Artistic)]-[거친 파스텔 효과(Rough Pastels)]를 클릭합니다.

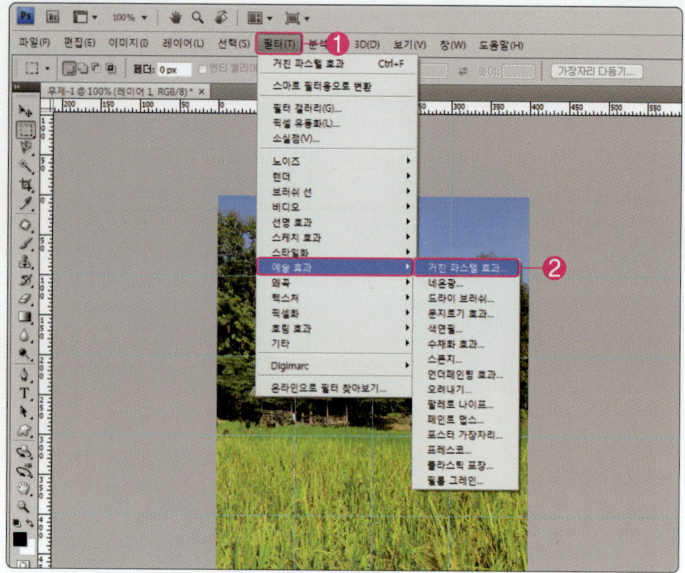

02 [거친 파스텔 효과(Rough Pastels)] 대화상자가 나타나면 속성을 지정한 후 [확인(OK)] 단추를 클릭합니다.

Tip
- 필터(Filter)를 적용할 때 세부 설정 값은 ≪출력형태≫를 보고 수험자가 직접 판단해야 합니다.
- ≪출력형태≫와 비교하면서 세부 설정 값을 조절합니다.

03 다음과 같이 거친 파스텔 효과(Rough Pastels) 필터가 적용됩니다.

STEP 03 · 이미지 복사 및 색상 보정하기

01 [파일(File)]-[열기(Open)] 메뉴를 클릭한 후 [열기(Open)] 대화상자가 나타나면 파일(1급-5)을 선택한 다음 [열기] 단추를 클릭합니다.

02 도구 상자(Tool Box)에서 [자석 올가미 도구(Magnetic Lasso Tool)]를 선택한 후 옵션바에서 빈도 수(Frequency)에 '100'을 입력합니다.

> **Tip**
> 이전에 빈도 수(Frequency) 값에 '100'이 입력되어 있을 경우 입력하지 않아도 됩니다.

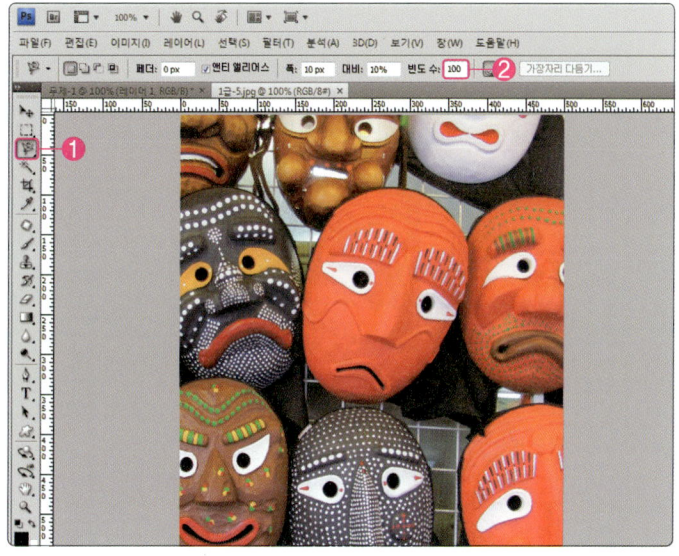

03 시작 지점을 클릭한 후 탈을 따라 드래그하여 선택 영역으로 지정한 다음 Ctrl+C를 눌러 선택 영역을 복사합니다.

> **Tip**
> • 자석 올가미 도구(Magnetic Lasso Tool)는 마우스를 이동하면 자동으로 선택 영역이 지정되며 포인트가 생깁니다.
> • 빈도 수(Frequency)는 이 포인트의 생성 개수를 조절할 수 있는 옵션으로, 포인트가 많이 표시될수록 정교하게 선택됩니다.

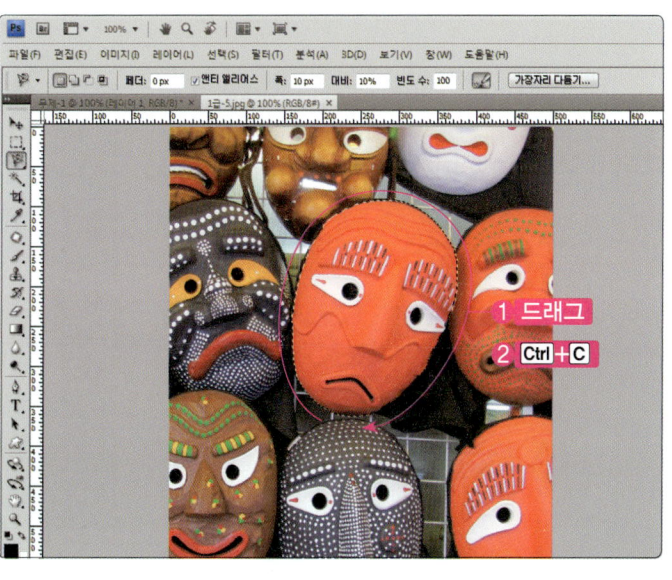

04 [무제-1] 탭을 클릭한 후 Ctrl+V를 눌러 선택 영역을 붙여넣기합니다.

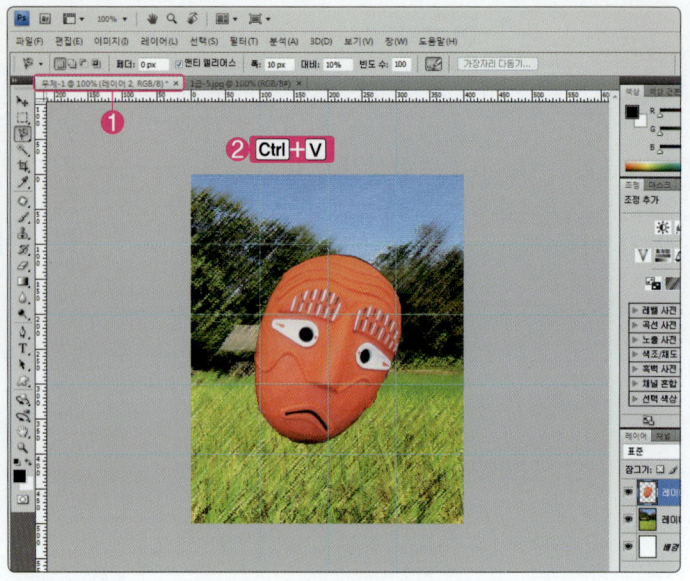

05 이미지 크기를 조절하기 위해 [편집(Edit)]-[자유 변형(Free Transform)]을 클릭한 후 크기 조절점을 드래그하여 크기를 조절한 다음 위치를 이동하고 Enter를 누릅니다.

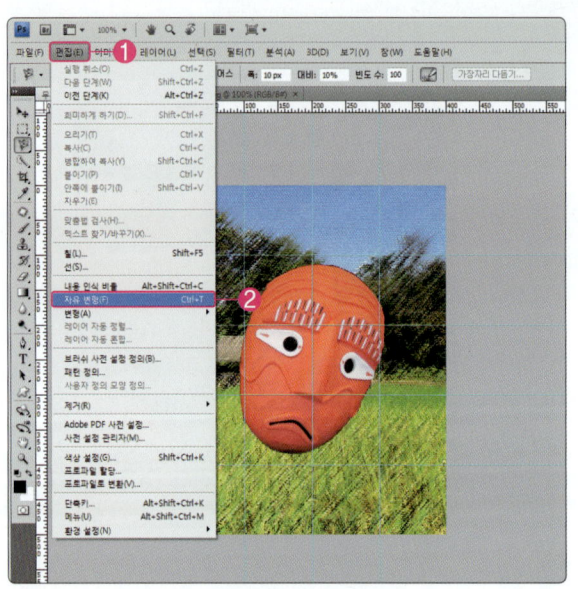 

06 [레이어(LAYERS)] 패널에서 Ctrl을 누른 상태에서 [레이어 2] 레이어의 [레이어 축소판(Layer thumbnail)]을 클릭합니다.

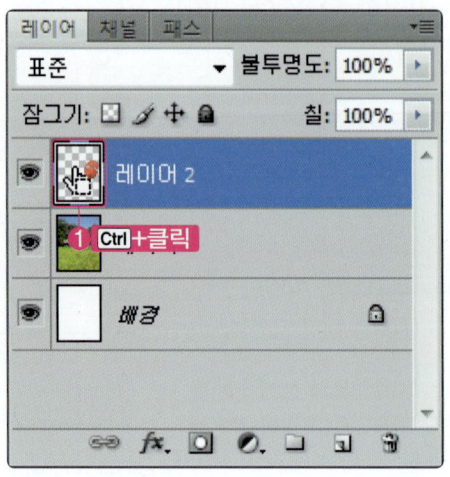

07 [레이어(LAYERS)] 패널에서 [색칠 또는 조정 레이어(Create new fill or adjustment layer)]를 클릭한 후 [색조/채도(Hue/Saturation)]를 클릭합니다.

> **Tip**
> [조정(ADJUSTMENTS)] 패널에서 [색조/채도(Hue/Saturation)]를 클릭해도 됩니다.

08 다음과 같이 [조정(ADJUSTMENTS)] 패널이 [색조/채도(Hue/Saturation)]로 나타나면 [색상화(Colorize)]를 선택한 후 색조(120)와 채도(50)를 드래그하여 녹색 계열로 보정합니다.

09 [레이어(LAYERS)] 패널에서 [레이어 2] 레이어를 선택한 후 [레이어 스타일 추가(Add a layer style)]-[외부 광선(Outer Glow)]을 클릭합니다.

 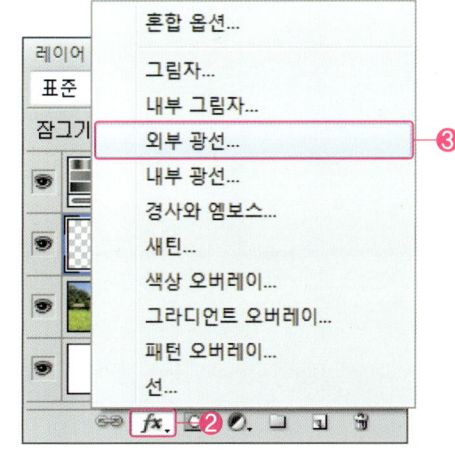

Chapter03 · [기능평가] 사진편집 응용 **79**

10 [레이어 스타일(Layer Style)] 대화상자의 [외부 광선(Outer Glow)] 탭이 나타나면 속성을 지정한 후 [확인(OK)] 단추를 클릭합니다.

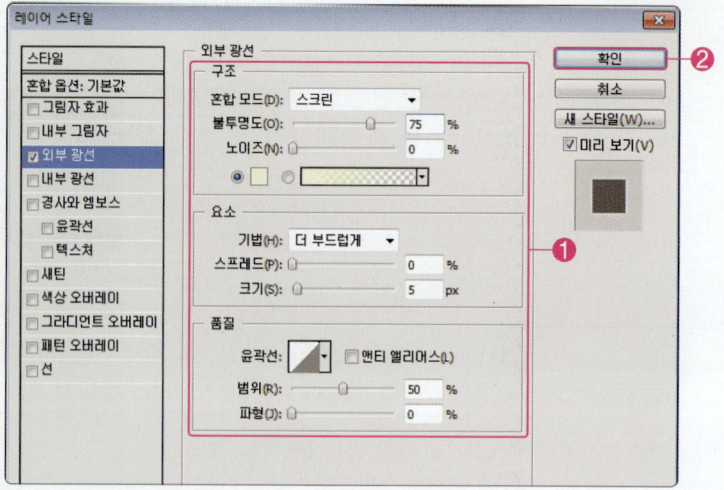

11 [1급-5.jpg] 탭을 클릭한 후 탈을 선택 영역으로 지정한 다음 Ctrl+C를 눌러 선택 영역을 복사하고 [무제-1] 탭을 클릭한 후 [레이어(LAYERS)] 패널에서 [색조/채도 1(Hue/Saturation 1)] 레이어를 선택한 다음 Ctrl+V를 눌러 선택 영역을 붙여넣기합니다.

12 이미지 크기를 조절하기 위해 [편집(Edit)]-[자유 변형(Free Transform)]을 클릭한 후 크기 조절점을 드래그하여 크기를 조절한 다음 위치를 이동하고 Enter를 누릅니다.

13 [레이어(LAYERS)] 패널에서 [레이어 스타일 추가(Add a layer style)]-[외부 광선(Outer Glow)]을 클릭합니다.

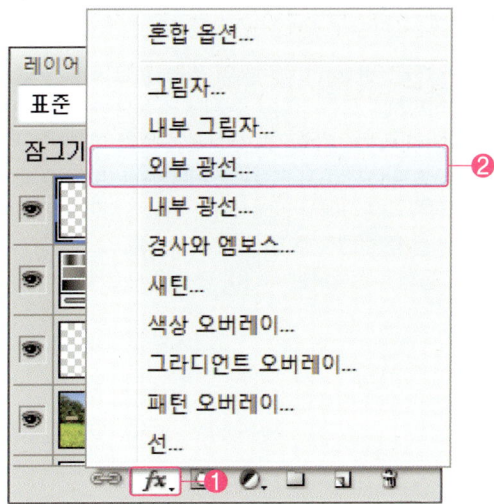

14 [레이어 스타일(Layer Style)] 대화상자의 [외부 광선(Outer Glow)] 탭이 나타나면 속성을 지정한 후 [확인(OK)] 단추를 클릭합니다.

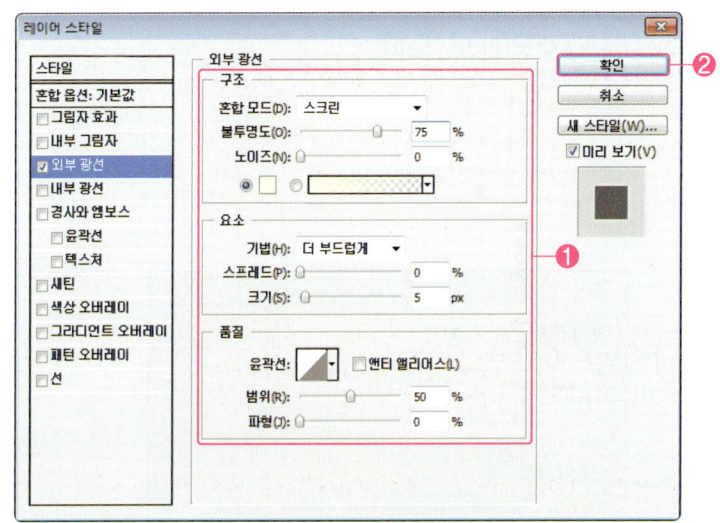

15 다음과 같이 레이어 스타일이 적용되면 [1급-5.jpg] 탭의 [닫기]를 클릭합니다.

Chapter03 • [기능평가] 사진편집 응용 **81**

Tip

색조/채도(Hue/Saturation)를 이용하면 이미지에 있는 특정 색상 구성 요소의 색조/채도 및 명도를 조정하거나 이미지의 모든 색상을 동시에 조정할 수 있습니다.
- 색조(Hue) : 픽셀의 원래 색상을 기준으로 색상환 주위를 회전하는 각도를 반영합니다. 양수값은 시계 방향으로 회전하고, 음수값은 시계 반대 방향으로 회전합니다.
- 채도(Saturation) : 색상환의 중심에서 멀어지거나 가까워지면 바뀝니다.
- 밝기(Lightness) : 밝기를 증가(흰색 추가) 하거나 밝기를 감소(검정 추가) 시킵니다.
- 색상화(Colorize) : 이 옵션을 선택하면 색상이 단색 톤으로 바뀝니다.

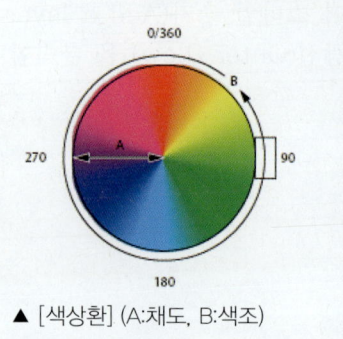
▲ [색상환] (A:채도, B:색조)

Special page

색조/채도(Hue/Saturation)

색조/채도(Hue/Saturation) 명령은 이미지의 색상과 채도, 밝기를 보정해주는 명령입니다. 대화상자에서 [편집(Edit)] 항목을 기본 값인 [마스터(Master)]로 설정하면 단순히 이미지의 색감을 추가하거나 빼는 정도가 아닌 전혀 다른 색상으로 바꿀 수 있고, 이미지의 색상과 채도, 밝기를 쉽게 바꾸어주므로 자주 사용하는 기능입니다.

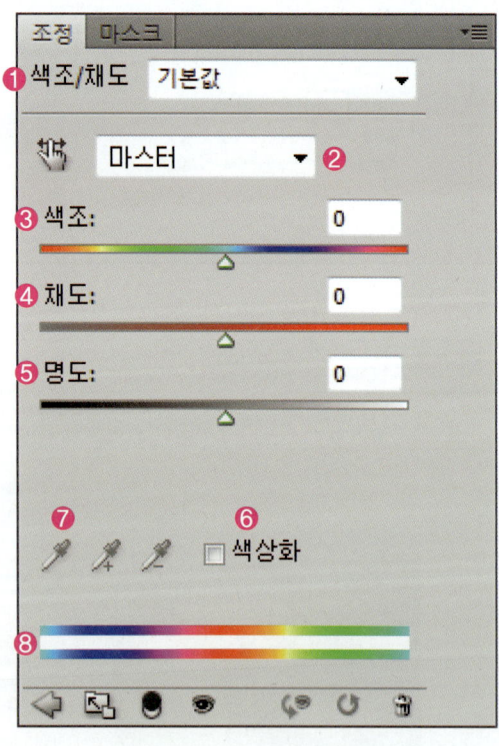

❶ 사전 설정(Preset) : 자주 사용하는 값을 미리 설정하여 저장해 놓은 곳으로, 사용자는 일일이 설정 값을 지정하지 않고도 필요한 옵션이 지정된 설정 값을 선택해 사용할 수 있습니다.

❷ 편집(Edit) : 보정할 색상을 선택합니다.

❸ 색조(Hue) : 이미지의 색상을 바꿉니다.

❹ 채도(Saturation) : 이미지의 채도를 높이거나 낮춰줍니다.

❺ 밝기(Lightness) : 이미지의 명도를 높이거 낮춰줍니다.

❻ 색상화(Colorize) : 듀오톤과 같이 한 가지 색상으로 색상 보정이 가능합니다.

❼ 스포이드(Eyedropper Tool) : 이미지에 직접 클릭하여 수정할 색상을 선택합니다.
- [샘플에 추가(Add to Sample)] : 색상 영역을 확장
- [샘플에서 빼기(Subtract form Sample)] : 색상 영역을 축소

❽ 그라디언트 바(Gradient Bar) : 위의 바는 기본 색상을 나타내고, 아래의 바는 현재 이미지 색상의 그라디언트로 보정되는 상태를 나타냅니다.

| STEP 04 | 이미지 복사 및 레이어 스타일 적용하기 |

01 [파일(File)]-[열기(Open)] 메뉴를 클릭한 후 [열기(Open)] 대화상자가 나타나면 파일(1급-6)을 선택한 다음 [열기] 단추를 클릭합니다.

02 도구 상자(Tool Box)에서 [다각형 올가미 도구(Polygonal Lasso Tool)]를 선택한 후 연의 모서리 부분을 클릭하여 선택 영역으로 지정합니다.

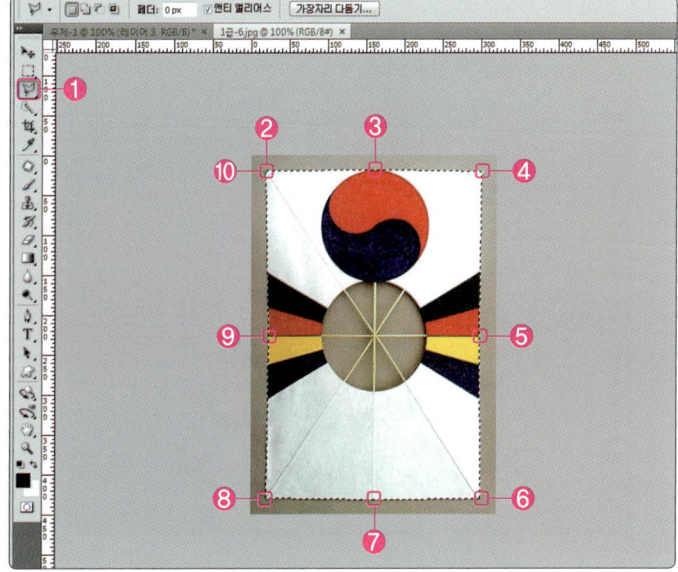

Tip

다각형 올가미 도구(Polygonal Lasso Tool)
- 클릭하는 곳마다 점이 생기며 영역이 선택됩니다.
- 면이나 편평한 곳을 선택할 때 쉽게 사용할 수 있습니다.

03 도구 상자(Tool Box)에서 [자석 올가미 도구(Magnetic Lasso Tool)]를 선택한 후 옵션 바에서 [선택 영역에서 빼기(Subtract from selection)]를 선택한 다음 연의 가운데 부분을 선택 영역에서 제외시킵니다.

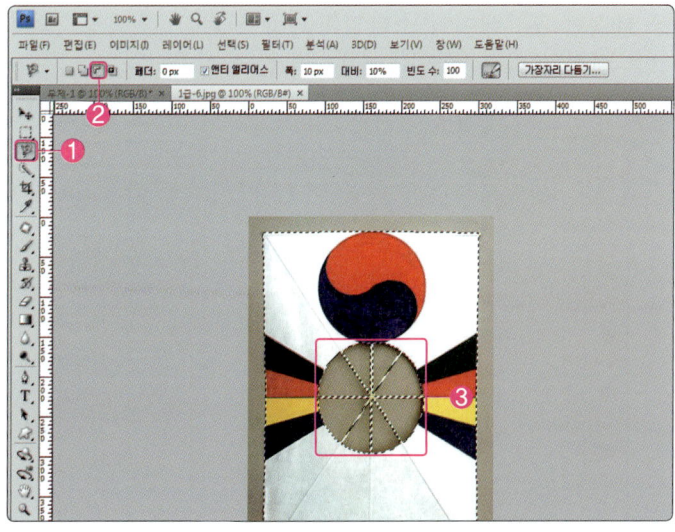

Chapter03 · [기능평가] 사진편집 응용

04 선택 영역이 지정되면 Ctrl+C를 눌러 선택 영역을 복사한 후 [무제-1] 탭을 클릭한 다음 Ctrl+V를 눌러 선택 영역을 붙여넣기하고 [1급-6.jpg] 탭을 닫습니다.

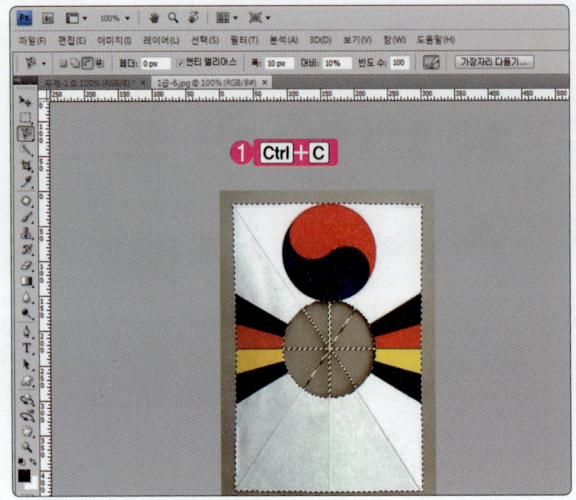 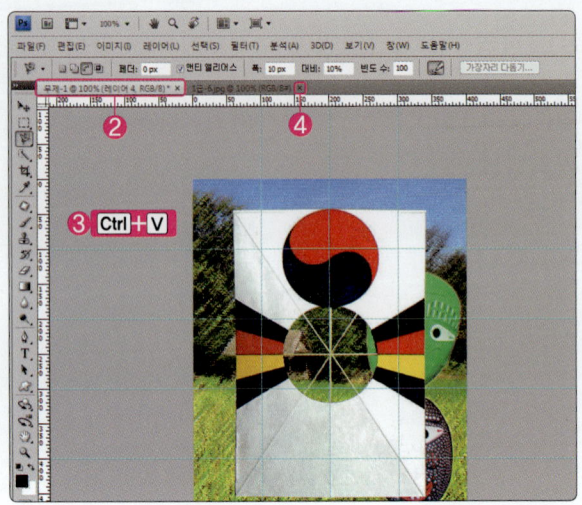

05 이미지 크기를 조절하기 위해 [편집(Edit)]-[자유 변형(Free Transform)]을 클릭한 후 크기 조절점을 드래그하여 크기 및 회전을 조절한 다음 위치를 이동하고 Enter를 누릅니다.

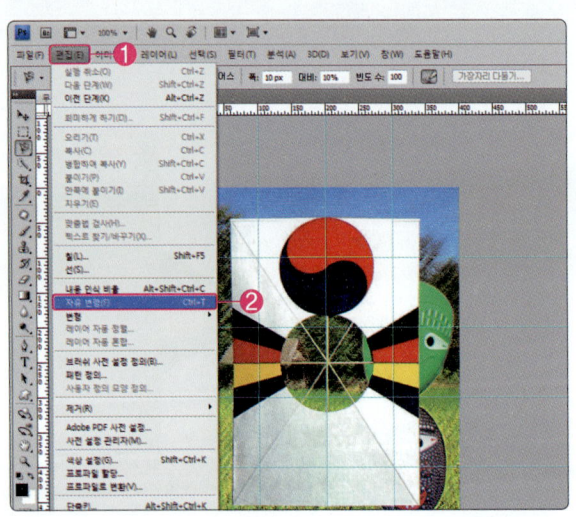 

06 [레이어(LAYERS)] 패널에서 fx.[레이어 스타일 추가(Add a layer style)]-[그림자(Drop Shadow)]를 클릭한 후 [레이어 스타일(Layer Style)] 대화상자의 [그림자 효과(Drop Shadow)] 탭이 나타나면 속성을 지정한 다음 [확인(OK)] 단추를 클릭합니다.

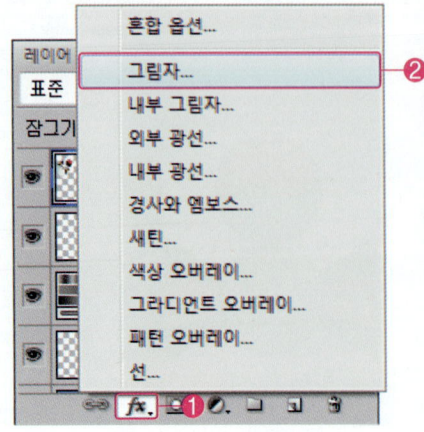 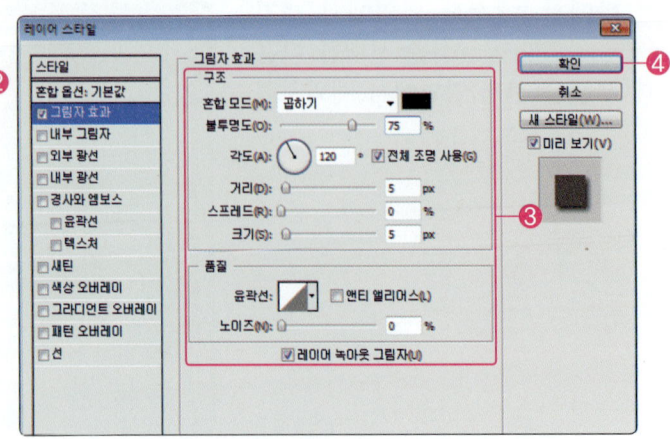

STEP 05 나선형 모양 작성하기

01 도구 상자(Tool Box)에서 [사용자 정의 모양 도구(Custom Shape Tool)]를 선택한 후 옵션 바에서 [사용자 정의 모양 피커(Click to open Custom Shape picker)]의 [목록] 단추를 클릭합니다.

02 사용자 정의 모양이 나타나면 [팝업 메뉴 단추]-[장식(Ornaments)]을 클릭합니다.

03 [현재 모양을 장식의 모양으로 대체하시겠습니까?]를 묻는 대화상자가 나타나면 [확인(OK)] 단추를 클릭합니다.

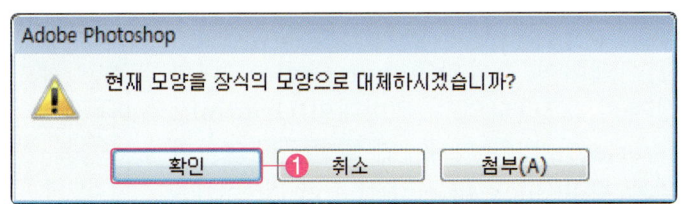

04 사용자 정의 모양이 장식(Ornaments) 목록으로 변경되면 [나선형(Spiral)]을 클릭합니다.

05 [레이어(LAYERS)] 패널에서 [레이어 3] 레이어를 선택한 후 나선형 모양을 삽입하고자 하는 위치에서 드래그하여 삽입합니다.

06 [레이어(LAYERS)] 패널에서 [레이어 스타일 추가(Add a layer style)]-[외부 광선(Outer Glow)]을 클릭한 후 [레이어 스타일(Layer Style)] 대화상자의 [외부 광선(Outer Glow)] 탭이 나타나면 속성을 지정한 다음 [그라디언트 오버레이(Gradient Overlay)]를 클릭합니다.

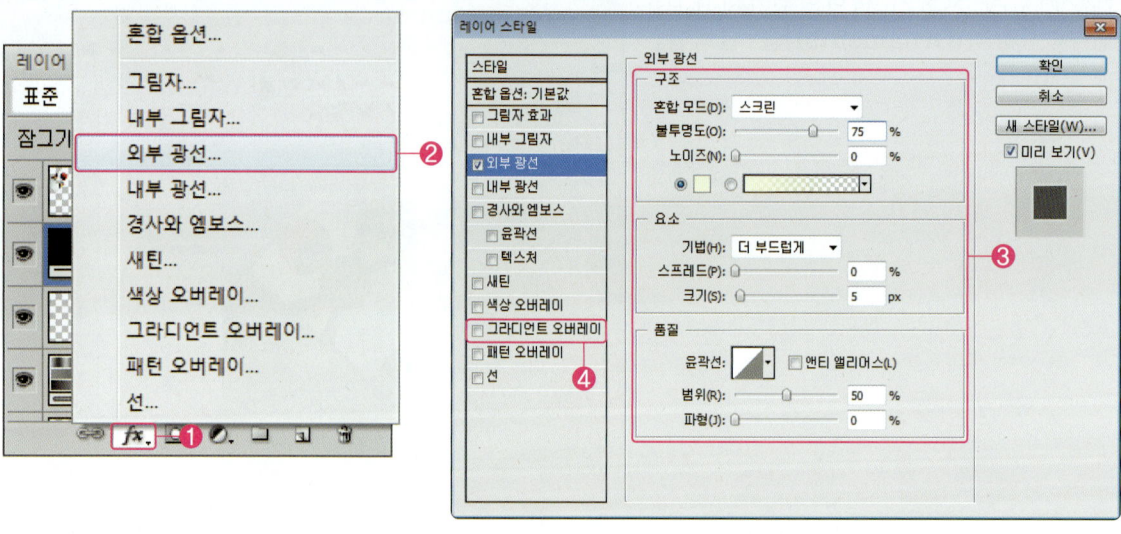

07 [레이어 스타일(Layer Style)] 대화상자의 [그라디언트 오버레이(Gradient Overlay)] 탭이 나타나면 [그라디언트 편집(Click to edit the gradient)]을 클릭합니다.

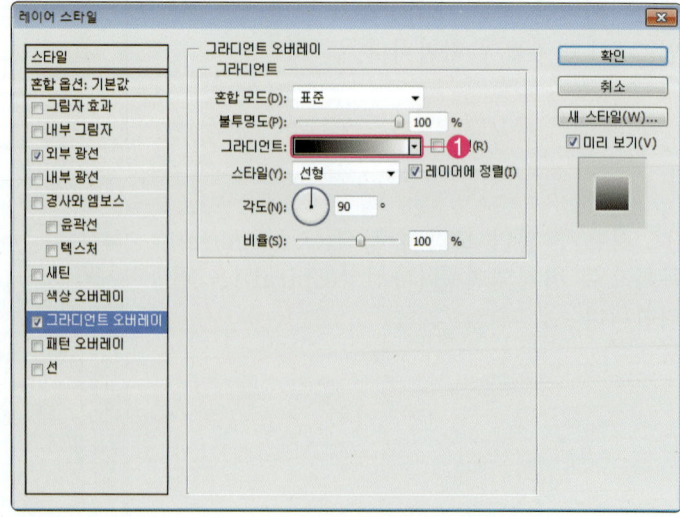

08 [그라디언트 편집기(Gradient Editor)] 대화상자가 나타나면 왼쪽 색상 정지점(Color Stop)을 더블클릭합니다.

09 [정지 색상 선택(Select stop color)] 대화상자가 나타나면 색상(ffcc66)을 입력한 후 [확인(OK)] 단추를 클릭합니다.

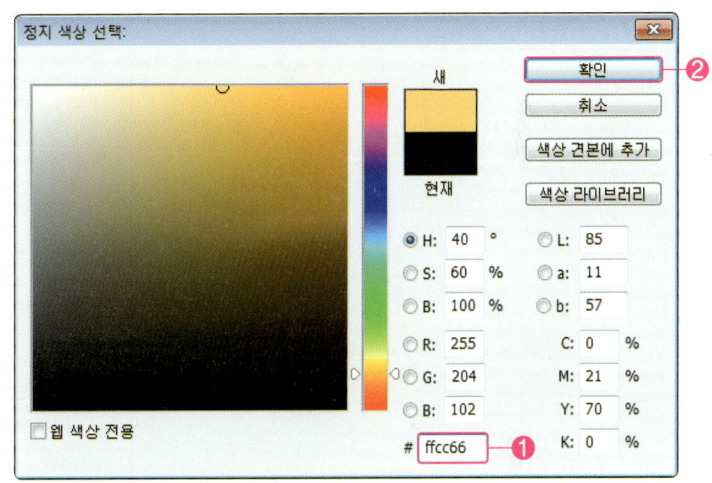

10 [그라디언트 편집기(Gradient Editor)] 대화상자가 다시 나타나면 오른쪽 색상 정지점(Color Stop)을 더블클릭합니다.

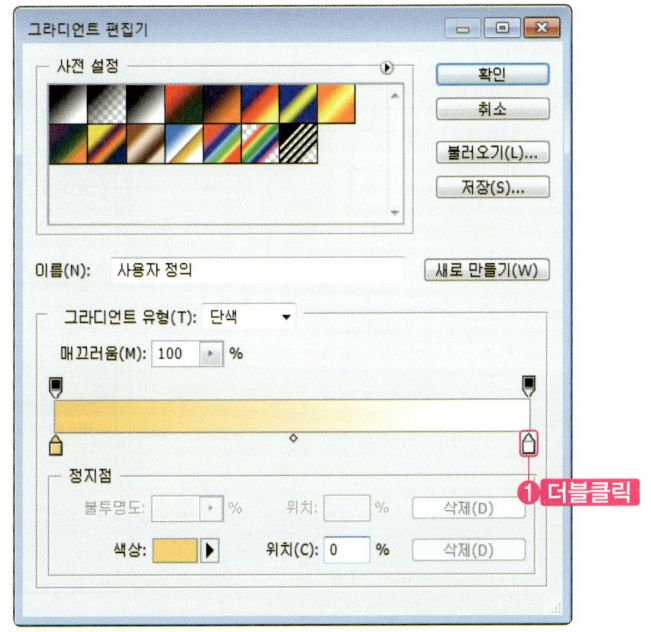

11 [정지 색상 선택(Select stop color)] 대화상자가 나타나면 색상(cc33cc)을 입력한 후 [확인(OK)] 단추를 클릭합니다.

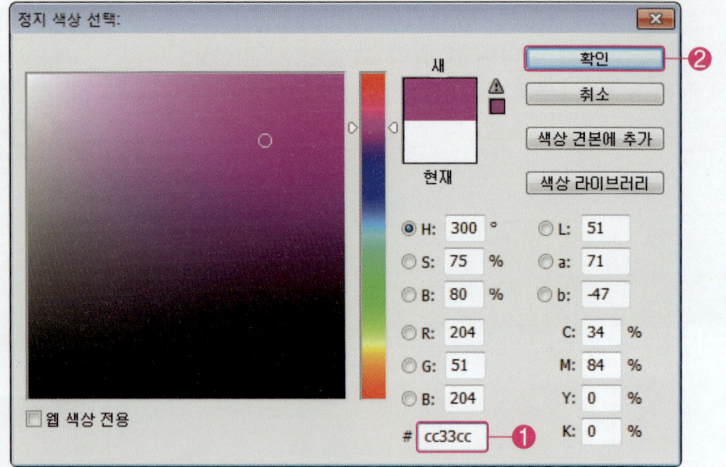

12 [그라디언트 편집기(Gradient Editor)] 대화상자가 다시 나타나면 [확인(OK)] 단추를 클릭합니다.

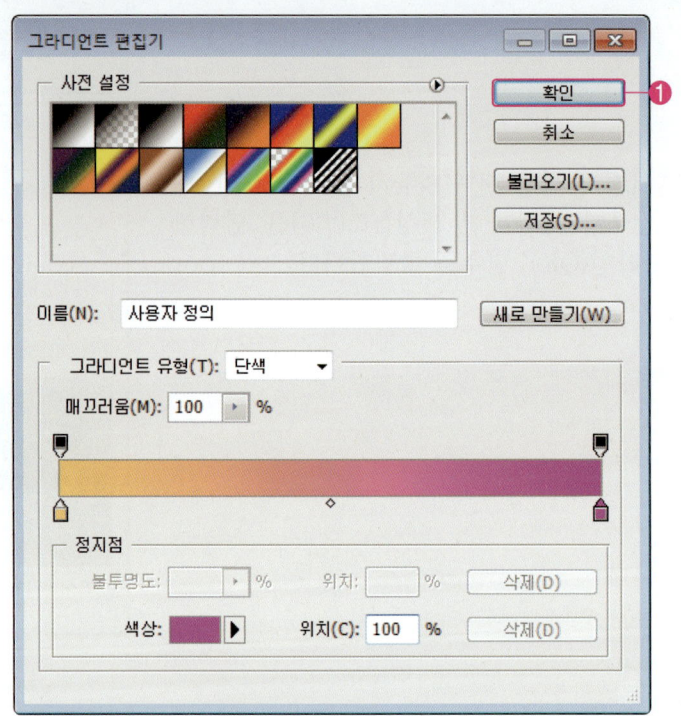

13 [레이어 스타일(Layer Style)] 대화상자가 다시 나타나면 [확인(OK)] 단추를 클릭합니다.

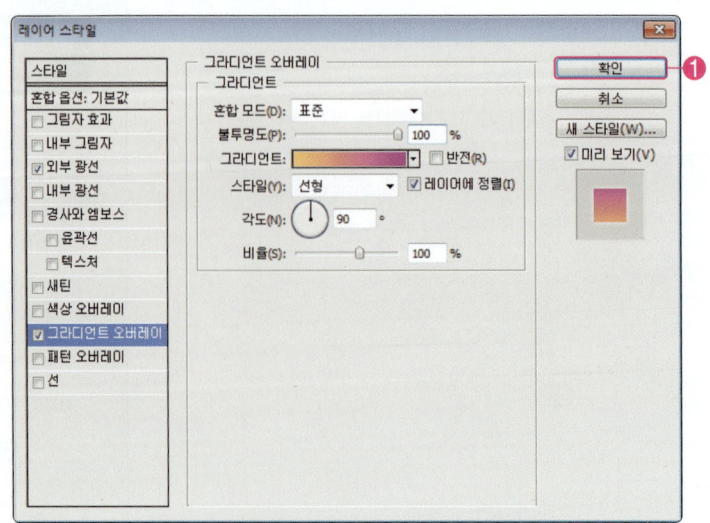

STEP 06　발바닥 모양 작성하기

01 옵션 바에서 [사용자 정의 모양 피커(Click to open Custom Shape picker)]의 [목록] 단추를 클릭합니다.

02 사용자 정의 모양이 나타나면 [팝업 메뉴 단추]-[물건(Objects)]을 클릭합니다.

03 [현재 모양을 물건의 모양으로 대체하시겠습니까?]를 묻는 대화상자가 나타나면 [확인(OK)] 단추를 클릭합니다.

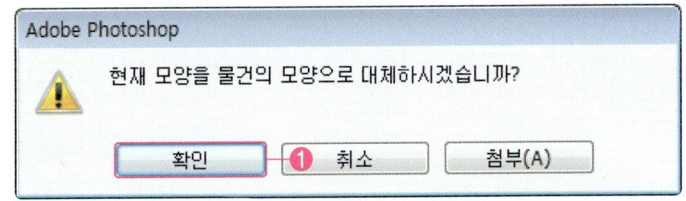

04 사용자 정의 모양이 물건(Objects) 목록으로 변경되면 [왼발(Left Foot)]을 클릭합니다.

05 도형을 삽입하고자 하는 위치에서 드래그하여 왼발 모양을 작성합니다.

06 [레이어(LAYERS)] 패널에서 [모양 2] 레이어의 [레이어 축소판(Layer thumbnail)]을 더블클릭한 후 [단색 선택(Pick a solid color)] 대화상자가 나타나면 색상(ffcc00)을 입력한 다음 [확인(OK)] 단추를 클릭합니다.

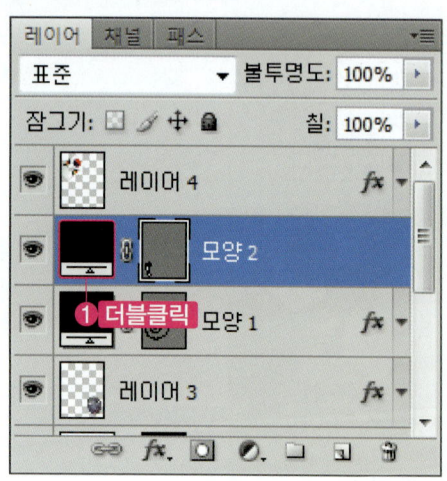 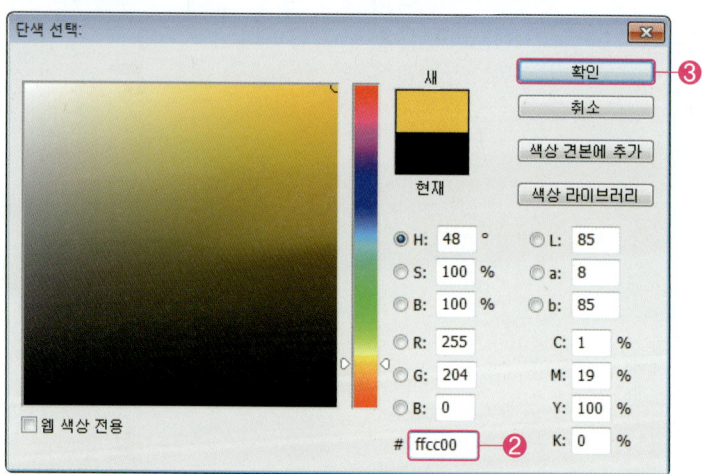

07 [레이어(LAYERS)] 패널에서 [레이어 스타일 추가(Add a layer style)]-[내부 그림자(Inner Shadow)]를 클릭한 후 [레이어 스타일(Layer Style)] 대화상자의 [내부 그림자(Inner Shadow)] 탭이 나타나면 속성을 지정한 다음 [확인(OK)] 단추를 클릭합니다.

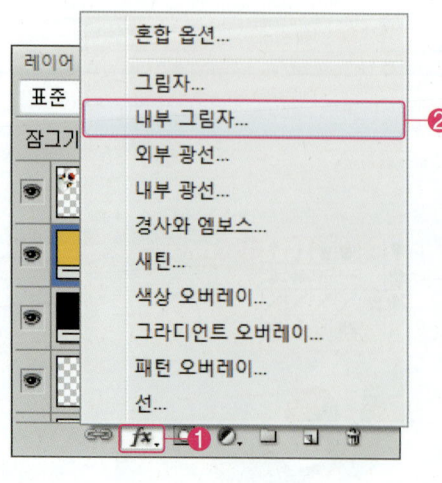 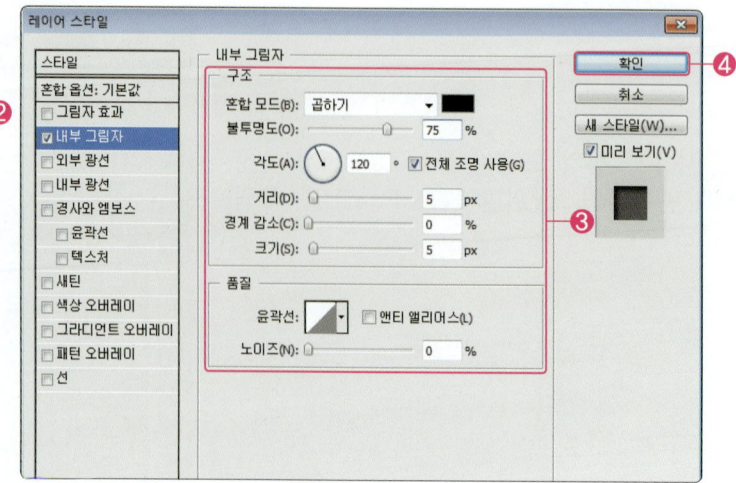

90 Photoshop CS4 핵심요약

STEP 07 ①번 텍스트 작성하기

01 [레이어(LAYERS)] 패널에서 [레이어 4] 레이어를 클릭합니다.

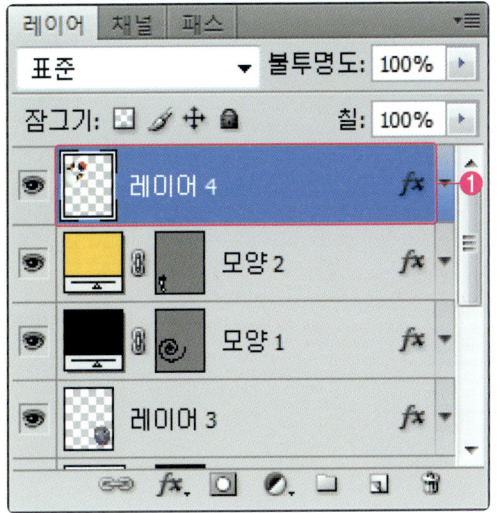

02 도구 상자(Tool Box)에서 [수평 문자 도구(Horizontal Type Tool)]를 선택한 후 옵션 바에서 글꼴(Arial)과 스타일(Regular)을 선택한 다음 글자 크기(28)를 입력합니다.

03 텍스트를 삽입할 위치를 클릭한 후 'Traditional Play'를 입력한 다음 Ctrl+Enter 를 누릅니다.

04 텍스트에 변형을 주기 위해 옵션 바에서 [텍스트 변형(Create warp text)]을 클릭합니다.

05 [텍스트 변형(Warp Text)] 대화상자가 나타나면 스타일(깃발)을 선택한 후 구부리기(Bend)를 조절한 다음 [확인(OK)] 단추를 클릭합니다.

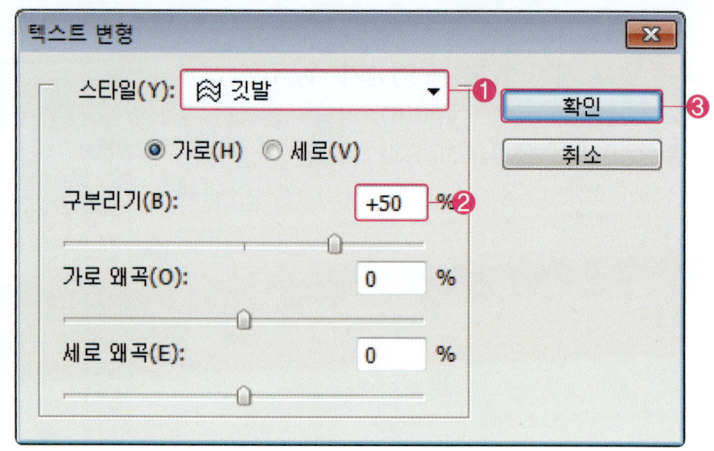

06 [레이어(LAYERS)] 패널에서 [레이어 스타일 추가(Add a layer style)]-[그라디언트 오버레이(Gradient Overlay)]를 클릭한 후 [레이어 스타일(Layer Style)] 대화상자의 [그라디언트 오버레이(Gradient Overlay)] 탭이 나타나면 [그라디언트 편집(Click to edit the gradient)]을 클릭합니다.

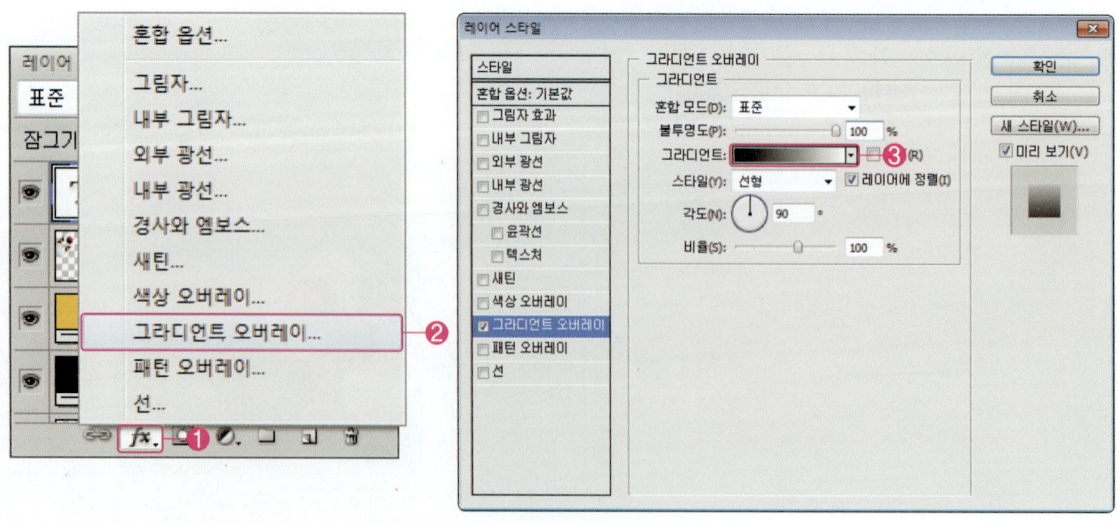

07 [그라디언트 편집기(Gradient Editor)] 대화상자가 나타나면 왼쪽 색상 정지점(Color Stop)을 더블클릭합니다.

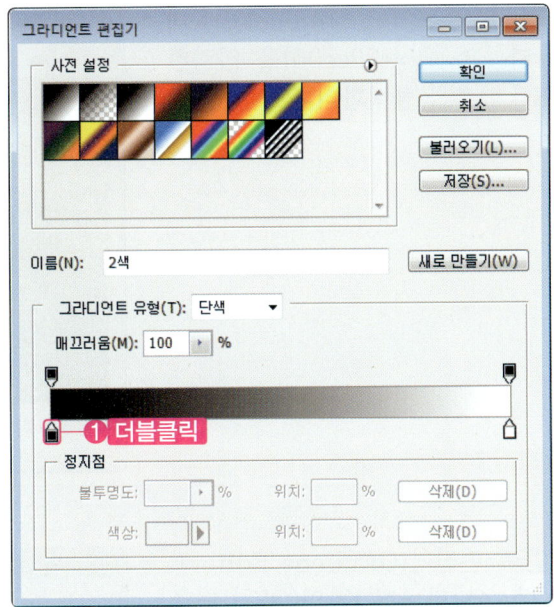

08 [정지 색상 선택(Select stop color)] 대화상자가 나타나면 색상(660099)을 입력한 후 [확인(OK)] 단추를 클릭합니다.

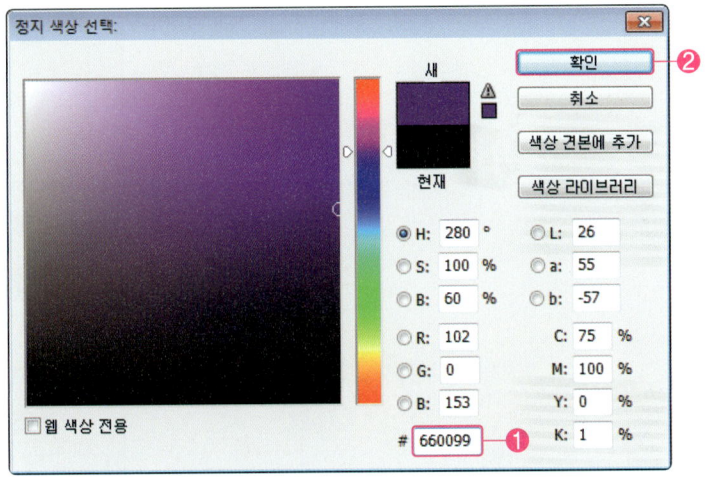

09 [그라디언트 편집기(Gradient Editor)] 대화상자가 다시 나타나면 오른쪽 색상 정지점(Color Stop)을 더블클릭합니다.

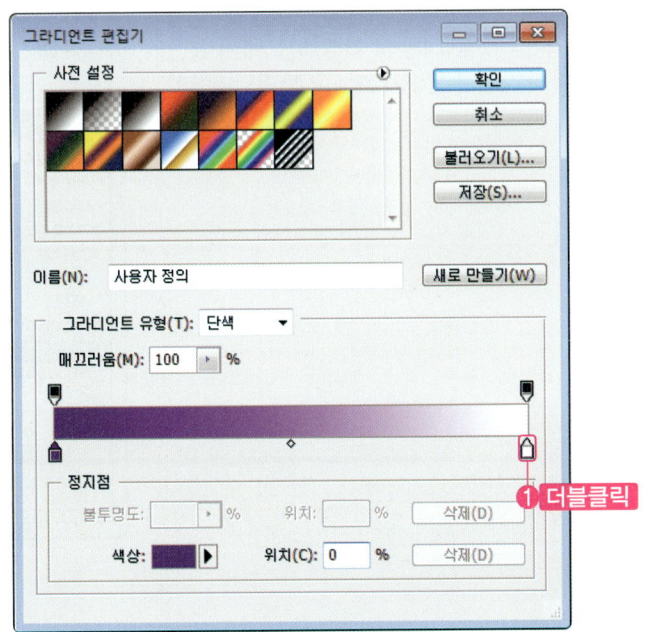

Chapter03 · [기능평가] 사진편집 응용 **93**

10 [정지 색상 선택(Select stop color)] 대화상자가 나타나면 색상(33cc00)을 입력한 후 [확인(OK)] 단추를 클릭합니다.

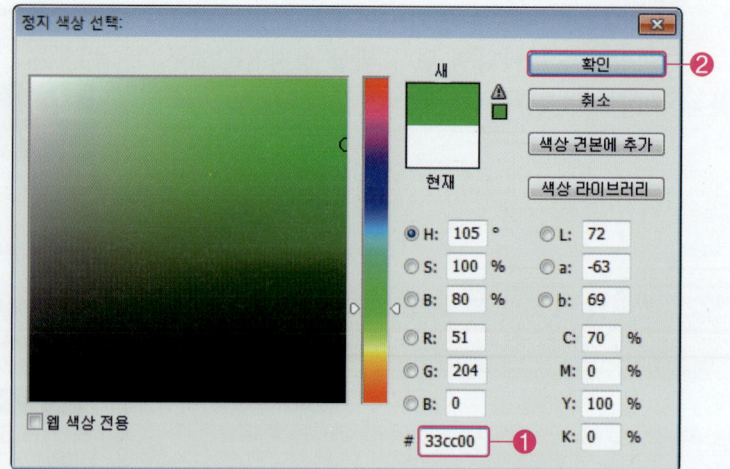

11 [그라디언트 편집기(Gradient Editor)] 대화상자가 다시 나타나면 [확인(OK)] 단추를 클릭합니다.

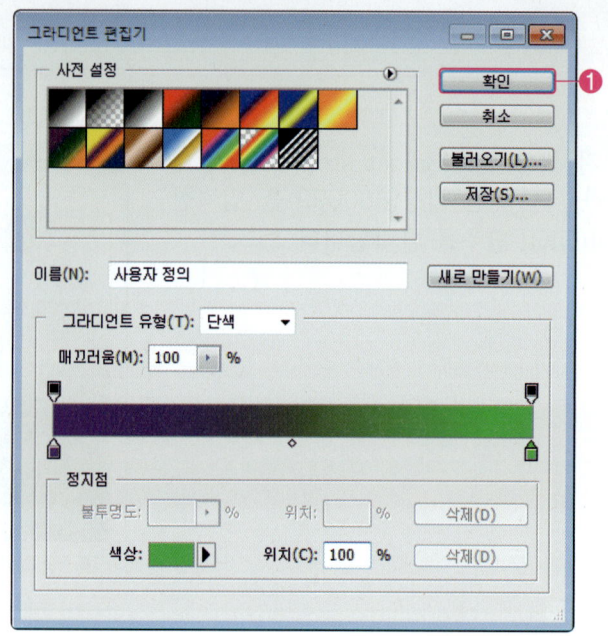

12 [레이어 스타일(Layer Style)] 대화상자가 다시 나타나면 [선(Stroke)] 탭을 클릭합니다.

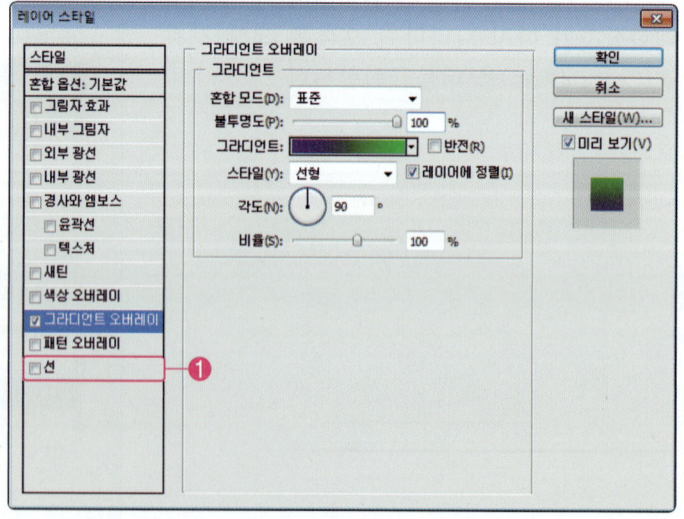

13 [레이어 스타일(Layer Style)] 대화상자의 [선(Stroke)] 탭이 나타나면 크기(2)를 입력한 다음 [색상(Color)]을 클릭합니다.

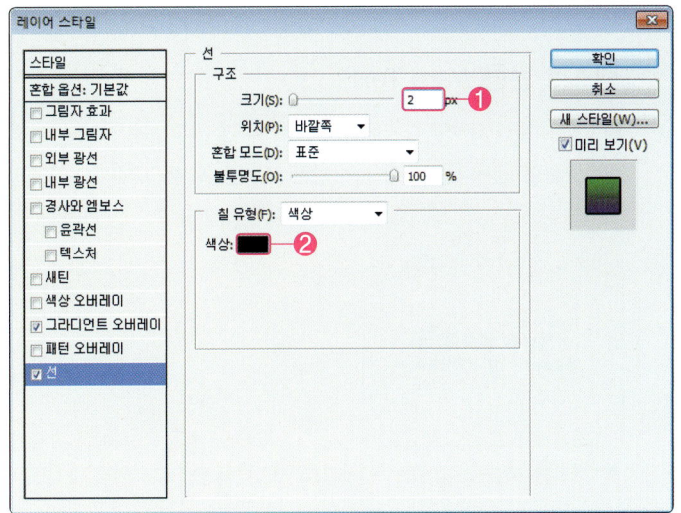

14 [선 색상 선택(Select stroke color)] 대화상자가 나타나면 색상(ffffff)을 입력한 후 [확인(OK)] 단추를 클릭합니다.

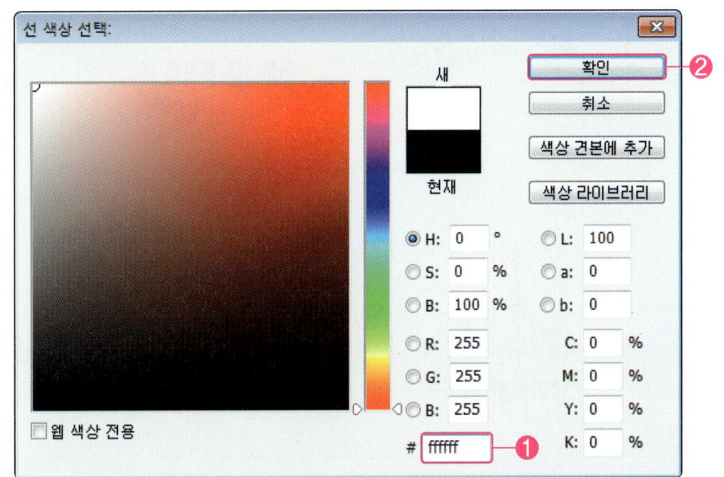

15 [레이어 스타일(Layer Style)] 대화상자가 다시 나타나면 [확인(OK)] 단추를 클릭합니다.

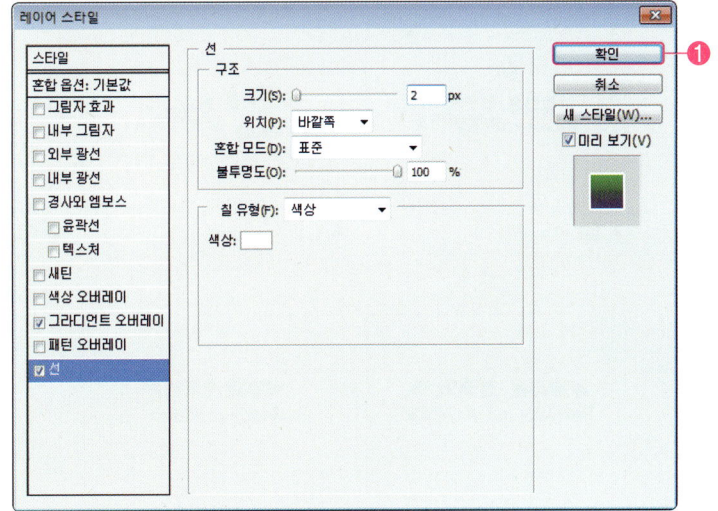

Chapter03 · [기능평가] 사진편집 응용 **95**

Special page

텍스트 변형(Warp Text)

텍스트 변형은 텍스트나 문단을 다양하게 왜곡된 형태로 변형시킬 수 있습니다. 단, 텍스트 래스터화(Rasterize Type)하여 비트맵화한 문자나 문자 패널의 팝업 메뉴인 [포 볼드체(Faux Bold)]를 사용한 경우는 사용할 수 없습니다.

▲ 원본 텍스트

▲ 부채꼴(Arc)　　▲ 아래 부채꼴(Arc Lower)　　▲ 위 부채꼴(Arc Upper)　　▲ 아치(Arch)

▲ 돌출(Bulge)　　▲ 아래가 넓은 조개(Shell Lower)　　▲ 위가 넓은 조개(Shell Upper)　　▲ 깃발(Flag)

▲ 파도(Wave)　　▲ 물고기(Fish)　　▲ 상승(Rise)　　▲ 물고기 눈 모양(Fisheye)

▲ 부풀리기(Inflate)　　▲ 양쪽 누르기(Squeeze)　　▲ 비틀기(Twist)

STEP 08 답안 저장 및 전송하기

01 작성한 답안을 저장하기 위해 [파일(File)]-[저장(Save)]을 클릭합니다.

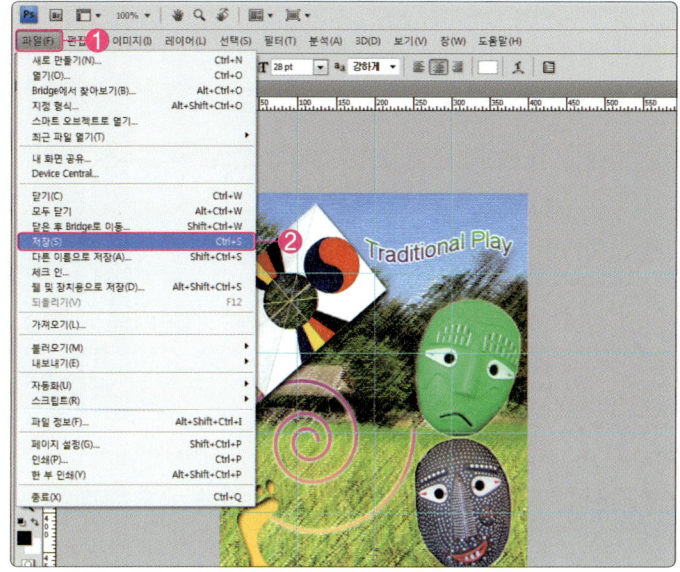

02 [다른 이름으로 저장(Save As)] 대화상자가 나타나면 저장 위치(라이브러리₩문서₩GTQ)를 지정한 후 파일 이름(수험번호-성명-문제번호)을 입력한 다음 형식(JPEG (*.JPG;*.JPEG;*.JPE))을 선택하고 [저장] 단추를 클릭합니다.

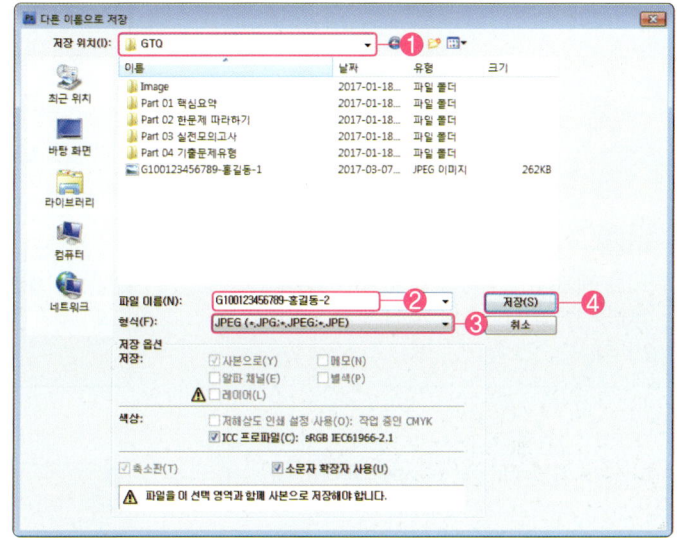

03 [JPEG 옵션(JPEG Options)] 대화상자가 나타나면 품질(Quality)을 지정한 후 [확인(OK)] 단추를 클릭합니다.

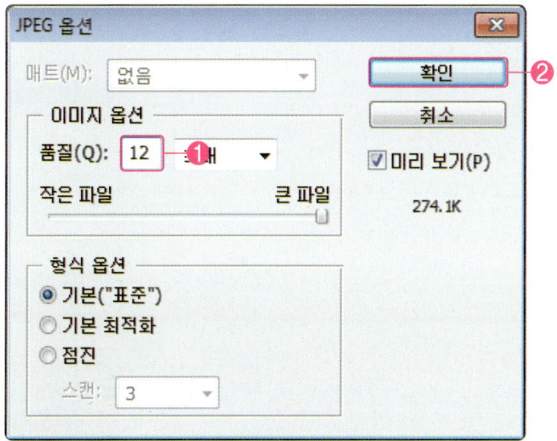

Chapter02 · [기능평가] 고급 Tool(도구) 활용 **97**

04 PSD 파일로 저장하기 위해 [이미지(Image)]-[이미지 크기(Image Size)]를 클릭합니다.

05 [이미지 크기(Image Size)] 대화상자가 나타나면 폭(Width)에 '40'을 입력한 후 [확인(OK)] 단추를 클릭합니다.

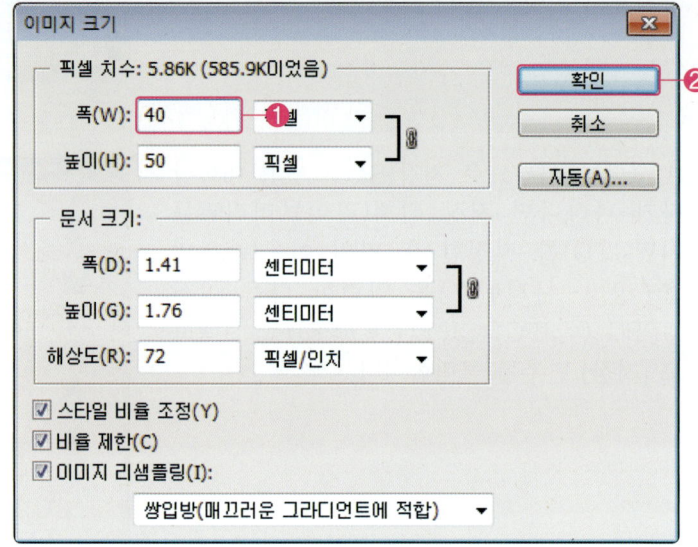

> **Tip**
> [비율 제한]이 선택되어 있는 경우 폭(Width)을 입력하면 높이(Height)는 비율에 맞게 자동으로 변경됩니다.

06 이미지 크기가 변경되면 [파일(File)]-[저장(Save)]을 클릭합니다.

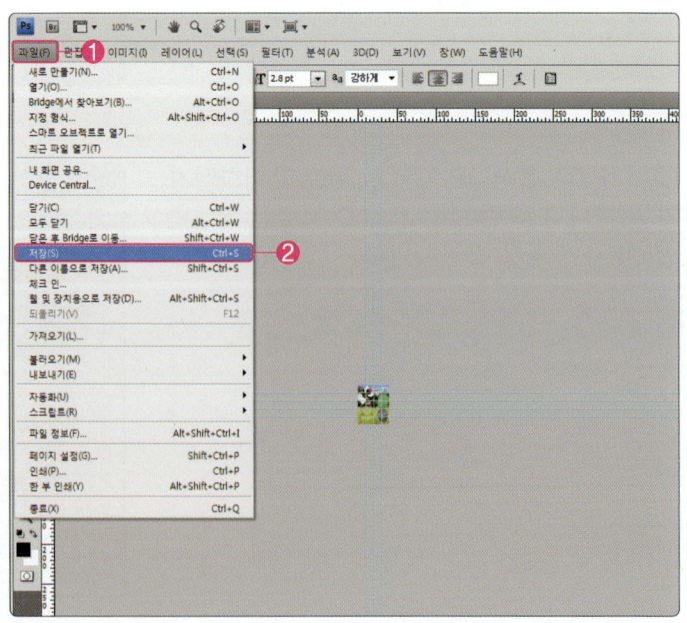

07 [다른 이름으로 저장(Save As)] 대화상자가 나타나면 저장 위치(라이브러리₩문서₩GTQ)를 지정한 후 파일 이름(수험번호-성명-문제번호)을 입력한 다음 형식(Photoshop (*.PSD;*.PDD))을 선택하고 [저장] 단추를 클릭합니다.

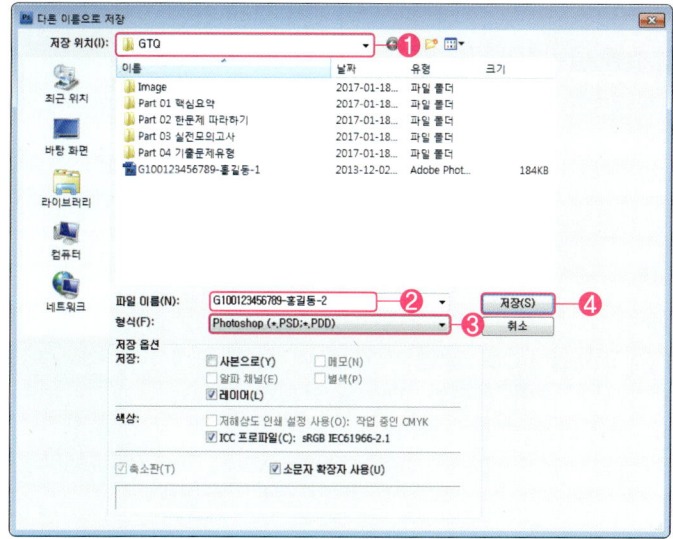

08 [Photoshop 형식 옵션(Photoshop Format Options)] 대화상자가 나타나면 [확인(OK)] 단추를 클릭합니다.

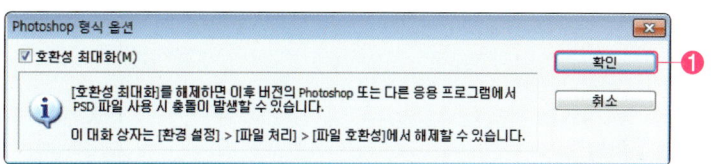

09 답안을 전송하기 위해 [최소화] 단추를 클릭합니다.

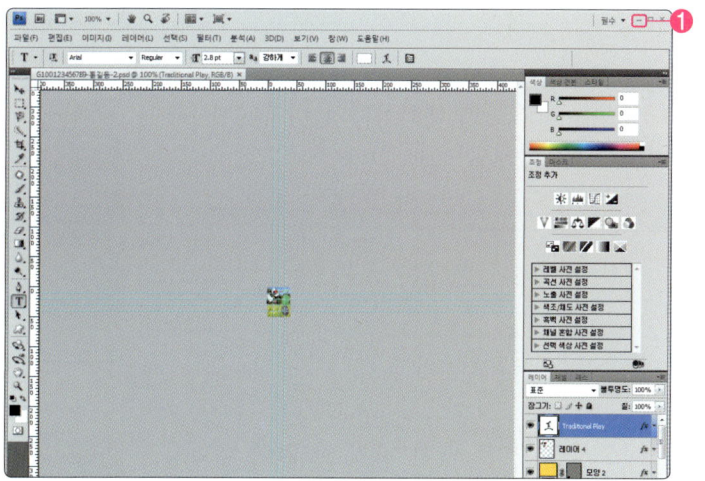

10 KOAS 수험자용 프로그램을 선택한 후 [답안 전송] 단추를 클릭합니다.

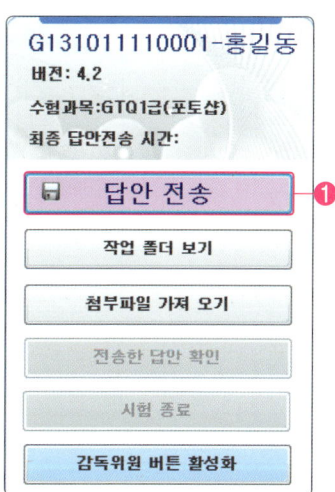

Chapter02 · [기능평가] 고급 Tool(도구) 활용 **99**

11 [MessageBox] 대화상자가 나타나면 [예] 단추를 클릭합니다.

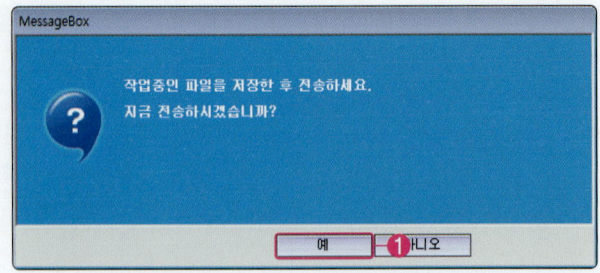

12 [고사실 PC로 답안 파일 보내기] 대화상자가 나타나면 전송할 파일을 선택한 후 [답안전송] 단추를 클릭합니다.

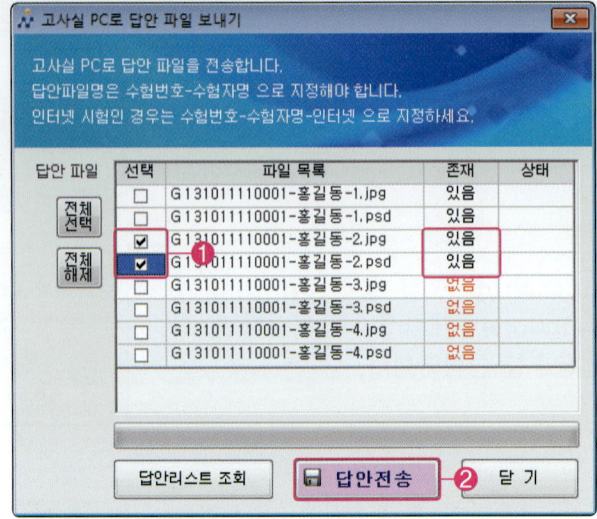

Tip
전송하고자 하는 파일의 존재 여부가 '없음'으로 표시되면 파일명 및 저장 위치를 확인합니다.

13 [MessageBox] 대화상자가 나타나면 [확인] 단추를 클릭합니다.

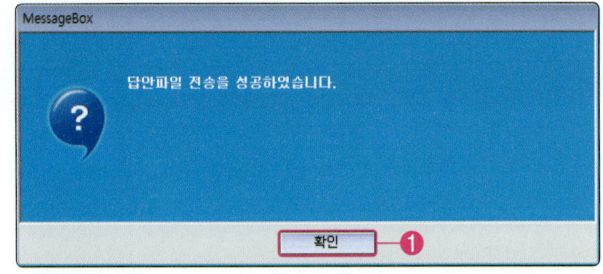

14 [고사실 PC로 답안 파일 보내기] 대화상자가 다시 나타나면 [닫기] 단추를 클릭합니다.

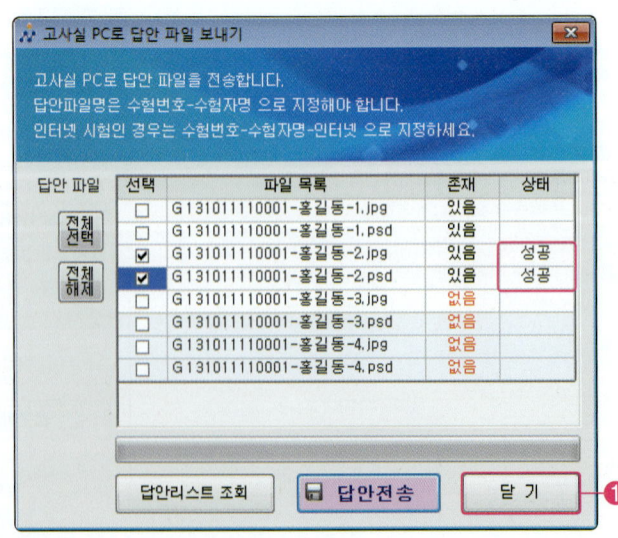

Tip
전송한 파일의 상태 여부가 '성공'으로 표시되는지 확인합니다.

문제유형 01   [기능평가] 사진편집 응용   [20점]

다음의 ≪조건≫에 따라 아래의 ≪출력형태≫와 같이 작업하시오.

≪조건≫

원본 이미지			내문서₩GTQ₩Image₩1급-4.jpg, 1급-5.jpg, 1급-6.jpg
파일 저장 규칙	JPG	파일명	내문서₩GTQ₩수험번호-성명-2.jpg
		크기	500 × 350 pixels
	PSD	파일명	내문서₩GTQ₩수험번호-성명-2.psd
		크기	50 × 35 pixels

1. 그림 효과
   ① 1급-4.jpg : 필터 - Water Paper(물종이)
   ② 색상 보정 : 1급-5.jpg - 보라색 계열로 보정
   ③ 1급-5.jpg : 레이어 스타일 - Outer Glow(외부 광선), Stroke(선/획)(3px, #ff6600))
   ④ 1급-6.jpg : 레이어 스타일 - Outer Glow(외부 광선), Stroke(선/획)(3px, #ff6600))
   ⑤ Shape Tool(모양 도구) :
      - 태극 모양 (레이어 스타일 - 그라디언트 오버레이(스펙트럼))

2. 문자 효과
   ① 한국의 맛 (바탕, 30pt, #0000cc, 레이어 스타일 - Stroke(선/획)(2px, #ffffff))
   ② 김치 (바탕, 72pt, #ff0000, 레이어 스타일 - Stroke(선/획)(3px, #ffffff))

≪출력형태≫

문제유형 02   [기능평가] 사진편집 응용   [20점]

다음의 ≪조건≫에 따라 아래의 ≪출력형태≫와 같이 작업하시오.

≪조건≫

원본 이미지			내문서₩GTQ₩Image₩1급-4.jpg, 1급-5.jpg, 1급-6.jpg
파일 저장 규칙	JPG	파일명	내문서₩GTQ₩수험번호-성명-2.jpg
		크기	400 × 500 pixels
	PSD	파일명	내문서₩GTQ₩수험번호-성명-2.psd
		크기	40 × 50 pixels

1. 그림 효과
   ① 1급-4.jpg : 필터 - Watercolor(수채화 효과)
   ② 색상 보정 : 1급-5.jpg - 녹색 계열로 보정
   ③ 1급-5.jpg : 레이어 스타일 - Outer Glow(외부 광선)
   ④ 1급-6.jpg : 레이어 스타일 - Drop Shadow(그림자 효과)
   ⑤ Shape Tool(모양 도구) :
      - 나뭇잎 모양 (레이어 스타일 - Inner Glow(내부 광선), 그라디언트 오버레이(#660066, #006633, #ff6600))
      - 꽃 모양 (#ff3333, 레이어 스타일 - Inner Glow(내부 광선))

2. 문자 효과
   ① 우리나라 계절 과일 (돋움, 30pt, #ffffff, 레이어 스타일 - Stroke(선/획)(2px, #0000cc), Drop Shadow(그림자 효과))

≪출력형태≫

문제유형 03 [기능평가] 사진편집 응용 [20점]

다음의 ≪조건≫에 따라 아래의 ≪출력형태≫와 같이 작업하시오.

≪조건≫

원본 이미지	내문서₩GTQ₩Image₩1급-4.jpg, 1급-5.jpg, 1급-6.jpg		
파일 저장 규칙	JPG	파일명	내문서₩GTQ₩수험번호-성명-2.jpg
		크기	400 × 500 pixels
	PSD	파일명	내문서₩GTQ₩수험번호-성명-2.psd
		크기	40 × 50 pixels

1. 그림 효과
   ① 1급-4.jpg : 필터 - Watercolor(수채화 효과)
   ② 색상 보정 : 1급-5.jpg - 파란색 계열로 보정
   ③ 1급-5.jpg : 레이어 스타일 - Bevel and Emboss(경사와 엠보스)
   ④ 1급-6.jpg : 레이어 스타일 - Drop Shadow(그림자 효과)
   ⑤ Shape Tool(모양 도구) :
      - 리본 모양 (레이어 스타일 - 그라디언트 오버레이(#660066, #cccc00), Bevel and Emboss(경사와 엠보스))
      - 보행자 모양 (#999999, 레이어 스타일 - Stroke(선/획)(3px, #ffffff), Inner Shadow(내부 그림자))

2. 문자 효과
   ① 2018 현대미술전시회 (돋움, 34pt, #336699, #003366, 레이어 스타일 - Drop Shadow(그림자 효과))

≪출력형태≫

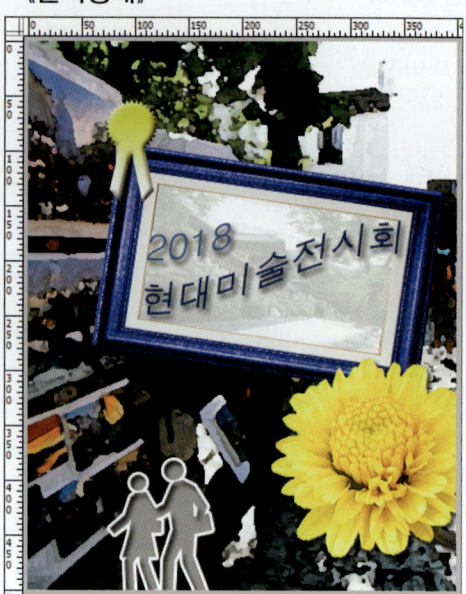

문제유형 04 [기능평가] 사진편집 응용 [20점]

다음의 ≪조건≫에 따라 아래의 ≪출력형태≫와 같이 작업하시오.

≪조건≫

원본 이미지	내문서₩GTQ₩Image₩1급-4.jpg, 1급-5.jpg, 1급-6.jpg		
파일 저장 규칙	JPG	파일명	내문서₩GTQ₩수험번호-성명-2.jpg
		크기	400 × 500 pixels
	PSD	파일명	내문서₩GTQ₩수험번호-성명-2.psd
		크기	40 × 50 pixels

1. 그림 효과
   ① 1급-4.jpg : 필터 - Spatter(뿌리기)
   ② 색상 보정 : 1급-5.jpg - 빨간색 계열로 보정
   ③ 1급-5.jpg : 레이어 스타일 - Outer Glow(외부 광선)
   ④ 1급-6.jpg : 레이어 스타일 - Bevel and Emboss(경사와 엠보스)
   ⑤ Shape Tool(모양 도구) :
      - 음표 모양 (#ffffff, 레이어 스타일 - Drop Shadow(그림자 효과))
      - 모래시계 모양 (#9966cc, 레이어 스타일 - Inner Shadow(내부 그림자))

2. 문자 효과
   ① 땀의 결실들... (궁서, 26pt, #ffffff, 레이어 스타일 - Drop Shadow(그림자 효과))

≪출력형태≫

문제유형 05　[기능평가] 사진편집 응용　[20점]

다음의 ≪조건≫에 따라 아래의 ≪출력형태≫와 같이 작업하시오.

≪조건≫

원본 이미지	내문서₩GTQ₩Image₩1급-4.jpg, 1급-5.jpg, 1급-6.jpg		
파일 저장 규칙	JPG	파일명	내문서₩GTQ₩수험번호-성명-2.jpg
		크기	400 × 500 pixels
	PSD	파일명	내문서₩GTQ₩수험번호-성명-2.psd
		크기	40 × 50 pixels

1. 그림 효과
   ① 1급-4.jpg : 필터 – Texturizer(텍스처화)
   ② 색상 보정 : 1급-5.jpg – 보라색 계열로 보정
   ③ 1급-5.jpg : 레이어 스타일 – Bevel and Emboss(경사와 엠보스)
   ④ 1급-6.jpg : 레이어 스타일 – Inner Shadow(내부 그림자)
   ⑤ Shape Tool(모양 도구) :
      – 새 모양 (#ffff33, #3333ff, 레이어 스타일 – Inner Shadow(내부 그림자))
      – 꽃 모양 (#ffffff, 레이어 스타일 – Drop Shadow(그림자 효과))

2. 문자 효과
   ① Happy HIKING (Arial, Bold, 24pt, 48pt, #996633, 레이어 스타일 – Stroke(선/획)(3px, #cccccc), Drop Shadow(그림자 효과))

≪출력형태≫

문제유형 06　[기능평가] 사진편집 응용　[20점]

다음의 ≪조건≫에 따라 아래의 ≪출력형태≫와 같이 작업하시오.

≪조건≫

원본 이미지	내문서₩GTQ₩Image₩1급-4.jpg, 1급-5.jpg, 1급-6.jpg		
파일 저장 규칙	JPG	파일명	내문서₩GTQ₩수험번호-성명-2.jpg
		크기	400 × 500 pixels
	PSD	파일명	내문서₩GTQ₩수험번호-성명-2.psd
		크기	40 × 50 pixels

1. 그림 효과
   ① 1급-4.jpg : 필터 – Crosshatch(그물눈)
   ② 색상 보정 : 1급-5.jpg – 하늘색 계열로 보정
   ③ 1급-5.jpg : 레이어 스타일 – Bevel and Emboss(경사와 엠보스)
   ④ 1급-6.jpg : 레이어 스타일 – Drop Shadow(그림자 효과)
   ⑤ Shape Tool(모양 도구) :
      – 나선형 모양 (#ffcc00, #00ff00,
        레이어 스타일 – Inner Shadow(내부 그림자))
      – 나비 모양 (#ffff00, 레이어 스타일 – Drop Shadow(그림자 효과))

2. 문자 효과
   ① 여름이 오는 소리 (돋움, 36pt, #ffffff, 레이어 스타일 – Stroke(선/획)(2px, #9933cc), Drop Shadow(그림자 효과))

≪출력형태≫

Chapter 04 [실무응용] 포스터 제작

문제3 ● [실무응용] 포스터 제작

다음의 ≪조건≫에 따라 아래의 ≪출력형태≫와 같이 작업하시오.

《조건》

원본 이미지	내문서₩GTQ₩Image₩1급-7.jpg, 1급-8.jpg, 1급-9.jpg, 1급-10.jpg, 1급-11.jpg		
파일 저장 규칙	JPG	파일명	내문서₩GTQ₩수험번호-성명-3.jpg
		크기	600 × 400 pixels
	PSD	파일명	내문서₩GTQ₩수험번호-성명-3.psd
		크기	60 × 40 pixels

1. 그림 효과

① 배경 : #33ffcc
② 1급-7.jpg : Blending Mode(혼합 모드) - Multiply(곱하기), 레이어 마스크 - 세로 방향으로 흐릿하게
③ 1급-8.jpg : 필터 - Texturizer(텍스처화), 레이어 마스크 - 세로 방향으로 흐릿하게
④ 1급-9.jpg : 필터 - Crosshatch(그물눈), 레이어 스타일 - Outer Glow(외부 광선)
⑤ 1급-10.jpg : 레이어 스타일 - Inner Shadow(내부 그림자)
⑥ 1급-11.jpg : 색상 보정 - 파란색 계열로 보정, 레이어 스타일 - Drop Shadow(그림자 효과)
⑦ 그 외 《출력형태》 참조

2. 문자 효과

① 어린이 물놀이 체험 축제 (돋움, 42pt, 28pt, #ff6666, #009999, 레이어 스타일 - Drop Shadow(그림자 효과), Stroke(선/획)(3px, #ffffff))
② Water Park (Arial, Regular, 28pt, #ffff99, 레이어 스타일 - Drop Shadow(그림자 효과), Stroke(선/획)(3px, #cc6699))
③ 즐거운 물놀이 친구와 함께 즐겨봐요~! (궁서, 14pt, 레이어 스타일 - 그라디언트 오버레이(#999900, #ff0000), Stroke(선/획)(2px, #ffffff))
④ [KIDS PLAY EVENT] (Arial, Regular, 16pt, #cc6600, 레이어 스타일 - Drop Shadow(그림자 효과), Stroke(2px, #ffff00))

《출력형태》

Shape Tool(모양 도구) 사용
레이어 스타일 - Drop Shadow(그림자 효과),
그라디언트 오버레이(#ff0000, #ffff00)

Shape Tool(모양 도구) 사용
#3399cc, 레이어 스타일 -
Inner Glow(내부 광선),
Opacity(불투명도)(60%)

Shape Tool(모양 도구) 사용
#33ffcc, 레이어 스타일 -
Stroke(선/획)(5px, #ffffff),
Opacity(불투명도)(60%)

STEP 01 　 이미지 창 생성 및 배경 지정하기

01 [문제2]에서 작성한 파일을 닫은 후 [파일(File)]-[새로 만들기(New)]를 클릭합니다.

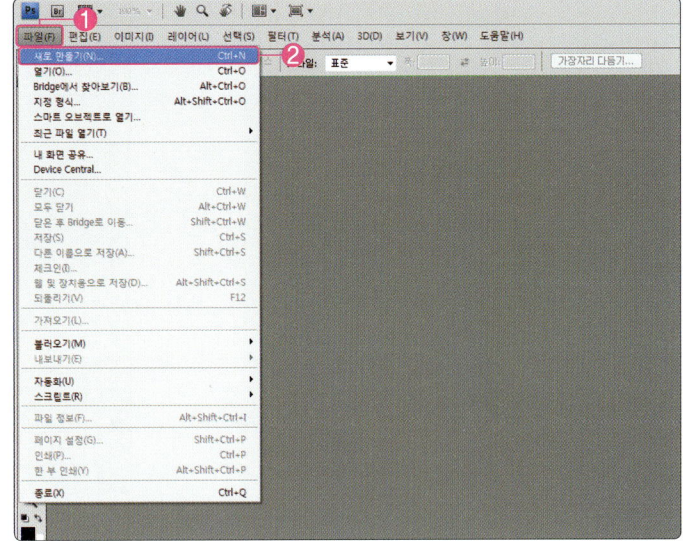

02 [새로 만들기(New)] 대화상자가 나타나면 폭(Width)과 높이(Height)를 입력한 후 해상도(Resolution)를 입력한 다음 [확인(OK)] 단추를 클릭합니다.

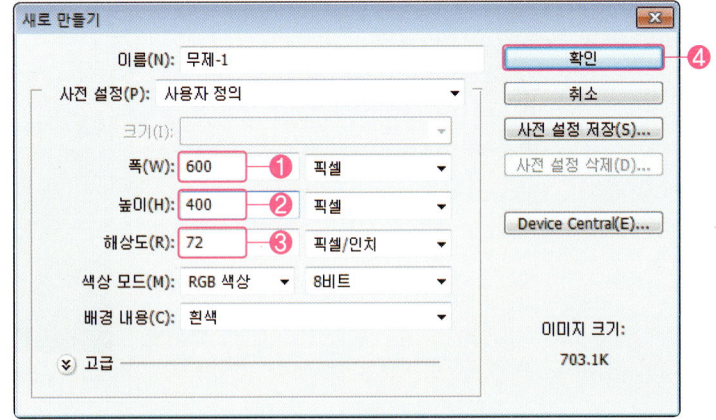

Tip
별도의 지시사항이 없을 경우 기본값을 사용
- 해상도(Resolution) : 72 픽셀/인치
- 색상 모드(Color Mode) : RGB 색상
- 배경 내용(Background Contents) : 흰색(White)

03 눈금자를 드래그하여 안내선(Guides)을 100 픽셀(pixels) 단위로 작성합니다.

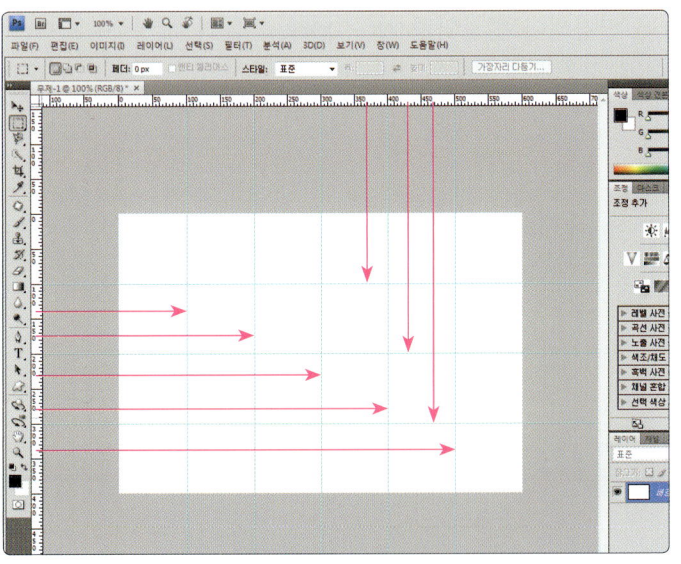

Tip
안내선(Guides)은 작업의 편의를 위한 일종의 기준선 또는 가이드를 말합니다. 만들어진 안내선은 Ctrl+;를 눌러 나타내거나 숨길 수 있습니다. 생성된 안내선을 마우스로 드래그하여 위치를 이동하거나 안내선을 삭제할 수 있습니다.

Chapter04 · [실무응용] 포스터 제작 **105**

04 배경을 지정하기 위해 도구 상자(Tool Box)에서 전경색 설정(Set foreground color)을 클릭합니다.

05 [색상 피커(전경색)(Color Picker (Foreground Color))] 대화상자가 나타나면 색상(33ffcc)을 입력한 후 [확인(OK)] 단추를 클릭합니다.

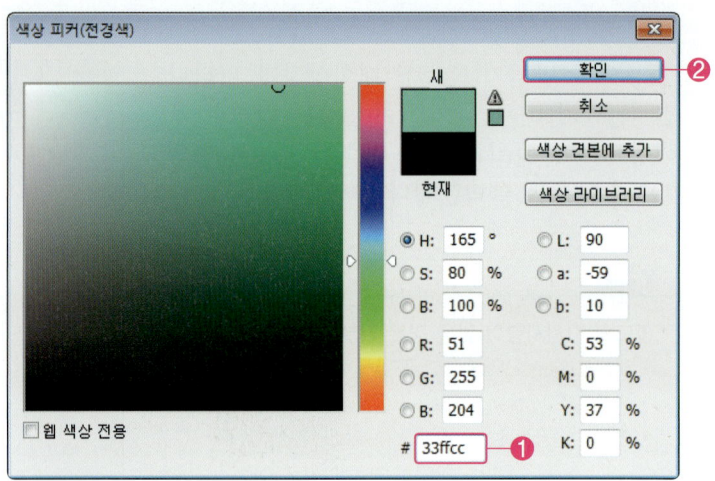

06 전경색이 변경되면 Alt+Delete 를 눌러 배경에 전경색을 지정합니다.

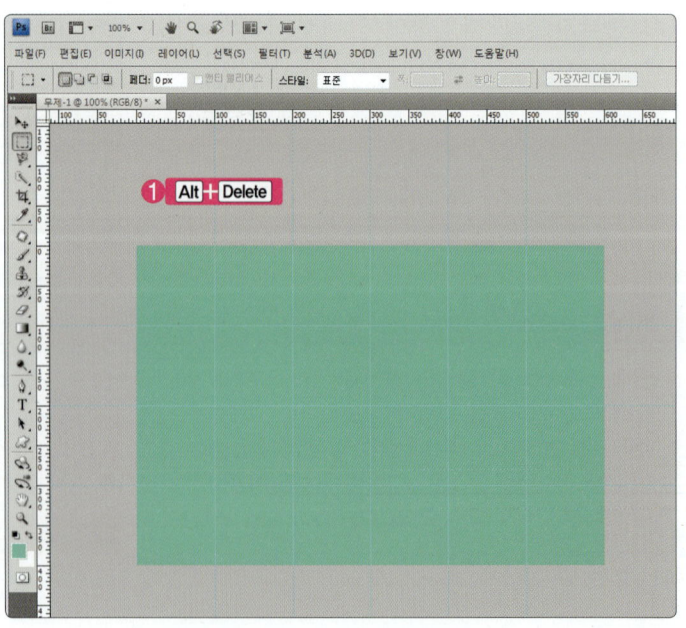

STEP 02 ▌ 혼합 모드 및 레이어 마스크 작성하기

01 [파일(File)]-[열기(Open)]를 클릭한 후 [열기(Open)] 대화상자가 나타나면 찾는 위치(라이브러리₩문서₩GTQ₩Image)를 지정한 다음 파일(1급-7)을 선택하고 [열기] 단추를 클릭합니다.

> **Tip**
> - 시험 이미지 : 라이브러리₩문서₩GTQ₩Image
> - 교재 이미지 : 라이브러리₩문서₩GTQ₩Part1₩Image

02 Ctrl+A를 눌러 이미지 전체를 선택한 후 Ctrl+C를 눌러 복사한 다음 [무제-1] 탭을 클릭하고 Ctrl+V를 눌러 붙여넣기한 후 [1급-7.jpg] 파일을 닫습니다.

03 [레이어(LAYERS)] 패널에서 [혼합 모드(Blending Mode)]의 ▼[목록] 단추를 클릭한 후 [곱하기(Multiply)]를 선택합니다.

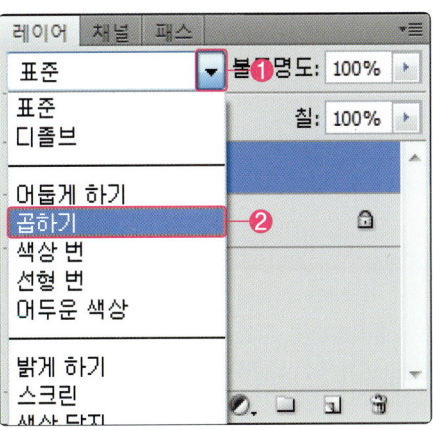

04 [레이어(LAYERS)] 패널에서 [레이어 마스크(Add layer mask)]를 클릭합니다.

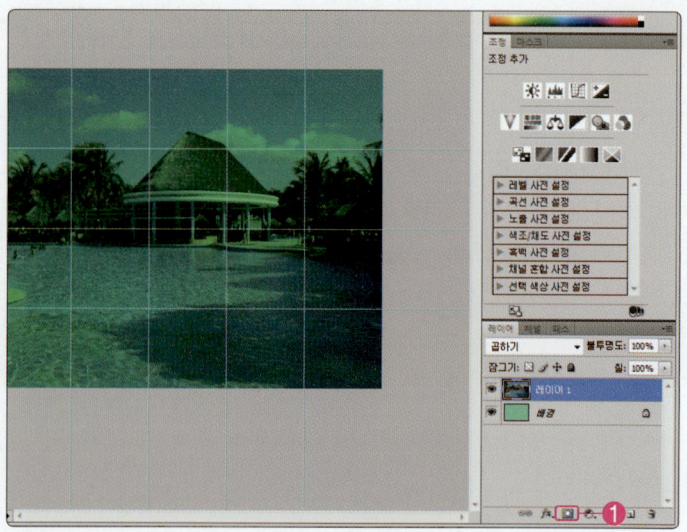

05 레이어 마스크가 추가되면 도구 상자(Tool Box)에서 [그라디언트 도구(Gradient Tool)]를 선택한 후 옵션 바에서 [그라디언트 피커 열기(Click to open Gradient picker)]의 [목록] 단추를 클릭한 다음 [전경색에서 배경으로(Foreground to Background)]를 클릭합니다.

06 마우스 포인터 모양이 ✢ 모양으로 변경되면 위에서 아래로 드래그하여 세로 방향으로 흐릿하게 작성합니다.

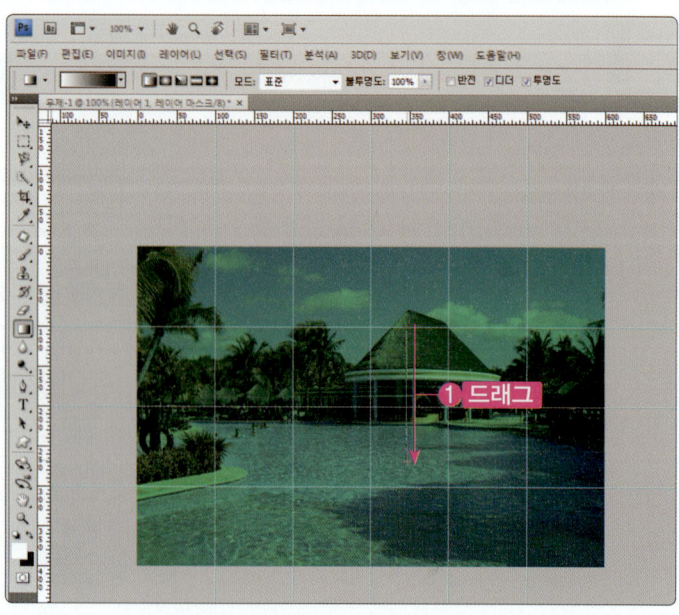

> **Tip**
> 레이어 마스크의 모양이 출력형태와 다를 경우 Ctrl+Z 또는 Alt+Ctrl+Z를 눌러 이전 단계로 되돌린 후 다시 드래그하여 레이어 마스크를 작성합니다.

혼합 모드(Blending Mode)

옵션 막대에서 지정한 혼합 모드의 페인팅 도구로 이미지의 픽셀을 변경하는 방법을 조절합니다.

▲ 표준(Normal)   ▲ 디졸브(Dissolve)

- 표준(Normal) : 각 픽셀을 편집하거나 페인트하여 결과 색상으로 만듭니다. 이 모드가 기본 모드입니다. 비트맵이나 인덱스 색상 이미지로 작업하는 경우에는 [표준] 모드를 한계값이라고 합니다.

- 디졸브(Dissolve) : 각 픽셀을 편집하거나 페인트하여 결과 색상으로 만듭니다. 그러나 결과 색상은 픽셀 위치의 불투명도에 따라 임의로 픽셀을 기본 색상이나 혼합 색상으로 대체한 색상입니다.

▲ 어둡게 하기(Darken) ▲ 곱하기(Multiply) ▲ 색상 번(Color Burn) ▲ 선형 번(Linear Burn)

▲ 어두운 색상(Darker Color)

- 어둡게 하기(Darken) : 각 채널의 색상 정보를 보고 기본 색상이나 혼합 색상 중 더 어두운 색상을 결과 색상으로 선택합니다. 혼합 색상보다 밝은 픽셀은 대체되고 혼합 색상보다 어두운 픽셀은 변경되지 않습니다.

- 곱하기(Multiply) : 각 채널의 색상 정보를 보고 기본 색상과 혼합 색상을 곱합니다. 결과 색상은 항상 더 어두운 색상이 됩니다. 어느 색상이든 검정색을 곱하면 검정색이 되고, 어느 색상이든 흰색을 곱하면 색상에 변화가 없습니다. 검정색이나 흰색 이외의 다른 색상으로 페인트하면 페인팅 도구로 계속 선을 그릴수록 점점 더 어두운 색상이 됩니다. 이 모드는 이미지에 여러 개의 마킹펜으로 그리는 것과 유사한 효과를 냅니다.

- 색상 번(Color Burn) : 각 채널의 색상 정보를 보고 대비를 증가시켜서 기본 색상을 어둡게 하여 혼합 색상을 반영합니다. 흰색과 혼합하면 색상 변화가 없습니다.

- 선형 번(Linear Burn) : 각 채널의 색상 정보를 보고 명도를 감소시켜서 기본 색상을 어둡게 하여 혼합 색상을 반영합니다. 흰색과 혼합하면 색상 변화가 없습니다.

- 어두운 색상(Darker Color) : 혼합 색상과 기본 색상에 대한 모든 채널 값의 총합을 비교하고 더 낮은 값의 색상을 표시합니다. [어두운 색상]은 제3의 새로운 색상을 생성하지 않으며, 결과 색상을 만들기 위해 기본 색상과 혼합 색상 중 가장 낮은 채널 값을 선택하기 때문에 [어둡게 하기] 혼합으로 만들어질 수 있습니다.

Special page

 ▲ 밝게 하기(Lighten)
 ▲ 스크린(Screen)
 ▲ 색상 닷지(Color Dodge)
 ▲ 선형 닷지(추가)(Linear Dodge(Add))

 ▲ 밝은 색상(Lighter Color)

- 밝게 하기(Lighten) : 각 채널의 색상 정보를 보고 기본 색상이나 혼합 색상 중 더 밝은 색상을 결과 색상으로 선택합니다. 혼합 색상보다 어두운 픽셀은 대체되고 혼합 색상보다 밝은 픽셀은 변경되지 않습니다.

- 스크린(Screen) : 각 채널의 색상 정보를 보고 혼합 색상과 기본 색상의 반전색을 곱합니다. 결과 색상은 항상 더 밝은 색상이 됩니다. 검정색으로 스크린하면 색상에 변화가 없고, 흰색으로 스크린하면 흰색이 됩니다. 이 모드는 여러 장의 사진 슬라이드를 서로 포개서 투영하는 것과 유사한 효과를 냅니다.

- 색상 닷지(Color Dodge) : 각 채널의 색상 정보를 보고 명도를 증가시켜서 기본 색상을 밝게 하여 혼합 색상을 반영합니다. 검정색과 혼합하면 색상 변화가 없습니다.

- 선형 닷지(추가)(Linear Dodge(Add)) : 각 채널의 색상 정보를 보고 명도를 증가시켜서 기본 색상을 밝게 하여 혼합 색상을 반영합니다.

- 밝은 색상(Lighter Color) : 혼합 색상과 기본 색상에 대한 모든 채널 값의 총합을 비교하고 더 높은 값의 색상을 표시합니다. [밝은 색상]은 제3의 새로운 색상을 생성하지 않으며, 결과 색상을 만들기 위해 기본 색상과 혼합 색상 중 가장 높은 채널 값을 선택하기 때문에 [밝게 하기] 혼합으로 만들어질 수 있습니다.

 ▲ 오버레이(Overlay)
 ▲ 소프트 라이트(Soft Light)
 ▲ 하드 라이트(Hard Light)
 ▲ 선명한 라이트(Vivid Light)

 ▲ 선형 라이트(Linear Light)
 ▲ 핀 라이트(Pin Light)
 ▲ 하드 혼합(Hard Mix)

- 오버레이(Overlay) : 기본 색상에 따라 색상을 곱하거나 스크린합니다. 패턴이나 색상은 기본 색상의 밝은 영역과 어두운 영역을 보존하면서 기존 픽셀 위에 겹칩니다. 기본 색상은 대체되지 않고 혼합 색상과 섞여 원래 색상의 밝기와 농도를 반영합니다.

- 소프트 라이트(Soft Light) : 혼합 색상에 따라 색상을 어둡게 하거나 밝게 하여 이미지에 확산된 집중 조명을 비추는 것과 유사한 효과를 냅니다. 혼합 색상(광원)이 50% 회색보다 밝으면 이미지는 닷지한 것처럼 밝아지고, 혼합 색상이 50% 회색보다 더 어두우면 이미지는 번한 것처럼 어두워집니다. 순수한 검정색이나 흰색으로 칠하면 더 밝거나 더 어두운 영역이 뚜렷이 나타나지만 순수한 검정이나 흰색이 되지는 않습니다.

Special page

- 하드 라이트(Hard Light) : 혼합 색상에 따라 색상을 곱하거나 스크린합니다. 이미지에 강한 집중 조명을 비추는 것과 유사한 효과를 냅니다. 혼합 색상(광원)이 50% 회색보다 밝으면 이미지는 스크린한 것처럼 밝아집니다. 이 모드는 이미지에 밝은 영역을 추가하는 데 유용합니다. 혼합 색상이 50% 회색보다 어두우면 이미지는 곱한 것처럼 어두워집니다. 이 모드는 이미지에 어두운 영역을 추가하는 데 유용합니다. 순수한 검정색이나 흰색으로 페인트하면 순수한 검정색이나 흰색이 됩니다.

- 선명한 라이트(Vivid Light) : 혼합 색상에 따라 대비를 증가 또는 감소시켜 색상을 번하거나 닷지합니다. 혼합 색상(광원)이 50% 회색보다 밝으면 대비를 감소시켜 이미지를 밝게 하고, 혼합 색상이 50% 회색보다 어두우면 대비를 증가시켜 이미지를 어둡게 합니다.

- 선형 라이트(Linear Light) : 혼합 색상에 따라 명도를 증가 또는 감소시켜 색상을 번하거나 닷지합니다. 혼합 색상(광원)이 50% 회색보다 밝으면 명도를 증가시켜 이미지를 밝게 하고, 혼합 색상이 50% 회색보다 어두우면 명도를 감소시켜 이미지를 어둡게 합니다.

- 핀 라이트(Pin Light) : 혼합 색상에 따라 색상을 대체합니다. 혼합 색상(광원)이 50% 회색보다 밝으면 혼합 색상보다 어두운 픽셀은 대체되고 혼합 색상보다 밝은 색상은 변화가 없습니다. 혼합 색상이 50% 회색보다 어두우면 혼합 색상보다 밝은 픽셀은 대체되고 혼합 색상보다 어두운 색상은 변화가 없습니다. 이 모드는 이미지에 특수 효과를 추가하는 데 유용합니다.

- 하드 혼합(Hard Mix) : 혼합 색상의 빨강, 녹색, 파랑 채널 값을 기본 색상의 RGB 값에 추가합니다. 채널의 결과 합계가 255 이상이면 255 값을 받고 255 미만이면 0 값을 받습니다. 따라서 모든 혼합 픽셀의 빨강, 녹색, 파랑 채널 값은 0 또는 255입니다. 모든 픽셀을 빨강, 녹색, 파랑, 사이안, 노랑, 마젠타, 검정 또는 흰색 등의 원색으로 바꿉니다.

▲ 차이(Difference)   ▲ 제외(Exclusion)

- 차이(Difference) : 각 채널의 색상 정보를 보고 기본 색상과 혼합 색상 중 명도 값이 더 큰 색상에서 다른 색상을 뺍니다. 흰색과 혼합하면 기본 색상 값이 반전되고 검정색과 혼합하면 색상 변화가 없습니다.

- 제외(Exclusion) : [차이] 모드와 유사하지만 대비가 더 낮은 효과를 냅니다. 흰색과 혼합하면 기본 색상 값이 반전되고, 검정색과 혼합하면 색상 변화가 없습니다.

▲ 색조(Hue)   ▲ 채도(Saturation)   ▲ 색상(Color)   ▲ 광도(Luminosity)

- 색조(Hue) : 기본 색상의 광도와 채도 및 혼합 색상의 색조로 결과 색상을 만듭니다.

- 채도(Saturation) : 기본 색상의 광도와 색조 및 혼합 색상의 채도로 결과 색상을 만듭니다. 이 모드를 사용하여 채도가 0인 영역(회색)을 페인트하면 색상 변화가 일어나지 않습니다.

- 색상(Color) : 기본 색상의 광도 및 혼합 색상의 색조와 채도로 결과 색상을 만듭니다. 이 모드는 이미지의 회색 레벨을 유지하며 단색 이미지에 색상을 칠하고 컬러 이미지에 색조를 적용하는 데 유용합니다.

- 광도(Luminosity) : 기본 색상의 색조와 채도 및 혼합 색상의 광도로 결과 색상을 만듭니다. 이 모드는 [색상] 모드의 반대 효과를 냅니다.

STEP 04 필터 및 레이어 스타일 지정하기

01 [파일(File)]-[열기(Open)]를 클릭한 후 [열기(Open)] 대화상자가 나타나면 파일(1급-9)을 선택한 다음 [열기] 단추를 클릭합니다.

02 도구 상자(Tool Box)에서 [자동 선택 도구(Magic Wand Tool)]를 선택한 후 옵션 바에서 허용치(Tolerance)에 '5'를 입력합니다.

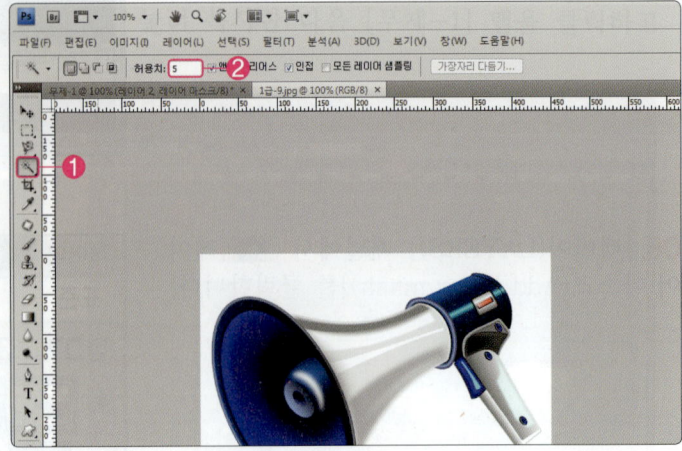

03 흰색 배경 부분을 클릭하여 선택한 후 [선택(Select)]-[반전(Inverse)]을 클릭합니다.

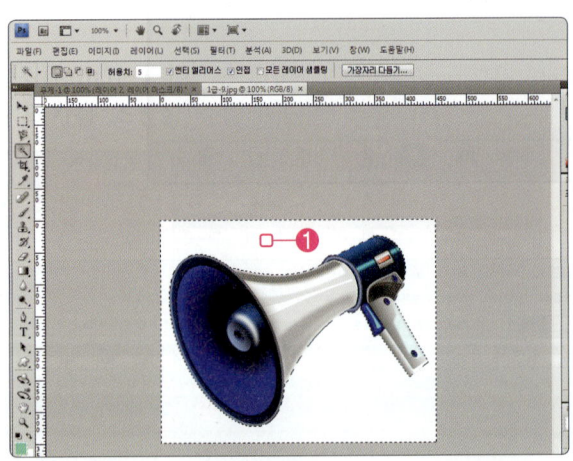 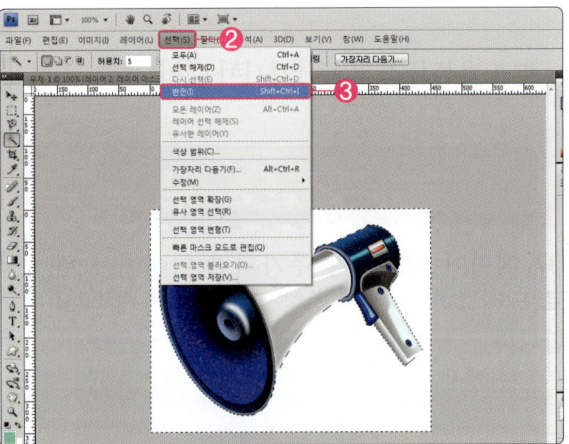

04 선택 영역이 반전되면 Ctrl+C를 눌러 복사한 후 [무제-1] 탭을 클릭한 다음 Ctrl+V를 눌러 붙여넣기 하고 [1급-9.jpg] 파일을 닫습니다.

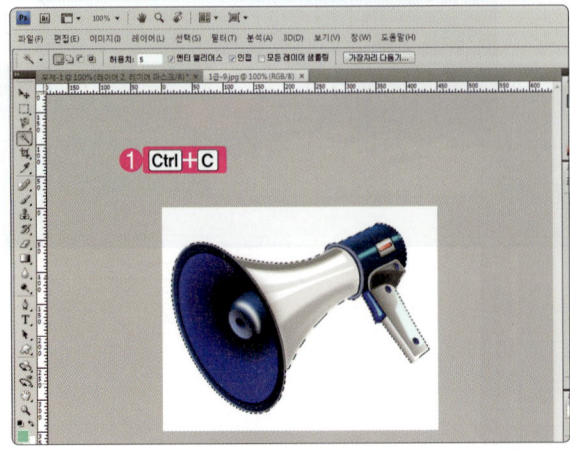 

114 PhotoShop CS2 핵심요약

05 [편집(Edit)]-[변형(Transform)]-[가로 뒤집기(Flip Horizontal)]를 클릭하여 좌우 대칭을 합니다.

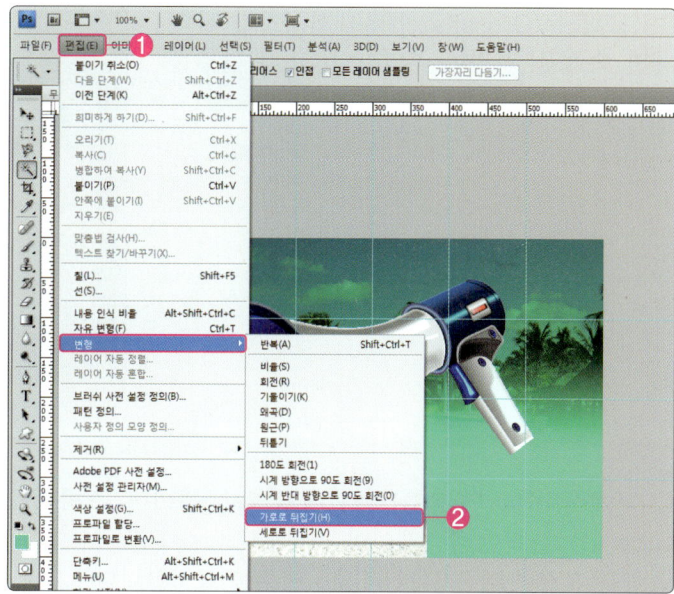

06 [편집(Edit)]-[자유 변형(Free Transform)]을 클릭한 후 크기 조절점이 나타나면 크기 조절점을 드래그하여 크기 및 위치를 조절한 다음 Enter 를 누릅니다.

07 [필터(Filter)]-[브러쉬 선(Brush Strokes)]-[그물눈(Crosshatch)]을 클릭합니다.

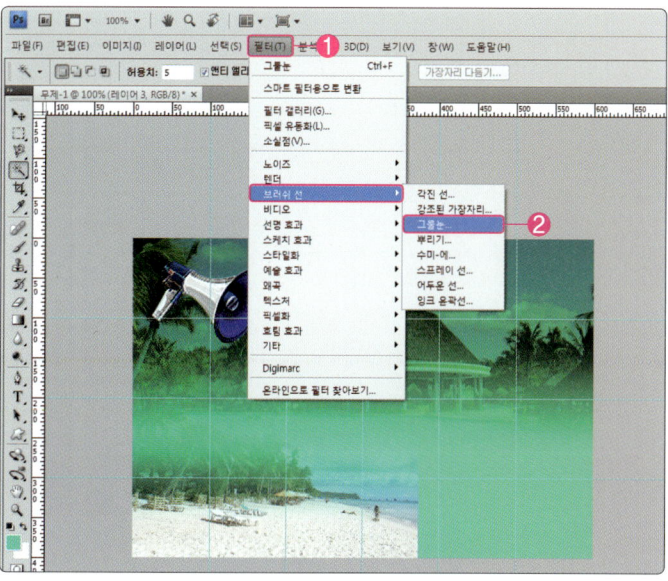

Chapter04 • [실무응용] 포스터 제작 **115**

08 [그물눈(Crosshatch)] 대화상자가 나타나면 속성을 지정한 후 [확인(OK)] 단추를 클릭합니다.

09 [레이어(LAYERS)] 패널에서 [레이어 스타일 추가(Add a layer style)]-[외부 광선(Outer Glow)]을 클릭한 후 [레이어 스타일(Layer Style)] 대화상자의 [외부 광선(Outer Glow)] 탭이 나타나면 속성을 지정한 다음 [확인(OK)] 단추를 클릭합니다.

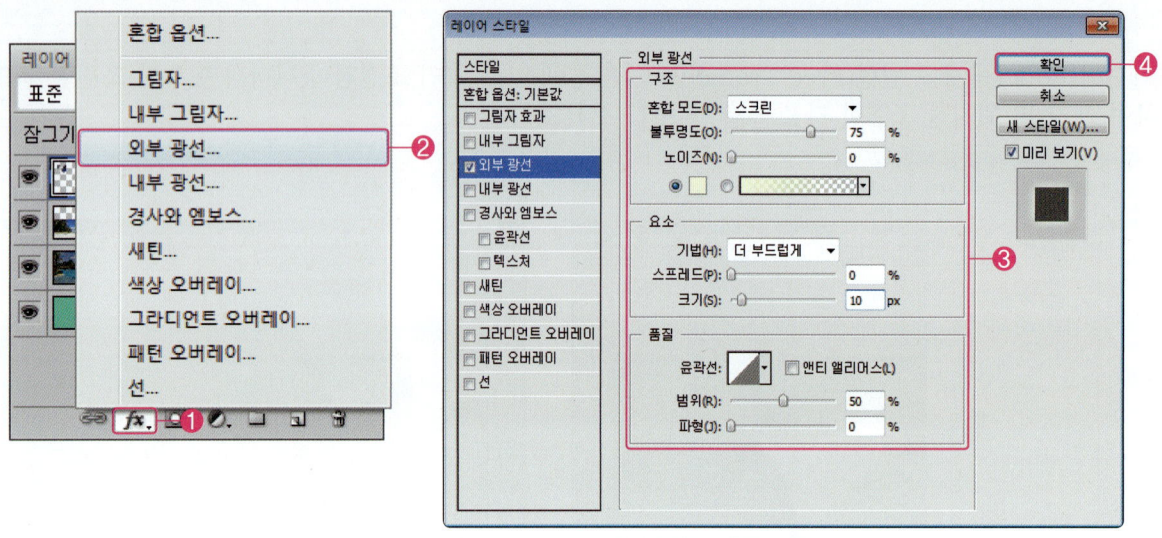

10 다음과 같이 레이어 스타일이 적용됩니다.

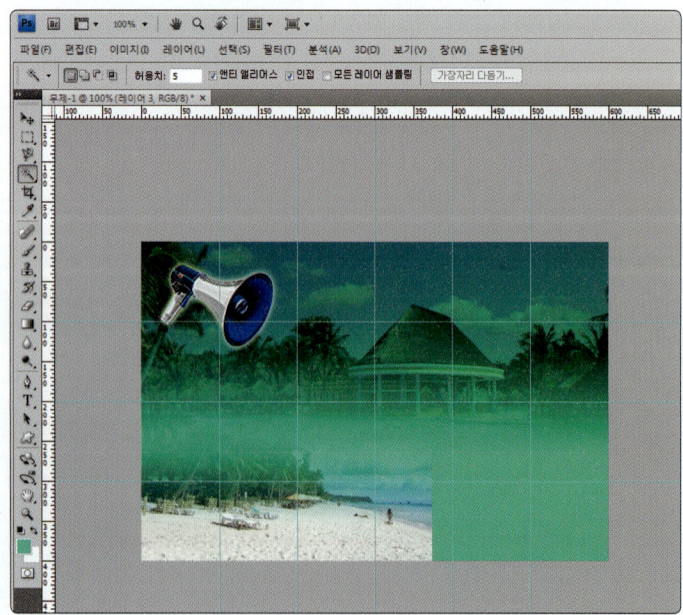

자동 선택 도구(Magic Wand Tool)

자동 선택 도구는 이미지를 클릭하면 마술처럼 단번에 클릭한 곳의 색상과 유사한 색상을 선택 영역으로 만듭니다. 배경과 색상의 대비가 뚜렷하고 선택하는 이미지가 주로 단조로운 색상으로 이루어진 이미지를 선택할 때 사용합니다.

❶ 허용치(Tolerance)

선택된 픽셀의 유사성 또는 차이를 판별합니다. 0~255 사이의 픽셀 값을 입력합니다. 낮은 값을 지정하면 사용자가 클릭한 픽셀과 매우 유사한 몇 가지 색상만 선택됩니다. 높은 값을 지정하면 보다 넓은 범위의 색상이 선택됩니다.

▲ 허용치(Tolerance) = 0　▲ 허용치(Tolerance) = 50　▲ 허용치(Tolerance) = 100　▲ 허용치(Tolerance) = 150

❷ Anti-alias(앤티 앨리어스) : 앤티 앨리어스를 사용하면 가장자리 픽셀을 부분적으로 배경과 혼합하여 가장자리가 매끄러운 선택 영역을 지정할 수 있습니다.

❸ 인접(Contiguous)

동일한 색상을 사용하는 인접 영역만을 선택합니다. 이 옵션을 선택하지 않으면 전체 이미지에서 동일한 색상을 사용하는 모든 픽셀이 선택됩니다.

▲ 인접(Contiguous) 선택　▲ 인접(Contiguous) 선택 해제

❹ 모든 레이어 샘플링(Sample All Layers)

보이는 모든 레이어의 데이터를 사용하여 색상을 선택합니다. 이 옵션을 선택하지 않으면 [자동 선택 도구(Magic Wand Tool)]는 활성 레이어의 색상만 선택합니다.

STEP 05 이미지 복사 및 레이어 스타일 지정하기

01 [파일(File)]-[열기(Open)]를 클릭한 후 [열기(Open)] 대화상자가 나타나면 파일(1급-10)을 선택한 다음 [열기] 단추를 클릭합니다.

02 도구 상자(Tool Box)에서 [자석 올가미 도구(Magnetic Lasso Tool)]를 선택한 후 옵션바에서 빈도 수(Frequency)에 '100'을 입력합니다.

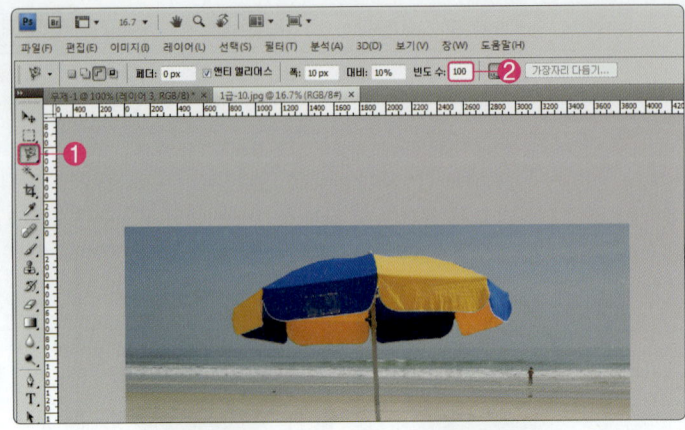

03 파라솔을 따라 드래그하여 선택 영역으로 지정한 후 Ctrl+C를 눌러 선택 영역을 복사한 다음 [무제-1] 탭을 클릭하고 Ctrl+V를 눌러 붙여넣기한 후 [1급-10.jpg] 파일을 닫습니다.

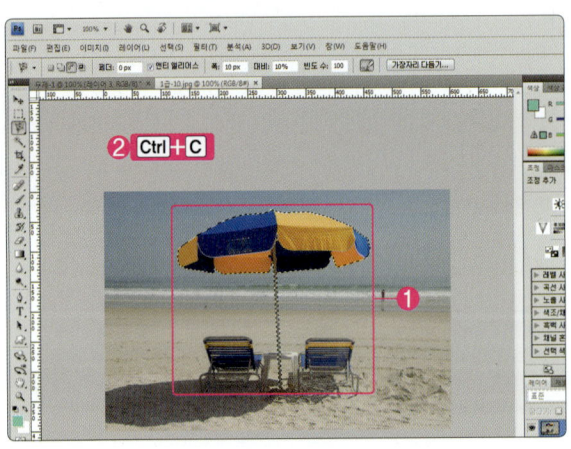
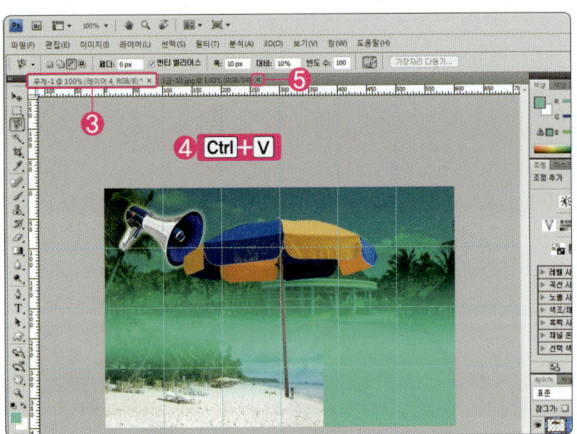

04 [편집(Edit)]-[자유 변형(Free Transform)]을 클릭한 후 크기 조절점이 나타나면 크기 조절점을 드래그하여 파라솔 크기 및 회전을 조절한 다음 Enter를 누릅니다.

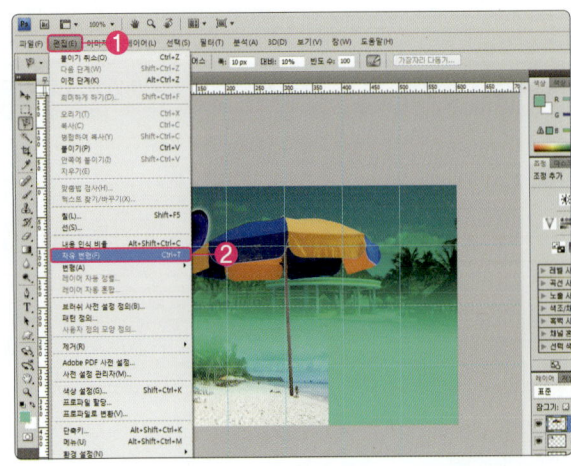
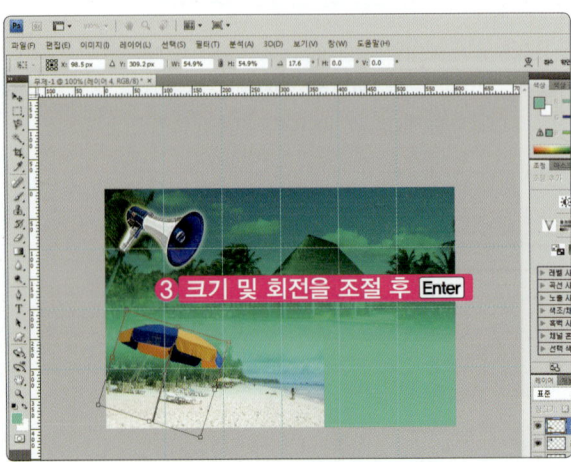

05 [레이어(LAYERS)] 패널에서 fx. [레이어 스타일 추가(Add a layer style)]-[내부 그림자(Inner Shadow)]를 클릭한 후 [레이어 스타일(Layer Style)] 대화상자의 [내부 그림자(Inner Shadow)] 탭이 나타나면 속성을 지정한 다음 [확인(OK)] 단추를 클릭합니다.

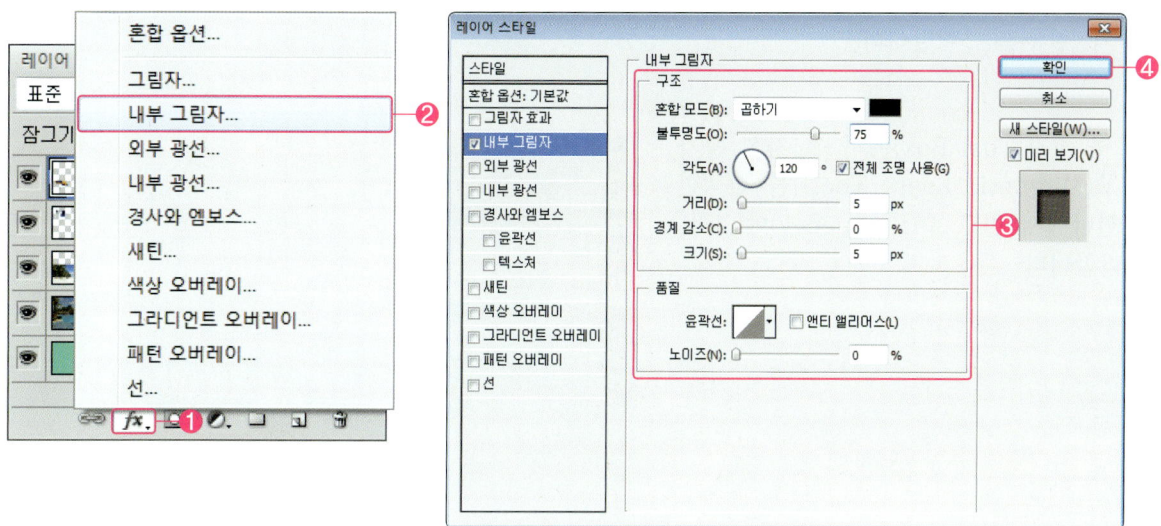

06 다음과 같이 레이어 스타일이 지정됩니다.

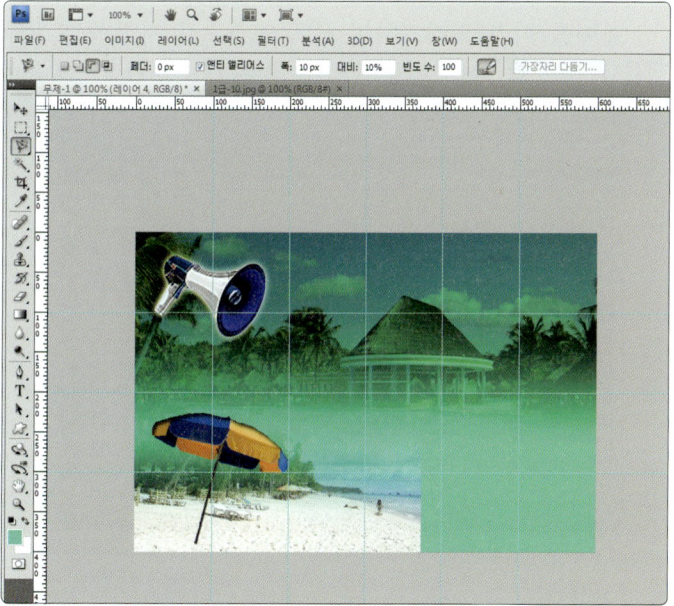

STEP 06 ː 색상 보정 및 레이어 스타일 지정하기

01 [파일(File)]-[열기(Open)]를 클릭한 후 [열기(Open)] 대화상자가 나타나면 파일(1급-11)을 선택한 다음 [열기] 단추를 클릭합니다.

02 도구 상자(Tool Box)에서 [자석 올가미 도구(Magnetic Lasso Tool)]를 선택한 후 옵션바에서 빈도 수(Frequency)에 '100'을 입력합니다.

03 아이를 따라 드래그하여 선택 영역으로 지정한 후 Ctrl+C를 눌러 선택 영역을 복사한 다음 [무제-1] 탭을 클릭하고 Ctrl+V를 눌러 붙여넣기한 후 [1급-11.jpg] 파일을 닫습니다.

04 [편집(Edit)]-[자유 변형(Free Transform)]을 클릭한 후 크기 조절점이 나타나면 크기 조절점을 드래그하여 크기를 조절한 다음 Enter를 누릅니다.

05 옵션 바에서 [선택 영역에 추가(Add to Selection)]를 선택한 후 다음과 같이 튜브를 선택 영역으로 지정합니다.

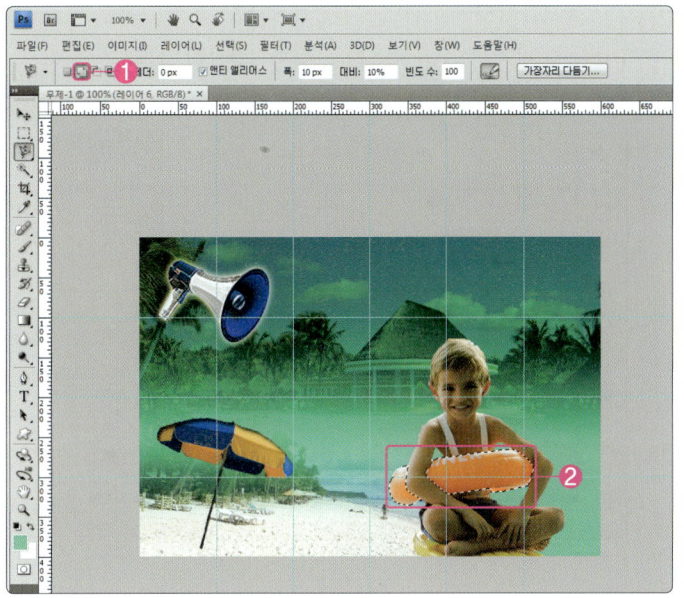

06 [레이어(LAYERS)] 패널에서 [색칠 또는 조정 레이어(Create new fill or adjustment layer)]를 클릭한 후 [색조/채도(Hue/Saturation)]를 클릭합니다.

Tip

[조정(ADJUSTMENTS)] 패널에서 [색조/채도(Hue/Saturation)]를 클릭해도 됩니다.

07 다음과 같이 [조정(ADJUSTMENTS)] 패널에 [색조/채도(Hue/Saturation)]가 나타나면 [색상화(Colorize)]를 선택한 후 색조(224)와 채도(73)를 드래그하여 파란색 계열로 보정합니다.

Chapter04 · [실무응용] 포스터 제작 **121**

08 [레이어(LAYERS)] 패널에서 [레이어 5] 레이어를 선택한 후 fx.[레이어 스타일 추가(Add a layer style)]-[그림자(Drop Shadow)]를 클릭합니다.

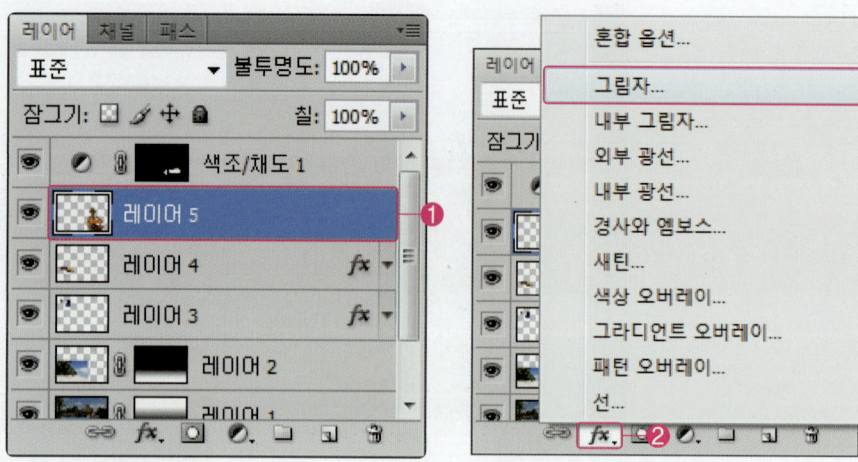

09 [레이어 스타일(Layer Style)] 대화상자의 [그림자 효과(Drop Shadow)] 탭이 나타나면 속성을 지정한 후 [확인(OK)] 단추를 클릭합니다.

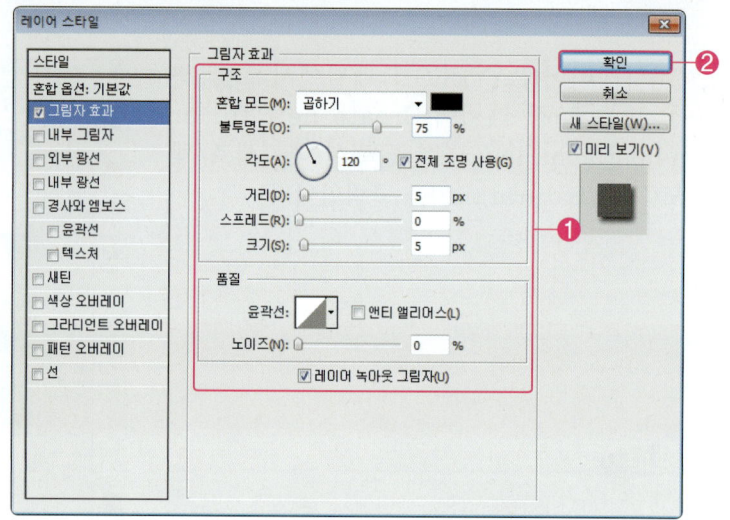

10 다음과 같이 레이어 스타일이 지정됩니다.

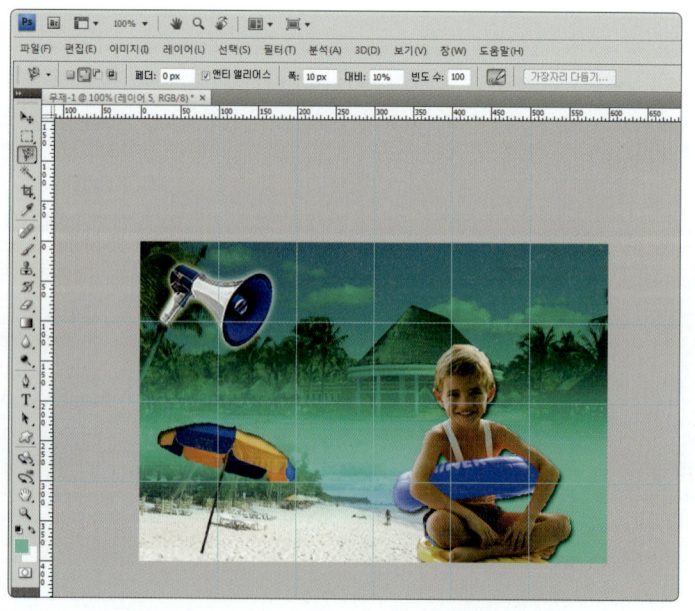

STEP 07 반짝이는 별 모양 작성하기

01 도구 상자(Tool Box)에서 [사용자 정의 모양 도구(Custom Shape Tool)]를 선택한 후 옵션 바에서 [사용자 정의 모양 피커(Click to open Custom Shape picker)]의 [목록] 단추를 클릭합니다.

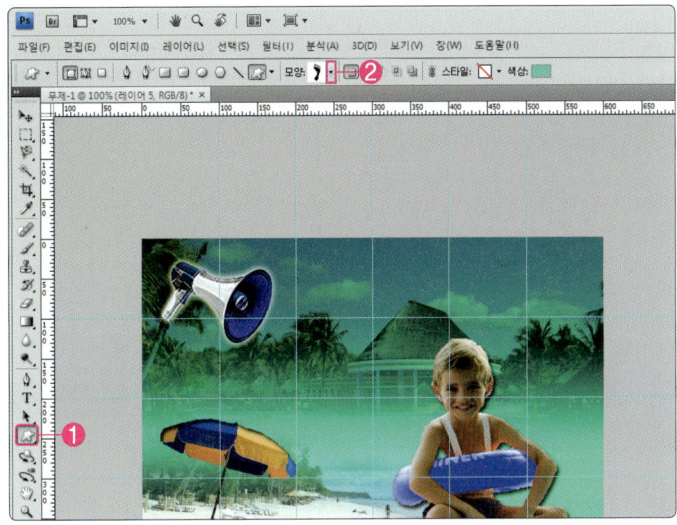

02 사용자 정의 모양이 나타나면 [팝업 메뉴 단추]-[기호(Symbols)]를 클릭합니다.

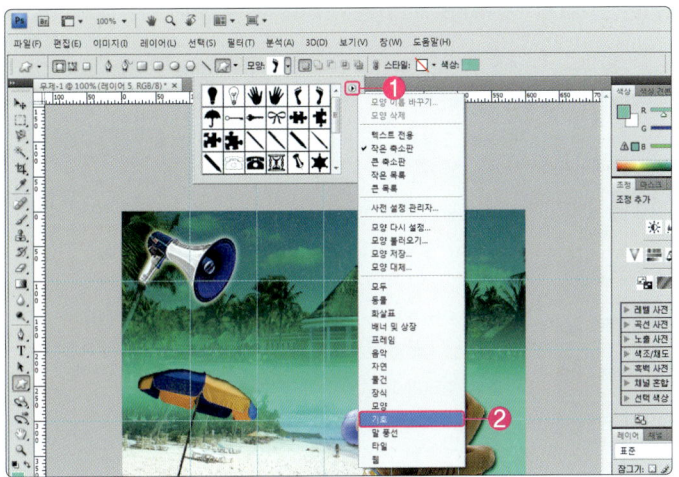

03 [현재 모양을 기호의 모양으로 대체하시겠습니까?]를 묻는 대화상자가 나타나면 [확인(OK)] 단추를 클릭합니다.

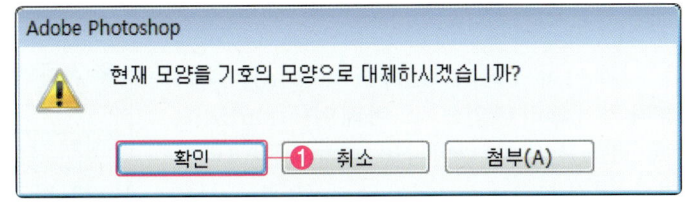

04 사용자 정의 모양이 기호(Symbols) 목록으로 변경되면 [반짝이는 별(Starburst)]을 클릭합니다.

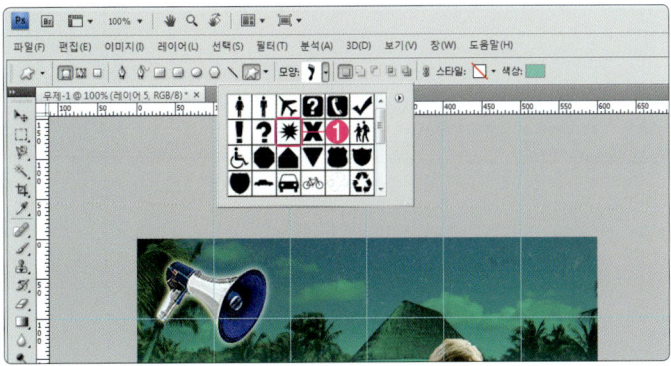

05 [레이어(LAYERS)] 패널에서 [레이어 2] 레이어를 선택한 후 반짝이는 별 모양을 삽입하고자 하는 위치에서 드래그하여 삽입합니다.

06 [레이어(LAYERS)] 패널에서 *fx.*[레이어 스타일 추가(Add a layer style)]-[그림자(Drop Shadow)]를 클릭한 후 [레이어 스타일(Layer Style)] 대화상자의 [그림자 효과(Drop Shadow)] 탭이 나타나면 속성을 지정한 다음 [그라디언트 오버레이(Gradient Overlay)] 탭을 클릭합니다.

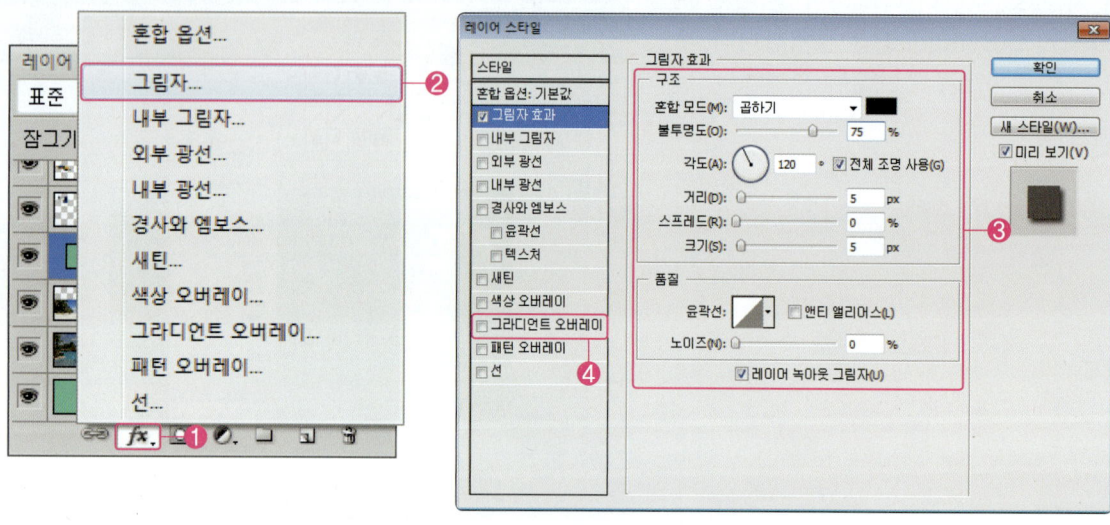

07 [레이어 스타일(Layer Style)] 대화상자의 [그라디언트 오버레이(Gradient Overlay)] 탭이 나타나면 ▬▬▬[그라디언트 편집(Click to edit the gradient)]을 클릭합니다.

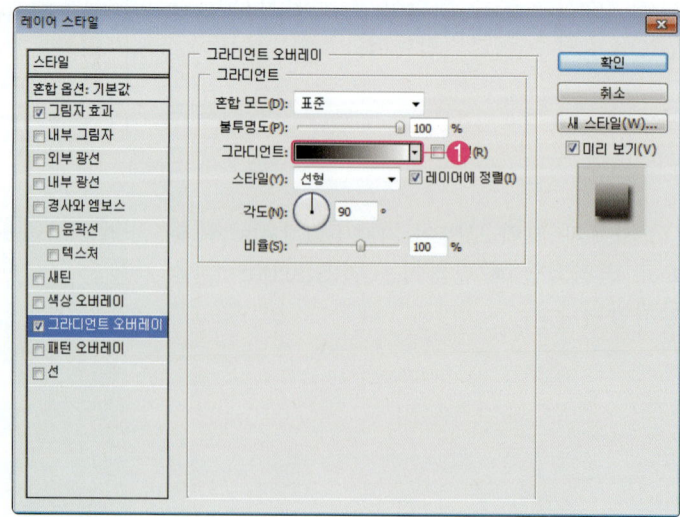

08 [그라디언트 편집기(Gradient Editor)] 대화상자가 나타나면 왼쪽 색상 정지점(Color Stop)을 더블클릭합니다.

09 [정지 색상 선택(Select stop color)] 대화상자가 나타나면 색상(ff0000)을 입력한 후 [확인(OK)] 단추를 클릭합니다.

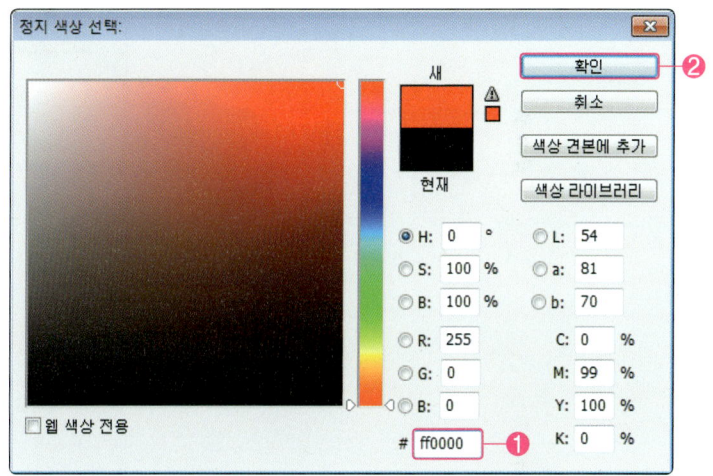

10 [그라디언트 편집기(Gradient Editor)] 대화상자가 다시 나타나면 오른쪽 색상 정지점(Color Stop)을 더블클릭합니다.

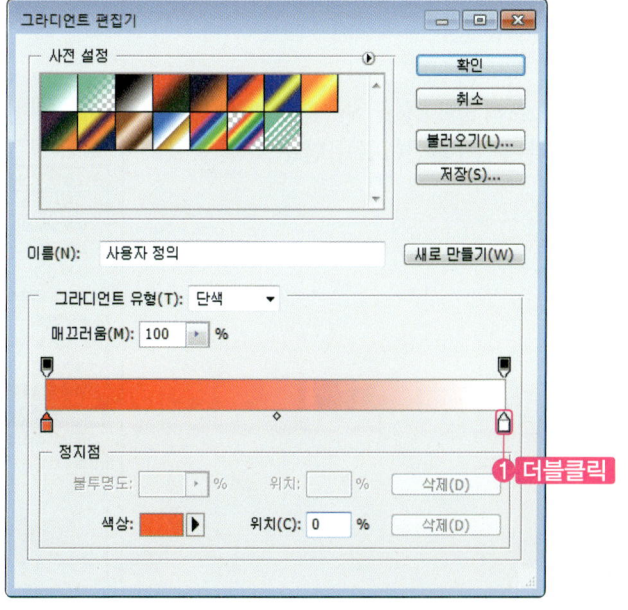

11 [정지 색상 선택(Select stop color)] 대화상자가 나타나면 색상(ffff00)을 입력한 후 [확인(OK)] 단추를 클릭합니다.

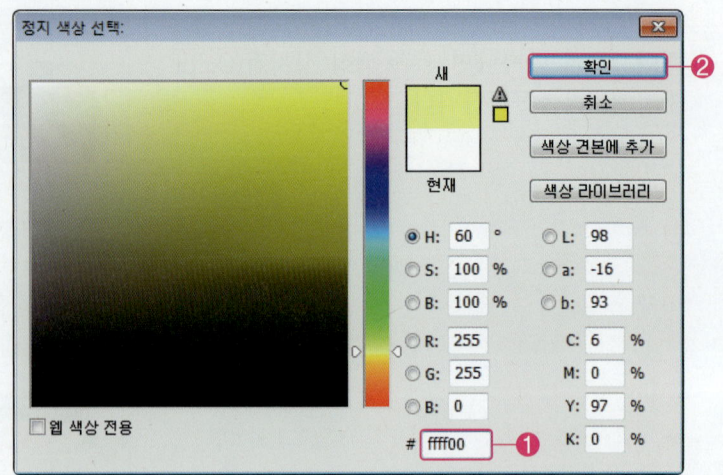

12 [그라디언트 편집기(Gradient Editor)] 대화상자가 다시 나타나면 [확인(OK)] 단추를 클릭합니다.

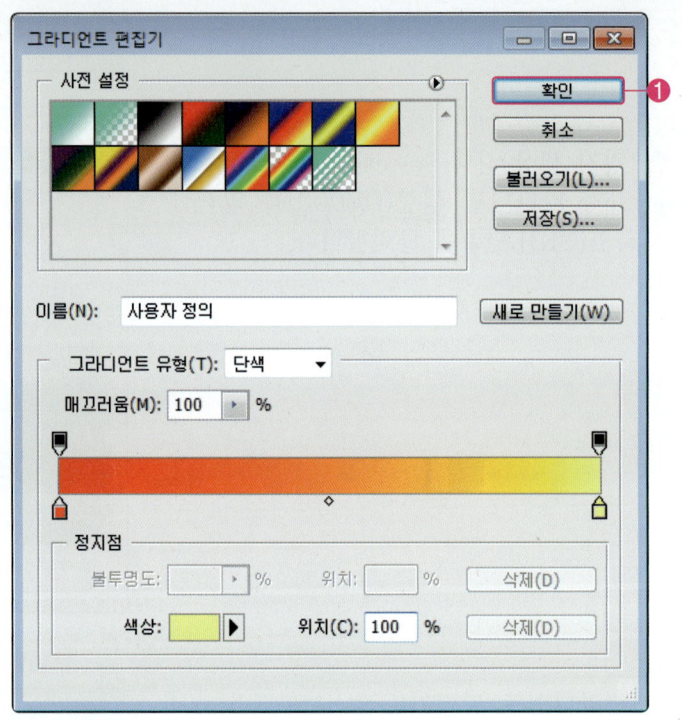

13 [레이어 스타일(Layer Style)] 대화상자가 다시 나타나면 [확인(OK)] 단추를 클릭합니다.

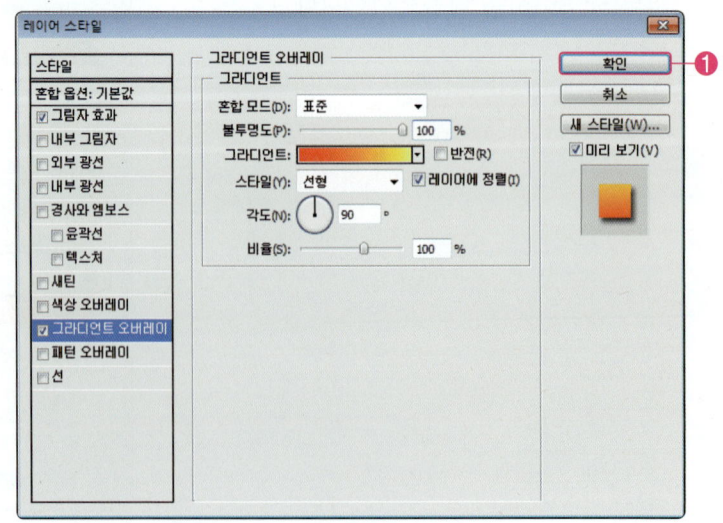

STEP 08　파도 모양 작성하기

01 옵션 바에서 [사용자 정의 모양 피커 (Click to open Custom Shape picker)]의 [목록] 단추를 클릭한 후 사용자 정의 모양이 나타나면 [팝업 메뉴 단추]-[자연(Nature)]을 클릭합니다.

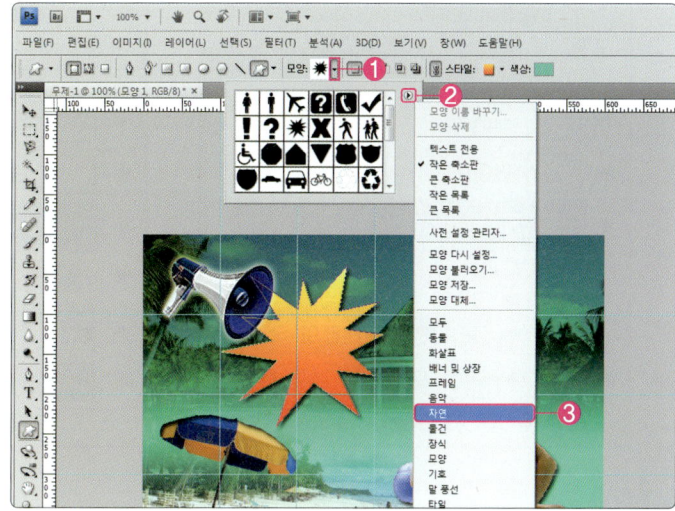

02 [현재 모양을 자연의 모양으로 대체하시겠습니까?]를 묻는 대화상자가 나타나면 [확인(OK)] 단추를 클릭합니다.

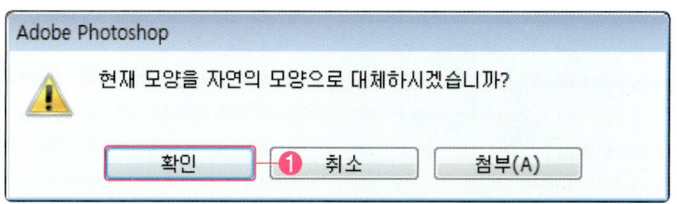

03 사용자 정의 모양이 자연(Nature) 목록으로 변경되면 [파도(Waves)]를 클릭합니다.

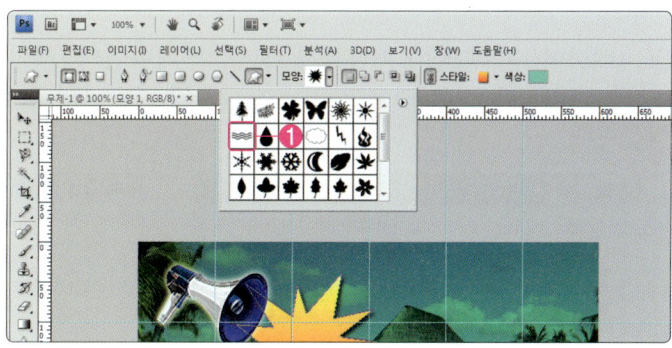

04 도형을 삽입하고자 하는 위치에서 드래그하여 파도 모양을 작성합니다.

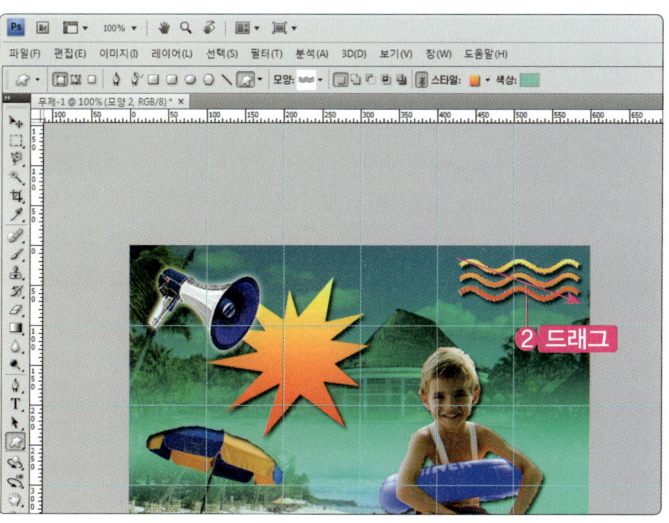

05 이전 모양 도형에 적용된 레이어 스타일이 나타날 경우 [효과(Effects)]를 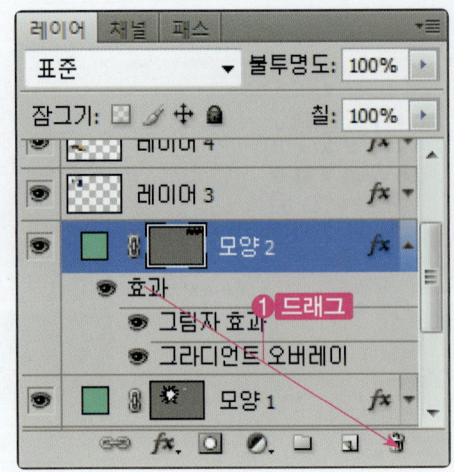[레이어 삭제(Delete layer)]로 드래그합니다.

Tip

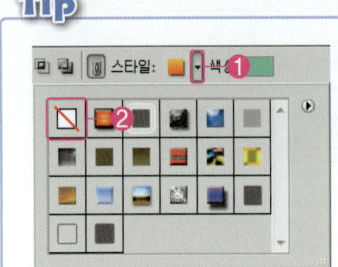

옵션 바에서 스타일의 [목록] 단추를 클릭한 후 스타일 목록이 나타나면 □[초기 스타일(없음)]을 클릭하여 이전 레이어 스타일을 제거할 수도 있습니다.

06 [레이어(LAYERS)] 패널에서 [모양 2] 레이어의 [레이어 축소판(Layer thumbnail)]을 더블클릭한 후 [단색 선택(Pick a solid color)] 대화상자가 나타나면 색상(3399cc)을 입력한 다음 [확인(OK)] 단추를 클릭합니다.

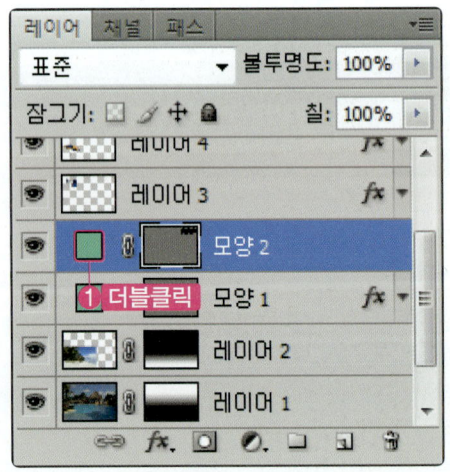 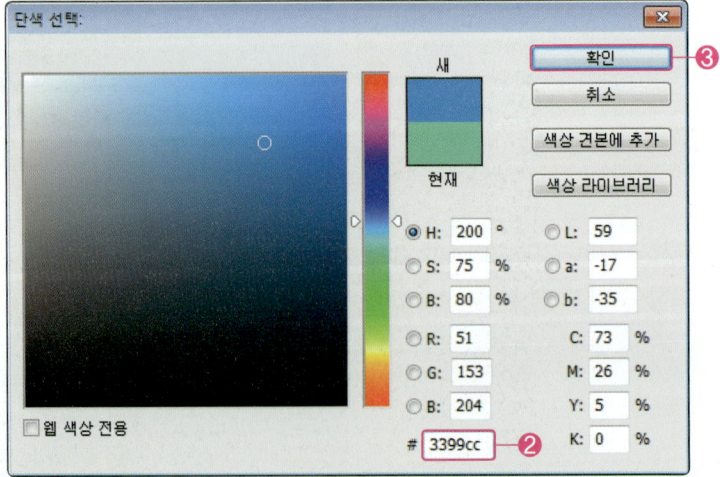

128 PhotoShop CS2 핵심요약

07 [레이어(LAYERS)] 패널에서 [fx.][레이어 스타일 추가(Add a layer style)]-[내부 광선(Inner Glow)]을 클릭한 후 [레이어 스타일(Layer Style)] 대화상자의 [내부 광선(Inner Glow)] 탭이 나타나면 속성을 지정한 다음 [확인(OK)] 단추를 클릭합니다.

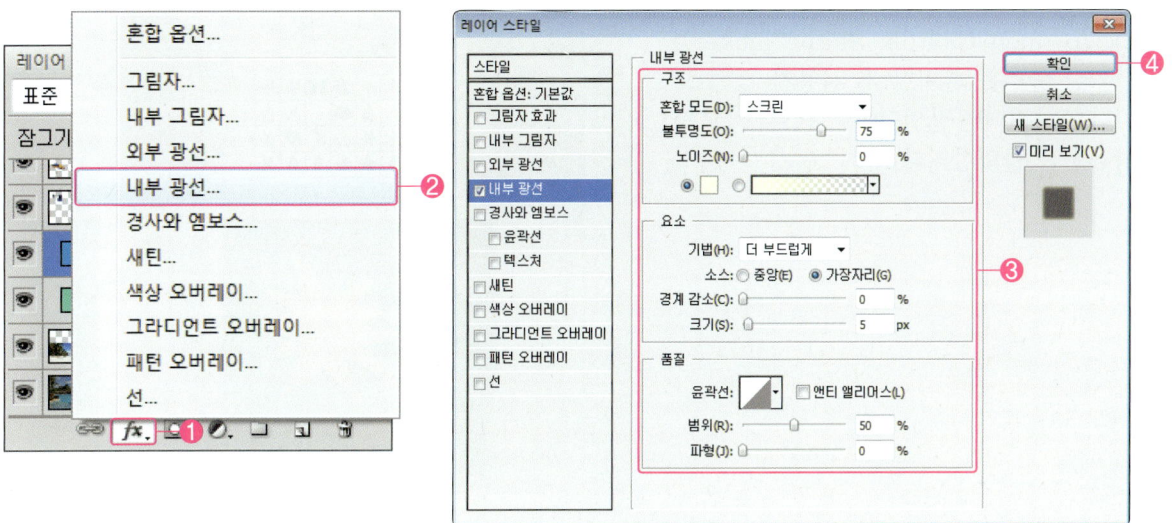

08 [레이어(LAYERS)] 패널에서 불투명도(Opacity)에 '60'을 입력합니다.

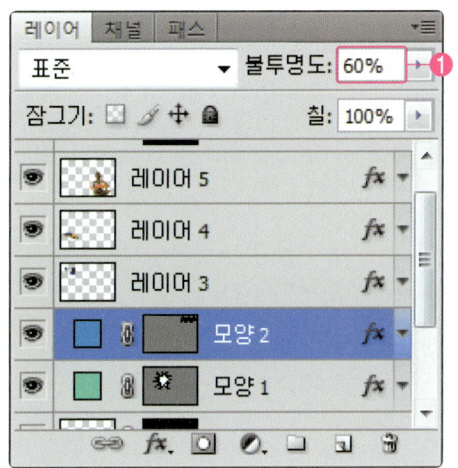

09 다음과 같이 레이어 스타일 및 불투명도가 지정됩니다.

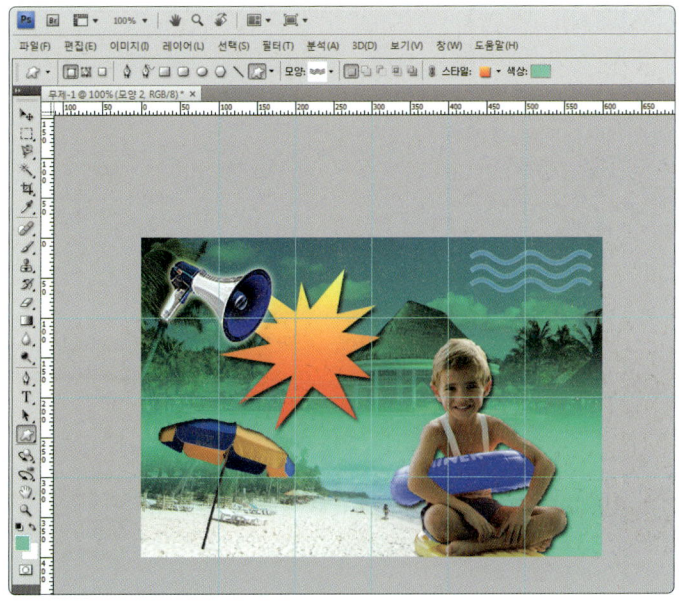

Chapter04 · [실무응용] 포스터 제작

STEP 09　하트 모양 카드 모양 작성하기

01 옵션 바에서 [사용자 정의 모양 피커 (Click to open Custom Shape picker)]의 [목록] 단추를 클릭한 후 사용자 정의 모양이 나타나면 [팝업 메뉴 단추]-[모양(Shapes)]를 클릭합니다.

02 [현재 모양을 모양의 모양으로 대체하시겠습니까?]를 묻는 대화상자가 나타나면 [확인(OK)] 단추를 클릭합니다.

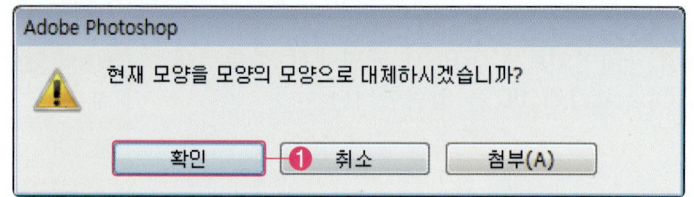

03 사용자 정의 모양이 모양(Shapes) 목록으로 변경되면 [하트 모양 카드(Heart Card)]를 클릭합니다.

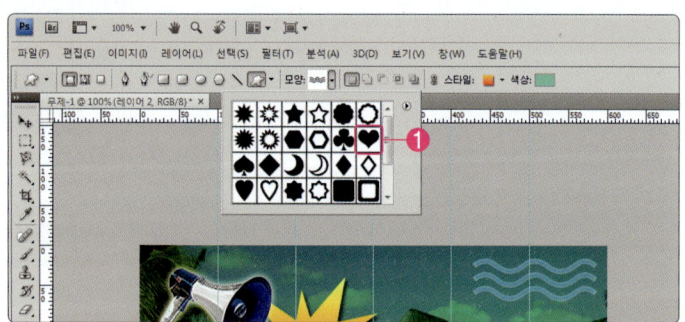

04 하트 모양 카드 모양을 삽입하고자 하는 위치에서 드래그하여 삽입합니다.

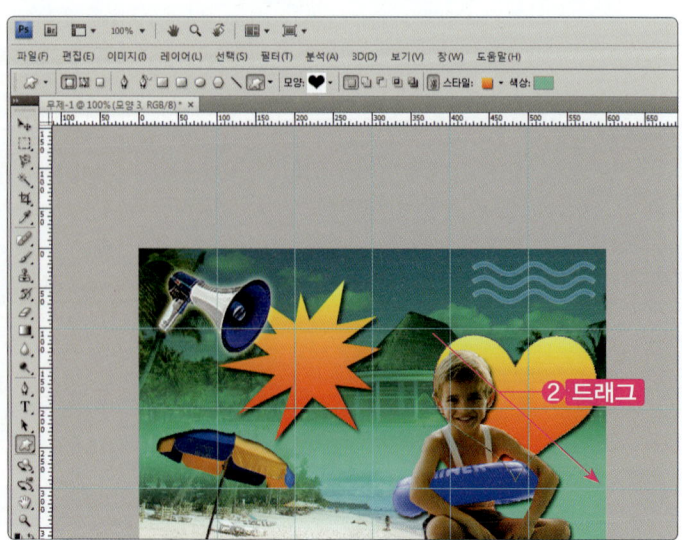

05 이전 모양 도형에 적용된 레이어 스타일이 나타날 경우 [효과(Effects)]를 [레이어 삭제(Delete layer)]로 드래그합니다.

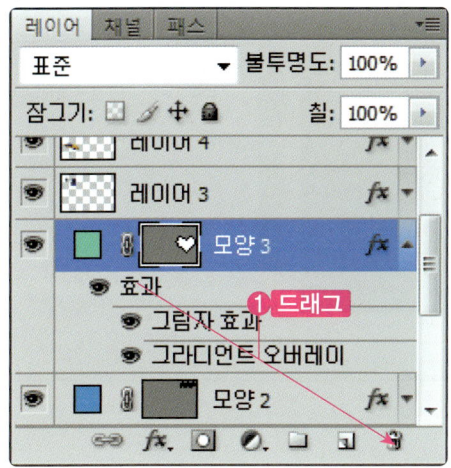 

06 [레이어(LAYERS)] 패널에서 [모양 3] 레이어의 [레이어 축소판(Layer thumbnail)]을 더블클릭한 후 [단색 선택(Pick a solid color)] 대화상자가 나타나면 색상(33ffcc)을 입력한 다음 [확인(OK)] 단추를 클릭합니다.

 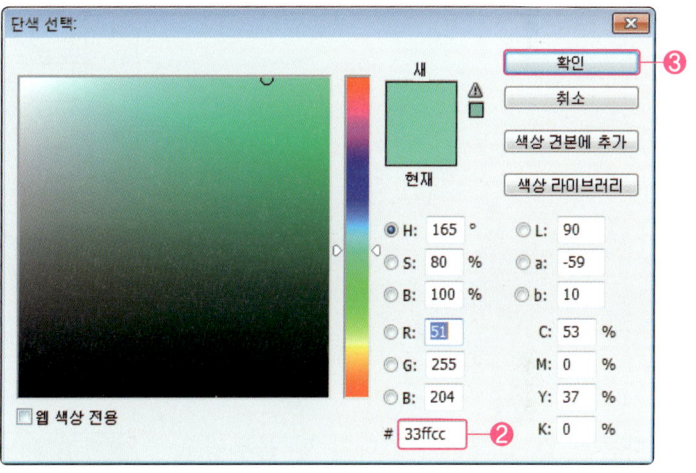

07 [레이어(LAYERS)] 패널에서 [레이어 스타일 추가(Add a layer style)]-[선(Stroke)]을 클릭한 후 [레이어 스타일(Layer Style)] 대화상자의 [선(Stroke)] 탭이 나타나면 크기(5)를 입력한 다음 [색상(Color)]을 클릭합니다.

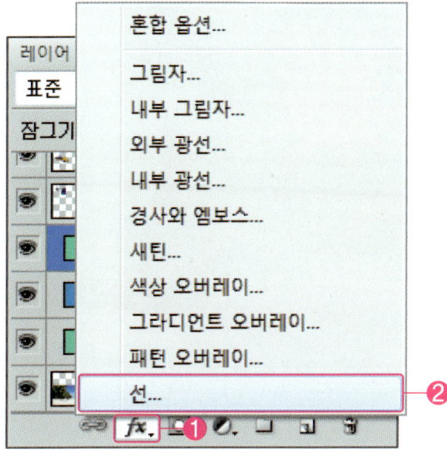 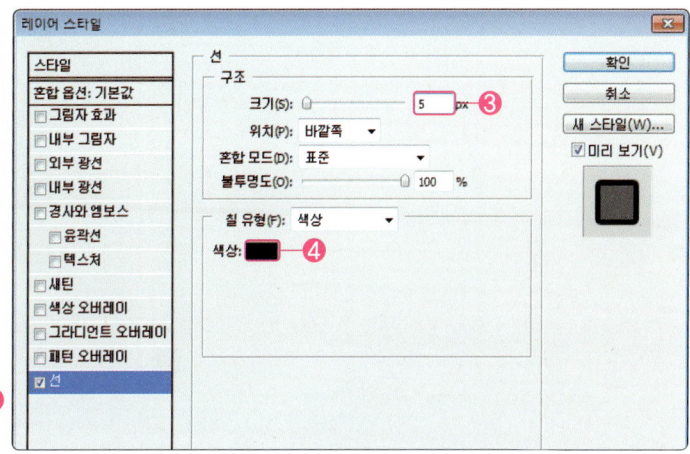

08 [선 색상 선택(Select stroke color)] 대화상자가 나타나면 색상(ffffff)을 입력한 후 [확인(OK)] 단추를 클릭합니다.

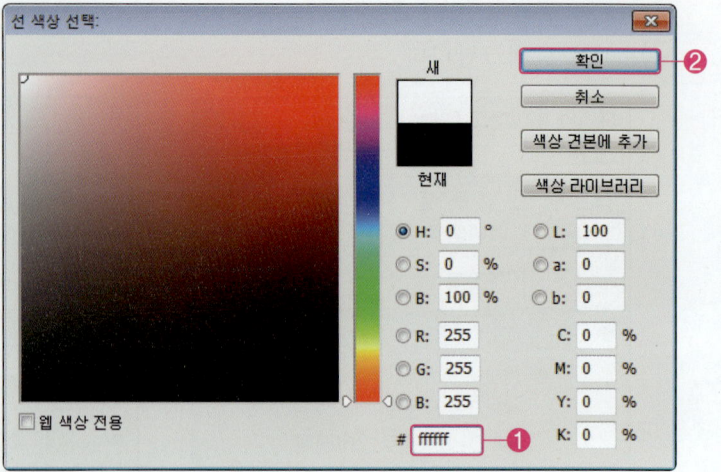

09 [레이어 스타일(Layer Style)] 대화상자가 다시 나타나면 [확인(OK)] 단추를 클릭합니다.

10 [레이어(LAYERS)] 패널에서 불투명도(Opacity)에 '60'을 입력합니다.

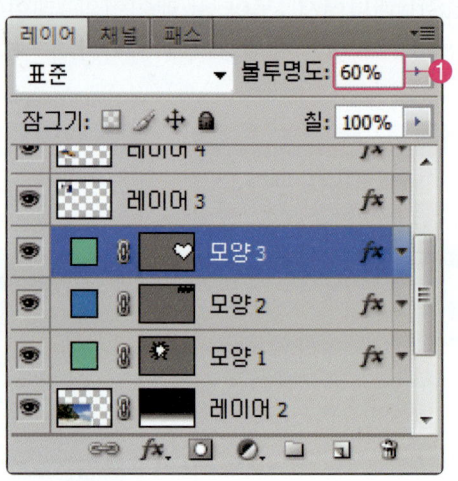

11 다음과 같이 레이어 스타일 및 불투명도가 지정됩니다.

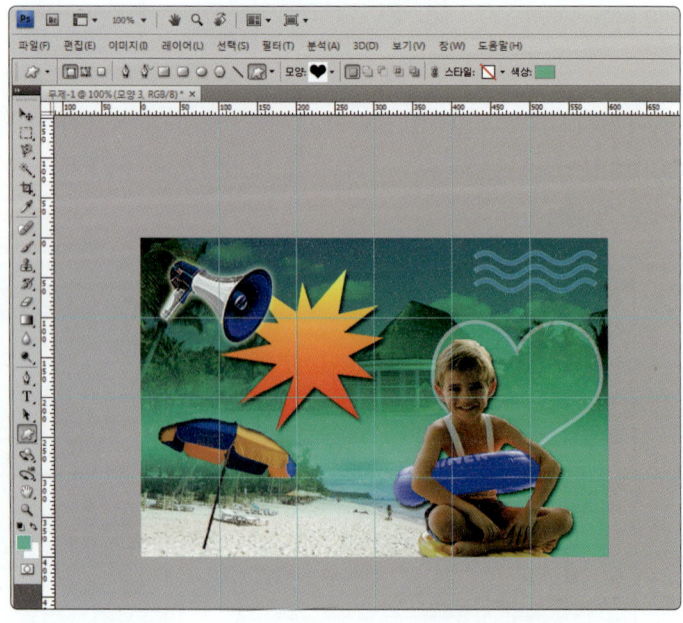

132 PhotoShop CS2 핵심요약

STEP 10 ①번 텍스트 작성하기

01 [레이어(LAYERS)] 패널에서 [색조/채도 1(Hue/Saturation 1)] 레이어를 선택한 후 도구 상자(Tool Box)에서 [수평 문자 도구(Horizontal Type Tool)]를 선택한 다음 옵션 바에서 글꼴(돋움)을 선택하고 글자 크기(42)를 입력합니다.

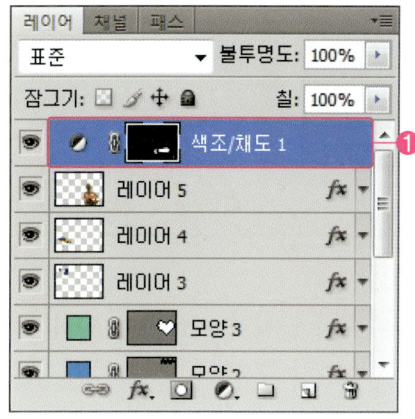
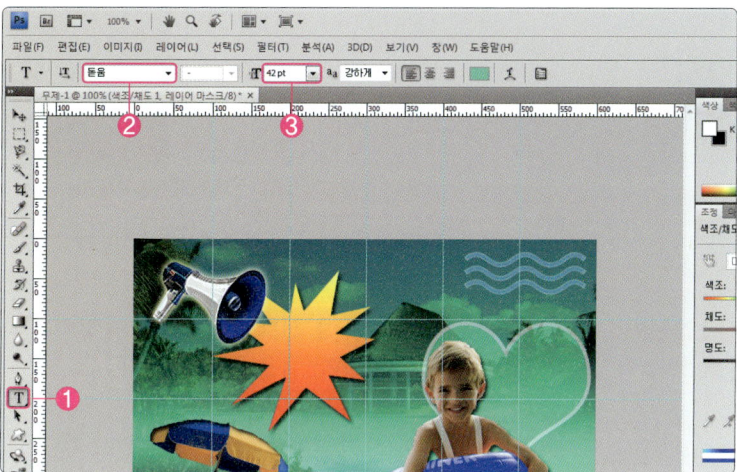

02 텍스트를 삽입할 위치를 클릭한 후 '어린이'를 입력한 다음 Enter 를 눌러 강제개행하고 '물놀이 체험 축제'를 입력한 후 Ctrl + Enter 를 누릅니다.

03 텍스트 색상을 지정하기 위해 옵션 바에서 [텍스트 색상 설정(Set the text color)]을 클릭합니다.

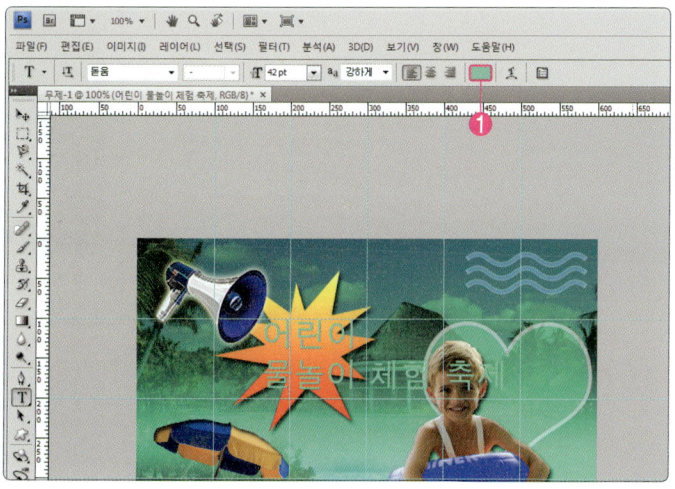

Chapter04 · [실무응용] 포스터 제작 **133**

04 [텍스트 색상 선택(Select text color)] 대화상자가 나타나면 색상(ff6666)을 입력한 후 [확인(OK)] 단추를 클릭합니다.

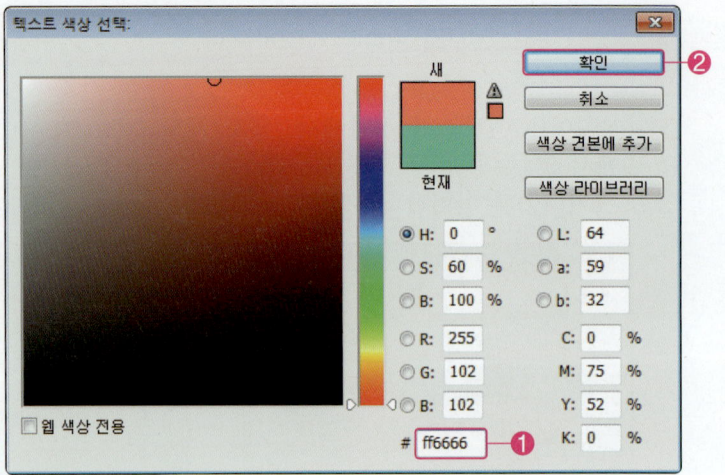

05 '물놀이 체험 축제'를 드래그하여 선택 영역으로 지정한 후 옵션 바에서 글자 크기(28)를 입력한 다음 [텍스트 색상 설정(Set the text color)]을 클릭합니다.

06 [텍스트 색상 선택(Select text color)] 대화상자가 나타나면 색상(009999)을 입력한 후 [확인(OK)] 단추를 클릭합니다.

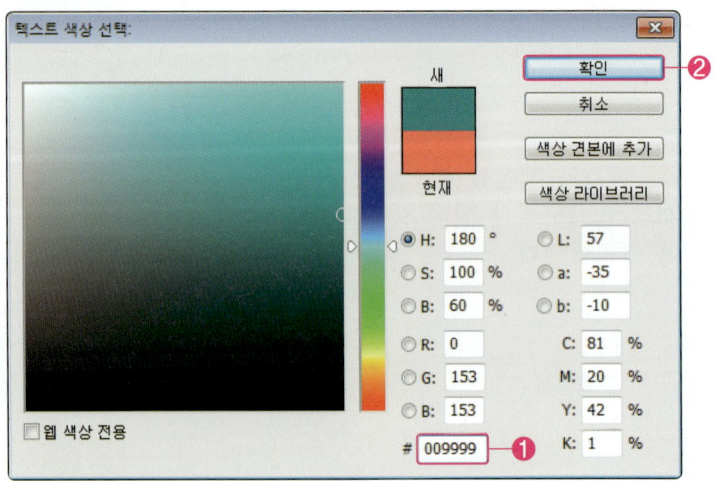

134 PhotoShop CS2 핵심요약

07 글꼴 속성이 완료되면 Ctrl+Enter를 누릅니다.

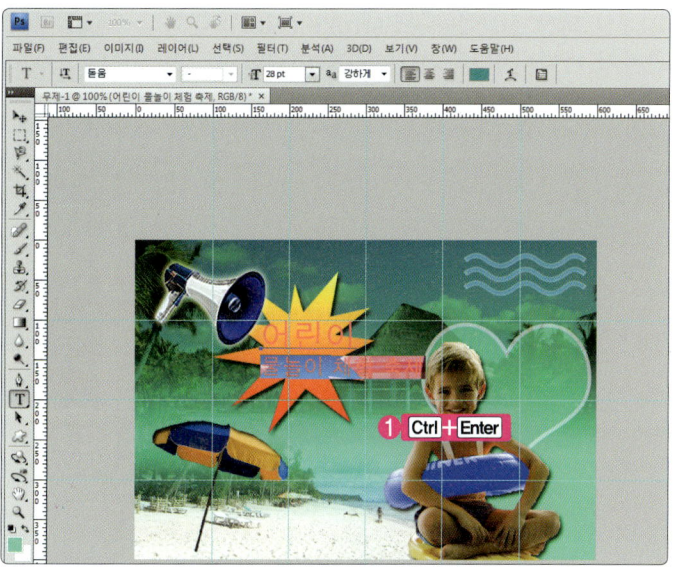

08 [레이어(LAYERS)] 패널에서 fx.[레이어 스타일 추가(Add a layer style)]-[그림자(Drop Shadow)]를 클릭한 후 [레이어 스타일(Layer Style)] 대화상자의 [그림자 효과(Drop Shadow)] 탭이 나타나면 속성을 지정한 다음 [선(Stroke)]을 클릭합니다.

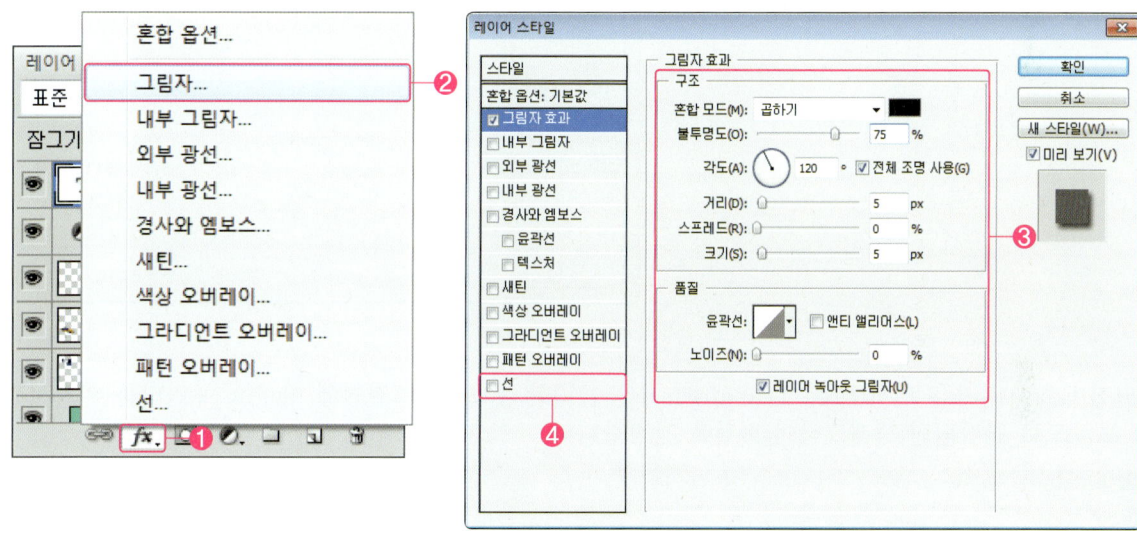

09 [레이어 스타일(Layer Style)] 대화상자의 [선(Stroke)] 탭이 나타나면 크기(3)를 입력한 후 [색상(Color)]을 클릭합니다.

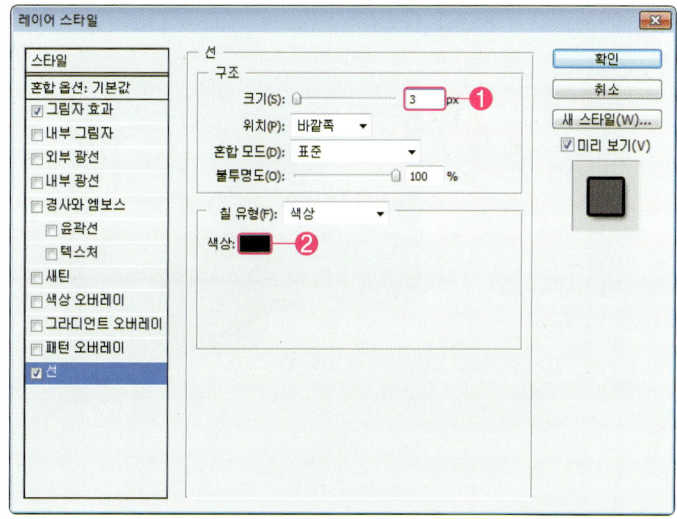

10 [선 색상 선택(Select stroke color)] 대화상자가 나타나면 색상(ffffff)을 입력한 후 [확인(OK)] 단추를 클릭합니다.

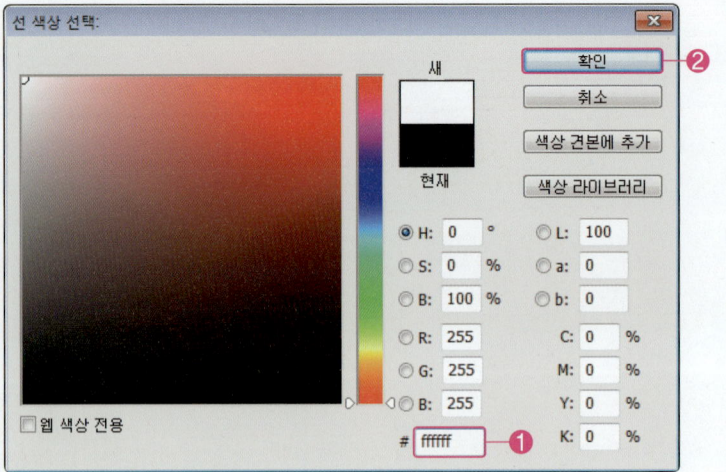

11 [레이어 스타일(Layer Style)] 대화상자의 [선(Stroke)] 탭이 다시 나타나면 [확인(OK)] 단추를 클릭합니다.

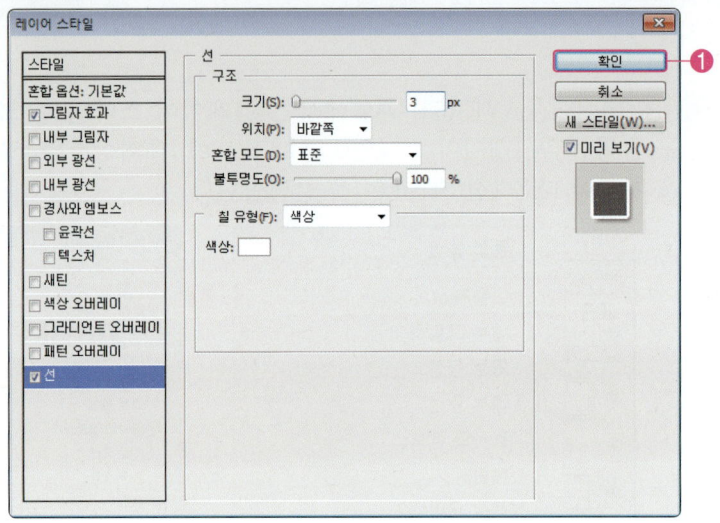

12 [편집(Edit)]-[자유 변형(Free Transform)]을 클릭한 후 크기 조절점에 마우스 포인터를 위치시킨 다음 ↷ 모양으로 변경되면 드래그하여 회전을 지정합니다.

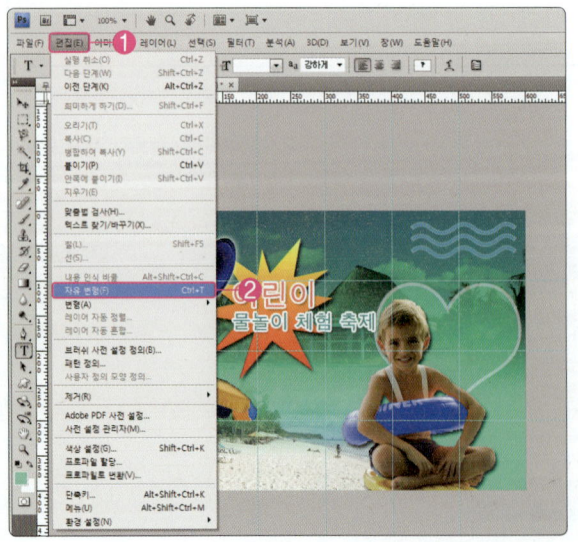 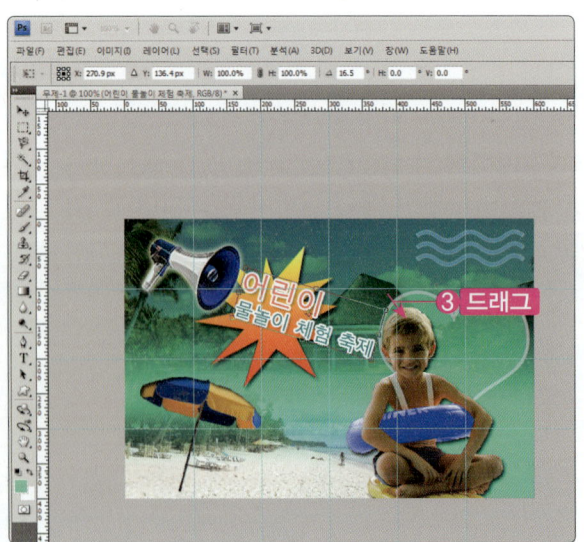

STEP 11 ②번 텍스트 작성하기

01 텍스트를 삽입할 위치를 클릭한 후 'Water Park'를 입력한 다음 Ctrl+Enter를 누릅니다.

02 옵션 바에서 글꼴(Arial)과 스타일(Regular)을 선택한 후 글자 크기(28)를 입력한 다음 [텍스트 색상 설정(Set the text color)]을 클릭합니다.

03 [텍스트 색상 선택(Select text color)] 대화상자가 나타나면 색상(ffff99)을 입력한 후 [확인(OK)] 단추를 클릭합니다.

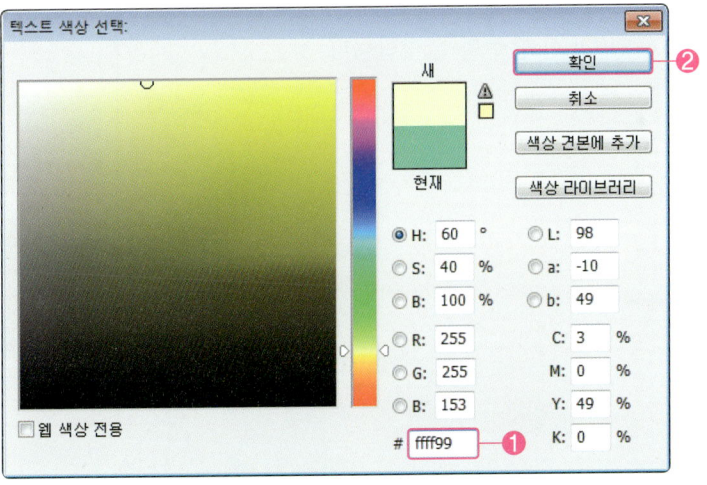

04 [레이어(LAYERS)] 패널에서 ![fx].[레이어 스타일 추가(Add a layer style)]-[그림자(Drop Shadow)]를 클릭한 후 [레이어 스타일(Layer Style)] 대화상자의 [그림자 효과(Drop Shadow)] 탭이 나타나면 속성을 지정한 다음 [선(Stroke)]을 클릭합니다.

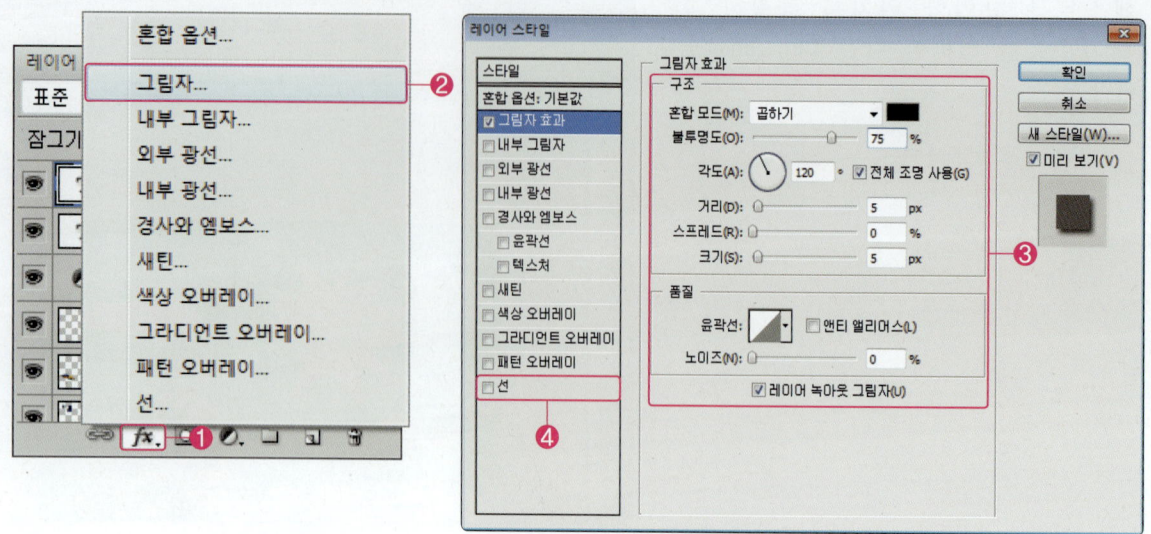

05 [레이어 스타일(Layer Style)] 대화상자의 [선(Stroke)] 탭이 나타나면 크기(3)를 입력한 후 [색상(Color)]을 클릭합니다.

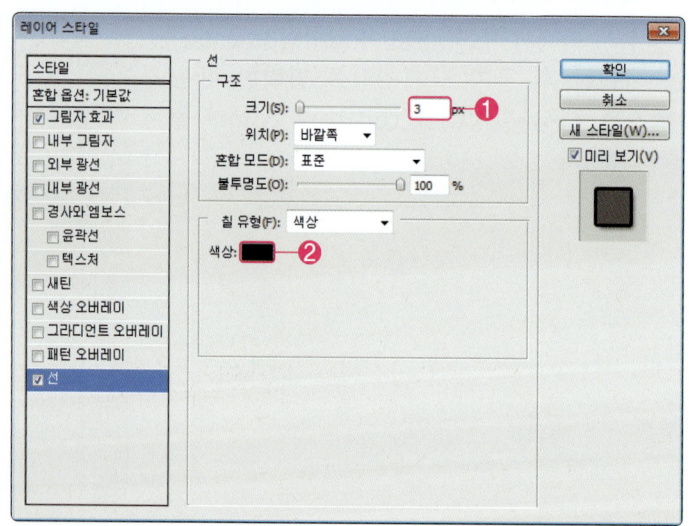

06 [선 색상 선택(Select stroke color)] 대화상자가 나타나면 색상(cc6699)을 입력한 후 [확인(OK)] 단추를 클릭합니다.

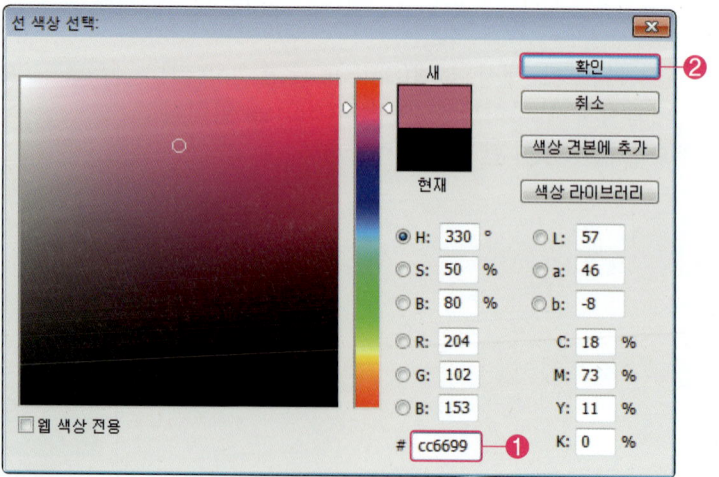

07 [레이어 스타일(Layer Style)] 대화상자의 [선(Stroke)] 탭이 다시 나타나면 [확인(OK)] 단추를 클릭합니다.

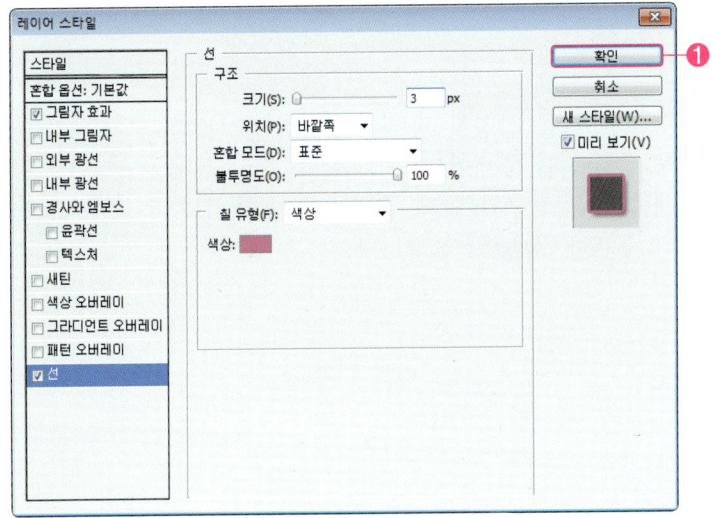

08 [편집(Edit)]-[자유 변형(Free Transform)]을 클릭한 후 크기 조절점에 마우스 포인터를 위치시킨 다음 ↻ 모양으로 변경되면 드래그하여 회전을 지정합니다.

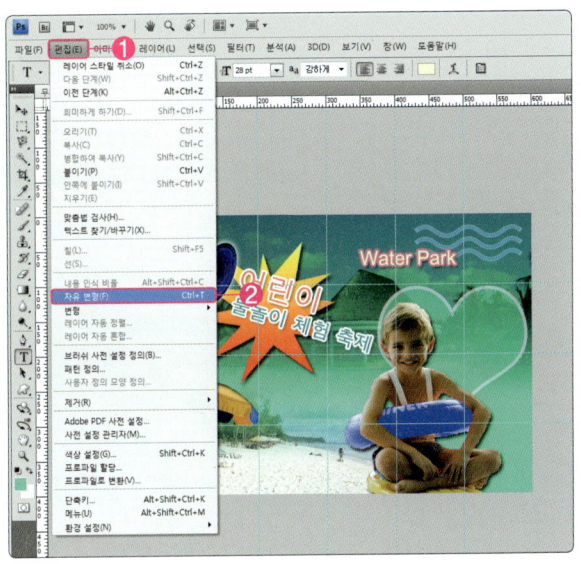 

STEP 12 ③번 텍스트 작성하기

01 텍스트를 삽입할 위치를 클릭한 후 '즐거운 물놀이'를 입력한 다음 Enter 를 눌러 강제 개행하고 '친구와 함께 즐겨봐요~!'를 입력한 후 Ctrl+Enter 를 누릅니다.

02 옵션 바에서 글꼴(궁서)을 선택한 후 글자 크기(14)를 입력한 다음 [텍스트 변형(Create warp text)]을 클릭합니다.

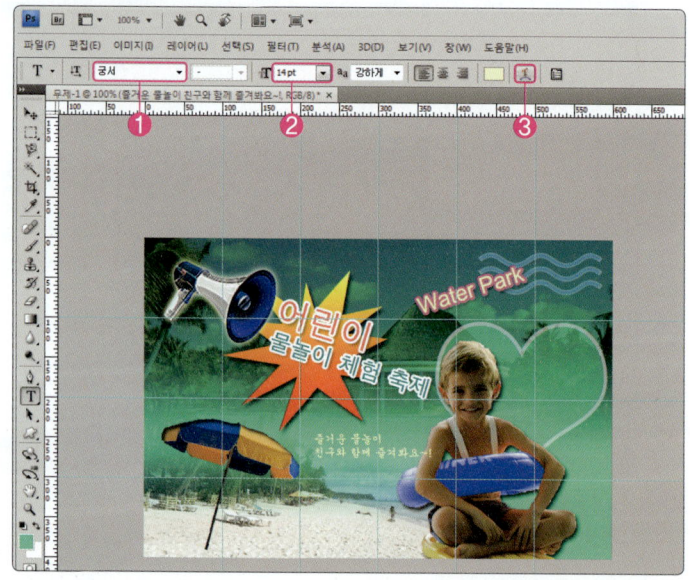

03 [텍스트 변형(Warp Text)] 대화상자가 나타나면 스타일(깃발)을 선택한 후 구부리기(Bend)를 조절한 다음 [확인(OK)] 단추를 클릭합니다.

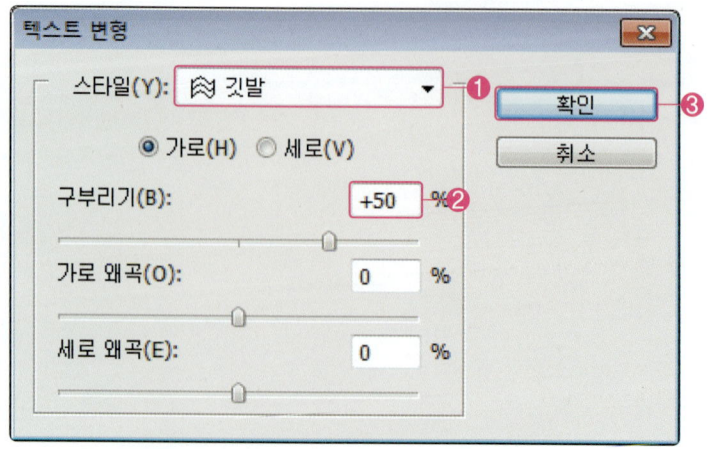

04 [레이어(LAYERS)] 패널에서 [레이어 스타일 추가(Add a layer style)]-[그라디언트 오버레이(Gradient Overlay)]를 클릭한 후 [레이어 스타일(Layer Style)] 대화상자의 [그라디언트 오버레이(Gradient Overlay)] 탭이 나타나면 [그라디언트 편집(Click to edit the gradient)]을 클릭합니다.

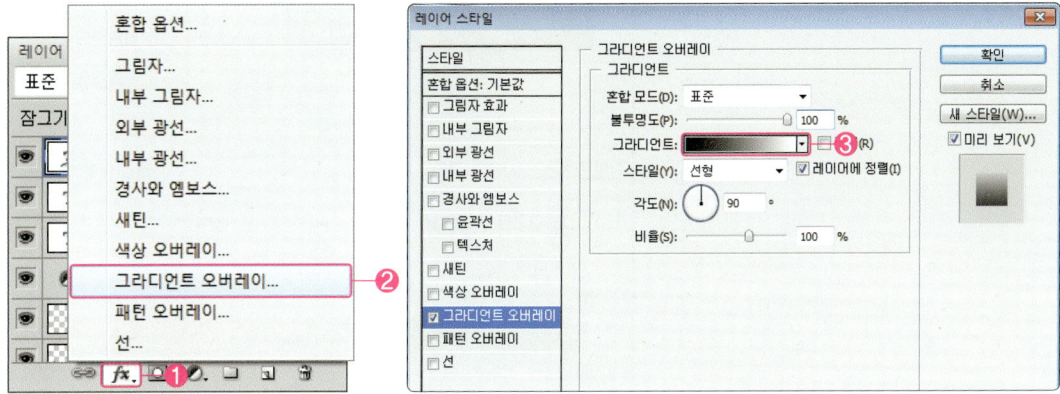

05 [그라디언트 편집기(Gradient Editor)] 대화상자가 나타나면 왼쪽 색상 정지점(Color Stop)을 더블클릭한 후 [정지 색상 선택(Select stop color)] 대화상자가 나타나면 색상(999900)을 입력한 다음 [확인(OK)] 단추를 클릭합니다.

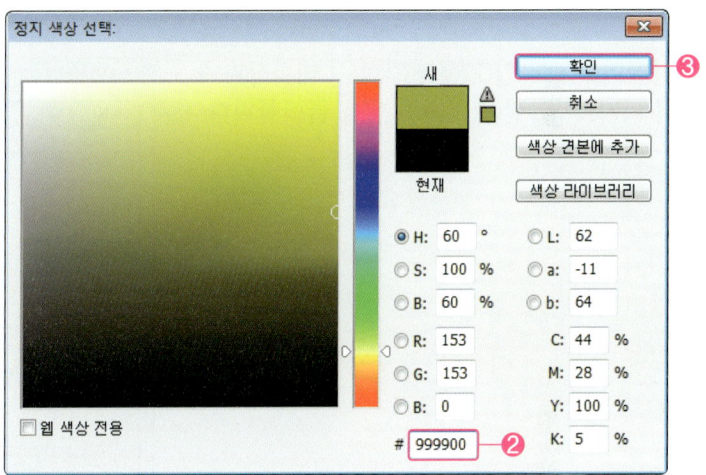

06 [그라디언트 편집기(Gradient Editor)] 대화상자가 나타나면 오른쪽 색상 정지점(Color Stop)을 더블클릭한 후 [정지 색상 선택(Select stop color)] 대화상자가 나타나면 색상(ff0000)을 입력한 다음 [확인(OK)] 단추를 클릭합니다.

07 [그라디언트 편집기(Gradient Editor)] 대화상자가 다시 나타나면 [확인(OK)] 단추를 클릭합니다.

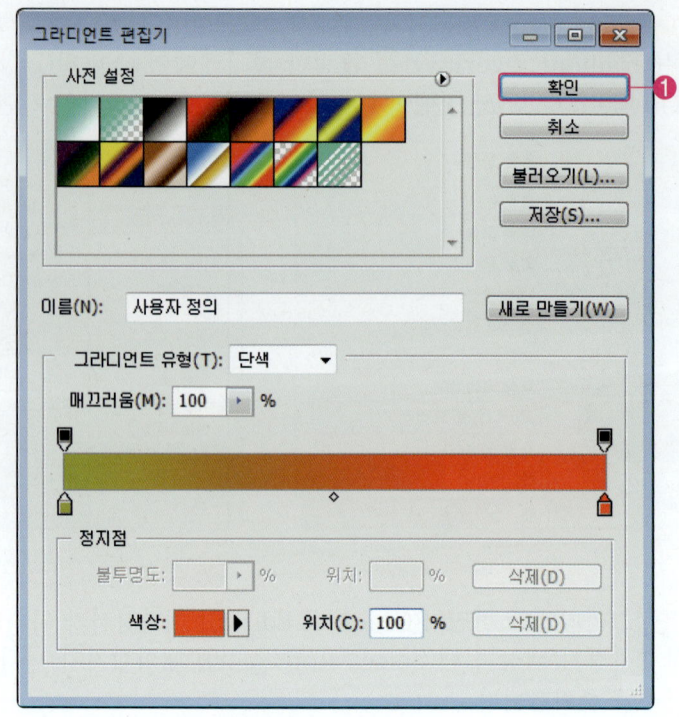

08 [레이어 스타일(Layer Style)] 대화상자가 다시 나타나면 [선(Stroke)] 탭을 클릭합니다.

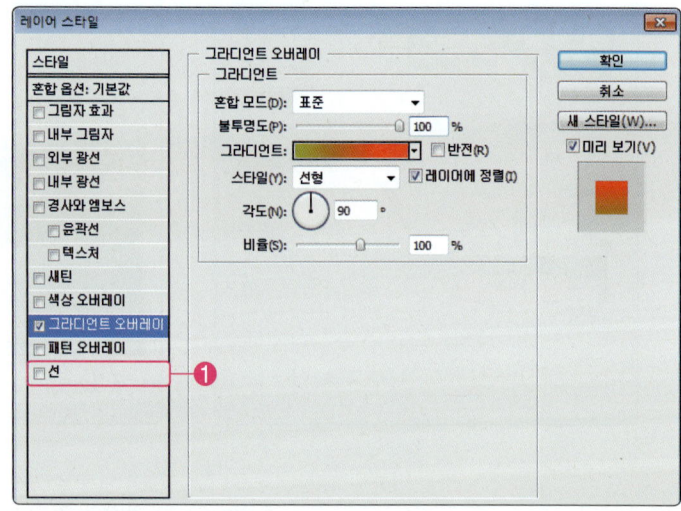

09 [레이어 스타일(Layer Style)] 대화상자의 [선(Stroke)] 탭이 나타나면 크기(2)를 입력한 후 [색상(Color)]을 클릭합니다.

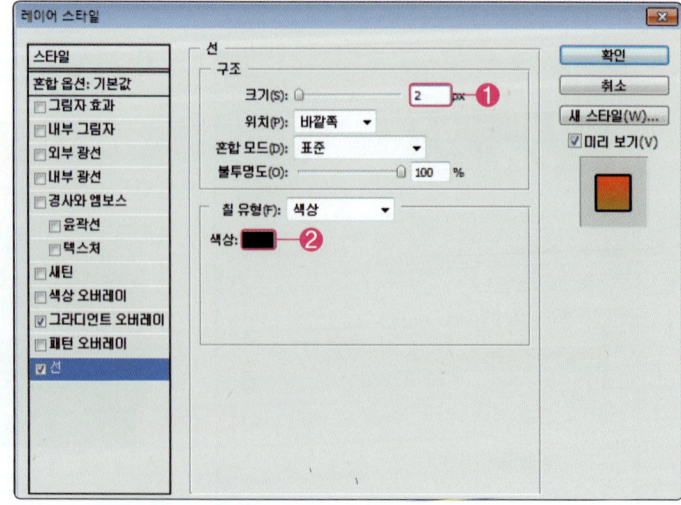

10 [선 색상 선택(Select stroke color)] 대화상자가 나타나면 색상(ffffff)을 입력한 후 [확인(OK)] 단추를 클릭합니다.

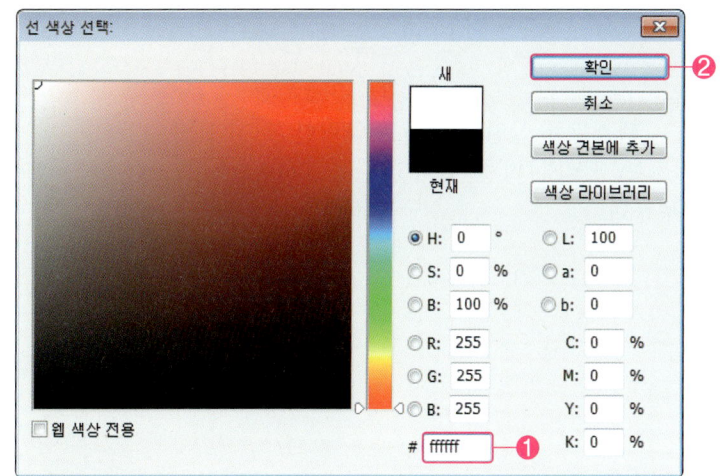

11 [레이어 스타일(Layer Style)] 대화상자가 다시 나타나면 [확인(OK)] 단추를 클릭합니다.

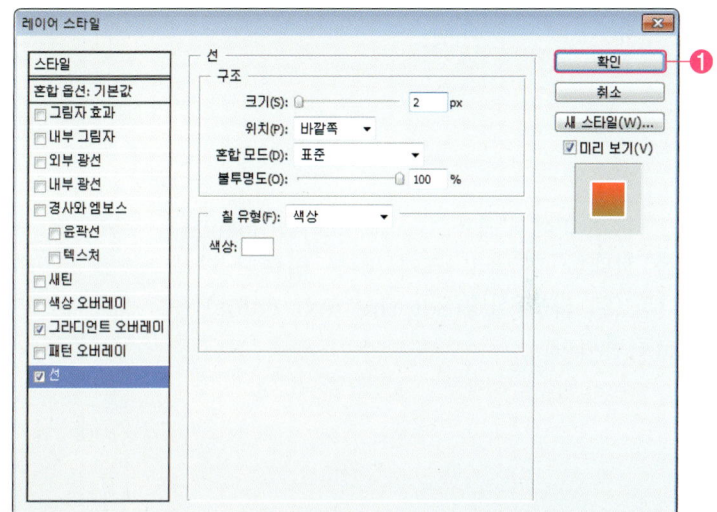

12 다음과 같이 텍스트 변형(Warp Text) 및 레이어 스타일이 지정됩니다.

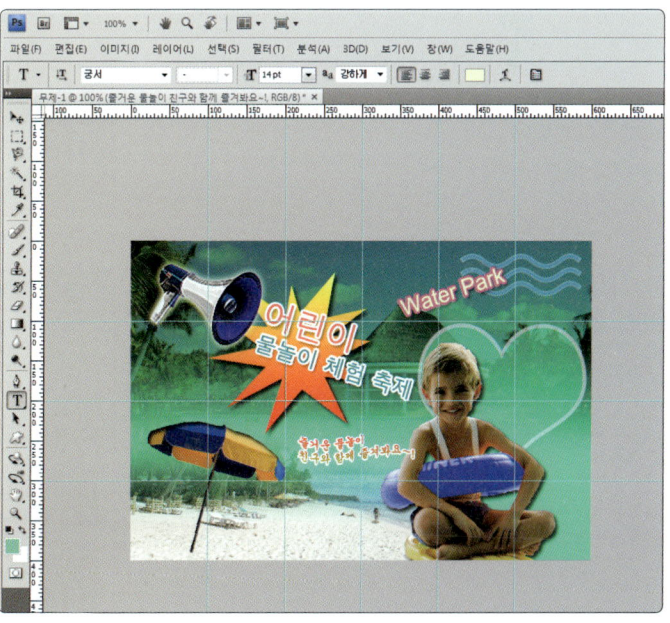

STEP 13 ④번 텍스트 작성하기

01 텍스트를 삽입할 위치를 클릭한 후 '[KIDS PLAY EVENT]'를 입력한 다음 Ctrl+Enter를 누릅니다.

02 옵션 바에서 글꼴(Arial)과 스타일(Regular)을 선택한 후 글자 크기(16)를 입력한 다음 [텍스트 색상 설정(Set the text color)]을 클릭합니다.

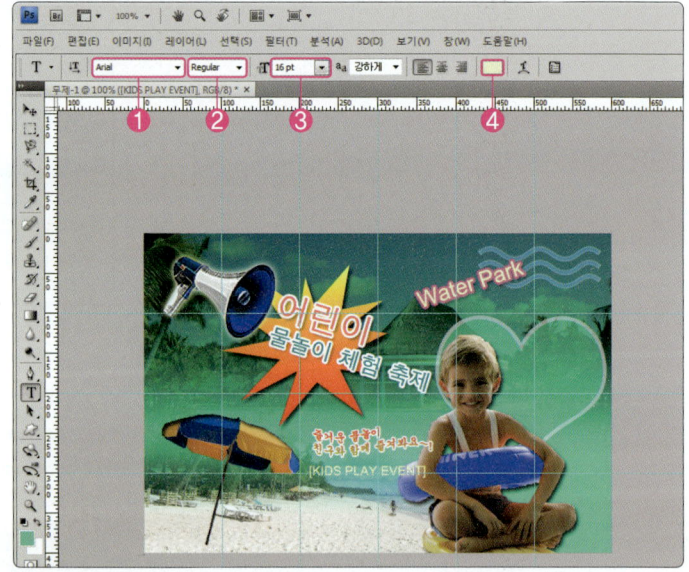

03 [텍스트 색상 선택(Select text color)] 대화상자가 나타나면 색상(cc6600)을 입력한 후 [확인(OK)] 단추를 클릭합니다.

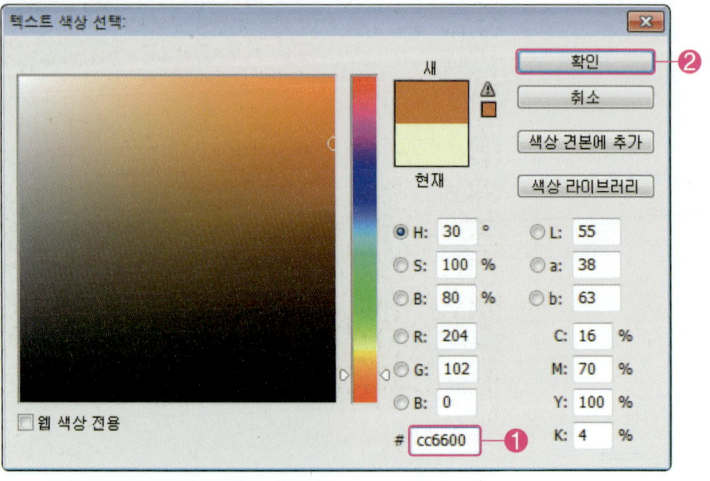

04 [레이어(LAYERS)] 패널에서 [레이어 스타일 추가(Add a layer style)]-[그림자(Drop Shadow)]를 클릭한 후 [레이어 스타일(Layer Style)] 대화상자의 [그림자 효과(Drop Shadow)] 탭이 나타나면 속성을 지정한 다음 [선(Stroke)] 탭을 클릭합니다.

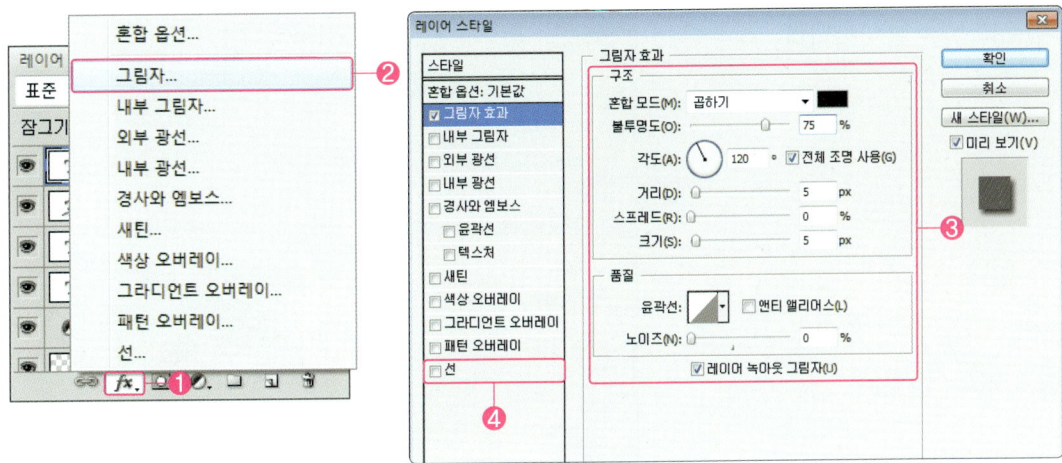

05 [레이어 스타일(Layer Style)] 대화상자의 [선(Stroke)] 탭이 나타나면 크기(2)를 입력한 후 [색상(Color)]을 클릭합니다.

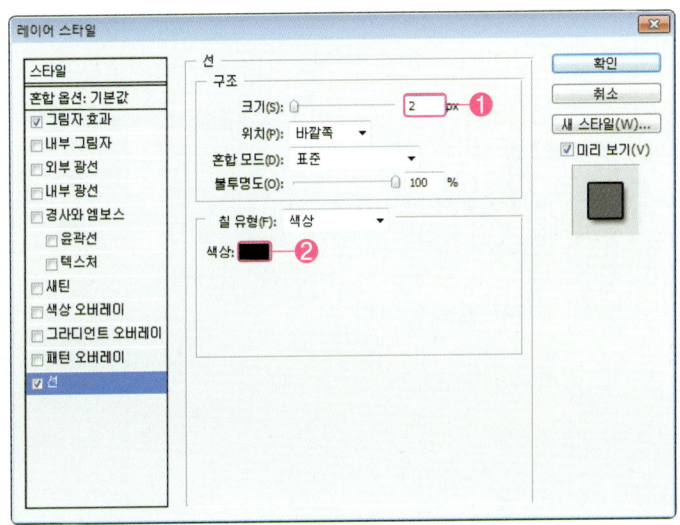

06 [선 색상 선택(Select stroke color)] 대화상자가 나타나면 색상(ffff00)을 입력한 후 [확인(OK)] 단추를 클릭합니다.

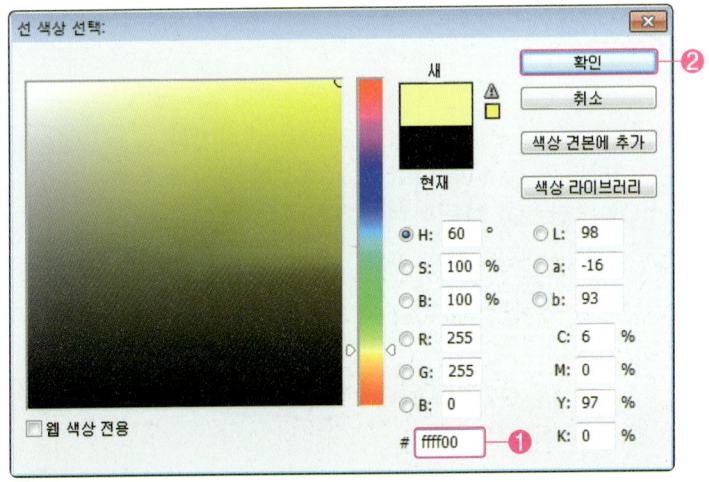

07 [레이어 스타일(Layer Style)] 대화상자가 다시 나타나면 [확인(OK)] 단추를 클릭합니다.

STEP 14 답안 저장 및 전송하기

01 작성한 답안을 저장하기 위해 [파일(File)]-[저장(Save)]을 클릭합니다.

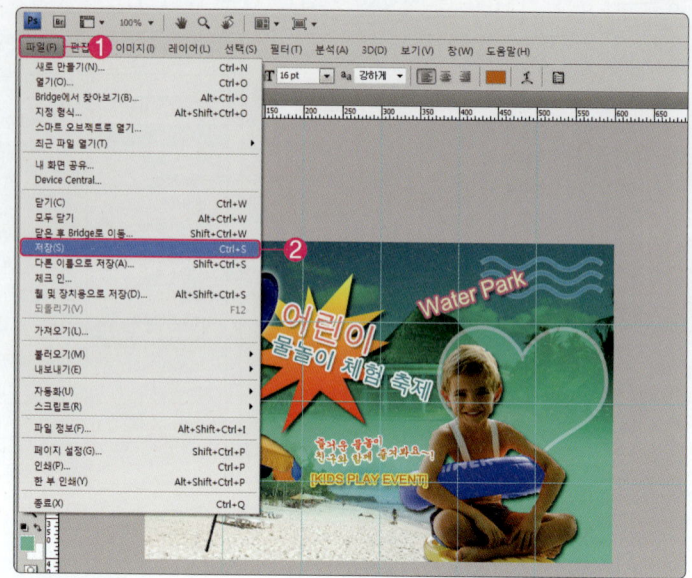

02 [다른 이름으로 저장(Save As)] 대화상자가 나타나면 저장 위치(라이브러리₩문서₩GTQ)를 지정한 후 파일 이름(수험번호-성명-문제번호)을 입력한 다음 형식(JPEG (*.JPG;*.JPEG;*.JPE))을 선택하고 [저장] 단추를 클릭합니다.

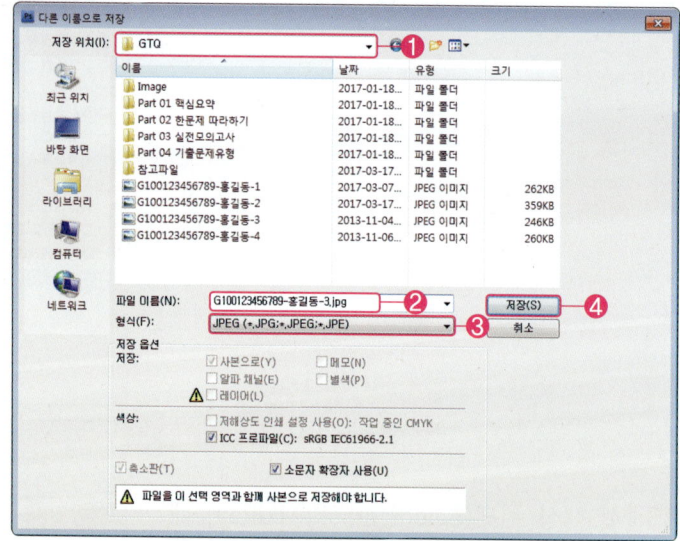

03 [JPEG 옵션(JPEG Options)] 대화상자가 나타나면 품질(Quality)을 지정한 후 [확인(OK)] 단추를 클릭합니다.

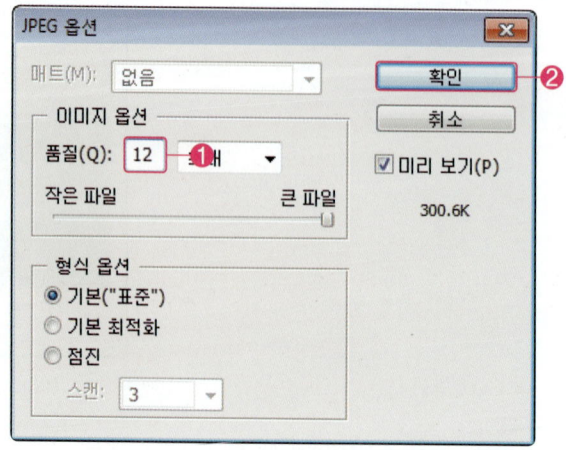

04 PSD 파일로 저장하기 위해 [이미지(Image)]-[이미지 크기(Image Size)]를 클릭합니다.

05 [이미지 크기(Image Size)] 대화상자가 나타나면 폭(Width)에 '60'을 입력한 후 [확인(OK)] 단추를 클릭합니다.

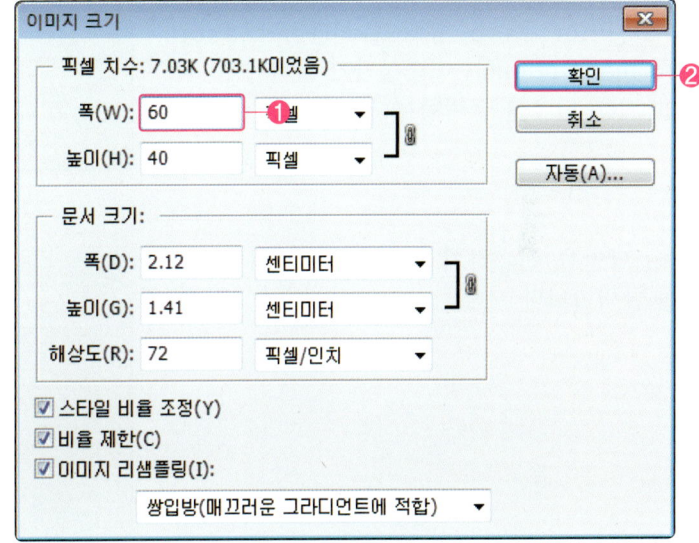

> **Tip**
> [비율 제한]이 선택되어 있는 경우 폭(Width)을 입력하면 높이(Height)는 비율에 맞게 자동으로 변경됩니다.

06 이미지 크기가 변경되면 [파일(File)]-[저장(Save)]을 클릭합니다.

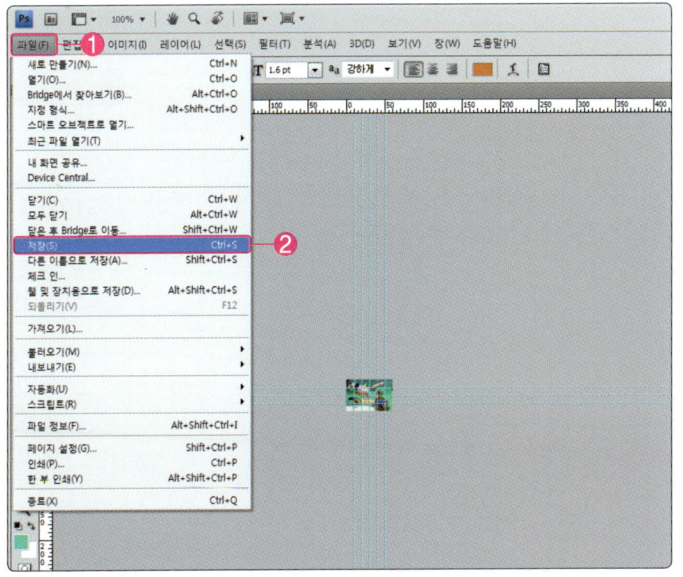

Chapter04 · [실무응용] 포스터 제작 **147**

07 [다른 이름으로 저장(Save As)] 대화상자가 나타나면 저장 위치(라이브러리\문서\GTQ)를 지정한 후 파일 이름(수험번호-성명-문제번호)을 입력한 다음 형식(Photoshop (*.PSD;*.PDD))을 선택하고 [저장] 단추를 클릭합니다.

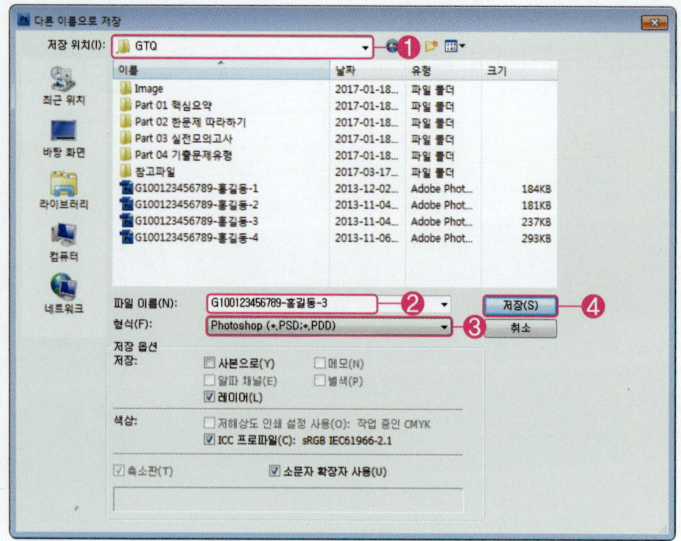

08 [Photoshop 형식 옵션(Photoshop Format Options)] 대화상자가 나타나면 [확인(OK)] 단추를 클릭합니다.

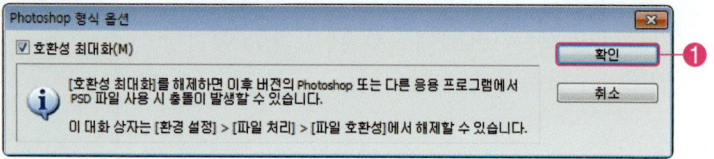

09 답안을 전송하기 위해 [최소화] 단추를 클릭합니다.

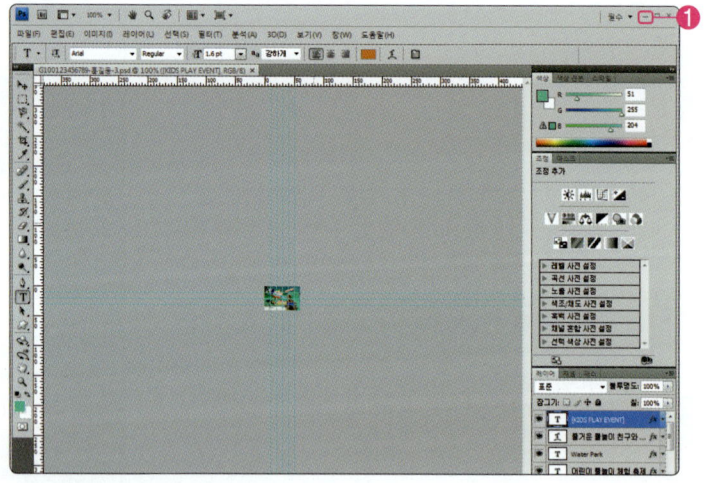

10 KOAS 수험자용 프로그램을 선택한 후 [답안 전송] 단추를 클릭합니다.

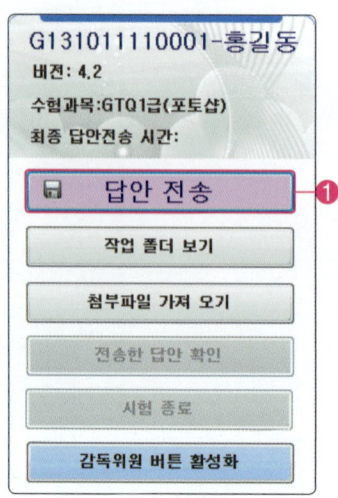

11 [MessageBox] 대화상자가 나타나면 [예] 단추를 클릭합니다.

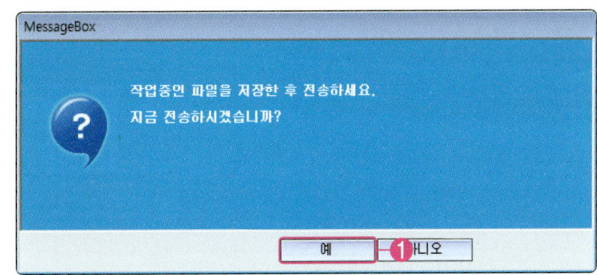

12 [고사실 PC로 답안 파일 보내기] 대화상자가 나타나면 전송할 파일을 선택한 후 [답안전송] 단추를 클릭합니다.

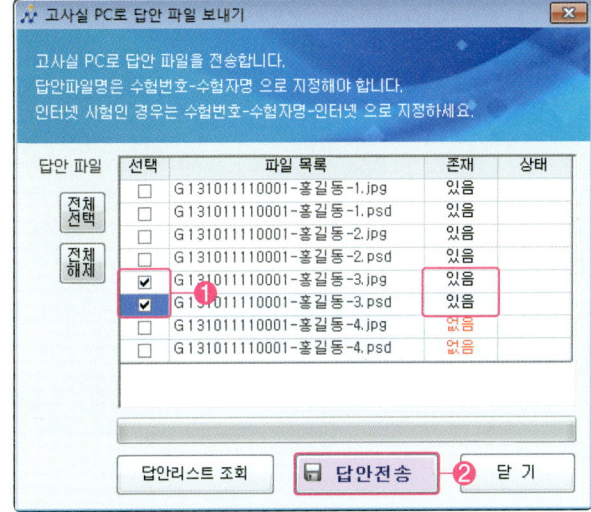

Tip
전송하고자 하는 파일의 존재 여부가 '없음'으로 표시되면 파일명 및 저장 위치를 확인합니다.

13 [MessageBox] 대화상자가 나타나면 [확인] 단추를 클릭합니다.

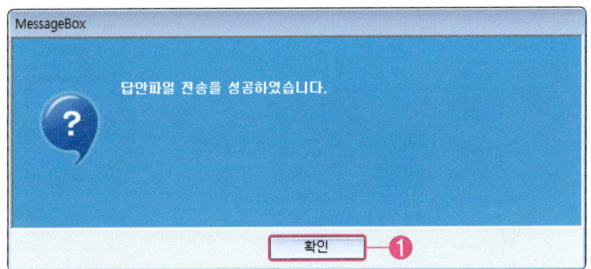

14 [고사실 PC로 답안 파일 보내기] 대화상자가 다시 나타나면 [닫기] 단추를 클릭합니다.

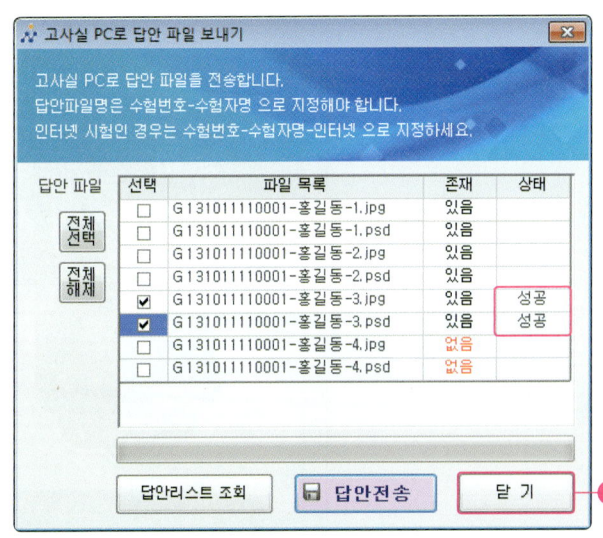

Tip
전송한 파일의 상태 여부가 '성공'으로 표시되는지 확인합니다.

문제유형 01 [실무응용] 포스터 제작 [25점]

다음의 ≪조건≫에 따라 아래의 ≪출력형태≫와 같이 작업하시오.

≪조건≫

원본 이미지			내문서₩GTQ₩Image₩1급-7.jpg, 1급-8.jpg, 1급-9.jpg, 1급-10.jpg, 1급-11.jpg
파일 저장 규칙	JPG	파일명	내문서₩GTQ₩수험번호-성명-3.jpg
		크기	600 × 400 pixels
	PSD	파일명	내문서₩GTQ₩수험번호-성명-3.psd
		크기	60 × 40 pixels

1. 그림 효과
   ① 1급-7.jpg : 필터 - Texturizer(텍스처화)
   ② 1급-8.jpg : 필터 - Sponge(스폰지 효과), 레이어 마스크 - 가로 방향으로 흐릿하게
   ③ 1급-9.jpg : 레이어 마스크 - 세로 방향으로 흐릿하게
   ④ 1급-10.jpg : 레이어 스타일 - Outer Glow(내부 광선)
   ⑤ Mask(마스크) : 꽃 모양, 1급-11.jpg를 사용하여 작성
   ⑥ 그 외 ≪출력형태≫ 참조

2. 문자 효과
   ① 과메기 대축제 (바탕, 72pt, #0099ff, 레이어 스타일 - Stroke(선/획)(3px, #ffffff))
   ② 장소 : 울산공설운동장 / 행사일 : 2019년 11월 22일 / 주최 : 울산광역시 (돋움, 16pt, #ffffff)

≪출력형태≫

문제유형 02 [실무응용] 포스터 제작 [25점]

다음의 ≪조건≫에 따라 아래의 ≪출력형태≫와 같이 작업하시오.

≪조건≫

원본 이미지		내문서₩GTQ₩Image₩1급-7.jpg, 1급-8.jpg, 1급-9.jpg, 1급-10.jpg, 1급-11.jpg
파일 저장 규칙	JPG 파일명	내문서₩GTQ₩수험번호-성명-3.jpg
	크기	600 × 400 pixels
	PSD 파일명	내문서₩GTQ₩수험번호-성명-3.psd
	크기	60 × 40 pixels

1. 그림 효과
    ① 배경 : 그라디언트(#ffffff, #ff9966)
    ② 1급-7.jpg : Blending Mode(혼합 모드) - Luminosity(광도), Opacity(불투명도)(70%)
    ③ 1급-8.jpg : 레이어 마스크 - 세로 방향으로 흐릿하게
    ④ 1급-9.jpg : 필터 - Add Noise(노이즈 추가)
    ⑤ 1급-10.jpg : 색상 보정 - 파란색 계열로 보정, 레이어 스타일 - Drop Shadow(그림자 효과)
    ⑥ 1급-11.jpg : 레이어 스타일 - Outer Glow(내부 광선)
    ⑦ 그 외 ≪출력형태≫ 참조

2. 문자 효과
    ① 풍요로운 (돋움, 35pt, #000066, 레이어 스타일 - Stroke(선/획)(2px, 그라디언트(#ff6600, #ffff00, #ff6600))
    ② 과일의 계절 (바탕, 50pt, 레이어 스타일 - 그라디언트 오버레이(#ff0000, 006633), Stroke(선/획)(3px, #ffffff))
    ③ 과일 주스 / 과일 칵테일 / 과일 와인 (굴림, 17pt, #003300, 레이어 스타일 - Stroke(선/획)(2px, #ffffff))
    ④ 신선하고 달콤하게 제철과일을 즐기자! (돋움, 15pt, #ffffcc, 레이어 스타일 - Drop Shadow(그림자 효과))

≪출력형태≫

Shape Tool(모양 도구) 사용
#ffffff, 레이어 스타일 -
Stroke(선/획)(5px, 그라디언트(#ffffff, #ff6600))

Shape Tool(모양 도구) 사용
#ffff00, 레이어 스타일 -
Drop Shadow(그림자 효과)

Shape Tool(모양 도구) 사용
#993300, 레이어 스타일 -
Stroke(선/획)(5px, #ffcc66),
Opacity(불투명도)(60%)

Shape Tool(모양 도구) 사용
레이어 스타일 -
Inner Glow(내부 광선),
그라디언트 오버레이(#993333, #ff3300, #993333)

문제유형 03 [실무응용] 포스터 제작 [25점]

다음의 ≪조건≫에 따라 아래의 ≪출력형태≫와 같이 작업하시오.

≪조건≫

원본 이미지	내문서₩GTQ₩Image₩1급-7.jpg, 1급-8.jpg, 1급-9.jpg, 1급-10.jpg, 1급-11.jpg	
파일 저장 규칙	JPG	파일명: 내문서₩GTQ₩수험번호-성명-3.jpg
		크기: 600 × 400 pixels
	PSD	파일명: 내문서₩GTQ₩수험번호-성명-3.psd
		크기: 60 × 40 pixels

1. 그림 효과
   ① 배경 : 그라디언트(#ffcc00, #ffffff)
   ② 1급-7.jpg : 필터 - Texturize(텍스처화), Blending Mode(혼합 모드) - Lighten(밝게 하기)
   ③ 1급-8.jpg : 필터 - Dry Brush(드라이 브러쉬), 레이어 마스크 - 세로 방향으로 흐릿하게
   ④ 1급-9.jpg : 레이어 스타일 - Drop Shadow(그림자 효과), Opacity(불투명도)(80%)
   ⑤ 1급-10.jpg : 레이어 스타일 - Bevel and Emboss(경사와 엠보스)
   ⑥ 1급-11.jpg : 색상 보정 - 보라색 계열로 보정, 레이어 스타일 - Drop Shadow(그림자 효과)
   ⑦ 그 외 ≪출력형태≫ 참조

2. 문자 효과
   ① 제1회 청소년 미술작품 공모전 (돋움, 34pt, #ffffff, 레이어 스타일 - Stroke(선/획)(3px, #ffff00), Drop Shadow(그림자 효과))
   ② 청소년을 위한 즐거운 창작 경험! (바탕, 18pt, #000000, 레이어 스타일 - Drop Shadow(그림자 효과), Stroke(선/획)(2px, 그라디언트(#66cc00, #cc0066)))
   ③ Creative! (Arial, Regular, 18pt, #ff0066, 레이어 스타일 - Stroke(선/획)(2px, #99cc66))
   ④ 행사안내 (돋움, 16pt, #000000, 레이어 스타일 - Outer Glow(외부 광선)

≪출력형태≫

Shape Tool(모양 도구) 사용
#ffffff, 레이어 스타일 - Stroke(선/획)(3px, #ff3399),
Opacity(불투명도)(70%)

Shape Tool(모양 도구) 사용
#ff33cc, 레이어 스타일 -
Stroke(선/획)(3px, #ffffff)

Shape Tool(모양 도구) 사용
#ff3333, 레이어 스타일 -
Bevel and Emboss
(경사와 엠보스)

문제유형 04 [실무응용] 포스터 제작 [25점]

다음의 ≪조건≫에 따라 아래의 ≪출력형태≫와 같이 작업하시오.

≪조건≫

원본 이미지		내문서₩GTQ₩Image₩1급-7.jpg, 1급-8.jpg, 1급-9.jpg, 1급-10.jpg, 1급-11.jpg
파일 저장 규칙	JPG	파일명	내문서₩GTQ₩수험번호-성명-3.jpg
		크기	600 × 400 pixels
	PSD	파일명	내문서₩GTQ₩수험번호-성명-3.psd
		크기	60 × 40 pixels

1. 그림 효과
    ① 배경 : #000000
    ② 1급-7.jpg : 필터 - Lens Flare(렌즈 플레어)
    ③ 1급-8.jpg : Blending Mode(혼합 모드) - Linear Dodge(선형 닷지), 레이어 마스크 - 세로 방향으로 흐릿하게
    ④ 1급-9.jpg : 필터 - Rough Pastels(거친 파스텔 효과), Blending Mode(혼합 모드) - Screen(스크린)
    ⑤ 1급-10.jpg : 레이어 스타일 - Stroke(선/획)(2px, #ffffff), Inner Glow(내부 광선)
    ⑥ 1급-11.jpg : 색상 보정 - 녹색 계열로 보정, 레이어 스타일 - Outer Glow(외부 광선)
    ⑦ 그 외 ≪출력형태≫ 참조

2. 문자 효과
    ① 연꽃이 빛나는 밤에 (바탕, 40pt, #000000, 레이어 스타일 - Outer Glow(외부 광선))
    ② Concert (Arial, Bold, 35pt, 레이어 스타일 - 그라디언트 오버레이(#ffffff, #ff6600), Stroke(선/획)(2px, #ffffff))
    ③ 낭만과 음악의 향연 (바탕, 15pt, #ffffff, 레이어 스타일 - Outer Glow(외부 광선))
    ④ 토요일 늦은 7시 누각 음악당 (돋움, 14pt, #ffffff, 레이어 스타일 - Stroke(선/획)(2px, #006600))

≪출력형태≫

Chapter 05 [실무응용] 홈페이지 메뉴바 제작

[**문제4** • [실무응용] 홈페이지 메뉴바 제작

다음의 ≪조건≫에 따라 아래의 ≪출력형태≫와 같이 작업하시오.

≪조건≫

원본 이미지		내문서₩GTQ₩Image₩1급-12.jpg, 1급-13.jpg, 2급-14.jpg, 1급-15.jpg, 1급-16.jpg, 1급-17.jpg	
파일 저장 규칙	JPG	파일명	내문서₩GTQ₩수험번호-성명-4.jpg
		크기	600 × 400 pixels
	PSD	파일명	내문서₩GTQ₩수험번호-성명-4.psd
		크기	60 × 40 pixels

1. 그림 효과
   ① 배경 : 그라디언트(#ffcc66, #336633)
   ② 패턴(손바닥, 잎 모양) : #ffffff, #ff3300, Opacity(불투명도)(50%)
   ③ 1급-12.jpg : 레이어 마스크 - 가로 방향으로 흐릿하게
   ④ 1급-13.jpg, 1급-14.jpg : Blending Mode(혼합 모드) - 곱하기(Multiply)
   ⑤ 1급-15.jpg : 필터 - Angled Strokes(각진 선), 레이어 스타일 - Drop Shadow(그림자 효과)
   ⑥ 1급-16.jpg : 필터 - Film Grain(필름 그레인), 레이어 스타일 - Outer Glow(외부 광선)
   ⑦ 1급-17.jpg : 색상 보정 - 파란색 계열로 보정, 레이어 스타일 - Drop Shadow(그림자 효과)
   ⑧ 그 외 ≪출력형태≫ 참조

2. 문자 효과
   ① 카페스토리 / 이용방법 / 메뉴 / 오시는길 (굴림, 16pt, #ffffff, 레이어 스타일 - Drop Shadow(그림자 효과), Stroke(선/획)(2px, #666666))
   ② 카페에서 만드는 나만의 예술품 (궁서, 16pt, #cccc66, 레이어 스타일 - Drop Shadow(그림자 효과))
   ③ "카페공방" (바탕, 40pt, 25pt, #ffffff, 레이어 스타일 - Outer Glow(외부 광선))
   ④ HAND MADE CAFE (Arial, Regular, 26pt, #ffffff, 레이어 스타일 - Stroke(선/획)(2px, #0000ff)), Opacity(불투명도)(60%)

≪출력형태≫

Shape Tool(모양 도구) 사용
레이어 스타일 -
그라디언트 오버레이
(#ff3333, #ff99ff),
Inner Glow(내부 광선)

Pen Tool(펜 도구) 사용
#669900, #009999,
레이어 스타일 -
Drop Shadow(그림자 효과),
Opacity(불투명도)(60%)

Shape Tool(모양 도구) 사용
#cc6633, 레이어 스타일 -
Inner Shadow(내부 그림자)

Shape Tool(모양 도구) 사용
레이어 스타일 - 그라디언트 오버레이
(#cc0000, #0066cc),
Bevel and Emboss(경사와 엠보스)

STEP 01 　 이미지 창 생성 및 이미지 복사하기

01 [문제3]에서 작성한 파일을 닫은 후 [파일(File)]-[새로 만들기(New)]를 클릭합니다.

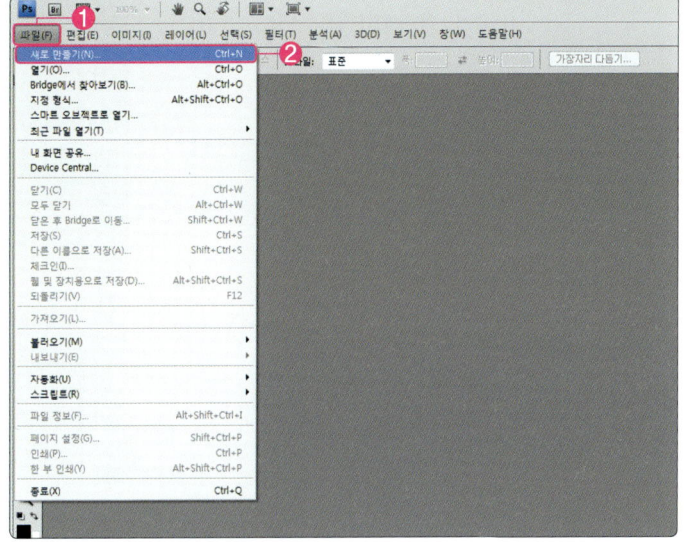

02 [새로 만들기(New)] 대화상자가 나타나면 폭(Width)과 높이(Height)를 입력한 후 해상도(Resolution)를 입력한 다음 [확인(OK)] 단추를 클릭합니다.

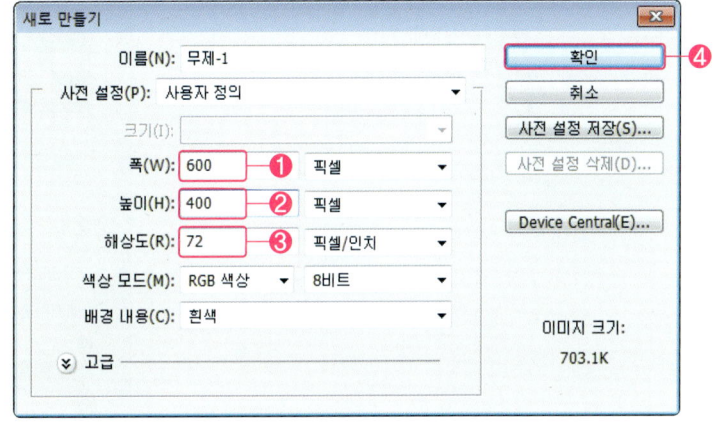

Tip
별도의 지시사항이 없을 경우 기본값을 사용
- 해상도(Resolution) : 72 픽셀/인치
- 색상 모드(Color Mode) : RGB 색상
- 배경 내용(Background Contents) : 흰색(White)

03 눈금자를 드래그하여 안내선(Guides)을 100 픽셀(pixels) 단위로 작성합니다.

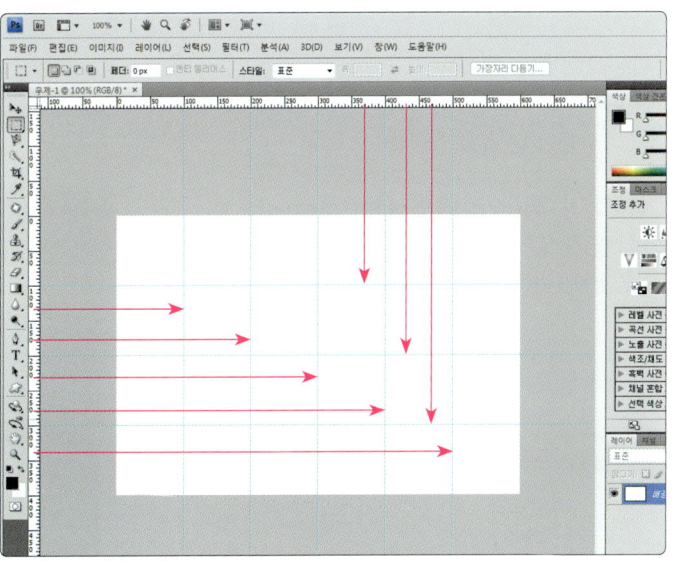

Tip
안내선(Guides)은 작업의 편의를 위한 일종의 기준선 또는 가이드를 말합니다. 만들어진 안내선은 Ctrl+;를 눌러 나타내거나 숨길 수 있습니다. 생성된 안내선을 마우스로 드래그하여 위치를 이동하거나 안내선을 삭제할 수 있습니다.

Chapter05 • [실무응용] 홈페이지 메뉴바 제작　**155**

04 배경을 지정하기 위해 도구 상자(Tool Box)에서 ■[그라디언트 도구(Gradient Tool)]를 선택한 후 옵션 바에서 ■[그라디언트 편집(Click to edit the Gradient)]을 클릭합니다.

05 [그라디언트 편집기(Gradient Editor)] 대화상자가 나타나면 왼쪽 색상 정지점(Color Stop)을 더블클릭합니다.

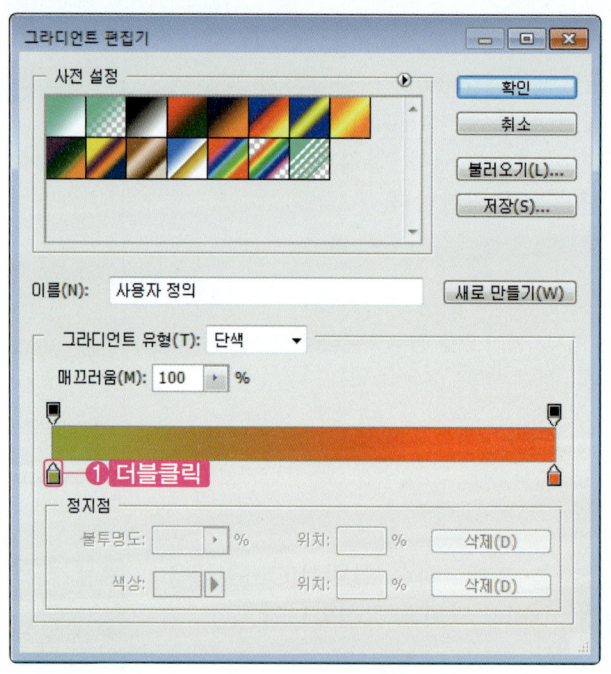

06 [정지 색상 선택(Select stop color)] 대화상자가 나타나면 색상(ffcc66)을 입력한 후 [확인(OK)] 단추를 클릭합니다.

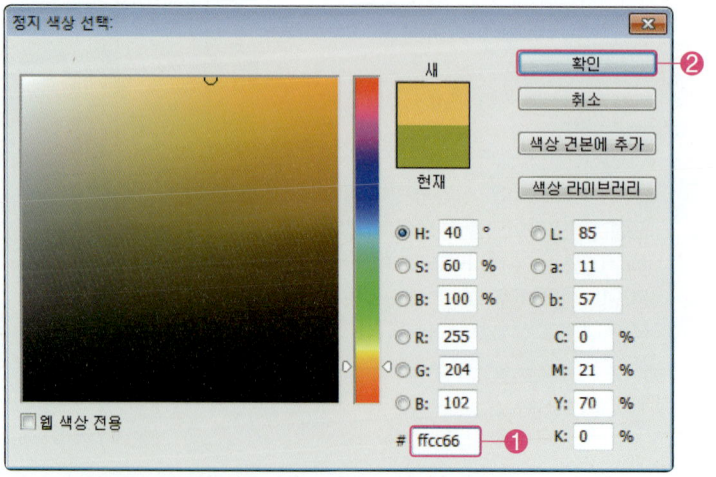

07 [그라디언트 편집기(Gradient Editor)] 대화상자가 다시 나타나면 오른쪽 색상 정지점(Color Stop)을 더블클릭합니다.

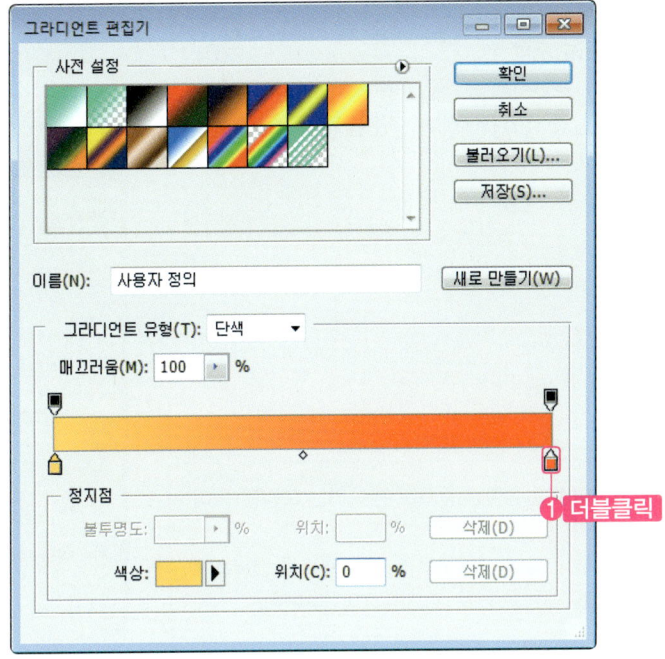

08 [정지 색상 선택(Select stop color)] 대화상자가 나타나면 색상(336633)을 입력한 후 [확인(OK)] 단추를 클릭합니다.

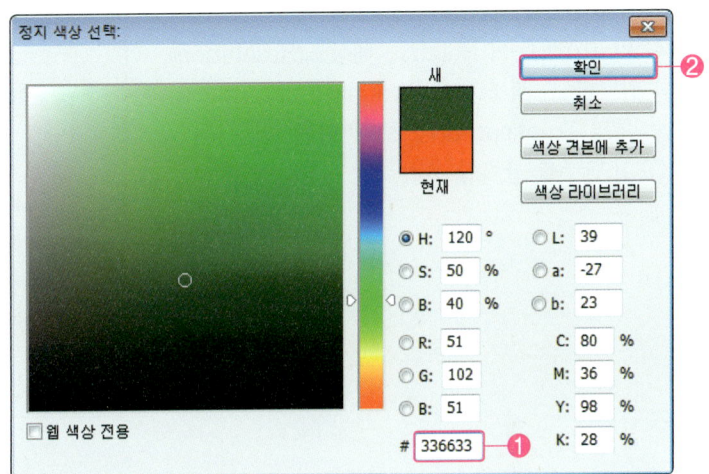

09 [그라디언트 편집기(Gradient Editor)] 대화상자가 다시 나타나면 [확인(OK)] 단추를 클릭한 후 드래그하여 배경을 작성합니다.

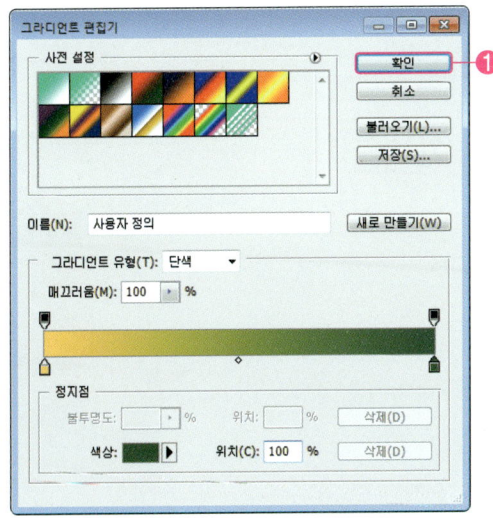
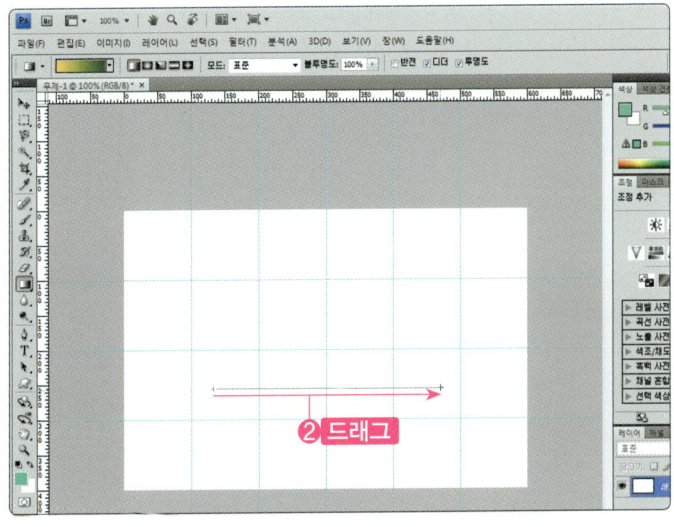

STEP 02 | 패턴 만들고 적용하기

01 [파일(File)]-[새로 만들기(New)]를 클릭합니다.

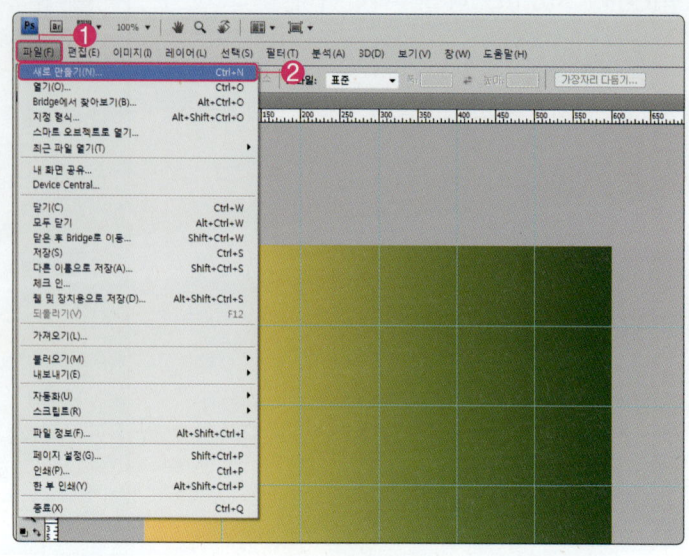

> **Tip**
> - 패턴이란 일정한 기준으로 반복되는 모양을 의미합니다.
> - 패턴을 만들어 사용하려면 먼저 새로운 캔버스에 사용할 패턴을 만든 후 저장해야 합니다.

02 [새로 만들기(New)] 대화상자가 나타나면 폭(Width)과 높이(Height), 해상도(Resolution)를 입력한 후 배경 내용(Background Contents)을 '투명(Transparent)'으로 선택한 다음 [확인(OK)] 단추를 클릭합니다.

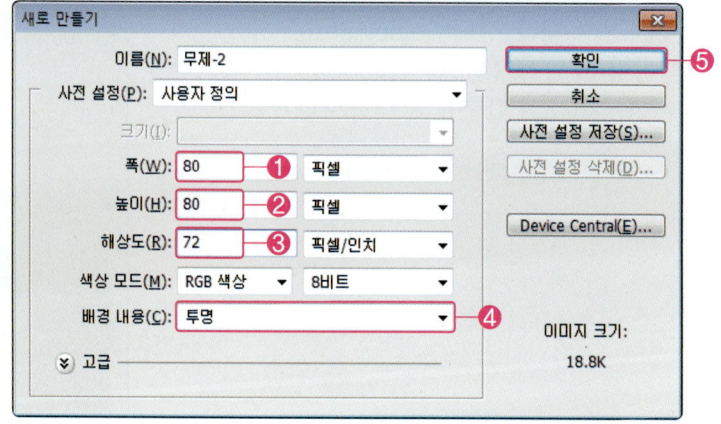

> **Tip**
> 패턴을 만들 캔버스의 크기는 문제에 제시되지 않으므로 ≪출력형태≫에 제시된 패턴의 반복 형태를 보고 그 크기를 가늠해야 합니다.

03 폭(Width)과 높이(Height)가 30픽셀이라 크기가 작습니다. Ctrl+0을 눌러 화면 배율을 화면 크기에 맞게 확대합니다.

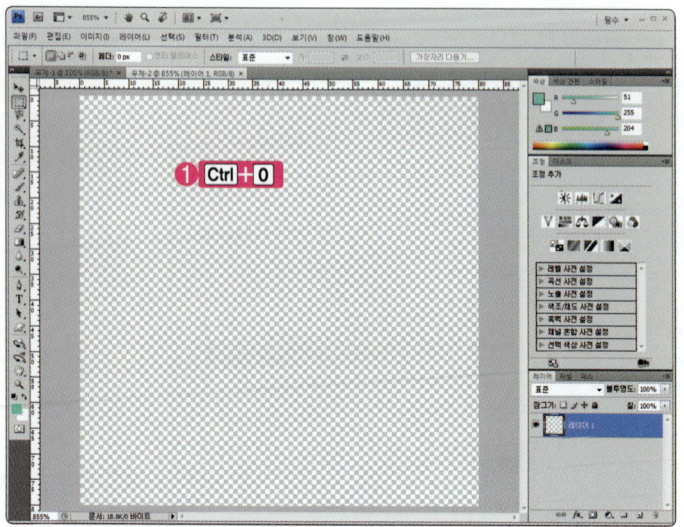

04 눈금자를 드래그하여 안내선(Guides)을 40 픽셀(Pixels) 단위로 작성합니다.

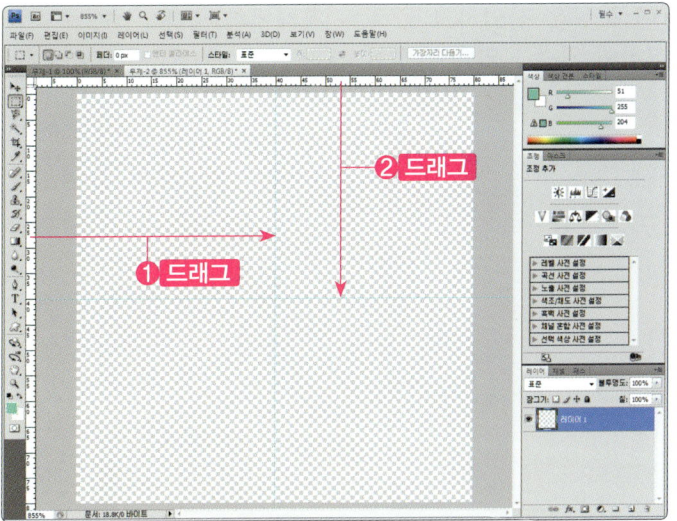

05 도구 상자(Tool Box)에서 [사용자 정의 모양 도구(Custom Shape Tool)]를 선택한 후 옵션 바에서 [사용자 정의 모양 피커(Click to open Custom Shape picker)]의 [목록] 단추를 클릭한 다음 [팝업 메뉴 단추]-[물건(Objects)] 메뉴를 클릭합니다.

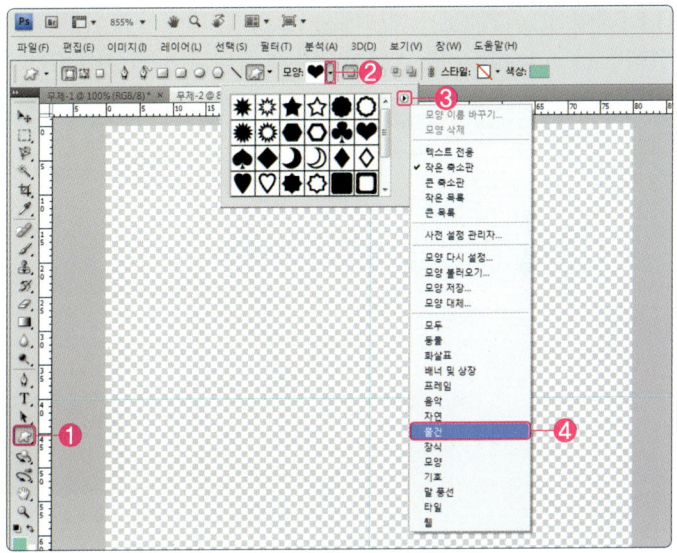

06 [현재 모양을 물건의 모양으로 대체하시겠습니까?]를 묻는 대화상자가 나타나면 [확인(OK)] 단추를 클릭합니다.

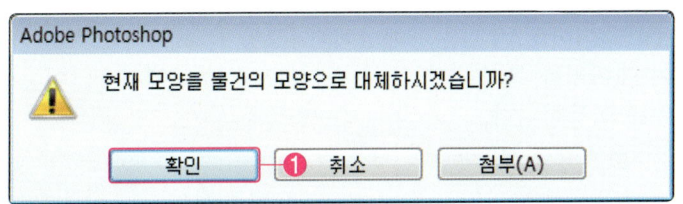

07 사용자 정의 모양이 물건(Objects) 목록으로 변경되면 [왼손(Left Hand)]을 클릭합니다.

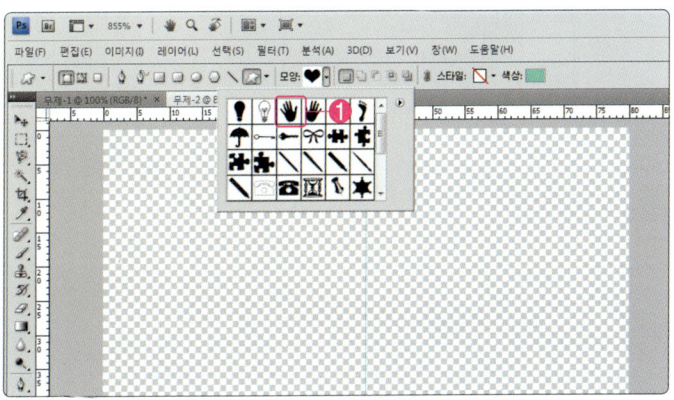

08 도형을 삽입하고자 하는 위치에서 드래그하여 왼손 모양을 작성합니다.

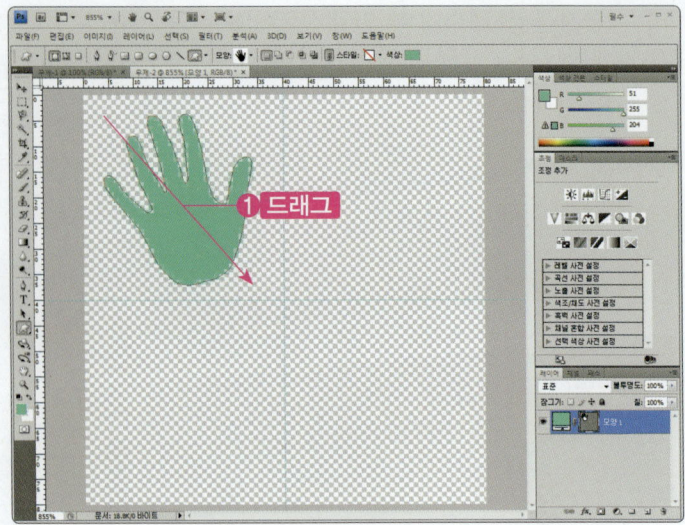

09 [레이어(LAYERS)] 패널에서 [모양 1] 레이어의 [레이어 축소판(Layer thumbnail)]을 더블클릭한 후 [단색 선택(Pick a solid color)] 대화상자가 나타나면 색상(ffffff)을 입력한 다음 [확인(OK)] 단추를 클릭합니다.

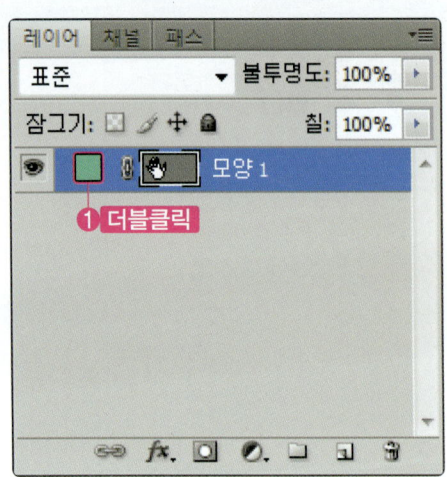 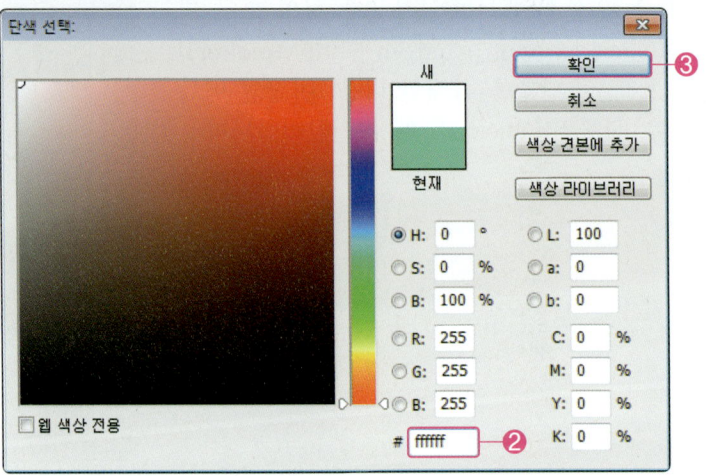

10 [레이어(LAYERS)] 패널에서 [모양 1] 레이어를 [새 레이어 추가(Create a new layer)]로 드래그하여 레이어를 복사한 후 도구 상자(Tool Box)에서 [이동 도구(Move Tool)]를 선택한 다음 드래그하여 위치를 이동합니다.

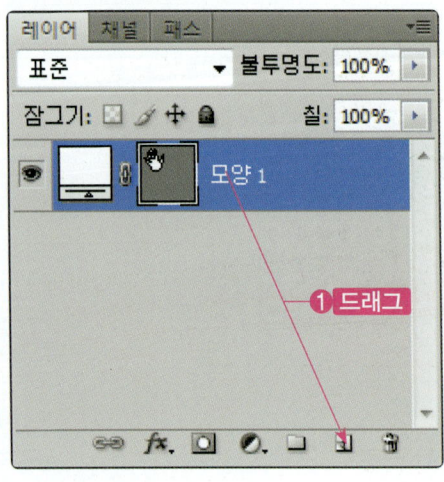 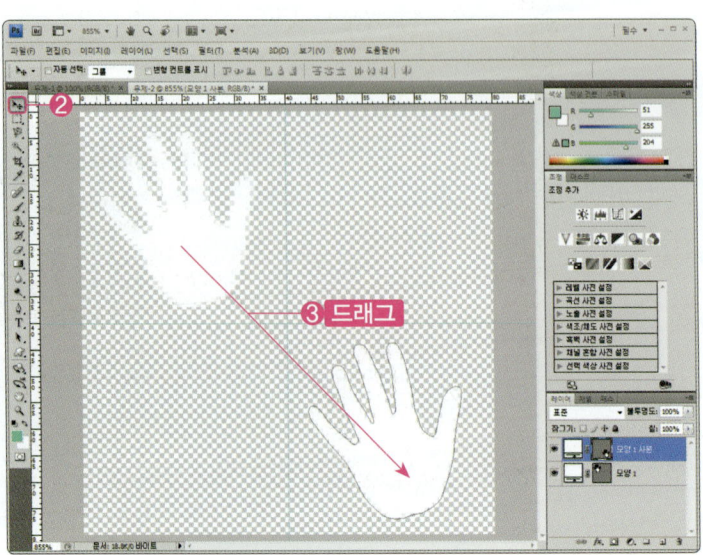

11 도구 상자(Tool Box)에서 [사용자 정의 모양 도구(Custom Shape Tool)]를 선택한 후 옵션 바에서 [사용자 정의 모양 피커(Click to open Custom Shape picker)]의 [목록] 단추를 클릭한 다음 [팝업 메뉴 단추]-[장식(Ornaments)] 메뉴를 클릭합니다.

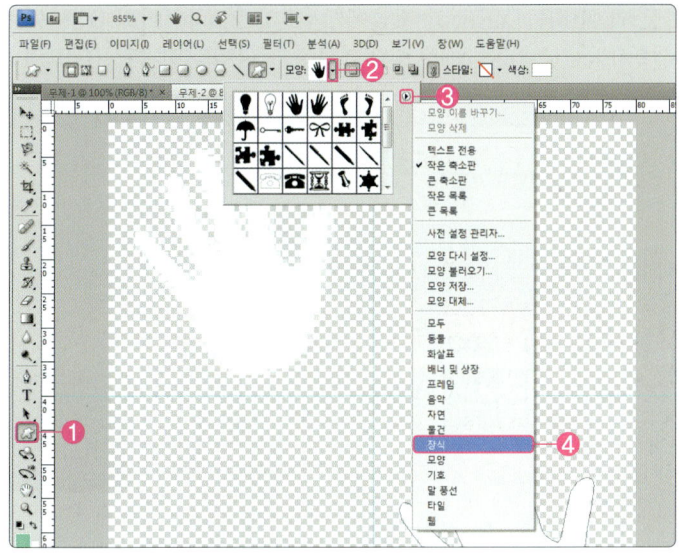

12 [현재 모양을 장식의 모양으로 대체하시겠습니까?]를 묻는 대화상자가 나타나면 [확인(OK)] 단추를 클릭합니다.

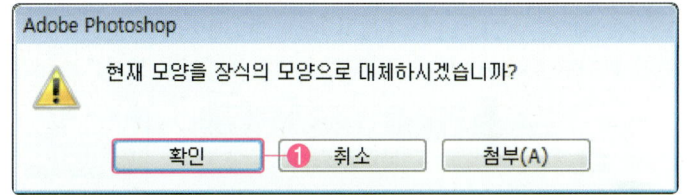

13 사용자 정의 모양이 장식(Ornaments) 목록으로 변경되면 [헤데라 2(Hedera 2)]을 클릭합니다.

14 도형을 삽입하고자 하는 위치에서 드래그하여 헤데라 모양을 작성합니다.

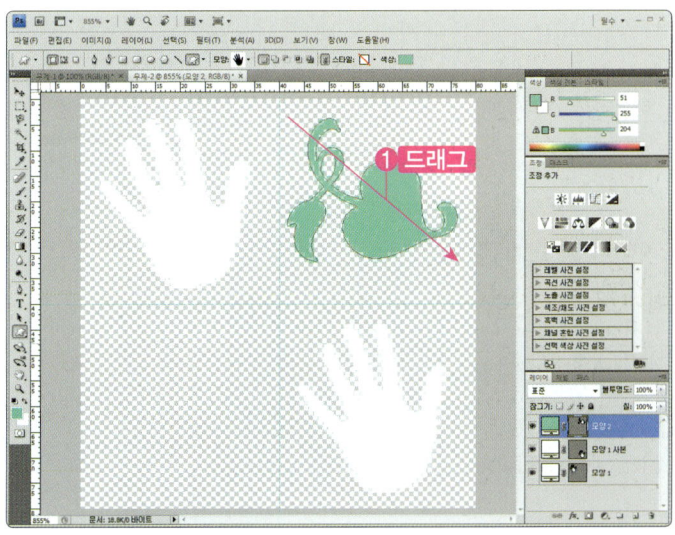

Chapter05 · [실무응용] 홈페이지 메뉴바 제작

15 [레이어(LAYERS)] 패널에서 [모양 2] 레이어의 [레이어 축소판(Layer thumbnail)]을 더블클릭한 후 [단색 선택(Pick a solid color)] 대화상자가 나타나면 색상(ff3300)을 입력한 다음 [확인(OK)] 단추를 클릭합니다.

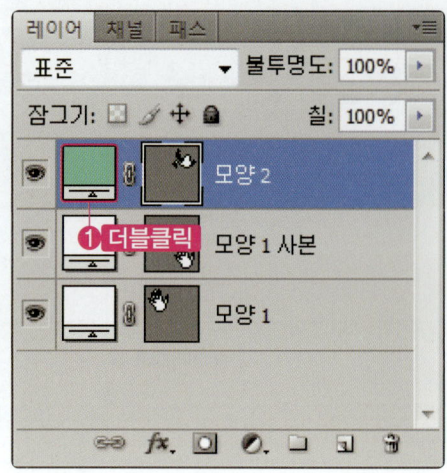
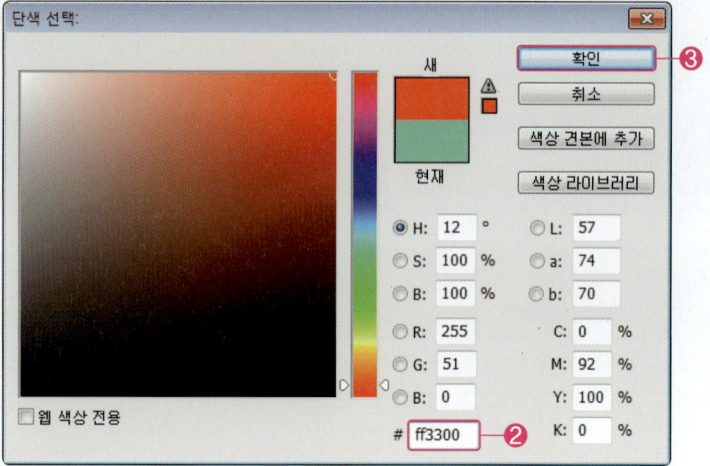

16 [레이어(LAYERS)] 패널에서 [모양 2] 레이어를 [새 레이어 추가(Create a new layer)]로 드래그하여 레이어를 복사한 후 도구 상자(Tool Box)에서 [이동 도구(Move Tool)]를 선택한 다음 드래그하여 위치를 이동합니다.

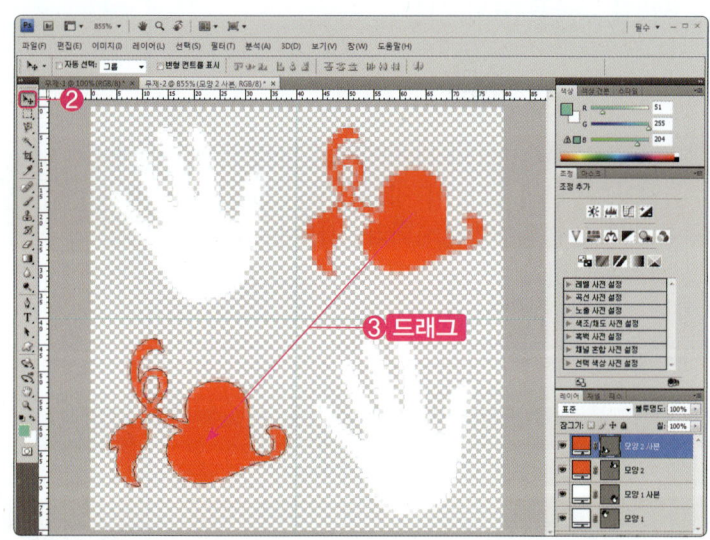

17 [레이어(LAYERS)] 패널에서 Shift를 누른 상태에서 [모양 1] 레이어를 클릭하여 레이어를 모두 선택한 후 [레이어(Layer)]-[레이어 병합(Merge Down)]을 클릭합니다.

18 레이어가 병합되면 [편집(Edit)]-[패턴 정의(Define Pattern)]를 클릭합니다.

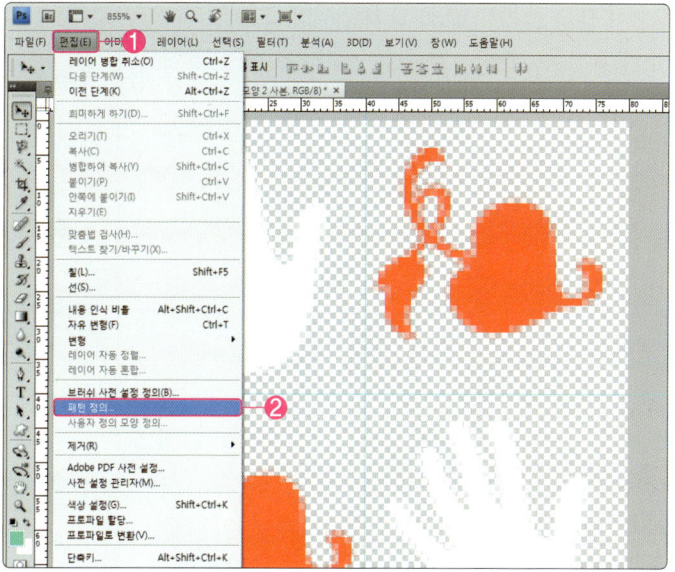

19 [패턴 이름(Pattern Name)] 대화상자가 나타나면 이름(손바닥, 잎 모양)을 입력한 후 [확인(OK)] 단추를 클릭합니다.

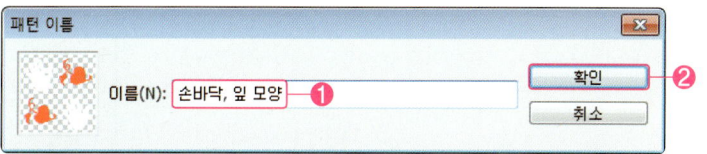

20 [무제-1] 탭을 선택한 후 [레이어(LAYERS)] 패널에서 [새 레이어 추가(Create a new layer)] 단추를 클릭하여 레이어를 추가합니다.

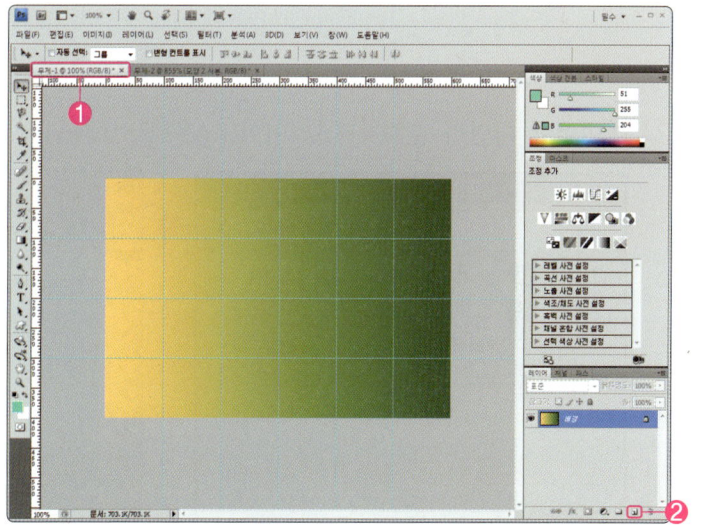

21 레이어가 추가되면 [편집(Edit)]-[칠(Fill)] 메뉴를 클릭합니다.

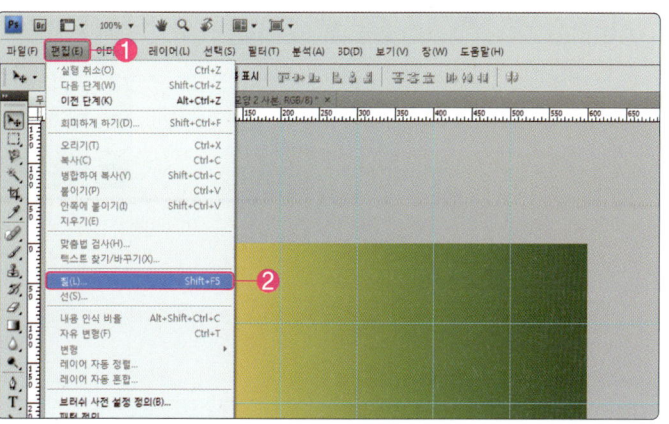

Chapter05 · [실무응용] 홈페이지 메뉴바 제작

22 [칠(Fill)] 대화상자가 나타나면 사용(Use)의 목록 단추를 클릭한 후 패턴(Pattern)을 선택합니다.

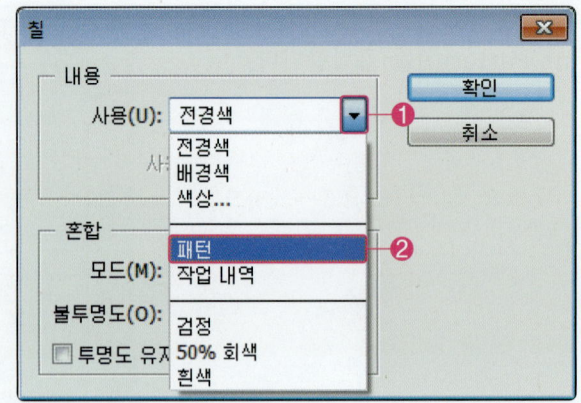

23 사용자 정의 패턴(Custom Pattern)의 목록 단추를 클릭한 후 정의한 패턴을 더블클릭한 다음 [확인(OK)] 단추를 클릭합니다.

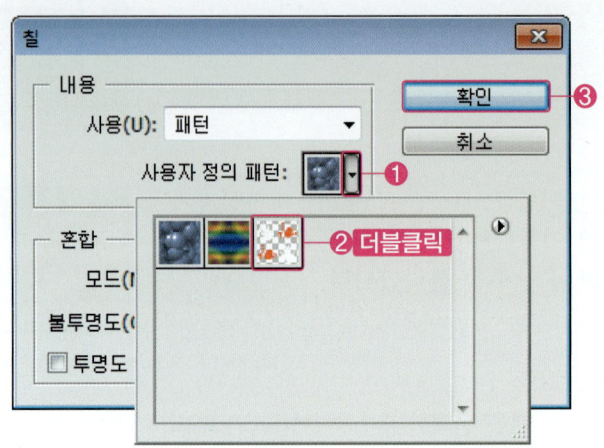

24 레이어에 패턴이 칠해지면 [레이어(LAYERS)] 패널에서 불투명도(Opacity)에 '50'을 입력합니다.

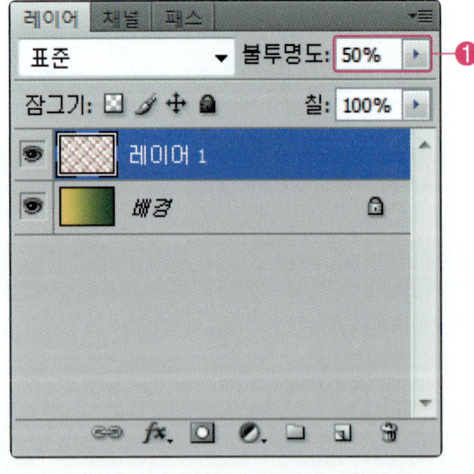
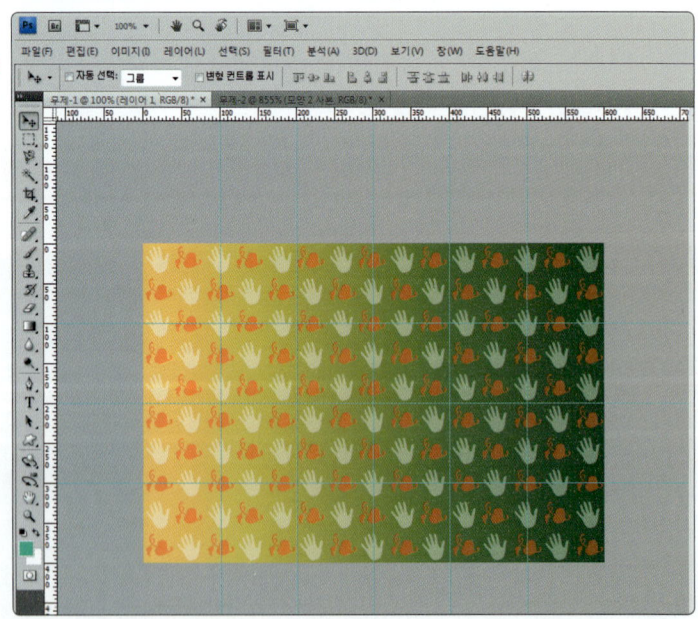

STEP 03 이미지 복사 및 레이어 마스크 지정하기

01 [무제-2] 탭의 ☒[닫기]를 클릭한 후 [닫기 전에 변경한 내용을 저장하시겠습니까?]라고 묻는 대화상자가 나타나면 [아니오] 단추를 클릭합니다.

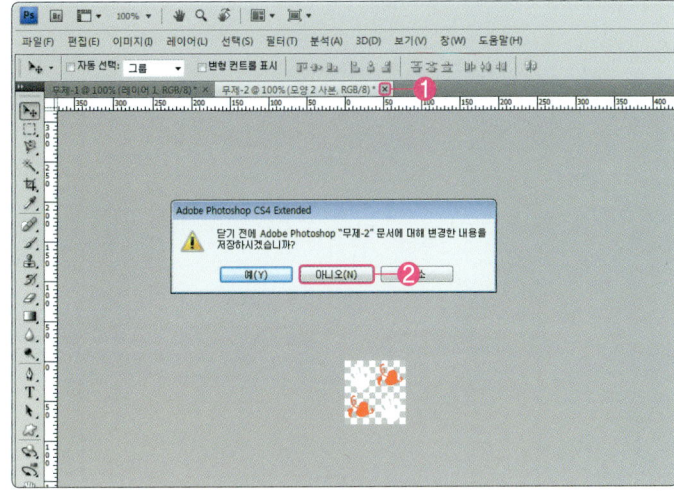

02 [파일(File)]-[열기(Open)]를 클릭한 후 [열기(Open)] 대화상자가 나타나면 찾는 위치(라이브러리₩문서₩GTQ₩Image)를 지정한 다음 파일(1급-12)을 선택하고 [열기] 단추를 클릭합니다.

Tip

- 시험 이미지 : 라이브러리₩문서₩GTQ₩Image
- 교재 이미지 : 라이브러리₩문서₩GTQ₩Part1₩Image

03 Ctrl+A를 눌러 이미지 전체를 선택 영역으로 지정한 후 Ctrl+C를 눌러 복사한 다음 [무제-1] 탭을 클릭하고 Ctrl+V를 눌러 붙여넣기한 후 [1급-12.jpg] 파일을 닫습니다.

04 이동 도구가 선택된 상태에서 드래그하여 이미지 위치를 이동합니다.

05 [레이어(LAYERS)] 패널에서 [레이어 마스크(Add layer mask)]를 클릭합니다.

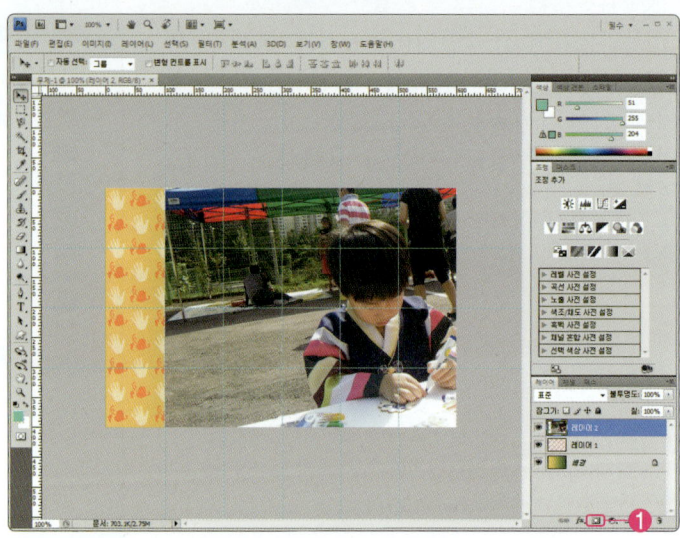

06 레이어 마스크가 추가되면 도구 상자(Tool Box)에서 [그라디언트 도구(Gradient Tool)]를 선택한 후 옵션 바에서 [그라디언트 피커 열기(Click to open Gradient picker)]의 [목록] 단추를 클릭한 다음 [전경색에서 배경으로(Foreground to Background)]를 클릭합니다.

07 마우스 포인터 모양이 ┿ 모양으로 변경되면 오른쪽에서 왼쪽으로 드래그하여 가로 방향으로 흐릿하게 작성합니다.

> **Tip**
> 레이어 마스크의 모양이 출력형태와 다를 경우 Ctrl+Z 또는 Alt+Ctrl+Z를 눌러 이전 단계로 되돌린 후 다시 드래그하여 레이어 마스크를 작성합니다.

08 다음과 같이 레이어 마스크가 작성됩니다.

STEP 04　이미지 복사 및 혼합 모드 지정하기

01 [파일(File)]-[열기(Open)]를 클릭한 후 [열기(Open)] 대화상자가 나타나면 찾는 위치(라이브러리₩문서₩GTQ₩Image)를 지정한 다음 파일(1급-13)을 선택하고 [열기] 단추를 클릭합니다.

02 도구 상자(Tool Box)에서 [자석 올가미 도구(Magnetic Lasso Tool)]를 선택한 후 옵션바에서 빈도 수(Frequency)에 '100'을 입력합니다.

03 마우스 포인터 모양( )이 변경되면 시계를 따라 드래그하여 선택 영역으로 지정한 후 Ctrl+C를 눌러 선택영역을 복사합니다.

04 [무제-1] 탭을 클릭한 후 Ctrl+V를 눌러 붙여넣기한 다음 [1급-13.jpg] 파일을 닫습니다.

05 도구 상자(Tool Box)에서 [이동 도구(Move Tool)]를 선택한 후 드래그하여 이미지 위치를 이동합니다.

06 이미지 크기를 조절하기 위해 [편집(Edit)]-[자유 변형(Free Transform)]을 클릭한 후 크기 조절점을 드래그하여 크기를 조절한 다음 Enter를 누릅니다.

 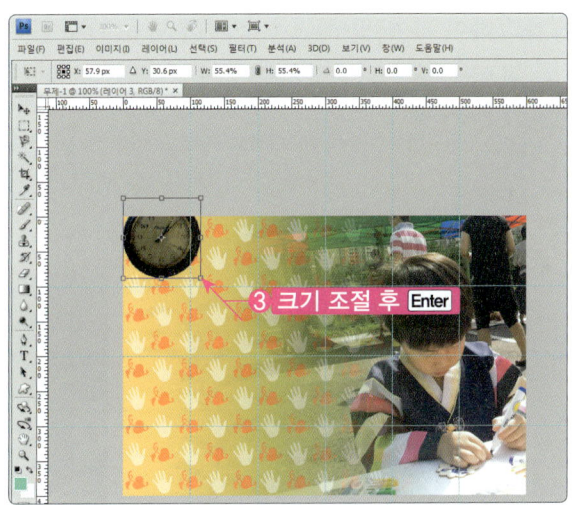

07 [레이어(LAYERS)] 패널에서 [혼합 모드(Blending Mode)]의 [목록] 단추를 클릭한 후 [곱하기(Multiply)]를 선택합니다.

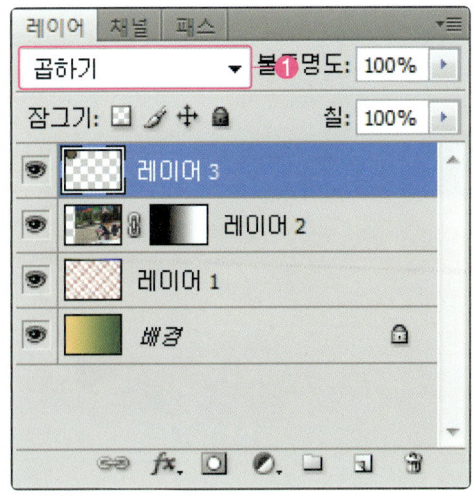 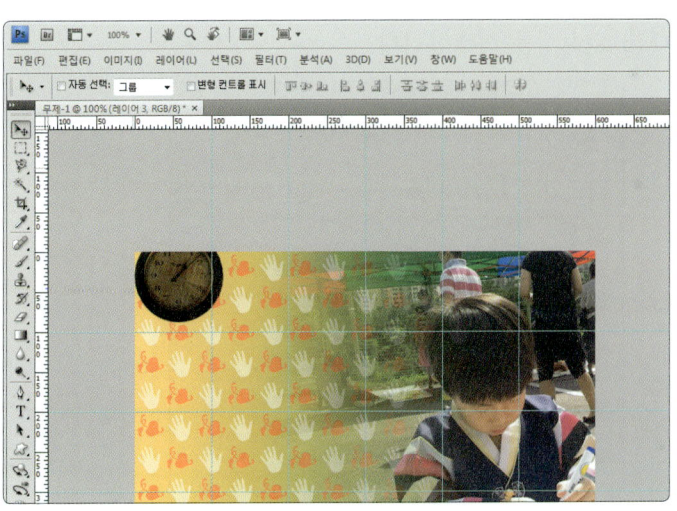

Chapter05 · [실무응용] 홈페이지 메뉴바 제작 **169**

08 [파일(File)]-[열기(Open)]를 클릭한 후 [열기(Open)] 대화상자가 나타나면 찾는 위치(라이브러리₩문서₩GTQ₩Image)를 지정한 다음 파일(1급-14)을 선택하고 [열기] 단추를 클릭합니다.

09 Ctrl+A를 눌러 이미지 전체를 선택한 후 Ctrl+C를 눌러 복사한 다음 [무제-1] 탭을 클릭하고 Ctrl+V를 눌러 붙여넣기한 후 [1급-14.jpg] 파일을 닫습니다.

10 이미지 크기를 조절하기 위해 [편집(Edit)]-[자유 변형(Free Transform)]을 클릭한 후 크기 조절점을 드래그하여 크기 및 회전을 조절한 다음 Enter를 누릅니다.

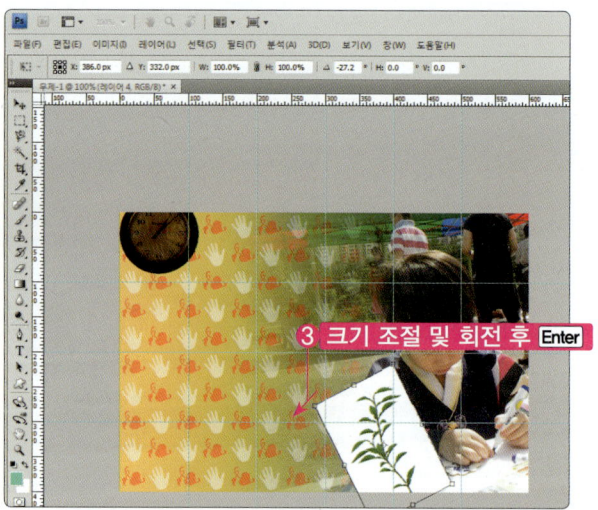

11 [레이어(LAYERS)] 패널에서 [혼합 모드(Blending Mode)]의 ▼[목록] 단추를 클릭한 후 [곱하기(Multiply)]를 선택합니다.

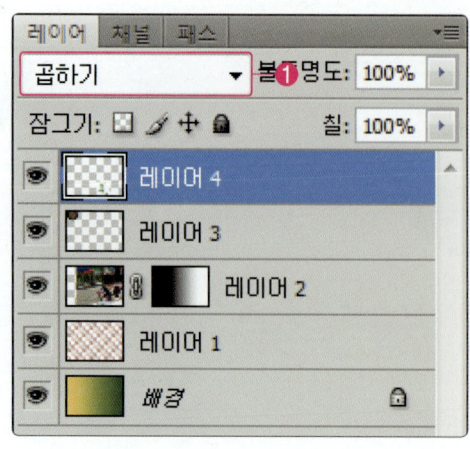

STEP 05 | 이미지 복사 및 필터, 레이어 스타일 지정하기 (1)

01 [파일(File)]-[열기(Open)]를 클릭한 후 [열기(Open)] 대화상자가 나타나면 찾는 위치(라이브러리₩문서₩GTQ₩Image)를 지정한 다음 파일(1급-15)을 선택하고 [열기] 단추를 클릭합니다.

02 도구 상자(Tool Box)에서 [자석 올가미 도구(Magnetic Lasso Tool)]를 선택한 후 마우스 포인터 모양( )이 변경되면 그릇을 따라 드래그하여 선택 영역으로 지정한 다음 Ctrl+C를 눌러 선택영역을 복사합니다.

03 [무제-1] 탭을 클릭한 후 Ctrl+V를 눌러 붙여넣기한 다음 [1급-15.jpg] 파일을 닫습니다.

04 이미지 크기를 조절하기 위해 [편집(Edit)]-[자유 변형(Free Transform)]을 클릭한 후 크기 조절점을 드래그하여 크기를 조절한 다음 Enter를 누릅니다.

Chapter05 · [실무응용] 홈페이지 메뉴바 제작 **171**

05 [필터(Filter)]-[브러쉬 선(Brush Strokes)]
-[각진 선(Angled Strokes)]을 클릭합니다.

06 [각진 선(Angled Strokes)] 대화상자가 나타나면 속성을 지정한 후 [확인(OK)] 단추를 클릭합니다.

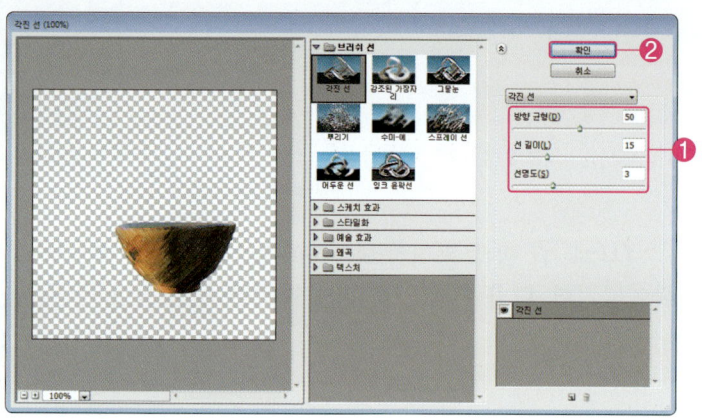

07 [레이어(LAYERS)] 패널에서 [레이어 스타일 추가(Add a layer style)]-[그림자(Drop Shadow)]를 클릭한 후 [레이어 스타일(Layer Style)] 대화상자의 [그림자 효과(Drop Shadow)] 탭이 나타나면 속성을 지정한 다음 [확인(OK)] 단추를 클릭합니다.

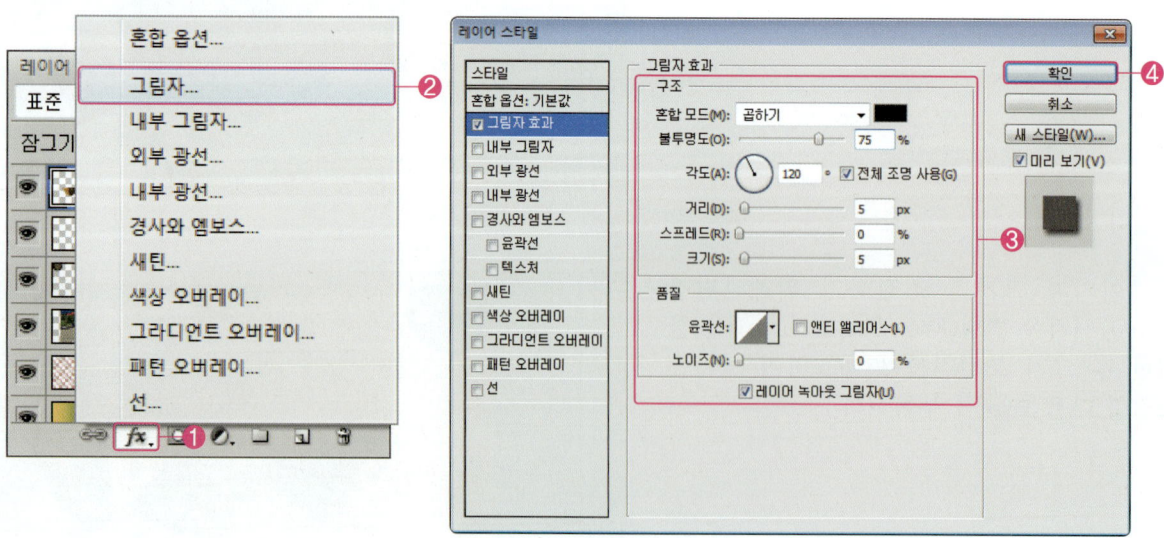

| STEP 06 | 이미지 복사 및 필터, 레이어 스타일 지정하기 (2) |

01 [파일(File)]-[열기(Open)]를 클릭한 후 [열기(Open)] 대화상자가 나타나면 찾는 위치(라이브러리₩문서₩GTQ₩Image)를 지정한 다음 파일(1급-16.jpg)을 선택하고 [열기] 단추를 클릭합니다.

02 도구 상자(Tool Box)에서 [자동 선택 도구(Magic Wand Tool)]를 선택한 후 옵션 바에서 허용치(Tolerance)에 '10'을 입력합니다.

03 흰색 배경 부분을 클릭하여 선택한 후 [선택(Select)]-[반전(Inverse)]을 클릭합니다.

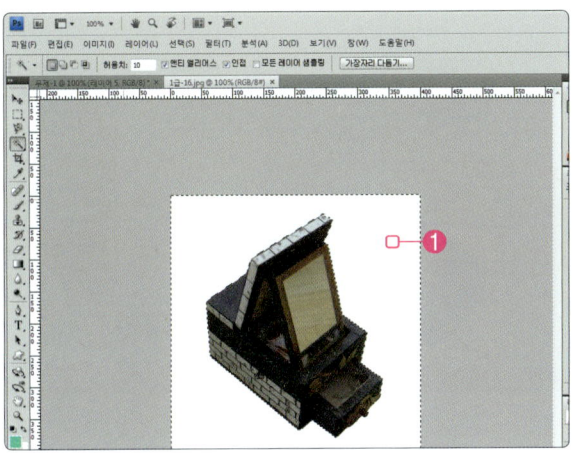
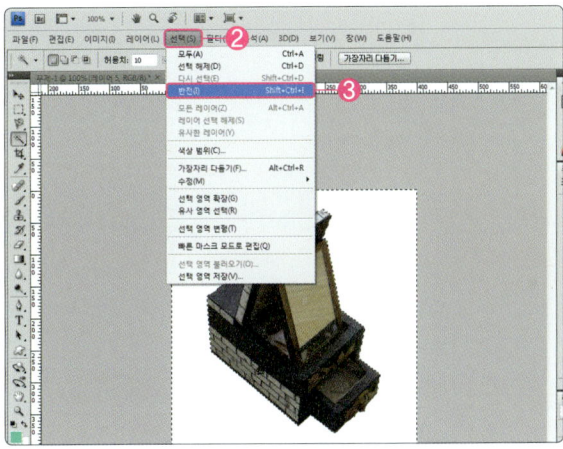

04 선택 영역이 반전되면 Ctrl+C를 눌러 복사한 후 [무제-1] 탭을 클릭한 다음 Ctrl+V를 눌러 붙여넣기하고 [1급-16.jpg] 파일을 닫습니다.

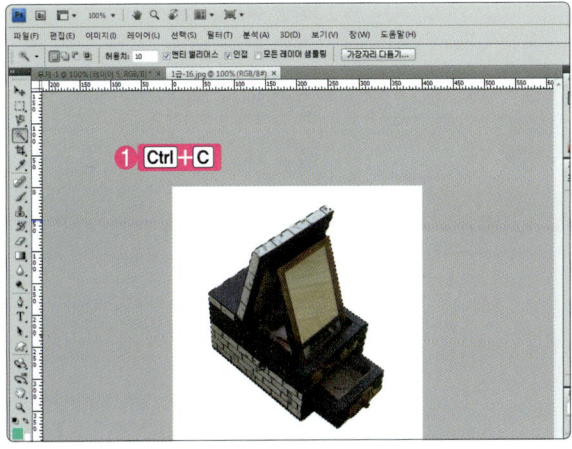
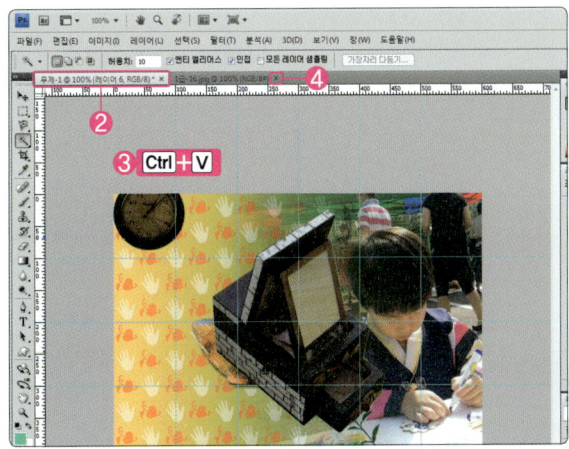

Chapter05 • [실무응용] 홈페이지 메뉴바 제작

05 [편집(Edit)]-[자유 변형(Free Transform)]을 클릭한 후 크기 조절점이 나타나면 크기 조절점을 드래그하여 크기 및 위치를 조절한 다음 Enter를 누릅니다.

06 [필터(Filter)]-[예술 효과(Artistic)]-[필름 그레인(Film Grain)]을 클릭합니다.

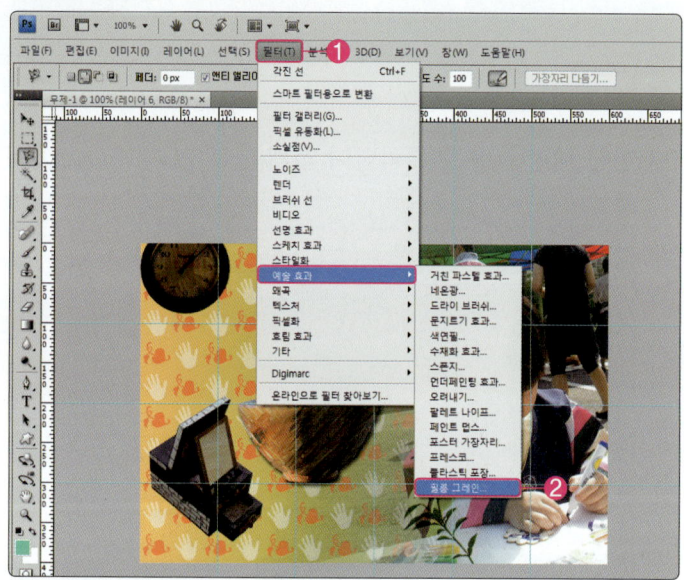

07 [필름 그레인(Film Grain)] 대화상자가 나타나면 속성을 지정한 후 [확인(OK)] 단추를 클릭합니다.

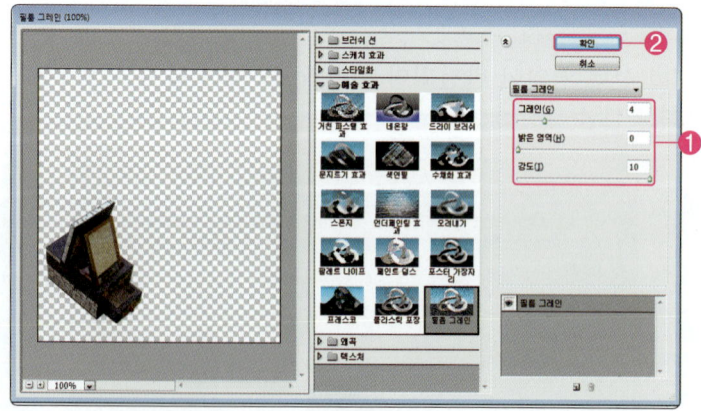

08 [레이어(LAYERS)] 패널에서 [레이어 스타일 추가(Add a layer style)]-[그림자(Drop Shadow)]를 클릭한 후 [레이어 스타일(Layer Style)] 대화상자의 [그림자 효과(Drop Shadow)] 탭이 나타나면 속성을 지정한 다음 [확인(OK)] 단추를 클릭합니다.

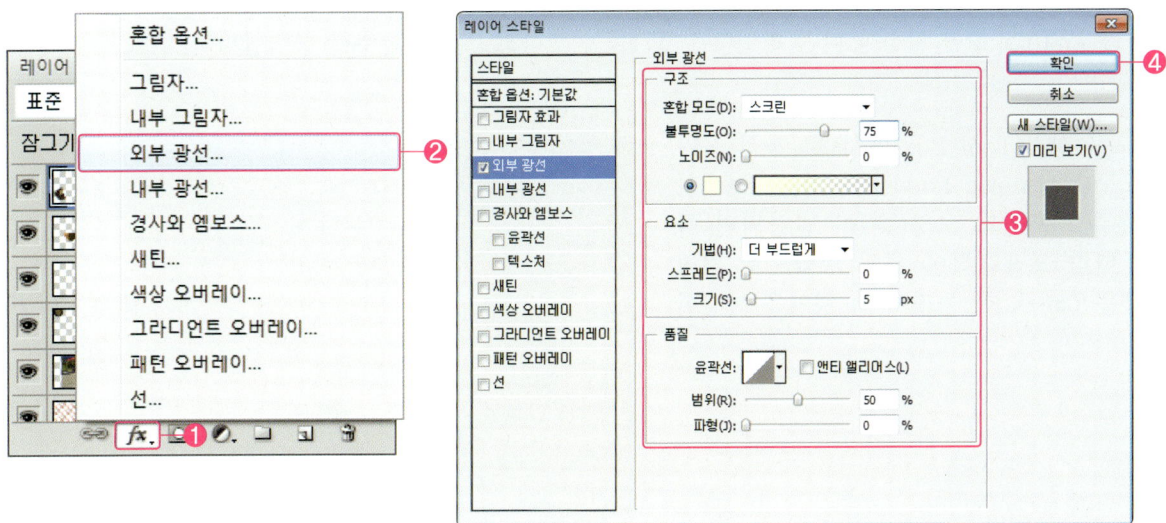

09 다음과 같이 레이어 스타일이 지정됩니다.

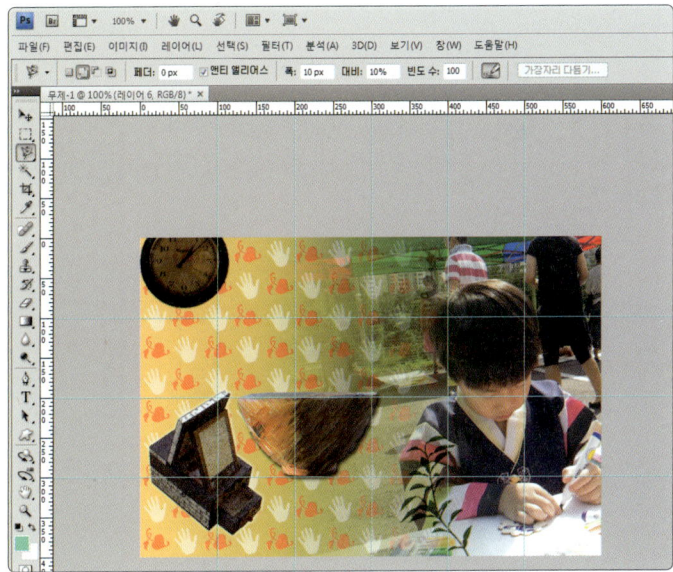

STEP 07 이미지 복사 및 색상 보정, 레이어 스타일 지정하기 (1)

01 [파일(File)]-[열기(Open)]를 클릭한 후 [열기(Open)] 대화상자가 나타나면 찾는 위치(라이브러리₩문서₩GTQ₩Image)를 지정한 다음 파일(1급-17)을 선택하고 [열기] 단추를 클릭합니다.

02 도구 상자(Tool Box)에서 [자석 올가미 도구(Magnetic Lasso Tool)]를 선택한 후 마우스 포인터 모양( )이 변경되면 물감을 따라 드래그하여 선택 영역으로 지정한 다음 Ctrl+C를 눌러 선택 영역을 복사합니다.

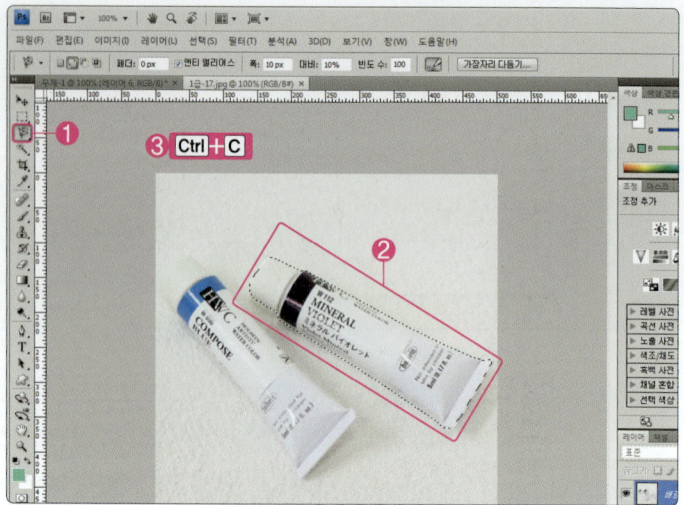

03 [무제-1] 탭을 클릭한 후 Ctrl+V를 눌러 붙여넣기한 다음 [1급-17.jpg] 파일을 닫습니다.

04 좌우 대칭 시키기 위해 [편집(Edit)]-[변형(Transform)]-[가로로 뒤집기(Flip Horizontal)]를 클릭합니다.

05 이미지 크기를 조절하기 위해 [편집(Edit)]-[자유 변형(Free Transform)]을 클릭한 후 크기 조절점을 드래그하여 크기 및 회전을 조절한 다음 Enter를 누릅니다.

06 도구 상자(Tool Box)에서 [다각형 올가미 도구(Polygonal Lasso Tool)]를 선택한 후 물감의 보라색 부분을 선택 영역으로 지정한 다음 [레이어(LAYERS)] 패널에서 [색칠 또는 조정 레이어(Create new fill or adjustment layer)]를 클릭하고 [색조/채도(Hue/Saturation)]를 클릭합니다.

07 다음과 같이 [조정(ADJUSTMENTS)] 패널이 [색조/채도(Hue/Saturation)]로 나타나면 [색상화(Colorize)]를 선택한 후 색조(240)와 채도(60)를 드래그하여 파란색 계열로 보정합니다.

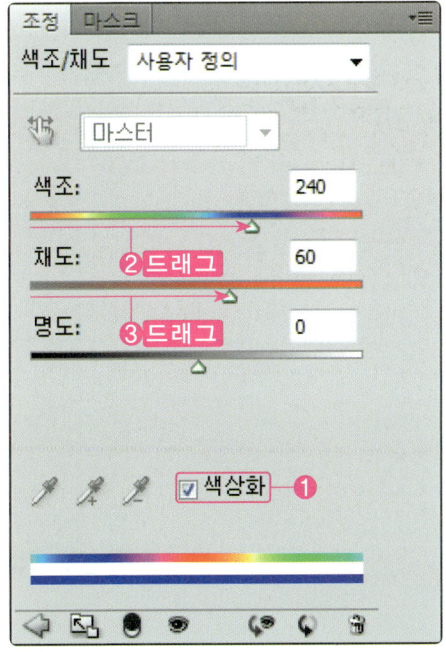

Chapter05 · [실무응용] 홈페이지 메뉴바 제작 **177**

08 [레이어(LAYERS)] 패널에서 [레이어 7] 레이어를 선택한 후 fx.[레이어 스타일 추가(Add a layer style)]-[그림자(Drop Shadow)]를 클릭합니다.

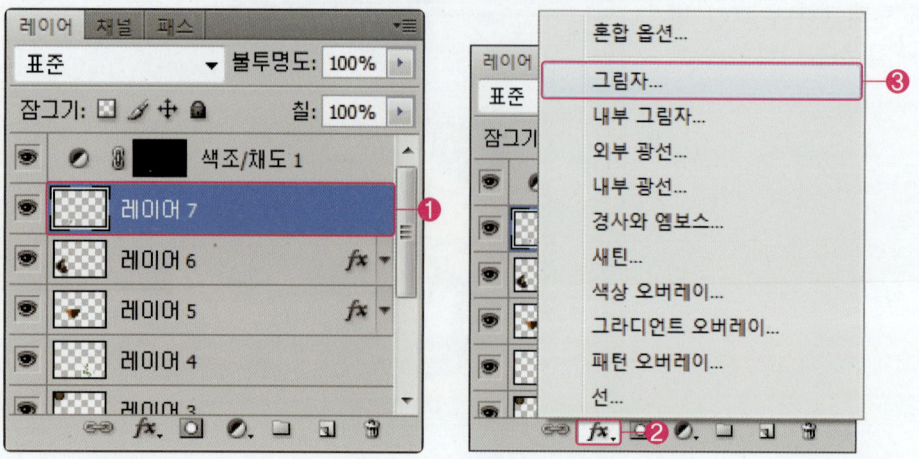

09 [레이어 스타일(Layer Style)] 대화상자의 [그림자 효과(Drop Shadow)] 탭이 나타나면 속성을 지정한 후 [확인(OK)] 단추를 클릭합니다.

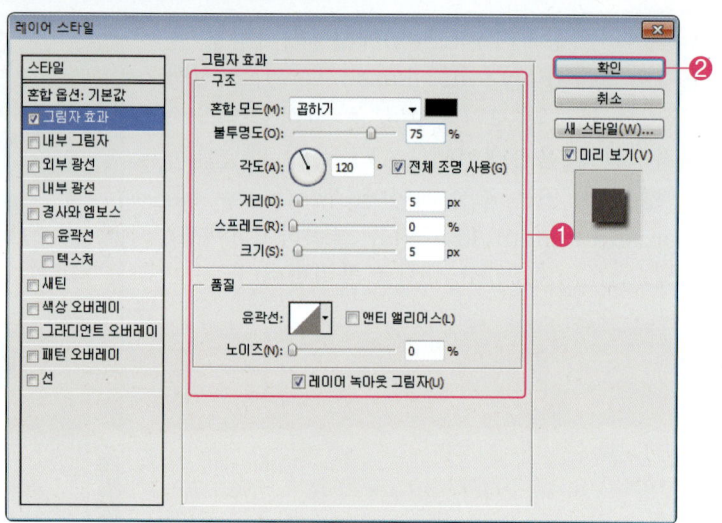

10 다음과 같이 색상 보정 및 레이어 스타일이 지정됩니다.

| STEP 08 | 이미지 복사 및 색상 보정, 레이어 스타일 지정하기 (2) |

01 도구 상자(Tool Box)에서 [펜 도구(Pen Tool)]를 선택한 후 옵션 바에서 [모양 레이어(Shape layers)]를 선택한 다음 [레이어(LAYERS)] 패널에서 [레이어 2] 레이어를 선택하고 시작 지점을 클릭합니다.

02 두 번째 위치를 클릭한 후 같은 방법으로 모양을 작성할 위치를 클릭합니다.

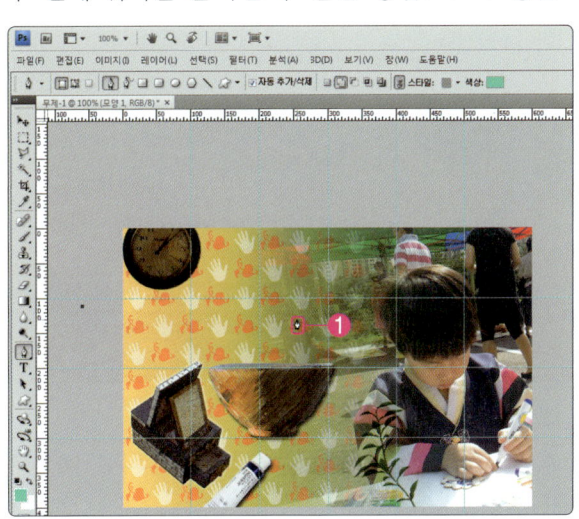 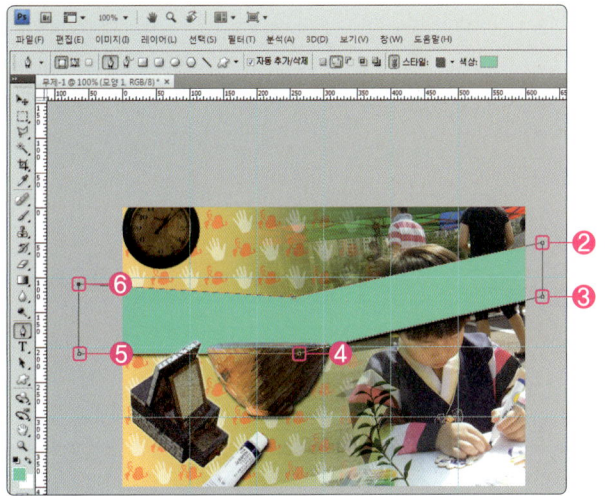

03 도구 상자(Tool Box)에서 [기준점 변환 도구(Convert Point Tool)]를 선택한 후 두 번째 기준점을 드래그하여 곡선으로 지정합니다.

Chapter05 • [실무응용] 홈페이지 메뉴바 제작 **179**

04 같은 방법으로 세 번째 기준점을 드래그하여 곡선으로 지정한 후 Alt를 누른 상태에서 기준점을 클릭하여 방향선을 끊습니다.

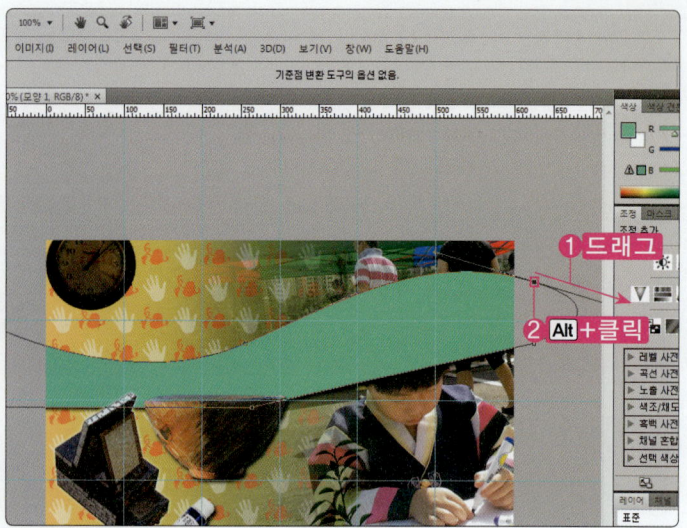

05 같은 방법으로 곡선을 지정하여 모양을 작성합니다.

> **Tip**
> 이전 레이어 스타일이 그림자 효과가 아닐 경우 [효과(Effects)]를 삭제한 후 다시 지정합니다.

06 [레이어(LAYERS)] 패널에서 [모양 1] 레이어의 [레이어 축소판(Layer thumbnail)]을 더블클릭한 후 [단색 선택(Pick a solid color)] 대화상자가 나타나면 색상(669900)을 입력한 다음 [확인(OK)] 단추를 클릭합니다.

 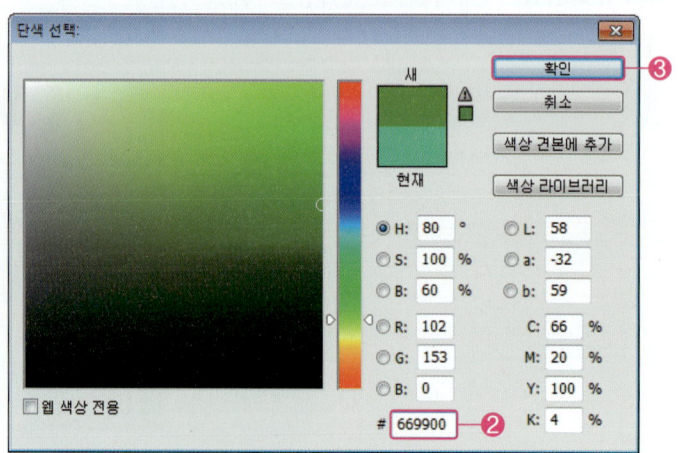

07 [레이어(LAYERS)] 패널에서 불투명도(Opacity)에 '60'을 입력합니다.

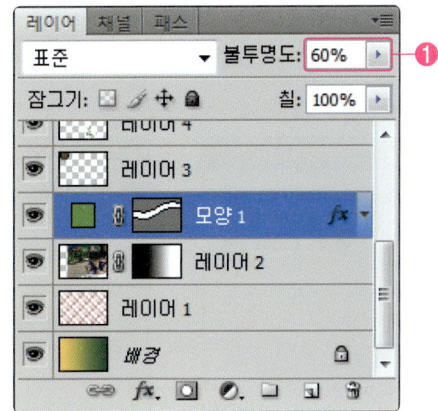

08 [레이어(LAYERS)] 패널에서 Ctrl을 누른 상태에서 [백터 마스크 축소판(Vector mask thumbnail)]을 클릭한 후 패스 모양이 선택 영역으로 지정되면 도구 상자(Tool Box)에서 [사각형 선택 윤곽 도구(Rectangular Marquee Tool)]를 선택한 다음 옵션 바에서 [선택 영역에 추가(Add to selection)]를 선택하고 다음과 같이 선택 영역을 지정합니다.

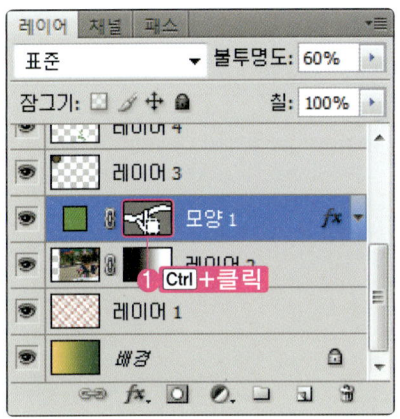

09 [레이어(LAYERS)] 패널에서 [레이어 1] 레이어를 선택한 후 Delete 을 눌러 선택 영역의 패턴 이미지를 삭제합니다.

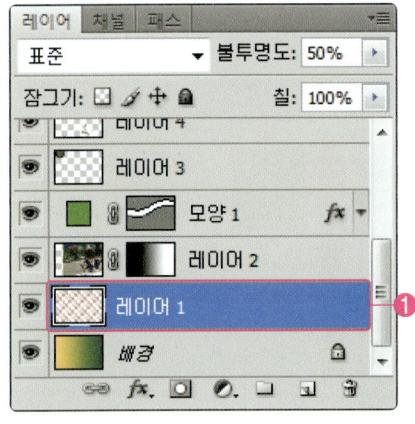
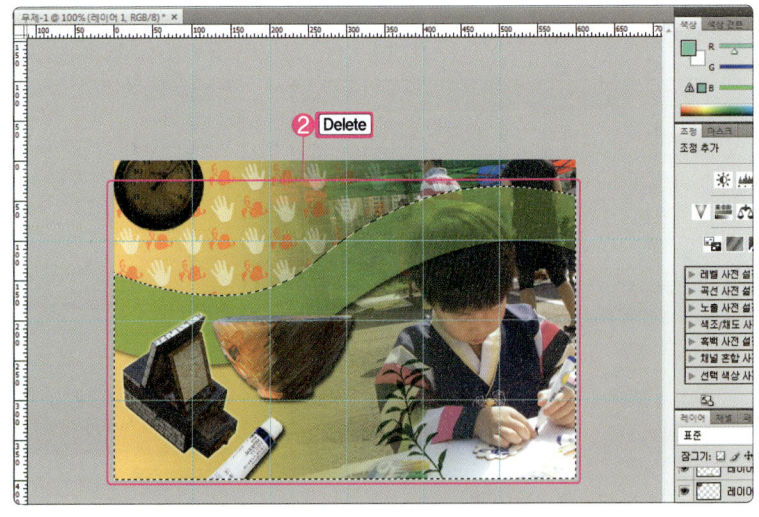

10 [레이어(LAYERS)] 패널에서 [모양 1] 레이어를 [새 레이어 추가(Create a new layer)]로 드래그하여 레이어를 복사한 후 도구 상자(Tool Box)에서 [이동 도구(Move Tool)]를 선택한 다음 드래그하여 위치를 이동합니다.

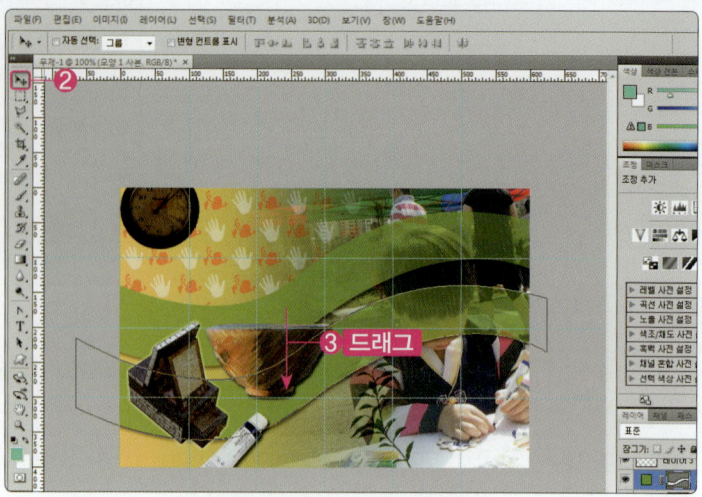

11 도구 상자(Tool Box)에서 [기준점 변환 도구(Convert Point Tool)]를 선택한 후 기준점을 드래그하여 모양을 변경합니다.

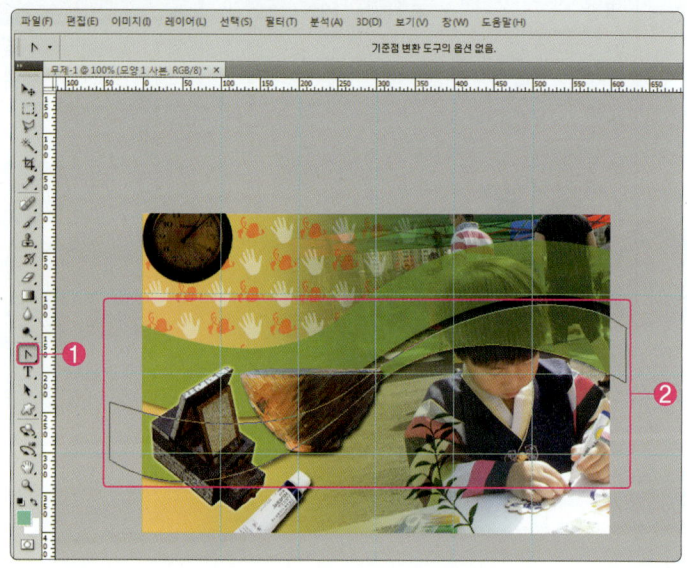

12 [레이어(LAYERS)] 패널에서 [레이어 축소판(Layer thumbnail)]을 더블클릭한 후 [단색 선택(Pick a solid color)] 대화상자가 나타나면 색상(009999)을 입력한 다음 [확인(OK)] 단추를 클릭합니다.

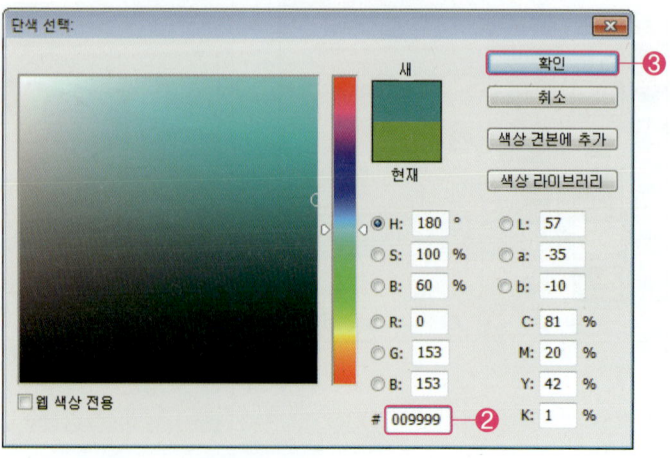

STEP 09 말 풍선 모양 작성하기

01 도구 상자(Tool Box)에서 [사용자 정의 모양 도구(Custom Shape Tool)]를 선택한 후 옵션 바에서 [사용자 정의 모양 피커(Click to open Custom Shape picker)]의 [목록] 단추를 클릭한 다음 사용자 정의 모양이 나타나면 [팝업 메뉴 단추]-[말 풍선(Talk Bubbles)]을 클릭합니다.

02 [현재 모양을 말 풍선의 모양으로 대체하시겠습니까?]를 묻는 대화상자가 나타나면 [확인(OK)] 단추를 클릭합니다.

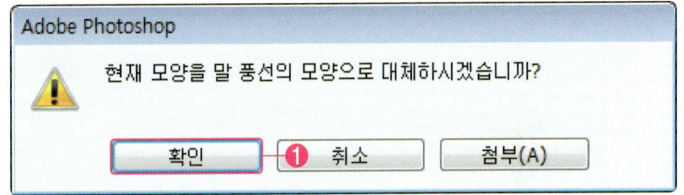

03 사용자 정의 모양이 말 풍선(Talk Bubbles) 목록으로 변경되면 [대화 2(Talk 2)]를 클릭합니다.

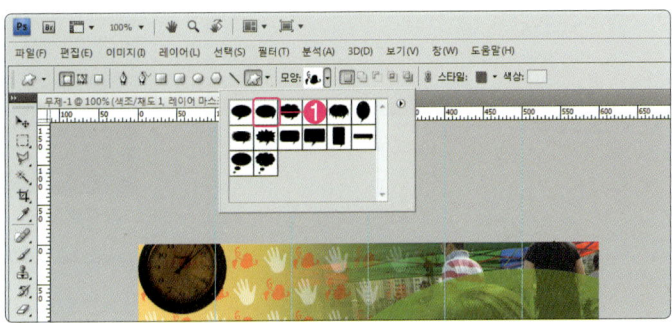

04 [레이어(LAYERS)] 패널에서 [색조/채도 1(Hue/Saturation 1)] 레이어를 선택한 후 도형을 삽입하고자 하는 위치에서 드래그하여 대화 모양을 작성합니다.

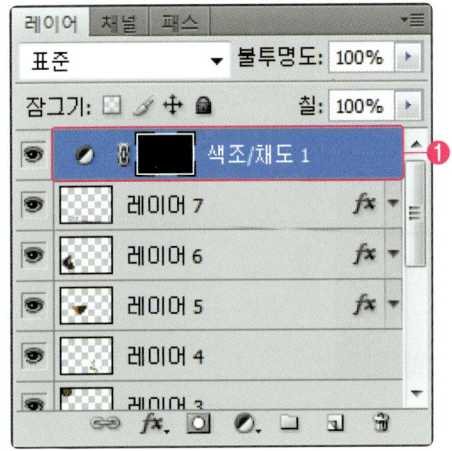

05 [레이어(LAYERS)] 패널에서 [레이어 스타일 추가(Add a layer style)]-[그라디언트 오버레이(Gradient Overlay)]를 클릭한 후 [레이어 스타일(Layer Style)] 대화상자의 [그라디언트 오버레이(Gradient Overlay)] 탭이 나타나면 [그라디언트 편집(Click to edit the gradient)]을 클릭합니다.

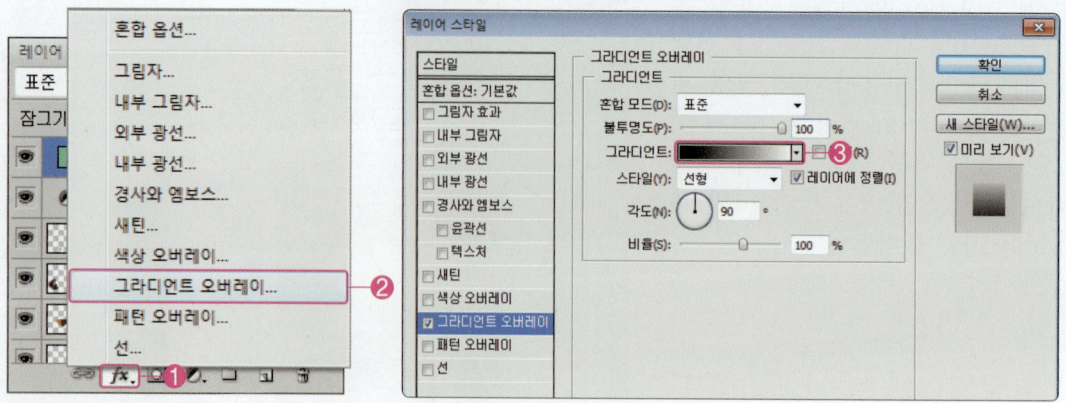

06 [그라디언트 편집기(Gradient Editor)] 대화상자가 나타나면 왼쪽 색상 정지점(Color Stop)을 더블클릭한 후 [정지 색상 선택(Select stop color)] 대화상자가 나타나면 색상(ff3333)을 입력한 다음 [확인(OK)] 단추를 클릭합니다.

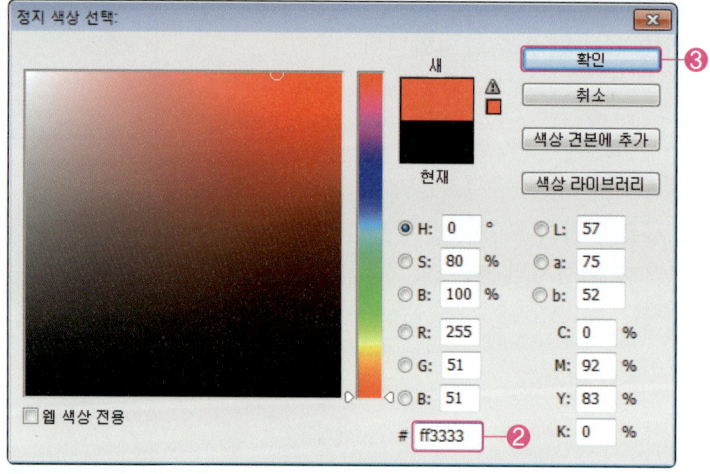

07 [그라디언트 편집기(Gradient Editor)] 대화상자가 나타나면 오른쪽 색상 정지점(Color Stop)을 더블클릭한 후 [정지 색상 선택(Select stop color)] 대화상자가 나타나면 색상(ff99ff)을 입력한 다음 [확인(OK)] 단추를 클릭합니다.

08 [그라디언트 편집기(Gradient Editor)] 대화상자가 다시 나타나면 [확인(OK)] 단추를 클릭합니다.

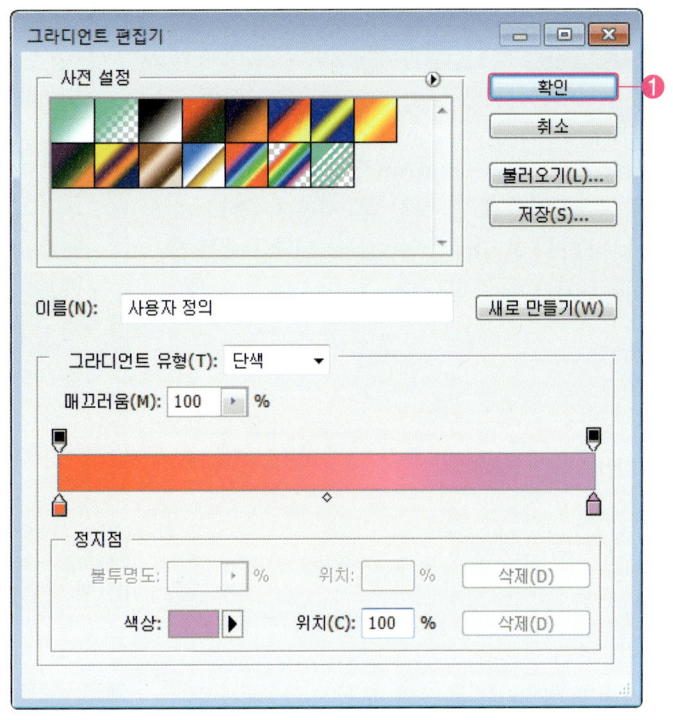

09 [레이어 스타일(Layer Style)] 대화상자가 다시 나타나면 [내부 광선(Inner Glow)] 탭을 클릭합니다.

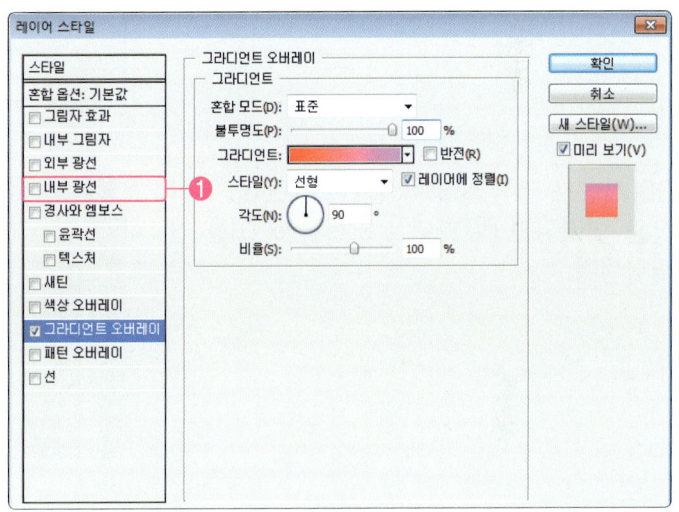

10 [레이어 스타일(Layer Style)] 대화상자의 [내부 광선(Inner Glow)] 탭이 나타나면 속성을 지정한 후 [확인(OK)] 단추를 클릭합니다.

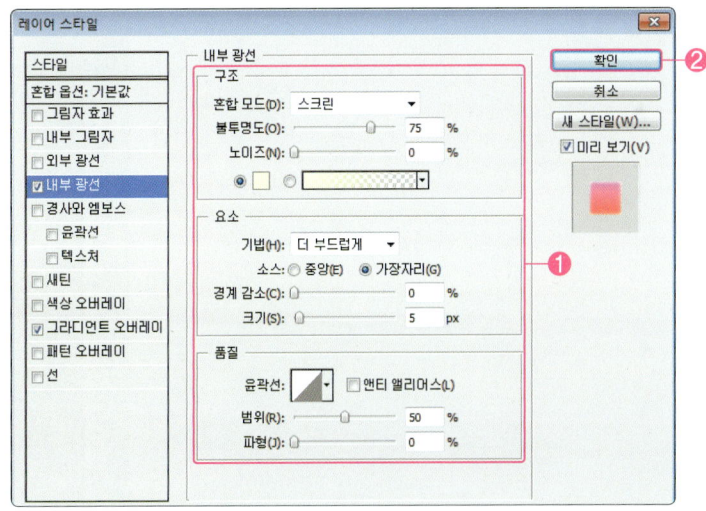

STEP 10 가위 모양 작성하기

01 옵션 바에서 ▣·[사용자 정의 모양 피커 (Click to open Custom Shape picker)]의 [목록] 단추를 클릭한 후 사용자 정의 모양이 나타나면 ▶[팝업 메뉴 단추]-[물건(Objects)]을 클릭합니다.

02 [현재 모양을 물건의 모양으로 대체하시겠습니까?]를 묻는 대화상자가 나타나면 [확인(OK)] 단추를 클릭합니다.

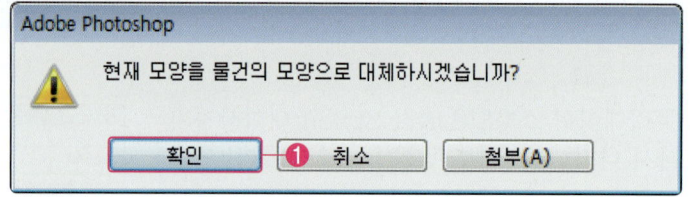

03 사용자 정의 모양이 물건(Objects) 목록으로 변경되면 [가위 1(Scissors 1)]를 클릭합니다.

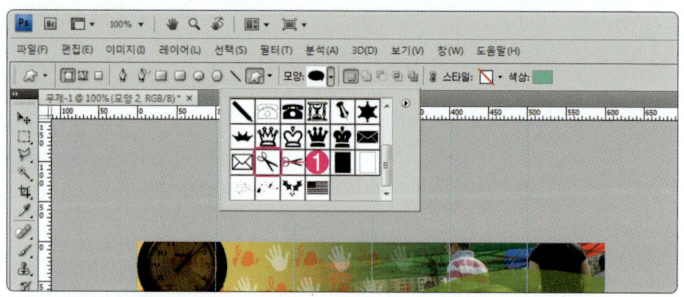

04 도형을 삽입하고자 하는 위치에서 드래그하여 가위 모양을 작성합니다.

05 이전 모양 도형에 적용된 레이어 스타일이 나타날 경우 [효과(Effects)]를 [레이어 삭제(Delete layer)]로 드래그합니다.

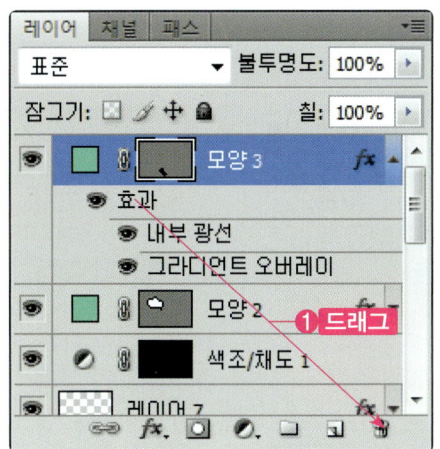

06 [레이어(LAYERS)] 패널에서 [모양 3] 레이어의 [레이어 축소판(Layer thumbnail)]을 더블클릭한 후 [단색 선택(Pick a solid color)] 대화상자가 나타나면 색상(cc6633)을 입력한 다음 [확인(OK)] 단추를 클릭합니다.

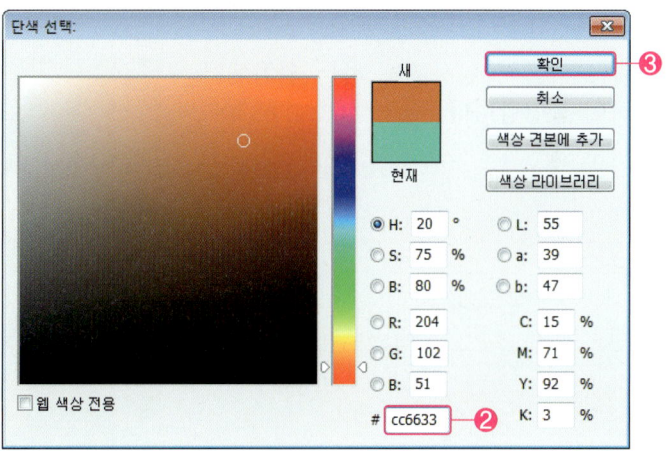

07 [레이어(LAYERS)] 패널에서 [레이어 스타일 추가(Add a layer style)]-[내부 그림자(Inner Shadow)]를 클릭한 후 [레이어 스타일(Layer Style)] 대화상자의 [내부 그림자(Inner Shadow)] 탭이 나타나면 속성을 지정한 다음 [확인(OK)] 단추를 클릭합니다.

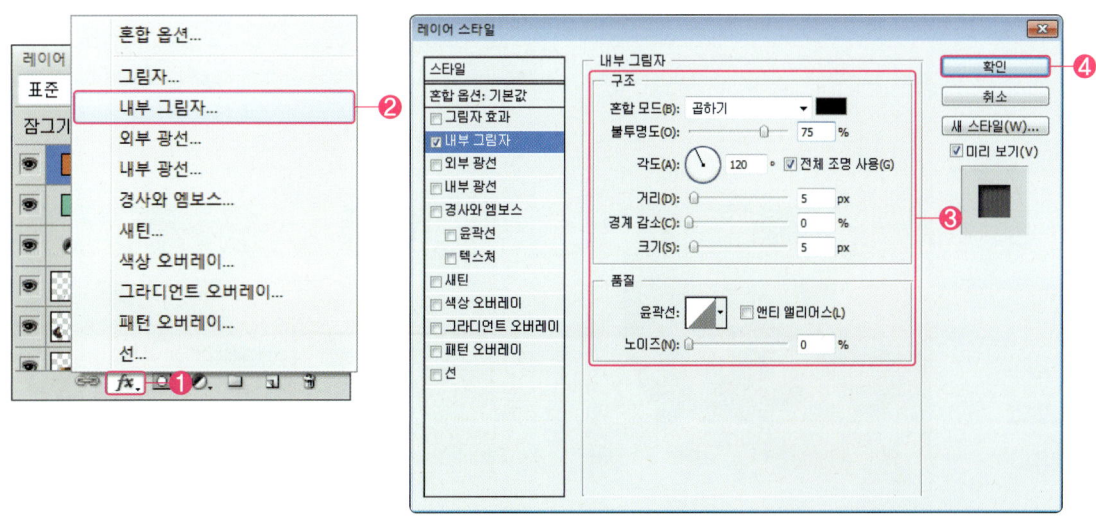

STEP 11 클립 모양 작성하기

01 옵션 바에서 [사용자 정의 모양 피커 (Click to open Custom Shape picker)]의 [목록] 단추를 클릭한 후 [색종이 조각 (Paper Clip)]을 클릭합니다.

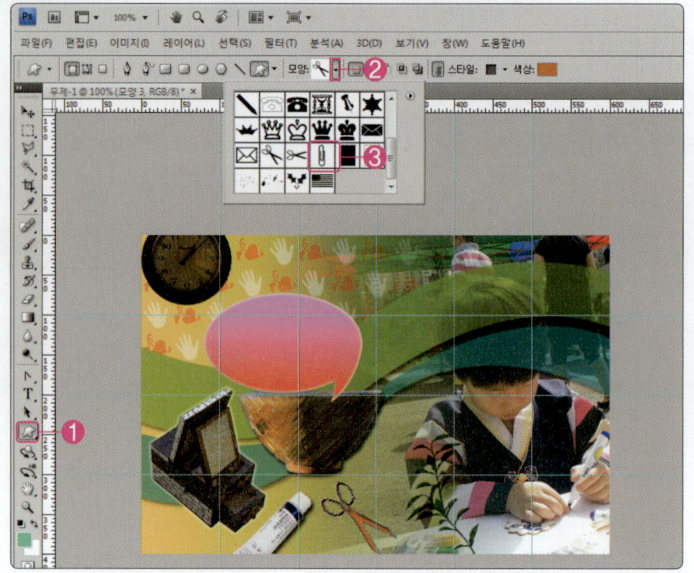

02 클립 모양을 삽입하고자 하는 위치에서 드래그하여 삽입합니다.

03 [편집(Edit)]-[자유 변형(Free Transform)]을 클릭한 후 크기 조절점에 마우스 포인터를 위치시킨 다음 모양으로 변경되면 드래그하여 회전을 지정합니다.

04 이전 모양 도형에 적용된 레이어 스타일이 나타날 경우 [효과(Effects)]를 [레이어 삭제(Delete layer)]로 드래그합니다.

05 [레이어(LAYERS)] 패널에서 [레이어 스타일 추가(Add a layer style)]-[그라디언트 오버레이(Gradient Overlay)]를 클릭한 후 [레이어 스타일(Layer Style)] 대화상자의 [그라디언트 오버레이(Gradient Overlay)] 탭이 나타나면 [그라디언트 편집(Click to edit the gradient)]을 클릭합니다.

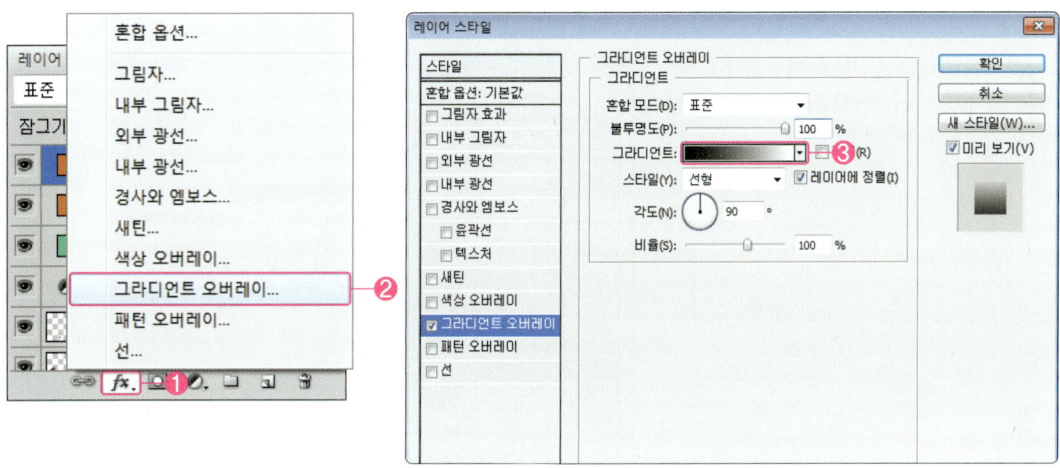

06 [그라디언트 편집기(Gradient Editor)] 대화상자가 나타나면 왼쪽 색상 정지점(Color Stop)을 더블클릭한 후 [정지 색상 선택(Select stop color)] 대화상자가 나타나면 색상(cc0000)을 입력한 다음 [확인(OK)] 단추를 클릭합니다.

 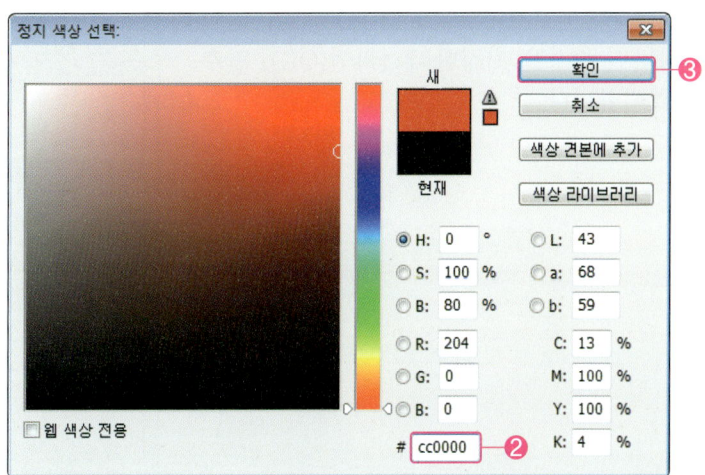

07 [그라디언트 편집기(Gradient Editor)] 대화상자가 나타나면 오른쪽 색상 정지점(Color Stop)을 더블 클릭한 후 [정지 색상 선택(Select stop color)] 대화상자가 나타나면 색상(0066cc)을 입력한 다음 [확인(OK)] 단추를 클릭합니다.

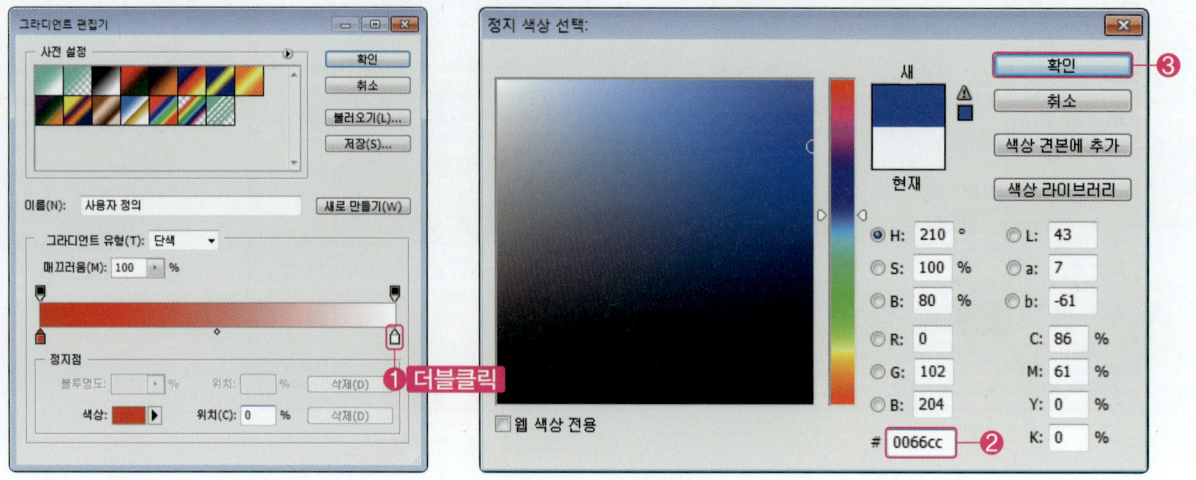

08 [그라디언트 편집기(Gradient Editor)] 대화상자가 다시 나타나면 [확인(OK)] 단추를 클릭합니다.

09 [레이어 스타일(Layer Style)] 대화상자가 다시 나타나면 [경사와 엠보스(Bevel and Emboss)] 탭을 클릭합니다.

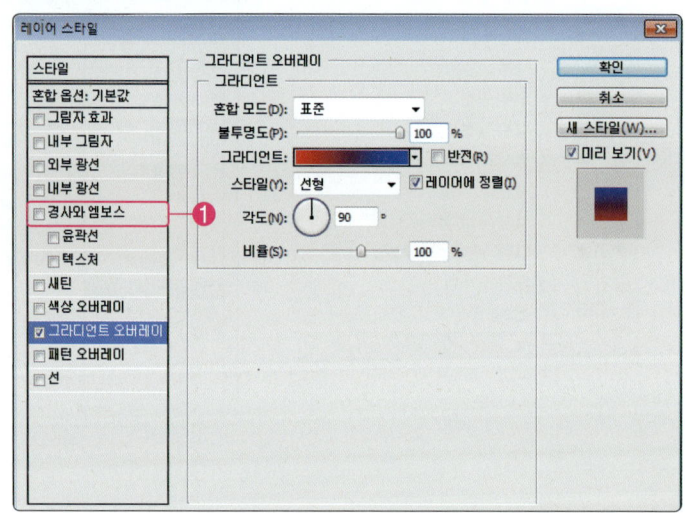

10 [레이어 스타일(Layer Style)] 대화상자의 [경사와 엠보스(Bevel and Emboss)] 탭이 나타나면 속성을 지정한 후 [확인(OK)] 단추를 클릭합니다.

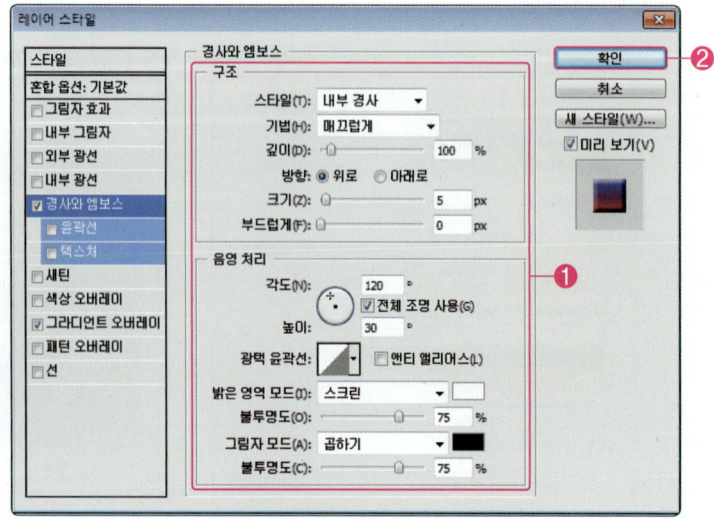

STEP 12　①번 텍스트 작성하기

01 도구 상자(Tool Box)에서 [수평 문자 도구(Horizontal Type Tool)]를 선택한 후 옵션 바에서 글꼴(굴림)을 선택한 다음 글자 크기(16)를 입력합니다.

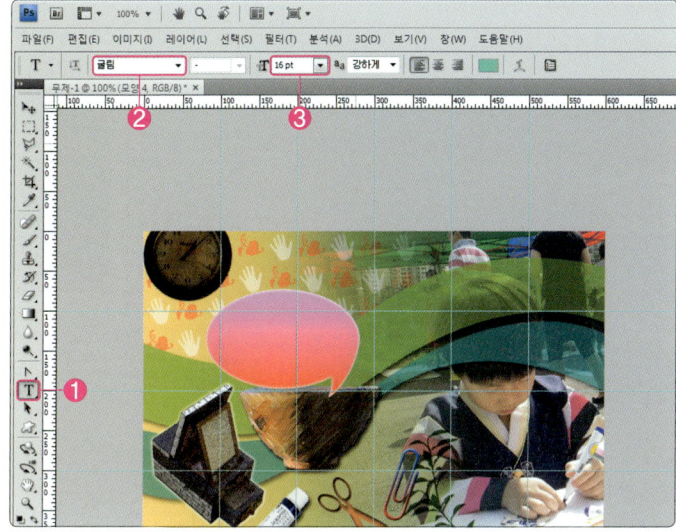

02 텍스트를 삽입할 위치를 클릭한 후 '카페 스토리 / 이용방법 / 메뉴 / 오시는길'을 입력한 다음 Ctrl+Enter를 누릅니다.

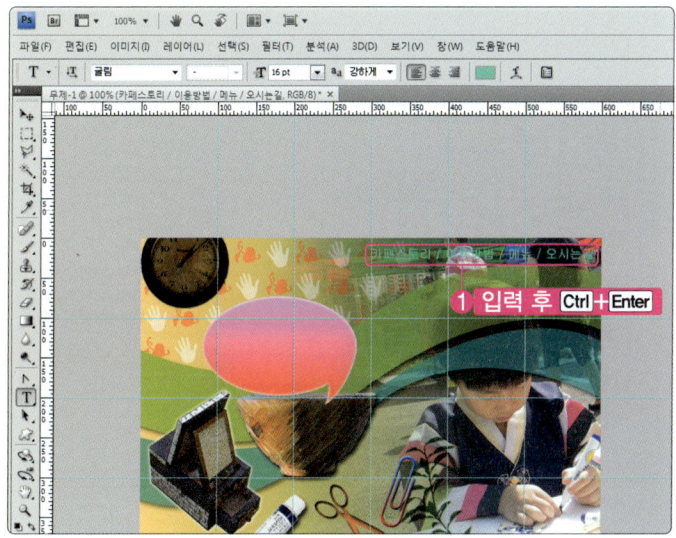

03 텍스트 색상을 지정하기 위해 옵션 바에서 [텍스트 색상 설정(Set the text color)]을 클릭합니다.

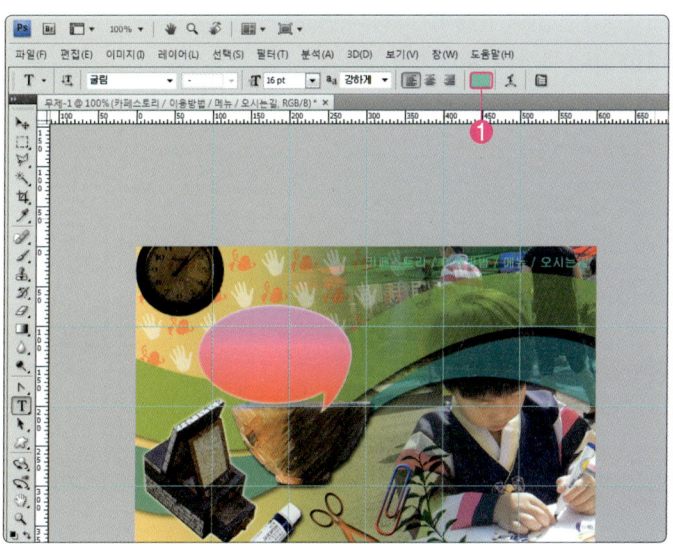

04 [텍스트 색상 선택(Select text color)] 대화상자가 나타나면 색상(ffffff)을 입력한 후 [확인(OK)] 단추를 클릭합니다.

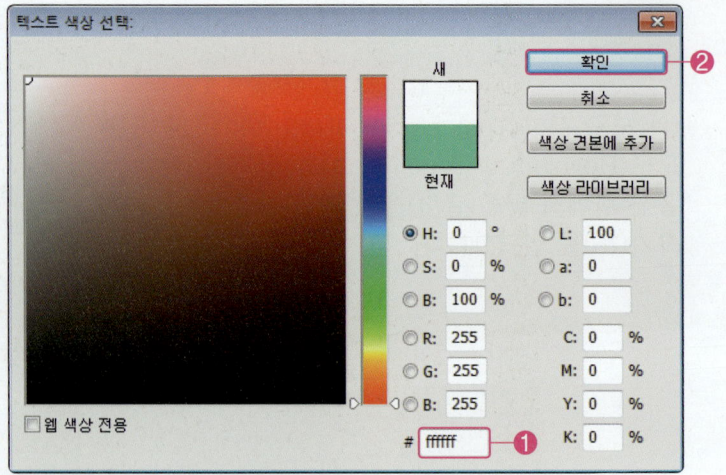

05 [레이어(LAYERS)] 패널에서 [레이어 스타일 추가(Add a layer style)]-[그림자(Drop Shadow)]를 클릭한 후 [레이어 스타일(Layer Style)] 대화상자의 [그림자 효과(Drop Shadow)] 탭이 나타나면 속성을 지정한 다음 [선(Stroke)]을 클릭합니다.

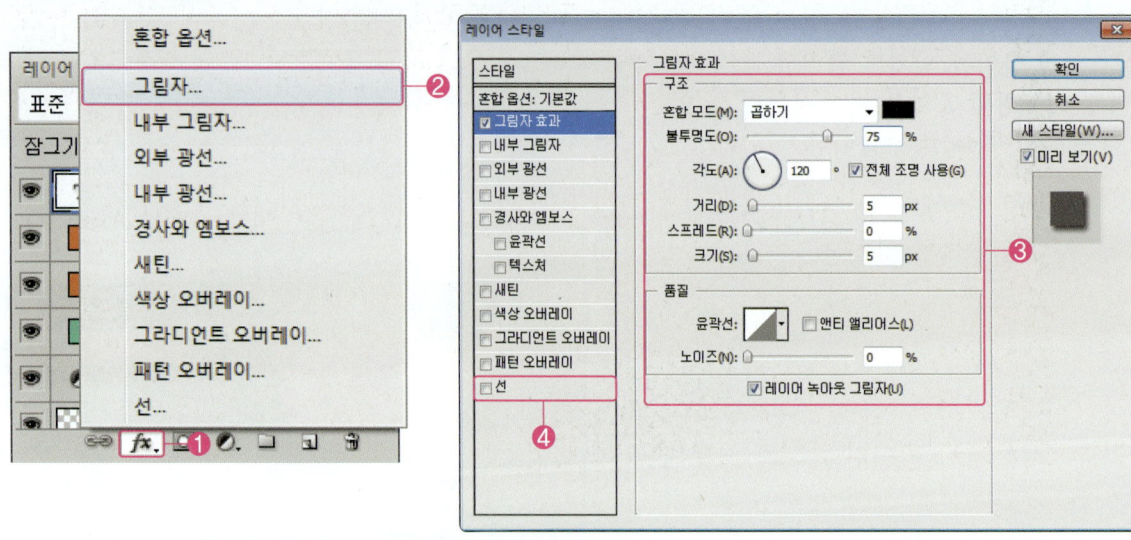

06 [레이어 스타일(Layer Style)] 대화상자의 [선(Stroke)] 탭이 나타나면 크기(2)를 입력한 후 [색상(Color)]을 클릭합니다.

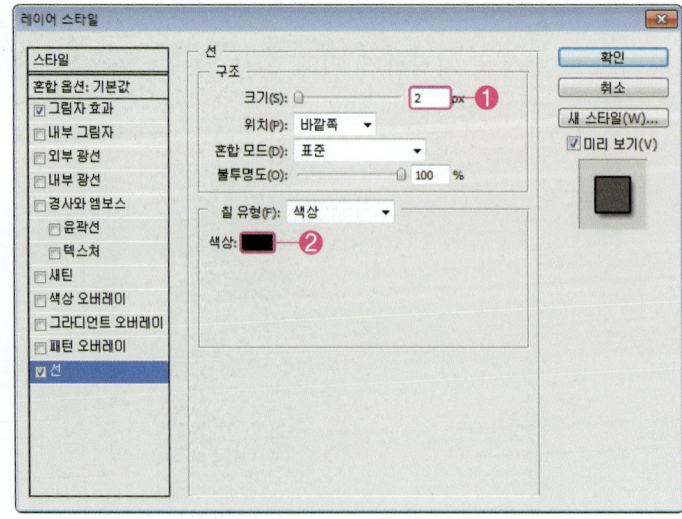

07 [선 색상 선택(Select stroke color)] 대화상자가 나타나면 색상(666666)을 입력한 후 [확인(OK)] 단추를 클릭합니다.

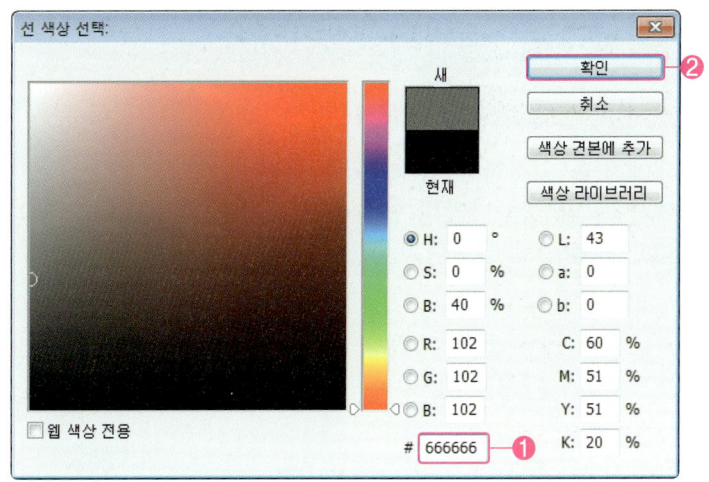

08 [레이어 스타일(Layer Style)] 대화상자의 [선(Stroke)] 탭이 다시 나타나면 [확인(OK)] 단추를 클릭합니다.

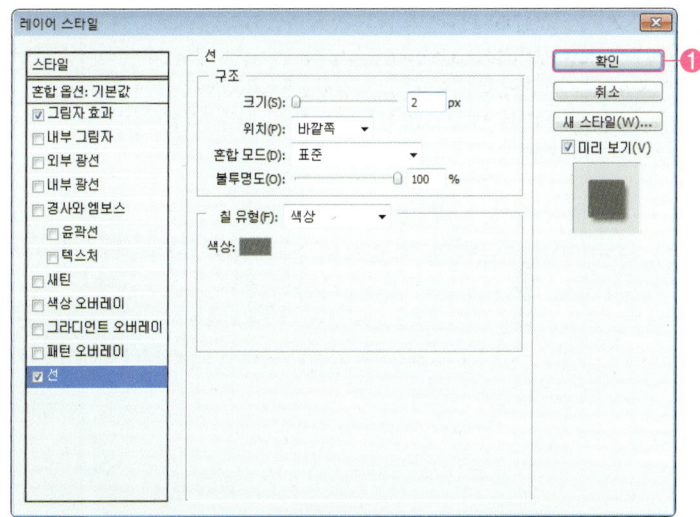

09 다음과 같이 레이어 스타일이 지정됩니다.

STEP 13 ②번 텍스트 작성하기

01 텍스트를 삽입할 위치를 클릭한 후 '카페에서'를 입력한 다음 Enter 를 눌러 강제개행하고 '만드는 나만의 예술품'을 입력한 후 Ctrl + Enter 를 누릅니다.

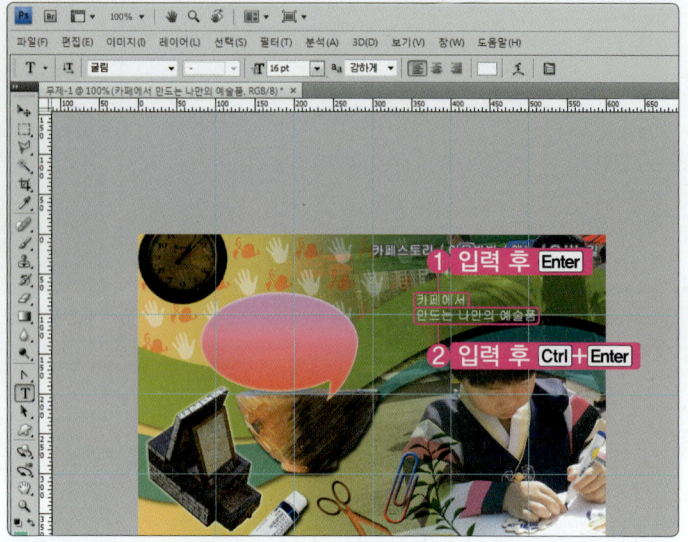

02 옵션 바에서 글꼴(궁서)을 선택한 후 글자 크기(16)를 입력한 다음 [텍스트 색상 설정(Set the text color)]을 클릭합니다.

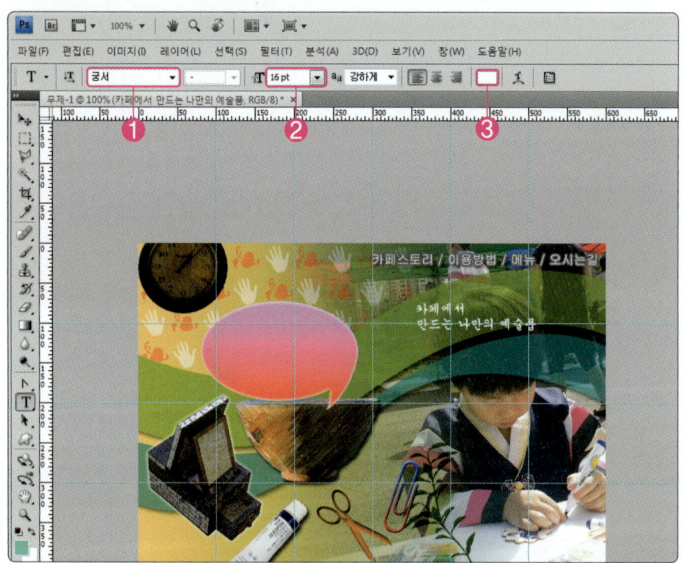

03 [텍스트 색상 선택(Select text color)] 대화상자가 나타나면 색상(cccc66)을 입력한 후 [확인(OK)] 단추를 클릭합니다.

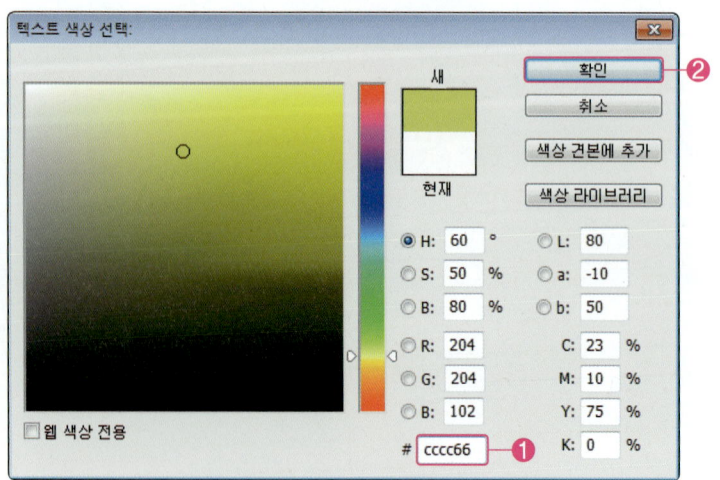

04 옵션 바에서 [텍스트 변형(Create warp text)]을 클릭한 후 [텍스트 변형(Warp Text)] 대화상자가 나타나면 스타일(깃발)을 선택한 다음 구부리기(Bend)를 조절하고 [확인(OK)] 단추를 클릭합니다.

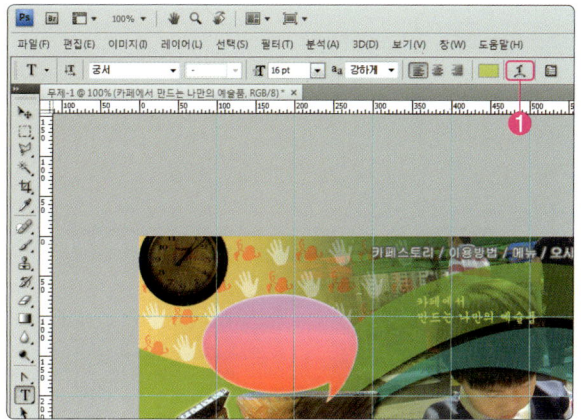 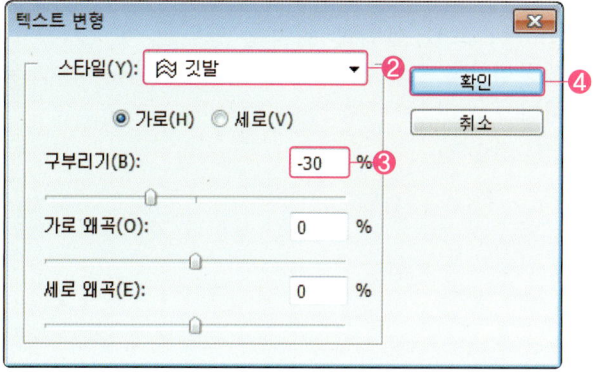

05 [편집(Edit)]-[자유 변형(Free Transform)]을 클릭한 후 크기 조절점에 마우스 포인터를 위치시킨 다음 ↻ 모양으로 변경되면 드래그하여 회전을 지정합니다.

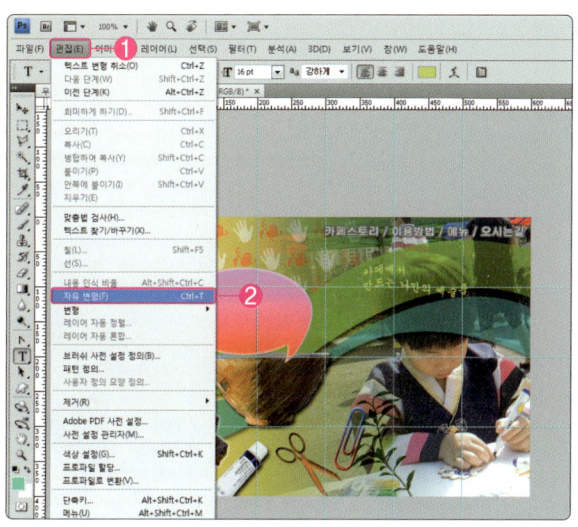 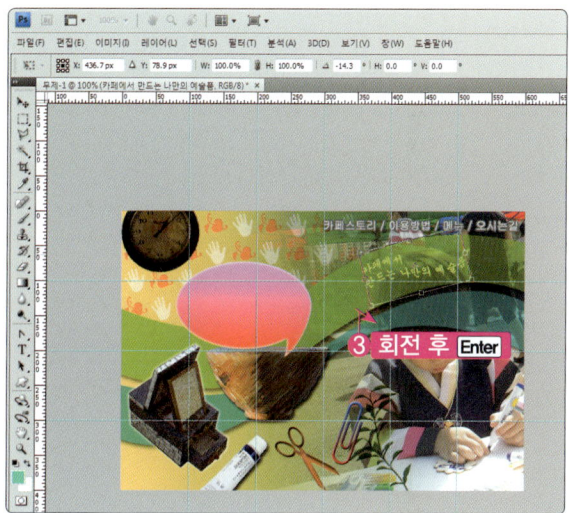

06 [레이어(LAYERS)] 패널에서 [레이어 스타일 추가(Add a layer style)]-[그림자(Drop Shadow)]를 클릭한 후 [레이어 스타일(Layer Style)] 대화상자의 [그림자 효과(Drop Shadow)] 탭이 나타나면 속성을 지정한 다음 [확인(OK)] 단추를 클릭합니다.

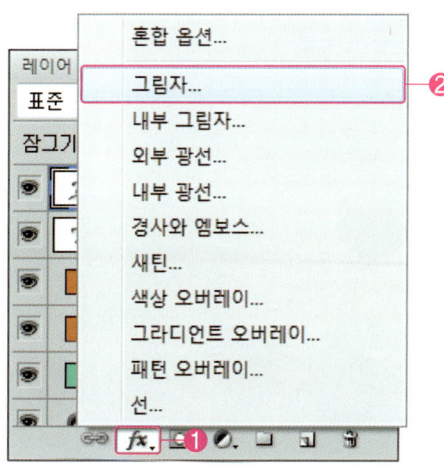 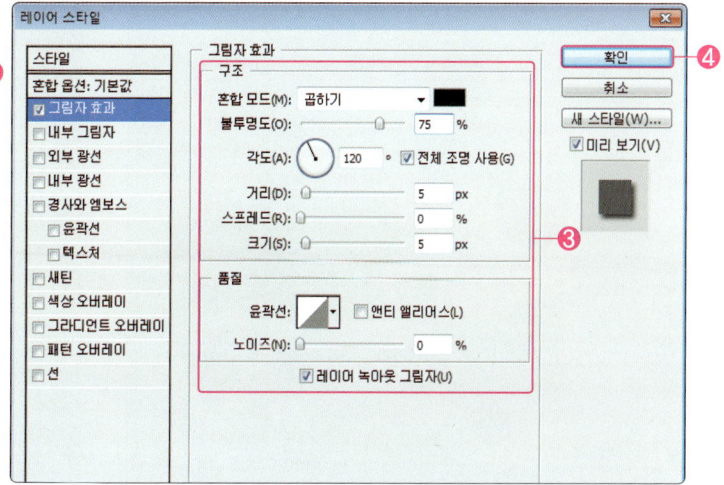

Chapter05 · [실무응용] 홈페이지 메뉴바 제작 **195**

STEP 14 ③번 텍스트 작성하기

01 텍스트를 삽입할 위치를 클릭한 후 "'카페공방'"을 입력한 다음 Ctrl+Enter를 누릅니다.

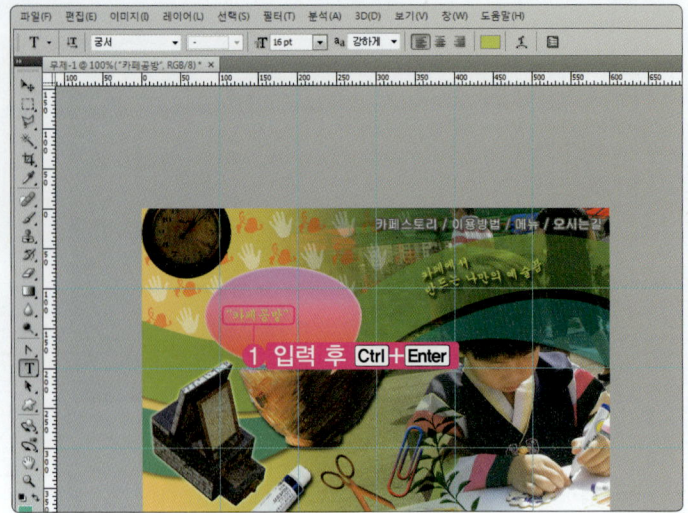

02 옵션 바에서 글꼴(바탕)을 선택한 후 글자 크기(40)를 입력합니다.

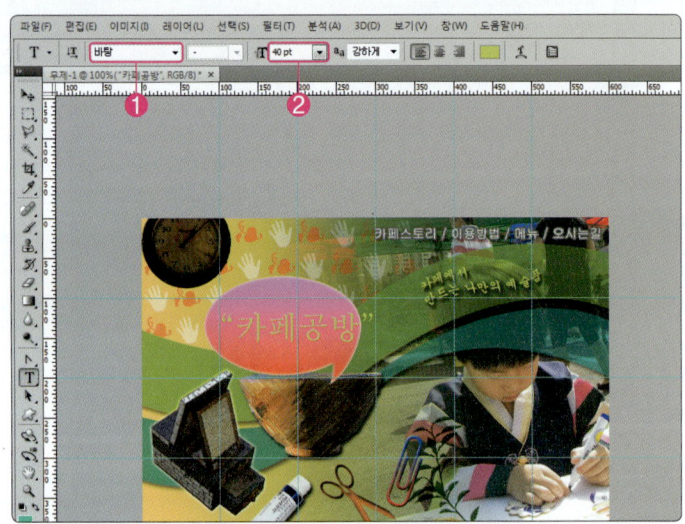

03 '공방"'을 드래그하여 선택 영역으로 지정한 후 옵션 바에서 글자 크기(25)를 입력한 다음 Ctrl+Enter를 누르고 [텍스트 색상 설정(Set the text color)]을 클릭합니다.

 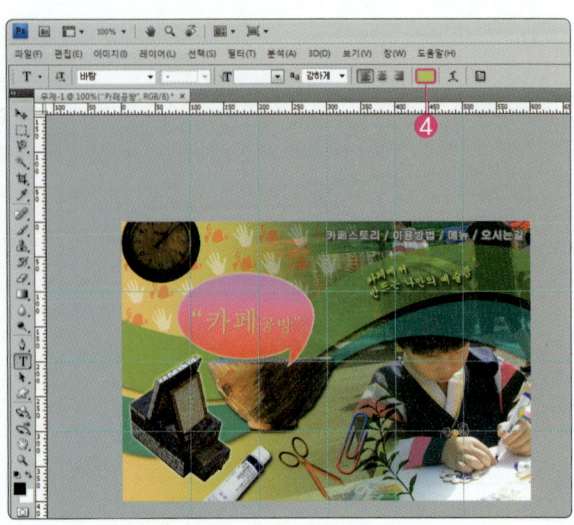

196 PhotoShop CS2 핵심요약

04 [텍스트 색상 선택(Select text color)] 대화상자가 나타나면 색상(ffffff)을 입력한 후 [확인(OK)] 단추를 클릭합니다.

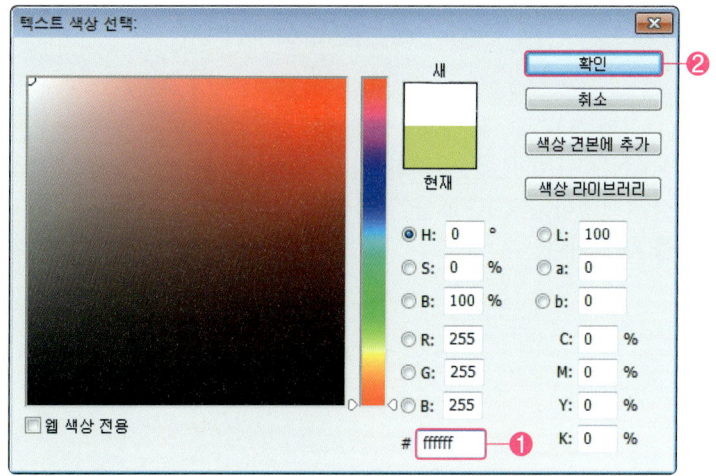

05 옵션 바에서 [텍스트 변형(Create warp text)]을 클릭한 후 [텍스트 변형(Warp Text)] 대화상자가 나타나면 스타일(위 부채꼴)을 선택한 다음 구부리기(Bend)를 조절하고 [확인(OK)] 단추를 클릭합니다.

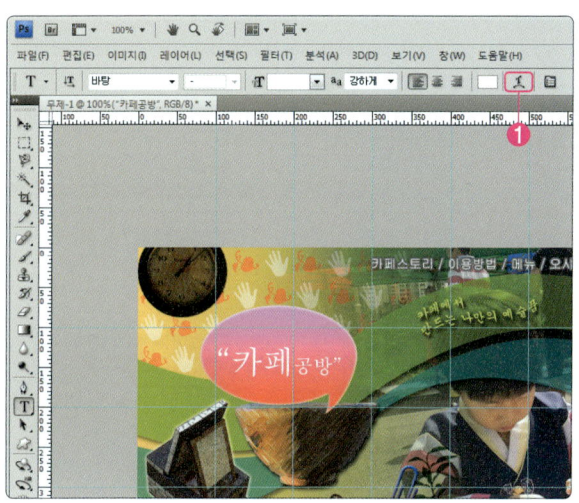
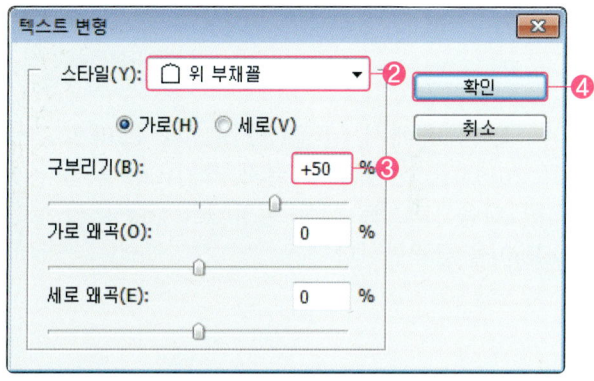

06 [레이어(LAYERS)] 패널에서 [레이어 스타일 추가(Add a layer style)]-[외부 광선(Outer Glow)]을 클릭한 후 [레이어 스타일(Layer Style)] 대화상자의 [외부 광선(Outer Glow)] 탭이 나타나면 속성을 지정한 다음 [확인(OK)] 단추를 클릭합니다.

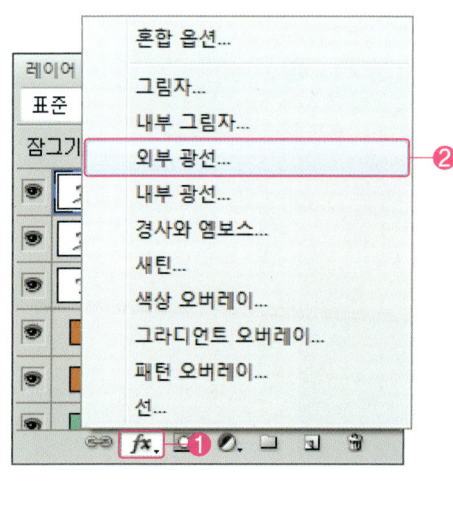
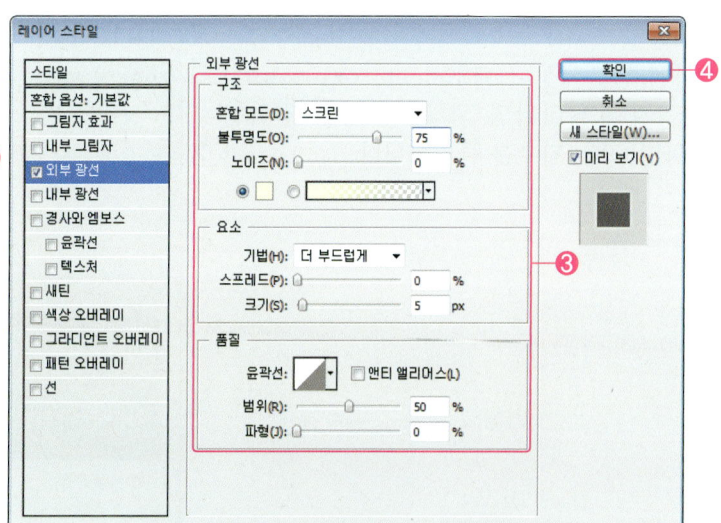

Chapter05 • [실무응용] 홈페이지 메뉴바 제작 **197**

STEP 15 ④번 텍스트 작성하기

01 텍스트를 삽입할 위치를 클릭한 후 'HAND MADE'를 입력한 다음 Enter를 눌러 강제개행하고 'CAFE'를 입력한 후 Ctrl+Enter를 누릅니다.

02 옵션 바에서 글꼴(Arial)과 스타일(Regular)을 선택한 후 글자 크기(26)를 입력한 다음 [텍스트 색상 설정(Set the text color)]을 클릭합니다.

03 [텍스트 색상 선택(Select text color)] 대화상자가 나타나면 색상(ffffff)을 입력한 후 [확인(OK)] 단추를 클릭합니다.

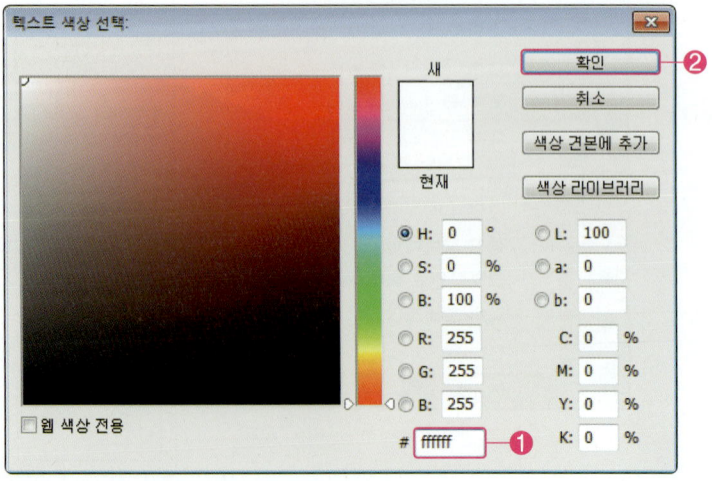

04 [레이어(LAYERS)] 패널에서 [fx.][레이어 스타일 추가(Add a layer style)]-[선(Stroke)]을 클릭한 후 [레이어 스타일(Layer Style)] 대화상자의 [선(Stroke)] 탭이 나타나면 크기(2)를 입력한 후 [색상(Color)]을 클릭합니다.

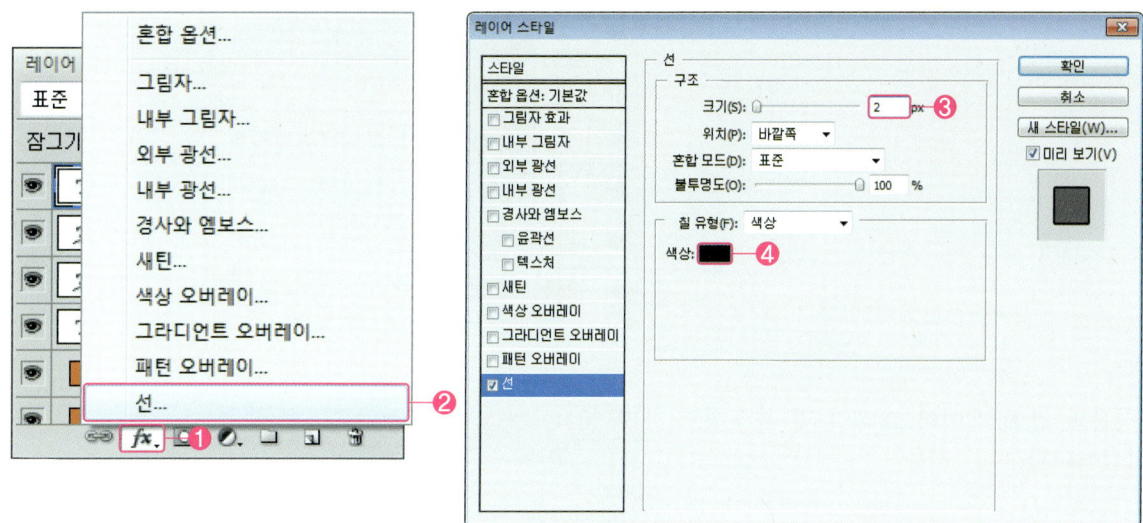

05 [선 색상 선택(Select stroke color)] 대화상자가 나타나면 색상(0000ff)을 입력한 후 [확인(OK)] 단추를 클릭합니다.

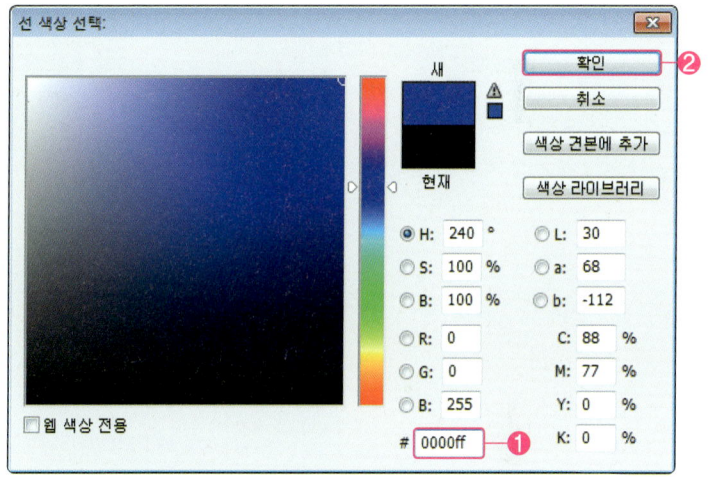

06 [레이어 스타일(Layer Style)] 대화상자의 [선(Stroke)] 탭이 다시 나타나면 [확인(OK)] 단추를 클릭합니다.

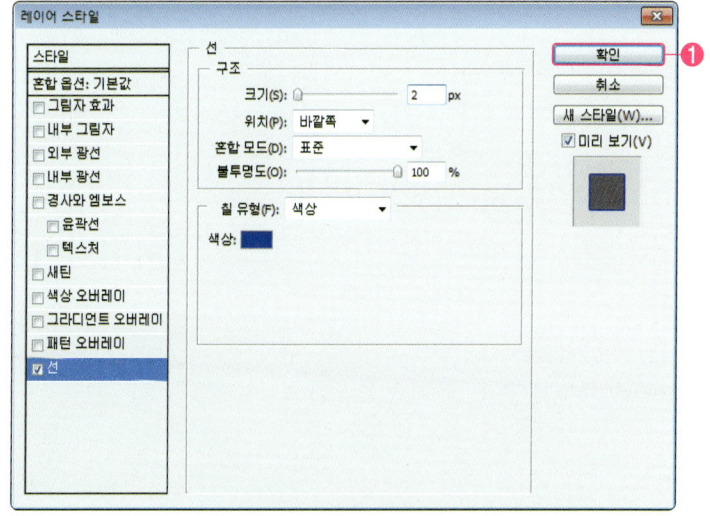

07 [레이어(LAYERS)] 패널에서 불투명도(Opacity)에 '60'을 입력합니다.

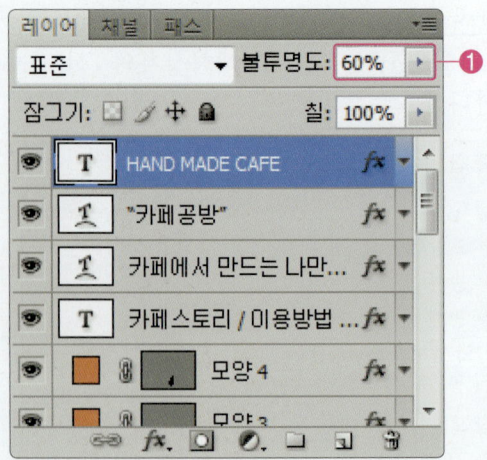

08 다음과 같이 레이어 스타일 및 불투명도가 지정됩니다.

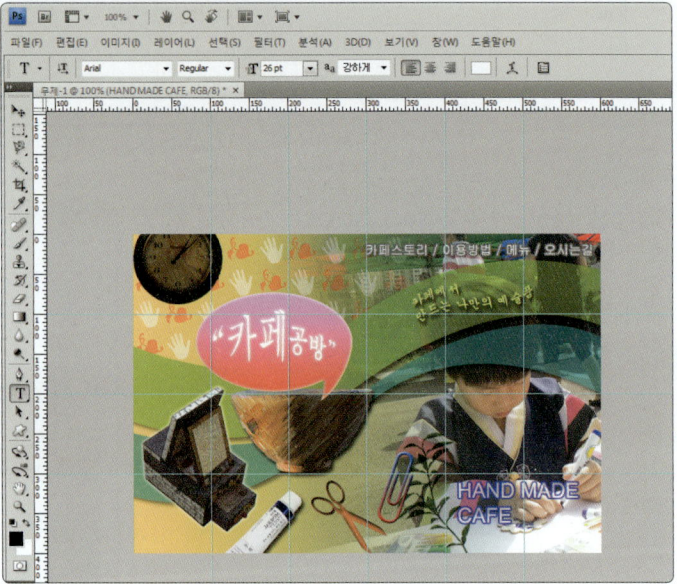

STEP 16 답안 저장 및 전송하기

01 작성한 답안을 저장하기 위해 [파일(File)]-[저장(Save)]을 클릭합니다.

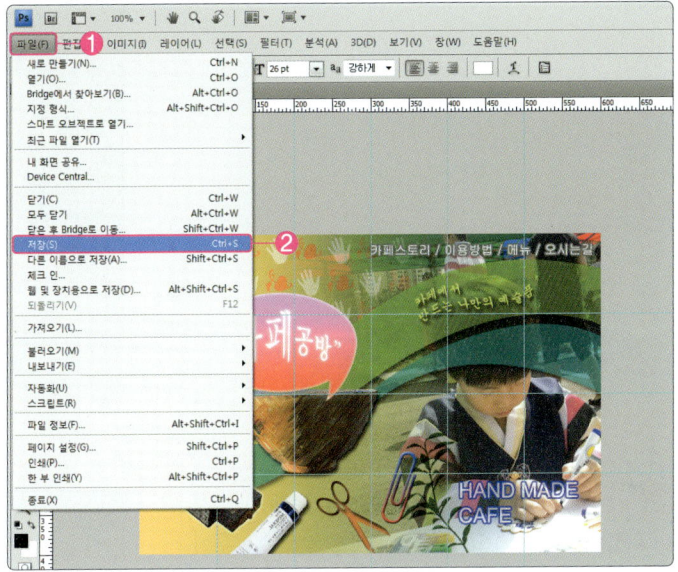

02 [다른 이름으로 저장(Save As)] 대화상자가 나타나면 저장 위치(라이브러리₩문서₩GTQ)를 지정한 후 파일 이름(수험번호-성명-문제번호)을 입력한 다음 형식(JPEG (*.JPG;*.JPEG;*.JPE))을 선택하고 [저장] 단추를 클릭합니다.

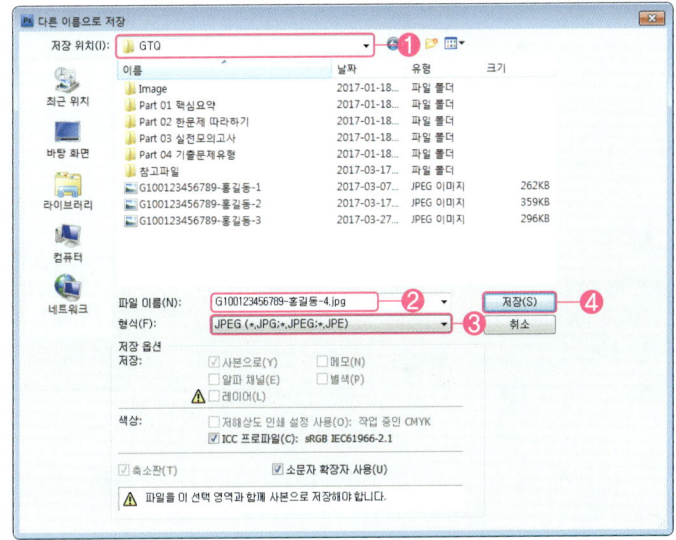

03 [JPEG 옵션(JPEG Options)] 대화상자가 나타나면 품질(Quality)을 지정한 후 [확인(OK)] 단추를 클릭합니다.

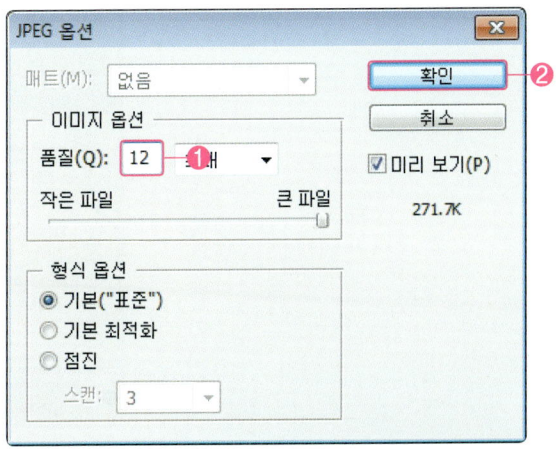

04 PSD 파일로 저장하기 위해 [이미지(Image)]-[이미지 크기(Image Size)]를 클릭합니다.

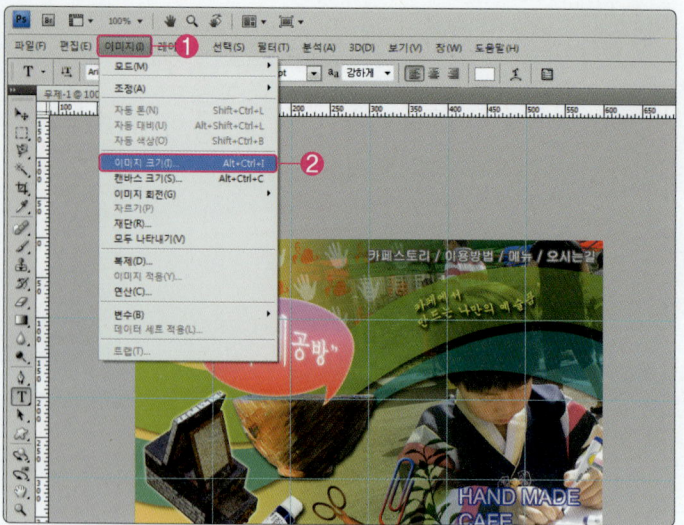

05 [이미지 크기(Image Size)] 대화상자가 나타나면 폭(Width)에 '60'을 입력한 후 [확인(OK)] 단추를 클릭합니다.

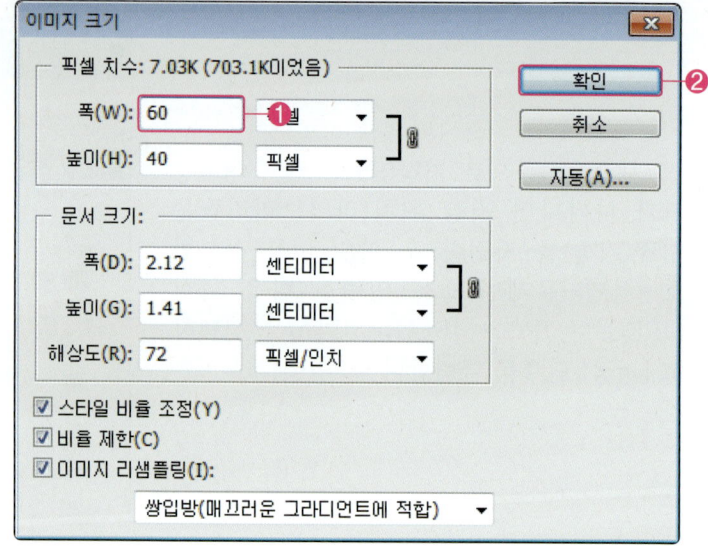

Tip
[비율 제한]이 선택되어 있는 경우 폭(Width)을 입력하면 높이(Height)는 비율에 맞게 자동으로 변경됩니다.

06 이미지 크기가 변경되면 [파일(File)]-[저장(Save)]을 클릭합니다.

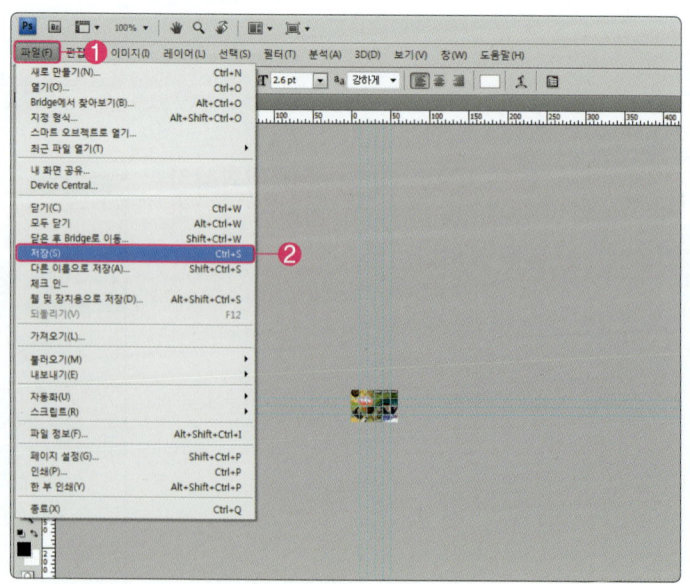

07 [다른 이름으로 저장(Save As)] 대화상자가 나타나면 저장 위치(라이브러리₩문서₩GTQ)를 지정한 후 파일 이름(수험번호-성명-문제번호)을 입력한 다음 형식(Photoshop (*.PSD;*.PDD))을 선택하고 [저장] 단추를 클릭합니다.

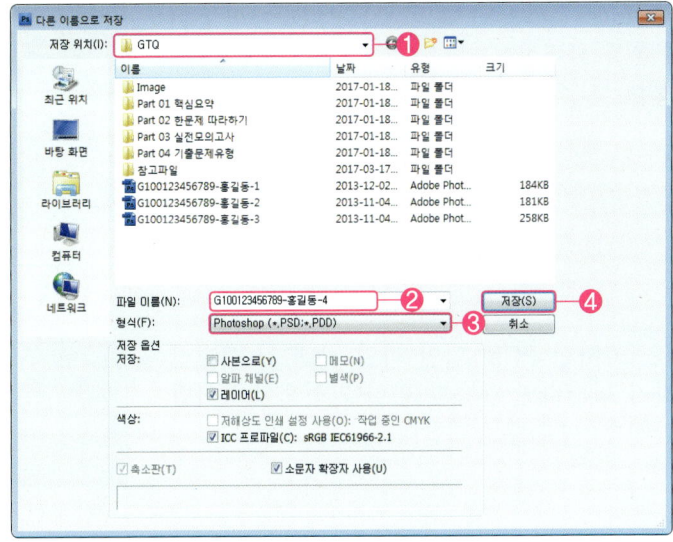

08 [Photoshop 형식 옵션(Photoshop Format Options)] 대화상자가 나타나면 [확인(OK)] 단추를 클릭합니다.

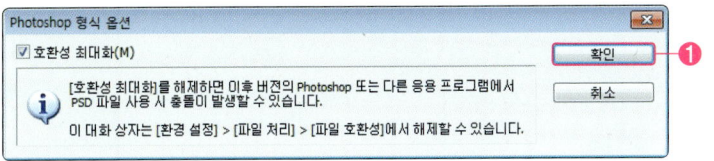

09 답안을 전송하기 위해 [최소화] 단추를 클릭합니다.

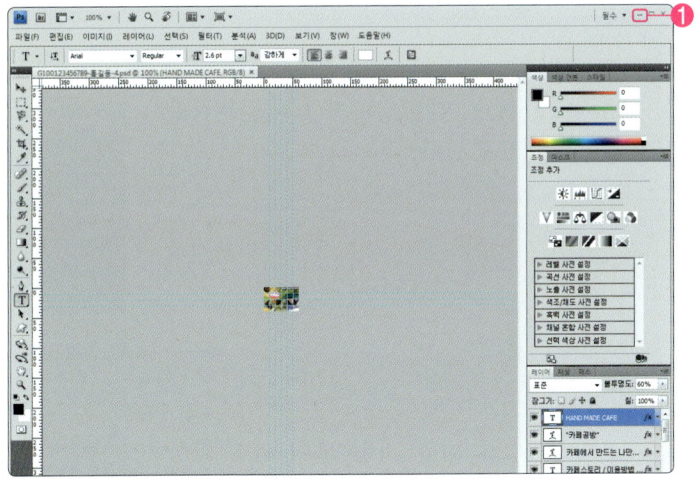

10 KOAS 수험자용 프로그램을 선택한 후 [답안 전송] 단추를 클릭합니다.

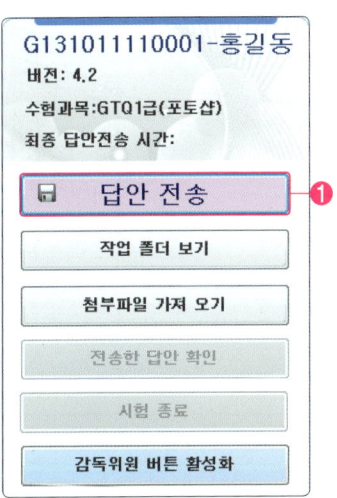

Chapter05 · [실무응용] 홈페이지 메뉴바 제작

11 [MessageBox] 대화상자가 나타나면 [예] 단추를 클릭합니다.

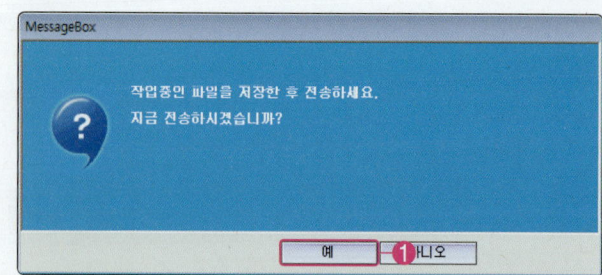

12 [고사실 PC로 답안 파일 보내기] 대화상자가 나타나면 전송할 파일을 선택한 후 [답안전송] 단추를 클릭합니다.

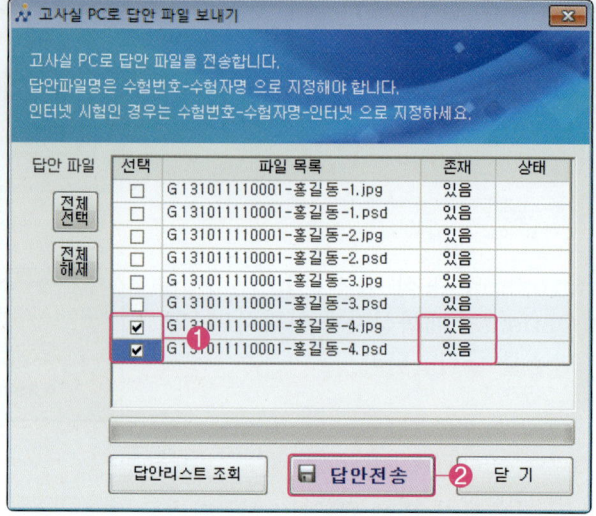

> **Tip**
> 전송하고자 하는 파일의 존재 여부가 '없음'으로 표시되면 파일명 및 저장 위치를 확인합니다.

13 [MessageBox] 대화상자가 나타나면 [확인] 단추를 클릭합니다.

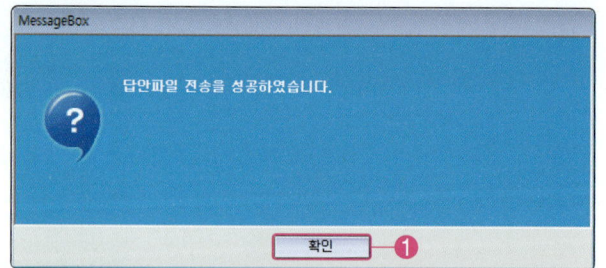

14 [고사실 PC로 답안 파일 보내기] 대화상자가 다시 나타나면 [닫기] 단추를 클릭합니다.

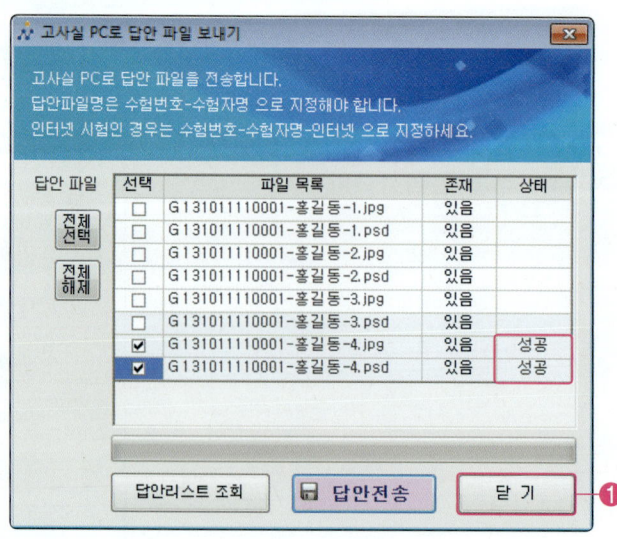

> **Tip**
> 전송한 파일의 상태 여부가 '성공'으로 표시되는지 확인합니다.

문제유형 01 [실무응용] 홈페이지 메뉴바 제작 [35점]

다음의 ≪조건≫에 따라 아래의 ≪출력형태≫와 같이 작업하시오.

≪조건≫

원본 이미지		내문서₩GTQ₩Image₩1급-12.jpg, 1급-13.jpg, 1급-14.jpg, 1급-15.jpg, 1급-16.jpg, 1급-17.jpg
파일 저장 규칙	JPG	파일명 : 내문서₩GTQ₩수험번호-성명-4.jpg
		크기 : 600 × 400 pixels
	PSD	파일명 : 내문서₩GTQ₩수험번호-성명-4.psd
		크기 : 60 × 40 pixels

1. 그림 효과
   ① 배경 : #ffffff
   ② 패턴(하트 모양) : #6699ff, 레이어 마스크 – 가로 방향으로 흐릿하게, Opacity(불투명도)(70%)
   ③ 1급-13.jpg : 필터 – Add Noise(노이즈 추가)
   ④ 1급-14.jpg : Opacity(불투명도)(50%)
   ⑤ 1급-15.jpg : 레이어 마스크 – 세로 방향으로 흐릿하게
   ⑥ 1급-16.jpg : 필터 – Grain(그레인), 레이어 스타일 – Stroke(선/획)(3px, #ffffff)
   ⑦ 그 외 ≪출력형태≫ 참조

2. 문자 효과
   ① 한국의 대표 음식 (궁서, 36pt, #0066ff, 레이어 스타일 – Stroke(선/획)(2px, #ffffff))
   ② 김치 / 전주비빔밥 / 불고기 / 막걸리 / 도토리묵 / 과메기 (굴림, 20pt, #ffff00, 레이어 스타일 – Drop Shadow(그림자 효과))
   ③ 조리과정 소개, 베스트 식당 안내 (굴림, 16pt, #ffffff)

≪출력형태≫

Shape Tool(모양 도구) 사용
#ffffff

Shape Tool(모양 도구) 사용
#990066, Opacity(불투명도)(50%)

Shape Tool(모양 도구) 사용
#990033

Pen Tool(펜 도구) 사용
#ffff00

Pen Tool(펜 도구) 사용
#0066ff

문제유형 02 [실무응용] 홈페이지 메뉴바 제작 [35점]

다음의 《조건》에 따라 아래의 《출력형태》와 같이 작업하시오.

《조건》

원본 이미지	내문서\GTQ\Image\1급-12.jpg, 1급-13.jpg, 1급-14.jpg, 1급-15.jpg, 1급-16.jpg, 1급-17.jpg		
파일 저장 규칙	JPG	파일명	내문서\GTQ\수험번호-성명-4.jpg
		크기	600 × 400 pixels
	PSD	파일명	내문서\GTQ\수험번호-성명-4.psd
		크기	60 × 40 pixels

1. 그림 효과
   ① 배경 : #999999
   ② 패턴(나뭇잎 모양) : #ffffff, Opacity(불투명도)(60%)
   ③ 1급-12.jpg : Blending Mode(혼합 모드) – Hard Light(하드 라이트), 레이어 마스크 – 세로 방향으로 흐릿하게
   ④ 1급-13.jpg, 1급-14.jpg : 필터 – Dry Brush(드라이 브러쉬)
   ⑤ 1급-15.jpg : 필터 – Facet(단면화), 레이어 스타일 – Bevel and Emboss(경사와 엠보스)
   ⑥ 1급-16.jpg : 레이어 스타일 – Drop Shadow(그림자 효과)
   ⑦ 1급-17.jpg : 색상 보정 – 빨간색 계열로 보정, 레이어 스타일 – Outer Glow(외부 광선)
   ⑧ 그 외 《출력형태》 참조

2. 문자 효과
   ① 사계절 제철 과일 (돋움, 37pt, 레이어 스타일 – 그라디언트 오버레이(#660099, #cc0000), Drop Shadow(그림자 효과))
   ② Vitamin Plus (Arial, Bold, 20pt, #009900, 레이어 스타일 – Outer Glow(외부 광선))
   ③ 새콤달콤 Spring / Summer / Autumn / Winter (돋움, 20pt, #ffffff, 레이어 스타일 – Stroke(선/획)(2px, 그라디언트(#000099, #ff0000)))
   ④ 싱싱한 제철과일 먹고 건강한 생활을 합시다! (바탕, 18pt, #000033, 레이어 스타일 – Drop Shadow(그림자 효과))

《출력형태》

문제유형 03 [실무응용] 홈페이지 메뉴바 제작 [35점]

다음의 ≪조건≫에 따라 아래의 ≪출력형태≫와 같이 작업하시오.

≪조건≫

원본 이미지		내문서₩GTQ₩Image₩1급-12.jpg, 1급-13.jpg, 1급-14.jpg, 1급-15.jpg, 1급-16.jpg, 1급-17.jpg
파일 저장 규칙	JPG 파일명	내문서₩GTQ₩수험번호-성명-4.jpg
	크기	600 × 400 pixels
	PSD 파일명	내문서₩GTQ₩수험번호-성명-4.psd
	크기	60 × 40 pixels

1. 그림 효과
   ① 배경 : #99cc66, 필터 - Texturizer(텍스처화)
   ② 패턴(별 모양) : #ffffff, Opacity(불투명도)(60%)
   ③ 1급-12.jpg : Blending Mode(혼합 모드) - Hard Light(하드 라이트), 레이어 마스크 - 세로 방향으로 흐릿하게
   ④ 1급-13.jpg : 필터 - Add Noise(노이즈 추가), 레이어 스타일 - Drop Shadow(그림자 효과)
   ⑤ 1급-14.jpg : 색상 보정 - 노란색 계열로 보정, 레이어 스타일 - Drop Shadow(그림자 효과)
   ⑥ 1급-15.jpg : 레이어 스타일 - Stroke(선/획)(3px, #ffffff), Inner Shadow(내부 그림자)
   ⑦ 1급-16.jpg : 레이어 스타일 - Bevel and Emboss(경사와 엠보스)
   ⑧ 그 외 ≪출력형태≫ 참조

2. 문자 효과
   ① 꿈을 그리는 아트스쿨 (굴림, 30pt, 레이어 스타일 - Stroke(선/획)(3px, 그라디언트(#339933, #663300)), Drop Shadow(그림자 효과))
   ② Painting & Color Sense (Arial, Regular, 18pt, #cc0000, 레이어 스타일 - Drop Shadow(그림자 효과))
   ③ 방학 특강 과정! (돋움, 24pt, #ff00cc, 레이어 스타일 - Stroke(선/획)(2px, #ffffff))
   ④ 파스텔 / 색연필 / 수채화물감 (돋움, 14pt, #000000, 레이어 스타일 - Drop Shadow(그림자 효과))

≪출력형태≫

Shape Tool(모양 도구) 사용
#ccff00, 레이어 스타일 - Stroke(선/획)(3px, #ffffff)
Opacity(불투명도)(50%)

Shape Tool(모양 도구) 사용
#999999, 레이어 스타일 - Drop Shadow(그림자 효과)

Shape Tool(모양 도구) 사용
#999999, 레이어 스타일 - Stroke(선/획)(2px, #ffffff)

Pen Tool(펜 도구) 사용
#ff3333, #ffff33
레이어 스타일 - Bevel and Emboss(경사와 엠보스)

문제유형 04 [실무응용] 홈페이지 메뉴바 제작 [35점]

다음의 ≪조건≫에 따라 아래의 ≪출력형태≫와 같이 작업하시오.

≪조건≫

원본 이미지	내문서₩GTQ₩Image₩1급-12.jpg, 1급-13.jpg, 1급-14.jpg, 1급-15.jpg, 1급-16.jpg, 1급-17.jpg		
파일 저장 규칙	JPG	파일명	내문서₩GTQ₩수험번호-성명-4.jpg
		크기	600 × 400 pixels
	PSD	파일명	내문서₩GTQ₩수험번호-성명-4.psd
		크기	60 × 40 pixels

1. 그림 효과

① 배경 : 그라디언트(#ffffff, #99cc99)
② 패턴(꽃장식 모양) : #9966cc, 레이어 마스크 - 가로 방향으로 흐릿하게, Opacity(불투명도)(80%)
③ 1급-12.jpg : 필터 - Facet(단편화), 레이어 마스크 - 세로 방향으로 흐릿하게
④ 1급-13.jpg : Blending Mode(혼합 모드) - Hard Light(하드 라이트), 레이어 마스크 - 세로 방향으로 흐릿하게
⑤ 1급-14.jpg : Blending Mode(혼합 모드) - Screen(스크린), 레이어 스타일 - Inner Glow(내부 광선)
⑥ 1급-16.jpg : 레이어 스타일 - Drop Shadow(그림자 효과)
⑦ 1급-17.jpg : 색상 보정 - 빨간색 계열로 보정, 레이어 스타일 - Outer Glow(외부 광선)
⑧ 그 외 ≪출력형태≫ 참조

2. 문자 효과

① 연꽃 내음 머무는 곳 (궁서, 36pt, 레이어 스타일 - 그라디언트 오버레이(#ffffff, #ff6600), Stroke(선/획)(2px, #ffffff))
② 연꽃차 연잎차 / 연밥 / 천연 염색 (돋움, 16pt, #330033)
③ 연꽃의 효능... (바탕, 18pt, #000000, 레이어 스타일 - Drop Shadow(그림자 효과))
④ www.thelotus.co.kr (Arial, Bold, 18pt, #ffffff, 레이어 스타일 - Drop Shadow(그림자 효과))

≪출력형태≫

Shape Tool(모양 도구) 사용
레이어 스타일 - 그라디언트 오버레이
(#ffffff, #cc99ff), Stroke(선/획)(3px, #ffffff)

Shape Tool(모양 도구) 사용
#ffcccc, 레이어 스타일 - Inner Shadow(내부 그림자)

Shape Tool(모양 도구) 사용
레이어 스타일 - 그라디언트 오버레이(#ffffcc, #cccc00),
Bevel and Emboss(경사와 엠보스)

Pen Tool(펜 도구) 사용
#ffff99, #cccccc,
레이어 스타일 -
Drop Shadow(그림자 효과),
Opacity(불투명도)(80%)

PART 02

실전모의고사

제01회 • 실전모의고사
제02회 • 실전모의고사
제03회 • 실전모의고사
제04회 • 실전모의고사
제05회 • 실전모의고사
제06회 • 실전모의고사
제07회 • 실전모의고사
제08회 • 실전모의고사
제09회 • 실전모의고사
제10회 • 실전모의고사

제 01 회 GTQ 실전모의고사

Graphic Technology Qualification

급수	문제유형	시험시간	수험번호	성명
1급	A	90분		

수험자 유의사항

- 수험자는 문제지를 받는 즉시 응시하고자 하는 **과목 및 급수가 맞는지 확인**한 후 수험번호와 성명을 작성합니다.
- 파일명은 본인의 "수험번호-성명-문제번호"로 공백 없이 정확히 입력하고 답안폴더(내문서₩GTQ 또는 라이브러리₩문서₩GTQ)에 jpg 파일과 psd 파일의 2가지 포맷으로 저장해야 하며, jpg 파일과 psd 파일의 내용이 상이할 경우 0점 처리됩니다. 답안문서 파일명이 "수험번호-성명-문제번호"와 일치하지 않거나, 답안 파일을 전송하지 않아 미제출로 처리될 경우 불합격 처리됩니다.
- 문제의 세부조건은 '영문(한글)' 형식으로 표기되어 있으니 유의하시기 바랍니다.
- 수험자 정보와 저장한 파일명, 저장 위치가 다를 경우 전송이 되지 않으므로, 주의하시기 바랍니다.
- 답안 작성 중에도 **주기적으로 '저장'과 '답안 전송'**을 이용하여 감독위원 PC로 답안을 전송하셔야합니다.
  (※ 작업한 내용을 <u>저장하지 않고 전송할 경우</u> 이전의 저장내용이 전송되오니 이점 반드시 유념하시기 바랍니다.)
- 답안문서는 지정된 경로 외의 다른 보조기억장치에 저장하는 행위, 지정된 시험 시간 외에 작성된 파일을 활용한 행위, 기타 통신수단(이메일, 메신저, 네트워크 등)을 이용하여 타인에게 전달 또는 외부 반출하는 행위는 부정으로 간주되어 **자격기본법 제32조에 의거 본 시험 및 국가공인 자격시험을 2년간 응시할 수 없습니다.**
- 시험 중 부주의 또는 고의로 시스템을 파손한 경우와 〈수험자 유의사항〉에 기재된 방법대로 이행하지 않아 생기는 불이익은 수험자의 책임임을 알려 드립니다.
- 시험을 완료한 수험자는 최종적으로 저장한 답안파일이 전송되었는지 확인한 후 감독위원의 지시에 따라 문제지를 제출하고 퇴실합니다.

답안 작성요령

- 온라인 답안 작성 절차
  수험자 등록 ⇒ 시험 시작 ⇒ 답안파일 저장 ⇒ 답안 전송 ⇒ 시험 종료
- 내문서₩GTQ₩Image폴더에 있는 그림 원본파일을 사용하여 답안을 작성하시고 최종답안을 답안폴더(내문서₩GTQ)에 저장하여 답안을 전송하시고, 이미지의 크기가 다른 경우 감점 처리됩니다.
- 배점은 총 100점으로 이루어지며, 점수는 각 문제별로 차등 배분됩니다.
- 각 문제는 주어진 〈조건〉에 따라 작성하고, 언급하지 않은 조건은 《출력형태》와 같이 작성합니다.
- 배치 등의 편의를 위해 주어진 눈금자의 단위는 '픽셀'입니다.
  그 외는 출력형태(효과, 이미지, 문자, 색상, 레이아웃, 규격 등)와 같게 작업하십시오.
- 문제 조건에 서체의 지정이 없을 경우 한글은 굴림이나 돋움, 영문은 Arial로 작업하십시오.
  (단, 그 외에 제시되지 않은 문자 속성을 기본값으로 작성하지 않은 경우는 감점 처리됩니다.)
- Image Mode(이미지 모드)는 별도의 처리조건이 없을 경우에는 RGB(8비트)로 작업하십시오.
- 모든 답안 파일은 해상도 72 pixels/inch로 작업하십시오.
- Layer(레이어)는 각 기능별로 분할해야 하며, 임의로 합칠 경우나 각 기능에 대한 속성을 해지할 경우 해당 요소는 0점 처리됩니다.

문제 1 [기능평가] 고급 Tool(도구) 활용 [20점]

다음의 ≪조건≫에 따라 아래의 ≪출력형태≫와 같이 작업하시오.

≪조건≫

원본 이미지	내문서₩GTQ₩Image₩1급-1.jpg, 1급-2.jpg, 1급-3.jpg		
파일 저장 규칙	JPG	파일명	내문서₩GTQ₩수험번호-성명-1.jpg
		크기	400 × 500 pixels
	PSD	파일명	내문서₩GTQ₩수험번호-성명-1.psd
		크기	40 × 50 pixels

1. 그림 효과
   ① 1급-1.jpg : 필터 - Dry Brush(드라이 브러시)
   ② Save Path(패스 저장) : 공룡알 모양
   ③ Mask(마스크) : 공룡알 모양, 1급-2.jpg를 이용하여 작성
      레이어 스타일 - Stroke(선/획)(3px, #ffffff), Inner Glow(내부 광선)
   ④ 1급-3.jpg : 레이어 스타일 - Outer Glow(외부 광선)
   ⑤ Shape Tool(모양 도구) :
      - 불 모양 (레이어 스타일 - 그라디언트 오버레이
        (#ffcc33, #cc0033), Bevel and Emboss(경사와 엠보스))
      - 폭발 모양 (레이어 스타일 - 그라디언트 오버레이
        (#ffff99, #ff6666), Outer Glow(외부 광선))

2. 문자 효과
   ① 티라노사우르스 (돋움, 45pt, 레이어 스타일 - 그라디언트 오버레이
      (#cc3333, #cccc00), Stroke(선/획)(2px, #330000))

≪출력형태≫

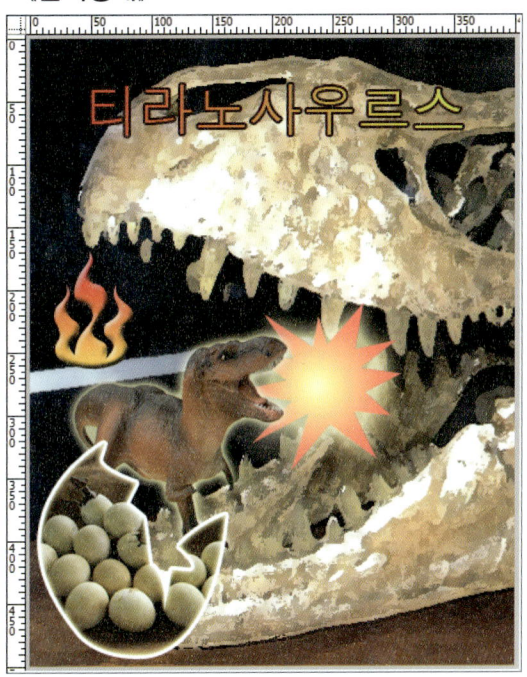

문제 2 [기능평가] 사진편집 응용 [20점]

다음의 ≪조건≫에 따라 아래의 ≪출력형태≫와 같이 작업하시오.

≪조건≫

원본 이미지	내문서₩GTQ₩Image₩1급-4.jpg, 1급-5.jpg, 1급-6.jpg		
파일 저장 규칙	JPG	파일명	내문서₩GTQ₩수험번호-성명-2.jpg
		크기	400 × 500 pixels
	PSD	파일명	내문서₩GTQ₩수험번호-성명-2.psd
		크기	40 × 50 pixels

1. 그림 효과
   ① 1급-4.jpg : 필터 - Gaussian Blur(가우시안 흐림 효과)
   ② 색상 보정 : 1급-5.jpg - 파란색 계열로 보정
   ③ 1급-5.jpg : 레이어 스타일 - Drop Shadow(그림자 효과)
   ④ 1급-6.jpg : 레이어 스타일 - Inner Shadow(내부 그림자)
   ⑤ Shape Tool(모양 도구) :
      - 새 모양 (#33cc33, 레이어 스타일 - Stroke(선/획)(2px, #ffffff))
      - 감탕나무 모양 (레이어 스타일 - 그라디언트 오버레이
        (#ff0000, #99ff33), Stroke(선/획)(1px, #000000))

2. 문자 효과
   ① 파라사우롤로푸스 (바탕, 35pt, #990099, 레이어 스타일 -
      Stroke(선/획)(2px, #ffffff))

≪출력형태≫

문제 3 [실무응용] 포스터 제작 [25점]

다음의 《조건》에 따라 아래의 《출력형태》와 같이 작업하시오.

《조건》

원본이미지	내문서\GTQ\Image\1급-7.jpg, 1급-8.jpg, 1급-9.jpg, 1급-10.jpg, 1급-11.jpg		
파일저장규칙	JPG	파일명	내문서\GTQ\수험번호-성명-3.jpg
		크기	600 × 400 pixels
	PSD	파일명	내문서\GTQ\수험번호-성명-3.psd
		크기	60 × 40 pixels

1. 그림 효과
    ① 배경 : 그라디언트(#ccff66, #ffffff)
    ② 1급-7.jpg : 레이어 스타일 - Drop Shadow(그림자 효과)
    ③ 1급-8.jpg : 필터 - Motion Blur(동작 흐림 효과), 레이어 마스크 - 가로 방향으로 흐릿하게
    ④ 1급-9.jpg : 필터 - Texturizer(텍스처화), 레이어 마스크 - 세로 방향으로 흐릿하게
    ⑤ 1급-10.jpg : 레이어 스타일 - Bevel and Emboss(경사와 엠보스), Stroke(선/획)(3px, #ffcc00)
    ⑥ 1급-11.jpg : 색상 보정 - 녹색 계열로 보정, 레이어 스타일 - Drop Shadow(그림자 효과)
    ⑦ 그 외 《출력형태》 참조

2. 문자 효과
    ① 공룡 체험전 (돋움, 45pt, 레이어 스타일 - 그라디언트 오버레이(#33cccc, #ffff99, #ff9900), Stroke(선/획)(3px, #003333))
    ② 2019. 9. 2 ~ 9. 30 (돋움, 16pt, #ffffff, 레이어 스타일 - Stroke(선/획)(2px, #000000))
    ③ 황금 공룡알을 찾아라 (돋움, 20pt, 레이어 스타일 - 그라디언트 오버레이(#ff0066, #ffff66), Stroke(선/획)(2px, #330000))
    ④ 공룡 비누 화석 만들기 (굴림, 14pt, 레이어 스타일 - 그라디언트 오버레이(#006633, #ff0066))

《출력형태》

문제 4 [실무응용] 홈페이지 메뉴바 제작 [35점]

다음의 ≪조건≫에 따라 아래의 ≪출력형태≫와 같이 작업하시오.

≪조건≫

원본이미지	내문서₩GTQ₩Image₩1급-12.jpg, 1급-13.jpg, 1급-14.jpg, 1급-15.jpg, 1급-16.jpg, 1급-17.jpg		
파일저장규칙	JPG	파일명	내문서₩GTQ₩수험번호-성명-4.jpg
		크기	600 × 400 pixels
	PSD	파일명	내문서₩GTQ₩수험번호-성명-4.psd
		크기	60 × 40 pixels

1. 그림 효과
    ① 배경 : 그라디언트(#000000, #ffffcc)
    ② 패턴(새 모양) : #cc6666, Opacity(불투명도)(80%), 레이어 마스크 - 가로 방향으로 흐릿하게
    ③ 1급-12.jpg : 필터 - Film Grain(필름 그레인), 레이어 마스크 - 세로 방향으로 흐릿하게
    ④ 1급-13.jpg : 레이어 마스크 - 둥근 방향으로 흐릿하게
    ⑤ 1급-14.jpg : 레이어 스타일 - Outer Glow(외부 광선), Opacity(불투명도)(70%)
    ⑥ 1급-15.jpg : Blending Mode(혼합 모드) - Luminosity(광도)
    ⑦ 1급-16.jpg : 색상 보정 - 보라색 계열로 보정, 레이어 스타일 - Outer Glow(외부 광선)
    ⑧ 그 외 ≪출력형태≫ 참조

2. 문자 효과
    ① Dinosaur (Arial, Regular, 48pt, #000066, 레이어 스타일 - Inner Glow(내부 광선), Stroke(선/획)(3px, #ffffff))
    ② 초식공룡 / 육식공룡 (궁서, 18pt, 레이어 스타일 - 그라디언트 오버레이(#ccff00, #ff6633))
    ③ 트라이아스기 / 쥐라기 / 백악기 (돋움, 14pt, #000033, 레이어 스타일 - Stroke(선/획)(2px, #ffffff))
    ④ 공룡은 살아있다... (바탕, 20pt, #ffffff, 레이어 스타일 - Drop Shadow(그림자 효과))

≪출력형태≫

Shape Tool(모양 도구) 사용
레이어 스타일 - 그라디언트 오버레이(#99ff99, #003300)

Pen Tool(펜 도구) 사용
레이어 스타일 - 그라디언트 오버레이(#ffcccc, #9933cc), Drop Shadow(그림자 효과)

Shape Tool(모양 도구) 사용
#ffffff, 레이어 스타일 - Bevel and Emboss(경사와 엠보스), Opacity(불투명도)(80%)

Shape Tool(모양 도구) 사용
레이어 스타일 - Drop Shadow(그림자 효과), 그라디언트 오버레이(#330066, #99ccff)

제 02회 GTQ 실전모의고사

Graphic Technology Qualification

급수	문제유형	시험시간	수험번호	성명
1급	B	90분		

수험자 유의사항

- 수험자는 문제지를 받는 즉시 응시하고자 하는 **과목 및 급수가 맞는지 확인**한 후 수험번호와 성명을 작성합니다.
- 파일명은 본인의 "수험번호-성명-문제번호"로 공백 없이 정확히 입력하고 답안폴더(내문서\GTQ 또는 라이브러리\문서\GTQ)에 jpg 파일과 psd 파일의 2가지 포맷으로 저장해야 하며, jpg 파일과 psd 파일의 내용이 상이할 경우 0점 처리됩니다. 답안문서 파일명이 "수험번호-성명-문제번호"와 일치하지 않거나, 답안 파일을 전송하지 않아 미제출로 처리될 경우 불합격 처리됩니다.
- 문제의 세부조건은 '영문(한글)' 형식으로 표기되어 있으니 유의하시기 바랍니다.
- 수험자 정보와 저장한 파일명, 저장 위치가 다를 경우 전송이 되지 않으므로, 주의하시기 바랍니다.
- 답안 작성 중에도 **주기적으로 '저장'과 '답안 전송'**을 이용하여 감독위원 PC로 답안을 전송하셔야합니다.
(※ 작업한 내용을 저장하지 않고 전송할 경우 이전의 저장내용이 전송되오니 이점 반드시 유념하시기 바랍니다.)
- 답안문서는 지정된 경로 외의 다른 보조기억장치에 저장하는 행위, 지정된 시험 시간 외에 작성된 파일을 활용한 행위, 기타 통신수단(이메일, 메신저, 네트워크 등)을 이용하여 타인에게 전달 또는 외부 반출하는 행위는 부정으로 간주되어 **자격기본법 제32조에 의거 본 시험 및 국가공인 자격시험을 2년간 응시할 수 없습니다.**
- 시험 중 부주의 또는 고의로 시스템을 파손한 경우와 〈수험자 유의사항〉에 기재된 방법대로 이행하지 않아 생기는 불이익은 수험자의 책임임을 알려 드립니다.
- 시험을 완료한 수험자는 최종적으로 저장한 답안파일이 전송되었는지 확인한 후 감독위원의 지시에 따라 문제지를 제출하고 퇴실합니다.

답안 작성요령

- 온라인 답안 작성 절차
수험자 등록 ⇒ 시험 시작 ⇒ 답안파일 저장 ⇒ 답안 전송 ⇒ 시험 종료
- 내문서\GTQ\Image폴더에 있는 그림 원본파일을 사용하여 답안을 작성하시고 최종답안을 답안폴더(내문서\GTQ)에 저장하여 답안을 전송하시고, 이미지의 크기가 다른 경우 감점 처리됩니다.
- 배점은 총 100점으로 이루어지며, 점수는 각 문제별로 차등 배분됩니다.
- 각 문제는 주어진 〈조건〉에 따라 작성하고, 언급하지 않은 조건은 《출력형태》와 같이 작성합니다.
- 배치 등의 편의를 위해 주어진 눈금자의 단위는 '픽셀'입니다.
그 외는 출력형태(효과, 이미지, 문자, 색상, 레이아웃, 규격 등)와 같이 작업하십시오.
- 문제 조건에 서체의 지정이 없을 경우 한글은 굴림이나 돋움, 영문은 Arial로 작업하십시오.
(단, 그 외에 제시되지 않은 문자 속성을 기본값으로 작성하지 않은 경우는 감점 처리됩니다.)
- Image Mode(이미지 모드)는 별도의 처리조건이 없을 경우에는 RGB(8비트)로 작업하십시오.
- 모든 답안 파일은 해상도 72 pixels/inch로 작업하십시오.
- Layer(레이어)는 각 기능별로 분할해야 하며, 임의로 합칠 경우나 각 기능에 대한 속성을 해지할 경우 해당 요소는 0점 처리됩니다.

문제 1 [기능평가] 고급 Tool(도구) 활용 [20점]

다음의 ≪조건≫에 따라 아래의 ≪출력형태≫와 같이 작업하시오.

《조건》

원본 이미지	내문서₩GTQ₩Image₩1급-1.jpg, 1급-2.jpg, 1급-3.jpg		
파일 저장 규칙	JPG	파일명	내문서₩GTQ₩수험번호-성명-1.jpg
		크기	400 × 500 pixels
	PSD	파일명	내문서₩GTQ₩수험번호-성명-1.psd
		크기	40 × 50 pixels

1. 그림 효과
   ① 1급-1.jpg : 필터 - Angled Strokes(각진 선/각진 획)
   ② Save Path(패스 저장) : 새 모양
   ③ Mask(마스크) : 새 모양, 1급-2.jpg를 이용하여 작성
      레이어 스타일 - Stroke(선/획)(3px, #ffcc00),
      Inner Shadow(내부 그림자)
   ④ 1급-3.jpg : 레이어 스타일 - Drop Shadow(그림자 효과)
   ⑤ Shape Tool(모양 도구) :
      - 파도 모양 (#cc66ff, 레이어 스타일 - Drop Shadow(그림자 효과))
      - 헤데라 모양 (#ff3300, 레이어 스타일 - Inner Glow(내부 광선))

2. 문자 효과
   ① Korean Wedding (궁서, 24pt, 레이어 스타일 - 그라디언트 오버레이(#cc0000, #3333cc), Stroke(선/획)(2px, #ffffff))

《출력형태》

문제 2 [기능평가] 사진편집 응용 [20점]

다음의 ≪조건≫에 따라 아래의 ≪출력형태≫와 같이 작업하시오.

《조건》

원본 이미지	내문서₩GTQ₩Image₩1급-4.jpg, 1급-5.jpg, 1급-6.jpg		
파일 저장 규칙	JPG	파일명	내문서₩GTQ₩수험번호-성명-2.jpg
		크기	400 × 500 pixels
	PSD	파일명	내문서₩GTQ₩수험번호-성명-2.psd
		크기	40 × 50 pixels

1. 그림 효과
   ① 1급-4.jpg : 필터 - Spatter(뿌리기)
   ② 1급-5.jpg : 색상 보정 - 연두색 계열로 보정, 레이어 스타일
      - Drop Shadow(그림자 효과)
   ③ 1급-6.jpg : 레이어 스타일 - Bevel and Emboss(경사와 엠보스)
   ④ Shape Tool(모양 도구) :
      - 나선형 모양 (레이어 스타일 - Drop Shadow(그림자 효과),
        그라디언트 오버레이(#cc3300, #ffffff))
      - 폭발 모양 (#666666, 레이어 스타일 - Inner Glow(내부 광선))

2. 문자 효과
   ① 흥겨운 풍물놀이 (궁서, 30pt, #990000, #0033ff,
      레이어 스타일 - Outer Glow(외부 광선))

《출력형태》

문제 3 [실무응용] 포스터 제작 [25점]

다음의 ≪조건≫에 따라 아래의 ≪출력형태≫와 같이 작업하시오.

≪조건≫

원본이미지	내문서₩GTQ₩Image₩1급-7.jpg, 1급-8.jpg, 1급-9.jpg, 1급-10.jpg, 1급-11.jpg		
파일저장규칙	JPG	파일명	내문서₩GTQ₩수험번호-성명-3.jpg
		크기	600 × 400 pixels
	PSD	파일명	내문서₩GTQ₩수험번호-성명-3.psd
		크기	60 × 40 pixels

1. 그림 효과
   ① 배경 : #cccc00
   ② 1급-7.jpg : 레이어 마스크 - 세로 방향으로 흐릿하게
   ③ 1급-8.jpg : 필터 - Crosshatch(그물눈), 레이어 스타일 - Bevel and Emboss(경사와 엠보스)
   ④ 1급-9.jpg : 필터 - Texturizer(텍스처화), 레이어 스타일 - Drop Shadow(그림자 효과)
   ⑤ 1급-10.jpg : 색상 보정 - 빨간색 계열로 보정, 레이어 스타일 - Drop Shadow(그림자 효과)
   ⑥ 1급-11.jpg : Blending Mode(혼합 모드) - Linear Burn(선형 번), Opacity(불투명도)(70%)
   ⑦ 그 외 ≪출력형태≫ 참조

2. 문자 효과
   ① 자연과 함께하는 (굴림, 18pt, #ffff00, 레이어 스타일 - Drop Shadow(그림자 효과))
   ② 전통차 시음회 (굴림, 24pt, #ffffff, 레이어 스타일 - Drop Shadow(그림자 효과))
   ③ 꽃향기와 차한잔의 여유 (바탕, 30pt, #ffffff, 레이어 스타일 - Stroke(선/획)(2px, 그라디언트(#66300, #006633))
   ④ 차 한 잔으로 여유로운 마음을... (궁서, 14pt, #663300, 레이어 스타일 - Outer Glow(외부 광선))

≪출력형태≫

Shape Tool(모양 도구) 사용
#999933, 레이어 스타일 - Outer Glow(외부 광선),
Opacity(불투명도)(70%)

Shape Tool(모양 도구) 사용
#996600, 레이어 스타일 -
Inner Glow(내부 광선)

Shape Tool(모양 도구) 사용
#99cc00, 레이어 스타일 -
Inner Shadow(내부 그림자)

문제 4　[실무응용] 홈페이지 메뉴바 제작　[35점]

다음의 ≪조건≫에 따라 아래의 ≪출력형태≫와 같이 작업하시오.

≪조건≫

원본이미지	내문서\GTQ\Image\1급-12.jpg, 1급-13.jpg, 1급-14.jpg, 1급-15.jpg, 1급-16.jpg, 1급-17.jpg	
파일저장규칙	JPG	파일명 : 내문서\GTQ\수험번호-성명-4.jpg
		크기 : 600 × 400 pixels
	PSD	파일명 : 내문서\GTQ\수험번호-성명-4.psd
		크기 : 60 × 40 pixels

1. 그림 효과
   ① 배경 : 그라디언트(#99cc00, #ffffff)
   ② 1급-12.jpg : 필터 - Rough Pastels(거친 파스텔 효과), Blending Mode(혼합 모드) - Luminosity(광도)
   ③ 1급-13.jpg : 필터 - Crosshatch(그물눈), 레이어 마스크 - 가로 방향으로 흐릿하게
   ④ 패턴(체크 무늬 모양) : #ff3333, #3333ff, 레이어 마스크 - 가로 방향으로 흐릿하게, Opacity(불투명도)(70%)
   ⑤ 1급-14.jpg : 레이어 스타일 - Drop Shadow(그림자 효과)
   ⑥ 1급-15.jpg : 색상 보정 - 파란색 계열로 보정, 레이어 스타일 - Drop Shadow(그림자 효과)
   ⑦ 1급-16.jpg, 1급-17.jpg : Blending Mode(혼합 모드) - Multiply(곱하기)
   ⑧ 그 외 ≪출력형태≫ 참조

2. 문자 효과
   ① 전통건축 문화원 (바탕, 36pt, 레이어 스타일 - Stroke(선/획)(5px, 그라디언트(#330000, #0000ff)), Drop Shadow(그림자 효과))
   ② Korean Style House (Arial, Bold, 16pt, #ff0000, 레이어 스타일 - Drop Shadow(그림자 효과))
   ③ 한옥체험 프로그램 개설 (궁서, 16pt, #ff0000, 레이어 스타일 - Stroke(선/획)(2px, #333399))
   ④ 문화원 소개 / 프로그램 / 자료실 / 게시판 (궁서, 16pt, #ffff99, 레이어 스타일 - Drop Shadow(그림자 효과))

≪출력형태≫

제03회 GTQ 실전모의고사

Graphic Technology Qualification

급수	문제유형	시험시간	수험번호	성명
1급	C	90분		

수험자 유의사항

- 수험자는 문제지를 받는 즉시 응시하고자 하는 **과목 및 급수가 맞는지 확인**한 후 수험번호와 성명을 작성합니다.
- 파일명은 본인의 "수험번호-성명-문제번호"로 공백 없이 정확히 입력하고 답안폴더(내문서₩GTQ 또는 라이브러리₩문서₩GTQ)에 jpg 파일과 psd 파일의 2가지 포맷으로 저장해야 하며, jpg 파일과 psd 파일의 내용이 상이할 경우 0점 처리됩니다. 답안문서 파일명이 "수험번호-성명-문제번호"와 일치하지 않거나, 답안 파일을 전송하지 않아 미제출로 처리될 경우 불합격 처리됩니다.
- 문제의 세부조건은 '영문(한글)' 형식으로 표기되어 있으니 유의하시기 바랍니다.
- 수험자 정보와 저장한 파일명, 저장 위치가 다를 경우 전송이 되지 않으므로, 주의하시기 바랍니다.
- 답안 작성 중에도 **주기적으로 '저장'과 '답안 전송'**을 이용하여 감독위원 PC로 답안을 전송하셔야합니다.
  (※ 작업한 내용을 <u>저장하지 않고 전송할 경우</u> 이전의 저장내용이 전송되오니 이점 반드시 유념하시기 바랍니다.)
- 답안문서는 지정된 경로 외의 다른 보조기억장치에 저장하는 행위, 지정된 시험 시간 외에 작성된 파일을 활용한 행위, 기타 통신수단(이메일, 메신저, 네트워크 등)을 이용하여 타인에게 전달 또는 외부 반출하는 행위는 부정으로 간주되어 **자격기본법 제32조에 의거 본 시험 및 국가공인 자격시험을 2년간 응시할 수 없습니다.**
- 시험 중 부주의 또는 고의로 시스템을 파손한 경우와 〈수험자 유의사항〉에 기재된 방법대로 이행하지 않아 생기는 불이익은 수험자의 책임임을 알려 드립니다.
- 시험을 완료한 수험자는 최종적으로 저장한 답안파일이 전송되었는지 확인한 후 감독위원의 지시에 따라 문제지를 제출하고 퇴실합니다.

답안 작성요령

- 온라인 답안 작성 절차
  수험자 등록 ⇒ 시험 시작 ⇒ 답안파일 저장 ⇒ 답안 전송 ⇒ 시험 종료
- 내문서₩GTQ₩Image폴더에 있는 그림 원본파일을 사용하여 답안을 작성하시고 최종답안을 답안폴더(내문서₩GTQ)에 저장하여 답안을 전송하시고, 이미지의 크기가 다른 경우 감점 처리됩니다.
- 배점은 총 100점으로 이루어지며, 점수는 각 문제별로 차등 배분됩니다.
- 각 문제는 주어진 〈조건〉에 따라 작성하고, 언급하지 않은 조건은 《출력형태》와 같이 작성합니다.
- 배치 등의 편의를 위해 주어진 눈금자의 단위는 '픽셀'입니다.
  그 외는 출력형태(효과, 이미지, 문자, 색상, 레이아웃, 규격 등)와 같게 작업하십시오.
- 문제 조건에 서체의 지정이 없을 경우 한글은 굴림이나 돋움, 영문은 Arial로 작업하십시오.
  (단, 그 외에 제시되지 않은 문자 속성을 기본값으로 작성하지 않은 경우는 감점 처리됩니다.)
- Image Mode(이미지 모드)는 별도의 처리조건이 없을 경우에는 RGB(8비트)로 작업하십시오.
- 모든 답안 파일은 해상도 72 pixels/inch로 작업하십시오.
- Layer(레이어)는 각 기능별로 분할해야 하며, 임의로 합칠 경우나 각 기능에 대한 속성을 해지할 경우 해당 요소는 0점 처리됩니다.

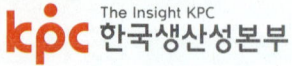

문제 1 [기능평가] 고급 Tool(도구) 활용 [20점]

다음의 《조건》에 따라 아래의 《출력형태》와 같이 작업하시오.

《조건》

원본 이미지	내문서₩GTQ₩Image₩1급-1.jpg, 1급-2.jpg, 1급-3.jpg		
파일 저장 규칙	JPG	파일명	내문서₩GTQ₩수험번호-성명-1.jpg
		크기	400 × 500 pixels
	PSD	파일명	내문서₩GTQ₩수험번호-성명-1.psd
		크기	40 × 50 pixels

1. 그림 효과
   ① 1급-1.jpg : 필터 - Paint Daubs(페인트 덥스/페인트 바르기)
   ② Save Path(패스 저장) : 신선로 모양
   ③ Mask(마스크) : 신선로 모양, 1급-2.jpg를 이용하여 작성
      레이어 스타일 - Stroke(선/획)(3px, 그라디언트(#009933, #ff0000)),
      Inner Glow(내부 광선)
   ④ 1급-3.jpg : 레이어 스타일 - Drop Shadow(그림자 효과)
   ⑤ Shape Tool(모양 도구) :
      - 나뭇잎 모양 (#ffff00, 레이어 스타일 - Drop Shadow(그림자 효과))
      - 프레임 모양 (레이어 스타일 - Inner Shadow(내부 그림자),
        그라디언트 오버레이(#330000, #ff0000, #ffffff))

2. 문자 효과
   ① 북경군만두 (궁서, 60pt, #ff0000, #ffff00, 레이어 스타일 - Stroke(선/획)(2px, #000000))

《출력형태》

문제 2 [기능평가] 사진편집 응용 [20점]

다음의 《조건》에 따라 아래의 《출력형태》와 같이 작업하시오.

《조건》

원본 이미지	내문서₩GTQ₩Image₩1급-4.jpg, 1급-5.jpg, 1급-6.jpg		
파일 저장 규칙	JPG	파일명	내문서₩GTQ₩수험번호-성명-2.jpg
		크기	400 × 500 pixels
	PSD	파일명	내문서₩GTQ₩수험번호-성명-2.psd
		크기	40 × 50 pixels

1. 그림 효과
   ① 1급-4.jpg : 필터 - Watercolor(수채화 효과)
   ② 색상 보정 : 1급-5.jpg - 주황색 계열로 보정
   ③ 1급-5.jpg : 레이어 스타일 - Outer Glow(외부 광선)
   ④ 1급-6.jpg : 레이어 스타일 - Drop Shadow(그림자 효과)
   ⑤ Shape Tool(모양 도구) :
      - 음양 모양 (#ff0000, 레이어 스타일 - Outer Glow(외부 광선),
        Stroke(선/획)(2px, #ffffcc))

2. 문자 효과
   ① 대중음식 - 중식 (궁서, 60pt, #000000, 레이어 스타일 - Drop Shadow(그림자 효과), Stroke(선/획)(2px, #ffffff))

《출력형태》

문제 3 [실무응용] 포스터 제작 [25점]

다음의 ≪조건≫에 따라 아래의 ≪출력형태≫와 같이 작업하시오.

≪조건≫

원본이미지		내문서₩GTQ₩Image₩1급-7.jpg, 1급-8.jpg, 1급-9.jpg, 1급-10.jpg, 1급-11.jpg
파일저장규칙	JPG 파일명	내문서₩GTQ₩수험번호-성명-3.jpg
	크기	600 × 400 pixels
	PSD 파일명	내문서₩GTQ₩수험번호-성명-3.psd
	크기	60 × 40 pixels

1. 그림 효과
   ① 배경 : #000000
   ② 1급-7.jpg : 색상 보정 – 회색 계열로 보정, 레이어 마스크 – 둥근 방향으로 흐릿하게
   ③ 1급-8.jpg : Blending Mode(혼합 모드) – Darken(어둡게 하기)
   ④ 1급-9.jpg : 필터 – Dry Brush(드라이 브러쉬), Opacity(불투명도)(80%)
   ⑤ 1급-10.jpg : 레이어 스타일 – Outer Glow(외부 광선), Stroke(선/획)(2px, #ff0000)
   ⑥ 1급-11.jpg : Opacity(불투명도)(50%)
   ⑦ 그 외 ≪출력형태≫ 참조

2. 문자 효과
   ① 한국인이 사랑하는 (돋움, 36pt, #000000, 레이어 스타일 – Stroke(선/획)(2px, #ffffff))
   ② Chinese (Arial, Bold, 80pt, 레이어 스타일 – 그라디언트 오버레이(#ff0000, #ffffff), Drop Shadow(그림자 효과))
   ③ Food Festival (Arial, Bold, 45pt, 레이어 스타일 – 그라디언트 오버레이(#ffff00, #ffffff), Stroke(선/획)(2px, #336600))
   ④ 최고 인기 음식 – 짜장면 (바탕, 14pt, #ffffff, 레이어 스타일 – Stroke(선/획)(2px, #000000))

≪출력형태≫

Shape Tool(모양 도구) 사용
레이어 스타일 – 그라디언트 오버레이(#ff9900, #ffffff)

Shape Tool(모양 도구) 사용
#ffffff, 레이어 스타일 –
Bevel and Emboss
(경사와 엠보스)

Shape Tool(모양 도구) 사용
#00ff33, #ffff00, #ff6600,
레이어 스타일 – Drop Shadow(그림자 효과)

문제 4 [실무응용] 홈페이지 메뉴바 제작 [35점]

다음의 ≪조건≫에 따라 아래의 ≪출력형태≫와 같이 작업하시오.

≪조건≫

원본이미지	내문서\GTQ\Image\1급-12.jpg, 1급-13.jpg, 1급-14.jpg, 1급-15.jpg, 1급-16.jpg, 1급-17.jpg		
파일저장규칙	JPG	파일명	내문서\GTQ\수험번호-성명-4.jpg
		크기	600 × 400 pixels
	PSD	파일명	내문서\GTQ\수험번호-성명-4.psd
		크기	60 × 40 pixels

1. 그림 효과
   ① 배경 : 그라디언트(#ffffff, #000000)
   ② 패턴(꽃장식 모양) : #000000, Opacity(불투명도)(60%), 레이어 마스크 - 가로 방향으로 흐릿하게
   ③ 1급-12.jpg : 레이어 마스크 - 세로 방향으로 흐릿하게, Blending Mode(혼합 모드) - Linear Dodge(선형 닷지)
   ④ 1급-13.jpg : 필터 - Dry Brush(드라이 브러쉬)
   ⑤ 1급-14.jpg, 1급-15.jpg : 레이어 마스크 - 둥근 방향으로 흐릿하게
   ⑥ 1급-16.jpg : 색상 보정 - 주황색 계열로 보정, 레이어 스타일 - Drop Shadow(그림자 효과)
   ⑦ 1급-17.jpg : 레이어 스타일 - Inner Shadow(내부 그림자)
   ⑧ 그 외 ≪출력형태≫ 참조

2. 문자 효과
   ① 북경반점 (궁서, 25pt, #ffffff, 레이어 스타일 - Stroke(선/획)(2px, #ff0000))
   ② 짬뽕 군만두 탕수육 (돋움, 15pt, #000000)
   ③ 짬뽕이 맛있는 중국집!! (바탕, 14pt, #ff0000, 레이어 스타일 - Stroke(선/획)(2px, #ffffff))
   ④ 080-123-1234 (Arial, Regular, 12pt, #000000, 레이어 스타일 - Stroke(선/획)(2px, #ffffff), Drop Shadow(그림자 효과))

≪출력형태≫

Shape Tool(모양 도구) 사용
#006600, 레이어 스타일 - Stroke(선/획)(2px, #ffffff)

Shape Tool(모양 도구) 사용
#ff0000, 레이어 스타일 - Stroke(선/획)(2px, #ffffff)

Pen Tool(펜 도구) 사용
#ff0000, #33cccc,
레이어 스타일 -
Inner Shadow(내부 그림자)

Shape Tool(모양 도구) 사용
#ffffff, 레이어 스타일 -
Inner Shadow(내부 그림자)

제 04 회 GTQ 실전모의고사

Graphic Technology Qualification

급수	문제유형	시험시간	수험번호	성명
1급	D	90분		

수험자 유의사항

- 수험자는 문제지를 받는 즉시 응시하고자 하는 **과목 및 급수가 맞는지 확인**한 후 수험번호와 성명을 작성합니다.
- 파일명은 본인의 "수험번호-성명-문제번호"로 공백 없이 정확히 입력하고 답안폴더(내문서₩GTQ 또는 라이브러리₩문서₩GTQ)에 jpg 파일과 psd 파일의 2가지 포맷으로 저장해야 하며, jpg 파일과 psd 파일의 내용이 상이할 경우 0점 처리됩니다. 답안문서 파일명이 "수험번호-성명-문제번호"와 일치하지 않거나, 답안 파일을 전송하지 않아 미제출로 처리될 경우 불합격 처리됩니다.
- 문제의 세부조건은 '영문(한글)' 형식으로 표기되어 있으니 유의하시기 바랍니다.
- 수험자 정보와 저장한 파일명, 저장 위치가 다를 경우 전송이 되지 않으므로, 주의하시기 바랍니다.
- 답안 작성 중에도 **주기적으로 '저장'과 '답안 전송'**을 이용하여 감독위원 PC로 답안을 전송하셔야합니다.
  (※ 작업한 내용을 <u>저장하지 않고 전송할 경우</u> 이전의 저장내용이 전송되오니 이점 반드시 유념하시기 바랍니다.)
- 답안문서는 지정된 경로 외의 다른 보조기억장치에 저장하는 행위, 지정된 시험 시간 외에 작성된 파일을 활용한 행위, 기타 통신수단(이메일, 메신저, 네트워크 등)을 이용하여 타인에게 전달 또는 외부 반출하는 행위는 부정으로 간주되어 **자격기본법 제32조에 의거 본 시험 및 국가공인 자격시험을 2년간 응시할 수 없습니다.**
- 시험 중 부주의 또는 고의로 시스템을 파손한 경우와 〈수험자 유의사항〉에 기재된 방법대로 이행하지 않아 생기는 불이익은 수험자의 책임임을 알려 드립니다.
- 시험을 완료한 수험자는 최종적으로 저장한 답안파일이 전송되었는지 확인한 후 감독위원의 지시에 따라 문제지를 제출하고 퇴실합니다.

답안 작성요령

- 온라인 답안 작성 절차
  수험자 등록 ⇒ 시험 시작 ⇒ 답안파일 저장 ⇒ 답안 전송 ⇒ 시험 종료
- 내문서₩GTQ₩Image폴더에 있는 그림 원본파일을 사용하여 답안을 작성하시고 최종답안을 답안폴더(내문서₩GTQ)에 저장하여 답안을 전송하시고, 이미지의 크기가 다른 경우 감점 처리됩니다.
- 배점은 총 100점으로 이루어지며, 점수는 각 문제별로 차등 배분됩니다.
- 각 문제는 주어진 〈조건〉에 따라 작성하고, 언급하지 않은 조건은 《출력형태》와 같이 작성합니다.
- 배치 등의 편의를 위해 주어진 눈금자의 단위는 '픽셀'입니다.
  그 외는 출력형태(효과, 이미지, 문자, 색상, 레이아웃, 규격 등)와 같게 작업하십시오.
- 문제 조건에 서체의 지정이 없을 경우 한글은 굴림이나 돋움, 영문은 Arial로 작업하십시오.
  (단, 그 외에 제시되지 않은 문자 속성을 기본값으로 작성하지 않은 경우는 감점 처리됩니다.)
- Image Mode(이미지 모드)는 별도의 처리조건이 없을 경우에는 RGB(8비트)로 작업하십시오.
- 모든 답안 파일은 해상도 72 pixels/inch로 작업하십시오.
- Layer(레이어)는 각 기능별로 분할해야 하며, 임의로 합칠 경우나 각 기능에 대한 속성을 해지할 경우 해당 요소는 0점 처리됩니다.

문제 1 [기능평가] 고급 Tool(도구) 활용 [20점]

다음의 ≪조건≫에 따라 아래의 ≪출력형태≫와 같이 작업하시오.

≪조건≫

원본 이미지	내문서\GTQ\Image\1급-1.jpg, 1급-2.jpg, 1급-3.jpg		
파일 저장 규칙	JPG	파일명	내문서\GTQ\수험번호-성명-1.jpg
		크기	400 × 500 pixels
	PSD	파일명	내문서\GTQ\수험번호-성명-1.psd
		크기	40 × 50 pixels

1. 그림 효과
   ① 1급-1.jpg : 필터 - Rough Pastels(거친 파스텔 효과)
   ② Save Path(패스 저장) : 당근 모양
   ③ Mask(마스크) : 당근 모양, 1급-2.jpg를 이용하여 작성
      레이어 스타일 - Stroke(선/획)(3px, #993300),
      Inner Shadow(내부 그림자)
   ④ 1급-3.jpg : 레이어 스타일 - Bevel and Emboss(경사와 엠보스)
   ⑤ Shape Tool(모양 도구) :
      - 꽃 모양 (#ff9900, 레이어 스타일 - Stroke(선/획)(1px, #000000))
      - 개 모양 (#66ccff, 레이어 스타일 - Drop Shadow(그림자 효과))

2. 문자 효과
   ① 예쁜 전원주택 (돋움, 50pt, 레이어 스타일 - 그라디언트 오버레이
      (#009900, #ffcc33), Stroke(선/획)(2px, #330000))

≪출력형태≫

문제 2 [기능평가] 사진편집 응용 [20점]

다음의 ≪조건≫에 따라 아래의 ≪출력형태≫와 같이 작업하시오.

≪조건≫

원본 이미지	내문서\GTQ\Image\1급-4.jpg, 1급-5.jpg, 1급-6.jpg		
파일 저장 규칙	JPG	파일명	내문서\GTQ\수험번호-성명-2.jpg
		크기	400 × 500 pixels
	PSD	파일명	내문서\GTQ\수험번호-성명-2.psd
		크기	40 × 50 pixels

1. 그림 효과
   ① 1급-4.jpg : 필터 - Gaussian Blur(가우시안 흐림 효과)
   ② 색상 보정 : 1급-5.jpg - 보라색 계열로 보정
   ③ 1급-5.jpg : 레이어 스타일 - Outer Glow(내부 광선)
   ④ 1급-6.jpg : 레이어 스타일 - Drop Shadow(그림자 효과)
   ⑤ Shape Tool(모양 도구) :
      - 네모 액자 모양 (#ffcc66,
        레이어 스타일 - Drop Shadow(그림자 효과))
      - 둥근 액자 모양 (#ff6633,
        레이어 스타일 - Bevel and Emboss(경사와 엠보스))

2. 문자 효과
   ① 실내 인테리어 (바탕, 50pt, #ccff66, 레이어 스타일 -
      Stroke(선/획)(2px, #333333), Drop Shadow(그림자 효과))

≪출력형태≫

문제 3 [실무응용] 포스터 제작 [25점]

다음의 ≪조건≫에 따라 아래의 ≪출력형태≫와 같이 작업하시오.

≪조건≫

원본이미지	내문서₩GTQ₩Image₩1급-7.jpg, 1급-8.jpg, 1급-9.jpg, 1급-10.jpg, 1급-11.jpg	
파일저장규칙	JPG	파일명	내문서₩GTQ₩수험번호-성명-3.jpg
		크기	600 × 400 pixels
	PSD	파일명	내문서₩GTQ₩수험번호-성명-3.psd
		크기	60 × 40 pixels

1. 그림 효과
   ① 배경 : #ccffcc
   ② 1급-7.jpg : Blending Mode(혼합 모드) – Hard Light(하드 라이트)
   ③ 1급-8.jpg : 필터 – Texturizer(텍스처화), 레이어 마스크 – 세로 방향으로 흐릿하게
   ④ 1급-9.jpg : 레이어 마스크 – 세로 방향으로 흐릿하게, Opacity(불투명도)(70%)
   ⑤ 1급-10.jpg : 필터 – Film Grain(필름 그레인), 레이어 스타일 – Bevel and Emboss(경사와 엠보스)
   ⑥ 1급-11.jpg : 색상 보정 – 파랑색 계열로 보정, 레이어 스타일 – Drop Shadow(그림자 효과)
   ⑦ 그 외 ≪출력형태≫ 참조

2. 문자 효과
   ① 건축 디자인 캠프 (돋움, 45pt, 레이어 스타일 – 그라디언트 오버레이(#00ff33, #ccccff), Stroke(선/획)(2px, #330033))
   ② Architecture Design Camp (Arial, Regular, 28pt, 레이어 스타일 – Stroke(선/획)(3px, #ccffcc))
   ③ 미래의 건축가를 응원합니다 (굴림, 17pt, #ff0033, 레이어 스타일 – Stroke(선/획)(2px, #ffffcc))
   ④ 우승자에게는 해외 탐방의 기회를! (궁서, 16pt, #330000, 레이어 스타일 – Stroke(선/획)(2px, #ffffff))

≪출력형태≫

Shape Tool(모양 도구) 사용
#99ff99, 레이어 스타일 –
Stroke(선/획)(5px, #336633)

Shape Tool(모양 도구) 사용
#ffcc00, 레이어 스타일 –
Outer Glow(외부 광선)

Shape Tool(모양 도구) 사용
#ff0000, 레이어 스타일 – Bevel and Emboss(경사와 엠보스)

문제 4 [실무응용] 홈페이지 메뉴바 제작 [35점]

다음의 ≪조건≫에 따라 아래의 ≪출력형태≫와 같이 작업하시오.

≪조건≫

원본이미지		내문서\GTQ\Image\1급-12.jpg, 1급-13.jpg, 1급-14.jpg, 1급-15.jpg, 1급-16.jpg, 1급-17.jpg
파일저장규칙	JPG 파일명	내문서\GTQ\수험번호-성명-4.jpg
	크기	600 × 400 pixels
	PSD 파일명	내문서\GTQ\수험번호-성명-4.psd
	크기	60 × 40 pixels

1. 그림 효과
   ① 배경 : #ffff66
   ② 패턴(집 모양) : #33ff33, Opacity(불투명도)(80%), 레이어 마스크 - 대각선 방향으로 흐릿하게
   ③ 1급-12.jpg : Blending Mode(혼합 모드) - Darken(어둡게 하기)
   ④ 1급-13.jpg : 레이어 마스크 - 세로선 방향으로 흐릿하게
   ⑤ 1급-14.jpg : 레이어 스타일 - Bevel and Emboss(경사와 엠보스), Drop Shadow(그림자 효과)
   ⑥ 1급-16.jpg : 색상 보정 - 녹색 계열로 보정, 레이어 스타일 - Outer Glow(외부 광선)
   ⑦ 1급-17.jpg : 필터 - Facet(단면화), 레이어 스타일 - Drop Shadow(그림자 효과)
   ⑧ 그 외 ≪출력형태≫ 참조

2. 문자 효과
   ① Seoul Construction Expo (Arial, Bold, 34pt, #ff3300, 레이어 스타일 - Drop Shadow(그림자 효과), Stroke(선/획)(2px, #ffffff))
   ② 세계적 건축자재 브랜드 런칭! (궁서, 16pt, #ffff00, 레이어 스타일 - Stroke(선/획)(2px, #cc0099))
   ③ 전시회 개요 / 참가 업체 / 정보 센터 (굴림, 14pt, #ffffff, 레이어 스타일 - Stroke(선/획)(2px, #333333))
   ④ 에너지 절감 기자재 (바탕, 17pt, #990033, 레이어 스타일 - Stroke(선/획)(2px, #ff9933))

≪출력형태≫

Shape Tool(모양 도구) 사용
#333333, 레이어 스타일 -
Outer Glow(외부 광선)

Pen Tool(펜 도구) 사용
(#ffff66, #66ccff),
Opacity(불투명도)(85%)

Shape Tool(모양 도구) 사용
#99ff66, 레이어 스타일 -
Drop Shadow(그림자 효과)

Shape Tool(모양 도구) 사용
레이어 스타일 - 그라디언트 오버레이(#33cc33, #ff6633),
Stroke(선/획)(2px, #ffffff)

제05회 GTQ 실전모의고사

급수	문제유형	시험시간	수험번호	성명
1급	E	90분		

수험자 유의사항

- 수험자는 문제지를 받는 즉시 응시하고자 하는 **과목 및 급수가 맞는지 확인**한 후 수험번호와 성명을 작성합니다.
- 파일명은 본인의 "수험번호-성명-문제번호"로 공백 없이 정확히 입력하고 답안폴더(내문서\GTQ 또는 라이브러리\문서\GTQ)에 jpg 파일과 psd 파일의 2가지 포맷으로 저장해야 하며, jpg 파일과 psd 파일의 내용이 상이할 경우 0점 처리됩니다. 답안문서 파일명이 "수험번호-성명-문제번호"와 일치하지 않거나, 답안 파일을 전송하지 않아 미제출로 처리될 경우 불합격 처리됩니다.
- 문제의 세부조건은 '영문(한글)' 형식으로 표기되어 있으니 유의하시기 바랍니다.
- 수험자 정보와 저장한 파일명, 저장 위치가 다를 경우 전송이 되지 않으므로, 주의하시기 바랍니다.
- 답안 작성 중에도 **주기적으로 '저장'과 '답안 전송'**을 이용하여 감독위원 PC로 답안을 전송하셔야합니다.
  (※ 작업한 내용을 <u>저장하지 않고 전송할 경우</u> 이전의 저장내용이 전송되오니 이점 반드시 유념하시기 바랍니다.)
- 답안문서는 지정된 경로 외의 다른 보조기억장치에 저장하는 행위, 지정된 시험 시간 외에 작성된 파일을 활용한 행위, 기타 통신수단(이메일, 메신저, 네트워크 등)을 이용하여 타인에게 전달 또는 외부 반출하는 행위는 부정으로 간주되어 **자격기본법 제32조에 의거 본 시험 및 국가공인 자격시험을 2년간 응시할 수 없습니다.**
- 시험 중 부주의 또는 고의로 시스템을 파손한 경우와 〈수험자 유의사항〉에 기재된 방법대로 이행하지 않아 생기는 불이익은 수험자의 책임임을 알려 드립니다.
- 시험을 완료한 수험자는 최종적으로 저장한 답안파일이 전송되었는지 확인한 후 감독위원의 지시에 따라 문제지를 제출하고 퇴실합니다.

답안 작성요령

- 온라인 답안 작성 절차
  수험자 등록 ⇒ 시험 시작 ⇒ 답안파일 저장 ⇒ 답안 전송 ⇒ 시험 종료
- 내문서\GTQ\Image폴더에 있는 그림 원본파일을 사용하여 답안을 작성하시고 최종답안을 답안폴더(내문서\GTQ)에 저장하여 답안을 전송하시고, 이미지의 크기가 다른 경우 감점 처리됩니다.
- 배점은 총 100점으로 이루어지며, 점수는 각 문제별로 차등 배분됩니다.
- 각 문제는 주어진 〈조건〉에 따라 작성하고, 언급하지 않은 조건은 《출력형태》와 같이 작성합니다.
- 배치 등의 편의를 위해 주어진 눈금자의 단위는 '픽셀'입니다.
  그 외는 출력형태(효과, 이미지, 문자, 색상, 레이아웃, 규격 등)와 같게 작업하십시오.
- 문제 조건에 서체의 지정이 없을 경우 한글은 굴림이나 돋움, 영문은 Arial로 작업하십시오.
  (단, 그 외에 제시되지 않은 문자 속성을 기본값으로 작성하지 않은 경우는 감점 처리됩니다.)
- Image Mode(이미지 모드)는 별도의 처리조건이 없을 경우에는 RGB(8비트)로 작업하십시오.
- 모든 답안 파일은 해상도 72 pixels/inch로 작업하십시오.
- Layer(레이어)는 각 기능별로 분할해야 하며, 임의로 합칠 경우나 각 기능에 대한 속성을 해지할 경우 해당 요소는 0점 처리됩니다.

문제 1   [기능평가] 고급 Tool(도구) 활용   [20점]

다음의 ≪조건≫에 따라 아래의 ≪출력형태≫와 같이 작업하시오.

≪조건≫

원본이미지			내문서\GTQ\Image\1급-1.jpg, 1급-2.jpg, 1급-3.jpg
파일저장규칙	JPG	파일명	내문서\GTQ\수험번호-성명-1.jpg
		크기	400 × 500 pixels
	PSD	파일명	내문서\GTQ\수험번호-성명-1.psd
		크기	40 × 50 pixels

1. 그림 효과
   ① 1급-1.jpg : 필터 – Texturizer(텍스처화)
   ② Save Path(패스 저장) : 비행기 모양
   ③ Mask(마스크) : 비행기 모양, 1급-2.jpg를 이용하여 작성
      레이어 스타일 – Drop Shadow(그림자 효과)
   ④ 1급-3.jpg : 레이어 스타일 – Outer Glow(외부 광선)
   ⑤ Shape Tool(모양 도구) :
      – 토끼풀 모양 (#ffffff, 레이어 스타일 – Stroke(선/획)(2px, #000099))
      – 보행자 모양 (#333333, 레이어 스타일 – Stroke(선/획)(2px, #ffffff), Drop Shadow(그림자 효과))

2. 문자 효과
   ① City & Travel (궁서, 36pt, #000099, 레이어 스타일 – Stroke(선/획)(2px, #ffffff), Drop Shadow(그림자 효과))

≪출력형태≫

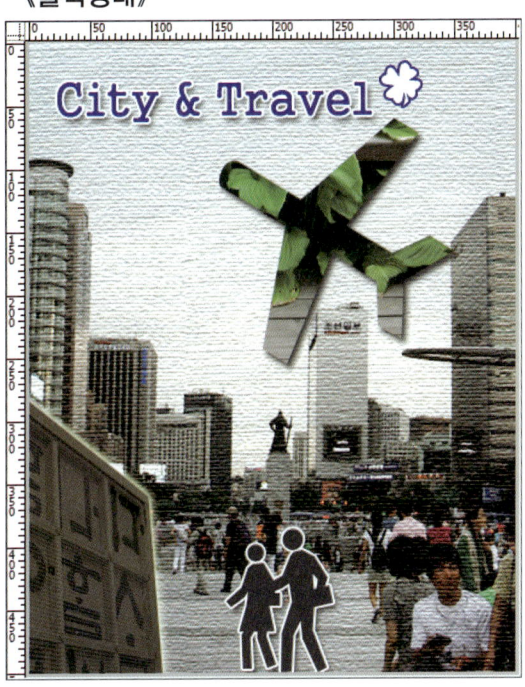

문제 2   [기능평가] 사진편집 응용   [20점]

다음의 ≪조건≫에 따라 아래의 ≪출력형태≫와 같이 작업하시오.

≪조건≫

원본이미지			내문서\GTQ\Image\1급-4.jpg, 1급-5.jpg, 1급-6.jpg
파일저장규칙	JPG	파일명	내문서\GTQ\수험번호-성명-2.jpg
		크기	400 × 500 pixels
	PSD	파일명	내문서\GTQ\수험번호-성명-2.psd
		크기	40 × 50 pixels

1. 그림 효과
   ① 1급-4.jpg : 필터 – Crosshatch(그물눈)
   ② 색상 보정 : 1급-5.jpg – 녹색 계열로 보정
   ③ 1급-5.jpg, 1급-6.jpg : 레이어 스타일 –
      Stroke(선/획)(3px, #ffffff), Inner Shadow(내부 그림자)
   ④ Shape Tool(모양 도구) :
      – 새 모양 (레이어 스타일 – 그라디언트 오버레이
        (#ff6600, #ffff00, #ff6600))
      – 나비 모양 (#ffff00, Opacity(불투명도)(70%))

2. 문자 효과
   ① 헤이리마을 (궁서, 40pt, #ff6600, 레이어 스타일 –
      Stroke(선/획)(2px, #ffffff))

≪출력형태≫

문제 3 [실무응용] 포스터 제작 [25점]

다음의 ≪조건≫에 따라 아래의 ≪출력형태≫와 같이 작업하시오.

≪조건≫

원본이미지	내문서₩GTQ₩Image₩1급-7.jpg, 1급-8.jpg, 1급-9.jpg, 1급-10.jpg, 1급-11.jpg		
파일저장규칙	JPG	파일명	내문서₩GTQ₩수험번호-성명-3.jpg
		크기	600 × 400 pixels
	PSD	파일명	내문서₩GTQ₩수험번호-성명-3.psd
		크기	60 × 40 pixels

1. 그림 효과
   ① 1급-7.jpg : 필터 - Film Grain(필름 그레인)
   ② 1급-8.jpg : Blending Mode(혼합 모드) - Luminosity(광도)
   ③ 1급-9.jpg : Blending Mode(혼합 모드) - Hard Light(하드 라이트), Opacity(불투명도)(70%)
   ④ 1급-11.jpg : 색상 보정 - 녹색 계열로 보정, 레이어 스타일 - Bevel and Emboss(경사와 엠보스)
   ⑤ 그 외 ≪출력형태≫ 참조

2. 문자 효과
   ① 선유도공원 (궁서, 55pt, 레이어 스타일 - 그라디언트 오버레이(#ff6699, #00000), Inner Shadow(내부 그림자))
   ② 서울 선유도공원 안내 문의처 : 02-3780-0590 (돋움, 16pt, #000000)

≪출력형태≫

Shape Tool(모양 도구) 사용
#3399cc, 레이어 스타일 -
Outer Glow(외부 광선),
Stroke(선/획)(2px, #ffffff)

Shape Tool(모양 도구) 사용
#33cc33, 레이어 스타일 -
Inner Glow(내부 광선)

Shape Tool(모양 도구) 사용
#ffffff, 레이어 스타일 -
Drop Shadow(그림자 효과)
Opacity(불투명도)(80%)

Shape Tool(모양 도구) 사용
#ffffff, #cccccc,
레이어 스타일 - Drop Shadow(그림자 효과)

문제 4 [실무응용] 홈페이지 메뉴바 제작 [35점]

다음의 ≪조건≫에 따라 아래의 ≪출력형태≫와 같이 작업하시오.

≪조건≫

원본이미지	내문서\GTQ\Image\1급-12.jpg, 1급-13.jpg, 1급-14.jpg, 1급-15.jpg, 1급-16.jpg, 1급-17.jpg		
파일저장규칙	JPG	파일명	내문서\GTQ\수험번호-성명-4.jpg
		크기	600 × 400 pixels
	PSD	파일명	내문서\GTQ\수험번호-성명-4.psd
		크기	60 × 40 pixels

1. 그림 효과
   ① 배경 : #33ff00
   ② 패턴(꽃잎 모양) : #ffffff, Opacity(불투명도)(70%), 레이어 마스크 - 가로 방향으로 흐릿하게
   ③ 1급-12.jpg : 레이어 마스크 - 가로 방향으로 흐릿하게
   ④ 1급-13.jpg : 레이어 스타일 - Stroke(선/획)(3px, #ffffff)
   ⑤ 1급-14.jpg : 필터 - Texturizer(텍스처화), 레이어 마스크 - 가로 방향으로 흐릿하게
   ⑥ 1급-15.jpg : 레이어 스타일 - Drop Shadow(그림자 효과), Stroke(선/획)(3px, #ffff00)
   ⑦ 1급-16.jpg : 색상 보정 - 하늘색 계열로 보정, 레이어 스타일 - Drop Shadow(그림자 효과), Stroke(선/획)(3px, #ffff00)
   ⑧ 그 외 ≪출력형태≫ 참조

2. 문자 효과
   ① 여행을 떠나요~ (바탕, 48pt, #ffff00, 레이어 스타일 - Stroke(선/획)(2px, #ff6600))
   ② 목장소개 / 목장체험 / 목장의 사계 / 목장이야기 / 커뮤니티 (돋움, 16pt, 레이어 스타일 - Drop Shadow(그림자 효과))
   ③ 목장 체험 프로그램 1 목장 체험 프로그램 2 (돋움, 12pt, #000000)

≪출력형태≫

Shape Tool(모양 도구) 사용
#ffffff, 레이어 스타일 -
Outer Glow(외부 광선)

Shape Tool(모양 도구) 사용
#00cc33

Pen Tool(펜 도구) 사용
#ffcc00, #ffff00

Shape Tool(모양 도구) 사용
#006600

제06회 GTQ 실전모의고사

Graphic Technology Qualification

급수	문제유형	시험시간	수험번호	성명
1급	A	90분		

수험자 유의사항

- 수험자는 문제지를 받는 즉시 응시하고자 하는 **과목 및 급수가 맞는지 확인**한 후 수험번호와 성명을 작성합니다.
- 파일명은 본인의 "수험번호-성명-문제번호"로 공백 없이 정확히 입력하고 답안폴더(내문서\GTQ 또는 라이브러리\문서\GTQ)에 jpg 파일과 psd 파일의 2가지 포맷으로 저장해야 하며, jpg 파일과 psd 파일의 내용이 상이할 경우 0점 처리됩니다. 답안문서 파일명이 "수험번호-성명-문제번호"와 일치하지 않거나, 답안 파일을 전송하지 않아 미제출로 처리될 경우 불합격 처리됩니다.
- 문제의 세부조건은 '영문(한글)' 형식으로 표기되어 있으니 유의하시기 바랍니다.
- 수험자 정보와 저장한 파일명, 저장 위치가 다를 경우 전송이 되지 않으므로, 주의하시기 바랍니다.
- 답안 작성 중에도 **주기적으로 '저장'과 '답안 전송'**을 이용하여 감독위원 PC로 답안을 전송하셔야합니다.
  (※ 작업한 내용을 <u>저장하지 않고 전송할 경우</u> 이전의 저장내용이 전송되오니 이점 반드시 유념하시기 바랍니다.)
- 답안문서는 지정된 경로 외의 다른 보조기억장치에 저장하는 행위, 지정된 시험 시간 외에 작성된 파일을 활용한 행위, 기타 통신수단(이메일, 메신저, 네트워크 등)을 이용하여 타인에게 전달 또는 외부 반출하는 행위는 부정으로 간주되어 **자격기본법 제32조에 의거 본 시험 및 국가공인 자격시험을 2년간 응시할 수 없습니다.**
- 시험 중 부주의 또는 고의로 시스템을 파손한 경우와 〈수험자 유의사항〉에 기재된 방법대로 이행하지 않아 생기는 불이익은 수험자의 책임임을 알려 드립니다.
- 시험을 완료한 수험자는 최종적으로 저장한 답안파일이 전송되었는지 확인한 후 감독위원의 지시에 따라 문제지를 제출하고 퇴실합니다.

답안 작성요령

- 온라인 답안 작성 절차
  수험자 등록 ⇒ 시험 시작 ⇒ 답안파일 저장 ⇒ 답안 전송 ⇒ 시험 종료
- 내문서\GTQ\Image폴더에 있는 그림 원본파일을 사용하여 답안을 작성하시고 최종답안을 답안폴더(내문서\GTQ)에 저장하여 답안을 전송하시고, 이미지의 크기가 다른 경우 감점 처리됩니다.
- 배점은 총 100점으로 이루어지며, 점수는 각 문제별로 차등 배분됩니다.
- 각 문제는 주어진 〈조건〉에 따라 작성하고, 언급하지 않은 조건은 《출력형태》와 같이 작성합니다.
- 배치 등의 편의를 위해 주어진 눈금자의 단위는 '픽셀'입니다.
  그 외는 출력형태(효과, 이미지, 문자, 색상, 레이아웃, 규격 등)와 같이 작업하십시오.
- 문제 조건에 서체의 지정이 없을 경우 한글은 굴림이나 돋움, 영문은 Arial로 작업하십시오.
  (단, 그 외에 제시되지 않은 문자 속성을 기본값으로 작성하지 않은 경우는 감점 처리됩니다.)
- Image Mode(이미지 모드)는 별도의 처리조건이 없을 경우에는 RGB(8비트)로 작업하십시오.
- 모든 답안 파일은 해상도 72 pixels/inch로 작업하십시오.
- Layer(레이어)는 각 기능별로 분할해야 하며, 임의로 합칠 경우나 각 기능에 대한 속성을 해지할 경우 해당 요소는 0점 처리됩니다.

문제 1 [기능평가] 고급 Tool(도구) 활용 [20점]

다음의 ≪조건≫에 따라 아래의 ≪출력형태≫와 같이 작업하시오.

≪조건≫

원본 이미지	내문서₩GTQ₩Image₩1급-1.jpg, 1급-2.jpg, 1급-3.jpg		
파일 저장 규칙	JPG	파일명	내문서₩GTQ₩수험번호-성명-1.jpg
		크기	400 × 500 pixels
	PSD	파일명	내문서₩GTQ₩수험번호-성명-1.psd
		크기	40 × 50 pixels

1. 그림 효과
   ① 1급-1.jpg : 필터 - Crosshatch(그물눈)
   ② Save Path(패스 저장) : 절구통 모양
   ③ Mask(마스크) : 절구통 모양, 1급-2.jpg를 이용하여 작성
      레이어 스타일 - Stroke(선/획)(3px, #ff00ff),
      Inner Shadow(내부 그림자)
   ④ 1급-3.jpg : 레이어 스타일 - Outer Glow(외부 광선)
   ⑤ Shape Tool(모양 도구) :
      - 나뭇잎 모양 (#669933, 레이어 스타일 - Outer Glow(외부 광선))
      - 단풍 모양 (#ffcc99, #ff9933,
        레이어 스타일 - Drop Shadow(그림자 효과))

2. 문자 효과
   ① RICE CAKE & TEA (Arial, Bold, 36pt, #ffffff,
      레이어 스타일 - Stroke(선/획)(3px, #000000))

≪출력형태≫

문제 2 [기능평가] 사진편집 응용 [20점]

다음의 ≪조건≫에 따라 아래의 ≪출력형태≫와 같이 작업하시오.

≪조건≫

원본 이미지	내문서₩GTQ₩Image₩1급-4.jpg, 1급-5.jpg, 1급-6.jpg		
파일 저장 규칙	JPG	파일명	내문서₩GTQ₩수험번호-성명-2.jpg
		크기	400 × 500 pixels
	PSD	파일명	내문서₩GTQ₩수험번호-성명-2.psd
		크기	40 × 50 pixels

1. 그림 효과
   ① 1급-4.jpg : 필터 - Film Grain(필름 그레인)
   ② 색상 보정 : 1급-5.jpg - 빨간색 계열로 보정
   ③ 1급-5.jpg : 레이어 스타일 - Bevel and Emboss(경사와 엠보스)
   ④ 1급-6.jpg : 레이어 스타일 - Outer Glow(외부 광선)
   ⑤ Shape Tool(모양 도구) :
      - 음표 모양 (#000000, 레이어 스타일 - Outer Glow(외부 광선))
      - 꽃 모양 (#00ff00, 레이어 스타일 - Drop Shadow(그림자 효과))

2. 문자 효과
   ① 여유로운 오후시간 (바탕, 4?pt, #000000, 레이어 스타일 -
      Stroke(선/획)(2px, 그라디언트(#ff6600, #ffffff)))

≪출력형태≫

문제 3 [실무응용] 포스터 제작 [25점]

다음의 ≪조건≫에 따라 아래의 ≪출력형태≫와 같이 작업하시오.

≪조건≫

원본이미지	내문서\GTQ\Image\1급-7.jpg, 1급-8.jpg, 1급-9.jpg, 1급-10.jpg, 1급-11.jpg		
파일저장규칙	JPG	파일명	내문서\GTQ\수험번호-성명-3.jpg
		크기	600 × 400 pixels
	PSD	파일명	내문서\GTQ\수험번호-성명-3.psd
		크기	60 × 40 pixels

1. 그림 효과
   ① 배경 : #ffffff
   ② 1급-7.jpg : 필터 - Facet(단면화), 레이어 마스크 - 세로 방향으로 흐릿하게
   ③ 1급-8.jpg : Blending Mode(혼합 모드) - Multiply(곱하기), 레이어 마스크 - 세로 방향으로 흐릿하게
   ④ 1급-9.jpg : Blending Mode(혼합 모드) - Luminosity(광도), Opacity(불투명도)(80%)
   ⑤ 1급-10.jpg : 색상 보정 - 파란색 계열로 보정, 레이어 스타일 - Outer Glow(외부 광선)
   ⑥ 1급-11.jpg : 레이어 스타일 - Drop Shadow(그림자 효과), Opacity(불투명도)(80%)
   ⑦ 그 외 ≪출력형태≫ 참조

2. 문자 효과
   ① 떡 만들기 (바탕, 22pt, #ffffff, 레이어 스타일 - Stroke(선/획)(2px, 그라디언트(#996633, #000000))
   ② 체험전 (바탕, 20pt, 레이어 스타일 - Stroke(선/획)(2px, 그라디언트(#3399ff, #333366))
   ③ 전통방식 그대로 떡을 만들어 보세요~ (궁서, 20pt, #000000, 레이어 스타일 - Drop Shadow(그림자 효과))
   ④ 2020. 9. 15 ~ 9. 17 (바탕, 15pt, #000000, 레이어 스타일 - Stroke(선/획)(2px, #ffffff))

≪출력형태≫

Shape Tool(모양 도구) 사용
#ffffff, 레이어 스타일 -
Drop Shadow(그림자 효과),
Stroke(선/획)(3px, #000000),
Opacity(불투명도)(60%)

Shape Tool(모양 도구) 사용
#999999, 레이어 스타일 -
Inner Shadow(내부 그림자),
Stroke(선/획)(5px, 그라디언트(#000000, #ffffff))

Shape Tool(모양 도구) 사용
#000000, 레이어 스타일 -
Stroke(선/획)(1px, #ffffff)

문제 4 [실무응용] 홈페이지 메뉴바 제작 [35점]

다음의 ≪조건≫에 따라 아래의 ≪출력형태≫와 같이 작업하시오.

≪조건≫

원본이미지	내문서₩GTQ₩Image₩1급-12.jpg, 1급-13.jpg, 1급-14.jpg, 1급-15.jpg, 1급-16.jpg, 1급-17.jpg		
파일저장규칙	JPG	파일명	내문서₩GTQ₩수험번호-성명-4.jpg
		크기	600 × 400 pixels
	PSD	파일명	내문서₩GTQ₩수험번호-성명-4.psd
		크기	60 × 40 pixels

1. 그림 효과
   ① 배경 : 그라디언트(#cc9999, #ffffff), 필터 – Texturizer(텍스처화)
   ② 패턴(꽃장식 모양) : #ffffff, 레이어 마스크 – 가로 방향으로 흐릿하게, Opacity(불투명도)(80%)
   ③ 1급-12.jpg : Blending Mode(혼합 모드) – Multiply(곱하기), 색상 보정 – 갈색 계열로 보정
   ④ 1급-13.jpg, 1급-15.jpg : 필터 – Crosshatch(그물눈)
   ⑤ 1급-14.jpg : Blending Mode(혼합 모드) – Luminosity(광도)
   ⑥ 1급-16.jpg : 레이어 스타일 – Outer Glow(외부 광선)
   ⑦ 1급-17.jpg : 색상 보정 – 녹색 계열로 보정, 레이어 스타일 – Drop Shadow(그림자 효과), Opacity(불투명도)(80%)
   ⑧ 그 외 ≪출력형태≫ 참조

2. 문자 효과
   ① Rice Pastry (Arial, Bold, 24pt, #000000, 레이어 스타일 – Stroke(선/획)(3px, #ffffff), Drop Shadow(그림자 효과))
   ② 떡케이크 답례떡 예단/이바지/폐백 돌/백일상 일반떡/웰빙떡 (바탕, 15pt, #ffffff, 레이어 스타일 – Drop Shadow(그림자 효과))
   ③ 떡 선물과 함께 카드를 보내세요~ (궁서, 16pt, 레이어 스타일 – 그라디언트 오버레이(#ff0000, #000000))
   ④ 100% 국내산 쌀만 사용합니다. (돋움, 15pt, #000000, 레이어 스타일 – Stroke(선/획)(2px, #ffffff))

≪출력형태≫

Shape Tool(모양 도구) 사용
#000000,
레이어 스타일 – Stroke(선/획)(2px, #ffffff)

Pen Tool(펜 도구) 사용
#cc9999, #ffcccc,
레이어 스타일 –
Drop Shadow(그림자 효과)

Shape Tool(모양 도구) 사용
#ffffff, 레이어 스타일 –
Drop Shadow(그림자 효과),
Stroke(선/획)(3px, #330000)

Shape Tool(모양 도구) 사용
#996666, 레이어 스타일 –
Drop Shadow(그림자 효과)

제 07 회 GTQ 실전모의고사

Graphic Technology Qualification

급수	문제유형	시험시간	수험번호	성명
1급	B	90분		

수험자 유의사항

- 수험자는 문제지를 받는 즉시 응시하고자 하는 **과목 및 급수가 맞는지 확인**한 후 수험번호와 성명을 작성합니다.
- 파일명은 본인의 "수험번호-성명-문제번호"로 공백 없이 정확히 입력하고 답안폴더(내문서₩GTQ 또는 라이브러리₩문서₩GTQ)에 jpg 파일과 psd 파일의 2가지 포맷으로 저장해야 하며, jpg 파일과 psd 파일의 내용이 상이할 경우 0점 처리됩니다. 답안문서 파일명이 "수험번호-성명-문제번호"와 일치하지 않거나, 답안 파일을 전송하지 않아 미제출로 처리될 경우 불합격 처리됩니다.
- 문제의 세부조건은 '영문(한글)' 형식으로 표기되어 있으니 유의하시기 바랍니다.
- 수험자 정보와 저장한 파일명, 저장 위치가 다를 경우 전송이 되지 않으므로, 주의하시기 바랍니다.
- 답안 작성 중에도 **주기적으로 '저장'과 '답안 전송'**을 이용하여 감독위원 PC로 답안을 전송하셔야합니다.
 (※ 작업한 내용을 저장하지 않고 전송할 경우 이전의 저장내용이 전송되오니 이점 반드시 유념하시기 바랍니다.)
- 답안문서는 지정된 경로 외의 다른 보조기억장치에 저장하는 행위, 지정된 시험 시간 외에 작성된 파일을 활용한 행위, 기타 통신수단(이메일, 메신저, 네트워크 등)을 이용하여 타인에게 전달 또는 외부 반출하는 행위는 부정으로 간주되어 **자격기본법 제32조에 의거 본 시험 및 국가공인 자격시험을 2년간 응시할 수 없습니다.**
- 시험 중 부주의 또는 고의로 시스템을 파손한 경우와 〈수험자 유의사항〉에 기재된 방법대로 이행하지 않아 생기는 불이익은 수험자의 책임임을 알려 드립니다.
- 시험을 완료한 수험자는 최종적으로 저장한 답안파일이 전송되었는지 확인한 후 감독위원의 지시에 따라 문제지를 제출하고 퇴실합니다.

답안 작성요령

- 온라인 답안 작성 절차
 수험자 등록 ⇒ 시험 시작 ⇒ 답안파일 저장 ⇒ 답안 전송 ⇒ 시험 종료
- 내문서₩GTQ₩Image폴더에 있는 그림 원본파일을 사용하여 답안을 작성하시고 최종답안을 답안폴더(내문서₩GTQ)에 저장하여 답안을 전송하시고, 이미지의 크기가 다른 경우 감점 처리됩니다.
- 배점은 총 100점으로 이루어지며, 점수는 각 문제별로 차등 배분됩니다.
- 각 문제는 주어진 〈조건〉에 따라 작성하고, 언급하지 않은 조건은 《출력형태》와 같이 작성합니다.
- 배치 등의 편의를 위해 주어진 눈금자의 단위는 '픽셀'입니다.
 그 외는 출력형태(효과, 이미지, 문자, 색상, 레이아웃, 규격 등)와 같이 작업하십시오.
- 문제 조건에 서체의 지정이 없을 경우 한글은 굴림이나 돋움, 영문은 Arial로 작업하십시오.
 (단, 그 외에 제시되지 않은 문자 속성을 기본값으로 작성하지 않은 경우는 감점 처리됩니다.)
- Image Mode(이미지 모드)는 별도의 처리조건이 없을 경우에는 RGB(8비트)로 작업하십시오.
- 모든 답안 파일은 해상도 72 pixels/inch로 작업하십시오.
- Layer(레이어)는 각 기능별로 분할해야 하며, 임의로 합칠 경우나 각 기능에 대한 속성을 해지할 경우 해당 요소는 0점 처리됩니다.

문제 1 [기능평가] 고급 Tool(도구) 활용 [20점]

다음의 ≪조건≫에 따라 아래의 ≪출력형태≫와 같이 작업하시오.

≪조건≫

원본 이미지	내문서\GTQ\Image\1급-1.jpg, 1급-2.jpg, 1급-3.jpg		
파일 저장 규칙	JPG	파일명	내문서\GTQ\수험번호-성명-1.jpg
		크기	400 × 500 pixels
	PSD	파일명	내문서\GTQ\수험번호-성명-1.psd
		크기	40 × 50 pixels

1. 그림 효과
   ① 1급-1.jpg : 필터 – Rough Pastels(거친 파스텔 효과)
   ② Save Path(패스 저장) : 로켓 모양
   ③ Mask(마스크) : 로켓 모양, 1급-2.jpg를 이용하여 작성
      레이어 스타일 – Inner Shadow(내부 그림자),
      Stroke(선/획)(4px, #66cccc)
   ④ 1급-3.jpg : 레이어 스타일 – Bevel and Emboss(경사와 엠보스)
   ⑤ Shape Tool(모양 도구) :
      – 달 모양 (#ffff99, 레이어 스타일 – Outer Glow(외부 광선))
      – 공구 모양 (#ff0066, 레이어 스타일 – Inner Glow(내부 광선))

2. 문자 효과
   ① 기술과 산업 (돋움, 48pt, #00cccc, #ff0066, 레이어 스타일 – Stroke(선/획)(2px, #ffffff))

≪출력형태≫

문제 2 [기능평가] 사진편집 응용 [20점]

다음의 ≪조건≫에 따라 아래의 ≪출력형태≫와 같이 작업하시오.

≪조건≫

원본 이미지	내문서\GTQ\Image\1급-4.jpg, 1급-5.jpg, 1급-6.jpg		
파일 저장 규칙	JPG	파일명	내문서\GTQ\수험번호-성명-2.jpg
		크기	400 × 500 pixels
	PSD	파일명	내문서\GTQ\수험번호-성명-2.psd
		크기	40 × 50 pixels

1. 그림 효과
   ① 1급-4.jpg : 필터 – Dry Brush(드라이 브러쉬)
   ② 색상 보정 : 1급-5.jpg – 빨간색 계열로 보정
   ③ 1급-5.jpg : 레이어 스타일 – Bevel and Emboss(경사와 엠보스)
   ④ 1급-6.jpg : 레이어 스타일 – Stroke(선/획)(5px, #000000)
   ⑤ Shape Tool(모양 도구) :
      시계 모양 (#ffffff, 레이어 스타일 – Drop Shadow(그림자 효과),
      Inner Shadow(내부 그림자))
      – 모서리가 둥근 사각형 모양 (레이어 스타일 – Outer Glow(외부 광선), 그라디언트 오버레이(#666666, #000000))

2. 문자 효과
   ① Busy Time... (궁서, 26pt, #ffffff, 레이어 스타일 – Drop Shadow(그림자 효과))

≪출력형태≫

문제 3 [실무응용] 포스터 제작 [25점]

다음의 《조건》에 따라 아래의 《출력형태》와 같이 작업하시오.

《조건》

원본이미지	내문서₩GTQ₩Image₩1급-7.jpg, 1급-8.jpg, 1급-9.jpg, 1급-10.jpg, 1급-11.jpg		
파일저장규칙	JPG	파일명	내문서₩GTQ₩수험번호-성명-3.jpg
		크기	600 × 400 pixels
	PSD	파일명	내문서₩GTQ₩수험번호-성명-3.psd
		크기	60 × 40 pixels

1. 그림 효과
   ① 배경 : 그라디언트(#99ccff, #cccc33)
   ② 1급-7.jpg : Opacity(불투명도)(70%), 레이어 마스크 – 세로 방향으로 흐릿하게
   ③ 1급-8.jpg : 필터 – Film Grain(필름 그레인), 레이어 스타일 – Drop Shadow(그림자 효과)
   ④ 1급-9.jpg : Blending Mode(혼합 모드) – Darken(어둡게 하기), Opacity(불투명도)(70%)
   ⑤ 1급-10.jpg : 필터 – Crosshatch(그물눈), 레이어 마스크 – 가로 방향으로 흐릿하게
   ⑥ 1급-11.jpg : 색상 보정 – 녹색 계열로 보정, 레이어 스타일 – Outer Glow(외부 광선)
   ⑦ 그 외 《출력형태》 참조

2. 문자 효과
   ① 제1회 (돋움, 48pt, #ffff00, 레이어 스타일 – Drop Shadow(그림자 효과))
   ② 과학기술 연구소 탐험하기 (돋움, 30pt, 레이어 스타일 – 그라디언트 오버레이(#cc0000, #3366cc), Stroke(선/획)(3px, #ffffff))
   ③ 행사 프로그램 (돋움, 22pt, #ccccff, 레이어 스타일 – Drop Shadow(그림자 효과))
   ④ 1. 연구소 견학 2. 멘토와의 만남 (바탕, 16pt, #ffffff)

《출력형태》

Shape Tool(모양 도구) 사용
#ff66cc, 레이어 스타일 –
Drop Shadow(그림자 효과)

Shape Tool(모양 도구) 사용
레이어 스타일 – 그라디언트
오버레이(#ff6600, 006633),
Opacity(불투명도)(80%)

Shape Tool(모양 도구) 사용
#663333,
레이어 스타일 – Outer Glow(외부 광선)

문제 4 [실무응용] 홈페이지 메뉴바 제작 [35점]

다음의 ≪조건≫에 따라 아래의 ≪출력형태≫와 같이 작업하시오.

≪조건≫

원본이미지	내문서\GTQ\Image\1급-12.jpg, 1급-13.jpg, 1급-14.jpg, 1급-15.jpg, 1급-16.jpg, 1급-17.jpg		
파일저장규식	JPG	파일명	내문서\GTQ\수험번호-성명-4.jpg
		크기	600 × 400 pixels
	PSD	파일명	내문서\GTQ\수험번호-성명-4.psd
		크기	60 × 40 pixels

1. 그림 효과
   ① 배경 : #9966cc, 필터 - Texturizer(텍스처화)
   ② 패턴(장식 모양) : #ffffff, 레이어 마스크 - 대각선 방향으로 흐릿하게, Opacity(불투명도)(50%)
   ③ 1급-12.jpg : 레이어 마스크 - 가로 방향으로 흐릿하게
   ④ 1급-13.jpg : 레이어 스타일 - Outer Glow(외부 광선)
   ⑤ 1급-14.jpg, 1급-15.jpg : Blending Mode(혼합 모드) - Multiply(곱하기)
   ⑥ 1급-16.jpg : 레이어 스타일 - Drop Shadow(그림자 효과)
   ⑦ 1급-17.jpg : 색상 보정 - 파란색 계열로 보정, 레이어 스타일 - Bevel and Emboss(경사와 엠보스)
   ⑧ 그 외 ≪출력형태≫ 참조

2. 문자 효과
   ① 과학기술정보센터 (돋움, 30pt, #ffffff, 레이어 스타일 - Drop Shadow(그림자 효과), Stroke(선/획)(3px, #663399))
   ② Science and Technology (Arial, Regular, 14pt, #cc3399, 레이어 스타일 - Outer Glow(외부 광선))
   ③ 과학정보지원 사업안내 (바탕, 14pt, #ffff00, 레이어 스타일 - Drop Shadow(그림자 효과))
   ④ / 사업 / 비전 / 자료검색 (돋움, 16pt, #3333cc, 레이어 스타일 - Outer Glow(외부 광선), Stroke(선/획)(2px, #ffffff))

≪출력형태≫

Shape Tool(모양 도구) 사용
레이어 스타일 - Inner Shadow(내부 그림자),
그라디언트 오버레이(#ff0000, #ffff00)

Shape Tool(모양 도구) 사용
#ffffff, Opacity(불투명도)(50%)

Shape Tool(모양 도구) 사용
#ff6600, 레이어 스타일 -
Drop Shadow(그림자 효과)

Pen Tool(펜 도구) 사용
레이어 스타일 -
Outer Glow(외부 광선),
그라디언트 오버레이
(#663366, #ffff66)

제 **08** 회 GTQ 실전모의고사

Graphic Technology Qualification

급수	문제유형	시험시간	수험번호	성명
1급	C	90분		

수험자 유의사항

- 수험자는 문제지를 받는 즉시 응시하고자 하는 **과목 및 급수가 맞는지 확인**한 후 수험번호와 성명을 작성합니다.
- 파일명은 본인의 "수험번호-성명-문제번호"로 공백 없이 정확히 입력하고 답안폴더(내문서₩GTQ 또는 라이브러리₩문서₩GTQ)에 jpg 파일과 psd 파일의 2가지 포맷으로 저장해야 하며, jpg 파일과 psd 파일의 내용이 상이할 경우 0점 처리됩니다. 답안문서 파일명이 "수험번호-성명-문제번호"와 일치하지 않거나, 답안 파일을 전송하지 않아 미제출로 처리될 경우 불합격 처리됩니다.
- 문제의 세부조건은 '영문(한글)' 형식으로 표기되어 있으니 유의하시기 바랍니다.
- 수험자 정보와 저장한 파일명, 저장 위치가 다를 경우 전송이 되지 않으므로, 주의하시기 바랍니다.
- 답안 작성 중에도 **주기적으로 '저장'과 '답안 전송'**을 이용하여 감독위원 PC로 답안을 전송하셔야합니다.
  (※ 작업한 내용을 <u>저장하지 않고 전송할 경우</u> 이전의 저장내용이 전송되오니 이점 반드시 유념하시기 바랍니다.)
- 답안문서는 지정된 경로 외의 다른 보조기억장치에 저장하는 행위, 지정된 시험 시간 외에 작성된 파일을 활용한 행위, 기타 통신수단(이메일, 메신저, 네트워크 등)을 이용하여 타인에게 전달 또는 외부 반출하는 행위는 부정으로 간주되어 **자격기본법 제32조에 의거 본 시험 및 국가공인 자격시험을 2년간 응시할 수 없습니다.**
- 시험 중 부주의 또는 고의로 시스템을 파손한 경우와 〈수험자 유의사항〉에 기재된 방법대로 이행하지 않아 생기는 불이익은 수험자의 책임임을 알려 드립니다.
- 시험을 완료한 수험자는 최종적으로 저장한 답안파일이 전송되었는지 확인한 후 감독위원의 지시에 따라 문제지를 제출하고 퇴실합니다.

답안 작성요령

- 온라인 답안 작성 절차
  수험자 등록 ⇒ 시험 시작 ⇒ 답안파일 저장 ⇒ 답안 전송 ⇒ 시험 종료
- 내문서₩GTQ₩Image폴더에 있는 그림 원본파일을 사용하여 답안을 작성하시고 최종답안을 답안폴더(내문서₩GTQ)에 저장하여 답안을 전송하시고, 이미지의 크기가 다른 경우 감점 처리됩니다.
- 배점은 총 100점으로 이루어지며, 점수는 각 문제별로 차등 배분됩니다.
- 각 문제는 주어진 〈조건〉에 따라 작성하고, 언급하지 않은 조건은 《출력형태》와 같이 작성합니다.
- 배치 등의 편의를 위해 주어진 눈금자의 단위는 '픽셀'입니다.
  그 외는 출력형태(효과, 이미지, 문자, 색상, 레이아웃, 규격 등)와 같게 작업하십시오.
- 문제 조건에 서체의 지정이 없을 경우 한글은 굴림이나 돋움, 영문은 Arial로 작업하십시오.
  (단, 그 외에 제시되지 않은 문자 속성을 기본값으로 작성하지 않은 경우는 감점 처리됩니다.)
- Image Mode(이미지 모드)는 별도의 처리조건이 없을 경우에는 RGB(8비트)로 작업하십시오.
- 모든 답안 파일은 해상도 72 pixels/inch로 작업하십시오.
- Layer(레이어)는 각 기능별로 분할해야 하며, 임의로 합칠 경우나 각 기능에 대한 속성을 해지할 경우 해당 요소는 0점 처리됩니다.

문제 1 [기능평가] 고급 Tool(도구) 활용 [20점]

다음의 ≪조건≫에 따라 아래의 ≪출력형태≫와 같이 작업하시오.

≪조건≫

원본 이미지			내문서₩GTQ₩Image₩1급-1.jpg, 1급-2.jpg, 1급-3.jpg
파일 저장 규칙	JPG	파일명	내문서₩GTQ₩수험번호-성명-1.jpg
		크기	400 × 500 pixels
	PSD	파일명	내문서₩GTQ₩수험번호-성명-1.psd
		크기	40 × 50 pixels

1. 그림 효과
   ① 1급-1.jpg : 필터 - Dry Brush(드라이 브러쉬)
   ② Save Path(패스 저장) : 새 모양
   ③ Mask(마스크) : 새 모양, 1급-2.jpg를 이용하여 작성
      레이어 스타일 - Stroke(선/획)(2px, #ffffff), Inner Shadow(내부 그림자)
   ④ 1급-3.jpg : 레이어 스타일 - Stroke(선/획)(2px, #00ff00)
   ⑤ Shape Tool(모양 도구) :
      - 새 모양 (#99ffff, 레이어 스타일 -
        Bevel and Emboss(경사와 엠보스))
      - 나뭇잎 모양 (#006600, 레이어 스타일 - Stroke(선/획)(1px, #ffffcc))

2. 문자 효과
   ① Birds (Arial, Bold, 70pt, 레이어 스타일 - 그라디언트 오버레이
      (#000099, #ff666666), Stroke(선/획)(2px, #ffffff))

≪출력형태≫

문제 2 [기능평가] 사진편집 응용 [20점]

다음의 ≪조건≫에 따라 아래의 ≪출력형태≫와 같이 작업하시오.

≪조건≫

원본 이미지			내문서₩GTQ₩Image₩1급-4.jpg, 1급-5.jpg, 1급-6.jpg
파일 저장 규칙	JPG	파일명	내문서₩GTQ₩수험번호-성명-2.jpg
		크기	400 × 500 pixels
	PSD	파일명	내문서₩GTQ₩수험번호-성명-2.psd
		크기	40 × 50 pixels

1. 그림 효과
   ① 1급-4.jpg : 필터 - Crosshatch(그물눈)
   ② 1급-5.jpg : 색상 보정 - 빨간색 계열로 보정,
      레이어 스타일 - Drop Shadow(그림자 효과)
   ③ 1급-6.jpg : 레이어 스타일 - Outer Glow(외부 광선)
   ④ Shape Tool(모양 도구) :
      - 나선형 모양 (#00ffff, 레이어 스타일 - Drop Shadow(그림자 효과))
      - 꽃 장식 모양 (#0000ff, 레이어 스타일 - Inner Glow(내부 광선))

2. 문자 효과
   ① 사람과 함께 공존하는 조류 (돋움, 28pt, #000033,
      레이어 스타일 - Stroke(선/획)(2px, #ffff00),
      Drop Shadow(그림자 효과))

≪출력형태≫

문제 3 [실무응용] 포스터 제작 [25점]

다음의 ≪조건≫에 따라 아래의 ≪출력형태≫와 같이 작업하시오.

≪조건≫

원본이미지	내문서\GTQ\Image\1급-7.jpg, 1급-8.jpg, 1급-9.jpg, 1급-10.jpg, 1급-11.jpg		
파일저장규칙	JPG	파일명	내문서\GTQ\수험번호-성명-3.jpg
		크기	600 × 400 pixels
	PSD	파일명	내문서\GTQ\수험번호-성명-3.psd
		크기	60 × 40 pixels

1. 그림 효과
   ① 배경 : #663300
   ② 1급-7.jpg : 레이어 마스크 - 세로 방향으로 흐릿하게
   ③ 1급-8.jpg : Blending Mode(혼합 모드) - Hard Light(하드 라이트), Opacity(불투명도)(80%)
   ④ 1급-9.jpg : 필터 - Texturizer(텍스처화), 레이어 스타일 - Stroke(선/획)(3px, #ffcc33)
   ⑤ 1급-10.jpg : 색상 보정 - 녹색 계열로 보정, 레이어 스타일 - Drop Shadow(그림자 효과)
   ⑥ 1급-11.jpg : 레이어 스타일 - Outer Glow(외부 광선)
   ⑦ 그 외 ≪출력형태≫ 참조

2. 문자 효과
   ① 힐링의 공간 / 삶의 여유 (돋움, 15pt, #ffffff, 레이어 스타일 - Drop Shadow(그림자 효과))
   ② Happy Birdsong (Arial, Bold, 14pt, 레이어 스타일 - Stroke(선/획)(2px, #ffffff))
   ③ 도심속 즐거운 새소리 (바탕, 35pt, #ffffff, 레이어 스타일 - Stroke(선/획)(2px, 그라디언트(#cc0000, #3300cc)))
   ④ 낭만 / 여유가 있는 도심속 푸른세상을 보존하자! (굴림, 12pt, #ffffff, 레이어 스타일 - Outer Glow(외부 광선))

≪출력형태≫

Shape Tool(모양 도구) 사용
#ffcc33, 레이어 스타일 -
Stroke(선/획)(5px, #336633),
Opacity(불투명도)(50%)

Shape Tool(모양 도구) 사용
#ff3300, 레이어 스타일 - Inner Glow(내부 광선)

Shape Tool(모양 도구) 사용
#99ffff, #ffffff, 레이어 스타일 -
Drop Shadow(그림자 효과)

문제 4 [실무응용] 홈페이지 메뉴바 제작 [35점]

다음의 ≪조건≫에 따라 아래의 ≪출력형태≫와 같이 작업하시오.

≪조건≫

원본이미지	내문서\GTQ\Image\1급-12.jpg, 1급-13.jpg, 1급-14.jpg, 1급-15.jpg, 1급-16.jpg, 1급-17.jpg		
파일저장규칙	JPG	파일명	내문서\GTQ\수험번호-성명-4.jpg
		크기	600 × 400 pixels
	PSD	파일명	내문서\GTQ\수험번호-성명-4.psd
		크기	60 × 40 pixels

1. 그림 효과
   ① 배경 : 그라디언트(#0066ff, #ffcc99)
   ② 패턴(나비 모양) : #ffffff, Opacity(불투명도)(50%)
   ③ 1급-12.jpg : Blending Mode(혼합 모드) – Darken(어둡게 하기), 레이어 마스크 – 대각선 방향으로 흐릿하게
   ④ 1급-13.jpg : 필터 – Grain(그레인), 레이어 마스크 – 대각선 방향으로 흐릿하게
   ⑤ 1급-14.jpg, 1급-15.jpg : 레이어 스타일 – Outer Glow(외부 광선)
   ⑥ 1급-16.jpg : 레이어 스타일 – Drop Shadow(그림자 효과), Bevel and Emboss(경사와 엠보스)
   ⑦ 1급-17.jpg : 색상 보정 – 녹색 계열로 보정, 레이어 스타일 – Drop Shadow(그림자 효과)
   ⑧ 그 외 ≪출력형태≫ 참조

2. 문자 효과
   ① 자연과 휴식공간 (돋움, 35pt, #006600, 레이어 스타일 – Drop Shadow(그림자 효과), Stroke(선/획)(2px, #ffffff))
   ② 도심속으로 떠나는 새들의 쉼터 탐방여행 (굴림, 15pt, #ffffff,
      레이어 스타일 – Stroke(선/획)(2px, 그라디언트(#006633, #003399))
   ③ 생태학습 쉼터탐방 휴식공간 관광안내 (바탕, 18pt, #003300, 레이어 스타일 – Drop Shadow(그림자 효과))
   ④ Ecosystem (Arial, Bold, 20pt, #003399, 레이어 스타일 – Drop Shadow(그림자 효과))

≪출력형태≫

Shape Tool(모양 도구) 사용
레이어 스타일 – 그라디언트 오버레이
(#006633, #ff6600), Outer Glow(외부 광선)

Shape Tool(모양 도구) 사용
#ffffff, Opacity(불투명도)(90%)
레이어 스타일 – Drop Shadow(그림자 효과)

Pen Tool(펜 도구) 사용
#ffffff, #003300,
Opacity(불투명도)(70%)

제09회 GTQ 실전모의고사

Graphic Technology Qualification

급수	문제유형	시험시간	수험번호	성명
1급	D	90분		

수험자 유의사항

- 수험자는 문제지를 받는 즉시 응시하고자 하는 **과목 및 급수가 맞는지 확인**한 후 수험번호와 성명을 작성합니다.
- 파일명은 본인의 "수험번호-성명-문제번호"로 공백 없이 정확히 입력하고 답안폴더(내문서\GTQ 또는 라이브러리\문서\GTQ)에 jpg 파일과 psd 파일의 2가지 포맷으로 저장해야 하며, jpg 파일과 psd 파일의 내용이 상이할 경우 0점 처리됩니다. 답안문서 파일명이 "수험번호-성명-문제번호"와 일치하지 않거나, 답안 파일을 전송하지 않아 미제출로 처리될 경우 불합격 처리됩니다.
- 문제의 세부조건은 '영문(한글)' 형식으로 표기되어 있으니 유의하시기 바랍니다.
- 수험자 정보와 저장한 파일명, 저장 위치가 다를 경우 전송이 되지 않으므로, 주의하시기 바랍니다.
- 답안 작성 중에도 **주기적으로 '저장'과 '답안 전송'**을 이용하여 감독위원 PC로 답안을 전송하셔야합니다.
 (※ 작업한 내용을 <u>저장하지 않고 전송할 경우</u> 이전의 저장내용이 전송되오니 이점 반드시 유념하시기 바랍니다.)
- 답안문서는 지정된 경로 외의 다른 보조기억장치에 저장하는 행위, 지정된 시험 시간 외에 작성된 파일을 활용한 행위, 기타 통신수단(이메일, 메신저, 네트워크 등)을 이용하여 타인에게 전달 또는 외부 반출하는 행위는 부정으로 간주되어 **자격기본법 제32조에 의거 본 시험 및 국가공인 자격시험을 2년간 응시할 수 없습니다.**
- 시험 중 부주의 또는 고의로 시스템을 파손한 경우와 〈수험자 유의사항〉에 기재된 방법대로 이행하지 않아 생기는 불이익은 수험자의 책임임을 알려 드립니다.
- 시험을 완료한 수험자는 최종적으로 저장한 답안파일이 전송되었는지 확인한 후 감독위원의 지시에 따라 문제지를 제출하고 퇴실합니다.

답안 작성요령

- 온라인 답안 작성 절차
 수험자 등록 ⇒ 시험 시작 ⇒ 답안파일 저장 ⇒ 답안 전송 ⇒ 시험 종료
- 내문서\GTQ\Image폴더에 있는 그림 원본파일을 사용하여 답안을 작성하시고 최종답안을 답안폴더(내문서\GTQ)에 저장하여 답안을 전송하시고, 이미지의 크기가 다른 경우 감점 처리됩니다.
- 배점은 총 100점으로 이루어지며, 점수는 각 문제별로 차등 배분됩니다.
- 각 문제는 주어진 〈조건〉에 따라 작성하고, 언급하지 않은 조건은 《출력형태》와 같이 작성합니다.
- 배치 등의 편의를 위해 주어진 눈금자의 단위는 '픽셀'입니다.
 그 외는 출력형태(효과, 이미지, 문자, 색상, 레이아웃, 규격 등)와 같게 작업하십시오.
- 문제 조건에 서체의 지정이 없을 경우 한글은 굴림이나 돋움, 영문은 Arial로 작업하십시오.
 (단, 그 외에 제시되지 않은 문자 속성을 기본값으로 작성하지 않은 경우는 감점 처리됩니다.)
- Image Mode(이미지 모드)는 별도의 처리조건이 없을 경우에는 RGB(8비트)로 작업하십시오.
- 모든 답안 파일은 해상도 72 pixels/inch로 작업하십시오.
- Layer(레이어)는 각 기능별로 분할해야 하며, 임의로 합칠 경우나 각 기능에 대한 속성을 해지할 경우 해당 요소는 0점 처리됩니다.

문제 1 [기능평가] 고급 Tool(도구) 활용 [20점]

다음의 ≪조건≫에 따라 아래의 ≪출력형태≫와 같이 작업하시오.

≪조건≫

원본 이미지	내문서\GTQ\Image\1급-1.jpg, 1급-2.jpg, 1급-3.jpg		
파일 저장 규칙	JPG	파일명	내문서\GTQ\수험번호-성명-1.jpg
		크기	400 × 500 pixels
	PSD	파일명	내문서\GTQ\수험번호-성명-1.psd
		크기	40 × 50 pixels

1. 그림 효과
  ① 1급-1.jpg : 필터 - Sponge(스폰지 효과)
  ② Save Path(패스 저장) : 대나무 모양
  ③ Mask(마스크) : 대나무 모양, 1급-2.jpg를 이용하여 작성
     레이어 스타일 - Stroke(선/획)(3px, #ffffff),
     Inner Shadow(내부 그림자)
  ④ 1급-3.jpg : 필터 - Facet(단면화)
  ⑤ Shape Tool(모양 도구) :
     - 말풍선 모양 (#ff0033, #66cc00, #ff0033)

2. 문자 효과
  ① 대 나 무 축제 (궁서, 35pt, #ffffff,
     레이어 스타일 - Drop Shadow(그림자 효과))

≪출력형태≫

문제 2 [기능평가] 사진편집 응용 [20점]

다음의 ≪조건≫에 따라 아래의 ≪출력형태≫와 같이 작업하시오.

≪조건≫

원본 이미지	내문서\GTQ\Image\1급-4.jpg, 1급-5.jpg, 1급-6.jpg		
파일 저장 규칙	JPG	파일명	내문서\GTQ\수험번호-성명-2.jpg
		크기	520 × 350 pixels
	PSD	파일명	내문서\GTQ\수험번호-성명-2.psd
		크기	52 × 35 pixels

1. 그림 효과
  ① 1급-4.jpg : 필터 - Texturizer(텍스처화)
  ② 색상 보정 : 1급-5.jpg - 하늘색 계열로 보정
  ③ 1급-5.jpg : 레이어 마스크 - 가로 방향으로 흐릿하게
  ④ 1급-6.jpg : 레이어 스타일 - Inner Shadow(내부 그림자)
  ⑤ Shape Tool(모양 도구) :
     - 구름 모양 (#ffffff)
     - 구름 모양 (#ffffff, 레이어 스타일 - Drop Shadow(그림자 효과))

2. 문자 효과
  ① 기차여행 (궁서, 36pt, #0066cc, 레이어 스타일 -
     Drop Shadow(그림자 효과), Stroke(선/획)(3px, #ffffff))

≪출력형태≫

문제 3 [실무응용] 포스터 제작 [25점]

다음의 ≪조건≫에 따라 아래의 ≪출력형태≫와 같이 작업하시오.

≪조건≫

원본이미지	내문서₩GTQ₩Image₩1급-7.jpg, 1급-8.jpg, 1급-9.jpg, 1급-10.jpg, 1급-11.jpg		
파일저장규칙	JPG	파일명	내문서₩GTQ₩수험번호-성명-3.jpg
		크기	320 × 450 pixels
	PSD	파일명	내문서₩GTQ₩수험번호-성명-3.psd
		크기	32 × 45 pixels

1. 그림 효과
   ① 1급-7.jpg : 필터 - Lens Flare(렌즈 플레어)
   ② 1급-8.jpg : 레이어 마스크 - 세로 방향으로 흐릿하게
   ③ 1급-9.jpg : Blending Mode(혼합 모드) - Darken(어둡게 하기), Opacity(불투명도)(60%)
   ④ 1급-10.jpg : 색상 보정 - 파랑색 계열로 보정, 레이어 스타일 - Outer Glow(외부 광선)
   ⑤ 1급-11.jpg : 레이어 스타일 - Stroke(선/획)(3px, #666666)
   ⑥ 그 외 ≪출력형태≫ 참조

2. 문자 효과
   ① 딸기따기! (궁서, 25pt, #ffffff, 레이어 스타일 - Stroke(선/획)(2px, #ff00cc))
   ② 어린이날 (궁서, 40pt, 레이어 스타일 - 그라디언트 오버레이(#ff00cc, #ffccff), Stroke(선/획)(3px, #ffffff), Drop Shadow(그림자 효과))
   ③ Event (Arial, Regular, 40pt, 레이어 스타일 - 그라디언트 오버레이(#006600, #33ff33), Stroke(선/획)(3px, #ffffff), Drop Shadow(그림자 효과))

≪출력형태≫

Shape Tool(모양 도구) 사용
#ffff00, 레이어 스타일 -
Stroke(선/획)(1px, #ff6600)

Shape Tool(모양 도구) 사용
#99ff00, 레이어 스타일 -
Stroke(선/획)(1px, #336600)

문제 4 [실무응용] 홈페이지 메뉴바 제작 [35점]

다음의 ≪조건≫에 따라 아래의 ≪출력형태≫와 같이 작업하시오.

≪조건≫

원본이미지	내문서₩GTQ₩Image₩1급-12.jpg, 1급-13.jpg, 1급-14.jpg, 1급-15.jpg, 1급-16.jpg, 1급-17.jpg		
파일저장규칙	JPG	파일명	내문서₩GTQ₩수험번호-성명-4.jpg
		크기	600 × 400 pixels
	PSD	파일명	내문서₩GTQ₩수험번호-성명-4.psd
		크기	60 × 40 pixels

1. 그림 효과
   ① 배경 : 그라디언트 (#66ccff, #ffffff)
   ② 패턴(바둑판 모양) : #ffffff, Opacity(불투명도)(20%), 레이어 마스크 - 세로 방향으로 흐릿하게
   ③ 1급-12.jpg : Blending Mode(혼합 모드) - Luminosity(광도)
   ④ 1급-13.jpg : 레이어 스타일 - Drop Shadow(그림자 효과)
   ⑤ 1급-14.jpg : 필터 - Watercolor(수채화 효과)
   ⑥ 1급-16.jpg : 색상 보정 - 파란색 계열로 보정, 레이어 스타일 - Outer Glow(외부 광선)
   ⑦ 1급-17.jpg : 레이어 마스크 - 가로 방향으로 흐릿하게
   ⑧ 그 외 ≪출력형태≫ 참조

2. 문자 효과
   ① 기차여행 / 대나무축제 / 벚꽃축제 / 이벤트참여 (굴림, 15pt, #ffffff, 레이어 스타일 - Drop Shadow(그림자 효과))
   ② 축제 한마당 (궁서, 30pt, #ffffff, 레이어 스타일 - Stroke(선/획)(2px, #ff6600))
   ③ 어린이날 이벤트 기간 : 5.1 ~ 5.5 (굴림, 15pt, #000000, #ff0000)
   ④ 이 벤 트 참 여 (궁서, 20pt, #ffffff)

≪출력형태≫

Pen Tool(펜 도구) 사용
#99cc00

Shape Tool(모양 도구) 사용
#99cc00, 레이어 스타일 -
Outer Glow(외부 광선)

Pen Tool(펜 도구) 사용
#ffff33

Shape Tool(모양 도구) 사용
#ffffcc, 레이어 스타일 - Stroke(선/획)(1px, #ff0000)

제 10 회 GTQ 실전모의고사

Graphic Technology Qualification

급수	문제유형	시험시간	수험번호	성명
1급	E	90분		

수험자 유의사항

- 수험자는 문제지를 받는 즉시 응시하고자 하는 **과목 및 급수가 맞는지 확인**한 후 수험번호와 성명을 작성합니다.
- 파일명은 본인의 "수험번호-성명-문제번호"로 공백 없이 정확히 입력하고 답안폴더(내문서₩GTQ 또는 라이브러리₩문서₩GTQ)에 jpg 파일과 psd 파일의 2가지 포맷으로 저장해야 하며, jpg 파일과 psd 파일의 내용이 상이할 경우 0점 처리됩니다. 답안문서 파일명이 "수험번호-성명-문제번호"와 일치하지 않거나, 답안 파일을 전송하지 않아 미제출로 처리될 경우 불합격 처리됩니다.
- 문제의 세부조건은 '영문(한글)' 형식으로 표기되어 있으니 유의하시기 바랍니다.
- 수험자 정보와 저장한 파일명, 저장 위치가 다를 경우 전송이 되지 않으므로, 주의하시기 바랍니다.
- 답안 작성 중에도 **주기적으로 '저장'과 '답안 전송'**을 이용하여 감독위원 PC로 답안을 전송하셔야합니다.
  (※ 작업한 내용을 <u>저장하지 않고 전송할 경우</u> 이전의 저장내용이 전송되오니 이점 반드시 유념하시기 바랍니다.)
- 답안문서는 지정된 경로 외의 다른 보조기억장치에 저장하는 행위, 지정된 시험 시간 외에 작성된 파일을 활용한 행위, 기타 통신수단(이메일, 메신저, 네트워크 등)을 이용하여 타인에게 전달 또는 외부 반출하는 행위는 부정으로 간주되어 **자격기본법 제32조에 의거 본 시험 및 국가공인 자격시험을 2년간 응시할 수 없습니다.**
- 시험 중 부주의 또는 고의로 시스템을 파손한 경우와 〈수험자 유의사항〉에 기재된 방법대로 이행하지 않아 생기는 불이익은 수험자의 책임임을 알려 드립니다.
- 시험을 완료한 수험자는 최종적으로 저장한 답안파일이 전송되었는지 확인한 후 감독위원의 지시에 따라 문제지를 제출하고 퇴실합니다.

답안 작성요령

- 온라인 답안 작성 절차
  수험자 등록 ⇒ 시험 시작 ⇒ 답안파일 저장 ⇒ 답안 전송 ⇒ 시험 종료
- 내문서₩GTQ₩Image폴더에 있는 그림 원본파일을 사용하여 답안을 작성하시고 최종답안을 답안폴더(내문서₩GTQ)에 저장하여 답안을 전송하시고, 이미지의 크기가 다른 경우 감점 처리됩니다.
- 배점은 총 100점으로 이루어지며, 점수는 각 문제별로 차등 배분됩니다.
- 각 문제는 주어진 〈조건〉에 따라 작성하고, 언급하지 않은 조건은 《출력형태》와 같이 작성합니다.
- 배치 등의 편의를 위해 주어진 눈금자의 단위는 '픽셀'입니다.
  그 외는 출력형태(효과, 이미지, 문자, 색상, 레이아웃, 규격 등)와 같게 작업하십시오.
- 문제 조건에 서체의 지정이 없을 경우 한글은 굴림이나 돋움, 영문은 Arial로 작업하십시오.
  (단, 그 외에 제시되지 않은 문자 속성을 기본값으로 작성하지 않은 경우는 감점 처리됩니다.)
- Image Mode(이미지 모드)는 별도의 처리조건이 없을 경우에는 RGB(8비트)로 작업하십시오.
- 모든 답안 파일은 해상도 72 pixels/inch로 작업하십시오.
- Layer(레이어)는 각 기능별로 분할해야 하며, 임의로 합칠 경우나 각 기능에 대한 속성을 해지할 경우 해당 요소는 0점 처리됩니다.

문제 1 [기능평가] 고급 Tool(도구) 활용 [20점]

다음의 ≪조건≫에 따라 아래의 ≪출력형태≫와 같이 작업하시오.

≪조건≫

원본 이미지	내문서₩GTQ₩Image₩1급-1.jpg, 1급-2.jpg, 1급-3.jpg		
파일 저장 규칙	JPG	파일명	내문서₩GTQ₩수험번호-성명-1.jpg
		크기	400 × 500 pixels
	PSD	파일명	내문서₩GTQ₩수험번호-성명-1.psd
		크기	40 × 50 pixels

1. 그림 효과
  ① 1급-1.jpg : 필터 – Sponge(스폰지 효과)
  ② Save Path(패스 저장) : 토끼 모양
  ③ Mask(마스크) : 토끼 모양, 1급-2.jpg를 이용하여 작성
  레이어 스타일 – Stroke(선/획)(3px, #ff00ff),
  Inner Shadow(내부 그림자)
  ④ 1급-3.jpg : 레이어 스타일 – Outer Glow(외부 광선)
  ⑤ Shape Tool(모양 도구) :
    – 별 모양 (#ffff00, 레이어 스타일 – Drop Shadow(그림자 효과))
    – 음표 모양 (레이어 스타일 – Drop Shadow(그림자 효과),
    그라디언트 오버레이(#ffcc00, #ff0000))

2. 문자 효과
  ① 쿠키사랑 (궁서, 60pt, #cc6600, 레이어 스타일 –
    Stroke(선/획)(3px, #ffff00))

≪출력형태≫

문제 2 [기능평가] 사진편집 응용 [20점]

다음의 ≪조건≫에 따라 아래의 ≪출력형태≫와 같이 작업하시오.

≪조건≫

원본 이미지	내문서₩GTQ₩Image₩1급-4.jpg, 1급-5.jpg, 1급-6.jpg		
파일 저장 규칙	JPG	파일명	내문서₩GTQ₩수험번호-성명-2.jpg
		크기	400 × 500 pixels
	PSD	파일명	내문서₩GTQ₩수험번호-성명-2.psd
		크기	40 × 50 pixels

1. 그림 효과
  ① 1급-4.jpg : 필터 – Ocean Ripple(바다 물결)
  ② 색상 보정 : 1급-6.jpg – 빨간색 계열로 보정
  ③ 1급-5.jpg : 레이어 스타일 – Drop Shadow(그림자 효과)
  ④ 1급-6.jpg : 레이어 스타일 – Outer Glow(외부 광선),
    Opacity(불투명도)(80%)
  ⑤ Shape Tool(모양 도구) :
    – 꽃 모양 (#663399, 레이어 스타일 – Stroke(선/획)(3px, #ffffff))
    – 체크 표시 모양 (#00ff00, 레이어 스타일 –
    Bevel and Emboss(경사와 엠보스))

2. 문자 효과
  ① FRUIT (Arial, Regular, 90pt, 레이어 스타일 – 그라디언트
    오버레이(#000099, #ff0000, #ffff00), Stroke(선/획)(3px, #ffffff),
    Drop Shadow(그림자 효과))

≪출력형태≫

문제 3 ≣ [실무응용] 포스터 제작 [25점]

다음의 ≪조건≫에 따라 아래의 ≪출력형태≫와 같이 작업하시오.

《조건》

원본이미지	내문서₩GTQ₩Image₩1급-7.jpg, 1급-8.jpg, 1급-9.jpg, 1급-10.jpg, 1급-11.jpg		
파일저장규칙	JPG	파일명	내문서₩GTQ₩수험번호-성명-3.jpg
		크기	600 × 400 pixels
	PSD	파일명	내문서₩GTQ₩수험번호-성명-3.psd
		크기	60 × 40 pixels

1. 그림 효과
   ① 배경 : #ffffff
   ② 1급-7.jpg : 색상 보정 - 회색 계열로 보정, 필터 - Lens Flare(렌즈 플레어)
   ③ 1급-8.jpg : 필터 - ZigZag(지그재그), 레이어 마스크 - 세로 방향으로 흐릿하게
   ④ 1급-9.jpg : 레이어 마스크 - 가로 방향으로 흐릿하게
   ⑤ 1급-10.jpg : 레이어 스타일 - Outer Glow(외부 광선)
   ⑥ 1급-11.jpg : 레이어 스타일 - Drop Shadow(그림자 효과)
   ⑦ 그 외 ≪출력형태≫ 참조

2. 문자 효과
   ① TOMATO (Arial, Regular, 60pt, #ff0000, 레이어 스타일 - Stroke(선/획)(3px, #ffffff), Inner Shadow(내부 그림자))
   ② 만인이 사랑하는 (바탕, 25pt, #000000, 레이어 스타일 - Stroke(선/획)(2px, #ffffff))
   ③ pasta (Arial, Regular, 50pt, 레이어 스타일 - Stroke(선/획)(3px, #ffff99))

《출력형태》

Shape Tool(모양 도구) 사용
#cc0000, 레이어 스타일 -
Inner Shadow(내부 그림자)

Shape Tool(모양 도구) 사용
#ffff00, 레이어 스타일 -
Drop Shadow(그림자 효과)

Shape Tool(모양 도구) 사용
#000000, 레이어 스타일 -
Stroke(선/획)(1px, #ffffff)

문제 4 [실무응용] 홈페이지 메뉴바 제작   [35점]

다음의 ≪조건≫에 따라 아래의 ≪출력형태≫와 같이 작업하시오.

≪조건≫

원본이미지	내문서₩GTQ₩Image₩1급-12.jpg, 1급-13.jpg, 1급-14.jpg, 1급-15.jpg, 1급-16.jpg, 1급-17.jpg		
파일저장규칙	JPG	파일명	내문서₩GTQ₩수험번호-성명-4.jpg
		크기	600 × 400 pixels
	PSD	파일명	내문서₩GTQ₩수험번호-성명-4.psd
		크기	60 × 40 pixels

1. 그림 효과
   ① 배경 : #ffcccc
   ② 패턴(장식 모양) : 1급-13.jpg 이용하여 작성, Opacity(불투명도)(30%)
   ③ 1급-12.jpg : 레이어 마스크 - 대각선 방향으로 흐릿하게
   ④ 1급-14.jpg : 레이어 마스크 - 둥근 방향으로 흐릿하게
   ⑤ 1급-15.jpg : 필터 - Dry Brush(드라이 브러쉬)
   ⑥ 1급-17.jpg : 필터 - Rough Pastels(거친 파스텔)
   ⑦ 그 외 ≪출력형태≫ 참조

2. 문자 효과
   ① 요 아 젤 (궁서, 30pt, #ff3399, #99cc33, #33cc99 레이어 스타일 - Drop Shadow(그림자 효과), Stroke(선/획)(3px, #ffffff))
   ② 요거트 아이스크림 젤라또 (굴림, 14pt, #000000)
   ③ 신제품 및 인기상품 (돋움, 18pt, #ffffff)
   ④ It's Delicious & Healthy (Arial, Regular, 30pt, #33cc99, 레이어 스타일 - Stroke(선/획)(3px, #ccff99), Drop Shadow(그림자 효과))

≪출력형태≫

Shape Tool(모양 도구) 사용
#ff3399

Shape Tool(모양 도구) 사용
레이어 스타일 -
Stroke(선/획)(3px, #ffffff)

Shape Tool(모양 도구) 사용
#ffcc00

Pen Tool(펜 도구) 사용
#ffffcc, 레이어 스타일 - Drop Shadow(그림자 효과)

PART 03

최신기출문제

제**01**회 • 최신기출문제

제**02**회 • 최신기출문제

제**03**회 • 최신기출문제

제**04**회 • 최신기출문제

제**05**회 • 최신기출문제

제 01 회 GTQ[그래픽기술자격]-[S/W:포토샵]

급수	문제유형	시험시간	수험번호	성명
1급	A	90분		

수험자 유의사항

- 수험자는 문제지를 받는 즉시 응시하고자 하는 **과목 및 급수가 맞는지 확인**한 후 수험번호와 성명을 작성합니다.
- 파일명은 본인의 "수험번호-성명-문제번호"로 공백 없이 정확히 입력하고 답안폴더(내문서\GTQ 또는 라이브러리\문서\GTQ)에 jpg파일과 psd 파일의 2가지 포맷으로 저장해야 하며, jpg 파일과 psd 파일의 내용이 상이할 경우 0점 처리됩니다. 답안문서 파일명이 "수험번호-성명-문제번호"와 일치하지 않거나, 답안 파일을 전송하지 않아 미제출로 처리될 경우 불합격 처리됩니다.
- 문제의 세부조건은 '영문(한글)' 형식으로 표기되어 있으니 유의하시기 바랍니다.
- 수험자 정보와 저장한 파일명, 저장 위치가 다를 경우 전송이 되지 않으므로, 주의하시기 바랍니다.
- 답안 작성 중에도 **주기적으로 '저장'과 '답안 전송'**을 이용하여 감독위원 PC로 답안을 전송하셔야합니다.
  (※ 작업한 내용을 저장하지 않고 전송할 경우 이전의 저장내용이 전송되오니 이점 반드시 유념하시기 바랍니다.)
- 답안문서는 지정된 경로 외의 다른 보조기억장치에 저장하는 행위, 지정된 시험 시간 외에 작성된 파일을 활용한 행위, 기타 통신수단(이메일, 메신저, 네트워크 등)을 이용하여 타인에게 전달 또는 외부 반출하는 행위는 부정으로 간주되어 **자격기본법 제32조에 의거 본 시험 및 국가공인 자격시험을 2년간 응시할 수 없습니다.**
- 시험 중 부주의 또는 고의로 시스템을 파손한 경우와 〈수험자 유의사항〉에 기재된 방법대로 이행하지 않아 생기는 불이익은 수험자의 책임임을 알려 드립니다.
- 시험을 완료한 수험자는 최종적으로 저장한 답안파일이 전송되었는지 확인한 후 감독위원의 지시에 따라 문제지를 제출하고 퇴실합니다.

답안 작성요령

- 온라인 답안 작성 절차
  수험자 등록 ⇒ 시험 시작 ⇒ 답안파일 저장 ⇒ 답안 전송 ⇒ 시험 종료
- 내문서\GTQ\Image폴더에 있는 그림 원본파일을 사용하여 답안을 작성하시고 최종답안을 답안폴더(내문서\GTQ)에 저장하여 답안을 전송하시고, 이미지의 크기가 다른 경우 감점 처리됩니다.
- 배점은 총 100점으로 이루어지며, 점수는 각 문제별로 차등 배분됩니다.
- 각 문제는 주어진 〈조건〉에 따라 작성하고, 언급하지 않은 조건은 《출력형태》와 같이 작성합니다.
- 배치 등의 편의를 위해 주어진 눈금자의 단위는 '픽셀'입니다.
  그 외는 출력형태(효과, 이미지, 문자, 색상, 레이아웃, 규격 등)와 같게 작업하십시오.
- 문제 조건에 서체의 지정이 없을 경우 한글은 굴림이나 돋움, 영문은 Arial로 작업하십시오.
  (단, 그 외에 제시되지 않은 문자 속성을 기본값으로 작성하지 않은 경우는 감점 처리됩니다.)
- Image Mode(이미지 모드)는 별도의 처리조건이 없을 경우에는 RGB(8비트)로 작업하십시오.
- 모든 답안 파일은 해상도 72 pixels/inch로 작업하십시오.
- Layer(레이어)는 각 기능별로 분할해야 하며, 임의로 합칠 경우나 각 기능에 대한 속성을 해지할 경우 해당 요소는 0점 처리됩니다.

문제 1   [기능평가] 고급 Tool(도구) 활용   [20점]

다음의 《조건》에 따라 아래의 《출력형태》와 같이 작업하시오.

《조건》

원본 이미지	내문서₩GTQ₩Image₩1급-1.jpg, 1급-2.jpg, 1급-3.jpg		
파일 저장 규칙	JPG	파일명	내문서₩GTQ₩수험번호-성명-1.jpg
		크기	400 × 500 pixels
	PSD	파일명	내문서₩GTQ₩수험번호-성명-1.psd
		크기	40 × 50 pixels

1. 그림 효과
   ① 1급-1.jpg : 필터 - Dry Brush(드라이 브러시)
   ② Save Path(패스 저장) : 상어 모양
   ③ Mask(마스크) : 상어 모양, 1급-2.jpg를 이용하여 작성
      레이어 스타일 - Stroke(선/획)(3px, #ffcccc),
      Inner Glow(내부 광선)
   ④ 1급-3.jpg : 레이어 스타일 - Drop Shadow(그림자 효과)
   ⑤ Shape Tool(모양 도구) :
      - 물결 모양 (#0066ff, 레이어 스타일 -
        Bevel and Emboss(경사와 엠보스))
      - 금지 모양 (#ff0000, 레이어 스타일 - Outer Glow(외부 광선))

2. 문자 효과
   ① 수영은 안전한 곳에서 (바탕, 40pt, 레이어 스타일 -
      그라디언트 오버레이(#0000ff, #66ffcc), Stroke(선/획)(2px, #ffffff))

《출력형태》

문제 2   [기능평가] 사진편집 응용   [20점]

다음의 《조건》에 따라 아래의 《출력형태》와 같이 작업하시오.

《조건》

원본 이미지	내문서₩GTQ₩Image₩1급-4.jpg, 1급-5.jpg, 1급-6.jpg		
파일 저장 규칙	JPG	파일명	내문서₩GTQ₩수험번호-성명-2.jpg
		크기	400 × 500 pixels
	PSD	파일명	내문서₩GTQ₩수험번호-성명-2.psd
		크기	40 × 50 pixels

1. 그림 효과
   ① 1급-4.jpg : 필터 - Texturizer(텍스처화)
   ② 색상 보정 : 1급-5.jpg - 노란색 계열로 보정
   ③ 1급-5.jpg : 레이어 스타일 - Inner Glow(내부 광선)
   ④ 1급-6.jpg : 레이어 스타일 - Outer Glow(외부 광선)
   ⑤ Shape Tool(모양 도구) :
      - 사람 모양 (#ff0000, #0066ff, 레이어 스타일 -
        Bevel and Emboss(경사와 엠보스))
      - 지그재그 모양 (#0000ff, 레이어 스타일 -
        Stroke(선/획)(2px, #ffffff))

2. 문자 효과
   ① 수상 안전의 필수품 (돋움, 30pt, #ffffff, 레이어 스타일 -
      Stroke(선/획)(3px, #3300ff), Drop Shadow(그림자 효과))

《출력형태》

문제 3 [실무응용] 포스터 제작 [25점]

다음의 《조건》에 따라 아래의 《출력형태》와 같이 작업하시오.

《조건》

원본이미지	내문서\GTQ\Image\1급-7.jpg, 1급-8.jpg, 1급-9.jpg, 1급-10.jpg, 1급-11.jpg		
파일저장규칙	JPG	파일명	내문서\GTQ\수험번호-성명-3.jpg
		크기	600 × 400 pixels
	PSD	파일명	내문서\GTQ\수험번호-성명-3.psd
		크기	60 × 40 pixels

1. 그림 효과
   ① 배경 : #ffffff
   ② 1급-7.jpg : 필터 – Facet(단면화)
   ③ 1급-8.jpg : Blending Mode(혼합 모드) – Hard Light(하드 라이트), 레이어 마스크 – 가로 방향으로 흐릿하게
   ④ 1급-9.jpg : 레이어 마스크 – 세로 방향으로 흐릿하게
   ⑤ 1급-10.jpg : Blending Mode(혼합 모드) – Luminosity(광도), Opacity(불투명도)(80%), 레이어 스타일 – Outer Glow(외부 광선)
   ⑥ 1급-11.jpg : 색상 보정 – 보라색 계열로 보정, 레이어 스타일 – Drop Shadow(그림자 효과)
   ⑦ 그 외 《출력형태》 참조

2. 문자 효과
   ① 10일간의 짜릿한 휴가 (굴림, 15pt, 레이어 스타일 – 그라디언트 오버레이(#ff0000, #000000), Stroke(선/획)(2px, #ffffff), Drop Shadow(그림자 효과))
   ② WATER SPORTS (Arial, Italic, 20pt, #ff0000, 레이어 스타일 – Stroke(선/획)(2px, #ffffff))
   ③ 장소 : 가평군 대성리 (돋움, 15pt, #ffffff, 레이어 스타일 – Stroke(선/획)(2px, #0000ff))
   ④ 대중교통이용 (돋움, 15pt, #ffffff)

《출력형태》

Shape Tool(모양 도구) 사용
#ffffff, 레이어 스타일 –
Drop Shadow(그림자 효과)
Opacity(불투명도)(30%)

Shape Tool(모양 도구) 사용
#ffffff, 레이어 스타일 –
Bevel and Emboss(경사와 엠보스)

Shape Tool(모양 도구) 사용
#0066cc, 레이어 스타일 –
Inner Shadow(내부 그림자)

문제 4 [실무응용] 홈페이지 메뉴바 제작 [35점]

다음의 《조건》에 따라 아래의 《출력형태》와 같이 작업하시오.

《조건》

원본이미지			내문서₩GTQ₩Image₩1급-12.jpg, 1급-13.jpg, 1급-14.jpg, 1급-15.jpg, 1급-16.jpg, 1급-17.jpg
파일저장규칙	JPG	파일명	내문서₩GTQ₩수험번호-성명-4.jpg
		크기	600 × 400 pixels
	PSD	파일명	내문서₩GTQ₩수험번호-성명-4.psd
		크기	60 × 40 pixels

1. 그림 효과
   ① 배경 : #99cccc
   ② 패턴(발자국 모양) : #000000, 레이어 마스크 - 둥근 방향으로 흐릿하게
   ③ 1급-12.jpg : 필터 - Crosshatch(그물눈), 레이어 마스크 - 가로 방향으로 흐릿하게
   ④ 1급-13.jpg : 레이어 마스크 - 대각선 방향으로 흐릿하게
   ⑤ 1급-14.jpg : Blending Mode(혼합 모드) - Multiply(곱하기), Opacity(불투명도)(80%)
   ⑥ 1급-16.jpg : 레이어 스타일 - Drop Shadow(그림자 효과)
   ⑦ 1급-17.jpg : 색상 보정 - 연두색 계열로 보정, 레이어 스타일 - Stroke(선/획)(2px, #ffffff)
   ⑧ 그 외 《출력형태》 참조

2. 문자 효과
   ① 파격적인 패키지 30% 할인 (바탕, 14pt, #000000, 레이어 스타일 - Drop Shadow(그림자 효과),Stroke(선/획)(2px, #ffffff))
   ② www.watersports.com (Arial, Regular, 18pt, #9933ff, 레이어 스타일 - Stroke(선/획)(2px, #ffffff))
   ③ 회사안내 수상레저 숙박펜션 커뮤니티 (돋움, 15pt, #ffffff, 레이어 스타일 - Stroke(선/획)(2px, #003366))
   ④ 수상안전요원 자격증 소지자 채용 업체 (굴림, 15pt, #000000, 레이어 스타일 - Stroke(선/획)(2px, #66cccc))

《출력형태》

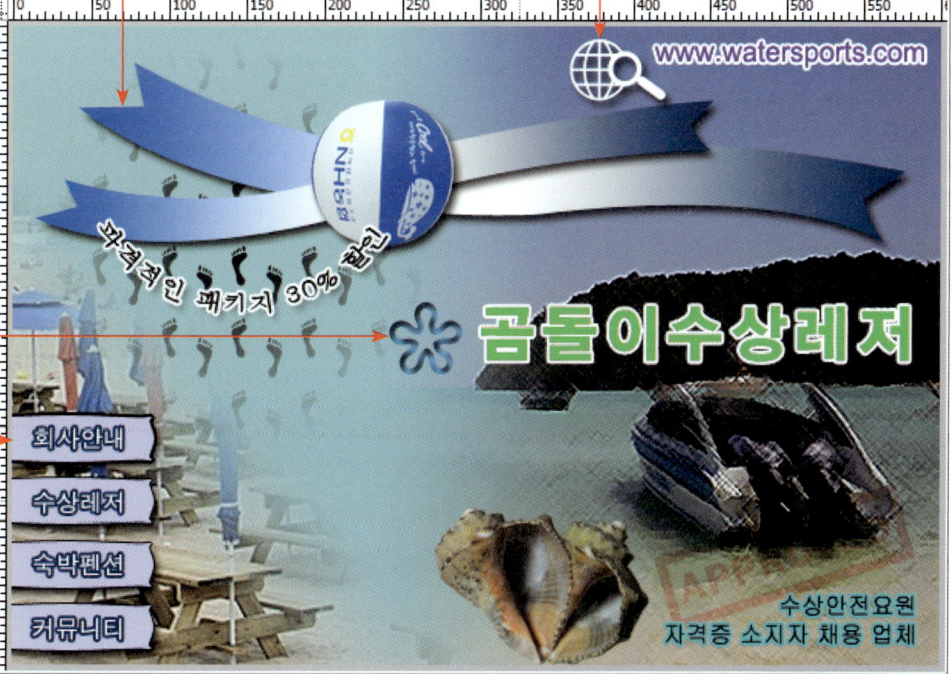

제 02 회 GTQ[그래픽기술자격]-[S/W:포토샵]

급수	문제유형	시험시간	수험번호	성명
1급	B	90분		

수험자 유의사항

- 수험자는 문제지를 받는 즉시 응시하고자 하는 **과목 및 급수가 맞는지 확인**한 후 수험번호와 성명을 작성합니다.
- 파일명은 본인의 "수험번호-성명-문제번호"로 공백 없이 정확히 입력하고 답안폴더(내문서₩GTQ 또는 라이브러리₩문서₩GTQ)에 jpg파일과 psd 파일의 2가지 포맷으로 저장해야 하며, jpg 파일과 psd 파일의 내용이 상이할 경우 0점 처리됩니다. 답안문서 파일명이 "수험번호-성명-문제번호"와 일치하지 않거나, 답안 파일을 전송하지 않아 미제출로 처리될 경우 불합격 처리됩니다.
- 문제의 세부조건은 '영문(한글)' 형식으로 표기되어 있으니 유의하시기 바랍니다.
- 수험자 정보와 저장한 파일명, 저장 위치가 다를 경우 전송이 되지 않으므로, 주의하시기 바랍니다.
- 답안 작성 중에도 **주기적으로 '저장'과 '답안 전송'**을 이용하여 감독위원 PC로 답안을 전송하셔야합니다.
  (※ 작업한 내용을 저장하지 않고 전송할 경우 이전의 저장내용이 전송되오니 이점 반드시 유념하시기 바랍니다.)
- 답안문서는 지정된 경로 외의 다른 보조기억장치에 저장하는 행위, 지정된 시험 시간 외에 작성된 파일을 활용한 행위, 기타 통신수단(이메일, 메신저, 네트워크 등)을 이용하여 타인에게 전달 또는 외부 반출하는 행위는 부정으로 간주되어 **자격기본법 제32조에 의거 본 시험 및 국가공인 자격시험을 2년간 응시할 수 없습니다.**
- 시험 중 부주의 또는 고의로 시스템을 파손한 경우와 〈수험자 유의사항〉에 기재된 방법대로 이행하지 않아 생기는 불이익은 수험자의 책임임을 알려 드립니다.
- 시험을 완료한 수험자는 최종적으로 저장한 답안파일이 전송되었는지 확인한 후 감독위원의 지시에 따라 문제지를 제출하고 퇴실합니다.

답안 작성요령

- 온라인 답안 작성 절차
  수험자 등록 ⇒ 시험 시작 ⇒ 답안파일 저장 ⇒ 답안 전송 ⇒ 시험 종료
- 내문서₩GTQ₩Image폴더에 있는 그림 원본파일을 사용하여 답안을 작성하시고 최종답안을 답안폴더(내문서₩GTQ)에 저장하여 답안을 전송하시고, 이미지의 크기가 다른 경우 감점 처리됩니다.
- 배점은 총 100점으로 이루어지며, 점수는 각 문제별로 차등 배분됩니다.
- 각 문제는 주어진 〈조건〉에 따라 작성하고, 언급하지 않은 조건은 《출력형태》와 같이 작성합니다.
- 배치 등의 편의를 위해 주어진 눈금자의 단위는 '픽셀'입니다.
  그 외는 출력형태(효과, 이미지, 문자, 색상, 레이아웃, 규격 등)와 같게 작업하십시오.
- 문제 조건에 서체의 지정이 없을 경우 한글은 굴림이나 돋움, 영문은 Arial로 작업하십시오.
  (단, 그 외에 제시되지 않은 문자 속성을 기본값으로 작성하지 않은 경우는 감점 처리됩니다.)
- Image Mode(이미지 모드)는 별도의 처리조건이 없을 경우에는 RGB(8비트)로 작업하십시오.
- 모든 답안 파일은 해상도 72 pixels/inch로 작업하십시오.
- Layer(레이어)는 각 기능별로 분할해야 하며, 임의로 합칠 경우나 각 기능에 대한 속성을 해지할 경우 해당 요소는 0점 처리됩니다.

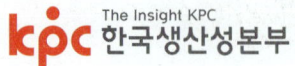

문제 1   [기능평가] 고급 Tool(도구) 활용   [20점]

다음의 《조건》에 따라 아래의 《출력형태》와 같이 작업하시오.

《조건》

원본 이미지	내문서₩GTQ₩Image₩1급-1.jpg, 1급-2.jpg, 1급-3.jpg		
파일 저장 규칙	JPG	파일명	내문서₩GTQ₩수험번호-성명-1.jpg
		크기	400 × 500 pixels
	PSD	파일명	내문서₩GTQ₩수험번호-성명-1.psd
		크기	40 × 50 pixels

1. 그림 효과
   ① 1급-1.jpg : 필터 - Gaussian Blur(가우시안 흐림 효과)
   ② Save Path(패스 저장) : 연꽃 모양
   ③ Mask(마스크) : 연꽃 모양, 1급-2.jpg를 이용하여 작성
      레이어 스타일 - Stroke(선/획)(3px, #ff6600),
      Inner Shadow(내부 그림자)
   ④ 1급-3.jpg : 레이어 스타일 - Outer Glow(외부 광선)
   ⑤ Shape Tool(모양 도구) :
      - 문양 모양 (#ccffcc, 레이어 스타일 - Drop Shadow(그림자 효과))
      - 별 모양 (#0066cc, #66cccc, 레이어 스타일 - Inner Glow(내부 광선))

2. 문자 효과
   ① 우리의 전통 문양 (궁서, 50pt, 레이어 스타일 - 그라디언트 오버레이
      (#ff0000, #ff9966, #00cc00), Stroke(선/획)(2px, #000000))

《출력형태》

문제 2   [기능평가] 사진편집 응용   [20점]

다음의 《조건》에 따라 아래의 《출력형태》와 같이 작업하시오.

《조건》

원본 이미지	내문서₩GTQ₩Image₩1급-4.jpg, 1급-5.jpg, 1급-6.jpg		
파일 저장 규칙	JPG	파일명	내문서₩GTQ₩수험번호-성명-2.jpg
		크기	400 × 500 pixels
	PSD	파일명	내문서₩GTQ₩수험번호-성명-2.psd
		크기	40 × 50 pixels

1. 그림 효과
   ① 1급-4.jpg : 필터 - Lens Flare(렌즈 플레어)
   ② 1급-5.jpg : 색상 보정 - 녹색 계열로 보정,
      레이어 스타일 - Inner Shadow(내부 그림자)
   ③ 1급-6.jpg : 레이어 스타일 - Drop Shadow(그림자 효과)
   ④ Shape Tool(모양 도구) :
      - 음표 모양 (#cc66cc, #339933,
        레이어 스타일 - Stroke(선/획)(2px, #ffffff))

2. 문자 효과
   ① 문화재 지킴이 (궁서, 40pt, #ffff99, 레이어 스타일 -
      Stroke(선/획)(2px, #660000), Drop Shadow(그림자 효과))

《출력형태》

문제 3   [실무응용] 포스터 제작   [25점]

다음의 《조건》에 따라 아래의 《출력형태》와 같이 작업하시오.

《조건》

원본이미지			내문서₩GTQ₩Image₩1급-7.jpg, 1급-8.jpg, 1급-9.jpg, 1급-10.jpg, 1급-11.jpg
파일저장규칙	JPG	파일명	내문서₩GTQ₩수험번호-성명-3.jpg
		크기	600 × 400 pixels
	PSD	파일명	내문서₩GTQ₩수험번호-성명-3.psd
		크기	60 × 40 pixels

1. 그림 효과
   ① 배경 : #cccc66
   ② 1급-7.jpg : Blending Mode(혼합 모드) – Hard Light(하드 라이트)
   ③ 1급-8.jpg : 레이어 마스크 – 세로 방향으로 흐릿하게, Opacity(불투명도)(80%)
   ④ 1급-9.jpg : 필터 – Facet(단면화), 레이어 스타일 – Stroke(선/획)(2px, #ffcc33)
   ⑤ 1급-10.jpg : 레이어 스타일 – Drop Shadow(그림자 효과)
   ⑥ 1급-11.jpg : 색상 보정 – 보라색 계열로 보정, 레이어 스타일 – Inner Glow(내부 광선)
   ⑦ 그 외 《출력형태》 참조

2. 문자 효과
   ① 한옥 건축 박람회 (돋움, 50pt, 레이어 스타일 – 그라디언트 오버레이(#999966, #ff6666),Stroke(선/획)(4px, #330000))
   ② HANOK HOUSING EXPO (Arial, Bold, 26pt, #993333, 레이어 스타일 – Stroke(선/획)(3px, #ffff66))
   ③ 한국의 멋과 정서가 살아있는 (굴림, 17pt, #660000, 레이어 스타일 – Stroke(선/획)(2px, #ccff66))
   ④ 한옥 건축의 재발견 (궁서, 18pt, #ffffff)

《출력형태》

Shape Tool(모양 도구) 사용
#ffffff, 레이어 스타일 –
Drop Shadow(그림자 효과)

Shape Tool(모양 도구) 사용
#ffff66, 레이어 스타일 –
Stroke(선/획)(2px, #000000)

Shape Tool(모양 도구) 사용
#ff0099, 레이어 스타일 – Bevel and Emboss(경사와 엠보스)

문제 4 [실무응용] 홈페이지 메뉴바 제작 [35점]

다음의 《조건》에 따라 아래의 《출력형태》와 같이 작업하시오.

《조건》

원본이미지	내문서\GTQ\Image\1급-12.jpg, 1급-13.jpg, 1급-14.jpg, 1급-15.jpg, 1급-16.jpg, 1급-17.jpg		
파일저장규칙	JPG	파일명	내문서\GTQ\수험번호-성명-4.jpg
		크기	600 × 400 pixels
	PSD	파일명	내문서\GTQ\수험번호-성명-4.psd
		크기	60 × 40 pixels

1. 그림 효과
   ① 배경 : #ffcccc
   ② 패턴(모래시계 모양) : #ffffff, Opacity(불투명도)(70%)
   ③ 1급-12.jpg : Blending Mode(혼합 모드) – Multiply(곱하기)
   ④ 1급-13.jpg : 레이어 마스크 – 세로 방향으로 흐릿하게
   ⑤ 1급-14.jpg : 레이어 스타일 – Bevel and Emboss(경사와 엠보스)
   ⑥ 1급-16.jpg : 색상 보정 – 녹색 계열로 보정, 레이어 스타일 – Inner Shadow(내부 그림자)
   ⑦ 1급-17.jpg : 필터 – Crosshatch(그물눈), 레이어 스타일 – Outer Glow(외부 광선)
   ⑧ 그 외 《출력형태》 참조

2. 문자 효과
   ① Cultural Heritage of Korea (Arial, Bold, 35pt, #ccccff, 레이어 스타일 – Drop Shadow(그림자 효과), Stroke(선/획)(2px, #000033))
   ② 한옥 체험 사전 신청~ (궁서, 15pt, #ccffcc, 레이어 스타일 – Stroke(선/획)(2px, #000000))
   ③ 문화재 검색 지도 서비스 무형 문화재 행사 안내 (궁서, 16pt, #333333, 레이어 스타일 – Stroke(선/획)(2px, #ffffff))
   ④ 현장 스케치 보기 (바탕, 17pt, #000099, 레이어 스타일 – Stroke(선/획)(2px, #ffffff))

《출력형태》

Shape Tool(모양 도구) 사용
#ccccff, 레이어 스타일 –
Stroke(선/획)(1px, #3333cc)

Pen Tool(펜 도구) 사용
(#ffff99, #cc9966),
레이어 스타일 –
Drop Shadow(그림자 효과)

Shape Tool(모양 도구) 사용
#ffffff, 레이어 스타일 –
Drop Shadow(그림자 효과)

Shape Tool(모양 도구) 사용
#66ccff, 레이어 스타일 –
Drop Shadow(그림자 효과)

제 03 회 GTQ[그래픽기술자격]-[S/W:포토샵]

급수	문제유형	시험시간	수험번호	성명
1급	C	90분		

수험자 유의사항

- 수험자는 문제지를 받는 즉시 응시하고자 하는 **과목 및 급수가 맞는지 확인**한 후 수험번호와 성명을 작성합니다.
- 파일명은 본인의 "수험번호-성명-문제번호"로 공백 없이 정확히 입력하고 답안폴더(내문서₩GTQ 또는 라이브러리₩문서₩GTQ)에 jpg파일과 psd 파일의 2가지 포맷으로 저장해야 하며, jpg 파일과 psd 파일의 내용이 상이할 경우 0점 처리됩니다. 답안문서 파일명이 "수험번호-성명-문제번호"와 일치하지 않거나, 답안 파일을 전송하지 않아 미제출로 처리될 경우 불합격 처리됩니다.
- 문제의 세부조건은 '영문(한글)' 형식으로 표기되어 있으니 유의하시기 바랍니다.
- 수험자 정보와 저장한 파일명, 저장 위치가 다를 경우 전송이 되지 않으므로, 주의하시기 바랍니다.
- 답안 작성 중에도 **주기적으로 '저장'과 '답안 전송'**을 이용하여 감독위원 PC로 답안을 전송하셔야합니다.
  (※ 작업한 내용을 <u>저장하지 않고 전송할 경우</u> 이전의 저장내용이 전송되오니 이점 반드시 유념하시기 바랍니다.)
- 답안문서는 지정된 경로 외의 다른 보조기억장치에 저장하는 행위, 지정된 시험 시간 외에 작성된 파일을 활용한 행위, 기타 통신수단(이메일, 메신저, 네트워크 등)을 이용하여 타인에게 전달 또는 외부 반출하는 행위는 부정으로 간주되어 **자격기본법 제32조에 의거 본 시험 및 국가공인 자격시험을 2년간 응시할 수 없습니다.**
- 시험 중 부주의 또는 고의로 시스템을 파손한 경우와 〈수험자 유의사항〉에 기재된 방법대로 이행하지 않아 생기는 불이익은 수험자의 책임임을 알려 드립니다.
- 시험을 완료한 수험자는 최종적으로 저장한 답안파일이 전송되었는지 확인한 후 감독위원의 지시에 따라 문제지를 제출하고 퇴실합니다.

답안 작성요령

- 온라인 답안 작성 절차
  수험자 등록 ⇒ 시험 시작 ⇒ 답안파일 저장 ⇒ 답안 전송 ⇒ 시험 종료
- 내문서₩GTQ₩Image폴더에 있는 그림 원본파일을 사용하여 답안을 작성하시고 최종답안을 답안폴더(내문서₩GTQ)에 저장하여 답안을 전송하시고, 이미지의 크기가 다른 경우 감점 처리됩니다.
- 배점은 총 100점으로 이루어지며, 점수는 각 문제별로 차등 배분됩니다.
- 각 문제는 주어진 〈조건〉에 따라 작성하고, 언급하지 않은 조건은 《출력형태》와 같이 작성합니다.
- 배치 등의 편의를 위해 주어진 눈금자의 단위는 '픽셀'입니다.
  그 외는 출력형태(효과, 이미지, 문자, 색상, 레이아웃, 규격 등)와 같게 작업하십시오.
- 문제 조건에 서체의 지정이 없을 경우 한글은 굴림이나 돋움, 영문은 Arial로 작업하십시오.
  (단, 그 외에 제시되지 않은 문자 속성을 기본값으로 작성하지 않은 경우는 감점 처리됩니다.)
- Image Mode(이미지 모드)는 별도의 처리조건이 없을 경우에는 RGB(8비트)로 작업하십시오.
- 모든 답안 파일은 해상도 72 pixels/inch로 작업하십시오.
- Layer(레이어)는 각 기능별로 분할해야 하며, 임의로 합칠 경우나 각 기능에 대한 속성을 해지할 경우 해당 요소는 0점 처리됩니다.

문제 1 [기능평가] 고급 Tool(도구) 활용 [20점]

다음의 《조건》에 따라 아래의 《출력형태》와 같이 작업하시오.

《조건》

원본이미지	내문서₩GTQ₩Image₩1급-1.jpg, 1급-2.jpg, 1급-3.jpg		
파일저장규칙	JPG	파일명	내문서₩GTQ₩수험번호-성명-1.jpg
		크기	400 × 500 pixels
	PSD	파일명	내문서₩GTQ₩수험번호-성명-1.psd
		크기	40 × 50 pixels

1. 그림 효과
   ① 1급-1.jpg : 필터 - Film Grain(필름 그레인)
   ② Save Path(패스 저장) : 시계 모양
   ③ Mask(마스크) : 시계 모양, 1급-2.jpg를 이용하여 작성
      레이어 스타일 - Stroke(선/획)(3px, 그라디언트(#ff0000, #3399ff)),
      Outer Glow(외부 광선)
   ④ 1급-3.jpg : 레이어 스타일 - Drop Shadow(그림자 효과)
   ⑤ Shape Tool(모양 도구) :
      - 배너 모양 (레이어 스타일 - Drop Shadow(그림자 효과), 그라디언트 오버레이(#ff0000, #000000, #ff0000))
      - 나뭇잎 모양 (#009933, 레이어 스타일 - Inner Shadow(내부 그림자))

2. 문자 효과
   ① 프리미엄 피자 (궁서, 30pt, #000000, #ff0000,
      레이어 스타일 - Stroke(선/획)(2px, #ffffff))

《출력형태》

문제 2 [기능평가] 사진편집 응용 [20점]

다음의 《조건》에 따라 아래의 《출력형태》와 같이 작업하시오.

《조건》

원본이미지	내문서₩GTQ₩Image₩1급-4.jpg, 1급-5.jpg, 1급-6.jpg		
파일저장규칙	JPG	파일명	내문서₩GTQ₩수험번호-성명-2.jpg
		크기	400 × 500 pixels
	PSD	파일명	내문서₩GTQ₩수험번호-성명-2.psd
		크기	40 × 50 pixels

1. 그림 효과
   ① 1급-4.jpg : 필터 - Watercolor(수채화 효과)
   ② 색상 보정 : 1급-5.jpg - 빨간색 계열로 보정
   ③ 1급-5.jpg : 레이어 스타일 - Stroke(선/획)(3px, #006600)
   ④ 1급-6.jpg : 레이어 스타일 - Drop Shadow(그림자 효과)
   ⑤ Shape Tool(모양 도구) :
      - 전구 모양 (#ff6600, 레이어 스타일 - Outer Glow(외부 광선),
        Stroke(선/획)(2px, #ffff00))

2. 문자 효과
   ① 탄생 웰빙피자 (궁서, 50pt, #000000, 레이어 스타일 -
      Drop Shadow(그림자 효과), Stroke(선/획)(2px, #ffffff))

《출력형태》

문제 3   [실무응용] 포스터 제작   [25점]

다음의 《조건》에 따라 아래의 《출력형태》와 같이 작업하시오.

《조건》

원본이미지	내문서\GTQ\Image\1급-7.jpg, 1급-8.jpg, 1급-9.jpg, 1급-10.jpg, 1급-11.jpg		
파일저장규칙	JPG	파일명	내문서\GTQ\수험번호-성명-3.jpg
		크기	600 × 400 pixels
	PSD	파일명	내문서\GTQ\수험번호-성명-3.psd
		크기	60 × 40 pixels

1. 그림 효과
   ① 배경 : #000000
   ② 1급-7.jpg : 색상 보정 – 회색 계열로 보정, 레이어 마스크 – 둥근 방향으로 흐릿하게
   ③ 1급-8.jpg : Blending Mode(혼합 모드) – Multiply(곱하기)
   ④ 1급-9.jpg : 필터 – Facet(단면화), Opacity(불투명도)(80%)
   ⑤ 1급-10.jpg : 레이어 스타일 – Outer Glow(외부 광선)
   ⑥ 1급-11.jpg : 필터 – Crosshatch(그물눈), 레이어 스타일 – Outer Glow(외부 광선)
   ⑦ 그 외 《출력형태》 참조

2. 문자 효과
   ① 온 국민의 대표간식 (돋움, 30pt, #000000, 레이어 스타일 – Stroke(선/획)(2px, #ffffff))
   ② PIZZA (Arial, Bold, 100pt, 레이어 스타일 – 그라디언트 오버레이(#0099ff, #ffffff), Drop Shadow(그림자 효과))
   ③ Food Festival (Arial, Bold, 40pt, 레이어 스타일 – 그라디언트 오버레이(#ff9900, #ffffff), Stroke(선/획)(2px, #660000))
   ④ 마지막까지 맛있게 ~ (바탕, 14pt, #ffffff, 레이어 스타일 – Stroke(선/획)(2px, #000000))

《출력형태》

Shape Tool(모양 도구) 사용
레이어 스타일 – 그라디언트
오버레이(#ffff00, #ff0000)

Shape Tool(모양 도구) 사용
#66cc00, 레이어 스타일 –
Inner Shadow(내부 그림자)

Shape Tool(모양 도구) 사용
#663300, 레이어 스타일 –
Bevel and Emboss(경사와 엠보스)

문제 4 [실무응용] 홈페이지 메뉴바 제작 [35점]

다음의 《조건》에 따라 아래의 《출력형태》와 같이 작업하시오.

《조건》

원본이미지	내문서\GTQ\Image\1급-12.jpg, 1급-13.jpg, 1급-14.jpg, 1급-15.jpg, 1급-16.jpg, 1급-17.jpg	
파일저장규칙	JPG	파일명	내문서\GTQ\수험번호-성명-4.jpg
		크기	400 × 500 pixels
	PSD	파일명	내문서\GTQ\수험번호-성명-4.psd
		크기	40 × 50 pixels

1. 그림 효과
   ① 배경 : 그라디언트(#ffffff, #ffcc00)
   ② 패턴(하트 모양) : #000000, Opacity(불투명도)(20%), 레이어 마스크 – 대각선 방향으로 흐릿하게
   ③ 1급-12.jpg : 레이어 마스크 – 대각선 방향으로 흐릿하게, Blending Mode(혼합 모드) – Multiply(곱하기)
   ④ 1급-13.jpg : 필터 – Dry Brush(드라이 브러쉬)
   ⑤ 1급-14.jpg, 1급-15.jpg : 레이어 마스크 – 둥근 방향으로 흐릿하게
   ⑥ 1급-16.jpg : 색상 보정 – 하늘색 계열로 보정, 레이어 스타일 – Drop Shadow(그림자 효과)
   ⑦ 1급-17.jpg : 레이어 스타일 – Outer Glow(외부 광선), Opacity(불투명도)(70%)
   ⑧ 그 외 ≪출력형태≫ 참조

2. 문자 효과
   ① 피자나무 (궁서, 25pt, #ffffff, 레이어 스타일 – Stroke(선/획)(2px, #ff0000))
   ② 피자 파스타 샐러드바 (돋움, 14pt, #ffffff)
   ③ 지금 주문하시면 무료 업그레이드! (바탕, 14pt, #ff0000, 레이어 스타일 – Stroke(선/획)(2px, #ffffff))
   ④ 1577-1577 (Arial, Regular, 12pt, #666666, 레이어 스타일 – Stroke(선/획)(2px, #ffffff), Drop Shadow(그림자 효과))

《출력형태》

| 제 **04** 회 | **GTQ[그래픽기술자격]-[S/W:포토샵]** |

급수	문제유형	시험시간	수험번호	성명
1급	D	90분		

수험자 유의사항

- 수험자는 문제지를 받는 즉시 응시하고자 하는 **과목 및 급수가 맞는지 확인**한 후 수험번호와 성명을 작성합니다.
- 파일명은 본인의 "수험번호-성명-문제번호"로 공백 없이 정확히 입력하고 답안폴더(내문서\GTQ 또는 라이브러리\문서\GTQ)에 jpg파일과 psd 파일의 2가지 포맷으로 저장해야 하며, jpg 파일과 psd 파일의 내용이 상이할 경우 0점 처리됩니다. 답안문서 파일명이 "수험번호-성명-문제번호"와 일치하지 않거나, 답안 파일을 전송하지 않아 미제출로 처리될 경우 불합격 처리됩니다.
- 문제의 세부조건은 '영문(한글)' 형식으로 표기되어 있으니 유의하시기 바랍니다.
- 수험자 정보와 저장한 파일명, 저장 위치가 다를 경우 전송이 되지 않으므로, 주의하시기 바랍니다.
- 답안 작성 중에도 **주기적으로 '저장'과 '답안 전송'**을 이용하여 감독위원 PC로 답안을 전송하셔야합니다.
  (※ 작업한 내용을 저장하지 않고 전송할 경우 이전의 저장내용이 전송되오니 이점 반드시 유념하시기 바랍니다.)
- 답안문서는 지정된 경로 외의 다른 보조기억장치에 저장하는 행위, 지정된 시험 시간 외에 작성된 파일을 활용한 행위, 기타 통신수단(이메일, 메신저, 네트워크 등)을 이용하여 타인에게 전달 또는 외부 반출하는 행위는 부정으로 간주되어 **자격기본법 제32조에 의거 본 시험 및 국가공인 자격시험을 2년간 응시할 수 없습니다.**
- 시험 중 부주의 또는 고의로 시스템을 파손한 경우와 〈수험자 유의사항〉에 기재된 방법대로 이행하지 않아 생기는 불이익은 수험자의 책임임을 알려 드립니다.
- 시험을 완료한 수험자는 최종적으로 저장한 답안파일이 전송되었는지 확인한 후 감독위원의 지시에 따라 문제지를 제출하고 퇴실합니다.

답안 작성요령

- 온라인 답안 작성 절차
  수험자 등록 ⇒ 시험 시작 ⇒ 답안파일 저장 ⇒ 답안 전송 ⇒ 시험 종료
- 내문서\GTQ\Image폴더에 있는 그림 원본파일을 사용하여 답안을 작성하시고 최종답안을 답안폴더(내문서\GTQ)에 저장하여 답안을 전송하시고, 이미지의 크기가 다른 경우 감점 처리됩니다.
- 배점은 총 100점으로 이루어지며, 점수는 각 문제별로 차등 배분됩니다.
- 각 문제는 주어진 〈조건〉에 따라 작성하고, 언급하지 않은 조건은 《출력형태》와 같이 작성합니다.
- 배치 등의 편의를 위해 주어진 눈금자의 단위는 '픽셀'입니다.
  그 외는 출력형태(효과, 이미지, 문자, 색상, 레이아웃, 규격 등)와 같게 작업하십시오.
- 문제 조건에 서체의 지정이 없을 경우 한글은 굴림이나 돋움, 영문은 Arial로 작업하십시오.
  (단, 그 외에 제시되지 않은 문자 속성을 기본값으로 작성하지 않은 경우는 감점 처리됩니다.)
- Image Mode(이미지 모드)는 별도의 처리조건이 없을 경우에는 RGB(8비트)로 작업하십시오.
- 모든 답안 파일은 해상도 72 pixels/inch로 작업하십시오.
- Layer(레이어)는 각 기능별로 분할해야 하며, 임의로 합칠 경우나 각 기능에 대한 속성을 해지할 경우 해당 요소는 0점 처리됩니다.

문제 1 [기능평가] 고급 Tool(도구) 활용 [20점]

다음의 《조건》에 따라 아래의 《출력형태》와 같이 작업하시오.

《조건》

원본 이미지	내문서₩GTQ₩Image₩1급-1.jpg, 1급-2.jpg, 1급-3.jpg		
파일 저장 규칙	JPG	파일명	내문서₩GTQ₩수험번호-성명-1.jpg
		크기	400 × 500 pixels
	PSD	파일명	내문서₩GTQ₩수험번호-성명-1.psd
		크기	40 × 50 pixels

1. 그림 효과
   ① 1급-1.jpg : 필터 - Glass(유리)
   ② Save Path(패스 저장) : 주전자 모양
   ③ Mask(마스크) : 주전자 모양, 1급-2.jpg를 이용하여 작성
      레이어 스타일 - Inner Shadow(내부 그림자), Outer Glow(외부 광선)
   ④ 1급-3.jpg : 레이어 스타일 - Drop Shadow(그림자 효과)
   ⑤ Shape Tool(모양 도구) :
      - 나뭇잎 모양 (#ffff00, 레이어 스타일 - Drop Shadow(그림자 효과))
      - 모래시계 모양 (레이어 스타일 - 그라디언트 오버레이
        (#99cc33, #ff6666))

2. 문자 효과
   ① 자연을 담은 차 (궁서, 40pt, 레이어 스타일 -
      그라디언트 오버레이(#669933, #cc6633), Stroke(선/획)(3px, #ffff99))

《출력형태》

문제 2 [기능평가] 사진편집 응용 [20점]

다음의 《조건》에 따라 아래의 《출력형태》와 같이 작업하시오.

《조건》

원본 이미지	내문서₩GTQ₩Image₩1급-4.jpg, 1급-5.jpg, 1급-6.jpg		
파일 저장 규칙	JPG	파일명	내문서₩GTQ₩수험번호-성명-2.jpg
		크기	400 × 500 pixels
	PSD	파일명	내문서₩GTQ₩수험번호-성명-2.psd
		크기	40 × 50 pixels

1. 그림 효과
   ① 1급-4.jpg : 필터 - Paint Daubs(페인트 덥스/페인트 바르기)
   ② 색상 보정 : 1급-5.jpg - 보라색 계열로 보정
   ③ 1급-5.jpg : 레이어 스타일 - Bevel and Emboss(경사와 엠보스)
   ④ 1급-6.jpg : 레이어 스타일 - Drop Shadow(그림자 효과)
   ⑤ Shape Tool(모양 도구) :
      - 나선 모양 (#ff6666, 레이어 스타일 -
        Inner Glow(내부 광선), Drop Shadow(그림자 효과))
      - 덩굴잎 모양 (레이어 스타일 -
        그라디언트 오버레이(#cccc66, ff0000))

2. 문자 효과
   ① Korean Food (궁서, 28pt, #0000ff, 레이어 스타일 -
      Outer Glow(외부 광선))

《출력형태》

문제 3   [실무응용] 포스터 제작   [25점]

다음의 《조건》에 따라 아래의 《출력형태》와 같이 작업하시오.

《조건》

원본이미지	내문서₩GTQ₩Image₩1급-7.jpg, 1급-8.jpg, 1급-9.jpg, 1급-10.jpg, 1급-11.jpg		
파일저장규칙	JPG	파일명	내문서₩GTQ₩수험번호-성명-3.jpg
		크기	600 × 400 pixels
	PSD	파일명	내문서₩GTQ₩수험번호-성명-3.psd
		크기	60 × 40 pixels

1. 그림 효과
   ① 배경 : 그라디언트(#ffff66, #ff9900)
   ② 1급-7.jpg : Blending Mode(혼합 모드) - Linear Burn(선형 번), 레이어 마스크 - 세로 방향으로 흐릿하게
   ③ 1급-8.jpg : 레이어 마스크 - 대각선 방향으로 흐릿하게, Opacity(불투명도)(70%)
   ④ 1급-9.jpg : 레이어 스타일 - Outer Glow(외부 광선)
   ⑤ 1급-10.jpg : 필터 - Film Grain(필름 그레인), 레이어 스타일 - Outer Glow(외부 광선)
   ⑥ 1급-11.jpg : 색상 보정 - 빨간색 계열로 보정, 레이어 스타일 - Stroke(선/획)(3px, #ffffff)
   ⑦ 그 외 《출력형태》 참조

2. 문자 효과
   ① 2018 (Arial, Regular, 34pt, #66ccff, 레이어 스타일 - Stroke(선/획)(3px, #6600ff))
   ② Kimchi Festival (Arial, Bold, 28pt, 레이어 스타일 - Drop Shadow(그림자 효과), 그라디언트 오버레이(#ff0033, #33ff66), Stroke(선/획)(3px, #ffffff))
   ③ 팔도김치축제 (궁서, 28pt, #ffffff, 레이어 스타일 - Drop Shadow(그림자 효과))
   ④ 전국 유명김치를 한자리에서 맛보세요! (궁서, 16pt, #cc66ff, 레이어 스타일 - Inner Shadow(내부 그림자))

《출력형태》

Shape Tool(모양 도구) 사용
레이어 스타일 - 그라디언트 오버레이(#ff0033, 66ff00), Opacity(불투명도)(70%)

Shape Tool(모양 도구) 사용
레이어 스타일 - Drop Shadow(그림자 효과), 그라디언트 오버레이 (#ff00cc, #99ffff)

Shape Tool(모양 도구) 사용
#3399cc, 레이어 스타일 - Outer Glow(외부 광선)

문제 4 [실무응용] 홈페이지 메뉴바 제작 [35점]

다음의 《조건》에 따라 아래의 《출력형태》와 같이 작업하시오.

《조건》

원본이미지	내문서₩GTQ₩Image₩1급-12.jpg, 1급-13.jpg, 1급-14.jpg, 1급-15.jpg, 1급-16.jpg, 1급-17.jpg		
파일저장규칙	JPG	파일명	내문서₩GTQ₩수험번호-성명-4.jpg
		크기	600 × 400 pixels
	PSD	파일명	내문서₩GTQ₩수험번호-성명-4.psd
		크기	60 × 40 pixels

1. 그림 효과
   ① 배경 : #ffff66, 필터 - Texturizer(텍스처화)
   ② 패턴(원 모양) : #ffffff, Opacity(불투명도)(40%)
   ③ 1급-12.jpg, 1급-13.jpg : Blending Mode(혼합 모드) - Multiply(곱하기), Opacity(불투명도)(80%)
   ④ 1급-14.jpg : 필터 - Dry Brush(드라이 브러쉬), 레이어 마스크 - 가로 방향으로 흐릿하게
   ⑤ 1급-15.jpg : 필터 - Crosshatch(그물눈), 레이어 스타일 - Inner Glow(내부 광선)
   ⑥ 1급-16.jpg : 레이어 스타일 - Drop Shadow(그림자 효과)
   ⑦ 1급-17.jpg : 색상 보정 - 보라색 계열로 보정, 레이어 스타일 - Drop Shadow(그림자 효과)
   ⑧ 그 외 《출력형태》 참조

2. 문자 효과
   ① KOREAN FOOD FAIR (Arial, Bold, 16pt, #ffffff, 레이어 스타일 - Stroke(선/획)(3px, #000000))
   ② 한국요리박람회 (궁서, 30pt, #ffffff, 레이어 스타일 - Drop Shadow(그림자 효과), Stroke(선/획)(3px, #cc3333))
   ③ 행사기간 : 2018.10.12-10.18 (바탕, 16pt, #000000, 레이어 스타일 - Drop Shadow(그림자 효과),Stroke(선/획)(2px, #ffffff))
   ④ 박람회소개 / 프로그램 / 오시는길 (돋움, 14pt, #ffffff, 레이어 스타일 - Drop Shadow(그림자 효과))

《출력형태》

Pen Tool(펜 도구) 사용
레이어 스타일 -
Inner Shadow(내부 그림자),
그라디언트 오버레이
(#ffcc00, #ff3399)

Shape Tool(모양 도구) 사용
레이어 스타일 -
Inner Shadow(내부 그림자),
그라디언트 오버레이
(#ff6666, #339900)

Shape Tool(모양 도구) 사용
#cc3333, 레이어 스타일 -
Bevel and Emboss(경사와 엠보스)

Shape Tool(모양 도구) 사용
레이어 스타일 - Inner Glow(내부 광선),
그라디언트 오버레이(#ff3300, #0099cc)

| 제 **05** 회 | **GTQ[그래픽기술자격]-[S/W:포토샵]** |

급수	문제유형	시험시간	수험번호	성명
1급	E	90분		

수험자 유의사항

- 수험자는 문제지를 받는 즉시 응시하고자 하는 **과목 및 급수가 맞는지 확인**한 후 수험번호와 성명을 작성합니다.
- 파일명은 본인의 "수험번호-성명-문제번호"로 공백 없이 정확히 입력하고 답안폴더(내문서₩GTQ 또는 라이브러리₩문서₩GTQ)에 jpg파일과 psd 파일의 2가지 포맷으로 저장해야 하며, jpg 파일과 psd 파일의 내용이 상이할 경우 0점 처리됩니다. 답안문서 파일명이 "수험번호-성명-문제번호"와 일치하지 않거나, 답안 파일을 전송하지 않아 미제출로 처리될 경우 불합격 처리됩니다.
- 문제의 세부조건은 '영문(한글)' 형식으로 표기되어 있으니 유의하시기 바랍니다.
- 수험자 정보와 저장한 파일명, 저장 위치가 다를 경우 전송이 되지 않으므로, 주의하시기 바랍니다.
- 답안 작성 중에도 **주기적으로 '저장'과 '답안 전송'**을 이용하여 감독위원 PC로 답안을 전송하셔야합니다.
  (※ 작업한 내용을 <u>저장하지 않고 전송할 경우</u> 이전의 저장내용이 전송되오니 이점 반드시 유념하시기 바랍니다.)
- 답안문서는 지정된 경로 외의 다른 보조기억장치에 저장하는 행위, 지정된 시험 시간 외에 작성된 파일을 활용한 행위, 기타 통신수단(이메일, 메신저, 네트워크 등)을 이용하여 타인에게 전달 또는 외부 반출하는 행위는 부정으로 간주되어 **자격기본법 제32조에 의거 본 시험 및 국가공인 자격시험을 2년간 응시할 수 없습니다.**
- 시험 중 부주의 또는 고의로 시스템을 파손한 경우와 〈수험자 유의사항〉에 기재된 방법대로 이행하지 않아 생기는 불이익은 수험자의 책임임을 알려 드립니다.
- 시험을 완료한 수험자는 최종적으로 저장한 답안파일이 전송되었는지 확인한 후 감독위원의 지시에 따라 문제지를 제출하고 퇴실합니다.

답안 작성요령

- 온라인 답안 작성 절차
  수험자 등록 ⇒ 시험 시작 ⇒ 답안파일 저장 ⇒ 답안 전송 ⇒ 시험 종료
- 내문서₩GTQ₩Image폴더에 있는 그림 원본파일을 사용하여 답안을 작성하시고 최종답안을 답안폴더(내문서₩GTQ)에 저장하여 답안을 전송하시고, 이미지의 크기가 다른 경우 감점 처리됩니다.
- 배점은 총 100점으로 이루어지며, 점수는 각 문제별로 차등 배분됩니다.
- 각 문제는 주어진 〈조건〉에 따라 작성하고, 언급하지 않은 조건은 《출력형태》와 같이 작성합니다.
- 배치 등의 편의를 위해 주어진 눈금자의 단위는 '픽셀'입니다.
  그 외는 출력형태(효과, 이미지, 문자, 색상, 레이아웃, 규격 등)와 같게 작업하십시오.
- 문제 조건에 서체의 지정이 없을 경우 한글은 굴림이나 돋움, 영문은 Arial로 작업하십시오.
  (단, 그 외에 제시되지 않은 문자 속성을 기본값으로 작성하지 않은 경우는 감점 처리됩니다.)
- Image Mode(이미지 모드)는 별도의 처리조건이 없을 경우에는 RGB(8비트)로 작업하십시오.
- 모든 답안 파일은 해상도 72 pixels/inch로 작업하십시오.
- Layer(레이어)는 각 기능별로 분할해야 하며, 임의로 합칠 경우나 각 기능에 대한 속성을 해지할 경우 해당 요소는 0점 처리됩니다.

문제 1   [기능평가] 고급 Tool(도구) 활용   [20점]

다음의 《조건》에 따라 아래의 《출력형태》와 같이 작업하시오.

《조건》

원본 이미지	내문서₩GTQ₩Image₩1급-1.jpg, 1급-2.jpg, 1급-3.jpg		
파일 저장 규칙	JPG	파일명	내문서₩GTQ₩수험번호-성명-1.jpg
		크기	400 × 500 pixels
	PSD	파일명	내문서₩GTQ₩수험번호-성명-1.psd
		크기	40 × 50 pixels

1. 그림 효과
   ① 1급-1.jpg : 필터 - Crosshatch(그물눈)
   ② Save Path(패스 저장) : 새 모양
   ③ Mask(마스크) : 새 모양, 1급-2.jpg를 이용하여 작성
   　 레이어 스타일 -Stroke(선/획)(6px, #ccff33),
   　 Inner Shadow(내부 그림자).
   ④ 1급-3.jpg : 레이어 스타일 - Drop Shadow(그림자 효과)
   ⑤ Shape Tool(모양 도구) :
   　 - 별 모양 (레이어 스타일 - 그라디언트 오버레이(#ffff33, #ffffcc),
   　 　Drop Shadow(그림자 효과))
   　 - 핵 모양 (레이어 스타일 - 그라디언트 오버레이(#000099, #ffff00))

2. 문자 효과
   ① Pattern design (Arial, Regular, 45pt, 레이어 스타일 -
   　 그라디언트 오버레이(#00ff66, #ff0000, #ffff00),
   　 Stroke(선/획)(2px, #000000))

《출력형태》

문제 2   [기능평가] 사진편집 응용   [20점]

다음의 《조건》에 따라 아래의 《출력형태》와 같이 작업하시오.

《조건》

원본 이미지	내문서₩GTQ₩Image₩1급-4.jpg, 1급-5.jpg, 1급-6.jpg		
파일 저장 규칙	JPG	파일명	내문서₩GTQ₩수험번호-성명-2.jpg
		크기	400 × 500 pixels
	PSD	파일명	내문서₩GTQ₩수험번호-성명-2.psd
		크기	40 × 50 pixels

1. 그림 효과
   ① 1급-4.jpg : 필터 - Lens Flare(렌즈 플레어)
   ② 색상 보정 : 1급-5.jpg - 파란색 계열로 보정
   ③ 1급-5.jpg : 레이어 스타일 - Stroke(선/획)(2px, #ff6600)
   ④ 1급-6.jpg : 레이어 스타일 - Outer Glow(외부 광선)
   ⑤ Shape Tool(모양 도구) :
   　 - 백열전구 모양 (레이어 스타일 - 그라디언트 오버레이
   　 　(#ff0000, #ffff00), Outer Glow(외부 광선))
   　 - 방사원형 모양 (#6666cc, Opacity(불투명도)(60%))

2. 문자 효과
   ① 패턴을 얻다 (돋움, 45pt, 레이어 스타일 -
   　 그라디언트 오버레이(#ff0000, #0000ff), Stroke(선/획)(2px, #ffffff))

《출력형태》

문제 3 [실무응용] 포스터 제작 [25점]

다음의 《조건》에 따라 아래의 《출력형태》와 같이 작업하시오.

《조건》

원본이미지	내문서₩GTQ₩Image₩1급-7.jpg, 1급-8.jpg, 1급-9.jpg, 1급-10.jpg, 1급-11.jpg		
파일저장규칙	JPG	파일명	내문서₩GTQ₩수험번호-성명-3.jpg
		크기	600 × 400 pixels
	PSD	파일명	내문서₩GTQ₩수험번호-성명-3.psd
		크기	60 × 40 pixels

1. 그림 효과
   ① 배경 : 그라디언트(#3333cc, #ffffff)
   ② 1급-7.jpg : 필터 - Texturizer(텍스처화), 레이어 마스크 - 세로 방향으로 흐릿하게
   ③ 1급-8.jpg : Blending Mode(혼합 모드) - Soft Light(소프트 라이트), 레이어 마스크 - 가로 방향으로 흐릿하게
   ④ 1급-9.jpg : 필터 - Watercolor(수채화 효과), 레이어 스타일 - Outer Glow(외부 광선)
   ⑤ 1급-10.jpg : 레이어 스타일 - Drop Shadow(그림자 효과)
   ⑥ 1급-11.jpg : 색상 보정 - 초록색 계열로 보정, 레이어 스타일 - Bevel and Emboss(경사와 엠보스)
   ⑦ 그 외 《출력형태》 참조

2. 문자 효과
   ① 전통문양 연구소 특별 기획전 (돋움, 14pt, #ffffff, 레이어 스타일 - Drop Shadow(그림자 효과))
   ② 무늬와 문양 그림전 (궁서, 40pt, 레이어 스타일 - 그라디언트 오버레이(#ff6600, #33cc00, #ffffff), Stroke(선/획)(1px, #000000))
   ③ 애니멀 프린트 기하학 패턴 (돋움, 20pt, #9900cc, #336600, 레이어 스타일 - Stroke(선/획)(2px, #ffcccc))
   ④ 2019.09.16 ~ 09.30 (돋움, 15pt, #000000)

《출력형태》

Shape Tool(모양 도구) 사용
레이어 스타일 - 그라디언트 오버레이
(#ffffff, #cc33cc), Drop Shadow(그림자 효과)

Shape Tool(모양 도구) 사용
#ffffff, 레이어 스타일 -
Outer Glow(외부 광선)

Shape Tool(모양 도구) 사용
#ccff33, 레이어 스타일 -
Bevel and Emboss(경사와 엠보스)

문제 4 [실무응용] 홈페이지 메뉴바 제작 [35점]

다음의 《조건》에 따라 아래의 《출력형태》와 같이 작업하시오.

《조건》

원본이미지	내문서₩GTQ₩Image₩1급-12.jpg, 1급-13.jpg, 1급-14.jpg, 1급-15.jpg, 1급-16.jpg, 1급-17.jpg		
파일저장규칙	JPG	파일명	내문서₩GTQ₩수험번호-성명-4.jpg
		크기	600 × 400 pixels
	PSD	파일명	내문서₩GTQ₩수험번호-성명-4.psd
		크기	60 × 40 pixels

1. 그림 효과
   ① 배경 : 그라디언트(#cc9999, #ffffcc)
   ② 패턴(꽃 장식 모양) : #cc6666, 레이어 마스크 – 세로 방향으로 흐릿하게, Opacity(불투명도)(80%)
   ③ 1급-12.jpg : Blending Mode(혼합 모드) – Hard Light(하드 라이트), Opacity(불투명도)(50%)
   ④ 1급-13.jpg : 레이어 스타일 – Stroke(선/획)(2px, #996633)
   ⑤ 1급-14.jpg : 레이어 스타일 – Stroke(선/획)(2px, #ffcccc), Drop Shadow(그림자 효과)
   ⑥ 1급-15.jpg : 레이어 스타일 – Inner Shadow(내부 그림자), Opacity(불투명도)(80%)
   ⑦ 1급-16.jpg : 필터 – Texturizer(텍스처화), 레이어 스타일 – Bevel and Emboss(경사와 엠보스)
   ⑧ 그 외 《출력형태》 참조

2. 문자 효과
   ① Flower Pattern (Arial, Regular, 48pt, 레이어 스타일 – 그라디언트 오버레이(#663300, #ffcc66),Stroke(선/획)(2px, #cc6633))
   ② 아름다운 무늬의 세계에 빠져 보세요 (돋움, 15pt, #663300, 레이어 스타일 – Outer Glow(외부 광선))
   ③ 공지사항 / 포트폴리오 / 자료활용 / 커뮤니티 (돋움, 14pt, #990099, 레이어 스타일 – Drop Shadow(그림자 효과), Stroke(선/획)(2px, #ffffff))
   ④ 전통 무늬 의상 무늬 (돋움, 14pt, #663300, 레이어 스타일 – Stroke(선/획)(2px, #ffffff)), Drop Shadow(그림자 효과))

《출력형태》

PART 04

Photoshop CS4
정답 및 해설

Chapter 01 • 실전모의고사

Chapter 02 • 최신기출문제

Chapter 01 실전모의고사

정답 및 해설

제01회 실전모의고사

01 [기능평가] 고급 Tool(도구) 활용

STEP 01 작업 이미지 창 생성 및 이미지 복사하기

① Adobe Photoshop CS4를 실행하기 위해 [시작]-[모든 프로그램]-[Adobe Photoshop CS4]를 클릭합니다.

② Adobe Photoshop CS4 프로그램이 실행되면 [파일(File)]-[새로 만들기(New)]를 클릭합니다.

③ [새로 만들기(New)] 대화상자가 나타나면 폭(400)과 높이(500)를 입력한 후 [확인(OK)] 단추를 클릭합니다.

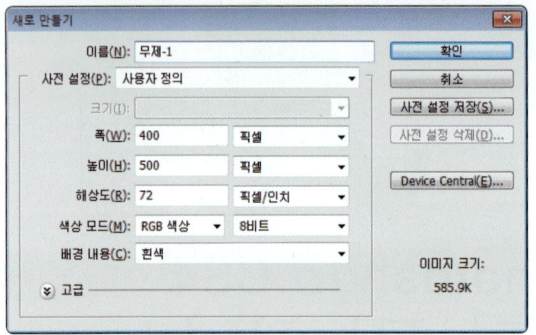

④ 이미지 창이 만들어지면 눈금자가 표시되는지 확인한 후 눈금자가 나타나지 않을 경우 [보기(View)]-[눈금자(Rulers)] 메뉴를 클릭합니다.

⑤ 눈금자가 나타나면 눈금자를 드래그하여 안내선(Guides)을 100 픽셀 단위로 그립니다.

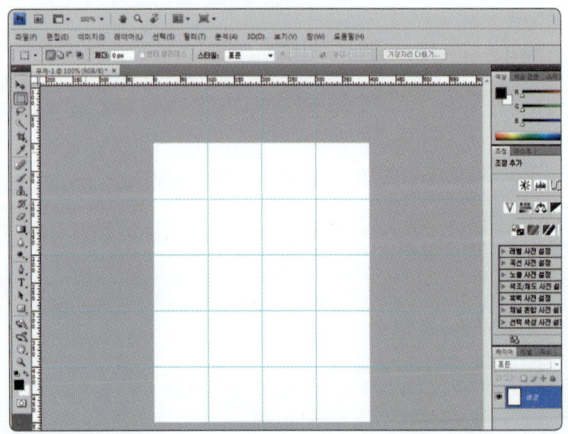

⑥ 안내선(Guides)이 만들어지면 [파일(File)]-[열기(Open)]를 클릭합니다.

⑦ [열기(Open)] 대화상자가 나타나면 찾는 위치(라이브러리₩문서₩GTQ₩Image)를 지정한 후 '1급-1.jpg ~ 1급-3.jpg' 파일을 선택한 다음 [열기] 단추를 클릭합니다.

⑧ 이미지가 불러와지면 [1급-1.jpg] 탭을 선택한 후 Ctrl+A를 눌러 이미지 전체를 선택 영역으로 지정합니다.

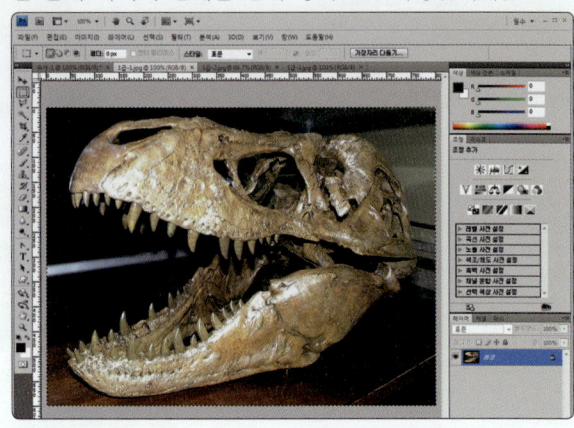

⑨ 선택 영역이 지정되면 Ctrl+C를 눌러 이미지를 복사합니다.

⑩ 복사된 이미지를 작업 이미지 창에 붙여넣기 위해 [무제-1] 탭을 클릭한 후 Ctrl+V를 눌러 붙여넣기 합니다.

⑪ 이미지가 복사되면 [편집(Edit)]-[자유 변형(Free Transform)]을 클릭합니다.

⑫ 이미지에 크기 조절점에 생기면 드래그하여 이미지의 크기를 조절합니다.

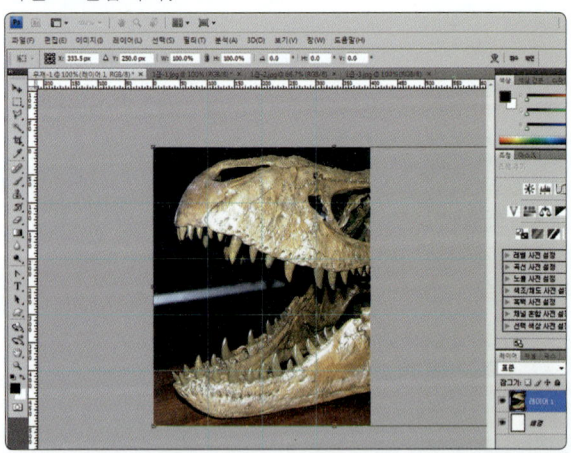

STEP 02 필터(Filter) 적용하기

① 이미지에 필터(Filter)를 지정하기 위해 [필터(Filter)]-[예술 효과(Artistic)]-[드라이 브러쉬(Dry Brush)]를 클릭합니다.

② [드라이 브러쉬(Dry Brush)] 대화상자가 나타나면 속성을 지정한 후 [확인(OK)] 단추를 클릭합니다.

③ 이미지에 드라이 브러쉬(Dry Brush) 필터가 적용됩니다.

STEP 03 패스(Path) 모양 그리기

① 공룡알 모양을 그리기 위해 [레이어(LAYERS)] 패널에서 [새 레이어 추가(Create a new layer)]를 클릭합니다.

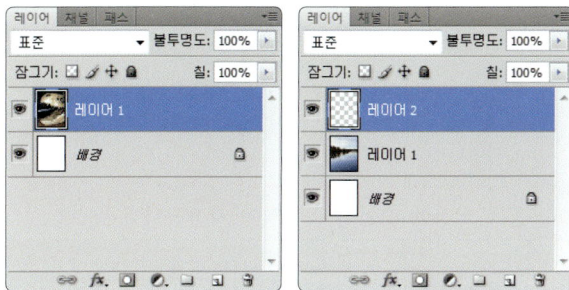

② 레이어가 추가되면 도구 상자(Tool Box)에서 [펜 도구(Pen Tool)]를 선택한 후 옵션 바에서 [패스(Paths)]를 선택합니다.

③ 펜 도구(Pen Tool)를 이용하여 다음과 같이 공룡알을 그립니다.

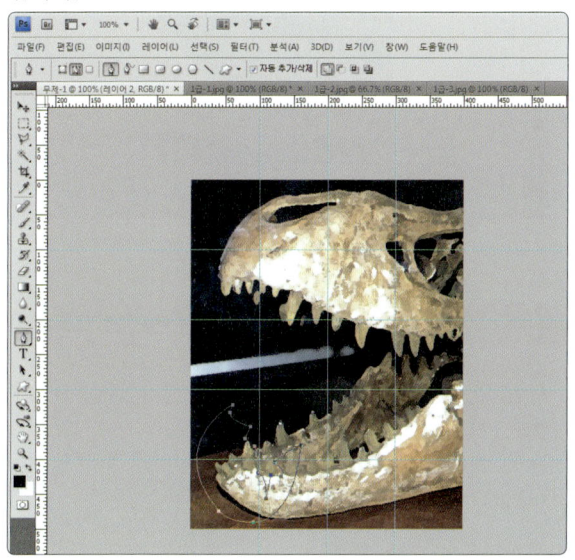

④ 패스를 저장하기 위해 [패스(PATHS)] 패널을 클릭한 후 [작업 패스(Work Path)] 레이어를 더블클릭합니다.

⑤ [패스 저장(Save Path)] 대화상자가 나타나면 이름(공룡알 모양)을 입력한 후 [확인(OK)] 단추를 클릭합니다.

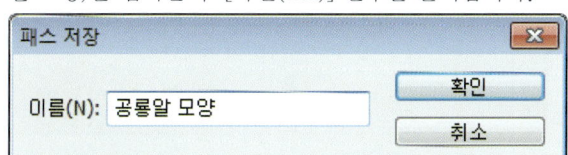

⑥ 다음과 같이 패스가 저장되고 패스 이름이 변경됩니다.

⑦ [패스(PATHS)] 패널에서 Ctrl을 누른 상태에서 [공룡알 모양] 패스의 [패스 축소판(Path thumbnail)]을 클릭합니다.

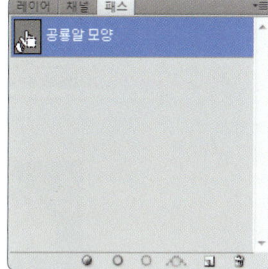

⑧ 패스 모양에 맞춰 선택 영역이 지정되면 [레이어(LAYERS)] 패널을 선택한 후 Alt+Delete를 눌러 전경색을 칠합니다.

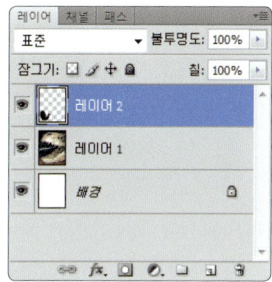

STEP 04 클리핑 마스크 및 레이어 스타일 적용하기

① Ctrl+D를 눌러 선택 영역을 해제한 후 [1급-2.jpg] 탭을 클릭합니다.

② [1급-2.jpg] 탭이 나타나면 Ctrl+A를 눌러 이미지 전체를 선택 영역으로 지정한 후 Ctrl+C를 눌러 이미지를 복사합니다.

③ 복사된 이미지를 작업 이미지 창에 붙여넣기 위해 [무제-1] 탭을 클릭한 후 Ctrl+V를 눌러 붙여넣기 합니다.

④ 클리핑 마스크를 지정하기 위해 [레이어(Layer)]-[클리핑 마스크 만들기(Create Clipping Mask)] 메뉴를 클릭합니다.

⑤ 클리핑 마스크가 만들어지면 공룡알 모양에 공룡알 이미지를 나타나게 하기 위해 [편집(Edit)]-[자유 변형(Free Transform)]을 클릭합니다.

⑥ 이미지에 크기 조절점이 나타나면 크기 조절점을 드래그하여 공룡알 모양에 공룡알이 들어가도록 위치 및 크기를 조절한 후 Enter를 누릅니다.

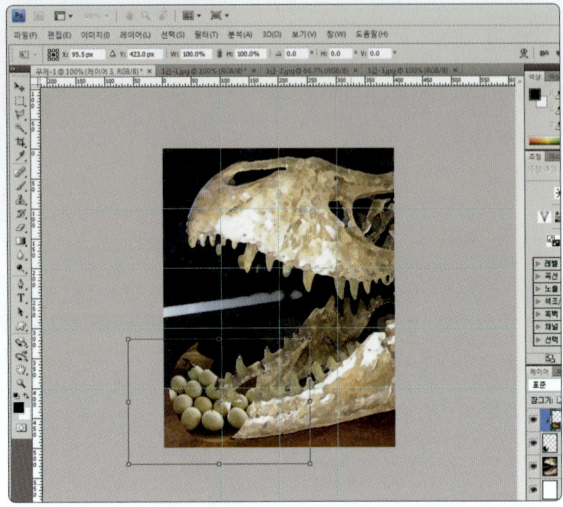

⑦ [레이어(LAYERS)] 패널에서 [레이어 2] 레이어를 선택한 후 fx.[레이어 스타일 추가(Add a layer style)]-[선(Stroke)]을 클릭합니다.

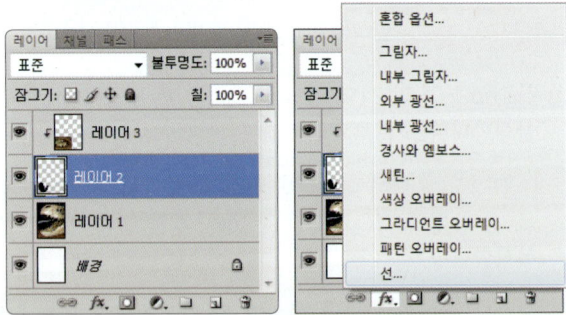

⑧ [레이어 스타일(Layer Style)] 대화상자의 [선(Stroke)] 탭이 나타나면 크기(3)를 입력한 후 [색상(Color)]을 클릭합니다.

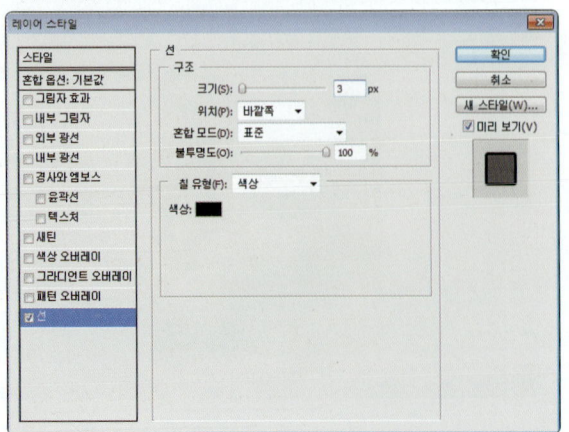

⑨ [선 색상 선택(Select stroke color)] 대화상자가 나타나면 색상(ffffff)을 입력한 후 [확인(OK)] 단추를 클릭합니다.

⑩ [레이어 스타일(Layer Style)] 대화상자가 다시 나타나면 [내부 광선(Inner Glow)] 탭을 클릭합니다.

⑪ [레이어 스타일(Layer Style)] 대화상자의 [내부 광선(Inner Glow)] 탭이 나타나면 속성을 지정한 후 [확인(OK)] 단추를 클릭합니다.

⑫ 공룡알 모양에 레이어 스타일이 지정됩니다.

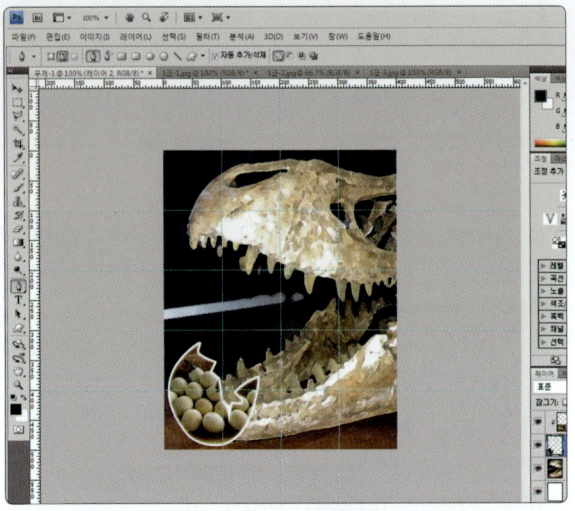

STEP 05 이미지 복사 및 레이어 스타일 적용하기

① [1급-3.jpg] 탭을 클릭한 후 도구 상자(Tool Box)에서 [자석 올가미 도구(Magnetic Lasso Tool)]를 선택한 다음 옵션 바에서 빈도 수(Frequency)에 '100'을 입력합니다.

② 시작점을 클릭한 후 드래그하여 공룡을 선택 영역으로 지정합니다.

③ 공룡이 선택 영역으로 지정되면 Ctrl+C를 눌러 이미지를 복사한 후 [무제-1] 탭을 클릭합니다.

④ [레이어(LAYERS)] 패널에서 [레이어 1] 레이어를 선택한 후 Ctrl+V를 눌러 붙여 넣기 합니다.

⑤ 이미지를 좌우 대칭하기 위해 [편집(Edit)]-[변형(Transform)]-[가로로 뒤집기(Flip Horizontal)]를 클릭합니다.

⑥ 이미지가 좌우 대칭되면 크기를 조절하기 위해 [편집(Edit)]-[자유 변형(Free Transform)]을 클릭합니다.

⑦ 크기 조절점이 나타나면 조절점을 드래그하여 크기를 조절한 후 Enter를 누릅니다.

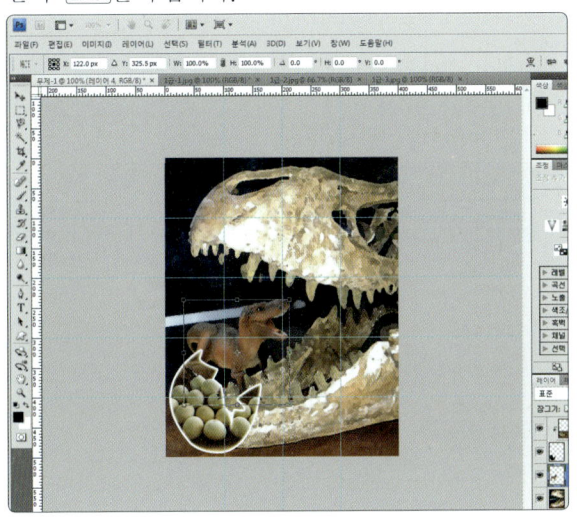

⑧ [레이어(LAYERS)] 패널에서 fx.[레이어 스타일 추가(Add a layer style)]-[외부 광선(Outer Glow)]을 클릭합니다.

⑨ [레이어 스타일(Layer Style)] 대화상자의 [외부 광선(Outer Glow)] 탭이 나타나면 속성을 지정한 후 [확인(OK)] 단추를 클릭합니다.

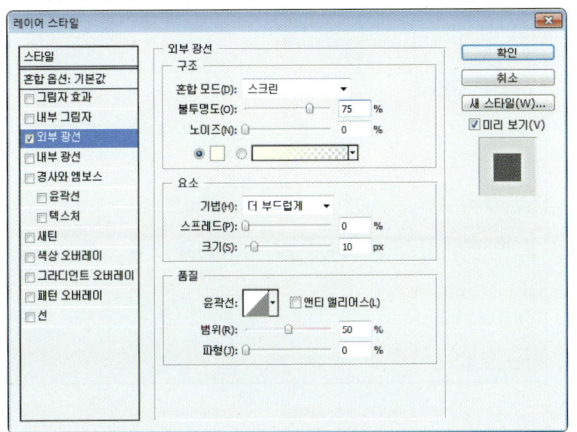

STEP 06 불 모양 작성하기

① [레이어(LAYERS)] 패널에서 [레이어 1] 레이어를 선택한 후 도구 상자(Tool Box)에서 [사용자 정의 모양 도구(Custom Shape Tool)]를 선택한 다음 옵션 바에서 →.[사용자 정의 모양 피커(Click to open Custom Shape picker)]의 목록 단추를 클릭합니다.

② 사용자 정의 모양이 나타나면 [팝업 메뉴 단추]-[자연(Nature)]을 클릭합니다.

③ [현재 모양을 자연의 모양으로 대체하시겠습니까?]를 묻는 대화상자가 나타나면 [확인(OK)] 단추를 클릭합니다.

④ 사용자 정의 모양이 자연(Nature) 목록으로 변경되면 [불(Fire)]을 클릭합니다.

⑤ 불 모양을 삽입하고자 하는 위치에서 드래그하여 삽입합니다.

⑥ [레이어(LAYERS)] 패널에서 fx.[레이어 스타일 추가(Add a layer style)]-[그라디언트 오버레이(Gradient Overlay)]를 클릭합니다.

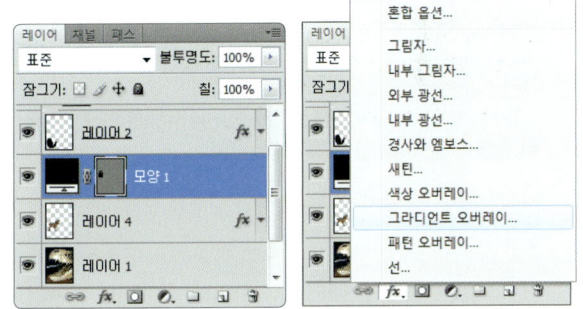

⑦ [레이어 스타일(Layer Style)] 대화상자의 [그라디언트 오버레이(Gradient Overlay)] 탭이 나타나면 [그라디언트 편집(Click to edit the gradient)]을 클릭합니다.

⑧ [그라디언트 편집기Gradient Editor)] 대화상자가 나타나면 왼쪽 색상 정지점(Color Stop)을 더블클릭합니다.

⑨ [정지 색상 선택(Select stop color)] 대화상자가 나타나면 색상(ffcc33)을 입력한 후 [확인(OK)] 단추를 클릭합니다.

⑩ [그라디언트 편집기(Gradient Editor)] 대화상자가 다시 나타나면 오른쪽 색상 정지점(Color Stop)을 더블클릭합니다.

⑪ [정지 색상 선택(Select stop color)] 대화상자가 나타나면 색상(cc0033)을 입력한 후 [확인(OK)] 단추를 클릭합니다.

⑫ [그라디언트 편집기(Gradient Editor)] 대화상자가 다시 나타나면 [확인(OK)] 단추를 클릭한 후 [레이어 스타일(Layer Style)] 대화상자가 다시 나타나면 [경사와 엠보스(Bevel and Emboss)] 탭을 클릭합니다.

⑬ [레이어 스타일(Layer Style)] 대화상자의 [경사와 엠보스(Bevel and Emboss)] 탭이 나타나면 속성을 지정한 후 [확인(OK)] 단추를 클릭합니다.

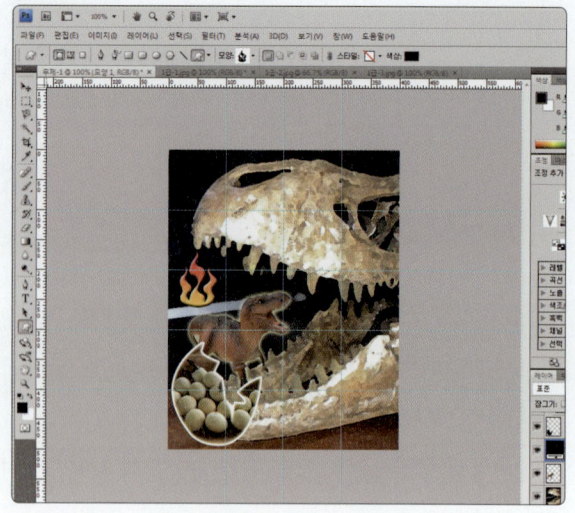

STEP 07 폭발 모양 작성하기

① 옵션 바에서 [사용자 정의 모양 피커(Click to open Custom Shape picker)]의 목록 단추를 클릭한 후 [팝업 메뉴 단추]-[심볼(Symbols)]을 클릭합니다.

② 사용자 정의 모양이 심볼(Symbols) 목록으로 변경되면 [폭발(Starburst)]을 클릭합니다.

③ 폭발 모양을 삽입하고자 하는 위치에서 드래그하여 삽입합니다.

④ 폭발 모양에 적용된 레이어 스타일을 삭제하기 위해 [레이어(LAYERS)] 패널에서 효과를 [레이어 삭제(Delete layer)]로 드래그합니다.

 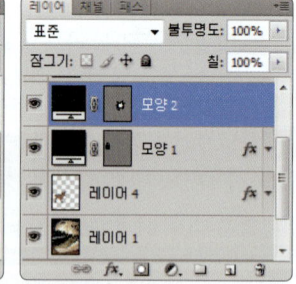

⑤ [레이어(LAYERS)] 패널에서 [레이어 스타일 추가(Add a layer style)]-[그라디언트 오버레이(Gradient Overlay)]을 클릭합니다.

 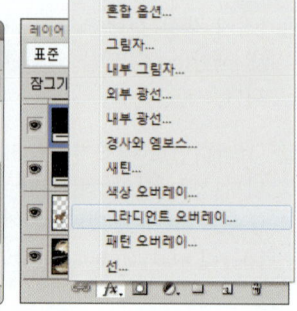

⑥ [레이어 스타일(Layer Style)] 대화상자의 [그라디언트 오버레이(Gradient Overlay)] 탭이 나타나면 [그라디언트 편집(Click to edit the gradient)]을 클릭합니다.

⑦ [그라디언트 편집기(Gradient Editor)] 대화상자가 나타나면 왼쪽 색상 정지점(Color Stop)을 더블클릭합니다.

⑧ [정지 색상 선택(Select stop color)] 대화상자가 나타나면 색상(ffff99)을 입력한 후 [확인(OK)] 단추를 클릭합니다.

⑨ [그라디언트 편집기(Gradient Editor)] 대화상자가 다시 나타나면 오른쪽 색상 정지점(Color Stop)을 더블클릭합니다.

⑩ [정지 색상 선택(Select stop color)] 대화상자가 나타나면 색상(ff6666)을 입력한 후 [확인(OK)] 단추를 클릭합니다.

⑪ [그라디언트 편집기(Gradient Editor)] 대화상자가 다시 나타나면 [확인(OK)] 단추를 클릭합니다.

⑫ [레이어 스타일(Layer Style)] 대화상자가 다시 나타나면 스타일(방사형)을 선택한 후 [외부 광선(Outer Glow)] 탭을 클릭합니다.

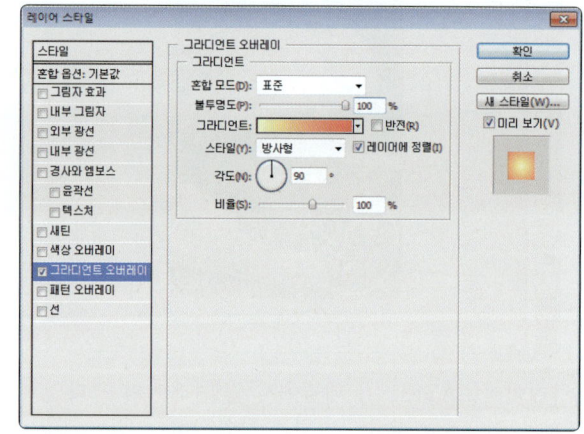

⑬ [레이어 스타일(Layer Style)] 대화상자의 [외부 광선(Outer Glow)] 탭이 나타나면 속성을 지정한 후 [확인(OK)] 단추를 클릭합니다.

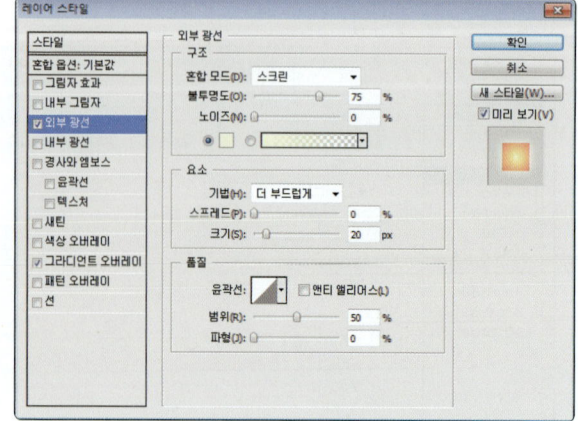

STEP 08 ①번 텍스트 꾸미기

① 도구 상자(Tool Box)에서 [수평 문자 도구(Horizontal Type Tool)]를 선택한 후 옵션 바에서 글꼴(돋움)과 글꼴 크기(45)를 지정합니다.

② 텍스트를 삽입할 위치를 클릭한 후 '티라노사우르스'을 입력한 다음 Ctrl+Enter를 누릅니다.

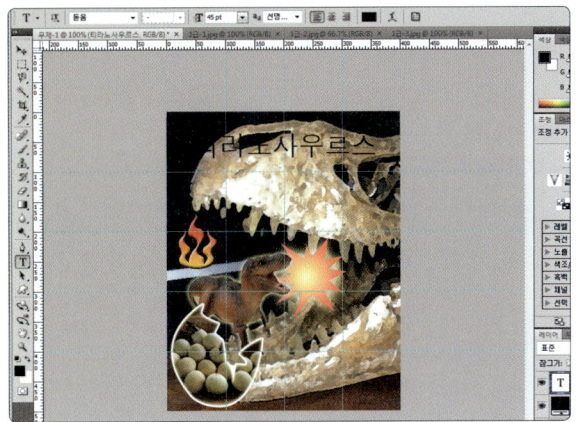

③ [레이어(LAYERS)] 패널에서 [레이어 스타일 추가(Add a layer style)]-[그라디언트 오버레이(Gradient Overlay)]을 클릭합니다.

④ [레이어 스타일(Layer Style)] 대화상자의 [그라디언트 오버레이(Gradient Overlay)] 탭이 나타나면 [그라디언트 편집(Click to edit the gradient)]을 클릭합니다.

⑤ [그라디언트 편집기(Gradient Editor)] 대화상자가 나타나면 왼쪽 색상 정지점(Color Stop)을 더블클릭합니다.

⑥ [정지 색상 선택(Select stop color)] 대화상자가 나타나면 색상(cc3333)을 입력한 후 [확인(OK)] 단추를 클릭합니다.

⑦ [그라디언트 편집기(Gradient Editor)] 대화상자가 다시 나타나면 오른쪽 색상 정지점(Color Stop)을 더블클릭합니다.

⑧ [정지 색상 선택(Select stop color)] 대화상자가 나타나면 색상(cccc00)을 입력한 후 [확인(OK)] 단추를 클릭합니다.

⑨ [그라디언트 편집기(Gradient Editor)] 대화상자가 다시 나타나면 [확인(OK)] 단추를 클릭합니다.

⑩ [레이어 스타일(Layer Style)] 대화상자가 다시 나타나면 각도(Angle)에 '0'을 입력한 후 [선(Stroke)] 탭을 클릭합니다.

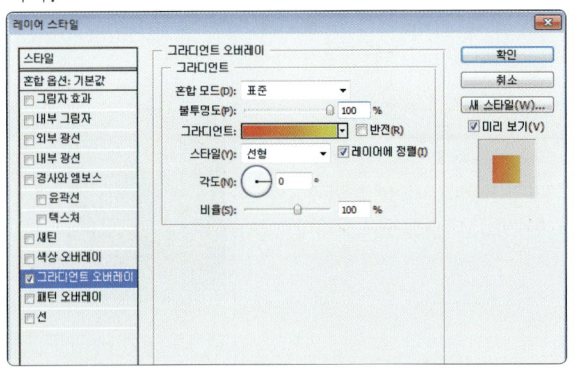

⑪ [레이어 스타일(Layer Style)] 대화상자의 [선(Stroke)] 탭이 나타나면 크기(2)를 입력한 후 [색상(Color)]을 클릭합니다.

⑫ [선 색상 선택(Select stroke color)] 대화상자가 나타나면 색상(330000)을 입력한 후 [확인(OK)] 단추를 클릭합니다.

⑬ [레이어 스타일(Layer Style)] 대화상자가 다시 나타나면 [확인(OK)] 단추를 클릭합니다.

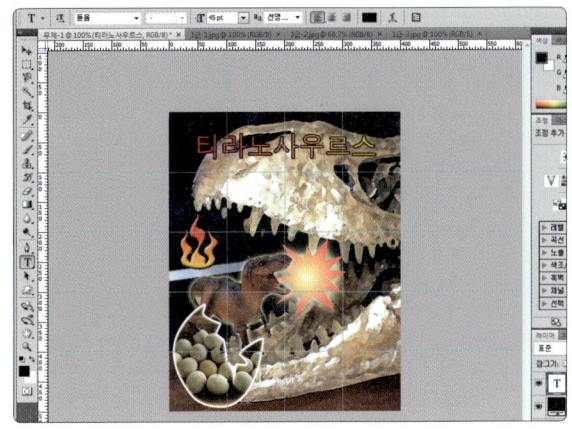

STEP 09 답안 저장 및 전송하기

① 작성한 답안을 저장하기 위해 [파일(File)]-[저장(Save)]을 클릭합니다.

② [다른 이름으로 저장(Save As)] 대화상자가 나타나면 저장 위치(라이브러리₩문서₩GTQ)를 지정한 후 파일 이름(수험번호-성명-문제번호)을 입력한 다음 형식(JPEG (*.JPG;*.JPEG;*.JPE))을 선택하고 [저장] 단추를 클릭합니다.

③ [JPEG Options(JPEG 옵션)] 대화상자가 나타나면 품질(Quality)을 지정한 후 [확인(OK)] 단추를 클릭합니다.

④ JPG 파일로 저장이 완료되면 PSD 파일로 저장하기 위해 [이미지(Image)]-[이미지 크기(Image Size)]를 클릭합니다.

⑤ [이미지 크기(Image Size)] 대화상자가 나타나면 폭(40)을 입력한 후 [확인(OK)] 단추를 클릭합니다.

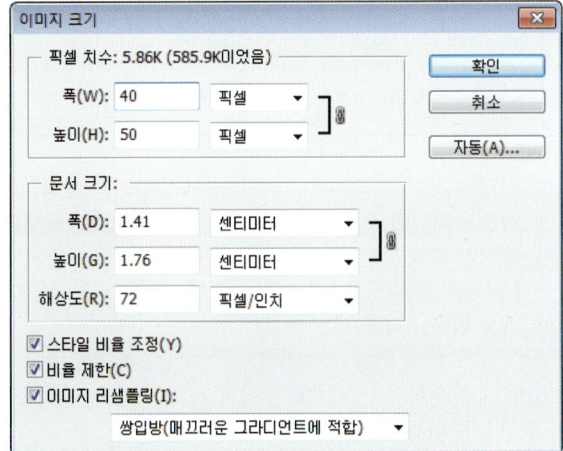

⑥ 이미지 크기가 변경되면 PSD 파일로 저장하기 위해 [파일(File)]-[다른 이름으로 저장(Save As)]을 클릭합니다.

⑦ [다른 이름으로 저장(Save As)] 대화상자가 나타나면 저장 위치(라이브러리₩문서₩GTQ)를 지정한 후 파일 이름(수험번호-성명-문제번호)을 입력한 다음 형식(Photoshop (*.PSD;*.PDD))을 선택하고 [저장] 단추를 클릭합니다.

⑧ [Photoshop 형식 옵션(Photoshop Format Options)] 대화상자가 나타나면 [확인(OK)] 단추를 클릭합니다.

⑨ 답안을 전송하기 위해 포토샵의 [최소화] 단추를 클릭합니다.

⑩ KOAS 수험자용 프로그램에서 [답안 전송] 단추를 클릭합니다.

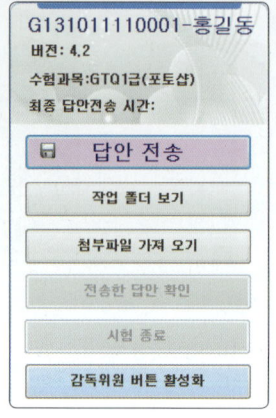

⑪ 전송을 확인하는 페이지가 나타나면 [예] 단추를 클릭합니다.

⑫ [고사실 PC로 답안 파일 보내기] 대화상자가 나타나면 파일 목록(8개 파일)에서 전송할 파일을 선택한 후 [답안 전송] 단추를 클릭합니다.

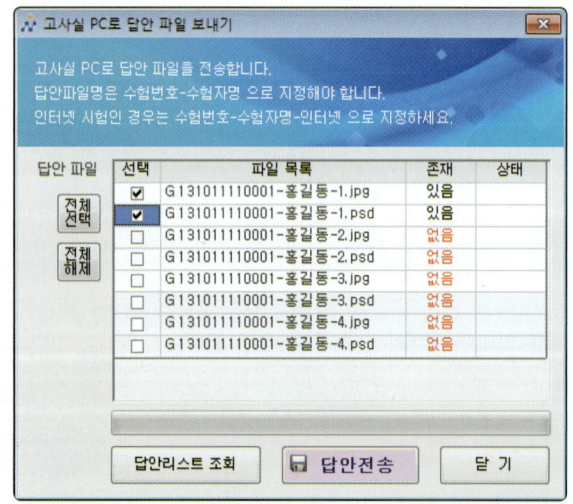

Tip
전송할 파일이 존재하는지 확인한 후 [답안 전송] 단추를 클릭합니다.
[존재]에 '없음'으로 표시되면 파일이 없거나 파일 이름이 잘못 입력된 것입니다.

⑬ 답안이 전송되면 [상태]에 '성공'이라고 표시되는지 확인한 후 [닫기] 단추를 클릭합니다.

02 [기능평가] 사진편집 응용

STEP 01 작업 이미지 창 생성 및 이미지 복사하기

① [문제1]에서 작성한 파일을 모두 닫은 후 [파일(File)]-[새로 만들기(New)]를 클릭합니다.

② [새로 만들기(New)] 대화상자가 나타나면 폭(400)과 높이(500)를 입력한 후 [확인(OK)] 단추를 클릭합니다.

③ 눈금자를 드래그하여 안내선(Guides)을 100 픽셀 단위로 그립니다.

④ 안내선(Guides)이 만들어지면 [파일(File)]-[열기(Open)]를 클릭합니다.

⑤ [열기(Open)] 대화상자가 나타나면 찾는 위치(라이브러리₩문서₩GTQ₩Image)를 지정한 후 '1급-4.jpg ~ 1급-6.jpg' 파일을 선택한 다음 [열기] 단추를 클릭합니다.

⑥ 이미지가 불러와지면 [1급-4.jpg] 탭을 클릭한 후 Ctrl+A를 눌러 이미지 전체를 선택 영역으로 지정한 다음 Ctrl+C를 눌러 이미지를 복사합니다.

⑦ 복사된 이미지를 작업 이미지 창에 붙여넣기 위해 [무제-1] 탭을 클릭한 후 Ctrl+V를 눌러 붙여넣기 합니다.

STEP 02 필터(Filter) 적용하기

① 이미지에 필터(Filter)를 지정하기 위해 [필터(Filter)]-[흐림 효과(Blur)]-[가우시안 흐림 효과(Gaussian Blur)]를 클릭합니다.

② [가우시안 흐림 효과(Gaussian Blur)] 대화상자가 나타나면 반경(Radius)을 조절한 후 [확인(OK)] 단추를 클릭합니다.

STEP 03 이미지 복사 및 색상 보정하기

① [1급-5.jpg] 탭을 클릭한 후 도구 상자(Tool Box)에서 [자석 올가미 도구(Magnetic Lasso Tool)]를 선택한 다음 옵션 바에서 빈도 수(Frequency)에 '100'을 입력합니다.

② 시작점을 클릭한 후 드래그하여 화석을 선택 영역으로 지정합니다.

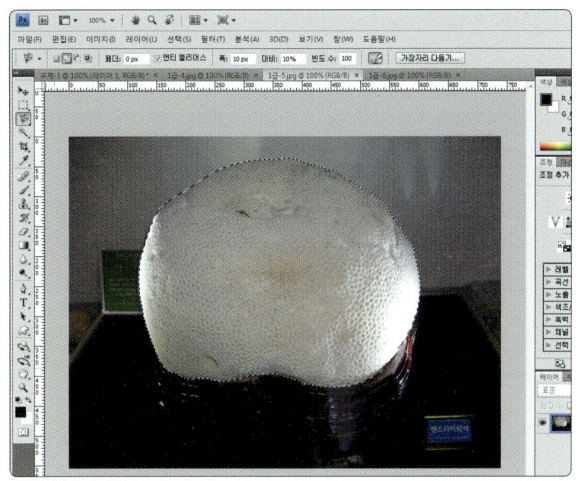

③ 화석이 선택 영역으로 지정되면 Ctrl+C를 눌러 이미지를 복사한 후 [무제-1] 탭을 클릭합니다.

④ 화석을 붙여넣기 위해 Ctrl+V를 눌러 붙여넣기 합니다.

⑤ 이미지의 크기를 조절하기 위해 [편집(Edit)]-[자유 변형(Free Transform)]을 클릭합니다.

⑥ 크기 조절점이 나타나면 조절점을 드래그하여 크기를 조절한 후 Enter를 누릅니다.

⑦ [레이어(LAYERS)] 패널에서 Ctrl을 누른 상태에서 [레이어 2] 레이어의의 [레이어 축소판(Layer thumbnail)]을 클릭합니다.

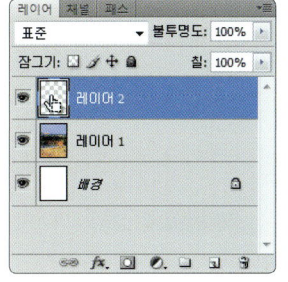

⑧ 화석이 선택 영역으로 지정되면 [레이어(LAYERS)] 패널에서 [색칠 또는 조정 레이어(Create new fill or adjustment layer)]를 클릭한 후 [색조/채도(Hue/Saturation)]를 클릭합니다.

⑨ [색조/채도(Hue/Saturation)] 레이어가 추가되면 [조정(ADJUSTMENTS)] 패널에서 [색상화(Colorize)]를 선택한 후 색조(Hue)와 채도(Saturation) 값을 조절하여 이미지를 파란색 계열로 보정합니다.

⑩ [레이어(LAYERS)] 패널에서 [레이어 2] 레이어를 선택한 후 fx.[레이어 스타일 추가(Add a layer style)]-[그림자 효과(Drop Shadow)]를 클릭합니다.

⑪ [레이어 스타일(Layer Style)] 대화상자의 [그림자 효과(Drop Shadow)] 탭이 나타나면 속성을 지정한 후 [확인(OK)] 단추를 클릭합니다.

STEP 04 이미지 복사 및 레이어 스타일 적용하기

① [1급-6.jpg] 탭을 클릭한 후 도구 상자(Tool Box)에서 [자석 올가미 도구(Magnetic Lasso Tool)]를 선택한 다음 공룡을 선택 영역으로 지정합니다.

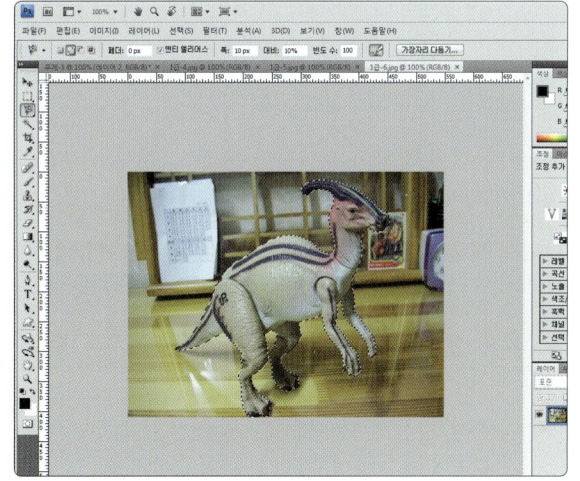

② 공룡을 복사하기 위해 Ctrl+C를 눌러 선택 영역의 이미지를 복사한 후 [무제-1] 탭을 클릭합니다.

③ [레이어(LAYERS)] 패널에서 [색조/채도-1(Hue/Saturation-1)] 레이어를 선택한 후 Ctrl+V를 눌러 붙여넣기 합니다.

④ 이미지의 크기를 조절하기 위해 [편집(Edit)]-[자유 변형(Free Transform)]을 클릭합니다.

⑤ 크기 조절점이 나타나면 조절점을 드래그하여 크기를 조절한 후 Enter를 누릅니다.

⑥ 크기가 조절되면 도구 상자(Tool Box)에서 [이동 도구(Move Tool)]를 선택한 후 드래그하여 위치를 이동합니다.

⑦ [레이어(LAYERS)] 패널에서 [레이어 스타일 추가(Add a layer style)]-[내부 그림자(Inner Shadow)]를 클릭합니다.

⑧ [레이어 스타일(Layer Style)] 대화상자의 [내부 그림자(Inner Shadow)] 탭이 나타나면 속성을 지정한 후 [확인(OK)] 단추를 클릭합니다.

STEP 05 새 모양 도형 작성하기

① 도구 상자(Tool Box)에서 [사용자 정의 모양 도구(Custom Shape Tool)]를 선택한 후 옵션 바에서 [사용자 정의 모양 피커(Click to open Custom Shape picker)]의 목록 단추를 클릭합니다.

② 사용자 정의 모양이 나타나면 [팝업 메뉴 단추]-[동물(Animals)] 메뉴를 클릭합니다.

③ [현재 모양을 동물의 모양으로 대체하시겠습니까?]를 묻는 대화상자가 나타나면 [확인(OK)] 단추를 클릭합니다.

④ 사용자 정의 모양이 동물(Animals) 목록으로 변경되면 [새 1(Bird 1)]을 클릭합니다.

⑤ 새 모양을 삽입하고자 하는 위치에서 드래그하여 삽입합니다.

⑥ [레이어(LAYERS)] 패널에서 [모양 1] 레이어의 [레이어 축소판(Layer thumbnail)]을 더블클릭합니다.

⑦ [단색 선택(Pick a solid color)] 대화상자가 나타나면 색상(33cc33)을 지정한 후 [확인(OK)] 단추를 클릭합니다.

⑧ [레이어(LAYERS)] 패널에서 [레이어 스타일 추가(Add a layer style)]-[선(Stroke)]을 클릭합니다.

⑨ [레이어 스타일(Layer Style)] 대화상자의 [선(Stroke)] 탭이 나타나면 크기(2)를 입력한 후 [색상(Color)]을 클릭합니다.

⑩ [선 색상 선택(Select stroke color)] 대화상자가 나타나면 색상(ffffff)을 입력한 후 [확인(OK)] 단추를 클릭합니다.

⑪ [레이어 스타일(Layer Style)] 대화상자가 다시 나타나면 [확인(OK)] 단추를 클릭합니다.

STEP 06 감탕나무 모양 도형 작성하기

① 옵션 바에서 [사용자 정의 모양 피커(Click to open Custom Shape picker)]의 목록 단추를 클릭한 후 [팝업 메뉴 단추]-[물건(Objects)] 메뉴를 클릭합니다.

② [현재 모양을 물건의 모양으로 대체하시겠습니까?]를 묻는 대화상자가 나타나면 [확인(OK)] 단추를 클릭합니다.

③ 사용자 정의 모양이 물건(Objects) 목록으로 변경되면 [감탕나무(Holly)]를 클릭합니다.

④ 감탕나무 모양을 삽입하고자 하는 위치에서 드래그하여 삽입합니다.

⑤ [레이어(LAYERS)] 패널에서 [레이어 스타일 추가(Add a layer style)]-[그라디언트 오버레이(Gradient Overlay)]를 클릭합니다.

⑥ [레이어 스타일(Layer Style)] 대화상자의 [그라디언트 오버레이(Gradient Overlay)] 탭이 나타나면 [그라디언트 편집(Click to edit the gradient)]을 클릭합니다.

⑦ [그라디언트 편집기(Gradient Editor)] 대화상자가 나타나면 왼쪽 색상 정지점(Color Stop)을 더블클릭합니다.

⑧ [정지 색상 선택(Select stop color)] 대화상자가 나타나면 색상(ff0000)을 입력한 후 [확인(OK)] 단추를 클릭합니다.

⑨ [그라디언트 편집기(Gradient Editor)] 대화상자가 다시 나타나면 오른쪽 색상 정지점(Color Stop)을 더블클릭합니다.

⑩ [정지 색상 선택(Select stop color)] 대화상자가 나타나면 색상(99ff33)을 입력한 후 [확인(OK)] 단추를 클릭합니다.

⑪ [그라디언트 편집기(Gradient Editor)] 대화상자가 다시 나타나면 [확인(OK)] 단추를 클릭합니다.

⑫ [레이어 스타일(Layer Style)] 대화상자가 다시 나타나면 [선(Stroke)] 탭을 클릭합니다.

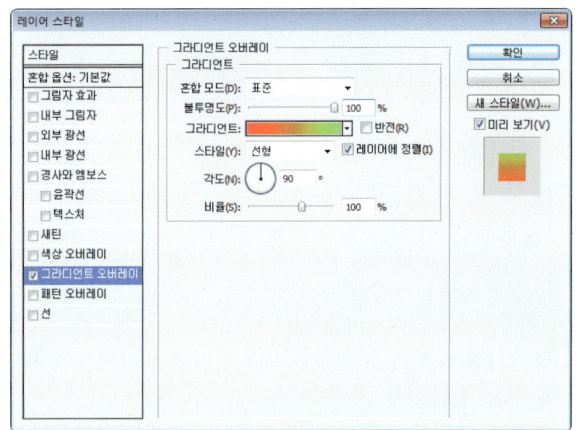

⑬ [레이어 스타일(Layer Style)] 대화상자의 [선(Stroke)] 탭이 나타나면 크기(1)를 입력한 후 [확인(OK)] 단추를 클릭합니다.

STEP 07 ①번 텍스트 꾸미기

① 도구 상자(Tool Box)에서 [수평 문자 도구(Horizontal Type Tool)]를 선택한 후 옵션 바에서 글꼴(바탕)과 글꼴 크기(35), 글꼴 색(990099)을 지정합니다.

② 텍스트를 삽입할 위치를 클릭한 후 '파라사우롤로푸스'를 입력한 다음 Ctrl+Enter를 누릅니다.

③ 텍스트에 레이어 스타일을 지정하기 위해 [레이어(LAYERS)] 패널에서 fx [레이어 스타일 추가(Add a layer style)]-[선(Stroke)]을 클릭합니다.

④ [레이어 스타일(Layer Style)] 대화상자의 [선(Stroke)] 탭이 나타나면 크기(2)를 입력한 후 [색상(Color)]을 클릭합니다.

⑤ [선 색상 선택(Select stroke color)] 대화상자가 나타나면 색상(ffffff)을 입력한 후 [확인(OK)] 단추를 클릭합니다.

⑥ [레이어 스타일(Layer Style)] 대화상자가 다시 나타나면 [확인(OK)] 단추를 클릭합니다.

⑦ 텍스트에 변형을 주기 위해 옵션 바에서 [텍스트 변형(Create warp text)]을 클릭합니다.

⑧ [텍스트 변형(Warp Text)] 대화상자가 나타나면 스타일(부채꼴)을 선택한 후 구부리기(Bend)를 조절한 다음 [확인(OK)] 단추를 클릭합니다.

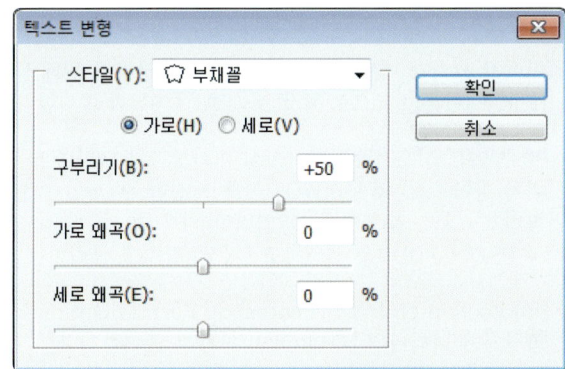

⑨ 텍스트가 변형되면 도구 상자(Tool Box)에서 [이동 도구(Move Tool)]를 선택한 후 텍스트를 드래그하여 위치를 이동합니다.

STEP 08 답안 저장 및 전송하기

① 작성한 답안을 저장하기 위해 [파일(File)]-[저장(Save)]을 클릭합니다.

② [다른 이름으로 저장(Save As)] 대화상자가 나타나면 저장 위치(라이브러리₩₩문서₩GTQ)를 지정한 후 파일 이름(수험번호-성명-문제번호)을 입력한 다음 형식(JPEG (*.JPG;*.JPEG;*.JPE))을 선택하고 [저장] 단추를 클릭합니다.

③ [JPEG Options(JPEG 옵션)] 대화상자가 나타나면 품질(Quality)을 지정한 후 [확인(OK)] 단추를 클릭합니다.

④ JPG 파일로 저장이 완료되면 PSD 파일로 저장하기 위해 [이미지(Image)]-[이미지 크기(Image Size)]를 클릭합니다.

⑤ [이미지 크기(Image Size)] 대화상자가 나타나면 폭(40)을 입력한 후 [확인(OK)] 단추를 클릭합니다.

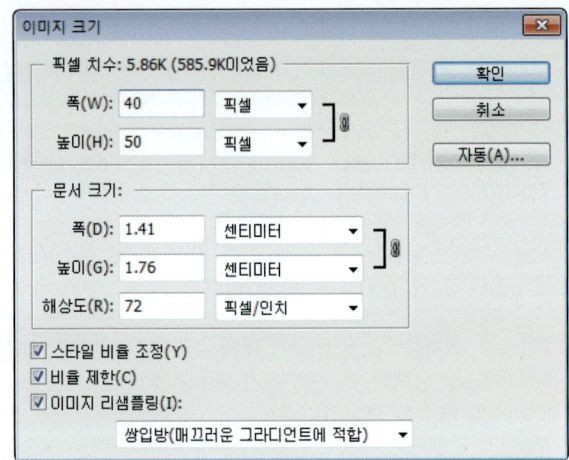

⑥ 이미지 크기가 변경되면 PSD 파일로 저장하기 위해 [파일(File)]-[다른 이름으로 저장(Save As)] 메뉴를 클릭합니다.

⑦ [다른 이름으로 저장(Save As)] 대화상자가 나타나면 저장 위치(라이브러리₩문서₩GTQ)를 지정한 후 파일 이름(수험번호-성명-문제번호)을 입력한 다음 형식(Photoshop (*.PSD;*.PDD))을 선택하고 [저장] 단추를 클릭합니다.

⑧ [Photoshop 형식 옵션(Photoshop Format Options)] 대화상자가 나타나면 [확인(OK)] 단추를 클릭합니다.

⑨ 답안을 전송하기 위해 포토샵의 [최소화] 단추를 클릭합니다.

⑩ KOAS 수험자용 프로그램에서 [답안 전송] 단추를 클릭합니다.

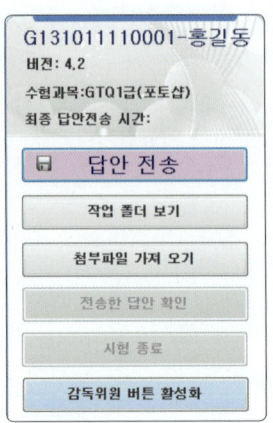

⑪ 전송을 확인하는 페이지가 나타나면 [예] 단추를 클릭합니다.

⑫ [고사실 PC로 답안 파일 보내기] 대화상자가 나타나면 파일 목록(8개 파일)에서 전송할 파일을 선택한 후 [답안 전송] 단추를 클릭합니다.

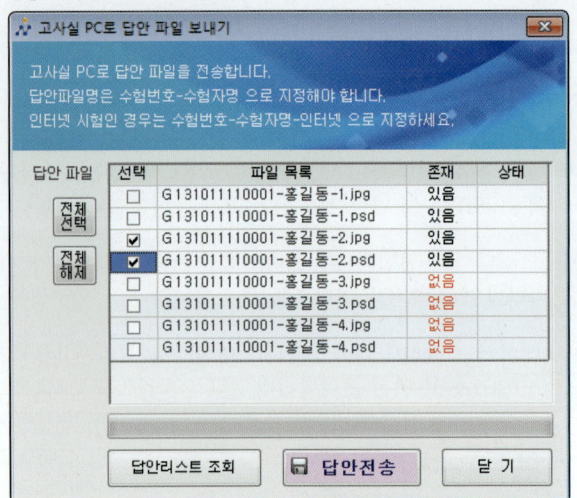

Tip
전송할 파일이 존재하는지 확인한 후 [답안 전송] 단추를 클릭합니다.
[존재]에 '없음'으로 표시되면 파일이 없거나 파일 이름이 잘못 입력된 것입니다.

⑬ 답안이 전송되면 [상태]에 '성공'이라고 표시되는지 확인한 후 [닫기] 단추를 클릭합니다.

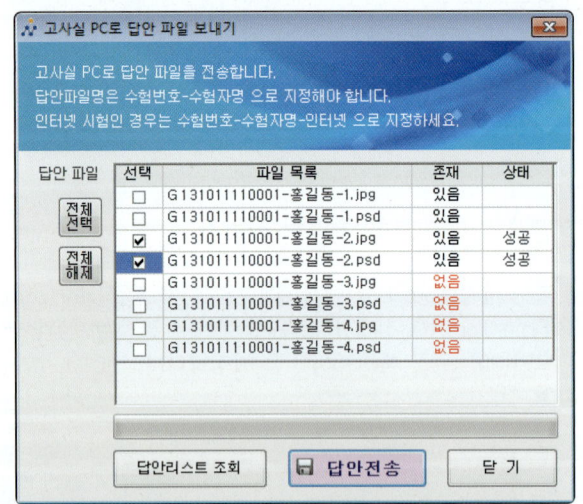

03 [실무응용] 포스터 제작

STEP 01 작업 이미지 창 생성 및 이미지 복사하기

① [문제2]에서 작성한 파일을 모두 닫은 후 [파일(File)]-[새로 만들기(New)]를 클릭합니다.

② [새로 만들기(New)] 대화상자가 나타나면 폭(600)과 높이(400)를 입력한 후 [확인(OK)] 단추를 클릭합니다.

③ 눈금자를 드래그하여 안내선(Guides)을 100 픽셀 단위로 그립니다.

④ 안내선(Guides)이 만들어지면 배경색에 그라디언트를 지정하기 위해 도구 상자(Tool Box)에서 ▣[그라디언트 도구(Gradient Tool)]를 선택한 후 옵션 바에서 ▣[그라디언트 편집(Click to edit the gradient)]을 클릭합니다.

⑤ [그라디언트 편집기(Gradient Editor)] 대화상자가 나타나면 왼쪽 색상 정지점(Color Stop)을 더블클릭합니다.

⑥ [정지 색상 선택(Select stop color)] 대화상자가 나타나면 색상(ccff66)을 입력한 후 [확인(OK)] 단추를 클릭합니다.

⑦ [그라디언트 편집기(Gradient Editor)] 대화상자가 다시 나타나면 오른쪽 색상 정지점(Color Stop)을 더블클릭합니다.

⑧ [정지 색상 선택(Select stop color)] 대화상자가 나타나면 색상(ffffff)을 입력한 후 [확인(OK)] 단추를 클릭합니다.

⑨ [그라디언트 편집기(Gradient Editor)] 대화상자가 다시 나타나면 [확인(OK)] 단추를 클릭합니다.

⑩ 그라디언트 설정이 변경되면 작업 이미지 창에 그라디언트를 지정하기 위해 위에서 아래 방향으로 드래그합니다

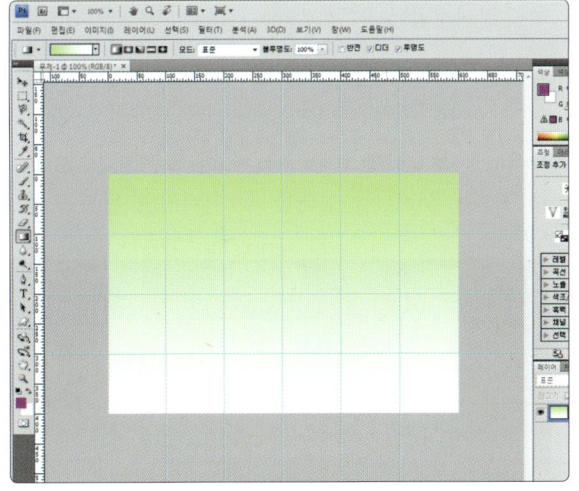

STEP 02 이미지 복사 및 레이어 스타일 적용하기

① 배경색이 지정되면 [파일(File)]-[열기(Open)]를 클릭합니다.

② [열기(Open)] 대화상자가 나타나면 찾는 위치(라이브러리₩문서₩GTQ₩Image)를 지정한 후 '1급-7.jpg ~ 1급-11.jpg'파일을 선택한 다음 [열기] 단추를 클릭합니다.

③ 이미지가 불러와지면 [1급-7.jpg] 탭을 클릭한 후 도구 상자(Tool Box)에서 ▣[자석 올가미 도구(Magnetic Lasso Tool)]를 선택한 다음 옵션 바에서 빈도 수(Frequency)에 '100'을 입력합니다.

④ 시작점을 클릭한 후 드래그하여 아이를 선택 영역으로 지정합니다.

⑤ 아이가 선택 영역으로 지정되면 Ctrl+C를 눌러 이미지를 복사합니다.

⑥ 복사된 이미지를 작업 이미지 창에 붙여넣기 위해 [무제-1] 탭을 클릭한 후 Ctrl+V를 눌러 붙여넣기 합니다.

⑦ 복사된 이미지를 작업 창에 맞게 크기를 조절하기 위해 [편집(Edit)]-[자유 변형(Free Transform)]을 클릭합니다.

⑧ 크기 조절점이 나타나면 조절점을 드래그하여 크기를 조절한 후 Enter를 누릅니다.

⑨ 이미지 크기 조절이 완료되면 를 누른 후 도구 상자(Tool Box)에서 ▣[이동 도구(Move Tool)]를 선택한 다음 이미지의 위치를 이동합니다.

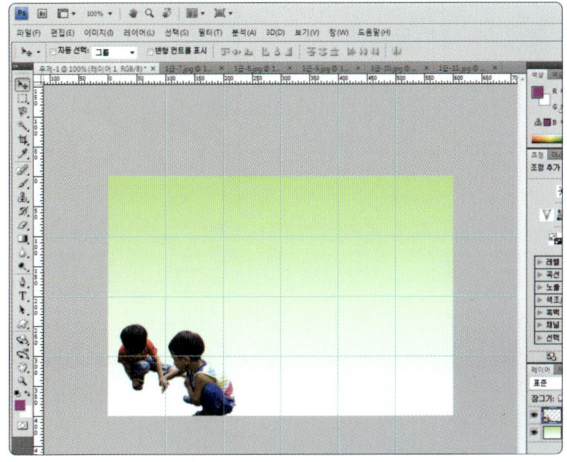

⑩ [레이어(LAYERS)] 패널에서 *fx*.[레이어 스타일 추가(Add a layer style)]-[그림자(Drop Shadow)]를 클릭합니다.

⑪ [레이어 스타일(Layer Style)] 대화상자의 [그림자 효과(Drop Shadow)] 탭이 나타나면 속성을 지정한 후 [확인(OK)] 단추를 클릭합니다.

STEP 03 필터 및 레이어 마스크 적용하기 (1)

① [1급-8.jpg] 이미지 탭을 클릭한 후 Ctrl+A를 눌러 이미지 전체를 선택 영역으로 지정한 다음 Ctrl+C를 눌러 이미지를 복사합니다.

② 복사된 이미지를 작업 이미지 창에 붙여넣기 위해 [무제-1] 탭을 클릭한 후 Ctrl+V를 눌러 붙여넣기 합니다.

③ 이미지의 크기를 조절하기 위해 [편집(Edit)]-[자유 변형(Free Transform)]을 클릭합니다.

④ 크기 조절점이 나타나면 조절점을 드래그하여 크기를 조절한 후 Enter를 누릅니다.

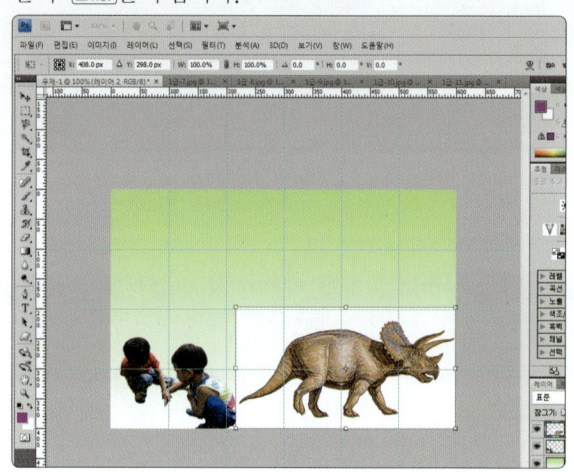

⑤ 이미지에 필터(Filter)를 지정하기 위해 [필터(Filter)]-[흐림 효과(Blur)]-[동작 흐림 효과(Motion Blur)]를 클릭합니다.

⑥ [동작 흐림 효과(Motion Blur)] 대화상자가 나타나면 속성을 지정한 후 [확인(OK)] 단추를 클릭합니다.

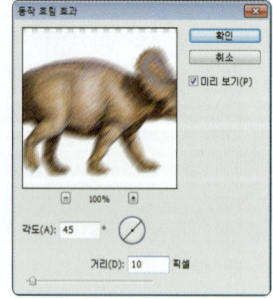

⑦ 필터가 적용되면 레이어 마스크를 지정하기 위해 [레이어(LAYERS)] 패널에서 [레이어 마스크(Add layer mask)]를 클릭합니다.

⑧ [레이어(LAYERS)] 패널에 레이어 마스크가 표시되면 도구 상자(Tool Box)에서 [그라디언트 도구(Gradient Tool)]를 선택한 후 옵션 바에서 [그라디언트 편집(Click to edit the gradient)]을 클릭합니다.

⑨ [그라디언트 편집기(Gradient Editor)] 대화상자가 나타나면 사전 설정(전경색에서 배경색으로(Foreground to Background))을 선택한 후 [확인(OK)] 단추를 클릭합니다.

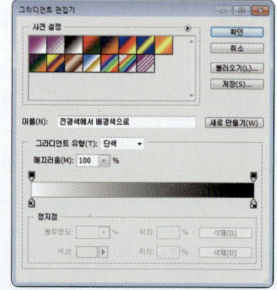

⑩ 그라디언트 설정이 변경되면 작업 이미지 창에 레이어 마스크를 지정하기 위해 오른쪽에서 왼쪽 방향으로 드래그합니다.

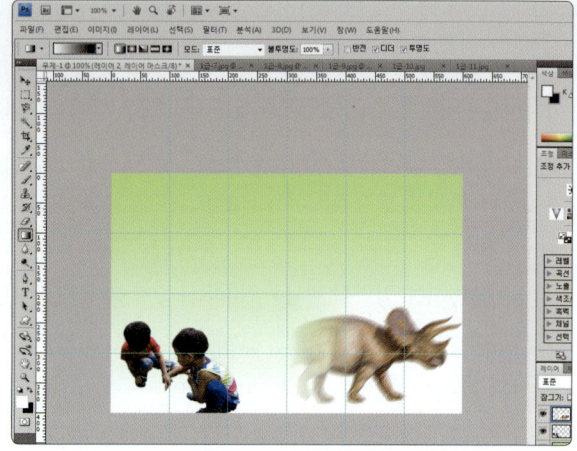

STEP 04 필터 및 레이어 마스크 적용하기 (2)

① [1급-9.jpg] 이미지 탭을 클릭한 후 Ctrl+A를 눌러 이미지 전체를 선택 영역으로 지정한 다음 Ctrl+C를 눌러 이미지를 복사합니다.

② 복사된 이미지를 작업 이미지 창에 붙여넣기 위해 [무제-1] 탭을 클릭한 후 Ctrl+V를 눌러 붙여넣기 합니다.

③ 이미지가 복사되면 도구 상자(Tool Box)에서 [이동 도구(Move Tool)]를 선택한 후 이미지의 위치를 이동합니다.

④ 필터(Filter)를 지정하기 위해 [필터(Filter)]-[텍스처(Texture)]-[텍스처화(Texturizer)]를 클릭합니다.

⑤ [텍스처화(Texturizer)] 대화상자가 나타나면 속성을 지정한 후 [확인(OK)] 단추를 클릭합니다.

⑥ 필터가 적용되면 레이어 마스크를 지정하기 위해 [레이어(LAYERS)] 패널에서 [레이어 마스크(Add layer mask)]를 클릭합니다.

⑦ 도구 상자(Tool Box)에서 [그라디언트 도구(Gradient Tool)]를 선택한 후 레이어 마스크를 지정하기 위해 위에서 아래 방향으로 드래그합니다.

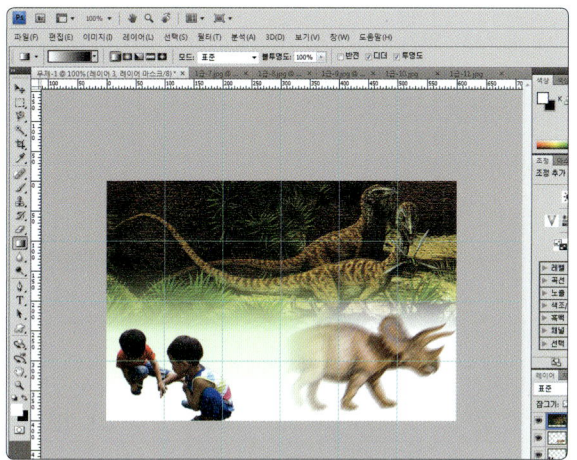

STEP 05 ▤ 이미지 복사 및 레이어 마스크 적용하기

① [1급-10.jpg] 탭을 클릭한 후 도구 상자(Tool Box)에서 [원형 선택 윤곽 도구(Elliptical Marquee Tool)]를 선택합니다.

② Shift를 누른 상태에서 알 보다 크게 영역을 지정합니다.

Tip
- Alt를 누른 상태에서 드래그하면 정 가운데부터 선택 영역이 그려집니다.
- Shift를 누른 상태에서 드래그하면 가로, 세로 비율이 동일한 정원 모양으로 선택 영역이 그려집니다.

③ 선택 영역이 지정되면 Ctrl+C를 눌러 이미지를 복사합니다.

④ 복사된 이미지를 작업 이미지 창에 붙여넣기 위해 [무제-1] 탭을 클릭한 후 Ctrl+V를 눌러 붙여넣기 합니다.

⑤ 이미지의 크기를 조절하기 위해 [편집(Edit)]-[자유 변형(Free Transform)]을 클릭합니다.

⑥ 크기 조절점이 나타나면 조절점을 드래그하여 크기를 조절한 후 Enter를 누릅니다.

⑦ 이미지 크기 조절이 완료되면 Enter를 누른 후 도구 상자(Tool Box)에서 [이동 도구(Move Tool)]를 선택한 다음 이미지의 위치를 이동합니다.

⑧ [레이어(LAYERS)] 패널에서 [레이어 스타일 추가(Add a layer style)]-[경사와 엠보스(Bevel and Emboss)]를 클릭합니다.

⑨ [레이어 스타일(Layer Style)] 대화상자의 [경사와 엠보스(Bevel and Emboss)] 탭이 나타나면 속성을 지정한 후 [선(Stroke)] 탭을 클릭합니다.

⑩ [레이어 스타일(Layer Style)] 대화상자의 [선(Stroke)] 탭이 나타나면 크기(3)를 입력한 후 [색상(Color)]을 클릭합니다.

⑪ [선 색상 선택(Select stroke color)] 대화상자가 나타나면 색상(ffcc00)을 입력한 후 [확인(OK)] 단추를 클릭합니다.

⑫ [레이어 스타일(Layer Style)] 대화상자가 다시 나타나면 [확인(OK)] 단추를 클릭합니다.

STEP 06 ▤ 색상 보정 및 레이어 스타일 적용하기

① [1급-11.jpg] 탭을 클릭한 후 도구 상자(Tool Box)에서 [자석 올가미 도구(Magnetic Lasso Tool)]를 선택한 다음 옵션 바에서 빈도 수(Frequency)에 '100'을 입력합니다.

② 시작점을 클릭한 후 드래그하여 화석을 선택 영역으로 지정합니다.

③ 화석이 선택 영역으로 지정되면 Ctrl+C를 눌러 이미지를 복사한 후 [무제-1] 탭을 클릭합니다.

④ [무제-1] 탭이 나타나면 Ctrl+V를 눌러 붙여넣기 합니다.

⑤ 화석의 크기를 조절하기 위해 [편집(Edit)]-[자유 변형(Free Transform)]을 클릭합니다.

⑥ 크기 조절점이 나타나면 조절점을 드래그하여 크기를 조절합니다.

⑦ [레이어(LAYERS)] 패널에서 Ctrl을 누른 상태에서 [레이어 5] 레이어의 [레이어 축소판(Layer thumbnail)]을 클릭합니다.

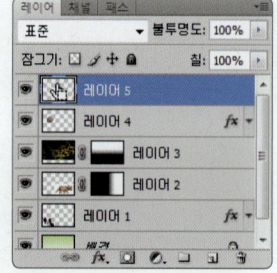

⑧ [레이어(LAYERS)] 패널에서 [색칠 또는 조정 레이어(Create new fill or adjustment layer)]를 클릭한 후 [색조/채도(Hue/Saturation)]를 클릭합니다.

⑨ [색조/채도(Hue/Saturation)] 레이어가 추가되면 [조정(ADJUSTMENTS)] 패널에서 색조(Hue)와 채도(Saturation) 값을 조절하여 이미지를 녹색 계열로 보정합니다.

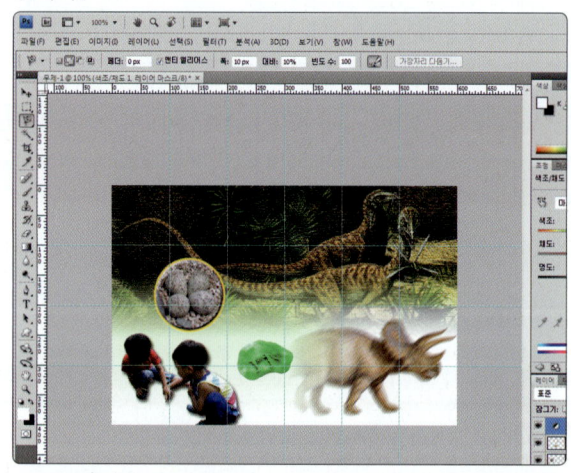

⑩ [레이어(LAYERS)] 패널에서 [레이어 5] 레이어를 선택한 후 [레이어 스타일 추가(Add a layer style)]-[그림자(Drop Shadow)]을 클릭합니다.

⑪ [레이어 스타일(Layer Style)] 대화상자의 [그림자 효과(Drop Shadow)] 탭이 나타나면 속성을 지정한 후 [확인(OK)] 단추를 클릭합니다.

STEP 07 화살표 모양 도형 작성하기

① 도구 상자(Tool Box)에서 [사용자 정의 모양 도구(Custom Shape Tool)]를 선택한 후 옵션 바에서 [사용자 정의 모양 피커(Click to open Custom Shape picker)]의 목록 단추를 클릭합니다.

② 사용자 정의 모양이 나타나면 [팝업 메뉴 단추]-[화살표(Arrows)] 메뉴를 클릭합니다.

③ [현재 모양을 화살표의 모양으로 대체하시겠습니까?]를 묻는 대화상자가 나타나면 [확인(OK)] 단추를 클릭합니다.

④ 사용자 정의 모양이 화살표(Arrows) 목록으로 변경되면 [화살표 19(Arrows 19)]를 클릭합니다.

⑤ [레이어(LAYERS)] 패널에서 [색조/채도 1(Hue/Saturation 1)] 레이어를 선택한 후 화살표 모양을 삽입하고자 하는 위치에서 드래그하여 삽입합니다.

⑥ [레이어(LAYERS)] 패널에서 [레이어 스타일 추가(Add a layer style)]-[그라디언트 오버레이(Gradient Overlay)]를 클릭합니다.

⑦ [레이어 스타일(Layer Style)] 대화상자의 [그라디언트 오버레이(Gradient Overlay)] 탭이 나타나면 [그라디언트 편집(Click to edit the gradient)]을 클릭합니다.

⑧ [그라디언트 편집기(Gradient Editor)] 대화상자가 나타나면 왼쪽 색상 정지점(Color Stop)을 더블클릭합니다.

⑨ [정지 색상 선택(Select stop color)] 대화상자가 나타나면 색상(ffff99)을 입력한 후 [확인(OK)] 단추를 클릭합니다.

⑩ [그라디언트 편집기(Gradient Editor)] 대화상자가 다시 나타나면 오른쪽 색상 정지점(Color Stop)을 더블클릭합니다.

⑪ [정지 색상 선택(Select stop color)] 대화상자가 나타나면 색상(ff0066)을 입력한 후 [확인(OK)] 단추를 클릭합니다.

⑫ [그라디언트 편집기(Gradient Editor)] 대화상자가 다시 나타나면 [확인(OK)] 단추를 클릭합니다.

⑬ [레이어 스타일(Layer Style)] 대화상자가 다시 나타나면 [확인(OK)] 단추를 클릭합니다.

STEP 08 느낌표 모양 도형 작성하기

① 화살표 작성이 완료되면 옵션 바에서 [사용자 정의 모양 피커(Click to open Custom Shape picker)]의 목록 단추를 클릭합니다.

② 사용자 정의 모양이 나타나면 [팝업 메뉴 단추]-[심볼(Symbols)] 메뉴를 클릭합니다.

③ [현재 모양을 심볼의 모양으로 대체하시겠습니까?]를 묻는 대화상자가 나타나면 [확인(OK)] 단추를 클릭합니다.

④ 사용자 정의 모양이 심볼(Symbols) 목록으로 변경되면 [느낌표(Exclamation Point)]를 클릭합니다.

⑤ 느낌표 모양을 삽입하고자 하는 위치에서 드래그하여 삽입합니다.

⑥ 도형에 적용된 레이어 스타일을 삭제하기 위해 [레이어(LAYERS)] 패널에서 효과(Effects)를 [레이어 삭제(Delete layer)]로 드래그합니다.

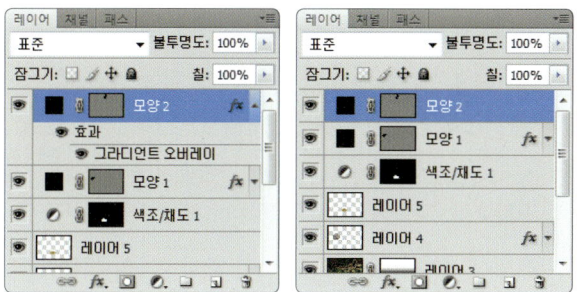

⑦ 도형을 회전시키기 위해 [편집(Edit)]-[자유 변형(Free Transform)]을 클릭합니다.

⑧ 크기 조절점의 모서리 부분에 마우스 포인터를 위치시킨 후 ↔ 모양으로 변경되면 드래그하여 도형을 회전시킨 다음 Enter를 누릅니다.

⑨ [레이어(LAYERS)] 패널에서 [모양 2] 레이어의 [레이어 축소판(Layer thumbnail)]을 더블클릭합니다.

⑩ [단색 선택(Pick a solid color)] 대화상자가 나타나면 색상(#ff9933)을 지정한 후 [확인(OK)] 단추를 클릭합니다.

⑪ [레이어(LAYERS)] 패널에서 [레이어 스타일 추가(Add a layer style)]-[경사와 엠보스(Bevel and Emboss)]를 클릭합니다.

⑫ [레이어 스타일(Layer Style)] 대화상자의 [경사와 엠보스(Bevel and Emboss)] 탭이 나타나면 속성을 지정한 후 [확인(OK)] 단추를 클릭합니다.

STEP 09 　모서리가 둥근 직사각형 도형 작성하기

① 모서리가 둥근 직사각형 도형을 작성하기 위해 도구 상자(Tool Box)에서 [모서리가 둥근 직사각형 도구(Rounded Rectangle Tool)]를 선택한 후 옵션 바에서 [모양 레이어(Shape layers)]를 선택한 다음 반경(Radius)에 '10'을 입력합니다.

② 모서리가 둥근 직사각형 도형을 삽입하고자 하는 위치에서 드래그하여 삽입합니다.

③ 도형에 적용된 레이어 스타일을 삭제하기 위해 [레이어(LAYERS)] 패널에서 효과(Effects)를 [레이어 삭제(Delete layer)]로 드래그합니다.

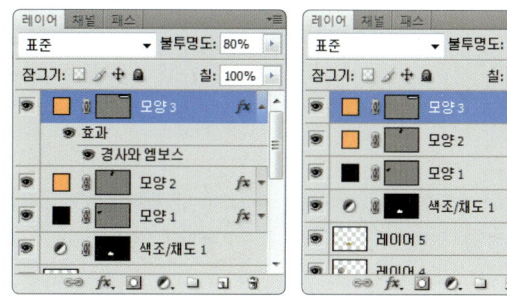

④ [레이어(LAYERS)] 패널에서 [모양 3] 레이어의 [레이어 축소판(Layer thumbnail)]을 더블클릭합니다.

⑤ [단색 선택(Pick a solid color)] 대화상자가 나타나면 색상(ccff66)을 지정한 후 [확인(OK)] 단추를 클릭합니다.

⑥ [레이어(LAYERS)] 패널에서 [레이어 스타일 추가(Add a layer style)]-[경사와 엠보스(Bevel and Emboss)]를 클릭합니다.

⑦ [레이어 스타일(Layer Style)] 대화상자의 [경사와 엠보스(Bevel and Emboss)] 탭이 나타나면 속성을 지정한 후 [확인(OK)] 단추를 클릭합니다.

⑧ [레이어(LAYERS)] 패널에서 불투명도(Opacity)에 '80%'를 입력합니다.

STEP 10 　①번 텍스트 작성하기

① 도구 상자(Tool Box)에서 [수평 문자 도구(Horizontal Type Tool)]를 선택한 후 옵션 바에서 글꼴(돋움)과 글꼴 크기(45)를 지정합니다.

② [레이어(LAYERS)] 패널에서 [색조/채도 1(Hue/Saturation 1)] 레이어를 선택한 후 텍스트를 삽입할 위치를 클릭한 다음 '공룡 체험전'을 입력하고 Ctrl+Enter를 누릅니다.

③ [레이어(LAYERS)] 패널에서 [레이어 스타일 추가(Add a layer style)]-[그라디언트 오버레이(Gradient Overlay)]를 클릭합니다.

④ [레이어 스타일(Layer Style)] 대화상자의 [그라디언트 오버레이(Gradient Overlay)] 탭이 나타나면 [그라디언트 편집(Click to edit the gradient)]을 클릭합니다.

⑤ [그라디언트 편집기(Gradient Editor)] 대화상자가 나타나면 왼쪽 색상 정지점(Color Stop)을 더블클릭합니다.

⑥ [정지 색상 선택(Select stop color)] 대화상자가 나타나면 색상(33cccc)을 입력한 후 [확인(OK)] 단추를 클릭합니다.

⑦ [그라디언트 편집기(Gradient Editor)] 대화상자가 다시 나타나면 색상 정지점(Color Stop)의 가운데 부분을 클릭한 후 색상 정지점(Color Stop)이 나타나면 더블클릭합니다.

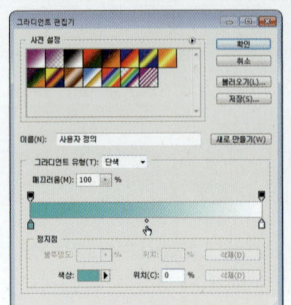 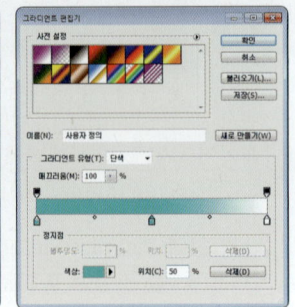

⑧ [정지 색상 선택(Select stop color)] 대화상자가 나타나면 색상(ffff99)을 입력한 후 [확인(OK)] 단추를 클릭합니다.

⑨ [그라디언트 편집기(Gradient Editor)] 대화상자가 다시 나타나면 오른쪽 색상 정지점(Color Stop)을 더블클릭합니다.

⑩ [정지 색상 선택(Select stop color)] 대화상자가 나타나면 색상(ff9900)을 입력한 후 [확인(OK)] 단추를 클릭합니다.

⑪ [그라디언트 편집기(Gradient Editor)] 대화상자가 다시 나타나면 [확인(OK)] 단추를 클릭합니다.

⑫ [레이어 스타일(Layer Style)] 대화상자가 다시 나타나면 각도(Angle)에 '0'을 입력한 후 [선(Stroke)] 탭을 클릭합니다.

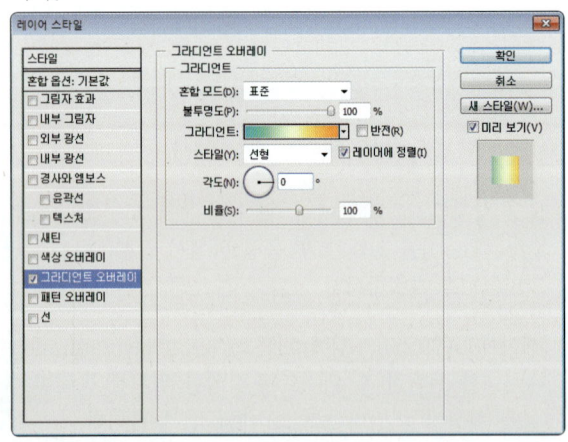

⑬ [레이어 스타일(Layer Style)] 대화상자의 [선(Stroke)] 탭이 나타나면 크기(3)를 입력한 후 [색상(Color)]을 클릭합니다.

⑭ [선 색상 선택(Select stroke color)] 대화상자가 나타나면 색상(003333)을 입력한 후 [확인(OK)] 단추를 클릭합니다.

⑮ [레이어 스타일(Layer Style)] 대화상자가 다시 나타나면 [확인(OK)] 단추를 클릭합니다.

STEP 11 ②번 텍스트 작성하기

① 텍스트를 입력할 위치를 클릭한 후 '2019. 9. 2 ~ 9. 30'을 입력한 다음 Ctrl+Enter를 누릅니다.

② 옵션 바에서 글꼴(돋움)을 선택한 후 글꼴 크기(16)를 입력한 다음 글꼴 색(ffffff)을 지정합니다.

③ [레이어(LAYERS)] 패널에서 fx,[레이어 스타일 추가(Add a layer style)]-[선(Stroke)]을 클릭합니다.

④ [레이어 스타일(Layer Style)] 대화상자의 [선(Stroke)] 탭이 나타나면 크기(2)를 입력한 후 [확인(OK)] 단추를 클릭합니다.

STEP 12 ③번 텍스트 작성하기

① 텍스트를 입력할 위치를 클릭한 후 '황금 공룡알을 찾아라'를 입력한 다음 Ctrl+Enter를 누릅니다.

② 옵션 바에서 글꼴(돋움)을 선택한 후 글꼴 크기(20)를 입력합니다.

③ [레이어(LAYERS)] 패널에서 fx,[레이어 스타일 추가(Add a layer style)]-[그라디언트 오버레이(Gradient Overlay)]를 클릭합니다.

④ [레이어 스타일(Layer Style)] 대화상자의 [그라디언트 오버레이(Gradient Overlay)] 탭이 나타나면 [그라디언트 편집(Click to edit the gradient)]을 클릭합니다.

⑤ [그라디언트 편집기(Gradient Editor)] 대화상자가 나타나면 왼쪽 색상 정지점(Color Stop)을 더블클릭합니다.

⑥ [정지 색상 선택(Select stop color)] 대화상자가 나타나면 색상(ff0066)을 입력한 후 [확인(OK)] 단추를 클릭합니다.

⑦ [그라디언트 편집기(Gradient Editor)] 대화상자가 다시 나타나면 오른쪽 색상 정지점(Color Stop)을 더블클릭합니다.

⑧ [정지 색상 선택(Select stop color)] 대화상자가 나타나면 색상(ffff66)을 입력한 후 [확인(OK)] 단추를 클릭합니다.

⑨ [그라디언트 편집기(Gradient Editor)] 대화상자가 다시 나타나면 [확인(OK)] 단추를 클릭합니다.

⑩ [레이어 스타일(Layer Style)] 대화상자가 다시 나타나면 각도(Angle)에 '0'을 입력한 후 [선(Stroke)] 탭을 클릭합니다.

⑪ [레이어 스타일(Layer Style)] 대화상자의 [선(Stroke)] 탭이 나타나면 크기(2)를 입력한 후 [색상(Color)]을 클릭합니다.

⑫ [선 색상 선택(Select stroke color)] 대화상자가 나타나면 색상(330000)을 입력한 후 [확인(OK)] 단추를 클릭합니다.

⑬ [레이어 스타일(Layer Style)] 대화상자가 다시 나타나면 [확인(OK)] 단추를 클릭합니다.

⑭ 텍스트에 변형을 주기 위해 옵션 바에서 [텍스트 변형(Create warp text)]을 클릭합니다.

⑮ [텍스트 변형(Warp Text)] 대화상자가 나타나면 스타일(깃발)을 선택한 후 구부리기(Bend)를 조절한 다음 [확인(OK)] 단추를 클릭합니다.

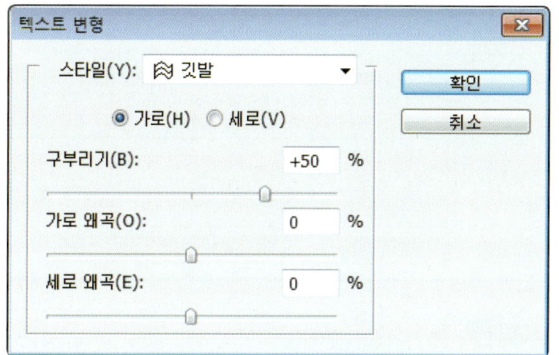

⑯ 텍스트가 변형되면 도구 상자(Tool Box)에서 [이동 도구(Move Tool)]를 선택한 후 텍스트를 드래그하여 위치를 이동합니다.

STEP 13 ④번 텍스트 작성하기

① 텍스트를 입력할 위치를 클릭한 후 '공룡 비누 화석 만들기'를 입력한 다음 Ctrl+Enter를 누릅니다.

② 옵션 바에서 글꼴(굴림)을 선택한 후 글꼴 크기(14)를 입력합니다.

③ [레이어(LAYERS)] 패널에서 [레이어 스타일 추가(Add a layer style)]-[그라디언트 오버레이(Gradient Overlay)]를 클릭합니다.

④ [레이어 스타일(Layer Style)] 대화상자의 [그라디언트 오버레이(Gradient Overlay)] 탭이 나타나면 [그라디언트 편집(Click to edit the gradient)]을 클릭합니다.

⑤ [그라디언트 편집기(Gradient Editor)] 대화상자가 나타나면 왼쪽 색상 정지점(Color Stop)을 더블클릭합니다.

⑥ [정지 색상 선택(Select stop color)] 대화상자가 나타나면 색상(006633)을 입력한 후 [확인(OK)] 단추를 클릭합니다.

⑦ [그라디언트 편집기(Gradient Editor)] 대화상자가 다시 나타나면 오른쪽 색상 정지점(Color Stop)을 더블클릭합니다.

⑧ [정지 색상 선택(Select stop color)] 대화상자가 나타나면 색상(ff0066)을 입력한 후 [확인(OK)] 단추를 클릭합니다.

⑨ [그라디언트 편집기(Gradient Editor)] 대화상자가 다시 나타나면 [확인(OK)] 단추를 클릭합니다.

⑩ [레이어 스타일(Layer Style)] 대화상자가 다시 나타나면 [확인(OK)] 단추를 클릭합니다.

⑪ 텍스트에 변형을 주기 위해 옵션 바에서 [텍스트 변형(Create warp text)]을 클릭합니다.

⑫ [텍스트 변형(Warp Text)] 대화상자가 나타나면 스타일(부채꼴)을 선택한 후 구부리기(Bend)를 조절한 다음 [확인(OK)] 단추를 클릭합니다.

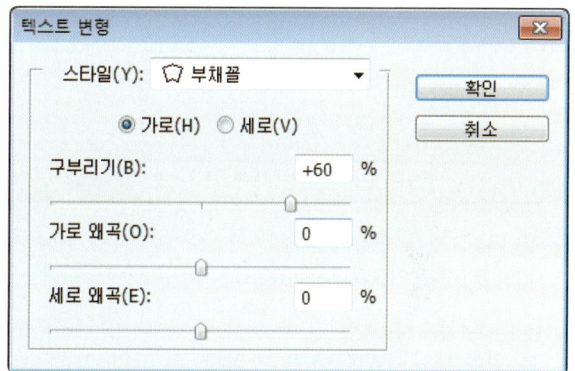

⑬ 텍스트가 변형되면 도구 상자(Tool Box)에서 [이동 도구(Move Tool)]를 선택한 후 텍스트를 드래그하여 위치를 이동합니다.

STEP 14 답안 저장 및 전송하기

① 작성한 답안을 저장하기 위해 [파일(File)]-[저장(Save)]을 클릭합니다.

② [다른 이름으로 저장(Save As)] 대화상자가 나타나면 저장 위치(라이브러리₩문서₩GTQ)를 지정한 후 파일 이름(수험번호-성명-문제번호)을 입력한 다음 형식(JPEG (*.JPG;*.JPEG;*.JPE))을 선택하고 [저장] 단추를 클릭합니다.

③ [JPEG Options(JPEG 옵션)] 대화상자가 나타나면 품질(Quality)을 지정한 후 [확인(OK)] 단추를 클릭합니다.

④ JPG 파일로 저장이 완료되면 PSD 파일로 저장하기 위해 [이미지(Image)]-[이미지 크기(Image Size)]를 클릭합니다.

⑤ [이미지 크기(Image Size)] 대화상자가 나타나면 폭(60)을 입력한 후 [확인(OK)] 단추를 클릭합니다.

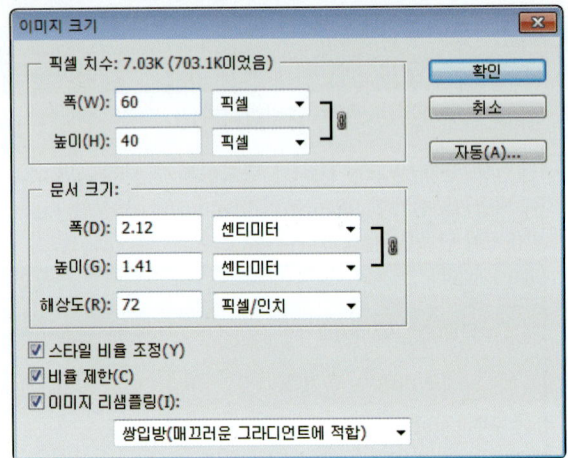

⑥ 이미지 크기가 변경되면 PSD 파일로 저장하기 위해 [파일(File)]-[다른 이름으로 저장(Save As)]을 클릭합니다.

⑦ [다른 이름으로 저장(Save As)] 대화상자가 나타나면 저장 위치(내문서₩GTQ)를 지정한 후 파일 이름(수험번호-성명-문제번호)을 입력한 다음 형식(Photoshop (*.PSD;*.PDD))을 선택하고 [저장] 단추를 클릭합니다.

⑧ [Photoshop 형식 옵션(Photoshop Format Options)] 대화상자가 나타나면 [확인(OK)] 단추를 클릭합니다.

⑨ 답안을 전송하기 위해 포토샵의 [최소화] 단추를 클릭합니다.

⑩ KOAS 수험자용 프로그램에서 [답안 전송] 단추를 클릭합니다.

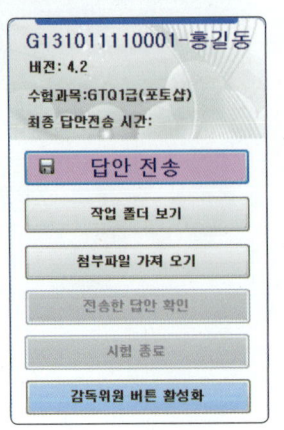

⑪ 전송을 확인하는 페이지가 나타나면 [예] 단추를 클릭합니다.

⑫ [고사실 PC로 답안 파일 보내기] 대화상자가 나타나면 파일 목록(8개 파일)에서 전송할 파일을 선택한 후 [답안 전송] 단추를 클릭합니다.

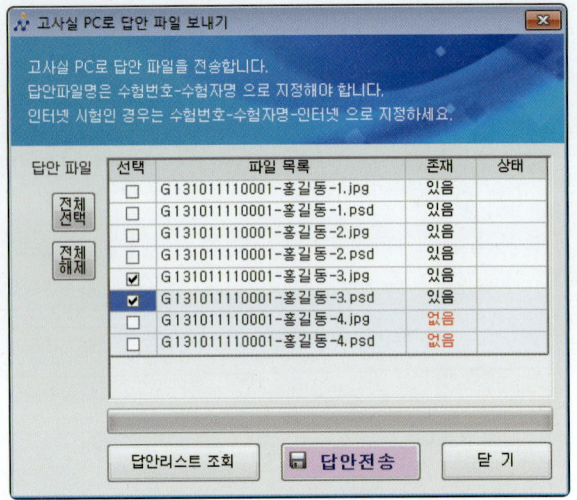

> **Tip**
> 전송할 파일이 존재하는지 확인한 후 [답안 전송] 단추를 클릭합니다.
> [존재]에 '없음'으로 표시되면 파일이 없거나 파일 이름이 잘못 입력된 것입니다.

⑬ 답안이 전송되면 [상태]에 '성공'이라고 표시되는지 확인한 후 [닫기] 단추를 클릭합니다.

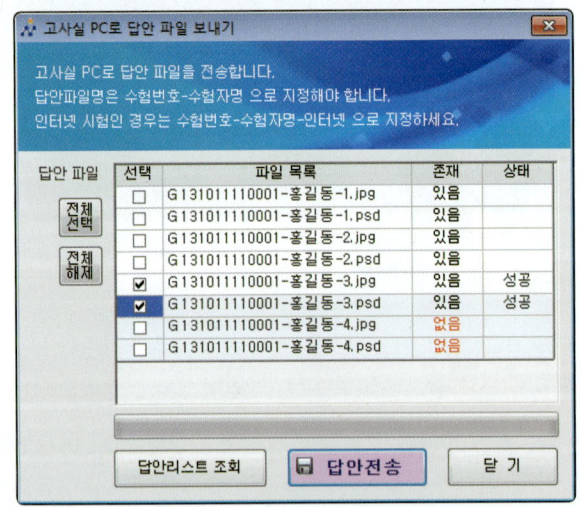

04 [실무응용] 홈페이지 메뉴바 제작

STEP 01 작업 이미지 창 생성 및 배경 작성하기

① [문제3]에서 작성한 파일을 모두 닫은 후 [파일(File)]-[새로 만들기(New)]를 클릭합니다.

② [새로 만들기(New)] 대화상자가 나타나면 폭(600)과 높이(400)를 입력한 후 [확인(OK)] 단추를 클릭합니다.

③ 눈금자를 드래그하여 안내선(Guides)을 100 픽셀 단위로 그립니다.

④ 안내선(Guides)이 만들어지면 배경색에 그라디언트를 지정하기 위해 도구 상자(Tool Box)에서 [그라디언트 도구(Gradient Tool)]를 선택한 후 옵션 바에서 [그라디언트 편집(Click to edit the gradient)]을 클릭합니다.

⑤ [그라디언트 편집기(Gradient Editor)] 대화상자가 나타나면 왼쪽 색상 정지점(Color Stop)을 더블클릭합니다.

⑥ [정지 색상 선택(Select stop color)] 대화상자가 나타나면 색상(000000)을 입력한 후 [확인(OK)] 단추를 클릭합니다.

⑦ [그라디언트 편집기(Gradient Editor)] 대화상자가 다시 나타나면 오른쪽 색상 정지점(Color Stop)을 더블클릭합니다.

⑧ [정지 색상 선택(Select stop color)] 대화상자가 나타나면 색상(ffffcc)을 입력한 후 [확인(OK)] 단추를 클릭합니다.

⑨ [그라디언트 편집기(Gradient Editor)] 대화상자가 다시 나타나면 [확인(OK)] 단추를 클릭합니다.

⑩ 그라디언트 설정이 변경되면 이미지 창에 그라디언트를 지정하기 위해 위에서 아래 방향으로 드래그합니다.

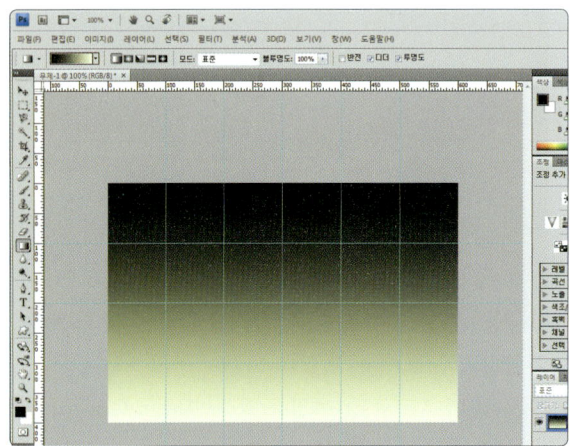

STEP 02 패턴 만들고 적용하기

① 패턴을 만들기 위해 [파일(File)]-[새로 만들기(New)]를 클릭합니다.

② [새로 만들기(New)] 대화상자가 나타나면 폭(35)과 높이(35)를 입력한 후 배경 내용(Background Contents)을 투명(Transparent)으로 선택한 다음 [확인(OK)] 단추를 클릭합니다.

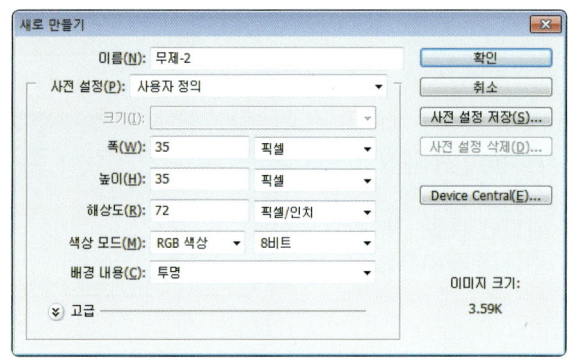

③ Ctrl+0을 눌러 화면 배율을 화면 크기에 맞게 확대합니다.

④ 도구 상자(Tool Box)에서 [사용자 정의 모양 도구(Custom Shape Tool)]를 선택한 후 옵션 바에서 [사용자 정의 모양 피커(Click to open Custom Shape picker)]의 목록 단추를 클릭합니다.

⑤ 사용자 정의 모양이 나타나면 [팝업 메뉴 단추]-[동물(Animals)]을 클릭합니다.

⑥ [현재 모양을 동물의 모양으로 대체하시겠습니까?]를 묻는 대화상자가 나타나면 [확인(OK)] 단추를 클릭합니다.

⑦ 사용자 정의 모양이 동물(Animals) 목록으로 변경되면 [새 2(Bird 2)]를 클릭합니다.

⑧ 새 모양을 삽입하고자 하는 위치에서 드래그하여 삽입합니다.

⑨ [레이어(LAYERS)] 패널에서 [모양 1] 레이어의 [레이어 축소판(Layer thumbnail)]을 더블클릭합니다.

⑩ [단색 선택(Pick a solid color)] 대화상자가 나타나면 색상(cc6666)을 지정한 후 [확인(OK)] 단추를 클릭합니다.

⑪ 패턴을 저장하기 위해 레이어 패널의 빈 공간을 클릭한 후 [편집(Edit)]-[패턴 정의(Define Pattern)]를 클릭합니다.

⑫ [패턴 이름(Pattern Name)] 대화상자가 나타나면 이름(새 모양)을 입력한 후 [확인(OK)] 단추를 클릭합니다.

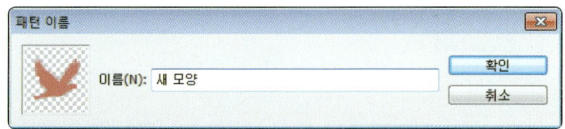

⑬ 패턴을 지정하기 위해 [무제-1] 탭을 선택한 후 [레이어(LAYERS)] 패널에서 [새 레이어 추가(Create a new layer)]를 클릭합니다.

⑭ 레이어가 추가되면 [편집(Edit)]-[칠(Fill)] 메뉴를 클릭합니다.

⑮ [칠(Fill)] 대화상자가 나타나면 사용(패턴(Pattern))을 선택합니다.

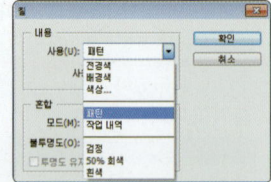

⑯ 사용자 정의 패턴(Custom Pattern)의 목록 단추를 클릭한 후 정의한 패턴을 더블 클릭한 다음 [확인(OK)] 단추를 클릭합니다.

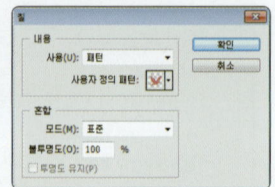

⑰ 다음과 같이 작업 이미지 창에 패턴이 칠해지면 [레이어(LAYERS)] 패널에서 불투명도(Opacity)에 '80%'를 입력합니다.

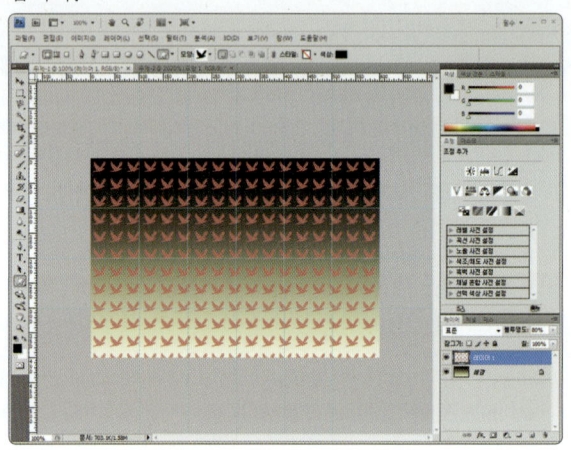

⑱ 패턴이 적용되면 레이어 마스크를 지정하기 위해 [레이어(LAYERS)] 패널에서 [레이어 마스크(Add layer mask)]를 클릭합니다.

⑲ 레이어 마스크가 추가되면 도구 상자(Tool Box)에서 [그라디언트 도구(Gradient Tool)]를 선택한 후 옵션 바에서 [그라디언트 피커 열기(Click to open Gradient picker)]의 [목록] 단추를 클릭한 다음 [전경색에서 배경으로(Foreground to Background)]를 클릭합니다.

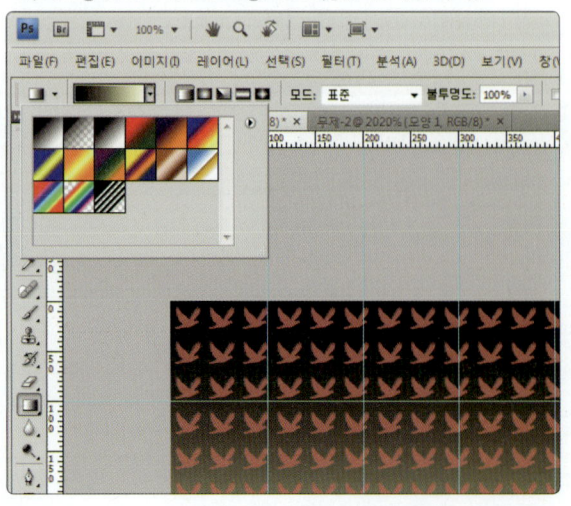

⑳ 그라디언트 설정이 변경되면 이미지 창에 레이어 마스크를 지정하기 위해 오른쪽에서 왼쪽 방향으로 드래그합니다.

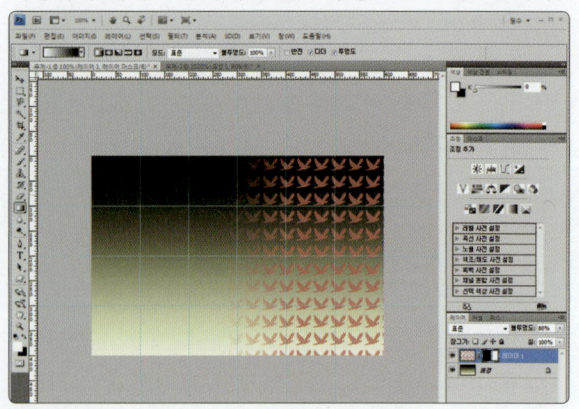

STEP 03 이미지 복사 및 레이어 마스크 적용하기

① 패턴이 적용되면 [파일(File)]-[열기(Open)]를 클릭합니다.

② [열기(Open)] 대화상자가 나타나면 찾는 위치(라이브러리₩문서₩GTQ₩Image)를 지정한 후 '1급-12.jpg ~ 1급-17.jpg' 파일을 선택한 다음 [열기] 단추를 클릭합니다.

③ [1급-12.jpg] 이미지 탭을 선택한 후 Ctrl+A를 눌러 이미지 전체를 선택 영역으로 지정한 다음 Ctrl+C를 눌러 이미지를 복사합니다.

④ 복사된 이미지를 작업 이미지 창에 붙여넣기 위해 [무제-1] 탭을 클릭한 후 Ctrl+V를 눌러 붙여넣기 합니다.

⑤ 도구 상자(Tool Box)에서 [이동 도구(Move Tool)]를 선택한 후 이미지의 위치를 이동합니다.

⑥ 이미지에 필터(Filter)를 지정하기 위해 [필터(Filter)]-[예술 효과(Artistic)]-[필름 그레인(Film Grain)]을 클릭합니다.

⑦ [필름 그레인(Film Grain)] 대화상자가 나타나면 속성을 지정한 후 [확인(OK)] 단추를 클릭합니다.

⑧ [레이어(LAYERS)] 패널에서 [레이어 마스크(Add layer mask)]를 클릭합니다.

⑨ 레이어 패널에 레이어 마스크가 표시되면 도구 상자(Tool Box)에서 ■[그라디언트 도구(Gradient Tool)]를 선택한 후 작업 이미지 창에 레이어 마스크를 지정하기 위해 아래에서 위 방향으로 드래그합니다.

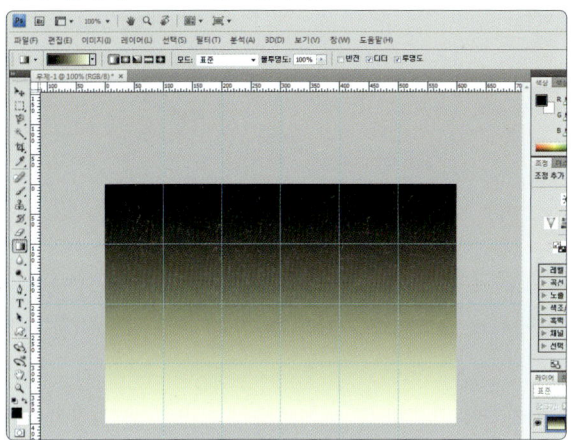

STEP 04 레이어 마스크 적용하기

① [1급-13.jpg] 이미지 탭을 선택한 후 Ctrl+A를 눌러 이미지 전체를 선택 영역으로 지정한 다음 Ctrl+C를 눌러 이미지를 복사합니다.

② 복사된 이미지를 작업 이미지 창에 붙여넣기 위해 [무제-1] 탭을 클릭한 후 Ctrl+V를 눌러 붙여넣기 합니다.

③ 이미지의 크기를 조절하기 위해 [편집(Edit)]-[자유 변형(Free Transform)]을 클릭합니다.

④ 크기 조절점이 나타나면 조절점을 드래그하여 크기를 조절한 후 Enter를 누릅니다.

⑤ 크기가 조절되면 레이어 마스크를 지정하기 위해 [레이어(LAYERS)] 패널에서 ◻[레이어 마스크(Add layer mask)]를 클릭합니다.

⑥ 레이어 패널에 레이어 마스크가 표시되면 도구 상자(Tool Box)에서 ■[그라디언트 도구(Gradient Tool)]를 선택한 후 옵션 바에서 ■[방사형 그라디언트(Radial Gradient)]를 클릭합니다.

⑦ 그라디언트 설정이 변경되면 이미지 창에 레이어 마스크를 지정하기 위해 안쪽에서 바깥쪽 방향으로 드래그합니다.

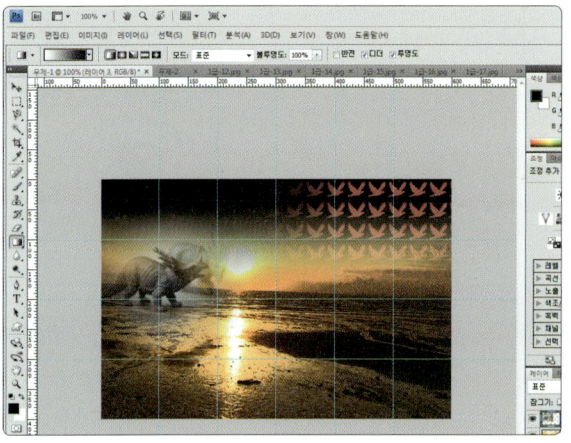

STEP 05 이미지 복사 및 레이어 스타일 적용하기

① [1급-14.jpg] 이미지 탭을 선택한 후 도구 상자(Tool Box)에서 ▨[자석 올가미 도구(Magnetic Lasso Tool)]를 선택한 다음 옵션 바에서 빈도 수(Frequency)에 '100'을 입력합니다.

② 공룡 영역을 드래그하여 공룡을 선택 영역으로 지정합니다.

③ 공룡이 선택 영역으로 지정되면 Ctrl+C를 눌러 이미지를 복사합니다.

④ 복사된 이미지를 작업 이미지 창에 붙여넣기 위해 [무제-1] 탭을 클릭한 후 Ctrl+V를 눌러 붙여넣기 합니다.

⑤ 복사된 이미지를 작업 이미지 창에 맞게 크기를 조절하기 위해 [편집(Edit)]-[자유 변형(Free Transform)]을 클릭합니다.

⑥ 크기 조절점이 나타나면 조절점을 드래그하여 크기를 조절한 후 Enter를 누릅니다.

⑦ 도구 상자(Tool Box)에서 ▸[이동 도구(Move Tool)]를 선택한 다음 이미지의 위치를 이동합니다.

⑧ [레이어(LAYERS)] 패널에서 fx.[레이어 스타일 추가(Add a layer style)]-[외부 광선(Outer Glow)]을 클릭합니다.

⑨ [레이어 스타일(Layer Style)] 대화상자의 [외부 광선(Outer Glow)] 탭이 나타나면 속성을 지정한 후 [확인(OK)] 단추를 클릭합니다.

⑩ [레이어(LAYERS)] 패널에서 불투명도(Opacity)에 '70%'를 입력합니다.

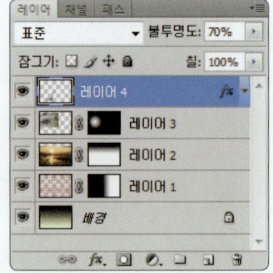

STEP 06 이미지 복사 및 혼합 모드 적용하기

① [1급-15.jpg] 이미지 탭을 선택한 후 도구 상자(Tool Box)에서 [자석 올가미 도구(Magnetic Lasso Tool)]를 선택합니다.

② 공룡 영역을 드래그하여 공룡을 선택 영역으로 지정합니다.

③ 공룡이 선택 영역으로 지정되면 Ctrl+C를 눌러 이미지를 복사합니다.

④ 복사된 이미지를 작업 이미지 창에 붙여넣기 위해 [무제-1] 탭을 클릭한 후 Ctrl+V를 눌러 붙여넣기 합니다.

⑤ 이미지를 좌우 대칭시키기 위해 [편집(Edit)]-[변형(Transform)]-[가로로 뒤집기(Flip Horizontal)]를 클릭합니다.

⑥ 이미지가 좌우 대칭되면 크기를 조절하기 위해 [편집(Edit)]-[자유 변형(Free Transform)]을 클릭합니다.

⑦ 크기 조절점이 나타나면 조절점을 드래그하여 크기를 조절합니다.

⑧ 크기가 조절되면 크기 조절점의 모서리 부분에 마우스 포인터를 위치시킨 후 ⤾ 모양으로 변경되면 드래그하여 도형을 회전시킨 다음 Enter를 누릅니다.

⑨ [레이어(LAYERS)] 패널에서 [혼합 모드(Blending Mode)]의 ▼[목록] 단추를 클릭한 후 [광도(Luminosity)]를 선택합니다.

STEP 07 이미지 복사 및 색상 보정, 레이어 스타일 적용하기

① [1급-16.jpg] 탭을 클릭한 후 도구 상자(Tool Box)에서 [자석 올가미 도구(Magnetic Lasso Tool)]를 선택합니다.

② 시작점을 클릭한 후 드래그하여 껍질을 선택 영역으로 지정한 다음 Ctrl+C를 눌러 이미지를 복사합니다.

③ 껍질을 붙여넣기 위해 [무제-1] 탭을 클릭한 후 Ctrl+V를 눌러 붙여넣기 합니다.

④ 이미지의 크기를 조절하기 위해 [편집(Edit)]-[자유 변형(Free Transform)]을 클릭합니다.

⑤ 크기 조절점이 나타나면 조절점을 드래그하여 크기를 조절한 후 Enter를 누릅니다.

⑥ 크기가 조절되면 도구 상자(Tool Box)에서 [이동 도구(Move Tool)]를 선택한 후 이미지의 위치를 이동합니다.

⑦ [레이어(LAYERS)] 패널에서 Ctrl를 누른 상태에서 [레이어 6] 레이어의 [레이어 축소판(Layer thumbnail)]을 클릭합니다.

⑧ [레이어(LAYERS)] 패널에서 [새 칠 또는 조정 레이어(Create new fill or adjustment layer)]-[색조/채도(Hue/Saturation)]를 클릭합니다.

⑨ [색조/채도(Hue/Saturation)] 레이어가 추가되면 [조정(ADJUSTMENTS)] 패널에서 [색상화(Colorize)]를 선택한 후 색조(Hue)와 채도(Saturation) 값을 조절하여 이미지를 보라색 계열로 보정합니다.

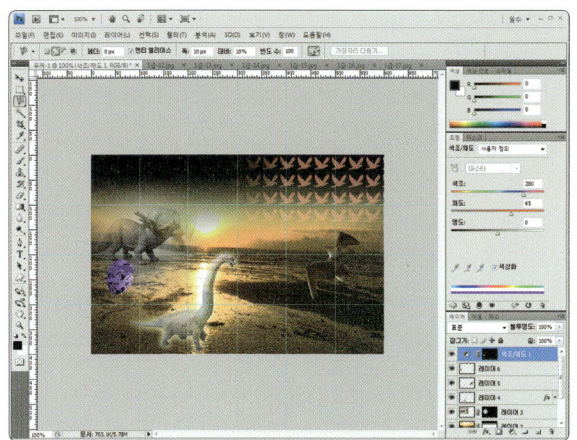

⑩ [레이어(LAYERS)] 패널에서 [레이어 6] 레이어를 선택한 후 [레이어 스타일 추가(Add a layer style)]-[외부 광선(Outer Glow)]을 클릭합니다.

⑪ [레이어 스타일(Layer Style)] 대화상자의 [외부 광선(Outer Glow)] 탭이 나타나면 속성을 지정한 후 [확인(OK)] 단추를 클릭합니다.

STEP 08 패스 작성하기

① 패스를 그리기 위해 [레이어(LAYERS)] 패널에서 [새 레이어 추가(Create a new layer)]를 클릭합니다.

② 레이어가 추가되면 도구 상자(Tool Box)에서 [펜 도구(Pen Tool)]를 선택한 후 옵션 바에서 [모양 레이어(Shape layers)]를 선택합니다.

③ 패스를 그리기 위해 시작할 지점을 클릭합니다.

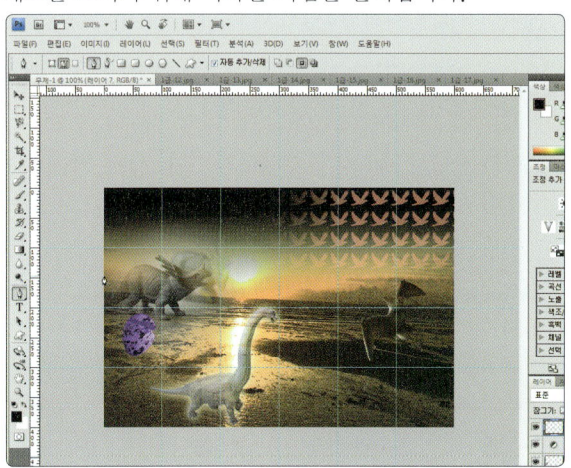

④ 두 번째 위치를 클릭한 상태로 드래그하여 곡선을 만듭니다.

⑤ 방향선을 끊기 위해 Alt를 누른 상태에서 기준점에 마우스 포인터를 위치한 후 모양으로 변경되면 클릭하여 방향선을 끊습니다.

⑥ 같은 방법으로 세 번째 위치를 클릭한 후 드래그하여 곡선을 만든 다음 방향선을 끊습니다.

⑦ 같은 방법으로 다음과 같이 패스를 작성합니다.

⑧ [레이어(LAYERS)] 패널에서 ƒx.[레이어 스타일 추가(Add a layer style)]-[그라디언트 오버레이(Gradient Overlay)]를 클릭합니다.

⑨ [레이어 스타일(Layer Style)] 대화상자의 [그라디언트 오버레이(Gradient Overlay)] 탭이 나타나면 [그라디언트 편집(Click to edit the gradient)]을 클릭합니다.

⑩ [그라디언트 편집기(Gradient Editor)] 대화상자가 나타나면 왼쪽 색상 정지점(Color Stop)을 더블클릭합니다.

⑪ [정지 색상 선택(Select stop color)] 대화상자가 나타나면 색상(ffcccc)을 입력한 후 [확인(OK)] 단추를 클릭합니다.

⑫ [그라디언트 편집기(Gradient Editor)] 대화상자가 다시 나타나면 오른쪽 색상 정지점(Color Stop)을 더블클릭합니다.

⑬ [정지 색상 선택(Select stop color)] 대화상자가 나타나면 색상(9933cc)을 입력한 후 [확인(OK)] 단추를 클릭합니다.

⑭ [그라디언트 편집기(Gradient Editor)] 대화상자가 다시 나타나면 [확인(OK)] 단추를 클릭합니다.

⑮ [레이어 스타일(Layer Style)] 대화상자가 다시 나타나면 각도(Angle)에 '180'을 입력한 후 [그림자 효과(Drop Shadow)] 탭을 클릭합니다.

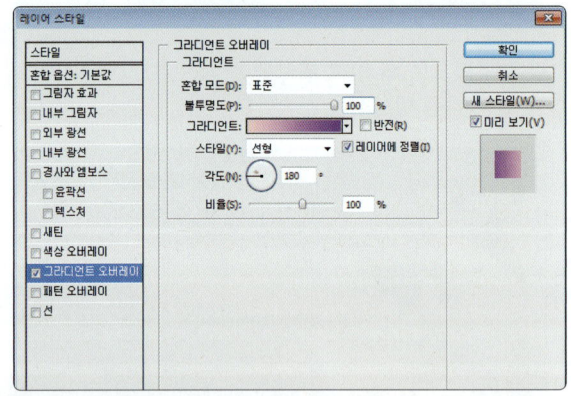

⑯ [레이어 스타일(Layer Style)] 대화상자의 [그림자 효과(Drop Shadow)] 탭이 나타나면 속성을 지정한 후 [확인(OK)] 단추를 클릭합니다.

STEP 09 나뭇잎 모양 도형 작성하기

① 도구 상자(Tool Box)에서 [사용자 정의 모양 도구(Custom Shape Tool)]를 선택한 다음 옵션 바에서 [사용자 정의 모양 피커(Click to open Custom Shape picker)]의 목록 단추를 클릭합니다.

② 사용자 정의 모양이 나타나면 [팝업 메뉴 단추]-[자연(Nature)] 메뉴를 클릭합니다.

③ [현재 모양을 자연의 모양으로 대체하시겠습니까?]를 묻는 대화상자가 나타나면 [확인(OK)] 단추를 클릭합니다.

④ 사용자 정의 모양이 자연(Nature) 목록으로 변경되면 [나뭇잎 4(Leaf 4)]을 클릭합니다.

⑤ 도형을 삽입하고자 하는 위치에서 드래그하여 나뭇잎 모양을 작성합니다.

⑥ [레이어(LAYERS)] 패널에서 ƒx.[레이어 스타일 추가(Add a layer style)]-[그라디언트 오버레이Gradient Overlay)]를 클릭합니다.

⑦ [레이어 스타일(Layer Style)] 대화상자의 [그라디언트 오버레이Gradient Overlay)] 탭이 나타나면 [그라디언트 편집(Click to edit the gradient)]을 클릭합니다.

⑧ [그라디언트 편집기(Gradient Editor)] 대화상자가 나타나면 왼쪽 색상 정지점(Color Stop)을 더블클릭합니다.

⑨ [정지 색상 선택(Select stop color)] 대화상자가 나타나면 색상(99ff99)을 입력한 후 [확인(OK)] 단추를 클릭합니다.

⑩ [그라디언트 편집기(Gradient Editor)] 대화상자가 다시 나타나면 오른쪽 색상 정지점(Color Stop)을 더블클릭합니다.

⑪ [정지 색상 선택(Select stop color)] 대화상자가 나타나면 색상(003300)을 입력한 후 [확인(OK)] 단추를 클릭합니다.

⑫ [그라디언트 편집기(Gradient Editor)] 대화상자가 다시 나타나면 [확인(OK)] 단추를 클릭한 후 [레이어 스타일(Layer Style)] 대화상자가 다시 나타나면 [확인(OK)] 단추를 클릭합니다.

STEP 10 세계 모양 도형 작성하기

① 옵션 바에서 [사용자 정의 모양 피커(Click to open Custom Shape picker)]의 목록 단추를 클릭한 후 [팝업 메뉴 단추]-[웹(Web)] 메뉴를 클릭합니다.

② [현재 모양을 웹의 모양으로 대체하시겠습니까?]를 묻는 대화상자가 나타나면 [확인(OK)] 단추를 클릭합니다.

③ 사용자 정의 모양이 웹(Web) 목록으로 변경되면 [세계(World Wide Web)]를 클릭합니다.

④ 도형을 삽입하고자 하는 위치에서 드래그하여 세계 모양을 작성합니다.

⑤ [레이어(LAYERS)] 패널에서 [모양 3] 레이어의 효과(Effects)를 [Delete layer(레이어 삭제)]로 드래그합니다.

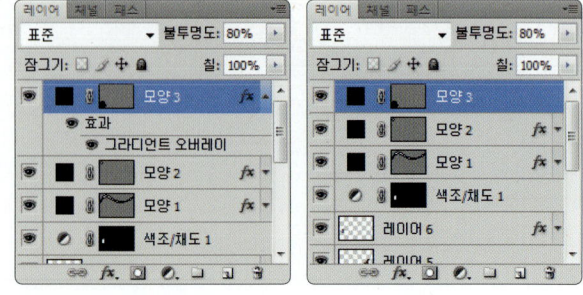

⑥ [레이어(LAYERS)] 패널의 [모양 3] 레이어의 [레이어 축소판(Layer thumbnail)]을 더블클릭합니다.

⑦ [단색 선택(Pick a solid color)] 대화상자가 나타나면 색상(ffffff)을 지정한 후 [확인(OK)] 단추를 클릭합니다.

⑧ [레이어(LAYERS)] 패널에서 [레이어 스타일 추가(Add a layer style)]-[경사와 엠보스(Bevel and Emboss)]를 클릭합니다.

⑨ [레이어 스타일(Layer Style)] 대화상자의 [경사와 엠보스(Bevel and Emboss)] 탭이 나타나면 속성을 지정한 후 [확인(OK)] 단추를 클릭합니다.

⑩ [레이어(LAYERS)] 패널에서 불투명도(Opacity)에 '80%'를 입력합니다.

STEP 11 배너 모양 도형 작성하기

① 옵션 바에서 [사용자 정의 모양 피커(Click to open Custom Shape picker)]의 목록 단추를 클릭한 후 [팝업 메뉴 단추]-[배너 모양(Banners and Awards)]을 클릭합니다.

② [현재 모양을 배너의 모양으로 대체하시겠습니까?]를 묻는 대화상자가 나타나면 [확인(OK)] 단추를 클릭합니다.

③ 사용자 정의 모양이 배너 모양(Banners and Awards) 목록으로 변경되면 [배너 4(Banner 4)]을 클릭합니다.

④ 배너 모양을 삽입하고자 하는 위치에서 드래그하여 삽입합니다.

⑤ [레이어(LAYERS)] 패널에서 [모양 4] 레이어의 효과(Effects)를 [레이어 삭제(Delete layer)]로 드래그합니다.

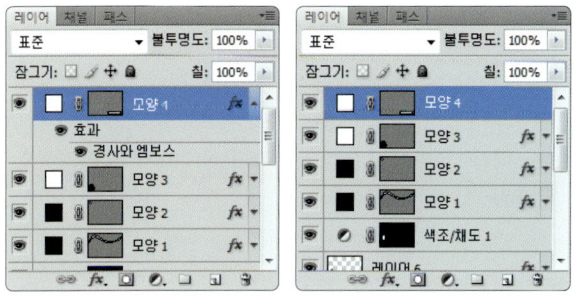

⑥ [레이어(LAYERS)] 패널에서 불투명도(Opacity)에 '100%'를 입력합니다.

⑦ [레이어(LAYERS)] 패널에서 [레이어 스타일 추가(Add a layer style)]-[그림자(Drop Shadow)]를 클릭합니다.

⑧ [레이어 스타일(Layer Style)] 대화상자의 [그림자 효과(Drop Shadow)] 탭이 나타나면 속성을 지정한 후 [그라디언트 오버레이(Gradient Overlay)] 탭을 클릭합니다.

⑨ [레이어 스타일(Layer Style)] 대화상자의 [그라디언트 오버레이(Gradient Overlay)] 탭이 나타나면 [그라디언트 편집(Click to edit the gradient)]을 클릭합니다.

⑩ [그라디언트 편집기(Gradient Editor)] 대화상자가 나타나면 왼쪽 색상 정지점(Color Stop)을 더블클릭합니다.

⑪ [정지 색상 선택(Select stop color)] 대화상자가 나타나면 색상(330066)을 입력한 후 [확인(OK)] 단추를 클릭합니다.

⑫ [그라디언트 편집기(Gradient Editor)] 대화상자가 다시 나타나면 오른쪽 색상 정지점(Color Stop)을 더블클릭합니다.

⑬ [정지 색상 선택(Select stop color)] 대화상자가 나타나면 색상(99ccff)을 입력한 후 [확인(OK)] 단추를 클릭합니다.

⑭ [그라디언트 편집기(Gradient Editor)] 대화상자가 다시 나타나면 [확인(OK)] 단추를 클릭합니다.

⑮ [레이어 스타일(Layer Style)] 대화상자가 다시 나타나면 각도(Angle)에 '180'을 입력한 후 [확인(OK)] 단추를 클릭합니다.

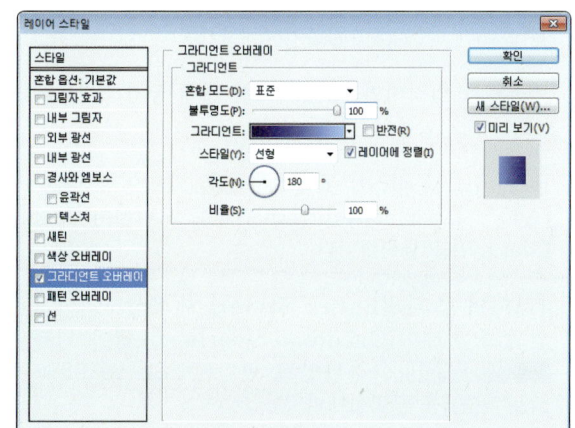

STEP 12 ① 번 텍스트 작성하기

① 도구 상자(Tool Box)에서 [수평 문자 도구(Horizontal Type Tool)]를 선택한 후 옵션 바에서 글꼴(Arial)과 글꼴 스타일(Regular), 글꼴 크기(48), 글꼴 색(000066) 지정합니다.

② 텍스트를 삽입할 위치를 클릭한 후 'Dinosaur'을 입력한 다음 Ctrl+Enter를 누릅니다.

③ [레이어(LAYERS)] 패널에서 [레이어 스타일 추가(Add a layer style)]-[내부 광선(Inner Glow)]을 클릭합니다.

④ [레이어 스타일(Layer Style)] 대화상자의 [내부 광선(Inner Glow)] 탭이 나타나면 속성을 지정한 후 [선(Stroke)] 탭을 클릭합니다.

⑤ [레이어 스타일(Layer Style)] 대화상자의 [선(Stroke)] 탭이 나타나면 크기(3)를 입력한 후 [색상(Color)]을 클릭합니다.

⑥ [선 색상 선택(Select stroke color)] 대화상자가 나타나면 색상(ffffff)을 입력한 후 [확인(OK)] 단추를 클릭합니다.

⑦ [레이어 스타일(Layer Style)] 대화상자가 다시 나타나면 [확인(OK)] 단추를 클릭합니다.

STEP 13 ② 번 텍스트 작성하기

① 텍스트를 입력할 위치를 클릭한 후 '초식공룡 / 육식공룡'을 입력한 다음 Ctrl+Enter를 누릅니다.

② 텍스트가 입력되면 옵션 바에서 글꼴(궁서)과 글꼴 크기(18)를 지정합니다.

③ [레이어(LAYERS)] 패널에서 [레이어 스타일 추가(Add a layer style)]-[그라디언트 오버레이(Gradient Overlay)]를 클릭합니다.

④ [레이어 스타일Layer Style)] 대화상자의 [그라디언트 오버레이(Gradient Overlay)] 탭이 나타나면 [그라디언트 편집(Click to edit the gradient)]을 클릭합니다.

⑤ [그라디언트 편집기(Gradient Editor)] 대화상자가 나타나면 왼쪽 색상 정지점(Color Stop)을 더블클릭합니다.

⑥ [정지 색상 선택(Select stop color)] 대화상자가 나타나면 색상(ccff00)을 입력한 후 [확인(OK)] 단추를 클릭합니다.

⑦ [그라디언트 편집기(Gradient Editor)] 대화상자가 다시 나타나면 오른쪽 색상 정지점(Color Stop)을 더블클릭합니다.

⑧ [정지 색상 선택(Select stop color)] 대화상자가 나타나면 색상(ff6633)을 입력한 후 [확인(OK)] 단추를 클릭합니다.

⑨ [그라디언트 편집기(Gradient Editor)] 대화상자가 다시 나타나면 [확인(OK)] 단추를 클릭합니다.

⑩ [레이어 스타일(Layer Style)] 대화상자가 다시 나타나면 각도(Angle)에 '0'을 입력한 후 [확인(OK)] 단추를 클릭합니다.

⑪ 텍스트에 변형을 주기 위해 옵션 바에서 [텍스트 변형(Create warp text)]을 클릭합니다.

⑫ [텍스트 변형(Warp Text)] 대화상자가 나타나면 스타일(깃발)을 선택한 후 구부리기(Bend)를 조절한 다음 [확인(OK)] 단추를 클릭합니다.

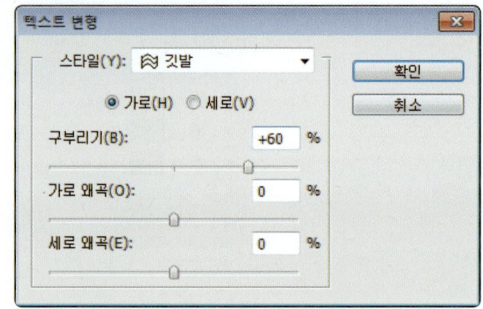

⑬ 도구 상자(Tool Box)에서 [이동 도구(Move Tool)]를 선택한 후 드래그하여 위치를 이동합니다.

STEP 14 ③ 번 텍스트 작성하기

① 도구 상자(Tool Box)에서 [수평 문자 도구(Horizontal Type Tool)]를 선택한 후 텍스트를 입력할 위치를 클릭한 다음 '트라이아스기 / 쥐라기 / 백악기'를 입력하고 Ctrl+Enter를 누릅니다.

② 텍스트가 입력되면 옵션 바에서 글꼴(돋움), 글꼴 크기(14pt), 글꼴 색(000033)을 지정합니다.

③ [레이어(LAYERS)] 패널에서 fx.[레이어 스타일 추가 (Add a layer style)]-[선(Stroke)]을 클릭합니다.

④ [레이어 스타일(Layer Style)] 대화상자의 [선(Stroke)] 탭이 나타나면 크기(2)를 입력한 후 [색상(Color)]을 클릭합니다.

⑤ [선 색상 선택(Select stroke color)] 대화상자가 나타나면 색상(ffffff)을 입력한 후 [확인(OK)] 단추를 클릭합니다.

STEP 15 ④번 텍스트 작성하기

① 텍스트를 입력할 위치를 클릭한 후 '공룡은 살아있다…'를 입력한 다음 Ctrl+Enter를 누릅니다.

② 텍스트가 입력되면 옵션 바에서 글꼴(바탕), 글꼴 크기(20), 글꼴 색(ffffff)을 지정합니다.

③ [레이어(LAYERS)] 패널에서 fx.[레이어 스타일 추가(Add a layer style)]-[그림자(Drop Shadow)]를 클릭합니다.

④ [레이어 스타일(Layer Style)] 대화상자의 [그림자 효과(Drop Shadow)] 탭이 나타나면 속성을 지정한 후 [확인(Ok)] 단추를 클릭합니다.

STEP 16 답안 저장 및 전송하기

① 작성한 답안을 저장하기 위해 [파일(File)]-[저장(Save)]을 클릭합니다.

② [다른 이름으로 저장(Save As)] 대화상자가 나타나면 저장 위치(라이브러리₩문서₩GTQ)를 지정한 후 파일 이름(수험번호-성명-문제번호)을 입력한 다음 형식(JPEG(*.JPG;*.JPEG;*.JPE))을 선택하고 [저장] 단추를 클릭합니다.

③ [JPEG Options(JPEG 옵션)] 대화상자가 나타나면 품질(Quality)을 지정한 후 [확인(OK)] 단추를 클릭합니다.

④ JPG 파일로 저장이 완료되면 PSD 파일로 저장하기 위해 [이미지(Image)]-[이미지 크기(Image Size)] 메뉴를 클릭합니다.

⑤ [이미지 크기(Image Size)] 대화상자가 나타나면 폭(60)을 입력한 후 [확인(OK)] 단추를 클릭합니다.

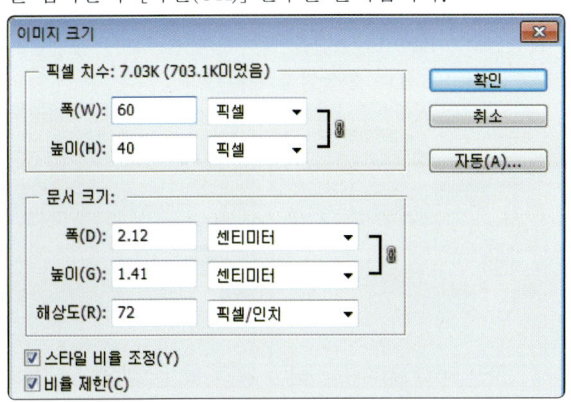

⑥ 이미지 크기가 변경되면 PSD 파일로 저장하기 위해 [파일(File)]-[다른 이름으로 저장(Save As)]을 클릭합니다.

⑦ [다른 이름으로 저장(Save As)] 대화상자가 나타나면 저장 위치(라이브러리₩문서₩GTQ)를 지정한 후 파일 이름(수험번호-성명-문제번호)을 입력한 다음 형식(Photoshop(*.PSD;*.PDD))을 선택하고 [저장] 단추를 클릭합니다.

⑧ [Photoshop 형식 옵션(Photoshop Format Options)] 대화상자가 나타나면 [확인(OK)] 단추를 클릭합니다.

⑨ 답안을 전송하기 위해 포토샵의 [최소화] 단추를 클릭합니다.

⑩ KOAS 수험자용 프로그램에서 [답안 전송] 단추를 클릭합니다.

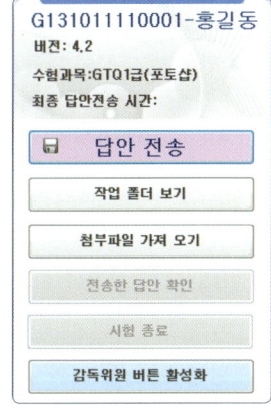

⑪ 전송을 확인하는 페이지가 나타나면 [예] 단추를 클릭합니다.

⑫ [고사실 PC로 답안 파일 보내기] 대화상자가 나타나면 파일 목록(8개 파일)에서 전송할 파일을 선택한 후 [답안 전송] 단추를 클릭합니다.

> **Tip**
> 전송할 파일이 존재하는지 확인한 후 [답안 전송] 단추를 클릭합니다.
> [존재]에 '없음'으로 표시되면 파일이 없거나 파일 이름이 잘못 입력된 것입니다.

⑬ 답안이 전송되면 [상태]에 '성공'이라고 표시되는지 확인한 후 [닫기] 단추를 클릭합니다.

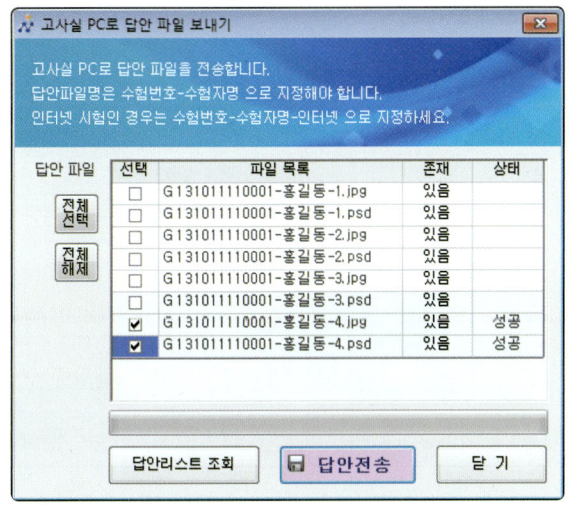

제02회 실전모의고사

01 [기능평가] 고급 Tool(도구) 활용

STEP 01 작업 이미지 창 생성 및 이미지 복사하기

① Adobe Photoshop CS4 프로그램을 실행한 후 [파일(File)]-[새로 만들기(New)]를 클릭합니다.

② [새로 만들기(New)] 대화상자가 나타나면 폭(400)과 높이(500)를 입력한 후 [확인(OK)] 단추를 클릭합니다.

③ 작업 이미지 창이 만들어지면 눈금자가 표시되는지 확인한 후 눈금자가 나타나지 않을 경우 [보기(View)]-[눈금자(Rulers)]를 클릭합니다.

④ 눈금자가 나타나면 눈금자를 드래그하여 안내선(Guides)을 100 픽셀 단위로 그립니다.

⑤ 안내선(Guides)이 만들어지면 [파일(File)]-[열기(Open)]를 클릭합니다.

⑥ [열기(Open)] 대화상자가 나타나면 찾는 위치(라이브러리₩문서₩GTQ₩Image)를 지정한 후 '1급-1.jpg ~ 1급-3.jpg' 파일을 선택한 다음 [열기] 단추를 클릭합니다.

⑦ 이미지가 불러와지면 [1급-1.jpg] 탭을 선택한 후 Ctrl+A를 눌러 이미지 전체를 선택 영역으로 지정합니다.

⑧ 선택 영역이 지정되면 Ctrl+C를 눌러 이미지를 복사합니다.

⑨ 복사된 이미지를 작업 이미지 창에 붙여넣기 위해 [무제-1] 탭을 클릭한 후 Ctrl+V를 눌러 붙여넣기 합니다.

⑩ 도구 상자(Tool Box)에서 [이동 도구(Move Tool)]를 클릭한 후 드래그하여 위치를 조절합니다.

⑪ 이미지에 필터(Filter)를 지정하기 위해 [필터(Filter)]-[브러쉬 선(Brush Strokes)]-[각진 선(Angled Strokes)]을 클릭합니다.

⑫ [각진 선(Angled Strokes)] 대화상자가 나타나면 속성을 지정한 후 [확인(OK)] 단추를 클릭합니다.

STEP 02 패스 모양 그리기

① 패스를 그리기 위해 도구 상자(Tool Box)에서 [펜 도구(Pen Tool)]를 클릭한 후 옵션 바에서 [패스(PATHS)]를 선택합니다.

② 패스 그릴 위치를 지정하여 패스를 작성합니다.

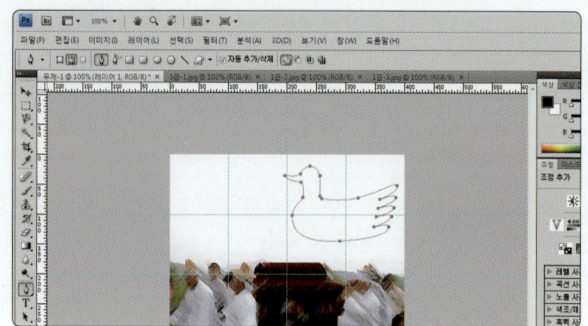

③ [레이어(LAYERS)] 패널에서 [패스(PATHS)] 탭을 선택한 후 [작업 패스(Work Path)]를 더블클릭합니다.

④ [패스 저장(Save Path)] 대화상자가 나타나면 이름(새 모양)을 입력한 후 [확인(OK)] 단추를 클릭합니다.

⑤ Ctrl을 누른 상태에서 [패스 축소판(Path thumbnail)]을 클릭하여 패스 모양을 선택 영역으로 지정합니다.

⑥ [레이어(LAYERS)] 패널을 선택한 후 [새 레이어 추가(Create a new layer)]를 클릭한 다음 레이어가 추가되면 Alt+Delete를 눌러 전경색을 칠합니다.

STEP 03 클리핑 마스크 설정 및 레이어 스타일 적용하기

① [1급-2.jpg] 탭을 클릭한 후 Ctrl+A를 눌러 이미지 전체를 선택 영역으로 지정한 다음 Ctrl+C를 눌러 이미지를 복사합니다.

② 복사된 이미지를 작업 이미지 창에 붙여넣기 위해 [무제-1] 탭을 클릭한 후 Ctrl+V를 눌러 복사한 이미지를 붙여넣기 합니다.

③ 이미지가 복사되어 나타나면 클리핑 마스크를 지정하기 위해 [레이어(Layer)]-[클리핑 마스크 만들기(Create Clipping Mask)]를 클릭합니다.

④ 클리핑 마스크가 만들어지면 새 모양에 한복 이미지를 나타나게 하기 위해 [편집(Edit)]-[자유 변형(Free Transform)]을 클릭합니다.

⑤ 이미지에 크기 조절점이 나타나면 크기 조절점을 드래그하여 새 모양에 한복이 들어가도록 위치 및 크기를 조절한 후 Enter를 누릅니다.

⑥ [레이어(LAYERS)] 패널에서 [모양 1] 레이어를 선택한 후 fx.[레이어 스타일 추가(Add a layer style)]-[선(Stroke)]을 클릭합니다.

⑦ [레이어 스타일(Layer Style)] 대화상자의 [선(Stroke)] 탭이 나타나면 크기(3)를 입력한 후 [색상(Color)]을 클릭합니다.

⑧ [선 색상 선택(Select stroke color)] 대화상자가 나타나면 색상(ffcc00)을 입력한 후 [확인(OK)] 단추를 클릭합니다.

⑨ [레이어 스타일(Layer Style)] 대화상자가 다시 나타나면 [내부 그림자(Inner Shadow)] 탭을 클릭합니다.

⑩ [레이어 스타일(Layer Style)] 대화상자의 [내부 그림자(Inner Shadow)] 탭이 나타나면 속성을 지정한 후 [확인(OK)] 단추를 클릭합니다.

02 [기능평가] 사진편집 응용

STEP 01 ①번 텍스트 작성하기

① 도구 상자(Tool Box)에서 [세로 문자 도구(Vertical Type Tool)]를 선택한 후 옵션 바에서 글꼴(궁서), 글꼴 크기(30), 글꼴 색(99000)을 지정합니다.

② 텍스트를 삽입할 위치를 클릭한 후 '흥겨운'을 입력한 다음 Ctrl+Enter를 누릅니다.

③ [레이어(LAYERS)] 패널에서 fx.[레이어 스타일 추가(Add a layer style)]-[외부 광선(Outer Glow)]을 클릭합니다.

④ [레이어 스타일(Layer Style)] 대화상자의 [외부 광선(Outer Glow)] 탭이 나타나면 속성을 지정한 후 [확인(OK)] 단추를 클릭합니다.

⑤ 텍스트에 변형을 주기 위해 옵션 바에서 [텍스트 변형(Create warp text)]을 클릭합니다.

⑥ [텍스트 변형(Warp Text)] 대화상자가 나타나면 스타일(깃발)을 선택한 후 [세로(Vertical)]를 선택한 다음 구부리기(Bend)를 조절하고 [확인(OK)] 단추를 클릭합니다.

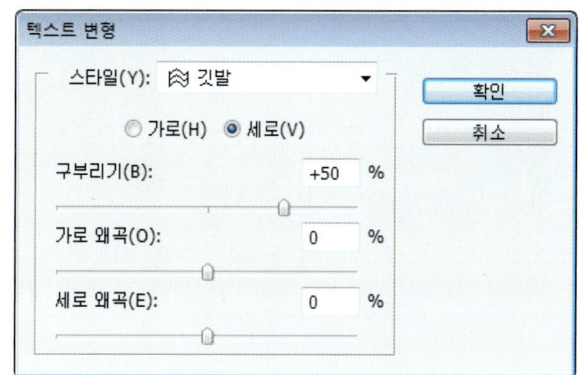

⑦ 도구 상자(Tool Box)에서 [이동 도구(Move Tool)]를 선택한 후 텍스트를 드래그하여 위치를 이동합니다.

⑧ 같은 방법으로 '풍물놀이'를 입력한 후 속성을 지정합니다.

04 [실무응용] 홈페이지 메뉴바 제작

STEP 01 패턴 만들고 적용하기

① 패턴을 만들기 위해 [파일(File)]-[새로 만들기(New)]를 클릭합니다.

② [새로 만들기(New)] 대화상자가 나타나면 폭(20)과 높이(20)를 입력한 후 배경 내용(흰색)을 선택한 다음 [확인(OK)] 단추를 클릭합니다.

③ Ctrl+0을 눌러 화면 배율을 화면 크기에 맞게 확대합니다.

④ 눈금자를 드래그하여 안내선(Guides)을 10 픽셀 단위로 그립니다.

⑤ 도구 상자(Tool Box)에서 [사각형 선택 윤곽 도구 (Rectangular Marquee Tool)]를 선택한 후 왼쪽 상단을 드래그하여 선택 영역으로 지정합니다.

⑥ 선택 영역이 지정되면 도구 상자(Tool Box)에서 [전경색 설정(Set foreground color)]을 클릭합니다.

⑦ [색상 피커(전경색)(Color Picker (Forground Color))] 대화상자가 나타나면 색상(ff3333)을 지정한 후 [확인(OK)] 단추를 클릭합니다.

⑧ 전경색이 변경되면 전경색을 채우기 위해 Alt + Delete 를 누릅니다.

⑨ 전경색이 채워지면 Ctrl + D 를 눌러 선택 영역을 해제한 후 오른쪽 하단을 드래그하여 선택 영역으로 지정합니다.

⑩ 선택 영역이 지정되면 도구 상자(Tool Box)에서 [전경색 설정(Set foreground color)]을 클릭합니다.

⑪ [색상 피커(전경색)(Color Picker (Forground Color))] 대화상자가 나타나면 색상(3333ff)을 지정한 후 [확인(OK)] 단추를 클릭합니다.

⑫ 전경색이 변경되면 전경색을 채우기 위해 Alt + Delete 를 누릅니다.

⑬ 패턴을 저장하기 위해 레이어 패널의 빈 공간을 클릭한 후 [편집(Edit)]-[패턴 정의(Define Pattern)] 메뉴를 클릭합니다.

⑭ [패턴 이름(Pattern Name)] 대화상자가 나타나면 이름 (체크 무늬 모양)을 입력한 후 [확인(OK)] 단추를 클릭합니다.

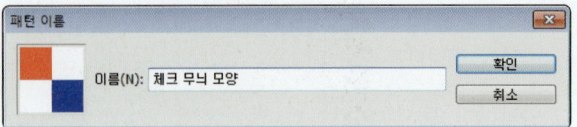

⑮ 패턴을 지정하기 위해 [무제-1] 탭을 선택한 후 [레이어 (LAYERS)] 패널에서 [새 레이어 추가(Create a new layer)]를 클릭합니다.

⑯ 레이어가 추가되면 도구 상자(Tool Box)에서 [사각형 선택 윤곽 도구(Rectangular Marquee Tool)]를 선택한 후 패턴을 지정한 부분을 드래그하여 선택 영역으로 지정합니다.

⑰ 레이어가 추가되면 [편집(Edit)]-[칠(Fill)]을 클릭합니다.

⑱ [칠(Fill)] 대화상자가 나타나면 사용(패턴(Pattern))을 선택합니다.

⑲ 사용자 정의 패턴(Custom Pattern)의 목록 단추를 클릭한 후 정의한 패턴을 더블클릭한 다음 [확인(OK)] 단추를 클릭합니다.

⑳ [레이어(LAYERS)] 패널에서 [레이어 마스크(Add layer mask)]를 클릭합니다.

㉑ [레이어(LAYERS)] 패널에 레이어 마스크가 표시되면 도구 상자(Tool Box)에서 [그라디언트 도구(Gradient Tool)]를 선택한 후 옵션 바에서 [그라디언트 편집(Click to edit the gradient)]을 클릭합니다.

㉒ [그라디언트 편집기(Gradient Editor)] 대화상자가 나타나면 사전 설정(전경색에서 배경색으로(Foreground to Background))을 클릭한 후 [확인(OK)] 단추를 클릭합니다.

㉓ 그라디언트 설정이 변경되면 작업 이미지 창에 레이어 마스크를 지정하기 위해 왼쪽에서 오른쪽 방향으로 드래그합니다.

㉔ [레이어(LAYERS)] 패널에서 불투명도(Opacity)에 '70%'를 입력합니다.

STEP 02 답안 저장 및 전송하기

① 작성한 답안을 저장하기 위해 [파일(File)]-[저장(Save)]을 클릭합니다.

② [다른 이름으로 저장(Save As)] 대화상자가 나타나면 저장 위치(라이브러리₩문서₩GTQ)를 지정한 후 파일 이름(수험번호-성명-문제번호)을 입력한 다음 형식(JPEG (*.JPG;*.JPEG;*.JPE))을 선택하고 [저장] 단추를 클릭합니다.

③ [JPEG Options(JPEG 옵션)] 대화상자가 나타나면 품질(Quality)을 지정한 후 [확인(OK)] 단추를 클릭합니다.

④ JPG 파일로 저장이 완료되면 PSD 파일로 저장하기 위해 [이미지(Image)]-[이미지 크기(Image Size)]를 클릭합니다.

⑤ [이미지 크기(Image Size)] 대화상자가 나타나면 폭(60)을 입력한 후 [확인(OK)] 단추를 클릭합니다.

⑥ 이미지 크기가 변경되면 PSD 파일로 저장하기 위해 [파일(File)]-[다른 이름으로 저장(Save As)]을 클릭합니다.

⑦ [다른 이름으로 저장(Save As)] 대화상자가 나타나면 저장 위치(라이브러리₩GTQ)를 지정한 후 파일 이름(수험번호-성명-문제번호)을 입력한 다음 형식(Photoshop (*.PSD;*.PDD))을 선택하고 [저장] 단추를 클릭합니다.

⑧ [Photoshop 형식 옵션(Photoshop Format Options)] 대화상자가 나타나면 [확인(OK)] 단추를 클릭합니다.

⑨ 답안을 전송하기 위해 포토샵의 [최소화] 단추를 클릭합니다.

⑩ KOAS 수험자용 프로그램에서 [답안 전송] 단추를 클릭합니다.

⑪ 전송을 확인하는 페이지가 나타나면 [예] 단추를 클릭합니다.

⑫ [고사실 PC로 답안 파일 보내기] 대화상자가 나타나면 파일 목록(8개 파일)에서 전송할 파일을 선택한 후 [답안 전송] 단추를 클릭합니다.

> **Tip**
> 전송할 파일이 존재하는지 확인한 후 [답안 전송] 단추를 클릭합니다.
> [존재]에 '없음'으로 표시되면 파일이 없거나 파일 이름이 잘못 입력된 것입니다.

⑬ 답안이 전송되면 [상태]에 '성공'이라고 표시되는지 확인한 후 [닫기] 단추를 클릭합니다.

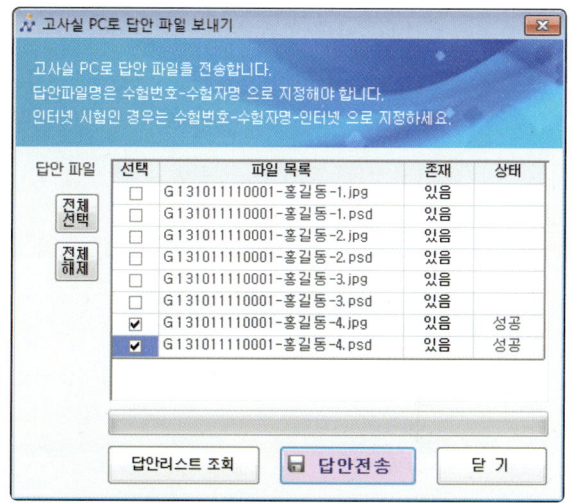

제 03 회 실전모의고사

02 [기능평가] 사진편집 응용

STEP 01 이미지 복사 및 레이어 스타일 적용하기

① [1급-6.jpg] 탭을 클릭한 후 도구 상자(Tool Box)에서 [다각형 올가미 도구(Polygonal Lasso Tool)]를 선택한 다음 드래그하여 나무젓가락의 절반을 선택 영역으로 지정합니다.

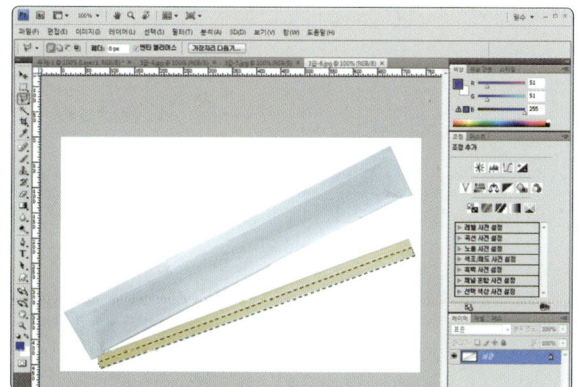

② 나무젓가락이 선택 영역으로 지정되면 Ctrl+C를 눌러 이미지를 복사한 후 [무제-1] 탭을 클릭합니다.

③ 나무젓가락을 붙여넣기 위해

[레이어 1] 레이어를 선택한 후 Ctrl+V를 눌러 붙여넣기 합니다.

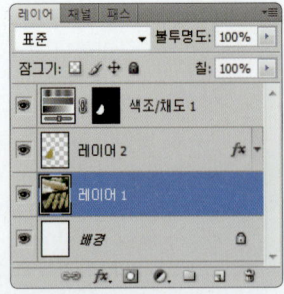

④ 이미지의 크기 및 회전을 조절하기 위해 [편집(Edit)]-[자유 변형(Free Transform)]을 클릭합니다.

⑤ 크기 조절점이 나타나면 조절점을 드래그하여 크기 및 회전을 조절한 후 Enter를 누릅니다.

⑥ [레이어(LAYERS)] 패널에서 fx.[레이어 스타일 추가(Add a layer style)]-[그림자(Drop Shadow)]를 클릭합니다.

⑦ [레이어 스타일(Layer Style)] 대화상자의 [그림자 효과(Drop Shadow)] 탭이 나타나면 속성을 지정한 후 [확인(OK)] 단추를 클릭합니다.

⑧ [레이어(LAYERS)] 패널에서 [레이어 3] 레이어를 [새 레이어 추가(Create a new layer)]로 드래그합니다.

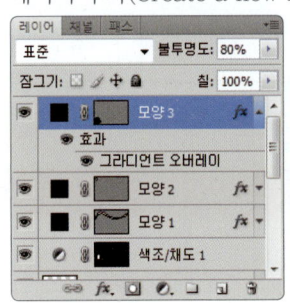 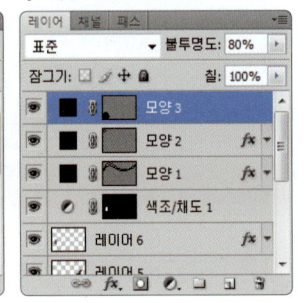

⑨ 레이어가 복사되면 [레이어 3 사본] 레이어를 드래그하여 [색조/채도 1(Hue/Saturation 1)] 레이어 위로 이동합니다.

⑩ [편집(Edit)]-[자유 변형(Free Transform)]을 클릭한 후 크기 조절점의 모서리 부분에 마우스 포인터를 위치시킨 다음 ↻ 모양으로 변경되면 드래그하여 도형을 회전시키고 Enter를 누릅니다.

제04회 실전모의고사

02 [기능평가] 사진편집 응용

STEP 01 이미지 복사 및 색상 보정하기

① [1급-5.jpg] 탭을 클릭한 후 도구 상자(Tool Box)에서 [자석 올가미 도구(Magnetic Lasso Tool)]를 선택한 다음 드래그하여 베개를 선택 영역으로 지정합니다.

② 베개가 선택 영역으로 지정되면 Ctrl+C를 눌러 이미지를 복사합니다.

③ 이미지가 복사되면 [무제-1] 탭을 클릭한 후 Ctrl+V를 눌러 붙여넣기 합니다.

④ 이미지 크기를 조절하기 위해 [편집(Edit)]-[자유 변형(Free Transform)]을 클릭합니다.

⑤ 크기 조절점이 나타나면 조절점을 드래그하여 크기 및 회전을 조절한 후 Enter를 누릅니다.

⑥ [레이어(LAYERS)] 패널에서 fx.[레이어 스타일 추가(Add a layer style)]-[내부 광선(Inner Glow)]을 클릭합니다.

⑦ [레이어 스타일(Layer Style)] 대화상자의 [내부 광선(Inner Glow)] 탭이 나타나면 속성을 지정한 후 [확인(OK)] 단추를 클릭합니다.

⑧ 베개를 하나 더 복사하기 위해 [레이어(LAYERS)] 패널에서 [레이어 2] 레이어를 [새 레이어 추가(Create a new layer)]로 드래그합니다.

⑨ [레이어(LAYERS)] 패널에서 [레이어 2 사본] 레이어를 [레이어 2] 레이어 아래로 드래그하여 레이어 순서를 변경합니다.

⑩ [레이어(LAYERS)] 패널에서 Ctrl을 누른 상태에서 [레이어 2]의 [레이어 축소판(Layer thumbnail)]을 클릭합니다.

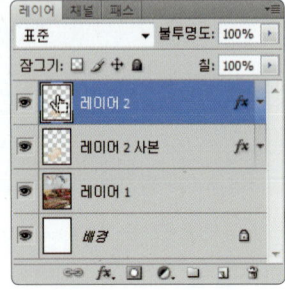

⑪ [레이어(LAYERS)] 패널에서 Ctrl+Shift를 누른 상태에서 [레이어 2 사본]을 클릭합니다.

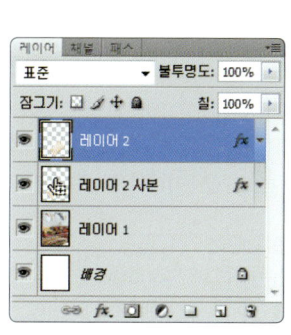

⑫ 베개가 선택 영역으로 지정되면 [레이어(LAYERS)] 패널에서 ◐.[새 칠 또는 조정 레이어(Create new fill or adjustment layer)]-[색조/채도(Hue/Saturation)]를 클릭합니다.

⑬ [색조/채도(Hue/Saturation)] 레이어가 추가되면 [조정(ADJUSTMENTS)] 패널에서 [색상화(Colorize)]를 선택한 후 색조(Hue)와 채도(Saturation) 값을 조절하여 이미지를 보라색 계열로 보정합니다.

제06회 실전모의고사

01 [기능평가] 고급 Tool(도구) 활용

STEP 01 작업 이미지 창 생성 및 이미지 복사하기

① Adobe Photoshop CS4 프로그램을 실행한 후 [파일(File)]-[새로 만들기(New)]를 클릭합니다.

② [새로 만들기(New)] 대화상자가 나타나면 폭(400)과 높이(500)를 입력한 후 [확인(OK)] 단추를 클릭합니다.

③ 작업 이미지 창이 만들어지면 눈금자가 표시되는지 확인한 후 눈금자가 나타나지 않을 경우 [보기(View)]-[눈금자(Rulers)]를 클릭합니다.

④ 눈금자가 나타나면 눈금자를 드래그하여 안내선(Guides)을 100 픽셀 단위로 그립니다.

⑤ 안내선(Guides)이 만들어지면 [파일(File)]-[열기(Open)]를 클릭합니다.

⑥ [열기(Open)] 대화상자가 나타나면 찾는 위치(라이브러리₩문서₩GTQ₩Image)를 지정한 후 '1급-1.jpg ~ 1급-3.jpg' 파일을 선택한 다음 [열기] 단추를 클릭합니다.

⑦ 이미지가 불러와지면 [1급-1.jpg] 탭을 선택한 후 Ctrl+A를 눌러 이미지 전체를 선택 영역으로 지정합니다.

⑧ 선택 영역이 지정되면 Ctrl+C를 눌러 이미지를 복사합니다.

⑨ 복사된 이미지를 작업 이미지 창에 붙여넣기 위해 [무제-1] 탭을 클릭한 후 Ctrl+V를 눌러 붙여넣기 합니다.

⑩ 이미지가 복사되면 도구 상자(Tool Box)에서 ▶[이동 도구(Move Tool)]를 클릭한 후 드래그하여 위치를 조절합니다.

⑪ 이미지에 필터(Filter)를 지정하기 위해 [필터(Filter)]-[브러쉬 선(Brush Strokes)]-[그물눈(Crosshatch)]을 클릭합니다.

⑫ [그물눈(Crosshatch)] 대화상자가 나타나면 속성을 지정한 후 [확인(OK)] 단추를 클릭합니다.

⑬ 다음과 같이 이미지에 그물눈(Crosshatch) 필터가 적용됩니다.

STEP 02 패스 모양 작성하기

① 패스를 그리기 위해 도구 상자(Tool Box)에서 ◊.[펜 도구(Pen Tool)]을 클릭한 후 옵션 바에서 □[패스(PATHS)]를 선택합니다.

② 패스를 그릴 위치를 지정하여 패스를 작성합니다.

Chapter01 · 실전모의고사 **307**

③ [레이어(LAYERS)] 패널에서 [패스(PATHS)] 탭을 선택한 후 [작업 패스(Work Path)]를 더블클릭합니다.

④ [패스 저장(Save Path)] 대화상자가 나타나면 이름(절구통 모양)을 입력한 후 [확인(OK)] 단추를 클릭합니다.

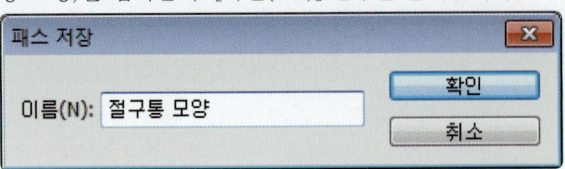

⑤ Ctrl을 누른 상태에서 [패스 축소판(Path thumbnail)]을 클릭하여 패스 모양을 선택 영역으로 지정합니다.

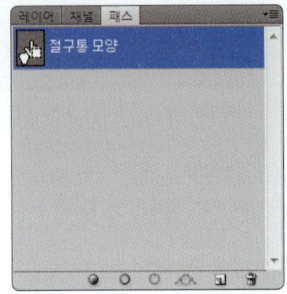

⑥ [레이어(LAYERS)] 패널을 선택한 후 [새 레이어 추가(Create a new layer)]를 클릭한 다음 레이어가 추가되면 Alt + Delete를 눌러 전경색을 칠합니다.

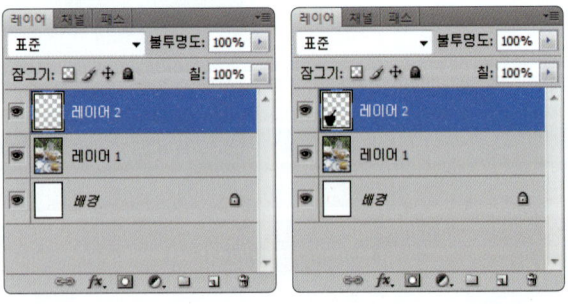

STEP 03 클리핑 마스크 설정 및 레이어 스타일 적용하기

① [1급-2.jpg] 탭이 나타나면 Ctrl + A를 눌러 이미지 전체를 선택 영역으로 지정한 후 Ctrl + C를 눌러 이미지를 복사합니다.

② 복사된 이미지를 작업 이미지 창에 붙여넣기 위해 [무제-1] 탭을 클릭한 후 Ctrl + V를 눌러 복사한 이미지를 붙여넣기 합니다.

③ 이미지가 복사되어 나타나면 클리핑 마스크를 지정하기 위해 [레이어(Layer)]-[클리핑 마스크 만들기(Create Clipping Mask)]를 클릭합니다.

④ 클리핑 마스크가 만들어지면 절구통 모양에 송편 이미지를 나타나게 하기 위해 [편집(Edit)]-[자유 변형(Free Transform)]을 클릭합니다.

⑤ 이미지에 크기 조절점이 나타나면 크기 조절점을 드래그하여 절구통 모양에 송편이 들어가도록 위치 및 크기를 조절한 후 Enter를 누릅니다.

⑥ [레이어(LAYERS)] 패널에서 [레이어 2] 레이어를 선택한 후 fx.[레이어 스타일 추가(Add a layer style)]-[선(Stroke)]을 클릭합니다.

 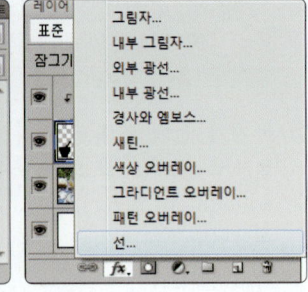

⑦ [레이어 스타일(Layer Style)] 대화상자의 [선(Stroke)] 탭이 나타나면 크기(3)를 입력한 후 [색상(Color)]을 클릭합니다.

⑧ [선 색상 선택(Select stroke color)] 대화상자가 나타나면 색상(ff00ff)을 입력한 후 [확인(OK)] 단추를 클릭합니다.

⑨ [레이어 스타일(Layer Style)] 대화상자가 다시 나타나면 [내부 그림자(Inner Shadow)] 탭을 클릭합니다.

⑩ [레이어 스타일(Layer Style)] 대화상자의 [내부 그림자(Inner Shadow)] 탭이 나타나면 속성을 지정한 후 [확인(OK)] 단추를 클릭합니다.

⑪ 다음과 같이 절구통 모양에 레이어 마스크 및 레이어 스타일이 적용됩니다.

STEP 04 이미지 복사 및 레이어 스타일 적용하기

① [1급-3.jpg] 탭을 클릭한 후 도구 상자(Tool Box)에서 [자석 올가미 도구(Magnetic Lasso Tool)]를 선택합니다.

② 시작점을 클릭한 후 드래그하여 컵을 선택 영역으로 지정합니다.

③ 컵이 선택 영역으로 지정되면 Ctrl + C를 눌러 이미지를 복사합니다.

④ [무제-1] 탭을 클릭한 후 [레이어(LAYERS)] 패널에서 [레이어 3]을 선택한 다음 Ctrl+V를 눌러 붙여넣기 합니다.

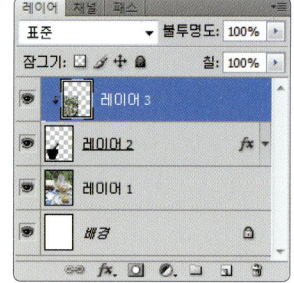

⑤ 이미지의 크기를 조절하기 위해 [편집(Edit)]-[자유 변형(Free Transform)]을 클릭합니다.

⑥ 크기 조절점이 나타나면 조절점을 드래그하여 크기를 조절한 후 Enter를 누릅니다.

⑦ [레이어(LAYERS)] 패널에서 fx.[레이어 스타일 추가(Add a layer style)]-[외부 광선(Outer Glow)]을 클릭합니다.

⑧ [레이어 스타일(Layer Style)] 대화상자의 [외부 광선(Outer Glow)] 탭이 나타나면 속성을 지정한 후 [확인(OK)] 단추를 클릭합니다.

⑨ [레이어(LAYERS)] 패널에서 [레이어 4] 레이어를 [새 레이어 추가(Create a new layer)]로 드래그하여 레이어를 복사합니다.

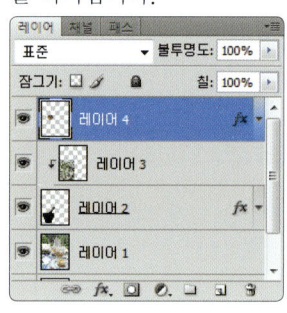 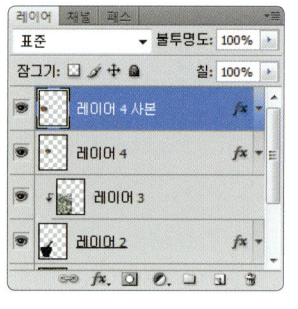

⑩ [레이어(LAYERS)] 패널에서 [레이어 4 사본]을 선택한 후 도구 상자(Tool Box)에서 [이동 도구(Move Tool)]를 클릭한 다음 드래그하여 위치를 조절합니다.

⑪ 이미지의 크기를 조절하기 위해 [편집(Edit)]-[자유 변형(Free Transform)]을 클릭합니다.

⑫ 크기 조절점이 나타나면 조절점을 드래그하여 크기를 조절한 후 Enter를 누릅니다.

02 [기능평가] 사진편집 응용

STEP 01 작업 이미지 창 생성 및 이미지 복사, 필터

① [문제1]에서 작성한 파일을 모두 닫은 후 [파일(File)]-[새로 만들기(New)]를 클릭합니다.

② [새로 만들기(New)] 대화상자가 나타나면 폭(400)과 높이(500)를 입력한 후 [확인(OK)] 단추를 클릭합니다.

③ 눈금자를 드래그하여 안내선(Guides)을 100 픽셀 단위로 그립니다.

④ 안내선(Guides)이 만들어지면 [파일(File)]-[열기(Open)]를 클릭합니다.

⑤ [열기(Open)] 대화상자가 나타나면 찾는 위치(라이브러리₩문서₩GTQ₩Image)를 지정한 후 '1급-4.jpg ~ 1급-6.jpg' 파일을 선택한 다음 [열기] 단추를 클릭합니다.

⑥ 이미지가 불러와지면 [1급-4.jpg] 탭을 선택한 후 Ctrl+A를 눌러 이미지 전체를 선택 영역으로 지정한 다음 Ctrl+C를 눌러 이미지를 복사합니다.

⑦ 복사된 이미지를 작업 이미지 창에 붙여넣기 위해 [무제-1] 탭을 클릭한 후 Ctrl+V를 눌러 붙여넣기 합니다.

⑧ 이미지에 필터(Filter)를 지정하기 위해 [필터(Filter)]-[예술효과(Artistic)]-[필름 그레인(Film Grain)]을 클릭합니다.

⑨ [필름 그레인(Film Grain)] 대화상자가 나타나면 반경(Radius)을 조절한 후 [확인(OK)] 단추를 클릭합니다.

STEP 02 이미지 복사 및 색상 보정하기

① [1급-5.jpg] 탭을 클릭한 후 도구 상자(Tool Box)에서 [Polygonal Lasso Tool(다각형 올가미 도구)]를 선택한 다음 옵션 바에서 빈도 수(Frequency)에 '100'을 입력합니다.

② 시작점을 클릭한 후 모서리의 외곽을 따라 클릭하여 선택 영역을 지정합니다.

Chapter01 · 실전모의고사 **309**

③ 구절판이 선택 영역으로 지정되면 Ctrl+C를 눌러 이미지를 복사합니다.

④ 구절판을 붙여넣기 위해 [무제-1] 탭을 클릭한 후 Ctrl+V를 눌러 붙여넣기 합니다.

⑤ 이미지의 크기를 조절하기 위해 [편집(Edit)]-[자유 변형(Free Transform)]을 클릭합니다.

⑥ 크기 조절점이 나타나면 조절점을 드래그하여 크기를 조절한 후 Enter를 누릅니다.

⑦ 이미지 크기가 조절되면 [이동 도구(Move Tool)]를 클릭한 다음 드래그하여 위치를 조절합니다.

⑧ [레이어(LAYERS)] 패널에서 Ctrl을 누른 상태에서 [레이어 2]의 [레이어 축소판(Layer thumbnail)]을 클릭합니다.

⑨ [레이어(LAYERS)] 패널에서 [새 칠 또는 조정 레이어(Create new fill or adjustment layer)]-[색조/채도(Hue/Saturation)]를 클릭합니다.

⑩ [색조/채도(Hue/Saturation)] 레이어가 추가되면 [조정(ADJUSTMENTS)] 패널에서 [색상화(Colorize)]를 선택한 후 색조(Hue)와 채도(Saturation) 값을 조절하여 이미지를 빨간색 계열로 보정합니다.

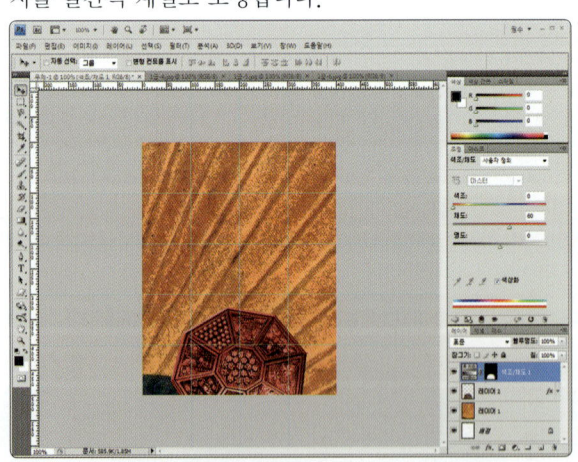

⑪ [레이어(LAYERS)] 패널에서 [레이어 2] 레이어를 선택한 후 [레이어 스타일 추가(Add a layer style)]-[경사와 엠보스(Bevel and Emboss)]를 클릭합니다.

⑫ [레이어 스타일(Layer Style)] 대화상자의 [경사와 엠보스(Bevel and Emboss)] 탭이 나타나면 속성을 지정한 후 [확인(OK)] 단추를 클릭합니다.

STEP 03 이미지 복사 및 레이어 스타일 적용하기

① [1급-6.jpg] 탭을 클릭한 후 도구 상자(Tool Box)에서 [자석 올가미 도구(Magnetic Lasso Tool)]를 선택한 다음 주전자를 선택 영역으로 지정합니다.

② 주전자가 선택 영역으로 지정되면 옵션바에서 [선택 영역에 추가(Add to selection)]를 선택한 후 찻잔을 추가로 선택영역으로 지정합니다.

③ 주전자와 찻잔이 선택 영역으로 지정되면 Ctrl+C를 눌러 복사한 후 [무제-1] 탭을 클릭합니다.

④ [레이어(LAYERS)] 패널에서 [색조/채도 1(Hue/Saturation 1)] 레이어를 선택한 후 Ctrl+V를 눌러 붙여넣기 합니다.

⑤ 이미지의 크기를 조절하기 위해 [편집(Edit)]-[자유 변형(Free Transform)]을 클릭합니다.

⑥ 크기 조절점이 나타나면 조절점을 드래그하여 크기를 조절한 후 Enter를 누릅니다.

⑦ 도구 상자(Tool Box)에서 [이동 도구(Move Tool)]를 선택한 후 드래그하여 위치를 이동합니다.

⑧ [레이어(LAYERS)] 패널에서 [레이어 스타일 추가(Add a layer style)]-[외부 광선(Outer Glow)]을 클릭합니다.

⑨ [레이어 스타일(Layer Style)] 대화상자의 [외부 광선(Outer Glow)] 탭이 나타나면 속성을 지정한 후 [확인(OK)] 단추를 클릭합니다.

STEP 04 음표 모양 도형작성하기

① 도구 상자(Tool Box)에서 [사용자 정의 모양 도구(Custom Shape Tool)]를 선택한 후 옵션 바에서 [사용자 정의 모양 피커(Click to open Custom Shape picker)]의 목록 단추를 클릭합니다.

② 사용자 정의 모양이 나타나면 [팝업 메뉴 단추]-[음악(Music)] 메뉴를 클릭합니다.

③ [현재 모양을 음악 모양으로 대체하시겠습니까?]를 묻는 대화상자가 나타나면 [확인(OK)] 단추를 클릭합니다.

④ 사용자 정의 모양이 음악(Music) 목록으로 변경되면 [8분 음표(Eighth Note)]을 클릭합니다.

⑤ 음표 모양을 삽입하고자 하는 위치에서 드래그하여 삽입합니다.

⑥ [레이어(LAYERS)] 패널에서 [레이어 스타일 추가(Add a layer style)]-[외부 광선(Outer Glow)]을 클릭합니다.

⑦ [레이어 스타일(Layer Style)] 대화상자의 [외부 광선(Outer Glow)] 탭이 나타나면 속성을 지정한 후 [확인(OK)] 단추를 클릭합니다.

⑧ [레이어(LAYERS)] 패널에서 [모양 1] 레이어를 [새 레이어 추가(Create a new layer)]로 드래그하여 [모양 1] 레이어를 복사합니다.

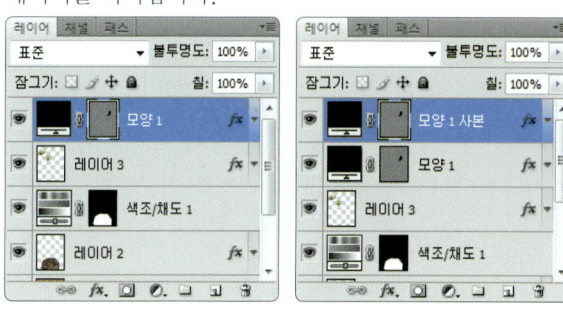

⑨ 도구 상자(Tool Box)에서 [이동 도구(Move Tool)]를 선택한 후 드래그하여 위치를 조절합니다.

⑩ 이미지의 크기를 조절하기 위해 [편집(Edit)]-[자유 변형(Free Transform)]을 클릭합니다.

⑪ 크기 조절점을 드래그하여 크기를 조절한 후 Enter를 누릅니다.

STEP 05 ①번 텍스트 작성하기

① 도구 상자(Tool Box)에서 [수평 문자 도구(Horizontal Type Tool)]를 선택한 후 옵션 바에서 글꼴(바탕), 글꼴 크기(42), 글꼴 색(00000)을 지정합니다.

② 텍스트를 삽입할 위치를 클릭한 후 '여유로운'을 입력한 다음 Enter 를 누르고 강제개행되면 '오후시간'을 입력한 후 Ctrl + Enter 를 누릅니다.

③ [레이어(LAYERS)] 패널에서 [레이어 스타일 추가(Add a layer style)]-[선(Stroke)]을 클릭합니다.

④ [레이어 스타일(Layer Style)] 대화상자의 [선(Stroke)] 탭이 나타나면 크기(2)를 입력한 후 칠 유형(그라디언트(Gradient))을 선택합니다.

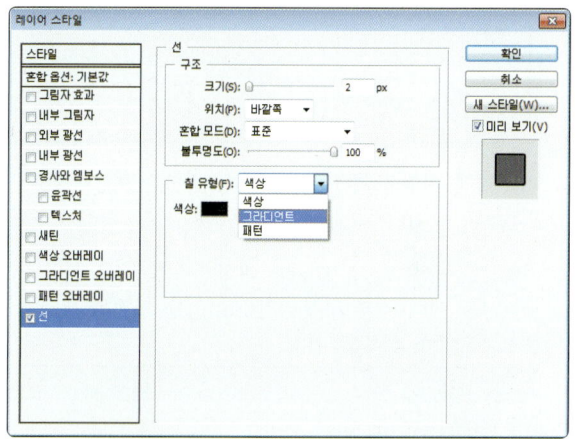

⑤ 칠 유형(Fill Type)이 그라디언트(Gradient) 항목으로 변경되면 [그라디언트 편집(Click to edit the gradient)]을 클릭합니다.

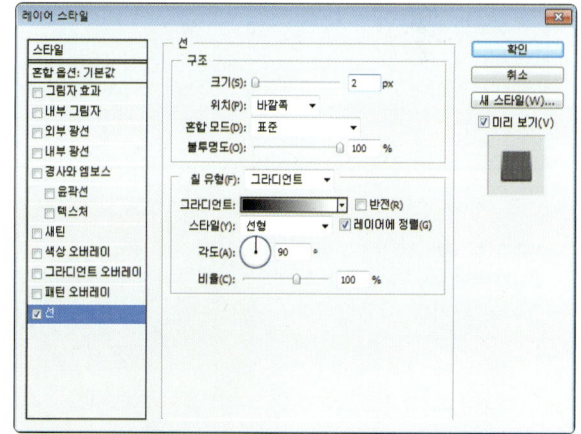

⑥ [그라디언트 편집기(Gradient Editor)] 대화상자가 나타나면 왼쪽 색상 정지점(Color Stop)을 더블클릭합니다.

⑦ [정지 색상 선택(Select stop color)] 대화상자가 나타나면 색상(ff6600)을 입력한 후 [확인(OK)] 단추를 클릭합니다.

⑧ [그라디언트 편집기(Gradient Editor)] 대화상자가 다시 나타나면 오른쪽 색상 정지점(Color Stop)을 더블클릭합니다.

⑨ [정지 색상 선택(Select stop color)] 대화상자가 나타나면 색상(ffffff)을 입력한 후 [확인(OK)] 단추를 클릭합니다.

⑩ [그라디언트 편집기(Gradient Editor)] 대화상자가 다시 나타나면 [확인(OK)] 단추를 클릭한 후 [레이어 스타일(Layer Style)] 대화상자가 다시 나타나면 [확인(OK)] 단추를 클릭합니다.

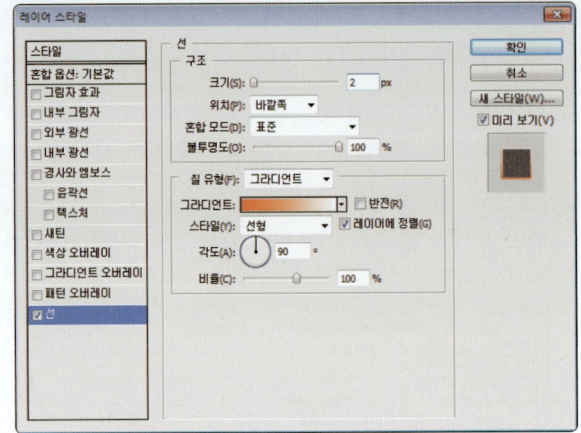

⑪ 텍스트에 변형을 주기 위해 옵션 바에서 [텍스트 변형(Create warp text)]을 클릭합니다.

⑫ [텍스트 변형(Warp Text)] 대화상자가 나타나면 스타일(상승)을 선택한 후 구부리기(Bend)를 조절한 다음 [확인(OK)] 단추를 클릭합니다.

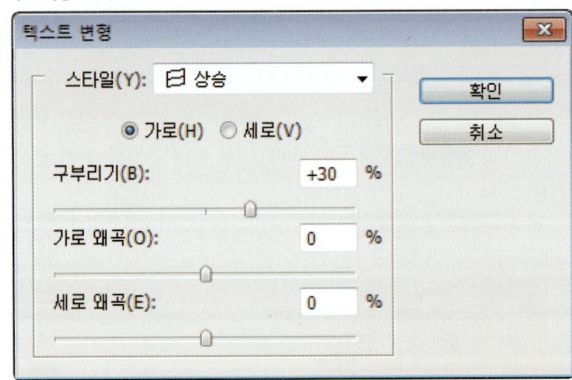

⑬ 도구 상자(Tool Box)에서 [이동 도구(Move Tool)]를 선택한 후 텍스트를 드래그하여 위치를 이동합니다.

03 [실무응용] 포스터 제작

STEP 01 — 이미지 복사 및 레이어 스타일 적용하기

① [문제2]에서 작성한 파일을 모두 닫은 후 [파일(File)]-[새로 만들기(New)]를 클릭합니다.

② [새로 만들기(New)] 대화상자가 나타나면 폭(600)과 높이(400)를 입력한 후 [확인(OK)] 단추를 클릭합니다.

③ 눈금자를 드래그하여 안내선(Guides)을 100 픽셀 단위로 그립니다.

④ 안내선(Guides)이 만들어지면 [파일(File)]-[열기(Open)]를 클릭합니다.

⑤ [열기(Open)] 대화상자가 나타나면 찾는 위치(라이브러리₩문서₩GTQ₩Image)를 지정한 후 '1급-7.jpg ~ 1급-11.jpg' 파일을 선택한 다음 [열기] 단추를 클릭합니다.

⑥ 이미지가 불러와지면 [1급-7.jpg] 탭을 선택한 후 Ctrl+A를 눌러 이미지 전체를 선택 영역으로 지정한 다음 Ctrl+C를 눌러 이미지를 복사합니다.

⑦ 복사된 이미지를 작업 이미지 창에 붙여넣기 위해 [무제-1] 탭을 클릭한 후 Ctrl+V를 눌러 붙여넣기 합니다.

⑧ 도구 상자(Tool Box)에서 [이동 도구(Move Tool)]를 선택한 후 이미지의 위치를 이동합니다.

⑨ 이미지에 필터(Filter)를 지정하기 위해 [필터(Filter)]-[픽셀화(Pixelate)]-[단면화(Facet)]를 클릭합니다.

⑩ 필터가 적용되면 레이어 마스크를 지정하기 위해 [레이어(LAYERS)] 패널에서 [레이어 마스크(Add layer mask)]를 클릭합니다.

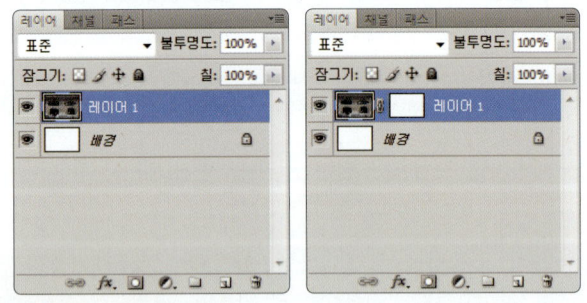

⑪ 레이어 마스크가 표시되면 도구 상자(Tool Box)에서 [그라디언트 도구(Gradient Tool)]를 선택한 후 옵션 바에서 [그라디언트 편집(Click to edit the gradient)]을 클릭합니다.

⑫ [그라디언트 편집기(Gradient Editor)] 대화상자가 나타나면 사전 설정(전경색에서 배경색으로(Foreground to Background))을 선택한 후 [확인(OK)] 단추를 클릭합니다.

⑬ 그라디언트 설정이 변경되면 이미지 창에 그라디언트를 지정하기 위해 위에서 아래 방향으로 드래그합니다.

STEP 02 혼합 모드 및 레이어 마스크 적용하기

① [1급-8.jpg] 이미지 탭을 선택한 후 Ctrl+A를 눌러 이미지 전체를 선택 영역으로 지정한 다음 Ctrl+C를 눌러 이미지를 복사합니다.

② 복사된 이미지를 작업 이미지 창에 붙여넣기 위해 [무제-1] 탭을 클릭한 후 Ctrl+V를 눌러 붙여넣기 합니다.

③ [레이어(LAYERS)] 패널에서 [혼합 모드(Blending Mode)]의 ▼[목록] 단추를 클릭한 후 [곱하기(Multiply)]를 선택합니다.

④ 혼합 모드가 적용되면 레이어 마스크를 지정하기 위해 [레이어(LAYERS)] 패널에서 [레이어 마스크(Add layer mask)]를 클릭합니다.

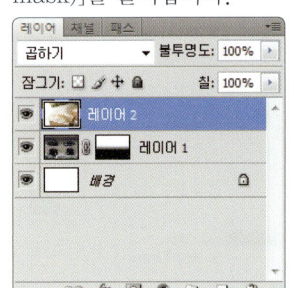 

⑤ 레이어 마스크가 표시되면 도구 상자(Tool Box)에서 [그라디언트 도구(Gradient Tool)]를 선택한 후 옵션 바에서 [그라디언트 편집(Click to edit the gradient)]을 클릭합니다.

⑥ [그라디언트 편집기(Gradient Editor)] 대화상자가 나타나면 사전 설정(전경색에서 배경색으로(Foreground to Background))을 선택한 후 [확인(OK)] 단추를 클릭합니다.

⑦ 그라디언트 설정이 변경되면 이미지 창에 레이어 마스크를 지정하기 위해 아래에서 위로 드래그합니다.

STEP 03 꽃 모양 도형 작성하기

① 도구 상자(Tool Box)에서 [사용자 정의 모양 도구(Custom Shape Tool)]를 선택한 후 옵션 바에서 [사용자 정의 모양 피커(Click to open Custom Shape picker)]의 목록 단추를 클릭합니다.

② 사용자 정의 모양이 나타나면 ▶[팝업 메뉴 단추]-[모양(Shapes)] 메뉴를 클릭합니다.

③ [현재 모양을 모양의 모양으로 대체하시겠습니까?]를 묻는 대화상자가 나타나면 [확인(OK)] 단추를 클릭합니다.

④ 사용자 정의 모양이 모양(Shapes) 목록으로 변경되면 [꽃 1(Flower 1)]을 클릭합니다.

⑤ 꽃 모양을 삽입하고자 하는 위치에서 드래그하여 삽입합니다.

⑥ [레이어(LAYERS)] 패널에서 [모양 1] 레이어의 효과(Effects)를 [레이어 삭제(Delete layer)]로 드래그합니다.

⑦ [레이어(LAYERS)] 패널에서 [모양 1] 레이어의 [레이어 축소판(Layer thumbnail)]을 더블클릭합니다.

⑧ [단색 선택(Pick a solid color)] 대화상자가 나타나면 색상(999999)을 지정한 후 [확인(OK)] 단추를 클릭합니다.

⑨ [레이어(LAYERS)] 패널에서 [레이어 스타일 추가(Add a layer style)]-[내부 그림자(Inner Shadow)]를 클릭합니다.

⑩ [레이어 스타일(Layer Style)] 대화상자의 [Inner Shadow(내부 그림자)] 탭이 나타나면 속성을 지정한 후 [선(Stroke)] 탭을 클릭합니다.

⑪ [레이어 스타일(Layer Style)] 대화상자의 [선(Stroke)] 탭이 나타나면 크기(5)를 입력한 후 칠 유형(그라디언트(Gradient))을 선택합니다.

⑫ 칠 유형(Fill Type)이 그라디언트(Gradient) 항목으로 변경되면 [그라디언트 편집(Click to edit the gradient)]을 클릭합니다.

⑬ [그라디언트 편집기(Gradient Editor)] 대화상자가 나타나면 왼쪽 색상 정지점(Color Stop)을 더블클릭합니다.

⑭ [정지 색상 선택(Select stop color)] 대화상자가 나타나면 색상(000000)을 입력한 후 [확인(OK)] 단추를 클릭합니다.

⑮ [그라디언트 편집기(Gradient Editor)] 대화상자가 다시 나타나면 오른쪽 색상 정지점(Color Stop)을 더블클릭합니다.

⑯ [정지 색상 선택(Select stop color)] 대화상자가 나타나면 색상(ffffff)을 입력한 후 [확인(OK)] 단추를 클릭합니다.

⑰ [그라디언트 편집기(Gradient Editor)] 대화상자가 다시 나타나면 [확인(OK)] 단추를 클릭한 후 [레이어 스타일(Layer Style)] 대화상자가 다시 나타나면 [확인(OK)] 단추를 클릭합니다.

STEP 04 혼합 모드 및 불투명도 적용하기

① [1급-9.jpg] 이미지 탭을 선택한 후 Ctrl+A를 눌러 이미지 전체를 선택 영역으로 지정한 다음 Ctrl+C를 눌러 이미지를 복사합니다.

② 복사된 이미지를 작업 이미지 창에 붙여넣기 위해 [무제-1] 탭을 클릭한 후 Ctrl+V를 눌러 붙여넣기 합니다.

③ 이미지가 복사되어 나타나면 클리핑 마스크를 지정하기 위해 [레이어(Layer)]-[클리핑 마스크 만들기(Create Clipping Mask)] 메뉴를 클릭합니다.

④ 클리핑 마스크가 만들어지면 꽃 모양에 절구통 이미지를 나타나게 하기 위해 [편집(Edit)]-[자유 변형(Free Transform)]을 클릭합니다.

⑤ 이미지에 크기 조절점이 나타나면 크기 조절점을 드래그하여 꽃 모양에 절구통이 들어가도록 위치 및 크기를 조절한 후 Enter를 누릅니다.

⑥ [레이어(LAYERS)] 패널에서 [혼합 모드(Blending Mode)]의 [목록] 단추를 클릭한 후 [광도(Luminosity)]를 선택합니다.

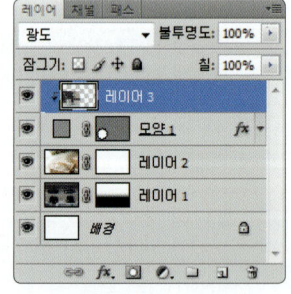

⑦ [레이어(LAYERS)] 패널에서 불투명도(Opacity)에 '80%'를 입력합니다.

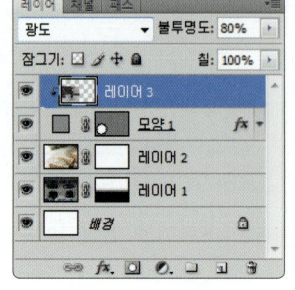

STEP 05 ①번 텍스트 작성하기

① 도구 상자(Tool Box)에서 [수평 문자 도구(Horizontal Type Tool)]를 선택한 후 옵션 바에서 글꼴(바탕), 글꼴 크기(22), 글꼴 색(ffffff)을 지정합니다.

② 텍스트를 삽입할 위치를 클릭한 후 '떡 만들기'를 입력한 다음 Ctrl+Enter를 누릅니다.

③ [레이어(LAYERS)] 패널에서 [레이어 스타일 추가(Add a layer style)]-[선(Stroke)]을 클릭합니다.

④ [레이어 스타일(Layer Style)] 대화상자의 [선(Stroke)] 탭이 나타나면 크기(2)를 입력한 후 칠 유형(그라디언트(Gradient))을 선택합니다.

⑤ 칠 유형(Fill Type)이 그라디언트(Gradient) 항목으로 변경되면 [그라디언트 편집(Click to edit the gradient)]을 클릭합니다.

⑥ [그라디언트 편집기(Gradient Editor)] 대화상자가 나타나면 왼쪽 색상 정지점(Color Stop)을 더블클릭합니다.

⑦ [정지 색상 선택(Select stop color)] 대화상자가 나타나면 색상(996633)을 입력한 후 [확인(OK)] 단추를 클릭합니다.

⑧ [그라디언트 편집기(Gradient Editor)] 대화상자가 다시 나타나면 오른쪽 색상 정지점(Color Stop)을 더블클릭합니다.

⑨ [정지 색상 선택(Select stop color)] 대화상자가 나타나면 색상(000000)을 입력한 후 [확인(OK)] 단추를 클릭합니다.

⑩ [그라디언트 편집기(Gradient Editor)] 대화상자가 다시 나타나면 [확인(OK)] 단추를 클릭합니다.

⑪ [레이어 스타일(Layer Style)] 대화상자가 다시 나타나면 각도(Angle)에 '-90'을 입력한 후 [확인(OK)] 단추를 클릭합니다.

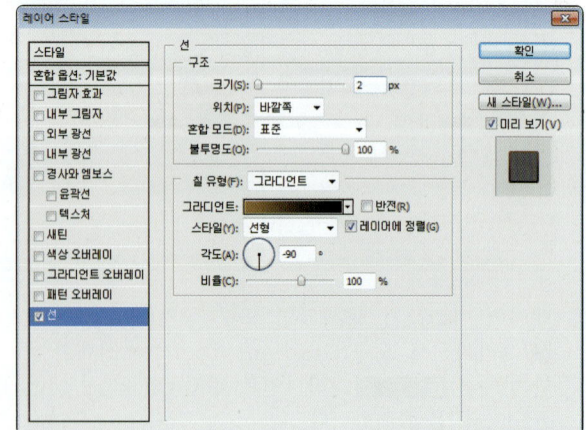

STEP 06   ③번 텍스트 작성하기

① 텍스트를 입력할 위치를 클릭한 후 '전통방식 그대로'를 입력한 다음 Enter를 누르고 나머지 '떡을 만들어 보세요~'를 입력한 후 Ctrl+Enter를 누릅니다.

② 텍스트가 입력되면 옵션 바에서 글꼴(궁서), 글꼴 크기(20), 글꼴 색(000000)을 지정합니다.

③ [레이어(LAYERS)] 패널에서 fx.[레이어 스타일 추가(Add a layer style)]-[그림자(Drop Shadow)]를 클릭합니다.

④ [레이어 스타일(Layer Style)] 대화상자의 [그림자 효과(Drop Shadow)] 탭이 나타나면 속성을 지정한 후 [확인(OK)] 단추를 클릭합니다.

⑤ 텍스트에 변형을 주기 위해 옵션 바에서 [텍스트 변형(Create warp text)]을 클릭합니다.

⑥ [Warp Text(텍스트 변형)] 대화상자가 나타나면 스타일(상승)을 선택한 후 구부리기(Bend)를 조절한 다음 [확인(OK)] 단추를 클릭합니다.

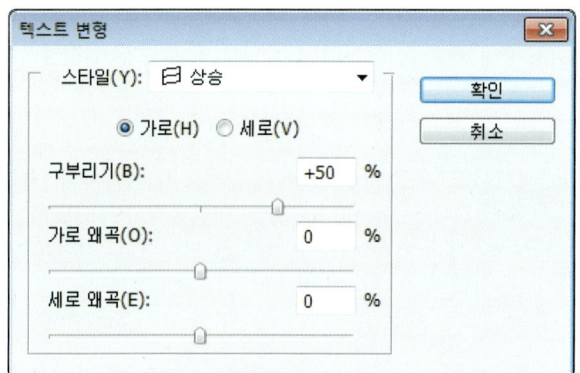

04 [실무응용] 홈페이지 메뉴바 제작

STEP 01   작업 이미지 창 생성 및 배경 만들기

① [문제3]에서 작성한 파일을 모두 닫은 후 [파일(File)]-[새로 만들기(New)]를 클릭합니다.

② [새로 만들기(New)] 대화상자가 나타나면 폭(600)과 높이(400)를 입력한 후 [확인(OK)] 단추를 클릭합니다.

③ 눈금자를 드래그하여 안내선(Guides)을 100 픽셀 단위로 그립니다.

④ 안내선(Guides)이 만들어지면 배경색에 그라디언트를 지정하기 위해 도구 상자(Tool Box)에서 [그라디언트 도구(Gradient Tool)]를 선택한 후 옵션 바에서 [그라디언트 편집(Click to edit the gradient)]을 클릭합니다.

⑤ [그라디언트 편집기(Gradient Editor)] 대화상자가 나타나면 왼쪽 색상 정지점(Color Stop)을 더블클릭합니다.

⑥ [정지 색상 선택(Select stop color)] 대화상자가 나타나면 색상(cc9999)을 입력한 후 [확인(OK)] 단추를 클릭합니다.

⑦ [그라디언트 편집기(Gradient Editor)] 대화상자가 다시 나타나면 오른쪽 색상 정지점(Color Stop)을 더블클릭합니다.

⑧ [정지 색상 선택(Select stop color)] 대화상자가 나타나면 색상(ffffff)을 입력한 후 [확인(OK)] 단추를 클릭합니다.

⑨ [그라디언트 편집기(Gradient Editor)] 대화상자가 다시 나타나면 [확인(OK)] 단추를 클릭합니다.

⑩ 그라디언트 설정이 변경되면 이미지 창에 그라디언트를 지정하기 위해 왼쪽에서 오른쪽 방향으로 드래그합니다.

⑪ 배경(Background)에 필터(Filter)를 지정하기 위해 [필터(Filter)]-[텍스처(Texture)]-[텍스처화(Texturizer)]를 클릭합니다.

⑫ 텍스처화(Texturizer) 대화상자가 나타나면 속성을 지정한 후 [확인(OK)] 단추를 클릭합니다.

STEP 02   패턴 만들고 적용하기

① 패턴을 만들기 위해 [파일(File)]-[새로 만들기(New)]를 클릭합니다.

② [새로 만들기(New)] 대화상자가 나타나면 폭(50)과 높이(50)를 입력한 후 배경 내용(투명)을 선택한 다음 [확인(OK)] 단추를 클릭합니다.

③ Ctrl+0을 눌러 화면 배율을 화면 크기에 맞게 확대합니다.

④ 도구 상자(Tool Box)에서 [사용자 정의 모양 도구(Custom Shape Tool)]를 선택한 후 옵션 바에서 [사용자 정의 모양 피커(Click to open Custom Shape picker)]의 목록 단추를 클릭합니다.

⑤ 사용자 정의 모양이 나타나면 [꽃 장식 2(Floral Ornament 2)]를 클릭합니다.

⑥ 꽃 장식 모양을 삽입하고자 하는 위치에서 드래그하여 삽입합니다.

⑦ [레이어(LAYERS)] 패널에서 [모양 1] 레이어의 [레이어 축소판(Layer thumbnail)]을 더블클릭합니다.

⑧ [단색 선택(Pick a solid color)] 대화상자가 나타나면 색상(ffffff)을 지정한 후 [확인(OK)] 단추를 클릭합니다.

⑨ 패턴을 저장하기 위해 레이어 패널의 빈 공간을 클릭한 후 [편집(Edit)]-[패턴 정의(Define Pattern)] 메뉴를 클릭합니다.

⑩ [패턴 이름(Pattern Name)] 대화상자가 나타나면 이름(꽃 장식 모양)을 입력한 후 [확인(OK)] 단추를 클릭합니다.

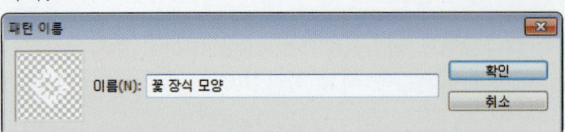

⑪ [무제-1] 탭을 클릭한 후 [레이어(LAYERS)] 패널에서 [새 레이어 추가(Create a new layer)] 단추를 클릭하여 레이어를 추가합니다.

⑫ 레이어가 추가되면 [편집(Edit)]-[칠(Fill)]을 클릭합니다.

⑬ [칠(Fill)] 대화상자가 나타나면 사용(패턴)을 선택합니다.

⑭ 사용자 정의 패턴(Custom Pattern)의 목록 단추를 클릭한 후 정의한 패턴을 더블클릭한 다음 [확인(OK)] 단추를 클릭합니다.

⑮ 패턴이 적용되면 레이어 마스크를 지정하기 위해 [레이어(LAYERS)] 패널에서 [레이어 마스크(Add layer mask)]를 클릭합니다.

⑯ 레이어 패널에 레이어 마스크가 표시되면 도구 상자(Tool Box)에서 [그라디언트 도구(Gradient Tool)]를 선택한 후 옵션 바에서 [그라디언트 편집(Click to edit the gradient)]을 클릭합니다.

⑰ [그라디언트 편집기(Gradient Editor)] 대화상자가 나타나면 사전 설정(전경색에서 배경색으로(Foreground to Background))을 선택한 후 [확인(OK)] 단추를 클릭합니다.

⑱ 그라디언트 설정이 변경되면 이미지 창에 레이어 마스크를 지정하기 위해 왼쪽에서 오른쪽 방향으로 드래그합니다.

⑲ [레이어(LAYERS)] 패널에서 불투명도(Opacity)에 '80%'를 입력합니다.

STEP 03 패스 그리기

① [레이어(LAYERS)] 패널에서 [새 레이어 추가(Create a new layer)] 단추를 클릭하여 레이어를 추가합니다.

② 레이어가 추가되면 도구 상자(Tool Box)에서 [펜 도구(Pen Tool)]을 클릭한 후 옵션 바에서 [모양 레이어(Shape layers)]를 선택합니다.

③ 펜 도구를 이용하여 패스를 작성합니다.

④ 도형에 적용된 레이어 스타일을 삭제하기 위해 [레이어(LAYERS)] 패널에서 효과(Effects)를 [레이어 삭제(Delete layer)]로 드래그합니다.

> **Tip**
> 출력형태를 참조하여 레이어 스타일 및 속성을 해제합니다.

⑤ [레이어(LAYERS)] 패널에서 [모양 2] 레이어의 [레이어 축소판(Layer thumbnail)]을 더블클릭합니다.

⑥ [단색 선택(Pick a solid color)] 대화상자가 나타나면 색상(ffcccc)을 지정한 후 [확인(OK)] 단추를 클릭합니다.

⑦ [레이어(LAYERS)] 패널에서 [레이어 스타일 추가(Add a layer style)]-[그림자 효과(Drop Shadow)] 를 클릭합니다.

⑧ [레이어 스타일(Layer Style)] 대화상자의 [그림자 효과(Drop Shadow] 탭이 나타나면 속성을 지정한 후 [확인(OK)] 단추를 클릭합니다.

⑨ 같은 방법으로 패스를 하나 더 작성합니다.

⑩ 도형에 적용된 레이어 스타일을 삭제하기 위해 [레이어(LAYERS)] 패널에서 효과(Effects)를 [레이어 삭제(Delete layer)]로 드래그합니다.

⑪ [레이어(LAYERS)] 패널에서 [모양 3] 레이어의 [레이어 축소판(Layer thumbnail)]을 더블클릭한 후 [단색 선택(Pick a solid color)] 대화상자가 나타나면 색상(cc9999)을 지정한 다음 [확인(OK)] 단추를 클릭합니다.

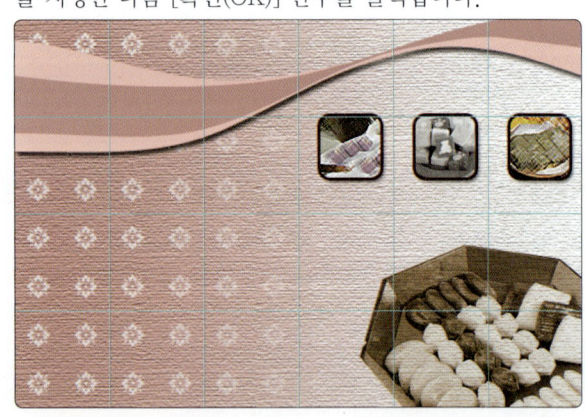

STEP 04 모서리가 둥근 직사각형 도형 그리기

① 모서리가 둥근 직사각형 도형을 작성하기 위해 도구 상자(Tool Box)에서 [모서리가 둥근 직사각형 도구(Rounded Rectangle Tool)]를 선택한 후 옵션 바에서 [모양 레이어(Shape layers)]를 선택한 다음 반경(Radius)에 '10'을 입력합니다.

② 도형을 삽입할 위치를 드래그합니다.

③ [레이어(LAYERS)] 패널에서 [모양 4] 레이어의 [레이어 축소판(Layer thumbnail)]을 더블클릭한 후 [단색 선택 (Pick a solid color)] 대화상자가 나타나면 색상(996666) 을 지정한 다음 [확인(OK)] 단추를 클릭합니다.

④ 도형에 레이어 스타일을 지정하기 위해 [레이어(LAYERS)] 패널에서 fx[레이어 스타일 추가(Add a layer style)]-[그림자(Drop Shadow)]을 클릭합니다.

⑤ [레이어 스타일(Layer Style)] 대화상자의 [그림자 효과 (Drop Shadow)] 탭이 나타나면 속성을 지정한 후 [확인 (OK)] 단추를 클릭합니다.

⑥ [레이어(LAYERS)] 패널에서 [모양] 레이어를 [새 레이어 추가(Create a new layer)] 단추로 드래그합니다.

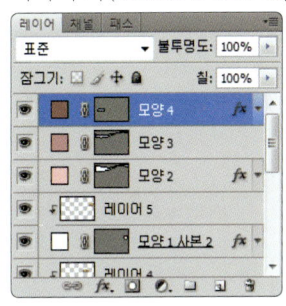 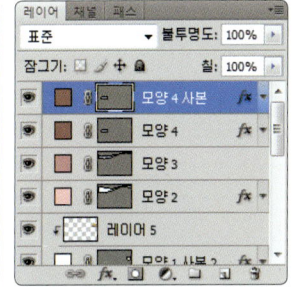

⑦ 레이어가 복사되면 같은 방법으로 레이어를 복사합니다.

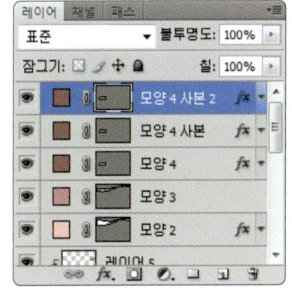

⑧ [레이어(LAYERS)] 패널에서 [모양 4 사본] 레이어를 선택한 후 도구 상자(Tool Box)에서 [이동 도구(Move Tool)]를 선택한 다음 도형의 위치를 이동합니다.

⑨ 같은 방법으로 나머지 레이어를 선택한 후 드래그하여 출력형태처럼 위치를 이동합니다.

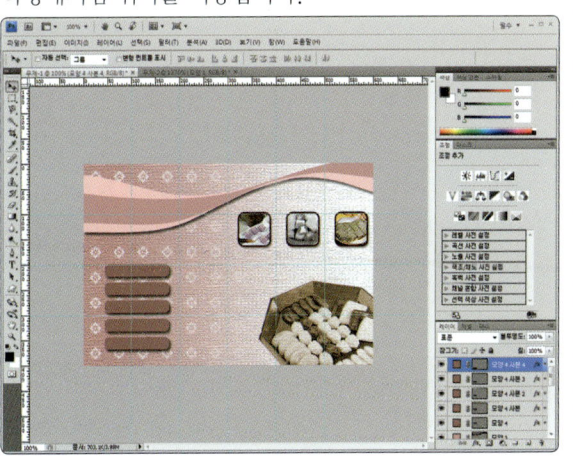

STEP 05 답안 저장 및 전송하기

① 작성한 답안을 저장하기 위해 [파일(File)]-[저장(Save)] 을 클릭합니다.

② [다른 이름으로 저장(Save As)] 대화상자가 나타나면 저장 위치(라이브러리₩문서₩GTQ)를 지정한 후 파일 이름(수험번호-성명-문제번호)을 입력한 다음 형식(JPEG (*.JPG;*.JPEG;*.JPE))을 선택하고 [저장] 단추를 클릭합니다.

③ [JPEG Options(JPEG 옵션)] 대화상자가 나타나면 품질 (Quality)을 지정한 후 [확인(OK)] 단추를 클릭합니다.

④ JPG 파일로 저장이 완료되면 PSD 파일로 저장하기 위해 [이미지(Image)]-[이미지 크기(Image Size)]를 클릭합니다.

⑤ [이미지 크기(Image Size)] 대화상자가 나타나면 폭(60) 과 높이(40)를 지정한 후 [확인(OK)] 단추를 클릭합니다.

⑥ 이미지 크기가 변경되면 PSD 파일로 저장하기 위해 [파일 (File)]-[다른 이름으로 저장(Save As)]을 클릭합니다.

⑦ [다른 이름으로 저장(Save As)] 대화상자가 나타나면 저장 위치(내문서₩GTQ)를 지정한 후 파일 이름(수험번호-성명-문제번호)을 입력한 다음 형식(Photoshop (*.PSD;*.PDD))을 선택하고 [저장] 단추를 클릭합니다.

⑧ [Photoshop 형식 옵션(Photoshop Format Options)] 대화상자가 나타나면 [확인(OK)] 단추를 클릭합니다.

⑨ 답안을 전송하기 위해 포토샵의 [최소화] 단추를 클릭합니다.

⑩ KOAS 수험자용 프로그램에서 [답안 전송] 단추를 클릭합니다.

⑪ 전송을 확인하는 페이지가 나타나면 [예] 단추를 클릭합니다.

⑫ [고사실 PC로 답안 파일 보내기] 대화상자가 나타나면 파일 목록(8개 파일)에서 전송할 파일을 선택한 후 [답안 전송] 단추를 클릭합니다.

> **Tip**
> 전송할 파일이 존재하는지 확인한 후 [답안 전송] 단추를 클릭합니다.
> [존재]에 '없음'으로 표시되면 파일이 없거나 파일 이름이 잘못 입력된 것입니다.

⑬ 답안이 전송되면 [상태]에 '성공'이라고 표시되는지 확인한 후 [닫기] 단추를 클릭합니다.

제07회 실전모의고사

01 [기능평가] 고급 Tool(도구) 활용

STEP 01 ①번 텍스트 작성하기

① 도구 상자(Tool Box)에서 [수평 문자 도구(Horizontal Type Tool)]를 선택한 후 옵션 바에서 글꼴(돋움)과 글꼴 크기(48), 글꼴 색(00cccc)을 지정합니다.

② 텍스트를 삽입할 위치를 클릭한 후 '기술과'를 입력한 다음 Enter를 누르고 강제개행되면 '산업'을 입력한 후 Ctrl+Enter를 누릅니다.

③ '산업'을 드래그하여 범위를 지정한 후 옵션 바에서 글꼴 색(ff0066)을 지정한 다음 Ctrl+Enter를 누릅니다.

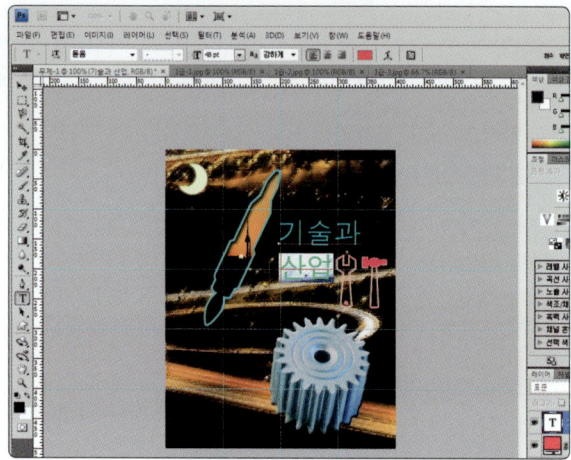

④ [레이어(LAYERS)] 패널에서 [레이어 스타일 추가(Add a layer style)]-[선(Stroke)]을 클릭합니다.

⑤ [레이어 스타일(Layer Style)] 대화상자의 [선(Stroke)] 탭이 나타나면 크기(2)를 입력한 후 [색상(Color)]을 클릭합니다.

⑥ [선 색상 선택(Select stroke color)] 대화상자가 나타나면 색상(ffffff)을 입력한 후 [확인(OK)] 단추를 클릭합니다.

⑦ [레이어 스타일(Layer Style)] 대화상자가 다시 나타나면 [확인(OK)] 단추를 클릭합니다.

02 [기능평가] 사진편집 응용

STEP 01 이미지 복사 및 색상 보정하기

① [1급-5.jpg] 탭을 클릭한 후 도구 상자(Tool Box)에서 [자석 올가미 도구(Magnetic Lasso Tool)]를 선택한 다음 드래그하여 호이스트를 선택 영역으로 지정합니다.

② 호이스트가 선택 영역으로 지정되면 Ctrl+C를 눌러 이미지를 복사한 후 [무제-1] 탭을 클릭합니다.

③ 호이스트를 붙여넣기 위해 Ctrl+V를 눌러 붙여넣기 합니다.

④ 이미지의 크기를 조절하기 위해 [편집(Edit)]-[자유 변형(Free Transform)]을 클릭합니다.

⑤ 크기 조절점이 나타나면 조절점을 드래그하여 크기를 조절한 후 Enter를 누릅니다.

⑥ [레이어(LAYERS)] 패널에서 [레이어 2] 레이어를 선택한 후 [레이어 스타일 추가(Add a layer style)]-[경사와 엠보스(Bevel and Emboss)]를 클릭합니다.

⑦ [레이어 스타일(Layer Style)] 대화상자의 [경사와 엠보스(Bevel and Emboss)] 탭이 나타나면 속성을 지정한 후 [확인(OK)] 단추를 클릭합니다.

⑧ [레이어(LAYERS)] 패널에서 [레이어 2] 레이어를 [새 레이어 추가(Create a new layer)]로 드래그합니다.

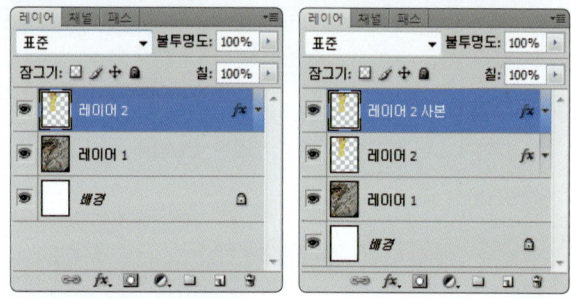

⑨ 레이어가 복사되면 [이동 도구(Move Tool)]를 선택한 후 드래그하여 위치를 이동합니다.

⑩ [레이어(LAYERS)] 패널에서 Ctrl을 누른 상태에서 [레이어 2] 레이어의 [레이어 축소판(Layer thumbnail)]을 클릭합니다.

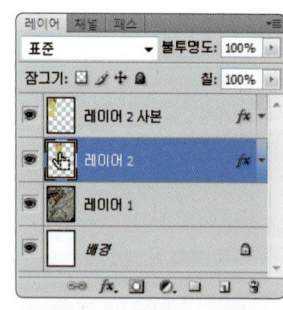

⑪ [레이어(LAYERS)] 패널에서 [새 칠 또는 조정 레이어(Create new fill or adjustment layer)]-[색조/채도(Hue/Saturation)]를 클릭합니다.

⑫ [색조/채도(Hue/Saturation)] 레이어가 추가되면 [조정(ADJUSTMENTS)] 패널에서 [색상화(Colorize)]를 선택한 후 색조(Hue)와 채도(Saturation) 값을 조절하여 이미지를 빨간색 계열로 보정합니다.

> **Tip**
> 색조(Hue) : 0, 채도(Saturation) : 70, 밝기(Lightness) : 0

03 [실무응용] 포스터 제작

STEP 01 이미지 복사 및 레이어 마스크 적용하기

① [1급-7.jpg] 탭에서 Ctrl+A를 눌러 이미지 전체를 선택 영역으로 지정한 후 Ctrl+C를 눌러 이미지를 복사합니다.

② 복사된 이미지를 작업 이미지 창에 붙여넣기 위해 [무제-1] 탭을 클릭한 후 Ctrl+V를 눌러 복사한 이미지를 붙여넣기 합니다.

③ 이미지의 방향을 바꾸기 위해 [편집(Edit)]-[변형(Transform)]-[시계 반대 방향으로 90도 회전(Rotate 90° CCW)]을 클릭합니다.

④ 이미지가 시계 반대 방향으로 90° 회전하면 [편집(Edit)]-[자유 변형(Free Transform)]을 클릭합니다.

⑤ 이미지에 크기 조절점이 나타나면 크기 조절점을 드래그하여 크기를 조절한 후 Enter를 누릅니다.

⑥ [레이어(LAYERS)] 패널에서 불투명도(Opacity)에 '70%'를 입력합니다.

⑦ 필터가 적용되면 레이어 마스크를 지정하기 위해 [레이어(LAYERS)] 패널에서 [레이어 마스크(Add layer mask)]를 클릭합니다.

⑧ [레이어(LAYERS)] 패널에 레이어 마스크가 표시되면 도구 상자(Tool Box)에서 [그라디언트 도구(Gradient Tool)]를 선택한 후 옵션 바에서 [그라디언트 편집(Click to edit the gradient)]을 클릭합니다.

⑨ [그라디언트 편집기(Gradient Editor)] 대화상자가 나타나면 사전 설정(전경색에서 배경색으로(Foreground to Background))을 선택한 후 [확인(OK)] 단추를 클릭합니다.

⑩ 그라디언트 설정이 변경되면 이미지 창에 레이어 마스크를 지정하기 위해 위에서 아래로 드래그합니다.

제08회 실전모의고사

03 [실무응용] 포스터 제작

STEP 01 이미지 복사, 색상 보정, 레이어 스타일

① [1급-10.jpg] 탭을 클릭한 후 도구 상자(Tool Box)에서 [자석 올가미 도구(Magnetic Lasso Tool)]를 선택한 다음 드래그하여 깃털을 선택 영역으로 지정합니다.

② 깃털이 선택 영역으로 지정되면 Ctrl+C를 눌러 이미지를 복사한 후 [무제-1] 탭을 클릭합니다.

③ 깃털을 붙여넣기 위해 Ctrl+V를 눌러 붙여넣기 합니다.

④ 이미지를 좌우 대칭시키기 위해 [편집(Edit)]-[변형(Transform)]-[가로로 뒤집기(Flip Horizontal)]를 클릭합니다.

⑤ 이미지가 좌우 대칭되면 이미지의 크기를 조절하기 위해 [편집(Edit)]-[자유 변형(Free Transform)] 메뉴를 클릭합니다.

⑥ 크기 조절점이 나타나면 조절점을 드래그하여 크기를 조절한 후 Enter를 누릅니다.

⑦ 이미지에 레이어 스타일을 지정하기 위해 fx.[레이어 스타일 추가(Add a layer style)]-[그림자(Drop Shadow]를 클릭합니다.

⑧ [레이어 스타일(Layer Style)] 대화상자의 [그림자 효과(Drop Shadow] 탭이 나타나면 속성을 지정한 후 [확인(OK)] 단추를 클릭합니다.

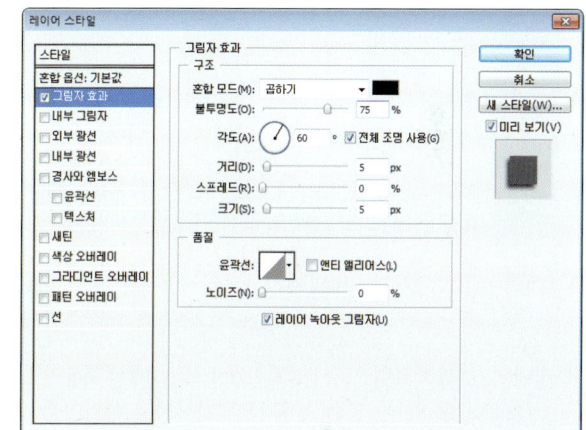

04 [실무응용] 홈페이지 메뉴바 제작

STEP 01 패턴 만들기

① 패턴을 만들기 위해 [파일(File)]-[새로 만들기(New)]를 클릭합니다.

② [새로 만들기(New)] 대화상자가 나타나면 폭(30)과 높이(30)를 입력한 후 배경 내용(투명)을 선택한 다음 [확인(OK)] 단추를 클릭합니다.

③ Ctrl+0을 눌러 화면 배율을 화면 크기에 맞게 확대합니다.

④ 눈금자를 드래그하여 안내선(Guides)을 15픽셀 단위로 그립니다.

⑤ 도구 상자(Tool Box)에서 [사용자 정의 모양 도구(Custom Shape Tool)]를 선택한 후 옵션 바에서 [사용자 정의 모양 피커(Click to open Custom Shape picker)]의 목록 단추를 클릭합니다.

⑥ 사용자 정의 모양이 나타나면 ▶[팝업 메뉴 단추]-[자연(Nature)] 메뉴를 클릭합니다.

⑦ [현재 모양을 자연의 모양으로 대체하시겠습니까?]를 묻는 대화상자가 나타나면 [확인(OK)] 단추를 클릭합니다.

⑧ 사용자 정의 모양이 자연(Nature) 목록으로 변경되면 ✖[나비(Butterfly)]를 클릭합니다.

⑨ 나비 모양을 삽입하고자 하는 위치에서 드래그하여 삽입합니다.

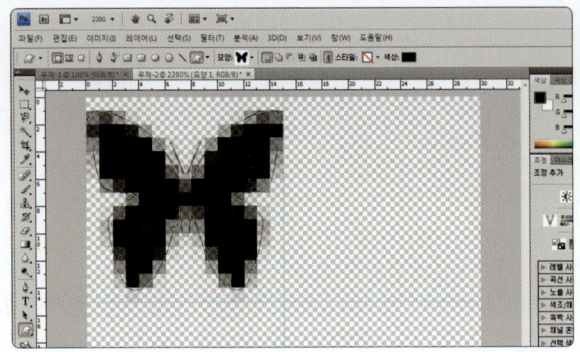

⑩ [레이어(LAYERS)] 패널에서 [모양 1] 레이어의 [레이어 축소판(Layer thumbnail)]을 더블클릭합니다.

⑪ [단색 선택(Pick a solid color)] 대화상자가 나타나면 색상(ffffff)을 지정한 후 [확인(OK)] 단추를 클릭합니다.

⑫ [레이어(LAYERS)] 패널에서 [모양 1] 레이어를 ⬛[새 레이어 추가(Create a new layer)] 단추로 드래그합니다.

⑬ 레이어가 복사되면 도구 상자(Tool Box)에서 ▶⊕[이동 도구(Move Tool)]를 선택한 후 [모양 1 사본] 레이어를 드래그하여 위치를 조절합니다.

⑭ [레이어(LAYERS)] 패널에서 Shift를 누른 상태에서 [모양 1] 레이어를 클릭하여 [모양 1] 레이어와 [모양 1 사본] 레이어를 선택한 후 Ctrl+E를 눌러 레이어를 합칩니다.

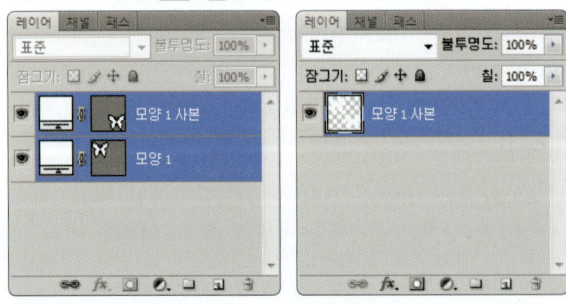

⑮ 패턴을 저장하기 위해 [편집(Edit)]-[패턴 정의(Define Pattern)]를 클릭합니다.

⑯ [패턴 이름(Pattern Name)] 대화상자가 나타나면 이름(나비 모양)을 입력한 후 [확인(OK)] 단추를 클릭합니다.

⑰ 패턴을 지정하기 위해 [무제-1] 탭을 선택한 후 [레이어(LAYERS)] 패널에서 ⬛[새 레이어 추가(Create a new layer)]를 클릭합니다.

⑱ 레이어가 추가되면 [편집(Edit)]-[칠(Fill)]을 클릭한 후 [칠(Fill)] 대화상자가 나타나면 사용(패턴)을 선택합니다.

⑲ 사용자 정의 패턴(Custom Pattern)의 목록 단추를 클릭한 후 정의한 패턴을 더블클릭한 다음 [확인(OK)] 단추를 클릭합니다.

⑳ [레이어(LAYERS)] 패널에서 불투명도(Opacity)에 '50%'를 입력합니다.

STEP 02 답안 저장 및 전송하기

① 작성한 답안을 저장하기 위해 [파일(File)]-[저장(Save)]을 클릭합니다.

② [다른 이름으로 저장(Save As)] 대화상자가 나타나면 저장 위치(라이브러리₩문서₩GTQ)를 지정한 후 파일 이름(수험번호-성명-문제번호)을 입력한 다음 형식(JPEG (*.JPG;*.JPEG;*.JPE))을 선택하고 [저장] 단추를 클릭합니다.

③ [JPEG Options(JPEG 옵션)] 대화상자가 나타나면 품질(Quality)을 지정한 후 [확인(OK)] 단추를 클릭합니다.

④ JPG 파일로 저장이 완료되면 PSD 파일로 저장하기 위해 [이미지(Image)]-[이미지 크기(Image Size)]를 클릭합니다.

⑤ [이미지 크기(Image Size)] 대화상자가 나타나면 폭(60)과 높이(40)를 지정한 후 [확인(OK)] 단추를 클릭합니다.

⑥ 이미지 크기가 변경되면 PSD 파일로 저장하기 위해 [파일(File)]-[다른 이름으로 저장(Save As)] 메뉴를 클릭합니다.

⑦ [다른 이름으로 저장(Save As)] 대화상자가 나타나면 저장 위치(라이브러리₩문서₩GTQ)를 지정한 후 파일 이름(수험번호-성명-문제번호)을 입력한 다음 형식(Photoshop (*.PSD;*.PDD))을 선택하고 [저장] 단추를 클릭합니다.

⑧ [Photoshop 형식 옵션(Photoshop Format Options)] 대화상자가 나타나면 [확인(OK)] 단추를 클릭합니다.

⑨ 답안을 전송하기 위해 포토샵의 ➖[최소화] 단추를 클릭합니다.

⑩ KOAS 수험자용 프로그램에서 [답안 전송] 단추를 클릭합니다.

⑪ 전송을 확인하는 페이지가 나타나면 [예] 단추를 클릭합니다.

⑫ [고사실 PC로 답안 파일 보내기] 대화상자가 나타나면 파일 목록(8개 파일)에서 전송할 파일을 선택한 후 [답안 전송] 단추를 클릭합니다.

⑬ 답안이 전송되면 [상태]에 '성공'이라고 표시되는지 확인한 후 [닫기] 단추를 클릭합니다.

Chapter 02 최신기출문제

정답 및 해설

제 01 회 최신기출문제

01 [기능평가] 고급 Tool(도구) 활용

STEP 01 작업 이미지 창 생성 및 이미지 복사하기

① Adobe Photoshop CS4를 실행하기 위해 [시작]-[모든 프로그램]-[Adobe Photoshop CS4]를 클릭합니다.

② Adobe Photoshop CS4 프로그램이 실행되면 [파일(File)]-[새로 만들기(New)]를 클릭합니다.

③ [새로 만들기(New)] 대화상자가 나타나면 폭(400)과 높이(500)를 입력한 후 [확인(OK)] 단추를 클릭합니다.

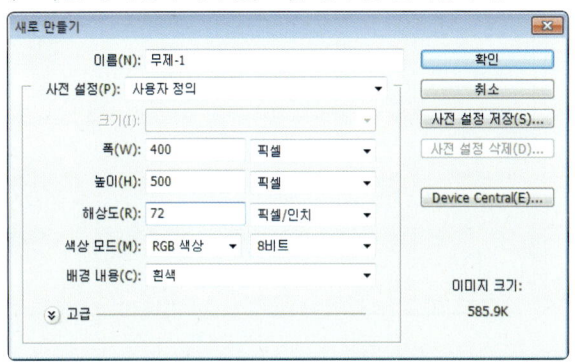

④ 이미지 창이 만들어지면 눈금자가 표시되는지 확인한 후 눈금자가 나타나지 않을 경우 [보기(View)]-[눈금자(Rulers)]를 클릭합니다.

⑤ 눈금자가 나타나면 눈금자를 드래그하여 안내선(Guides)을 100 픽셀 단위로 그립니다.

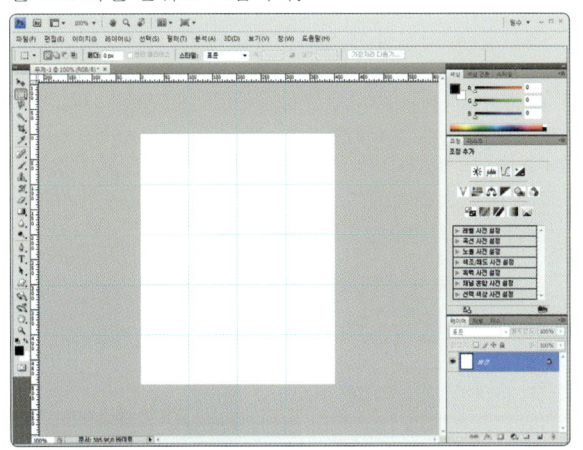

⑥ 안내선(Guides)이 만들어지면 [파일(File)]-[열기(Open)]를 클릭합니다.

⑦ [열기(Open)] 대화상자가 나타나면 찾는 위치(라이브러리₩문서₩GTQ₩Image)를 지정한 후 '1급-1.jpg ~ 1급-3.jpg' 파일을 선택한 다음 [열기] 단추를 클릭합니다.

⑧ 이미지가 불러와지면 [1급-1.jpg] 탭을 선택한 후 Ctrl+A를 눌러 이미지 전체를 선택 영역으로 지정합니다.

⑨ 선택 영역이 지정되면 Ctrl+C를 눌러 이미지를 복사합니다.

⑩ 복사된 이미지를 작업 이미지 창에 붙여넣기 위해 [무제-1] 탭을 클릭한 후 Ctrl+V를 눌러 붙여넣기 합니다.

⑪ 이미지가 복사되면 [편집(Edit)]-[자유 변형(Free Transform)]을 클릭합니다.

⑫ 이미지에 크기 조절점에 생기면 드래그하여 이미지의 크기를 조절합니다.

⑬ 도구 상자(Tool Box)에서 [이동 도구(Move Tool)]를 선택한 후 도형 위치를 이동합니다.

STEP 02 필터(Filter) 적용하기

① 이미지에 필터(Filter)를 지정하기 위해 [필터(Filter)]-[예술 효과(Artistic)]-[드라이 브러쉬(Dry Brush)]를 클릭합니다.

② [Dry Brush(드라이 브러쉬)] 대화상자가 나타나면 속성을 지정한 후 [확인(OK)] 단추를 클릭합니다.

③ 이미지에 드라이 브러쉬(Dry Brush) 필터가 적용됩니다.

Chapter02 · 최신기출문제 **321**

STEP 03 패스 그리기 및 레이어 스타일 적용하기

① 도구 상자(Tool Box)에서 [펜 도구(Pen Tool)]을 클릭한 후 옵션 바에서 [패스(PATHS)]를 선택합니다.

② 펜 도구(Pen Tool)을 이용하여 다음과 같이 상어 모양을 그립니다.

③ 패스를 저장하기 위해 [패스(PATHS)] 패널을 클릭한 후 [작업 패스(Work Path)] 레이어를 더블클릭합니다.

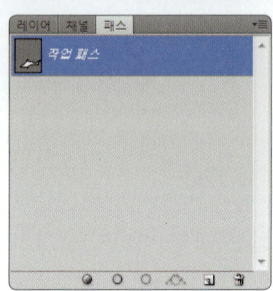

④ [패스 저장(Save Path)] 대화상자가 나타나면 이름(상어 모양)을 입력한 후 [확인(OK)] 단추를 클릭합니다.

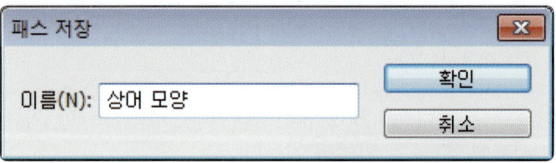

⑤ [패스(PATHS)] 패널에서 Ctrl을 누른 상태에서 [상어 모양] 패스의 [패스 축소판(Path thumbnail)]을 클릭합니다.

⑥ 패스 모양에 맞춰 선택 영역이 지정되면 [레이어(LAYERS)] 패널을 선택한 후 Alt + Delete 를 눌러 전경색을 칠합니다.

⑦ [레이어(LAYERS)] 패널에서 fx.[레이어 스타일 추가(Add a layer style)]-[선(Stroke)]을 클릭합니다.

⑧ [레이어 스타일(Layer Style)] 대화상자의 [선(Stroke)] 탭이 나타나면 크기(3)를 입력한 후 [색상(Color)]을 클릭합니다.

⑨ [선 색상 선택(Select stroke color)] 대화상자가 나타나면 색상(ffcccc)을 입력한 후 [확인(OK)] 단추를 클릭합니다.

⑩ [레이어 스타일(Layer Style)] 대화상자가 다시 나타나면 [Inner Shadow(내부 그림자)] 탭을 클릭합니다.

⑪ [레이어 스타일(Layer Style)] 대화상자의 [Inner Shadow(내부 그림자)] 탭이 나타나면 속성을 지정한 후 [확인(OK)] 단추를 클릭합니다.

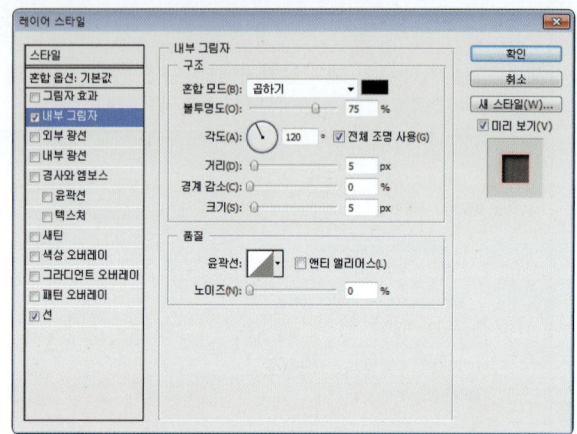

STEP 04 클리핑 마스크 설정 및 레이어 스타일 적용하기

① [1급-2.jpg] 탭을 클릭한 후 Ctrl + A 를 눌러 이미지 전체를 선택 영역으로 지정한 후 Ctrl + C 를 눌러 이미지를 복사합니다.

② 복사된 이미지를 작업 이미지 창에 붙여넣기 위해 [무제-1] 탭을 클릭한 후 Ctrl + V 를 눌러 복사한 이미지를 붙여넣기 합니다.

③ 이미지가 복사되어 나타나면 클리핑 마스크를 지정하기 위해 [Layer(레이어)]-[Create Clipping Mask(클리핑 마스크 만들기)]를 클릭합니다.

④ 클리핑 마스크가 만들어지면 도구 상자(Tool Box)에서 [이동 도구(Move Tool)]를 선택한 후 위치를 이동합니다.

STEP 05 이미지 복사 및 레이어 스타일 적용하기

① [1급-3.jpg] 탭을 클릭한 후 도구 상자(Tool Box)에서 [자석 올가미 도구(Magnetic Lasso Tool)]를 선택한 다음 옵션 바에서 빈도 수(Frequency)에 '100'을 입력합니다.

② 시작점을 클릭한 후 드래그하여 갈매기를 선택 영역으로 지정합니다.

③ 갈매기가 선택 영역으로 지정되면 Ctrl+C를 눌러 이미지를 복사한 후 [무제-1] 탭을 클릭합니다.

④ 갈매기를 붙여넣기 위해 [레이어(LAYERS)] 패널에서 [레이어 2]를 선택한 후 Ctrl+V를 눌러 붙여넣기 합니다.

⑤ 이미지를 좌우 대칭시키기 위해 [편집(Edit)]-[변형(Transform)]-[가로로 뒤집기(Flip Horizontal)]를 클릭합니다.

⑥ 이미지가 좌우 대칭되면 크기를 조절하기 위해 [편집(Edit)]-[자유 변형(Free Transform)]을 클릭합니다.

⑦ 크기 조절점이 나타나면 조절점을 드래그하여 크기를 조절합니다.

⑧ 크기 조절점의 모서리 부분에 마우스 포인터를 위치시킨 후 ↻ 모양으로 변경되면 드래그하여 갈매기를 회전시킨 다음 Enter를 누릅니다.

⑨ [레이어(LAYERS)] 패널에서 [레이어 스타일 추가(Add a layer style)]-[그림자(Drop Shadow)]를 클릭합니다.

⑩ [레이어 스타일(Layer Style)] 대화상자의 [그림자 효과(Drop Shadow)] 탭이 나타나면 속성을 지정한 후 [확인(OK)] 단추를 클릭합니다.

STEP 06 파도 모양 도형 작성하기

① 사용자 정의 모양 도형을 작성하기 위해 도구 상자(Tool Box)에서 [사용자 정의 모양 도구(Custom Shape Tool)]를 선택한 다음 옵션 바에서 [사용자 정의 모양 피커(Click to open Custom Shape picker)]의 목록 단추를 클릭합니다.

② 사용자 정의 모양이 나타나면 [팝업 메뉴 단추]-[자연(Nature)]을 클릭합니다.

③ [현재 모양을 자연의 모양으로 대체하시겠습니까?]를 묻는 대화상자가 나타나면 [확인(OK)] 단추를 클릭합니다.

④ 사용자 정의 모양이 자연(Nature) 목록으로 변경되면 [파도(Waves)]를 클릭합니다.

⑤ 파도 모양을 삽입하고자 하는 위치에서 드래그하여 삽입합니다.

⑥ [레이어(LAYERS)] 패널에서 [모양 1] 레이어의 [레이어 축소판(Layer thumbnail)]을 더블클릭합니다.

⑦ [단색 선택(Pick a solid color)] 대화상자가 나타나면 색상(0066ff)을 지정한 후 [확인(OK)] 단추를 클릭합니다.

⑧ 레이어 스타일을 지정하기 위해 [레이어 스타일 추가(Add a layer style)]-[경사와 엠보스(Bevel and Emboss)]를 클릭합니다.

⑨ [레이어 스타일(Layer Style)] 대화상자의 [경사와 엠보스(Bevel and Emboss)] 탭이 나타나면 속성을 지정한 후 [확인(OK)] 단추를 클릭합니다.

STEP 07 금지 모양 도형 작성하기

① 옵션 바에서 [사용자 정의 모양 피커(Click to open Custom Shape picker)]의 목록 단추를 클릭한 후 [팝업 메뉴 단추]-[심볼(Symbols)] 메뉴를 클릭합니다.

② 사용자 정의 모양이 심볼(Symbols) 목록으로 변경되면 [금지('No' Sign)]를 클릭합니다.

③ 금지 모양을 삽입하고자 하는 위치에서 드래그하여 삽입합니다.

④ [레이어(LAYERS)] 패널에서 [모양 2] 레이어의 효과(Effects)를 🗑[레이어 삭제(Delete layer)]로 드래그합니다.

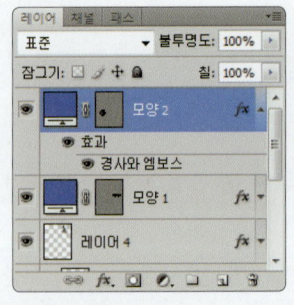 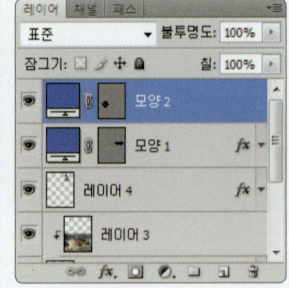

⑤ 이미지를 좌우 대칭시키기 위해 [편집(Edit)]-[변형(Transform)]-[가로로 뒤집기(Flip Horizontal)] 메뉴를 클릭합니다.

⑥ [레이어(LAYERS)] 패널에서 [모양 2] 레이어의 [레이어 축소판(Layer thumbnail)]을 더블클릭합니다.

⑦ [단색 선택(Pick a solid color)] 대화상자가 나타나면 색상(ff0000)을 지정한 후 [확인(OK)] 단추를 클릭합니다.

⑧ 금지 모양에 레이어 스타일을 지정하기 위해 fx[레이어 스타일 추가(Add a layer style)]-[외부 광선(Outer Glow)]을 클릭합니다.

⑨ [레이어 스타일(Layer Style)] 대화상자의 [외부 광선(Outer Glow)] 탭이 나타나면 속성을 지정한 후 [확인(OK)] 단추를 클릭합니다.

STEP 08 ①번 텍스트 작성하기

① 도구 상자(Tool Box)에서 T[수평 문자 도구(Horizontal Type Tool)]를 선택한 후 옵션 바에서 글꼴(바탕)과 글꼴 크기(40)를 지정합니다.

② 텍스트를 삽입할 위치를 클릭한 후 '수영은'을 입력한 다음 Enter 를 눌러 강제개행하고 '안전한 곳에서'를 입력한 후 Ctrl + Enter 를 누릅니다.

③ [레이어(LAYERS)] 패널에서 fx[레이어 스타일 추가(Add a layer style)]-[그라디언트 오버레이(Gradient Overlay)]를 클릭합니다.

④ [레이어 스타일(Layer Style)] 대화상자의 [그라디언트 오버레이(Gradient Overlay)] 탭이 나타나면 [그라디언트 편집(Click to edit the gradient)]을 클릭합니다.

⑤ [그라디언트 편집기(Gradient Editor)] 대화상자가 나타나면 왼쪽 Color Stop(색상 정지점)을 더블클릭합니다.

⑥ [정지 색상 선택(Select stop color)] 대화상자가 나타나면 색상(0000ff)을 입력한 후 [확인(OK)] 단추를 클릭합니다.

⑦ [그라디언트 편집기(Gradient Editor)] 대화상자가 다시 나타나면 오른쪽 Color Stop(색상 정지점)을 더블클릭합니다.

⑧ [정지 색상 선택(Select stop color)] 대화상자가 나타나면 색상(66ffcc)을 입력한 후 [확인(OK)] 단추를 클릭합니다.

⑨ [그라디언트 편집기(Gradient Editor)] 대화상자가 다시 나타나면 [확인(OK)] 단추를 클릭합니다.

⑩ [레이어 스타일(Layer Style)] 대화상자가 다시 나타나면 [선(Stroke)] 탭을 클릭합니다.

⑪ [레이어 스타일(Layer Style)] 대화상자의 [선(Stroke)] 탭이 나타나면 크기(2)를 입력한 후 [색상(Color)]을 클릭합니다.

⑫ [선 색상 선택(Select stroke color)] 대화상자가 나타나면 색상(ffffff)을 입력한 후 [확인(OK)] 단추를 클릭합니다.

⑬ [레이어 스타일(Layer Style)] 대화상자가 다시 나타나면 [확인(OK)] 단추를 클릭합니다.

02 [기능평가] 사진편집 응용

STEP 01 작업 이미지 창 생성 및 이미지 복사하기

① [문제1]에서 작성한 파일을 모두 닫은 후 [파일(File)]-[새로 만들기(New)]를 클릭합니다.

② [새로 만들기(New)] 대화상자가 나타나면 폭(400)과 높이(500)를 입력한 후 [확인(OK)] 단추를 클릭합니다.

③ 눈금자를 드래그하여 안내선(Guides)을 100 픽셀 단위로 그립니다.

④ 안내선(Guides)이 만들어지면 [파일(File)]-[열기(Open)]를 클릭합니다.

⑤ [열기(Open)] 대화상자가 나타나면 찾는 위치(라이브러리₩문서₩GTQ₩Image)를 지정한 후 '1급-4.jpg ~ 1급-6.jpg' 파일을 선택한 다음 [열기] 단추를 클릭합니다.

⑥ 이미지가 불러와지면 [1급-4.jpg] 탭을 선택한 후 Ctrl+A를 눌러 이미지 전체를 선택 영역으로 지정한 다음 Ctrl+C를 눌러 이미지를 복사합니다.

⑦ 복사된 이미지를 작업 이미지 창에 붙여넣기 위해 [무제-1] 탭을 클릭한 후 Ctrl+V를 눌러 붙여넣기 합니다.

⑧ 이미지를 좌우 대칭시키기 위해 [편집(Edit)]-[변형(Transform)]-[가로로 뒤집기(Flip Horizontal)]를 클릭합니다.

⑨ 이미지가 좌우 대칭되면 크기를 조절하기 위해 [편집(Edit)]-[자유 변형(Free Transform)]을 클릭합니다.

⑩ 크기 조절점이 나타나면 조절점을 드래그하여 크기 및 위치를 조절한 후 Enter를 누릅니다.

STEP 02 필터 적용하기

① 이미지에 필터(Filter)를 지정하기 위해 [필터(Filter)]-[텍스처(Texture)]-[텍스처화(Texturier)]를 클릭합니다.

② [Texturier(텍스처화)] 대화상자가 나타나면 속성을 지정한 후 [확인(OK)] 단추를 클릭합니다.

STEP 03 이미지 복사 및 색상 보정하기

① [1급-5.jpg] 탭을 클릭한 후 도구 상자(Tool Box)에서 [자동 선택 도구Magic Wand Tool)]를 선택한 다음 옵션 바에서 허용치(Tolerance)에 '20'을 입력합니다.

② 흰색 배경 부분을 클릭하여 선택 영역을 지정합니다.

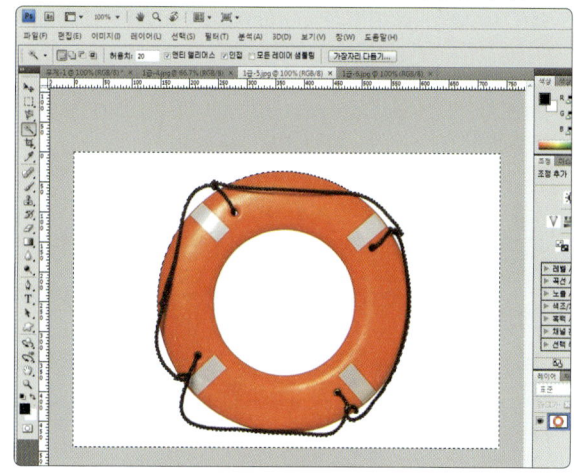

③ 옵션 바에서 [선택 영역에 추가(Add to selection)]를 선택한 후 추가하고자 하는 부분을 클릭하여 선택 영역을 추가로 지정합니다.

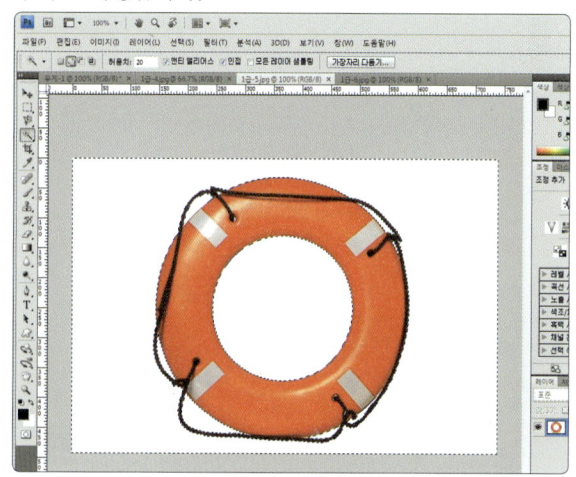

④ 선택 영역을 반전하기 위해 [선택(Select)]-[반전(Inverse)]을 클릭합니다.

⑤ 선택 영역이 반전되면 Ctrl+C를 눌러 이미지를 복사한 후 [무제-1] 탭을 클릭한 다음 Ctrl+V를 눌러 붙여넣기 합니다.

⑥ 이미지의 크기를 조절하기 위해 [편집(Edit)]-[자유 변형(Free Transform)]을 클릭합니다.

⑦ 크기 조절점이 나타나면 조절점을 드래그하여 크기를 조절한 후 Enter를 누릅니다.

⑧ [레이어(LAYERS)] 패널에서 Ctrl을 누른 상태에서 [레이어 2] 레이어의 [레이어 축소판(Layer thumbnail)]을 클릭합니다.

⑨ [레이어(LAYERS)] 패널에서 ⬤.[새 칠 또는 조정 레이어(Create new fill or adjustment layer)]-[색조/채도(Hue/Saturation)]를 클릭합니다.

⑩ [색조/채도(Hue/Saturation)] 레이어가 추가되면 [조정(ADJUSTMENTS) 패널에서 [색상화(Colorize)]를 선택한 후 색조(Hue)와 채도(Saturation) 값을 조절하여 이미지를 노란색 계열로 보정합니다.

⑪ [레이어(LAYERS)] 패널에서 [레이어 2] 레이어를 선택한 후 fx.[레이어 스타일 추가(Add a layer style)]-[내부 광선(Inner Glow)]을 클릭합니다.

⑫ [레이어 스타일(Layer Style)] 대화상자의 [내부 광선(Inner Glow)] 탭이 나타나면 속성을 지정한 후 [확인(OK)] 단추를 클릭합니다.

STEP 04 이미지 복사 및 레이어 스타일 적용하기

① [1급-6.jpg] 탭을 클릭한 후 도구 상자(Tool Box)에서 [자석 올가미 도구(Magnetic Lasso Tool)]를 선택한 다음 요트를 선택 영역으로 지정합니다.

② 요트가 선택 영역으로 지정되면 Ctrl+C를 눌러 선택 영역의 이미지를 복사한 후 [무제-1] 탭을 클릭합니다.

③ [레이어(LAYERS)] 패널에서 [색조/채도-1(Hue/Saturation-1)] 레이어를 선택한 후 Ctrl+V를 눌러 붙여넣기 합니다.

④ 이미지를 좌우 대칭시키기 위해 [편집(Edit)]-[변형(Transform)]-[가로로 뒤집기(Flip Horizontal)]를 클릭합니다.

⑤ 이미지의 크기를 조절하기 위해 [편집(Edit)]-[자유 변형(Free Transform)]을 클릭합니다.

⑥ 크기 조절점이 나타나면 조절점을 드래그하여 크기를 조절한 후 Enter를 누릅니다.

⑦ 레이어 스타일을 지정하기 위해 fx.[레이어 스타일 추가(Add a layer style)]-[외부 광선(Outer Glow)]을 클릭합니다.

⑧ [레이어 스타일(Layer Style)] 대화상자의 [외부 광선(Outer Glow)] 탭이 나타나면 속성을 지정한 후 [확인(OK)] 단추를 클릭합니다.

STEP 05 보행자 모양 도형 작성하기

① 도구 상자(Tool Box)에서 [사용자 정의 모양 도구(Custom Shape Tool)]를 선택한 후 옵션 바에서 [사용자 정의 모양 피커(Click to open Custom Shape picker)]의 목록 단추를 클릭합니다.

② 사용자 정의 모양이 나타나면 [보행자(Pedestrian)]를 클릭합니다.

③ 도형을 삽입하고자 하는 위치에서 드래그하여 보행자 모양 도형을 작성합니다.

④ 색상을 지정하기 위해 [레이어(LAYERS)] 패널에서 [모양 1] 레이어의 [레이어 축소판(Layer thumbnail)]을 더블클릭합니다.

⑤ [단색 선택(Pick a solid color)] 대화상자가 나타나면 색상(ff0000)을 지정한 후 [확인(OK)] 단추를 클릭합니다.

⑥ [레이어(LAYERS)] 패널에서 fx.[레이어 스타일 추가(Add a layer style)]-[경사와 엠보스(Bevel and Emboss)]를 클릭합니다.

⑦ [레이어 스타일(Layer Style)] 대화상자의 [경사와 엠보스(Bevel and Emboss)] 탭이 나타나면 속성을 지정한 후 [확인(OK)] 단추를 클릭합니다.

⑧ [레이어(LAYERS)] 패널에서 [모양 1] 레이어를 [새 레이어 추가(Create a new layer)] 단추로 드래그합니다.

⑨ 레이어가 복사되면 [모양 1 사본] 레이어를 선택한 후 도구 상자(Tool Box)에서 [이동 도구(Move Tool)]를 선택한 다음 도형의 위치를 이동합니다.

⑩ 색상을 지정하기 위해 [레이어(LAYERS)] 패널에서 [모양 1 사본] 레이어의 [레이어 축소판(Layer thumbnail)]을 더블클릭합니다.

⑪ [단색 선택(Pick a solid color)] 대화상자가 나타나면 색상(0066ff)을 지정한 후 [확인(OK)] 단추를 클릭합니다.

STEP 06 ▪ 지그재그 모양 도형 작성하기

① 옵션 바에서 [사용자 정의 모양 피커(Click to open Custom Shape picker)]의 목록 단추를 클릭한 후 [팝업 메뉴 단추]-[장식(Ornaments)]을 클릭합니다.

② [현재 모양을 장식의 모양으로 대체하시겠습니까?]를 묻는 대화상자가 나타나면 [확인(OK)] 단추를 클릭합니다.

③ 사용자 정의 모양이 장식(Ornaments) 목록으로 변경되면 [지그재그(ZigZag)]를 클릭합니다.

④ 지그재그 모양을 삽입하고자 하는 위치에서 드래그하여 삽입합니다.

⑤ [레이어(LAYERS)] 패널에서 [모양 2] 레이어의 효과(Effects)를 [레이어 삭제(Delete layer)]로 드래그합니다.

⑥ [레이어(LAYERS)] 패널에서 [모양 2] 레이어의 [레이어 축소판(Layer thumbnail)]을 더블클릭합니다.

⑦ [단색 선택(Pick a solid color)] 대화상자가 나타나면 색상(0000ff)을 지정한 후 [확인(OK)] 단추를 클릭합니다.

⑧ [레이어(LAYERS)] 패널에서 [레이어 스타일 추가(Add a layer style)]-[선(Stroke)]을 클릭합니다.

⑨ [레이어 스타일(Layer Style)] 대화상자의 [선(Stroke)] 탭이 나타나면 크기(2)를 입력한 후 [색상(Color)]을 클릭합니다.

⑩ [선 색상 선택(Select stroke color)] 대화상자가 나타나면 색상(ffffff)을 입력한 후 [확인(OK)] 단추를 클릭합니다.

⑪ [레이어 스타일(Layer Style)] 대화상자가 다시 나타나면 [확인(OK)] 단추를 클릭합니다.

STEP 07 ▪ ①번 텍스트 작성하기

① 도구 상자(Tool Box)에서 [수평 문자 도구(Horizontal Type Tool)]를 선택한 후 옵션 바에서 글꼴(돋움)과 글꼴 크기(30), 색상(ffffff)을 지정합니다.

② 텍스트를 삽입할 위치를 클릭한 후 '수상 안전의 필수품'을 입력한 다음 Ctrl+Enter를 누릅니다.

③ 텍스트에 레이어 스타일을 지정하기 위해 [레이어(LAYERS)] 패널에서 [레이어 스타일 추가(Add a layer style)]-[선(Stroke)]을 클릭합니다.

④ [레이어 스타일(Layer Style)] 대화상자의 [선(Stroke)] 탭이 나타나면 크기(3)를 입력한 후 [색상(Color)]을 클릭합니다.

⑤ [선 색상 선택(Select stroke color)] 대화상자가 나타나면 색상(3300ff)을 입력한 후 [확인(OK)] 단추를 클릭합니다.

⑥ [레이어 스타일(Layer Style)] 대화상자가 다시 나타나면 [그림자 효과(Drop Shadow)] 탭을 클릭합니다.

⑦ [레이어 스타일(Layer Style)] 대화상자의 [그림자 효과(Drop Shadow)] 탭이 나타나면 속성을 지정한 후 [확인(OK)] 단추를 클릭합니다.

⑧ 텍스트에 변형을 주기 위해 옵션 바에서 [텍스트 변형(Create warp text)]을 클릭합니다.

⑨ [텍스트 변형(Warp Text)] 대화상자가 나타나면 스타일(부채꼴)을 선택한 후 구부리기(Bend)를 조절한 다음 [확인(OK)] 단추를 클릭합니다.

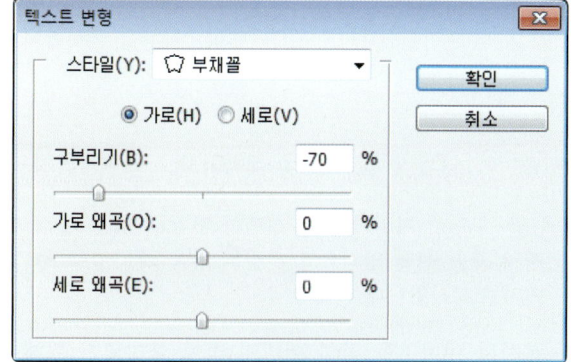

⑩ 이미지를 회전하기 위해 [편집(Edit)]-[자유 변형(Free Transform)]을 클릭합니다.

⑪ 크기 조절점의 모서리 부분에 마우스 포인터를 위치시킨 후 ↻ 모양으로 변경되면 드래그하여 텍스트를 회전시킨 다음 Enter를 누릅니다.

03 [실무응용] 포스터 제작

STEP 01 작업 이미지 창 생성 및 이미지 복사, 필터

① [문제2]에서 작성한 파일을 모두 닫은 후 [파일(File)]-[새로 만들기(New)]를 클릭합니다.

② [새로 만들기(New)] 대화상자가 나타나면 폭(600)과 높이(400)를 입력한 후 [확인(OK)] 단추를 클릭합니다.

③ 눈금자를 드래그하여 안내선(Guides)을 100 픽셀 단위로 그립니다.

④ 눈금자 작성이 완료되면 [파일(File)]-[열기(Open)]를 클릭합니다.

⑤ [열기(Open)] 대화상자가 나타나면 찾는 위치(라이브러리₩문서₩GTQ₩Image)를 지정한 후 '1급-7.jpg ~ 1급-11.jpg' 파일을 선택한 다음 [열기] 단추를 클릭합니다.

⑥ 이미지가 불러와지면 [1급-7.jpg] 탭을 선택한 후 Ctrl+A를 눌러 이미지 전체를 선택 영역으로 지정한 다음 Ctrl+C를 눌러 이미지를 복사합니다.

⑦ 복사된 이미지를 작업 이미지 창에 붙여넣기 위해 [무제-1] 탭을 클릭한 후 Ctrl+V를 눌러 붙여넣기 합니다.

⑧ 도구 상자(Tool Box)에서 [이동 도구(Move Tool)]를 선택한 후 이미지의 위치를 조절합니다.

⑨ 이미지에 필터(Filter)를 지정하기 위해 [필터(Filter)]-[Pixelate(픽셀화)]-[Facet(단면화)] 메뉴를 클릭합니다.

STEP 02 혼합 모드 및 레이어 마스크 적용하기

① [1급-8.jpg] 이미지 탭을 선택한 후 Ctrl+A를 눌러 이미지 전체를 선택 영역으로 지정한 다음 Ctrl+C를 눌러 이미지를 복사합니다.

② 복사된 이미지를 작업 이미지 창에 붙여넣기 위해 [무제-1] 탭을 클릭한 후 Ctrl+V를 눌러 붙여넣기 합니다.

③ [레이어(LAYERS)] 패널에서 [혼합 모드(Blending Mode)]의 ▼[목록] 단추를 클릭한 후 [하드 라이트(Hard Light)]를 선택합니다.

④ 혼합 모드(Blending Mode)가 적용되면 레이어 마스크를 지정하기 위해 [레이어(LAYERS)] 패널에서 [레이어 마스크(Add layer mask)]를 클릭합니다.

⑤ 도구 상자(Tool Box)에서 [그라디언트 도구(Gradient Tool)]를 선택한 후 옵션 바에서 [그라디언트 편집(Click to edit the gradient)]을 클릭합니다.

⑥ [그라디언트 편집기(Gradient Editor)] 대화상자가 나타나면 사전 설정(전경색에서 배경색으로(Foreground to Background))을 선택한 후 [확인(OK)] 단추를 클릭합니다.

⑦ 그라디언트 설정이 변경되면 이미지 창에 레이어 마스크를 지정하기 위해 왼쪽에서 오른쪽 방향으로 드래그합니다.

STEP 03 레이어 마스크 적용하기

① [1급-9.jpg] 이미지 탭을 선택한 후 Ctrl+A를 눌러 이미지 전체를 선택 영역으로 지정한 다음 Ctrl+C를 눌러 이미지를 복사합니다.

② [무제-1] 탭을 클릭한 후 Ctrl+V를 눌러 붙여넣기 합니다.

③ 이미지의 크기를 조절하기 위해 [편집(Edit)]-[자유 변형(Free Transform)]을 클릭합니다.

④ 크기 조절점이 나타나면 조절점을 드래그하여 이미지를 조절한 후 Enter를 누릅니다.

⑤ 도구 상자(Tool Box)에서 [이동 도구(Move Tool)]를 선택한 후 이미지의 위치를 이동합니다.

⑥ 레이어 마스크를 지정하기 위해 [레이어(LAYERS)] 패널에서 [레이어 마스크(Add layer mask)]를 클릭합니다.

⑦ 도구 상자(Tool Box)에서 ■[그라디언트 도구(Gradient Tool)]를 선택한 후 이미지 창에 레이어 마스크를 지정하기 위해 위에서 아래 방향으로 드래그합니다.

STEP 04 이미지 복사 및 레이어 스타일 적용하기

① [1급-10.jpg] 탭을 클릭한 후 도구 상자(Tool Box)에서 [자석 올가미 도구(Magnetic Lasso Tool)]를 선택한 다음 요트를 선택 영역으로 지정합니다.

② 요트가 선택 영역으로 지정되면 Ctrl+C를 눌러 선택 영역의 이미지를 복사한 후 [무제-1] 탭을 클릭합니다.

③ [레이어(LAYERS)] 패널에서 [색조/채도-1(Hue/Saturation-1)] 레이어를 선택한 후 Ctrl+V를 눌러 붙여넣기 합니다.

④ 이미지의 크기를 조절하기 위해 [편집(Edit)]-[자유 변형(Free Transform)]을 클릭합니다.

⑤ 크기 조절점이 나타나면 조절점을 드래그하여 크기를 조절한 후 Enter를 누릅니다.

⑥ [레이어(LAYERS)] 패널에서 [혼합 모드(Blending Mode)]의 ▼[목록] 단추를 클릭한 후 [광도(Luminosity)]를 선택합니다.

⑦ [레이어(LAYERS)] 패널에서 불투명도(Opacity)에 '80%'를 입력합니다.

⑧ [레이어(LAYERS)] 패널에서 [레이어 스타일 추가(Add a layer style)]-[외부 광선(Outer Glow)]을 클릭합니다.

⑨ [레이어 스타일(Layer Style)] 대화상자의 [외부 광선(Outer Glow)] 탭이 나타나면 속성을 지정한 후 [확인(OK)] 단추를 클릭합니다.

STEP 05 해 모양 도형 작성하기

① 도구 상자(Tool Box)에서 [사용자 정의 모양 도구(Custom Shape Tool)]를 선택한 후 옵션 바에서 [사용자 정의 모양 피커(Click to open Custom Shape picker)]의 목록 단추를 클릭합니다.

② 사용자 정의 모양이 나타나면 ▶[팝업 메뉴 단추]-[자연(Nature)]을 클릭합니다.

③ [현재 모양을 자연의 모양으로 대체하시겠습니까?]를 묻는 대화상자가 나타나면 [확인(OK)] 단추를 클릭합니다.

④ 사용자 정의 모양이 자연(Nature) 목록으로 변경되면 [해 1(Sun 1)]을 클릭한 후 드래그하여 삽입합니다.

⑤ [레이어(LAYERS)] 패널에서 [모양 1] 레이어의 [레이어 축소판(Layer thumbnail)]을 더블클릭합니다.

⑥ [단색 선택(Pick a solid color)] 대화상자가 나타나면 색상(ffffff)을 지정한 후 [확인(OK)] 단추를 클릭합니다.

⑦ [레이어(LAYERS)] 패널에서 [레이어 스타일 추가(Add a layer style)]-[그림자(Drop Shadow)]를 클릭합니다.

⑧ [레이어 스타일(Layer Style)] 대화상자의 [그림자 효과(Drop Shadow)] 탭이 나타나면 속성을 지정한 후 [확인(OK)] 단추를 클릭합니다.

⑨ [레이어(LAYERS)] 패널에서 불투명도(Opacity)에 '30%'를 입력합니다.

STEP 06 색상 보정 및 레이어 스타일 적용하기

① [1급-11.jpg] 탭을 클릭한 후 도구 상자(Tool Box)에서 [자동 선택 도구(Magic Wand Tool)]를 선택합니다.

② 옵션 바에서 허용치(Tolerance)에 '10'을 입력한 후 [선택 영역에 추가(Add to selection)]를 선택합니다.

③ 텍스트를 각각 클릭하여 선택 영역을 지정합니다.

④ 텍스트가 선택 영역으로 지정되면 Ctrl+C를 눌러 이미지를 복사한 후 [무제-1] 탭을 클릭합니다.

⑤ [무제-1] 탭이 나타나면 Ctrl+V를 눌러 붙여넣기 합니다.

⑥ 크기를 조절하기 위해 [편집(Edit)]-[자유 변형(Free Transform)]을 클릭합니다.

⑦ 크기 조절점이 나타나면 조절점을 드래그하여 크기를 조절합니다.

⑧ [레이어(LAYERS)] 패널에서 Ctrl을 누른 상태에서 [레이어 5] 레이어의 [레이어 축소판(Layer thumbnail)]을 클릭합니다.

⑨ [레이어(LAYERS)] 패널에서 ◉.[새 칠 또는 조정 레이어(Create new fill or adjustment layer)]-[색조/채도(Hue/Saturation)]를 클릭합니다.

⑩ [색조/채도(Hue/Saturation)] 레이어가 추가되면 [조정(ADJUSTMENTS)] 패널에서 [색상화(Colorize)]를 선택한 후 색조(Hue)와 채도(Saturation) 값을 조절하여 이미지를 보라색 계열로 보정합니다.

⑪ [레이어(LAYERS)] 패널에서 [레이어 5] 레이어를 선택한 후 fx.[레이어 스타일 추가(Add a layer style)]-[그림자(Drop Shadow)]을 클릭합니다.

⑫ [레이어 스타일(Layer Style)] 대화상자의 [그림자 효과(Drop Shadow)] 탭이 나타나면 속성을 지정한 후 [확인(OK)] 단추를 클릭합니다.

STEP 07 새 모양 도형 작성하기

① 도구 상자(Tool Box)에서 ◉[사용자 정의 모양 도구(Custom Shape Tool)]를 선택한 후 옵션 바에서 ✻.[사용자 정의 모양 피커(Click to open Custom Shape picker)]의 목록 단추를 클릭합니다.

② 사용자 정의 모양이 나타나면 ▶[팝업 메뉴 단추]-[Animals(동물)] 메뉴를 클릭합니다.

③ [현재 모양을 동물의 모양으로 대체하시겠습니까?]를 묻는 대화상자가 나타나면 [확인(OK)] 단추를 클릭합니다.

④ 사용자 정의 모양이 Animals(동물) 목록으로 변경되면 ▼[새 2(Bird 2)]를 클릭합니다.

⑤ 도형을 삽입하고자 하는 위치에서 드래그하여 새 모양 도형을 작성합니다.

⑥ [레이어(LAYERS)] 패널에서 [모양 2] 레이어의 효과(Effects)를 🗑[레이어 삭제(Delete layer)]로 드래그합니다.

⑦ [레이어(LAYERS)] 패널에서 [모양 2] 레이어의 [레이어 축소판(Layer thumbnail)]을 더블클릭합니다.

⑧ [단색 선택(Pick a solid color)] 대화상자가 나타나면 색상(ffffff)을 지정한 후 [확인(OK)] 단추를 클릭합니다.

⑨ 레이어 스타일을 지정하기 위해 [레이어(LAYERS)] 패널에서 fx.[레이어 스타일 추가(Add a layer style)]-[경사와 엠보스(Bevel and Emboss)]을 클릭합니다.

⑩ [레이어 스타일(Layer Style)] 대화상자의 [경사와 엠보스(Bevel and Emboss)] 탭이 나타나면 속성을 지정한 후 [확인(OK)] 단추를 클릭합니다.

STEP 08 모서리가 둥근 직사각형 도형 작성하기

① 도구 상자(Tool Box)에서 ◉[모서리가 둥근 직사각형 도구(Rounded Rectangle Tool)]를 선택한 후 옵션 바에서 반경(Radius)에 '20'을 입력합니다.

② 도형을 삽입할 위치를 드래그하여 도형을 작성합니다.

③ [레이어(LAYERS)] 패널에서 [모양 3] 레이어의 효과(Effects)를 🗑[레이어 삭제(Delete layer)]로 드래그합니다.

④ [레이어(LAYERS)] 패널에서 [모양 3] 레이어의 [레이어 축소판(Layer thumbnail)]을 더블클릭합니다.

⑤ [단색 선택(Pick a solid color)] 대화상자가 나타나면 색상(0066cc)을 지정한 후 [확인(OK)] 단추를 클릭합니다.

⑥ [레이어(LAYERS)] 패널에서 fx.[레이어 스타일 추가(Add a layer style)]-[내부 그림자(Inner Shadow)]를 클릭합니다.

⑦ [레이어 스타일(Layer Style)] 대화상자의 [내부 그림자(Inner Shadow)] 탭이 나타나면 속성을 지정한 후 [확인(OK)] 단추를 클릭합니다.

STEP 09 ①번 텍스트 작성하기

① 도구 상자(Tool Box)에서 [수평 문자 도구(Horizontal Type Tool)]를 선택한 후 옵션 바에서 글꼴(굴림)과 글꼴 크기(15)를 지정합니다.

② 텍스트를 삽입할 위치를 클릭한 후 '10일간의 짜릿한 휴가'를 입력한 다음 Ctrl+Enter를 누릅니다.

③ [레이어(LAYERS)] 패널에서 [레이어 스타일 추가(Add a layer style)]-[그라디언트 오버레이(Gradient Overlay)]를 클릭합니다.

④ [레이어 스타일(Layer Style)] 대화상자의 [그라디언트 오버레이(Gradient Overlay)] 탭이 나타나면 [그라디언트 편집(Click to edit the gradient)]을 클릭합니다.

⑤ [그라디언트 편집기(Gradient Editor)] 대화상자가 나타나면 왼쪽 Color Stop(색상 정지점)을 더블클릭합니다.

⑥ [정지 색상 선택(Select stop color)] 대화상자가 나타나면 색상(ff0000)을 입력한 후 [확인(OK)] 단추를 클릭합니다.

⑦ [그라디언트 편집기(Gradient Editor)] 대화상자가 다시 나타나면 오른쪽 Color Stop(색상 정지점)을 더블클릭합니다.

⑧ [정지 색상 선택(Select stop color)] 대화상자가 나타나면 색상(000000)을 입력한 후 [확인(OK)] 단추를 클릭합니다.

⑨ [그라디언트 편집기(Gradient Editor)] 대화상자가 다시 나타나면 [확인(OK)] 단추를 클릭합니다.

⑩ [레이어 스타일(Layer Style)] 대화상자가 다시 나타나면 각도(Angle)에 '-90'을 입력한 후 [선(Stroke)] 탭을 클릭합니다.

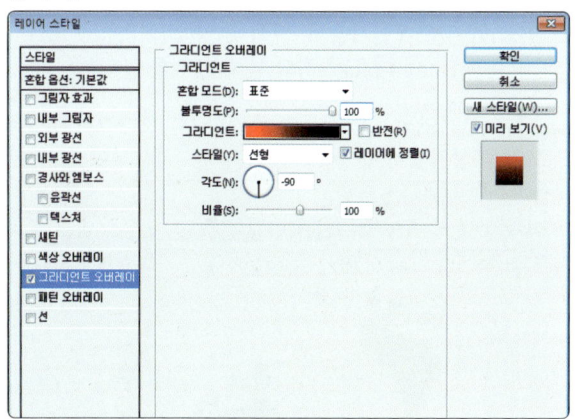

⑪ [레이어 스타일(Layer Style)] 대화상자의 [선(Stroke)] 탭이 나타나면 크기(2)를 입력한 후 [색상(Color)]을 클릭합니다.

⑫ [선 색상 선택(Select stroke color)] 대화상자가 나타나면 색상(ffffff)을 입력한 후 [확인(OK)] 단추를 클릭합니다.

⑬ [레이어 스타일(Layer Style)] 대화상자가 다시 나타나면 [그림자 효과(Drop Shadow)] 탭을 클릭합니다.

⑭ [레이어 스타일(Layer Style)] 대화상자의 [그림자 효과(Drop Shadow)] 탭이 나타나면 속성을 지정한 후 [확인(OK)] 단추를 클릭합니다.

⑮ 텍스트에 변형을 주기 위해 옵션 바에서 [텍스트 변형(Create warp text)]을 클릭합니다.

⑯ [Warp Text(텍스트 변형)] 대화상자가 나타나면 스타일(부채꼴)을 선택한 후 구부리기(Bend)를 조절한 다음 [확인(OK)] 단추를 클릭합니다.

⑰ 텍스트가 변형되면 도구 상자(Tool Box)에서 [이동 도구(Move Tool)]를 선택한 후 텍스트를 드래그하여 위치를 이동합니다.

STEP 10 ②번 텍스트 작성하기

① 도구 상자(Tool Box)에서 [수평 문자 도구(Horizontal Type Tool)]를 선택한 후 텍스트를 입력할 위치를 클릭한 다음 'WATER SPORTS'를 입력하고 Ctrl+Enter를 누릅니다.

② 텍스트가 입력되면 옵션 바에서 글꼴(Arial), 글꼴 스타일(Italic), 글꼴 크기(20), 글꼴 색(ff0000)을 지정합니다.

③ [레이어(LAYERS)] 패널에서 [레이어 스타일 추가(Add a layer style)]-[선(Stroke)]을 클릭합니다.

④ [레이어 스타일(Layer Style)] 대화상자의 [선(Stroke)] 탭이 나타나면 크기(2)를 입력한 후 [색상(Color)]을 클릭합니다.

⑤ [선 색상 선택(Select stroke color)] 대화상자가 나타나면 색상(ffffff)을 입력한 후 [확인(OK)] 단추를 클릭합니다.

⑥ [레이어 스타일(Layer Style)] 대화상자가 다시 나타나면 [확인(OK)] 단추를 클릭합니다.

STEP 11 ②번 텍스트 작성하기

① 텍스트를 입력할 위치를 클릭한 후 '장소 : 가평군 대성리'를 입력한 다음 Ctrl+Enter를 누릅니다.

② 텍스트가 입력되면 옵션 바에서 글꼴(돋움), 글꼴 크기(15), 글꼴 색(ffffff)을 지정합니다.

③ [레이어(LAYERS)] 패널에서 [레이어(LAYERS)] 패널에서 fx.[레이어 스타일 추가(Add a layer style)]-[선(Stroke)]을 클릭합니다.

④ [레이어 스타일(Layer Style)] 대화상자의 [선(Stroke)] 탭이 나타나면 크기(2)를 입력한 후 [색상(Color)]을 클릭합니다.

⑤ [선 색상 선택(Select stroke color)] 대화상자가 나타나면 색상(0000ff)을 입력한 후 [확인(OK)] 단추를 클릭합니다.

⑥ [레이어 스타일(Layer Style)] 대화상자가 다시 나타나면 [확인(OK)] 단추를 클릭합니다.

⑦ 같은 방법으로 ④번의 텍스트를 입력한 후 속성을 지정합니다.

04 [실무응용] 홈페이지 메뉴바 제작

STEP 01 작업 이미지 창 생성 및 배경 작성하기

① [문제3]에서 작성한 파일을 모두 닫은 후 [파일(File)]-[새로 만들기(New)]를 클릭합니다.

② [새로 만들기(New)] 대화상자가 나타나면 폭(600)과 높이(400)를 입력한 후 [확인(OK)] 단추를 클릭합니다.

③ 눈금자를 드래그하여 안내선(Guides)을 100 픽셀 단위로 그립니다.

④ 안내선(Guides)이 만들어지면 배경색을 지정하기 위해 도구 상자(Tool Box)에서 ■[전경색 설정(Set foreground color)]을 클릭합니다.

⑤ [색상 피커(전경색)(Color Picker (Forground Color))] 대화상자가 나타나면 색상(99cccc)을 지정한 후 [확인(OK)] 단추를 클릭합니다.

⑥ 전경색이 지정되면 전경색을 채우기 위해 Alt + Delete 를 누릅니다.

STEP 02 패턴 만들고 적용하기

① 패턴을 만들기 위해 [파일(File)]-[새로 만들기(New)] 메뉴를 클릭합니다.

② [새로 만들기(New)] 대화상자가 나타나면 폭(45)과 높이(45)를 입력한 후 배경 내용(투명)을 선택한 다음 [확인(OK)] 단추를 클릭합니다.

③ Ctrl+0을 눌러 화면 배율을 화면 크기에 맞게 확대합니다.

④ 도구 상자(Tool Box)에서 [사용자 정의 모양 도구(Custom Shape Tool)]를 선택한 후 옵션 바에서 [사용자 정의 모양 피커(Click to open Custom Shape picker)]의 목록 단추를 클릭합니다.

⑤ 사용자 정의 모양이 나타나면 [팝업 메뉴 단추]-[물건(Objects)] 메뉴를 클릭합니다.

⑥ [현재 모양을 물건의 모양으로 대체하시겠습니까?]를 묻는 대화상자가 나타나면 [확인(OK)] 단추를 클릭합니다.

⑦ 사용자 정의 모양이 물건(Objects) 목록으로 변경되면 [왼발(Left Foot)]을 클릭합니다.

⑧ 도형을 삽입하고자 하는 위치에서 드래그하여 삽입합니다.

⑨ [레이어(LAYERS)] 패널에서 [모양 1] 레이어의 효과(Effects)를 [레이어 삭제(Delete layer)]로 드래그합니다.

⑩ [레이어(LAYERS)] 패널에서 [모양 1] 레이어의 [레이어 축소판(Layer thumbnail)]을 더블클릭합니다.

⑪ [단색 선택(Pick a solid color)] 대화상자가 나타나면 색상(000000)을 지정한 후 [확인(OK)] 단추를 클릭합니다.

⑫ 옵션 바에서 [사용자 정의 모양 피커(Click to open Custom Shape picker)]의 목록 단추를 클릭합니다.

⑬ [오른발(Right Foot)]을 클릭한 후 드래그하여 오른발 모양을 삽입합니다.

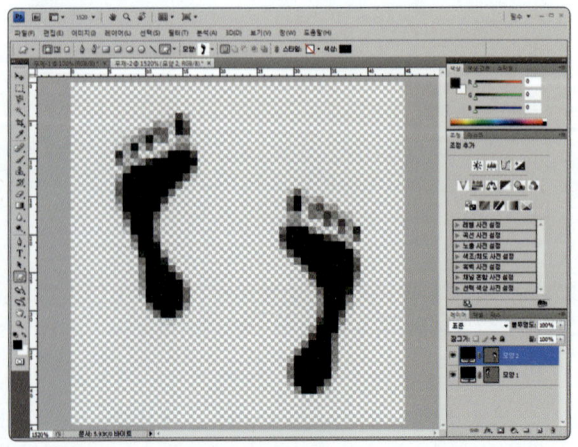

⑭ 패턴을 저장하기 위해 레이어 패널의 빈 공간을 클릭한 후 [편집(Edit)]-[패턴 정의(Define Pattern)]를 클릭합니다.

⑮ [패턴 이름(Pattern Name)] 대화상자가 나타나면 이름(발자국 모양)을 입력한 후 [확인(OK)] 단추를 클릭합니다.

⑯ 패턴을 지정하기 위해 [무제-1] 탭을 선택한 후 [레이어(LAYERS)] 패널에서 [새 레이어 추가(Create a new layer)]를 클릭하여 레이어를 추가합니다.

⑰ 레이어가 추가되면 [편집(Edit)]-[칠(Fill)]을 클릭합니다.

⑱ [칠(Fill)] 대화상자가 나타나면 사용(패턴)을 선택합니다.

⑲ 사용자 정의 패턴(Custom Pattern)의 목록 단추를 클릭한 후 정의한 패턴을 더블클릭한 다음 [확인(OK)] 단추를 클릭합니다.

⑳ 패턴이 적용되면 레이어 마스크를 지정하기 위해 [레이어(LAYERS)] 패널에서 [레이어 마스크(Add layer mask)]를 클릭합니다.

㉑ 레이어 패널에 레이어 마스크가 표시되면 도구 상자(Tool Box)에서 [그라디언트 도구(Gradient Tool)]를 선택한 후 옵션 바에서 [그라디언트 편집(Click to edit the gradient)]을 클릭합니다.

㉒ [그라디언트 편집기(Gradient Editor)] 대화상자가 나타나면 사전 설정(전경색에서 배경색으로(Foreground to Background))을 선택한 후 [확인(OK)] 단추를 클릭합니다.

㉓ 그라디언트 설정이 변경되면 옵션 바에서 [방사형 그라디언트(Radial Gradient)]를 선택한 후 드래그하여 레이어 마스크를 지정합니다.

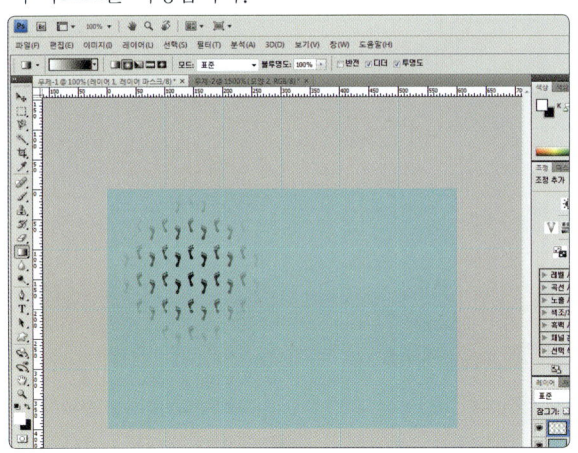

STEP 03 이미지 복사 및 필터, 레이어 마스크

① 패턴이 적용되면 [파일(File)]-[열기(Open)]를 클릭합니다.

② [열기(Open)] 대화상자가 나타나면 찾는 위치(라이브러리₩문서₩GTQ₩Image)를 지정한 후 '1급-12.jpg ~ 1급-17.jpg' 파일을 선택한 다음 [열기] 단추를 클릭합니다.

③ [1급-12.jpg] 이미지 탭을 선택한 후 Ctrl+A를 눌러 이미지 전체를 선택 영역으로 지정한 다음 Ctrl+C를 눌러 이미지를 복사합니다.

④ 복사된 이미지를 작업 이미지 창에 붙여넣기 위해 [무제-1] 탭을 클릭한 후 Ctrl+V를 눌러 붙여넣기 합니다.

⑤ 이미지를 좌우 대칭시키기 위해 [편집(Edit)]-[변형(Transform)]-[가로로 뒤집기(Flip Horizontal)]를 클릭합니다.

⑥ 이미지의 크기를 조절하기 위해 [편집(Edit)]-[자유 변형(Free Transform)]을 클릭합니다.

⑦ 크기 조절점이 나타나면 조절점을 드래그하여 크기를 조절한 후 Enter를 누릅니다.

⑧ 이미지에 필터(Filter)를 지정하기 위해 [필터(Filter)]-[브러쉬 선(Brush Strokes)]-[그물눈(Crosshatch)]을 클릭합니다.

⑨ [그물눈(Crosshatch)] 대화상자가 나타나면 속성을 지정한 후 [확인(OK)] 단추를 클릭합니다.

⑩ 필터가 적용되면 레이어 마스크를 지정하기 위해 [레이어(LAYERS)] 패널에서 [레이어 마스크(Add layer mask)]를 클릭합니다.

⑪ [레이어(LAYERS)] 패널에 레이어 마스크가 표시되면 도구 상자(Tool Box)에서 [그라디언트 도구(Gradient Tool)]를 선택한 후 옵션 바에서 [선형 그라디언트(Linear Gradient)]를 선택합니다.

⑫ 작업 이미지 창에 레이어 마스크를 지정하기 위해 오른쪽에서 왼쪽 방향으로 드래그합니다.

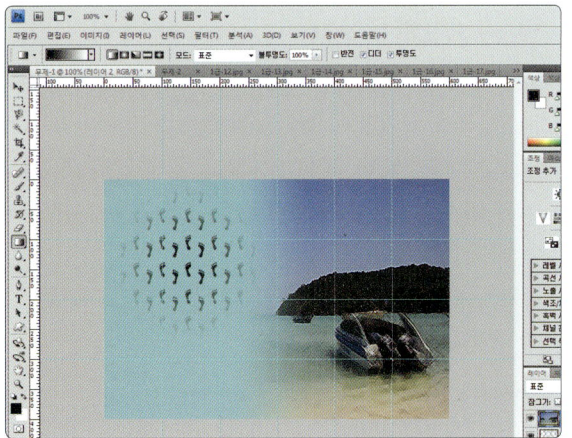

STEP 04 레이어 마스크 적용하기

① [1급-13.jpg] 이미지 탭을 선택한 후 Ctrl+A를 눌러 이미지 전체를 선택 영역으로 지정한 다음 Ctrl+C를 눌러 이미지를 복사합니다.

② 복사된 이미지를 작업 이미지 창에 붙여넣기 위해 [무제-1] 탭을 클릭한 후 Ctrl+V를 눌러 붙여넣기 합니다.

③ 도구 상자(Tool Box)에서 [이동 도구(Move Tool)]를 선택한 후 드래그하여 이미지의 위치를 조절합니다.

④ 위치가 조절되면 레이어 마스크를 지정하기 위해 [레이어(LAYERS)] 패널에서 [레이어 마스크(Add layer mask)]를 클릭합니다.

⑤ 도구 상자(Tool Box)에서 [그라디언트 도구(Gradient Tool)]를 선택합니다.

⑥ 그라디언트 설정이 변경되면 작업 이미지 창에 레이어 마스크를 지정하기 위해 왼쪽 아래에서 오른쪽 위 방향으로 드래그합니다.

STEP 05 이미지 복사 및 레이어 스타일 적용하기

① [1급-14.jpg] 이미지 탭을 선택한 후 Ctrl+A를 눌러 이미지 전체를 선택 영역으로 지정한 다음 Ctrl+C를 눌러 이미지를 복사합니다.

② 복사된 이미지를 작업 이미지 창에 붙여넣기 위해 [무제-1] 탭을 클릭한 후 Ctrl+V를 눌러 붙여넣기 합니다.

③ 복사된 이미지를 작업 이미지 창에 맞게 크기를 조절하기 위해 [편집(Edit)]-[자유 변형(Free Transform)] 메뉴를 클릭합니다.

④ 크기 조절점이 나타나면 조절점을 드래그하여 크기를 조절한 후 Enter를 누릅니다.

⑤ [레이어(LAYERS)] 패널에서 [혼합 모드(Blending Mode)]의 ▼[목록] 단추를 클릭한 후 [곱하기(Multiply)]를 선택합니다.

⑥ [레이어(LAYERS)] 패널에서 불투명도(Opacity)에 '80%'를 입력합니다.

STEP 06 이미지 복사하기

① [1급-15.jpg] 이미지 탭을 선택한 후 도구 상자(Tool Box)에서 [자석 올가미 도구(Magnetic Lasso Tool)]를 선택합니다.

② 소라 영역을 드래그하여 선택 영역으로 지정합니다.

③ 소라가 선택 영역으로 지정되면 Ctrl+C를 눌러 이미지를 복사한 후 [무제-1] 탭을 클릭합니다.

④ 복사된 이미지를 작업 이미지 창에 붙여넣기 위해 [무제-1] 탭을 클릭한 후 Ctrl+V를 눌러 붙여넣기 합니다.

⑤ 이미지 크기를 조절하기 위해 [편집(Edit)]-[자유 변형(Free Transform)]을 클릭합니다.

⑥ 크기 조절점이 나타나면 조절점을 드래그하여 크기를 조절한 후 Enter를 누릅니다.

STEP 07 패스 그리기

① 패스를 그리기 위해 도구 상자(Tool Box)에서 [펜 도구(Pen Tool)]을 클릭한 후 옵션 바에서 [모양 레이어(Shape layers)]를 선택합니다.

② 펜 도구(Pen Tool)을 이용하여 다음과 같이 도형을 그립니다.

③ 모양에 레이어 스타일을 지정하기 위해 [레이어(LAYERS)] 패널에서 [레이어 스타일 추가(Add a layer style)]-[그라디언트 오버레이(Gradient Overlay)]를 클릭합니다.

④ [레이어 스타일(Layer Style)] 대화상자의 [그라디언트 오버레이(Gradient Overlay)] 탭이 나타나면 [그라디언트 편집(Click to edit the gradient)]을 클릭합니다.

⑤ [그라디언트 편집기(Gradient Editor)] 대화상자가 나타나면 왼쪽 Color Stop(색상 정지점)을 더블클릭합니다.

⑥ [정지 색상 선택(Select stop color)] 대화상자가 나타나면 색상(0066cc)을 입력한 후 [확인(OK)] 단추를 클릭합니다.

⑦ [그라디언트 편집기(Gradient Editor)] 대화상자가 다시 나타나면 가운데를 클릭한 후 Color Stop(색상 정지점)이 추가되면 Color Stop(색상 정지점)을 더블클릭합니다.

 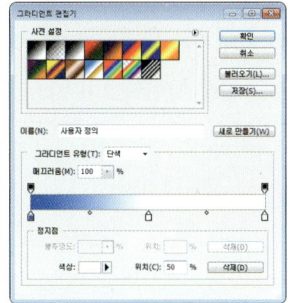

⑧ [정지 색상 선택(Select stop color)] 대화상자가 나타나면 색상(ffffff)을 입력한 후 [확인(OK)] 단추를 클릭합니다.

⑨ [그라디언트 편집기(Gradient Editor)] 대화상자가 다시 나타나면 오른쪽 Color Stop(색상 정지점)을 더블클릭합니다.

⑩ [정지 색상 선택(Select stop color)] 대화상자가 나타나면 색상(003366)을 입력한 후 [확인(OK)] 단추를 클릭합니다.

⑪ [그라디언트 편집기(Gradient Editor)] 대화상자가 다시 나타나면 [확인(OK)] 단추를 클릭합니다.

⑫ [레이어 스타일(Layer Style)] 대화상자가 다시 나타나면 각도(Angle)에 '0'을 입력한 후 [그림자 효과(Drop Shadow)] 탭을 클릭합니다.

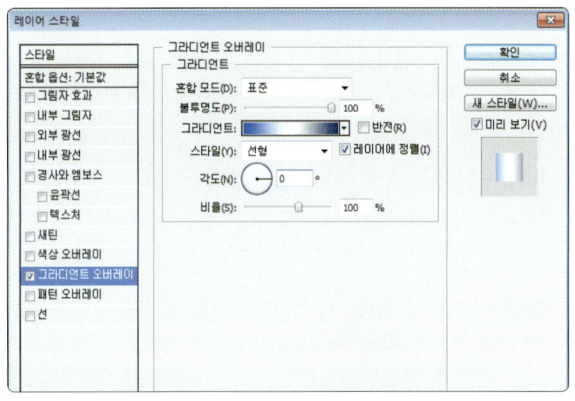

⑬ [레이어 스타일(Layer Style)] 대화상자 [그림자 효과(Drop Shadow)] 탭이 나타나면 속성을 지정한 후 [확인(OK)] 단추를 클릭합니다.

⑭ 같은 방법으로 패스를 작성한 후 속성을 지정합니다.

STEP 08 이미지 복사 및 레이어 스타일 적용하기

① [1급-16.jpg] 탭을 클릭한 후 도구 상자(Tool Box)에서 [자석 올가미 도구(Magnetic Lasso Tool)]를 선택합니다.

② 시작점을 클릭한 후 드래그하여 공을 선택 영역으로 지정한 다음 Ctrl+C를 눌러 이미지를 복사합니다.

③ 복사된 이미지를 붙여넣기 위해 [무제-1] 탭을 클릭한 후 Ctrl+V를 눌러 붙여넣기 합니다.

④ 이미지의 크기를 조절하기 위해 [편집(Edit)]-[자유 변형(Free Transform)]을 클릭합니다.

⑤ 크기 조절점이 나타나면 조절점을 드래그하여 크기를 조절한 후 Enter를 누릅니다.

⑥ 크기가 조절되면 도구 상자(Tool Box)에서 [이동 도구(Move Tool)]를 선택한 후 이미지의 위치를 이동합니다.

⑦ [레이어(LAYERS)] 패널에서 [레이어 6] 레이어를 선택한 후 fx.[레이어 스타일 추가(Add a layer style)]-[그림자(Drop Shadow)]를 클릭합니다.

⑧ [레이어 스타일(Layer Style)] 대화상자의 [그림자 효과(Drop Shadow)] 탭이 나타나면 속성을 지정한 후 [확인(OK)] 단추를 클릭합니다.

STEP 09 이미지 복사, 색상 보정, 레이어 스타일

① [1급-17.jpg] 탭을 클릭한 후 도구 상자(Tool Box)에서 [자동 선택 도구(Magic Wand Tool)]를 선택합니다.

② 옵션 바에서 허용치(Tolerance)에 '20'을 입력한 후 [Add to selection(선택 영역에 추가)]를 선택합니다.

③ 텍스트를 각각 클릭하여 선택 영역을 지정합니다.

④ 텍스트가 선택 영역으로 지정되면 Ctrl+C를 눌러 이미지를 복사한 후 [무제-1] 탭을 클릭합니다.

⑤ [무제-1] 탭이 나타나면 Ctrl+V를 눌러 붙여넣기 합니다.

⑥ 크기를 조절하기 위해 [편집(Edit)]-[자유 변형(Free Transform)]을 클릭합니다.

⑦ 크기 조절점이 나타나면 조절점을 드래그하여 크기를 조절한 후 Enter를 누릅니다.

⑧ 색상을 보정하기 위해 [레이어(LAYERS)] 패널에서 Ctrl을 누른 상태에서 [레이어 7] 레이어의 [레이어 축소판(Layer thumbnail)]을 클릭합니다.

⑨ [레이어(LAYERS)] 패널에서 [새 칠 또는 조정 레이어(Create new fill or adjustment layer)]-[색조/채도(Hue/Saturation)]를 클릭합니다.

⑩ [색조/채도(Hue/Saturation)] 레이어가 추가되면 [조정(ADJUSTMENTS)] 패널에서 [색상화(Colorize)]를 선택한 후 색조(Hue)와 채도(Saturation) 값을 조절하여 이미지를 연두색 계열로 보정합니다.

⑪ [레이어(LAYERS)] 패널에서 [레이어 스타일 추가(Add a layer style)]-[선(Stroke)]을 클릭합니다.

⑫ [레이어 스타일(Layer Style)] 대화상자의 [선(Stroke)] 탭이 나타나면 크기(2)를 입력한 후 [색상(Color)]을 클릭합니다.

⑬ [선 색상 선택(Select stroke color)] 대화상자가 나타나면 색상(ffffff)을 입력한 후 [확인(OK)] 단추를 클릭합니다.

STEP 10 배너 모양 도형 작성하기

① 도구 상자(Tool Box)에서 [사용자 정의 모양 도구(Custom Shape Tool)]를 선택한 후 옵션 바에서 [사용자 정의 모양 피커(Click to open Custom Shape picker)]의 목록 단추를 클릭합니다.

② 사용자 정의 모양이 나타나면 [팝업 메뉴 단추]-[배너 및 상장(Banners and Awards)]을 클릭합니다.

③ [현재 모양을 배너의 모양으로 대체하시겠습니까?]를 묻는 대화상자가 나타나면 [확인(OK)] 단추를 클릭합니다.

④ 사용자 정의 모양이 배너 및 상장(Banners and Awards) 목록으로 변경되면 [배너 3(Banner 3)]을 클릭합니다.

⑤ 모양을 삽입하고자 하는 위치에서 드래그하여 삽입합니다.

⑥ [레이어(LAYERS)] 패널에서 [모양 5] 레이어의 효과(Effects)를 [레이어 삭제(Delete layer)]로 드래그합니다.

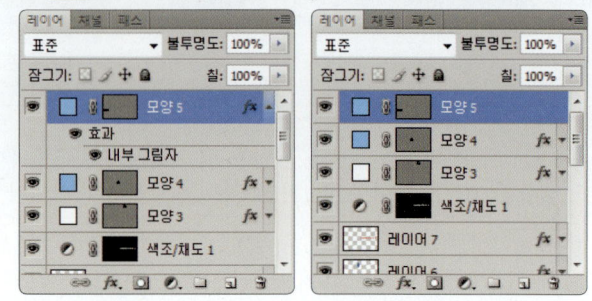

⑦ [레이어(LAYERS)] 패널에서 [모양 5] 레이어의 [레이어 축소판(Layer thumbnail)]을 더블클릭합니다.

⑧ [단색 선택(Pick a solid color)] 대화상자가 나타나면 색상(ccccff)을 지정한 후 [확인(OK)] 단추를 클릭합니다.

⑨ [레이어(LAYERS)] 패널에서 [레이어 스타일 추가(Add a layer style)]-[그림자(Drop Shadow)]를 클릭합니다.

⑩ [레이어 스타일(Layer Style)] 대화상자의 [그림자 효과(Drop Shadow)] 탭이 나타나면 속성을 지정한 후 [선(Stroke)] 탭을 클릭합니다.

⑪ [레이어 스타일(Layer Style)] 대화상자의 [선(Stroke)] 탭이 나타나면 크기(2)를 입력한 후 [확인(OK)] 단추를 클릭합니다.

⑫ [레이어(LAYERS)] 패널에서 [모양 5] 레이어를 [새 레이어 추가(Create a new layer)] 단추로 드래그합니다.

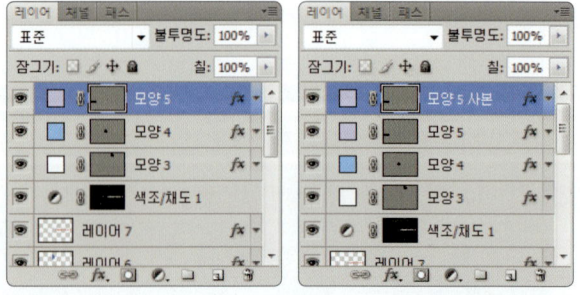

⑬ 레이어가 복사되면 같은 방법으로 레이어를 2개더 복사합니다.

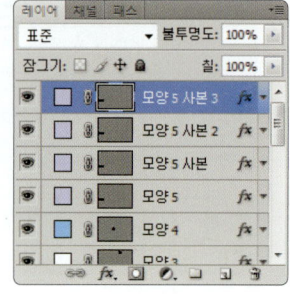

⑭ [레이어(LAYERS)] 패널에서 [모양 5 사본] 레이어를 선택한 후 도구 상자(Tool Box)에서 [이동 도구(Move Tool)]를 선택한 다음 도형의 위치를 이동합니다.

⑮ 같은 방법으로 [모양 5 사본 2]와 [모양 5 사본 3] 레이어를 선택한 후 드래그하여 위치를 이동합니다.

STEP 11 ①번 텍스트 꾸미기

① 도구 상자(Tool Box)에서 [수평 문자 도구(Horizontal Type Tool)]를 선택한 후 옵션 바에서 글꼴(바탕), 글꼴 크기(14), 글꼴 색(000000) 지정합니다.

② 텍스트를 삽입할 위치를 클릭한 후 '파격적인 패키지 30% 할인'을 입력한 다음 Ctrl+Enter를 누릅니다.

③ [레이어(LAYERS)] 패널에서 [레이어 스타일 추가(Add a layer style)]-[그림자(Drop Shadow)]을 클릭합니다.

④ [레이어 스타일(Layer Style)] 대화상자의 [그림자 효과(Drop Shadow)] 탭이 나타나면 속성을 지정한 후 [선(Stroke)] 탭을 클릭합니다.

⑤ [레이어 스타일(Layer Style)] 대화상자의 [선(Stroke)] 탭이 나타나면 크기(2)를 입력한 후 [색상(Color)]을 클릭합니다.

⑥ [선 색상 선택(Select stroke color)] 대화상자가 나타나면 색상(ffffff)을 입력한 후 [확인(OK)] 단추를 클릭합니다.

⑦ [레이어 스타일(Layer Style)] 대화상자가 다시 나타나면 [확인(OK)] 단추를 클릭합니다.

⑧ 텍스트에 변형을 주기 위해 옵션 바에서 [텍스트 변형(Create warp text)]을 클릭합니다.

⑨ [Warp Text(텍스트 변형)] 대회상자가 니다나면 스타일(부채꼴)을 선택한 후 구부리기(Bend)를 조절한 다음 [확인(OK)] 단추를 클릭합니다.

⑩ 텍스트가 변형되면 도구 상자(Tool Box)에서 [이동 도구(Move Tool)]를 선택한 후 텍스트를 드래그하여 위치를 이동합니다.

STEP 12 ③번 텍스트 꾸미기

① [수평 문자 도구(Horizontal Type Tool)]를 선택한 후 텍스트를 입력할 위치를 클릭한 다음 '회사안내'를 입력하고 Ctrl+Enter를 누릅니다.

② 텍스트가 입력되면 옵션 바에서 글꼴(돋움), 글꼴 크기(15), 글꼴 색(ffffff)를 지정합니다.

③ [레이어(LAYERS)] 패널에서 [레이어 스타일 추가(Add a layer style)]-[선(Stroke)]을 클릭합니다.

④ [레이어 스타일(Layer Style)] 대화상자의 [선(Stroke)] 탭이 나타나면 크기(2)를 입력한 후 [색상(Color)]을 클릭합니다.

⑤ [선 색상 선택(Select stroke color)] 대화상자가 나타나면 색상(003366)을 입력한 후 [확인(OK)] 단추를 클릭합니다.

⑥ [레이어(LAYERS)] 패널에서 [회사안내] 레이어를 [새 레이어 추가(Create a new layer)] 단추로 드래그합니다.

 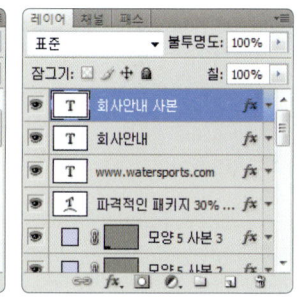

⑦ 같은 방법으로 레이어를 2개 더 복사한 후 도구 상자(Tool Box)에서 [이동 도구(Move Tool)]를 선택한 후 텍스트를 드래그하여 위치를 이동합니다.

⑧ [수평 문자 도구(Horizontal Type Tool)]를 선택한 후 [회사안내 사본] 레이어의 글자를 더블클릭한 다음 텍스트에 범위가 지정되면 '수상레저'를 입력하고 Ctrl+Enter를 누릅니다.

⑨ 같은 방법으로 나머지 텍스트를 작성하여 작업을 완료합니다.

⑧ [Photoshop 형식 옵션(Photoshop Format Options)] 대화상자가 나타나면 [확인(OK)] 단추를 클릭합니다.

⑨ 답안을 전송하기 위해 포토샵의 ─[최소화] 단추를 클릭합니다.

⑩ KOAS 수험자용 프로그램에서 [답안 전송] 단추를 클릭합니다.

⑪ 전송을 확인하는 페이지가 나타나면 [예] 단추를 클릭합니다.

⑫ [고사실 PC로 답안 파일 보내기] 대화상자가 나타나면 파일 목록(8개 파일)에서 전송할 파일을 선택한 후 [답안 전송] 단추를 클릭합니다.

STEP 13 ― 답안 저장 및 전송하기

① 작성한 답안을 저장하기 위해 [파일(File)]-[저장(Save)]을 클릭합니다.

② [다른 이름으로 저장(Save As)] 대화상자가 나타나면 저장 위치(라이브러리₩문서₩GTQ)를 지정한 후 파일 이름(수험번호-성명-문제번호)을 입력한 다음 형식(JPEG (*.JPG;*.JPEG;*.JPE))을 선택하고 [저장] 단추를 클릭합니다.

③ [JPEG Options(JPEG 옵션)] 대화상자가 나타나면 품질(Quality)을 지정한 후 [확인(OK)] 단추를 클릭합니다.

④ JPG 파일로 저장이 완료되면 PSD 파일로 저장하기 위해 [이미지(Image)]-[이미지 크기(Image Size)]를 클릭합니다.

⑤ [이미지 크기(Image Size)] 대화상자가 나타나면 폭(40)을 지정한 후 [확인(OK)] 단추를 클릭합니다.

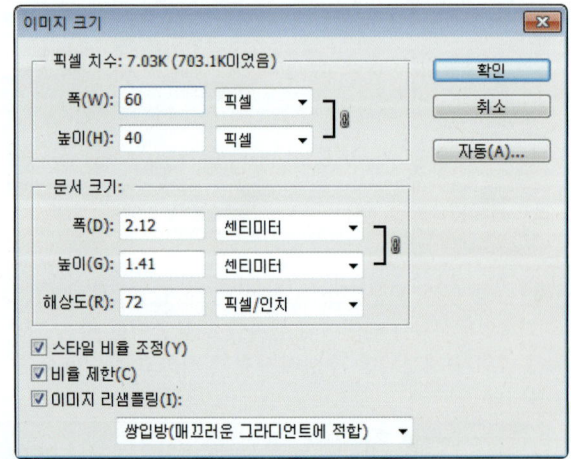

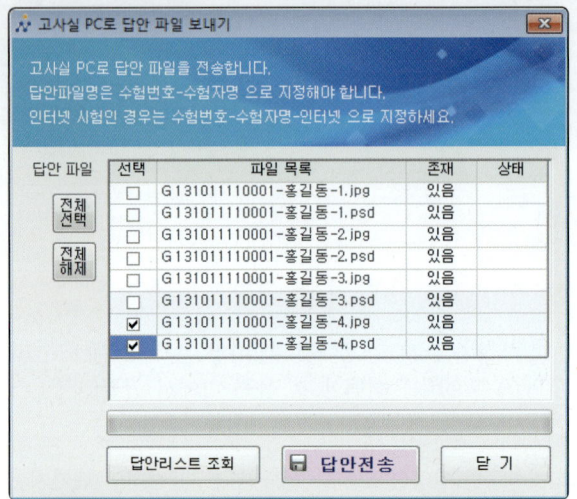

Tip

전송할 파일이 존재하는지 확인한 후 [답안 전송] 단추를 클릭합니다.
[존재]에 '없음'으로 표시되면 파일이 없거나 파일 이름이 잘못 입력된 것입니다.

⑬ 답안이 전송되면 [상태]에 '성공'이라고 표시되는지 확인한 후 [닫기] 단추를 클릭합니다.

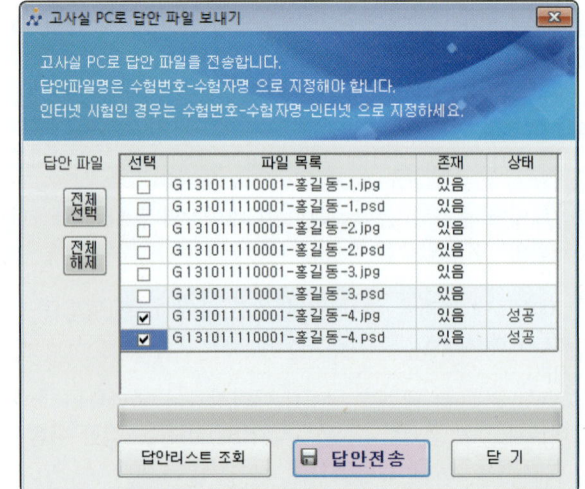

⑥ 이미지 크기가 변경되면 PSD 파일로 저장하기 위해 [파일(File)]-[다른 이름으로 저장(Save As)] 메뉴를 클릭합니다.

⑦ [다른 이름으로 저장(Save As)] 대화상자가 나타나면 저장 위치(라이브러리₩문서₩GTQ)를 지정한 후 파일 이름(수험번호-성명-문제번호)을 입력한 다음 형식(Photoshop (*.PSD;*.PDD))을 선택하고 [저장] 단추를 클릭합니다.

제 02 회 최신기출문제

04 [실무응용] 홈페이지 메뉴바 제작

STEP 01 패턴 만들고 적용하기

① 패턴을 만들기 위해 [파일(File)]-[새로 만들기(New)]를 클릭합니다.

② [새로 만들기(New)] 대화상자가 나타나면 폭(29)과 높이(29)를 입력한 후 배경 내용(Background Contents)을 투명(Transparent)을 선택한 다음 [확인(OK)] 단추를 클릭합니다.

③ Ctrl+0을 눌러 화면 배율을 화면 크기에 맞게 확대합니다.

④ 도구 상자(Tool Box)에서 [사용자 정의 모양 도구(Custom Shape Tool)]를 선택한 후 옵션 바에서 [사용자 정의 모양 피커(Click to open Custom Shape picker)]의 목록 단추를 클릭합니다.

⑤ 사용자 정의 모양이 나타나면 [팝업 메뉴 단추]-[물건(Objects)]을 클릭합니다.

⑥ [현재 모양을 물건의 모양으로 대체하시겠습니까?]를 묻는 대화상자가 나타나면 [확인(OK)] 단추를 클릭합니다.

⑦ 사용자 정의 모양이 물건(Objects) 목록으로 변경되면 [모래시계(Hourglass)]를 클릭합니다.

⑧ 모래시계 모양을 삽입하고자 하는 위치에서 드래그하여 삽입합니다.

⑨ [레이어(LAYERS)] 패널에서 [모양 1] 레이어의 [레이어 축소판(Layer thumbnail)]을 더블클릭합니다.

⑩ [단색 선택(Pick a solid color)] 대화상자가 나타나면 색상(ffffff)을 지정한 후 [확인(OK)] 단추를 클릭합니다.

⑪ 패턴을 저장하기 위해 레이어 패널의 빈 공간을 클릭한 후 [편집(Edit)]-[패턴 정의(Define Pattern)] 메뉴를 클릭합니다.

⑫ [패턴 이름(Pattern Name)] 대화상자가 나타나면 이름(Name)에 '모래시계 모양'을 입력한 후 [확인(OK)] 단추를 클릭합니다.

⑬ 패턴을 지정하기 위해 [무제-1] 탭을 선택한 후 [레이어(LAYERS)] 패널에서 [새 레이어 추가(Create a new layer)]를 클릭하여 레이어를 추가합니다.

⑭ 레이어가 추가되면 [편집(Edit)]-[칠(Fill)]을 클릭합니다.

⑮ [칠(Fill)] 대화상자가 나타나면 사용(패턴)을 선택합니다.

⑯ Custom Pattern(사용자 정의 패턴)의 목록 단추를 클릭한 후 정의한 패턴을 더블클릭한 다음 [확인(OK)] 단추를 클릭합니다.

⑰ [레이어(LAYERS)] 패널에서 불투명도(Opacity)에 '70%'를 입력합니다.

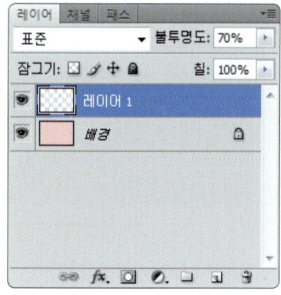

STEP 02 패스 그리기

① 패스를 그리기 위해 도구 상자(Tool Box)에서 [펜 도구(Pen Tool)]을 클릭한 후 옵션 바에서 [모양 레이어(Shape layers)]를 선택합니다.

② 펜 도구를 이용하여 패스를 작성합니다.

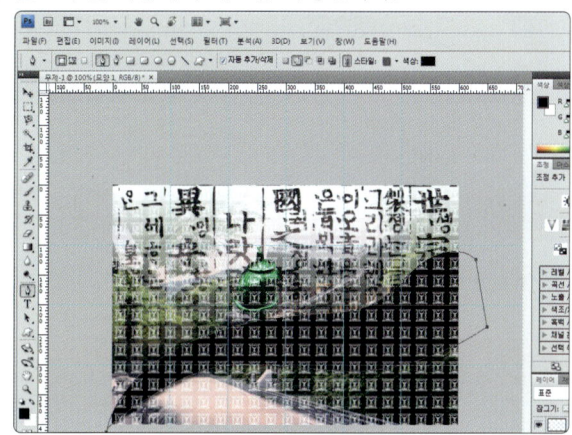

③ [레이어(LAYERS)] 패널에서 [모양 1] 레이어의 [레이어 축소판(Layer thumbnail)]을 더블클릭합니다.

④ [단색 선택(Pick a solid color)] 대화상자가 나타나면 색상(ffff99)을 지정한 후 [확인(OK)] 단추를 클릭합니다.

⑤ [레이어(LAYERS)] 패널에서 [레이어 스타일 추가(Add a layer style)]-[그림자(Drop Shadow)]을 클릭합니다.

⑥ [레이어 스타일(Layer Style)] 대화상자의 [그림자 효과(Drop Shadow)] 탭이 나타나면 속성을 지정한 후 [확인(OK)] 단추를 클릭합니다.

⑦ [레이어(LAYERS)] 패널에서 [모양 1] 레이어를 [새 레이어 추가(Create a new layer)] 단추로 드래그합니다.

⑧ [레이어(LAYERS)] 패널에서 [모양 1] 레이어의 [레이어 축소판(Layer thumbnail)]을 더블클릭합니다.

⑨ [단색 선택(Pick a solid color)] 대화상자가 나타나면 색상(cc9966)을 지정한 후 [확인(OK)] 단추를 클릭합니다.

⑩ 도구 상자(Tool Box)에서 [이동 도구(Move Tool)]를 선택한 후 드래그하여 위치를 이동합니다.

⑪ 패턴을 클리핑 마스크에 맞게 지정하기 위해 [레이어(Layer)]-[클리핑 마스크 만들기(Create Clipping Mask)]를 클릭합니다.

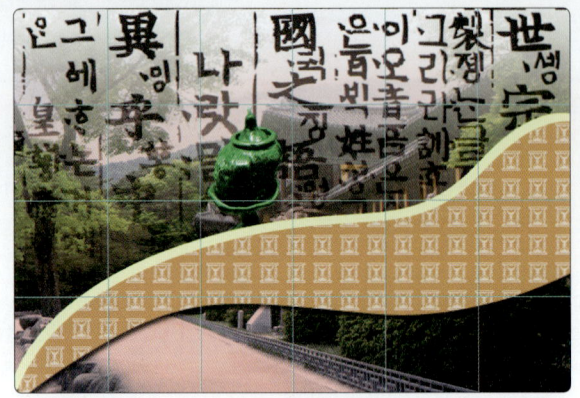

제03회 최신기출문제

02 [기능평가] 사진편집 응용

STEP 01 이미지 복사 및 색상 보정하기

① [1급-5.jpg] 이미지 탭을 선택한 후 도구 상자(Tool Box)에서 [자동 선택 도구(Magic Wand Tool)]를 선택한 후 옵션 바에서 허용치(Tolerance)에 '10'을 입력합니다.

② 배경 부분의 흰색 부분을 클릭하여 선택 영역을 지정한 후 [선택(Select)]-[반전(Inverse)]을 클릭합니다.

③ 선택 영역이 반전되면 Ctrl+C를 눌러 이미지를 복사합니다.

④ 복사된 이미지를 작업 이미지 창에 붙여넣기 위해 [무제-1] 탭을 클릭한 후 Ctrl+V를 눌러 붙여넣기 합니다.

⑤ 이미지의 방향을 바꾸기 위해 [편집(Edit)]-[변형(Transform)]-[시계 반대 방향으로 90도 회전(Rotate 90° CCW)] 메뉴를 클릭합니다.

⑥ 이미지가 시계 반대 방향으로 90° 회전하면 [편집(Edit)]-[자유 변형(Free Transform)] 메뉴를 클릭합니다.

⑦ 이미지에 크기 조절점이 나타나면 크기 조절점을 드래그하여 크기를 조절한 후 Enter를 누릅니다.

⑧ [레이어(LAYERS)] 패널에서 Ctrl을 누른 상태에서 [레이어 2] 레이어의 [레이어 축소판(Layer thumbnail)]을 클릭합니다.

⑨ 파프리카가 선택 영역으로 지정되면 [레이어(LAYERS)] 패널에서 [새 칠 또는 조정 레이어(Create new fill or adjustment layer)]-[색조/채도(Hue/Saturation)]를 클릭합니다.

⑩ [색조/채도(Hue/Saturation)] 레이어가 추가되면 [조정(ADJUSTMENTS)] 패널에서 [Colorize(색상화)]를 선택한 후 Hue(색조)와 Saturation(채도) 값을 조절하여 이미지를 빨간색 계열로 보정합니다.

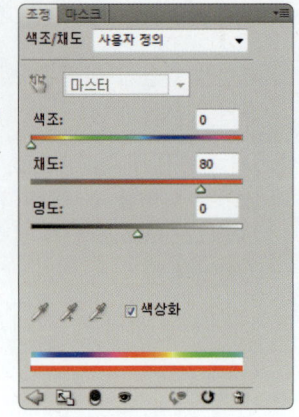

⑪ [레이어(LAYERS)] 패널에서 [fx].[레이어 스타일 추가(Add a layer style)]-[선(Stroke)]을 클릭합니다.

⑫ [레이어 스타일(Layer Style)] 대화상자의 [선(Stroke)] 탭이 나타나면 크기(3)를 입력한 후 [색상(Color)]을 클릭합니다.

⑬ [선 색상 선택(Select stroke color)] 대화상자가 나타나면 색상(006600)을 입력한 후 [확인(OK)] 단추를 클릭합니다.

⑭ [레이어 스타일(Layer Style)] 대화상자가 다시 나타나면 [확인(OK)] 단추를 클릭합니다.

03 [실무응용] 포스터 제작

STEP 01 이미지 복사 및 레이어 스타일 적용하기

① [1급-11.jpg] 이미지 탭을 선택한 후 도구 상자(Tool Box)에서 [자석 올가미 도구(Magnetic Lasso Tool)]를 선택한 다음 피자를 선택 영역으로 지정합니다.

② 피자가 선택 영역으로 지정되면 Ctrl+C를 눌러 이미지를 복사한 후 [무제-1] 탭을 클릭합니다.

③ 피자를 붙여넣기 위해 Ctrl+V를 눌러 붙여넣기 합니다.

④ 이미지의 크기를 조절하기 위해 [편집(Edit)]-[자유 변형(Free Transform)]을 클릭합니다.

⑤ 크기 조절점이 나타나면 조절점을 드래그하여 크기를 조절한 후 Enter를 누릅니다.

⑥ [레이어(LAYERS)] 패널에서 [레이어 가시성(Indicates layer visibility)]을 클릭하여 피자 이미지가 나타나지 않도록 합니다.

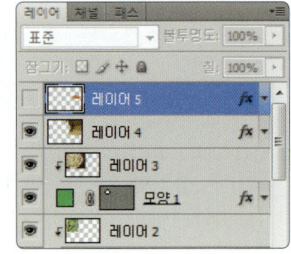

⑦ 피자 이미지가 나타나지 않으면 상자의 아래 부분을 선택 영역으로 지정합니다.

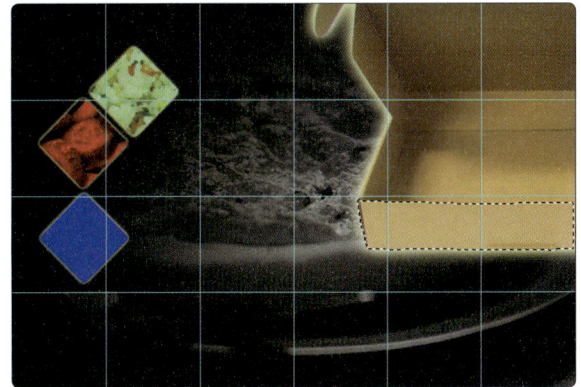

⑧ 선택 영역이 지정되면 ◉[Indicates layer visibility(레이어 가시성)]을 클릭하여 피자 이미지가 나타나도록 합니다.

⑨ 피자 이미지가 나타나면 [Delete]를 눌러 선택 영역만큼 피자 이미지를 삭제합니다.

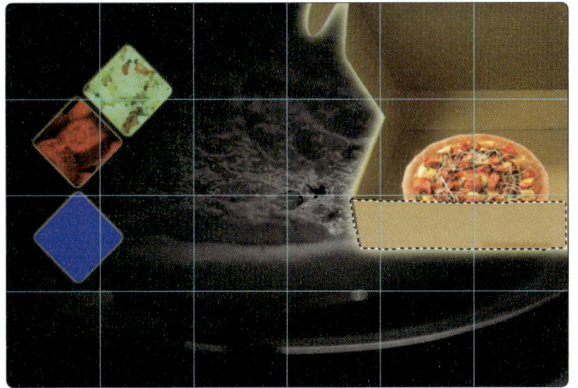

⑩ 선택 영역을 해제하기 위해 [Ctrl]+[D]를 누릅니다.

⑪ 이미지에 필터(Filter를 지징하기 위해 [필터(Filter)]-[브러쉬 선(Brush Strokes)]-[그물눈(Crosshatch)]을 클릭합니다.

⑫ [그물눈(Crosshatch)] 대화상자가 나타나면 속성을 지정한 후 [확인(OK)] 단추를 클릭합니다.

⑬ [레이어(LAYERS)] 패널에서 ƒx.[레이어 스타일 추가(Add a layer style)]-[외부 광선(Outer Glow)]을 클릭합니다.

⑭ [레이어 스타일(Layer Style)] 대화상자의 [외부 광선(Outer Glow)] 탭이 나타나면 속성을 지정한 후 [확인(OK)] 단추를 클릭합니다.

04 [실무응용] 홈페이지 메뉴바 제작

STEP 01 이미지 복사 및 레이어 스타일 적용하기

① [1급-14.jpg] 이미지 탭을 선택한 후 [Ctrl]+[A]를 눌러 이미지 전체를 선택 영역으로 지정한 다음 [Ctrl]+[C]를 눌러 이미지를 복사합니다.

② 복사된 이미지를 작업 이미지 창에 붙여넣기 위해 [무제-1] 탭을 클릭한 후 [Ctrl]+[V]를 눌러 붙여넣기 합니다.

③ 이미지가 복사되면 클리핑 마스크를 지정하기 위해 [레이어(Layer)]-[클리핑 마스크 만들기(Create Clipping Mask)] 메뉴를 클릭합니다.

④ 클리핑 마스크가 만들어지면 패스 모양에 이미지를 나타나게 하기 위해 [편집(Edit)]-[자유 변형(Free Transform)]을 클릭합니다.

⑤ 이미지에 크기 조절점이 나타나면 크기 조절점을 드래그하여 모양에 이미지가 들어가도록 위치 및 크기를 조절한 후 [Enter]를 누릅니다.

⑥ 클리핑 마스크가 적용되면 레이어 마스크를 지정하기 위해 [레이어(LAYERS)] 패널에서 ▢[레이어 마스크(Add layer mask)]를 클릭합니다.

⑦ 도구 상자(Tool Box)에서 ▢[그라디언트 도구(Gradient Tool)]를 선택한 후 옵션 바에서 ▢[방사형 그라디언트(Radial Gradient)]를 클릭합니다.

⑧ 그라디언트 설정이 변경되면 이미지 창에 레이어 마스크를 지정하기 위해 안쪽에서 바깥쪽 방향으로 드래그합니다.

⑨ 같은 방법으로 [1급-15.jpg] 탭의 이미지를 복사한 후 클리핑 마스크 및 레이어 마스크를 지정합니다.

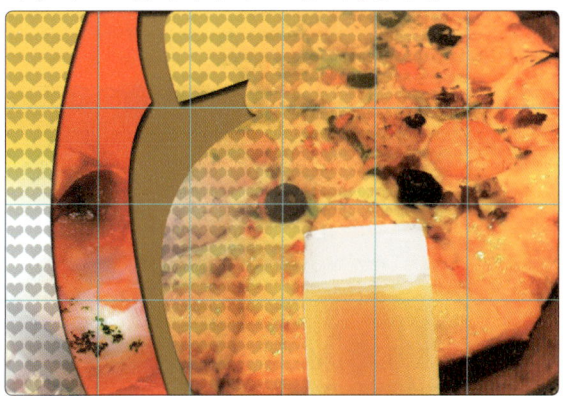

제04회 최신기출문제

01 [기능평가] 고급 Tool(도구) 활용

STEP 01 작업 이미지 창 생성 및 이미지 복사하기

① Adobe Photoshop CS4 프로그램이 실행한 후 [파일(File)]-[새로 만들기(New)]를 클릭합니다.

② [새로 만들기(New)] 대화상자가 나타나면 폭(400)과 높이(500)를 입력한 후 [확인(OK)] 단추를 클릭합니다.

③ 이미지 창이 만들어지면 눈금자가 표시되는지 확인한 후 눈금자가 나타나지 않을 경우 [보기(View)]-[눈금자(Rulers)]를 클릭합니다.

④ 눈금자가 나타나면 눈금자를 드래그하여 안내선(Guides)을 100 픽셀 단위로 그립니다.

⑤ 안내선(Guides)이 만들어지면 [파일(File)]-[열기(Open)]를 클릭합니다.

⑥ [열기(Open)] 대화상자가 나타나면 찾는 위치(라이브러리₩문서₩GTQ₩Image)를 지정한 후 '1급-1.jpg ~ 1급-3.jpg' 파일을 선택한 다음 [열기] 단추를 클릭합니다.

⑦ 이미지가 불러와지면 [1급-1.jpg] 탭을 선택한 후 Ctrl+A를 눌러 이미지 전체를 선택 영역으로 지정합니다.

⑧ 선택 영역이 지정되면 Ctrl+C를 눌러 이미지를 복사합니다.

⑨ 복사된 이미지를 작업 이미지 창에 붙여넣기 위해 [무제-1] 탭을 클릭한 후 Ctrl+V를 눌러 붙여넣기 합니다.

⑩ 이미지에 필터(Filter)를 지정하기 위해 [필터(Filter)]-[왜곡(Distort)]-[유리(Glass)]를 클릭합니다.

⑪ [유리(Glass)] 대화상자가 나타나면 속성을 지정한 후 [확인(OK)] 단추를 클릭합니다.

STEP 02 패스 모양 그리기

① [레이어(LAYERS)] 패널에서 [새 레이어 추가(Create a new layer)]를 클릭합니다.

② 도구 상자(Tool Box)에서 [펜 도구(Pen Tool)]을 클릭한 후 옵션 바에서 [패스(PATHS)]를 선택합니다.

③ 펜 도구(Pen Tool)을 이용하여 다음과 같이 주전자 모양을 그립니다.

④ 패스를 저장하기 위해 [패스(PATHS)] 패널을 클릭한 후 [작업 패스(Work Path)] 레이어를 더블클릭합니다.

⑤ [패스 저장(Save Path)] 대화상자가 나타나면 이름(주전자 모양)을 입력한 후 [확인(OK)] 단추를 클릭합니다.

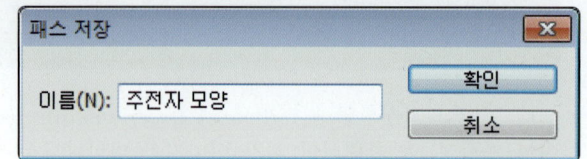

⑥ [패스(PATHS)] 패널에서 Ctrl을 누른 상태에서 [주전자 모양] 패스의 [패스 축소판(Path thumbnail)]을 클릭합니다.

⑦ 패스 모양에 맞춰 선택 영역이 지정되면 [레이어(LAYERS)] 패널을 선택한 후 Alt+Delete를 눌러 전경색을 칠합니다.

STEP 03 클리핑 마크 및 레이어 스타일 적용하기

① [1급-2.jpg] 탭에서 Ctrl+A를 눌러 이미지 전체를 선택 영역으로 지정한 후 Ctrl+C를 눌러 이미지를 복사합니다.

② 복사된 이미지를 작업 이미지 창에 붙여넣기 위해 [무제-1] 탭을 클릭한 후 Ctrl+V를 눌러 복사한 이미지를 붙여넣기 합니다.

③ 이미지가 복사되어 나타나면 클리핑 마스크를 지정하기 위해 [레이어(Layer)]-[클리핑 마스크 만들기(Create Clipping Mask)] 메뉴를 클릭합니다.

④ 클리핑 마스크가 만들어지면 주전자 모양에 꽃 이미지를 나타나게 하기 위해 [편집(Edit)]-[자유 변형(Free Transform)] 메뉴를 클릭합니다.

⑤ 이미지에 크기 조절점이 나타나면 크기 조절점을 드래그하여 주전자 모양에 꽃이 들어가도록 위치 및 크기를 조절한 후 Enter를 누릅니다.

⑥ [레이어(LAYERS)] 패널에서 [Shape 1] 레이어를 선택한 후 fx.[레이어 스타일 추가(Add a layer style)]-[Inner Shadow(내부 그림자)]를 클릭합니다.

⑦ [레이어 스타일(Layer Style)] [Inner Shadow(내부 그림자)] 탭이 나타나면 속성을 지정한 후 [외부 광선(Outer Glow)] 탭을 클릭합니다.

⑧ [레이어 스타일(Layer Style)] [외부 광선(Outer Glow)] 탭이 나타나면 속성을 지정한 후 [확인(OK)] 단추를 클릭합니다.

⑨ 다음과 같이 주전자 모양에 레이어 마스크 및 레이어 스타일이 적용됩니다.

STEP 04 이미지 복사 및 레이어 스타일 적용하기

① [1급-3.jpg] 탭을 클릭한 후 도구 상자(Tool Box)에서 [자석 올가미 도구(Magnetic Lasso Tool)]를 선택합니다.

② 시작점을 클릭한 후 드래그하여 컵을 선택 영역으로 지정합니다.

③ 컵이 선택 영역으로 지정되면 Ctrl+C를 눌러 이미지를 복사한 후 [무제-1] 탭을 클릭합니다.

④ [레이어(LAYERS)] 패널에서 [레이어 2]를 선택한 후 Ctrl+V를 눌러 붙여넣기 합니다.

⑤ 이미지의 크기를 조절하기 위해 [편집(Edit)]-[자유 변형(Free Transform)]을 클릭합니다.

⑥ 크기 조절점이 나타나면 조절점을 드래그하여 크기를 조절한 후 Enter를 누릅니다.

⑦ [레이어(LAYERS)] 패널에서 fx.[레이어 스타일 추가(Add a layer style)]-[그림자(Drop Shadow)]를 클릭합니다.

⑧ [레이어 스타일(Layer Style)] 대화상자의 [그림자 효과(Drop Shadow)] 탭이 나타나면 속성을 지정한 후 [확인(OK)] 단추를 클릭합니다.

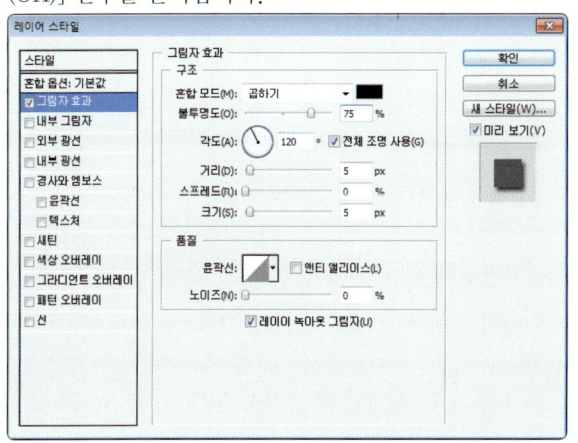

제 05 회 최신기출문제

01 [기능평가] 고급 Tool(도구) 활용

STEP 01 ①번 텍스트 꾸미기

① 도구 상자(Tool Box)에서 T.[수평 문자 도구(Horizontal Type Tool)]를 선택한 후 옵션 바에서 글꼴(Arial), 글꼴 스타일(Regular), 글꼴 크기(45)를 지정합니다.

② 텍스트를 삽입할 위치를 클릭한 후 'Pattern Design'을 입력하고 Ctrl+Enter를 누릅니다.

③ 텍스트에 레이어 스타일을 지정하기 위해 [레이어(LAYERS)] 패널에서 fx.[레이어 스타일 추가(Add a layer style)]-[그라디언트 오버레이(Gradient Overlay)]를 클릭합니다.

④ [레이어 스타일(Layer Style)] 대화상자의 [그라디언트 오버레이(Gradient Overlay)] 탭이 나타나면 [그라디언트 편집(Click to edit the gradient)]을 클릭합니다.

⑤ [그라디언트 편집기(Gradient Editor)] 대화상자가 나타나면 왼쪽 Color Stop(색상 정지점)을 더블클릭합니다.

⑥ [정지 색상 선택(Select stop color)] 대화상자가 나타나면 색상(00ff66)을 입력한 후 [확인(OK)] 단추를 클릭합니다.

⑦ [그라디언트 편집기(Gradient Editor)] 대화상자가 다시 나타나면 Color Stop(색상 정지점)의 가운데 부분을 클릭한 후 Color Stop(색상 정지점)이 나타나면 더블클릭합니다.

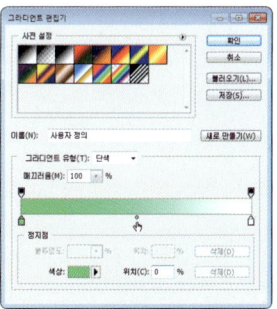 

⑧ [정지 색상 선택(Select stop color)] 대화상자가 나타나면 색상(ff0000)을 입력한 후 [확인(OK)] 단추를 클릭합니다.

⑨ [그라디언트 편집기(Gradient Editor)] 대화상자가 다시 나타나면 오른쪽 Color Stop(색상 정지점)을 더블클릭합니다.

⑩ [정지 색상 선택(Select stop color)] 대화상자가 나타나면 색상(ffff00)을 입력한 후 [확인(OK)] 단추를 클릭합니다.

⑪ [그라디언트 편집기(Gradient Editor)] 대화상자가 다시 나타나면 [확인(OK)] 단추를 클릭합니다.

⑫ [레이어 스타일(Layer Style)] 대화상자가 다시 나타나면 각도(Angle)에 '180'을 입력한 후 [선(Stroke)] 탭을 클릭합니다.

⑬ [레이어 스타일(Layer Style)] 대화상자의 [선(Stroke)] 탭이 나타나면 크기(2)를 입력한 후 [확인(OK)] 단추를 클릭합니다.

02 [기능평가] 사진편집 응용

STEP 01 이미지 복사 및 색상 보정하기

① [1급-5.jpg] 탭을 클릭한 후 도구 상자(Tool Box)에서 [자석 올가미 도구(Magnetic Lasso Tool)]를 선택한 다음 부엉이를 선택 영역으로 지정합니다.

② 부엉이가 선택 영역으로 지정되면 Ctrl+C를 눌러 이미지를 복사한 후 [무제-1] 탭을 클릭합니다.

③ 부엉이를 붙여넣기 위해 Ctrl+V를 눌러 붙여넣기 합니다.

④ 이미지의 크기를 조절하기 위해 [편집(Edit)]-[자유 변형(Free Transform)]을 클릭합니다.

⑤ 크기 조절점이 나타나면 조절점을 드래그하여 크기를 조절한 후 Enter를 누릅니다.

⑥ 색상을 보정하기 위해 [레이어(LAYERS)] 패널에서 Ctrl을 누른 상태에서 [레이어 2] 레이어의 [레이어 축소판(Layer thumbnail)]을 클릭합니다.

⑦ 부엉이가 선택 영역으로 지정되면 [레이어(LAYERS)] 패널에서 [새 칠 또는 조정 레이어(Create new fill or adjustment layer)]-[색조/채도(Hue/Saturation)]를 클릭합니다.

⑧ [색조/채도(Hue/Saturation)] 레이어가 추가되면 [조정(ADJUSTMENTS)] 패널에서 [Colorize(색상화)]를 선택한 후 Hue(색조)와 Saturation(채도) 값을 조절하여 이미지를 파란색 계열로 보정합니다.

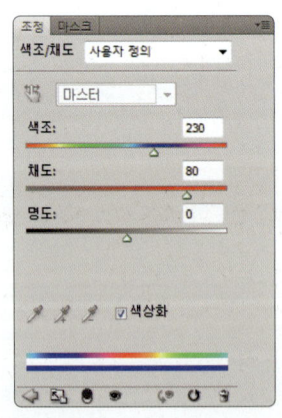

⑨ [레이어(LAYERS)] 패널에서 [레이어 2] 레이어를 선택한 후 [레이어 스타일 추가(Add a layer style)]-[선(Stroke)]을 클릭합니다.

⑩ [레이어 스타일(Layer Style)] 대화상자의 [선(Stroke)] 탭이 나타나면 크기(2)를 입력한 후 [색상(Color)]을 클릭합니다.

⑪ [선 색상 선택(Select stroke color)] 대화상자가 나타나면 색상(ff6600)을 입력한 후 [확인(OK)] 단추를 클릭합니다.

⑫ [레이어 스타일(Layer Style)] 대화상자가 다시 나타나면 [확인(OK)] 단추를 클릭합니다.

⑬ 다시 [1급-5.jpg] 탭을 클릭한 후 가운데 부엉이를 선택 영역으로 지정합니다.

⑭ 부엉이가 선택 영역으로 지정되면 Ctrl+C를 눌러 이미지를 복사한 후 [무제-1] 탭을 클릭합니다.

⑮ 부엉이를 붙여넣기 위해 Ctrl+V를 눌러 붙여넣기 합니다.

⑯ 도구 상자(Tool Box)에서 [이동 도구(Move Tool)]를 선택한 후 드래그하여 위치를 이동합니다.

⑰ [레이어(LAYERS)] 패널에서 [레이어 스타일 추가(Add a layer style)]-[선(Stroke)]을 클릭합니다.

⑱ [레이어 스타일(Layer Style)] 대화상자의 [선(Stroke)] 탭이 나타나면 크기(2)를 입력한 후 [색상(Color)]을 클릭합니다.

⑲ [선 색상 선택(Select stroke color)] 대화상자가 나타나면 색상(ff6600)을 입력한 후 [확인(OK)] 단추를 클릭합니다.

⑳ [레이어 스타일(Layer Style)] 대화상자가 다시 나타나면 [확인(OK)] 단추를 클릭합니다.

03 [실무응용] 포스터 제작

STEP 01 ③번 텍스트 꾸미기

① 도구 상자(Tool Box)에서 [수평 문자 도구(Horizontal Type Tool)]를 선택합니다.

② 텍스트를 입력할 위치를 클릭한 후 '애너멀 프린트'를 입력한 다음 Enter를 눌러 강제개행하고 '기하학 패턴'을 입력한 후 Ctrl+Enter를 누릅니다.

③ 텍스트가 입력되면 옵션 바에서 글꼴(돋움), 글꼴 크기(20)를 지정합니다.

④ 글꼴 색을 지정하기 위해 [애너멀 프린트]를 드래그하여 블록으로 설정한 후 옵션 바에서 글꼴 색(9900cc)을 지정합니다.

⑤ 같은 방법으로 [기하학 패턴]을 드래그하여 범위를 지정한 후 글꼴 색(336600)을 지정한 다음 Ctrl+Enter를 누릅니다.

⑥ [레이어(LAYERS)] 패널에서 [레이어 스타일 추가(Add a layer style)]-[선(Stroke)]을 클릭합니다.

⑦ [레이어 스타일(Layer Style)] 대화상자의 [선(Stroke)] 탭이 나타나면 크기(2)를 입력한 후 [색상(Color)]을 클릭합니다.

⑧ [선 색상 선택(Select stroke color)] 대화상자가 나타나면 색상(ffcccc)을 입력한 후 [확인(OK)] 단추를 클릭합니다.

⑨ 텍스트에 변형을 주기 위해 옵션 바에서 [텍스트 변형(Create warp text)]을 클릭합니다.

⑩ [Warp Text(텍스트 변형)] 대화상자가 나타나면 스타일(양쪽 누르기)을 선택한 후 구부리기(Bend)를 '+50%'로 지정한 다음 [확인(OK)] 단추를 클릭합니다.